lonely planet

Norvège

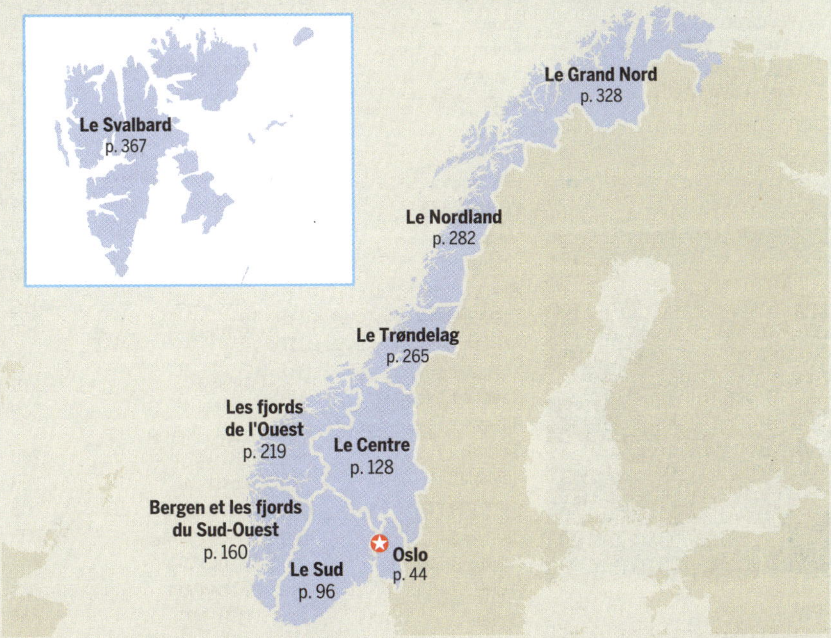

ÉDITION ÉCRITE ET ACTUALISÉE PAR

Anthony Ham,
Oliver Berry, Donna Wheeler

PRÉPARER SON VOYAGE

OSLO P. 44

KIEVVICTOR/SHUTTERSTOCK ©

GEIRANGERFJORD P. 250

ANDREY ARMYAGOV/SHUTTERSTOCK ©

SUR LA ROUTE

Sommaire

COMPRENDRE LA NORVÈGE

NORVÈGE PRATIQUE

COUPS DE PROJECTEUR

Bienvenue en Norvège

Fjords majestueux, aurores boréales, appel du Grand Nord, faune fascinante : ici, la nature est généreuse, et l'ennui n'est pas de mise. Pour le dire simplement : la Norvège est l'un des plus beaux pays du monde.

Sophistication scandinave

La variété de la vie culturelle norvégienne fait contrepoint à toute l'intensité des paysages naturels du pays. Les villes norvégiennes sont cosmopolites et riches d'un patrimoine qui montre l'évolution du fameux sens scandinave du design à travers les époques. Bergen, Trondheim et Ålesund figurent parmi les plus jolies villes d'Europe, tandis que l'architecture contemporaine inspirée de l'Arctique rehausse aussi bien les cités que les campagnes isolées. La cuisine est aussi un domaine où les Norvégiens sont à l'avant-garde, tout en s'inspirant beaucoup de leur histoire. Enfin, le calendrier très chargé de fêtes et festivals mérite que l'on en tienne compte lors de la préparation de son séjour.

Paysages éblouissants

Difficile de décrire la nature norvégienne sans user de superlatifs, tant l'on est saisi par la beauté brute des fjords qui entaillent profondément le littoral, et par celle des glaciers qui s'écoulent de champs de glace comptant parmi les plus grands d'Europe. Ailleurs dans le pays, le terrain montagneux de l'intérieur norvégien ressemble à une forteresse naturelle et conduit à des îles côtières qui semblent surgir des eaux comme par magie. Et, bien entendu, il y a l'Arctique... Cette topographie sert d'habitat à une faune riche et charismatique ainsi qu'à l'Homme, qui y a bâti des villages pittoresques.

Une faune fantastique

En matière de faune, la Norvège a peu d'équivalent en Europe. On peut y observer des baleines (à bosse, cachalots ou orques, selon la saison) au large d'Andenes, de Stø ou de Tromsø, tandis que l'intérieur du pays permet de voir des rennes sauvages sur le plateau de la Hardangervidda et, ailleurs, des bœufs musqués, des élans et des renards arctiques. L'ornithologie est aussi à l'honneur, des macareux de Bleik aux oiseaux marins migrateurs de Runde et Varanger. Mais les plus beaux animaux habitent le Grand Nord, au Svalbard, où ours polaires et morses sont les vedettes d'une nature sauvage à la beauté spectaculaire.

AVERTISSEMENT COVID-19

Au moment où nous terminions l'édition de ce guide, la pandémie de Covid-19 impactait fortement le monde du voyage. Les informations que vous trouverez dans cet ouvrage sont donc susceptibles de changements. Renseignez-vous bien avant votre départ car la situation aura probablement évolué quand vous préparerez votre voyage.

Pourquoi j'aime la Norvège

Par Anthony Ham, auteur

La première fois que je me suis trouvé sur le front de mer à Aurland, et que j'ai contemplé les fjords peu de temps après avoir côtoyé les sommets du parc national du Jotunheimen, j'étais absolument convaincu qu'il n'existait pas de plus beau pays au monde. Au cours de mes nombreux voyages en Norvège, en hiver comme en été, ce sentiment ne m'a jamais quitté. Plus encore que les fjords et les hauts plateaux, je suis attiré par la gravité du Svalbard, par la juxtaposition parfaite de l'eau, des rochers et des constructions humaines dans les îles Lofoten, et par les horizons lointains et les campements samis du Nord arctique de la Norvège.

Pour en savoir plus sur les auteurs, reportez-vous p. 480.

Ci-dessus : aurore boréale (p. 398)

Norvège

0 200 km
5°O
0° (Greenwich)
5°E
10°E
15°E
20°E
30°E
70°N
65°N
Knivskjelodden (71°10'21"N)
Svalbard (550 km) (voir encart)
Honningsvåg
Kjøllefjord
Båtsfjord
Repvåg
Hammerfest
Hasvik
Vadsø
Lakselv
Kirkenes
Alta
Karasjok
Kautokeino
Lyngseidet
Skibotn
Tromsø
Ringvassøy
Gryllefjord
Finnsnes
Andenes
Vesterålen
Harstad
Vestvågøy
Lødingen
Narvik
Lofoten
Svolvær
Moskenesøy
Værøy
Vedøya
Bodø
Fauske
Ørnes
Parc national de Saltfjellet-Svartisen
Mo i Rana
Sandnessjøen
Mosjøen
Brønnøysund
Røyrvik
RUSSIE
FINLANDE
MER DE NORVÈGE
Cercle polaire arctique
Jan Mayen (1 200 km)
Tromsø
Cité joyeuse toujours très animée (p. 329)
Îles Lofoten
Le plus bel archipel scandinave (p. 302)
Svalbard
Superbe préambule au pôle Nord (p. 367)
Route côtière Kystriksveien
Route côtière qui franchit le cercle polaire (p. 292)
Ålesund
Bel exemple d'architecture Art nouveau (p. 253)
Svalbard
10°E
15°E
20°E
25°E
30°E
35°E
80°N
Magdalenefjord
Storøya
Kvitøya
Nordaustlandet
Spitzberg
Erik Eriksenstretet
Kong Karls Land
Prins Karls Forlandet
Svenskøya
Barentsøya
Longyearbyen
Storfjord
Edgeøya
Olgastretet
0 100 km

Bergen
Ville de culture au séduisant quartier historique, Bryggen (p. 162)
Geirangerfjord
Fjord inscrit au Patrimoine mondial de l'Unesco (p. 250)
Parc national du Jotunheimen
Randonnées sur les sommets et les glaciers (p. 153)
Olso-Bergen en train
L'un des plus beaux trajets en train au monde (p. 181)
Oslo
Culture, bonnes tables et nature toute proche (p. 44)
Preikestolen (rocher de la Chaire)
Point de vue le plus vertigineux de toute la Norvège (p. 216)
ALTITUDE
3 000 m
2 000 m
1 500 m
1 200 m
900 m
600 m
300 m
0
SUÈDE
DANEMARK
ESTONIE
LETTONIE
MER DU NORD
MER BALTIQUE
Golfe de Botnie
Golfe de Finlande
Golfe de Riga
Détroit de Skagerrak
Geirangerfjord
Hardangerfjord
Eidfjord
Parc national de Dovrefjell-Sunndalsfjella
Parc national du Jotunheimen
Namsos
Grong
Steinkjer
Trondheim
Kristiansund
Molde
Ålesund
Åndalsnes
Røros
Tynset
Dombås
Florø
Førde
Øvre Årdal
Koppang
Trysil
Flåm
Voss
Lillehammer
Elverum
Bergen
Hamar
Odda
Råholt
Leirvik
Kongsberg
Oslo
Kongsvinger
Drammen
Lillestrøm
Kopervik
Ski
Notodden
Jørpeland
Tønsberg
Moss
Stavanger
Skien
Fredrikstad
Larvik
Kragerø
Sandefjord
Halden
Egersund
Risør
Arendal
Flekkefjord
Grimstad
Mandal
Kristiansand
Göteborg
Ålborg
Stockholm
Helsinki
Tallinn
Rīga
60°N
5°E
20°E

15 façons
de voir la Norvège

1

Geirangerfjord

1 Les 20 km de trajet le long du Geirangerfjord (p. 250), site inscrit au Patrimoine mondial de l'Unesco, comptent parmi les plus belles traversées en ferry du monde. Des fermes abandonnées s'accrochent encore aux falaises presque à pic du fjord, et des cascades plongent dans ses eaux vert émeraude. Embarquez à Geiranger et retrouvez la sérénité dès la sortie de ce petit port animé, ou partez de la localité depuis Hellesylt, plus tranquille. Préparez votre appareil photo, et prenez place sur le pont supérieur, en plein air, pour profiter de ce moyen idéal de découvrir ces endroits isolés.

Îles Lofoten

2 Rares sont les visiteurs capables d'oublier la première vision des îles Lofoten (p. 302). Les remparts déchiquetés de cet archipel s'élèvent brusquement du niveau de la mer, parés de verts et jaunes en été ou de bleu et blanc en hiver, leurs pics effilés se dressant dans un ciel bleu cobalt ou s'enveloppant mystérieusement dans la brume. De jolis villages, avec leurs *rorbuer* (cabanes de pêcheurs) en bois, se cramponnent au littoral, tandis que les séchoirs à poissons révèlent une terre et une culture résolument maritimes.

ANDREY ARMYAGOV/SHUTTERSTOCK ©

2

RAT007/SHUTTERSTOCK ©

3

RONNY KVANDE/500PX ©

4

GRISHA BRUEV/SHUTTERSTOCK ©

Express côtier Hurtigruten

3 Bien plus qu'un moyen de transport, l'emblématique express côtier Hurtigruten (p. 447) vous embarque pour l'un des plus spectaculaires trajets côtiers qu'il soit possible de faire sur Terre. Son itinéraire entre Bergen et Kirkenes est l'occasion de découvrir fjords, villages isolés à peine accessibles par la route, promontoires spectaculaires, et de franchir le cercle polaire arctique avant de revenir quelques jours plus tard.

Quartier de Bryggen à Bergen

4 Lovée au cœur d'une côte pittoresque, Bergen est l'une des villes d'Europe du Nord les plus agréables. De son passé de port de commerce, elle a conservé le quartier de Bryggen (p. 163), enchevêtrement archaïque de bâtiments, aujourd'hui inscrit au Patrimoine mondial de l'Unesco. Témoins d'un passé prospère et tumultueux, les maisons colorées de Bryggen abritent désormais des boutiques et des restaurants qui contribuent à sa réputation.

V. BELOV/SHUTTERSTOCK ©

JONAS TUFVESSON/SHUTTERSTOCK ©

Aurores boréales

5 Peu de phénomènes naturels sont aussi impressionnants que les aurores boréales (p. 398). Visibles durant la longue nuit que constitue l'hiver arctique, d'octobre à mars, elles font danser leurs voiles de lumière verts ou blancs, variant en intensité et prenant des formes qui composent un tableau extraordinaire. Il n'est jamais garanti d'en voir, mais tous ceux qui ont cette chance en gardent un souvenir impérissable.

Randonnée dans le Jotunheimen

6 Si le pays compte de nombreux parcs nationaux avec d'excellents sentiers de randonnée, le parc national du Jotunheimen (p. 153) est un incontournable. Avec une soixantaine de glaciers et 275 sommets de plus de 2 000 m, le Jotunheimen se distingue par sa variété géologique et ses randonnées emblématiques, telles celles de Besseggen, de Hurrungane et celles à l'ombre du Galdhøpiggen, point culminant du pays. La proximité du Jotunheimen avec les fjords ne fait que renforcer son attrait.

Route côtière Kystriksveien

7 Peu empruntée, la route côtière traversant le Nordland (p. 292) est un parcours splendide. Si vous n'avez pas le loisir de faire l'intégralité du parcours (650 km), essayez de l'emprunter en remontant vers le nord. Les traversées fréquentes en ferry offrent des pauses bienvenues pour admirer les paysages, avec à la fois des glaciers intérieurs et des îles marines facilement accessibles – telles Vega, célèbre pour ses eiders à duvet, ou Lovund, qui abrite quelque 200 000 macareux.

Preikestolen

8 En matière de points de vue, Preikestolen (rocher de la Chaire ; p. 216) a peu de rivaux. Falaise presque lisse qui se dresse à plus de 600 m au-dessus des eaux du Lysefjord, c'est l'un des sites les plus spectaculaires de Norvège. Véritable cauchemar pour qui a le vertige, c'est le genre d'endroit où l'on se sent irrésistiblement attiré par le vide. Comptez 2 heures de marche pour l'atteindre, et une journée complète d'expédition depuis Stavanger.

7

DAVID KLEYN/ALAMY STOCK PHOTO ©

8

COLORES/SHUTTERSTOCK ©

RICHARD J ASHCROFT/SHUTTERSTOCK ©

HIMANSHU SARAF/SHUTTERSTOCK ©

MARIUS DOBILAS/SHUTTERSTOCK ©

Balades en traîneaux à chiens

9 Installé à bord d'un traîneau tiré par une meute de huskies (p. 34), voici le moyen idéal de découvrir les étendues sauvages de l'Arctique. Vous serez certain d'être au plus près de la nature, libéré des bruits des motoneiges et de la vie moderne, accompagné par un concert d'aboiements et les craquements sur la neige, le temps d'une simple excursion (demi-journée) ou d'une expédition de plusieurs jours. Une plongée inoubliable dans l'hiver arctique du Grand Nord norvégien.

Svalbard

10 Éloigné, tout en restant étonnamment accessible, l'archipel du Svalbard (p. 367) est la partie de l'Europe la plus évocatrice du Nord polaire, ainsi que l'une des dernières grandes zones sauvages du continent. Les pics majestueux, les champs de glace massifs (60% du Svalbard est recouvert de glaciers) et les magnifiques fjords constituent l'habitat d'une faune arctique très riche (avec notamment un sixième environ de tous les ours polaires du monde). La région se prête également bien aux activités d'hiver et d'été, pratiquées dans le silence des neiges.

Ligne ferroviaire Oslo-Bergen

11 Cette ligne ferroviaire emblématique (p. 181) permet d'admirer certains des plus beaux paysages de Norvège. Après avoir traversé les forêts du Sud, elle grimpe jusqu'au plateau de la Hardangervidda puis la région de Voss avant d'atteindre Bergen. En chemin, elle passe à proximité de fjords et rejoint (à Myrdal) la ligne escarpée qui descend vers la région de Flåm.

Églises en bois debout

12 Vous en verrez dans tout le Sud et le Centre de la Norvège. Il y en a de toutes les tailles, de la plus monumentale à la plus petite. Souvent entourées de légendes fantastiques peuplées de trolls et ornées de créatures superbement sculptées, les églises en bois debout (*stavkirke*) de Norvège semblent tout droit sorties d'un conte de fées, et plus particulièrement la spectaculaire église de Heddal (p. 119 ; photo ci-dessous).

Oslo

13 Oslo (p. 44) a décidé de devenir rien de moins qu'un centre artistique et culturel de renommée internationale. Débordant déjà d'excellents musées et galeries d'art, et dotée d'un opéra en forme de glacier à rendre Sydney jalouse, elle a achevé la transformation remarquable de son front de mer, avec une architecture audacieuse, une galerie d'art moderne, de nouveaux restaurants et même une plage, bientôt rejoints par le nouveau musée Edvard Munch. Non loin, le nouveau Musée national viendra compléter cette offre pléthorique. Opéra d'Oslo (p. 47)

12

KOVOP58/SHUTTERSTOCK ©

NANISIMOVA/SHUTTERSTOCK ©

TATIANA POPOVA/SHUTTERSTOCK ©

VPALES/SHUTTERSTOCK ©

Art nouveau à Ålesund

14 Localité coquette et agréable, Ålesund (p. 253) doit une grande partie de son charme à un incendie qui détruisit ses constructions en bois au début du XXe siècle. C'est sur ces cendres que s'est reconstruite une ville nouvelle, principalement constituée d'édifices conçus par de jeunes architectes norvégiens influencés par le Jugendstil (Art nouveau). Ils construisirent des bâtiments arborant tourelles, flèches, gargouilles et autres éléments plus ou moins fantaisistes, inspirés de motifs locaux.

Culture samie

15 Chez les Samis, les motoneiges ont remplacé les traîneaux et la subsistance ne dépend plus de la pêche et de l'élevage de rennes. Leur culture, toutefois, n'a pas disparu. Se défiant des frontières, cette communauté s'étend sur une partie de la Norvège, de la Suède et de la Finlande. Elle s'ouvre de plus en plus aux visiteurs, notamment à Karasjok (p. 362) et à Kautokeino. Le parlement de Karasjok est un chef-d'œuvre de l'architecture traditionnelle en bois. L'identité sami est préservée, en particulier ses dialectes, ses traditions culturelles et son artisanat (orfèvrerie et coutellerie, notamment).

L'essentiel

Pour plus de détails, voir la section *Norvège pratique* (p. 429).

Monnaie
Couronne norvégienne (NOK)

Langue
Norvégien

Visas
Pas de visa pour des séjours n'excédant pas 90 jours pour les ressortissants de l'UE ainsi que les Suisses et les Canadiens. Visa obligatoire pour les ressortissants de certains pays (p. 433).

Argent
DAB largement répandus, et cartes bancaires acceptées dans la plupart des hôtels, restaurants, taxis, ferries et boutiques.

Téléphones portables
Pas de frais d'itinérance pour les portables de l'UE (p. 441). Possibilité d'acheter une carte SIM locale avec un téléphone débloqué. Réseau partout sauf dans les régions sauvages.

Heure locale
Même fuseau horaire que la France (GMT/UTC plus 1 heure en hiver, plus 2 heures en été).

Quand partir

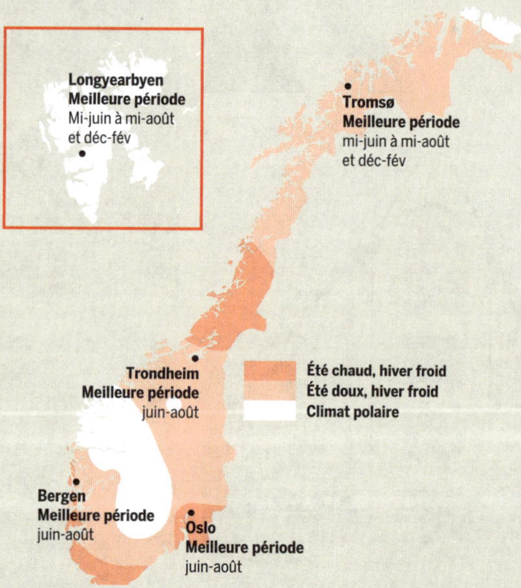

Haute saison
(mi-juin à mi-août)

- Hébergements et transports sont souvent saturés à l'avance.
- Le prix des hébergements est au plus bas, sauf aux Lofoten.
- La météo est aléatoire : il peut faire chaud et beau, ou frais et pluvieux.

Saison intermédiaire
(mai à mi-juin et mi-août à sept)

- Temps assez doux, ciel dégagé. Il y a moins de monde.
- Les hébergements peuvent être chers, sauf le week-end.
- Réservez tôt votre chambre en période de festivals.

Basse saison
(oct-avr)

- Il peut faire très froid et de nombreux sites sont fermés.
- Courte haute saison pour les aurores boréales, dans le Grand Nord.
- Les jours sont très courts, surtout dans le Grand Nord.
- Nombreuses promotions sur les hébergements.

Sites Web

Visit Norway (www.visitnorway.fr). Site de l'office du tourisme norvégien. Une mine d'informations, clair et pratique, avec des suggestions et des applications utiles.

Fjord Norway (www.fjordnorway.com). Site consacré aux fjords (en anglais).

Northern Norway (www.nordnorge.com/en). Toute l'info sur le nord de la Norvège (en anglais).

Lofoten (www.lofoten.info). Site très complet sur l'archipel des Lofoten (en anglais).

Lonely Planet (www.lonelyplanet.fr). Présentation du pays, informations pratiques, réservation d'hôtels et forum des voyageurs.

Numéros utiles

Sachez qu'il n'existe pas d'indicatif régional en Norvège.

Indicatif international	☎00
Indicatif de la Norvège	☎47
Ambulance	☎113
Police	☎112
Renseignements	☎180

Taux de change

Canada	1 $C	6,88 NOK
Suisse	1 FS	9,47 NOK
Zone euro	1 €	10,28 NOK

Pour connaître les derniers taux de change, connectez-vous à www.xe.com/fr.

Budget quotidien

Moins de 160 €

- Lit en dortoir : à partir de 35 €
- Refuge DNT ou bungalow : à partir de 55 €
- Chambre double en B&B ou en pension : 60-80 €
- Courses au supermarché et plat du jour bon marché au déjeuner : jusqu'à 14 €
- Réservation bien à l'avance de billets de trains *minipris* (tarifs réduits sur Internet ou via l'application mobile)

160-240 €

- Chambre double dans un hôtel de moyenne catégorie (haute saison) : 80-150 €
- Déjeuner ou dîner dans un bon restaurant local : 14-22 €
- Location de voiture : à partir de 90 €/jour

Plus de 240 €

- Chambre double dans un hôtel haut de gamme : à partir de 150 €
- Déjeuner ou dîner au restaurant : à partir de 22 €/pers

Heures d'ouverture

Voici celles pratiquées en haute saison (de mi-juin à mi-août) ; horaires réduits le reste de l'année.

Banques 8h15-15h lun-mer et ven, 8h15-17h jeu

Commerces 10h-17h lun-mer et ven, 10h-19h jeu, 10h-14h sam

Postes 8h-20h lun-ven, 9h-18h sam ; ou 9h-17h lun-ven, 10h-14h sam

Restaurants 12h-15h et 18h-23h. Service continu pour certains

Supermarchés 9h-21h lun-ven, 9h-18h sam

Arriver en Norvège

Aéroport international Oslo-Gardermoen (Oslo)
Jusqu'à 6 trains/heure relient l'aéroport au centre-ville (23 min, 110 NOK), de 4h à minuit environ. Compter environ 40 minutes de trajet en bus (adulte/enfant 199/119 NOK) et entre 30 minutes et 1 heure en taxi (environ 800 NOK).

Aéroport de Flesland (Bergen)
Jusqu'à 4 navettes Flybussen par heure rallient le centre-ville de Bergen (aller/aller-retour 159/269 NOK, 45 min) entre 3h50 et un peu plus de minuit.

Comment circuler

Avion Les compagnies SAS et Norwegian relient la plupart des grandes villes tandis que Widerøe dessert les plus petites localités.

Bateau Des ferries, en grande partie des car-ferries, assurent les traversées vers les îles comme la remontée des fjords. Quotidien, l'express côtier Hurtigruten dessert villes et certains villages du littoral entre Bergen et Kirkenes.

Bus Les trajets en bus entre grandes villes sont rapides. Les liaisons sont plus rares, voire inexistantes le week-end, entre localités moyennes.

Train Le réseau ferré s'étend au nord jusqu'à Bodø, avec une ligne supplémentaire qui relie Narvik à la Suède plus au nord. Réservez par Internet ou via l'application mobile pour bénéficier de billets *minipris* moins chers.

Voiture Les routes sont en bon état, mais le tracé, la circulation dense en été, et l'attente aux ferries augmentent les temps de déplacement.

Pour en savoir plus sur les **transports**, voir p. 442.

Envie de...

Fjords

Si les paysages de Norvège sont parmi les plus variés et les plus beaux d'Europe, le spectacle des fjords vaut à lui seul le voyage.

Geirangerfjord Ce fjord emblématique vous ravira malgré la foule et les nombreux navires de croisière (p. 250).

Nærøyfjord Région de fjords d'une extraordinaire beauté, inscrite au Patrimoine mondial (p. 226).

Lysefjord Le célèbre rocher de la Chaire veille sur ce fjord sublime (p. 216).

Magdalenefjord, Svalbard L'un des plus beaux endroits au monde mais qui nécessite un effort pour le rejoindre (p. 379).

Hardangerfjord Étonnant réseau de fjords aux rives ponctuées de charmants villages (p. 193).

Îles Lofoten Trollfjord et Vestfjord sont les points d'orgue de l'incroyable beauté naturelle de cet archipel (p. 302).

Randonnée

Des hauts plateaux du Centre aux horizons infinis du Nord arctique, la Norvège offre un voyage de rêve pour découvrir la nature pas à pas.

Parc national du Jotunheimen Une multitude de sentiers parcourent les glaciers et les sommets de ce parc (p. 153).

Parc national des Rondane Sommets et sentiers pour échapper à la foule (p. 148).

Parc national de la Hardangervidda Un vaste haut plateau peuplé de rennes sauvages et propice aux randonnées glaciaires (p. 159).

Parc national de Saltfjellet-Svartisen Haut lieu des excursions glaciaires, au-delà du cercle polaire arctique (p. 287).

Aurlandsdalen Trek classique de 4 jours d'une vallée jusqu'à la mer (p. 225).

Lysefjord Escapade jusqu'à l'un des plus spectaculaires points de vue norvégiens (p. 216).

Parc national du Femundsmarka Des itinéraires qui conjuguent lac, forêt et toundra (p. 143).

Alpes de Lyngen Dans le nord du pays, itinéraires de randonnée souvent difficiles et accidentés (p. 339).

Parc national d'Øvre Dividal La traversée incomparable en 8 jours d'un paysage arctique (p. 339).

Animaux sauvages

Ours polaires, baleines, renards arctiques, élans... Nombre de ces animaux sont souvent faciles à observer.

Svalbard Patrie des espèces incontournables de l'Arctique, notamment de l'ours polaire, du morse, du renard polaire, du renne et de divers oiseaux (p. 367).

Parc national de Dovrefjell-Sunndalsfjella Des randonnées au départ d'Oppdal ou de Dombås pour observer oiseaux et bœufs musqués (p. 146).

Parc national de la Hardangervidda Le territoire de milliers de rennes sauvages (p. 157).

Gjesvær De multiples espèces d'oiseaux marins pour se consoler du long trajet (p. 351).

Andenes Excursions d'observation des baleines, – macareux et phoques en prime (p. 322).

Tromsø Observation des baleines, en novembre et décembre (p. 333).

Evje Pour observer des élans au sud (p. 126).

Parc national du Femundsmarka Avifaune abondante et bœufs musqués, près de Røros et de la frontière suédoise (p. 143).

Runde Un des meilleurs endroits d'Europe du Nord pour observer des oiseaux marins migrateurs (p. 253).

V. BELOV/SHUTTERSTOCK ©

Tromsø (p. 329)

Sports d'hiver

Réputée pour ses activités estivales, la Norvège l'est aussi pour ses sports d'hiver. Beaucoup ont pour cadre le Grand Nord.

Motoneige, Svalbard Lancez-vous dans les plus belles étendues glacées de Norvège (p. 367).

Traîneau à chiens, Karasjok Prenez une leçon de conduite auprès d'un maître des huskies, à proximité de la capitale samie (p. 362).

Traîneau à chiens, parc national d'Øvre Dividal Une expérience inédite dans le Grand Nord sauvage (p. 339).

Rennes et traîneau à chiens, Tromsø Sentiers arctiques à deux pas de la frontière suédoise (p. 329).

Motoneige, Kirkenes Explorez la vallée de la Pasvik, de jour ou au clair de lune, le long de la frontière russe (p. 358).

Ski, Lillehammer Dévalez les pistes des Jeux olympiques de 1994 (p. 129).

Pêche au crabe royal, Kirkenes L'un des "sports d'hiver" de Norvège (p. 359).

Ski extrême, Åndalsnes Descendez des pentes raides fabuleuses dans la vallée de la Romsdalen (p. 247).

Routes panoramiques

La Norvège compte 18 itinéraires classés "routes touristiques nationales".

Route du Sognefjell, parc national du Jotunheimen Un parcours à couper le souffle sur le toit de la Norvège (p. 153).

Route côtière Kystriksveien La principale route le long de la mer, notamment entre Stokkvågen et Storvik (p. 292).

Trollstigen Cette "échelle du troll" est une étourdissante suite de virages en pente raide entre les fjords (p. 246).

Route de l'Aurlandsfjell Une montée rapide mais vertigineuse et abrupte, avec une vue imprenable sur les fjords (p. 225).

E10, îles Lofoten Elle dévoile les spectaculaires paysages qui font la renommée de l'archipel (p. 302).

Gamle Strynefjellsvegen Une des plus belles routes à l'ouest (p. 241).

D'Ulvik à Odda, Hardangerfjord Une route qui suit les rives du fjord, avec de beaux panoramas (p. 195).

Parc national des Rondane Le massif des Rondane est omniprésent (p. 148).

Senja Dans le Grand Nord, des paysages dignes des Lofoten, mais sans la foule (p. 340).

Églises en bois debout

Ces édifices évoquent le passé médiéval, avec leurs murs de bois surmontés de tourelles, et de fantaisies décoratives évoquant tantôt des créatures mythiques, ou la proue d'un navire viking.

Heddal, Notodden Étonnante envolée de fantaisie architecturale (p. 119).

Urnes Église inscrite au Patrimoine mondial de l'Unesco, sur les rives d'un fjord (p. 228).

Lom Un site idéal, à la convergence des vallées (p. 151).

Borgund L'une des églises les mieux préservées, avec un clocher médiéval (p. 222).

Fantoft, Bergen Émouvante reconstruction de l'église détruite par un incendie (p. 167).

Ringebu Charmante petite église nichée sur une colline boisée (p. 150).

Stordal Église banale de l'extérieur mais remarquable à l'intérieur (p. 249).

Histoire des Vikings

Les bras de mer des côtes sud et sud-ouest ont connu une activité intense à la période viking. De là appareillaient les longs bateaux partant à la conquête du monde occidental, avant d'y revenir chargés de butin. Mais on trouve des panneaux signalant les traces de l'héritage viking dans tout le pays.

Musée des Bateaux vikings Excellent musée à Oslo, organisé autour de deux navires vikings (Vikingskipshuset ; p. 55).

Kaupang Ruines d'une cité viking du IXe siècle (p. 101).

Île de Karmøy Fête et musées sur le thème des Vikings (p. 207).

Stiklestad Théâtre d'une bataille épique au XIe siècle qui a changé le cours de l'histoire des Vikings (p. 277).

Balestrand Passionnant site archéologique dans la région des fjords (p. 231).

Eidfjord Tumulus faciles d'accès sur un petit plateau au-dessus du fjord (p. 196).

Tønsberg La plus ancienne ville de Norvège, avec des tumulus de l'époque viking (p. 97).

Lindesnes Canal creusé par les Vikings, centre historique et peintures rupestres (p. 113).

Musée viking Lofotr Musée et site archéologique des Lofoten, riche d'histoire viking (p. 312).

Villages

Les bourgades souvent isolées ont formé depuis des siècles l'âme norvégienne, que ce soit le village de pêcheurs, le hameau sur les rives d'un fjord ou la petite ville minière de l'intérieur.

Røros Inscrite au Patrimoine mondial de l'Unesco, une ancienne colonie de mineurs aux splendides édifices en bois (p. 138).

Henningsvær Sur les îles Lofoten, un village de pêcheurs préservé (p. 308).

Sogndalstrand Un des plus beaux villages de bois, sur la côte sud (p. 116).

Nyksund Un ancien village de pêcheurs abandonné transformé en colonie d'artistes (p. 320).

Utne Un charmant village le long d'un fjord, abritant le plus vieil hôtel du pays (p. 200).

Solvorn L'un des plus beaux villages des fjords – moins visité (p. 229).

Nusfjord Un village bohème des Lofoten qui traduit bien l'esprit des îles (p. 314).

Reine Niché au milieu du décor extraordinaire des Lofoten (p. 190).

Aurland Son cadre naturel au bord du fjord est incomparable (p. 225).

Eidfjord Autre trésor des fjords, dominé par des montagnes vertigineuses (p. 196).

Vie urbaine

Souvent adossées à un cadre naturel grandiose, les grandes villes comptent nombre de musées et d'édifices remarquables. La population d'étudiants anime le centre souvent piéton.

Bergen La plus charmante et la plus cosmopolite des villes norvégiennes (p. 162).

Trondheim Une belle cathédrale, une délicieuse cuisine et une population étudiante très active (p. 266).

Ålesund Architecture Art nouveau dans un beau paysage côtier (p. 253).

Tromsø Au cœur de l'Arctique et pourtant animée (p. 329).

Stavanger Un port riche en musées, avec un charmant quartier historique (p. 209).

Oslo Capitale politique et culturelle du pays débordant d'excellents musées (p. 44).

Mois par mois

LE TOP 5

Festival des aurores boréales, janvier ou février

Pâques samies, mars

Festival international de Bergen, mai

Festival des sports extrêmes, juin

Moldejazz, juillet

Janvier

Malgré les températures glaciales, janvier est une période prisée des amateurs de motoneige, de traîneaux à chiens et d'aurores boréales. Dès la fin du mois, le soleil est de retour sur la majeure partie de la Norvège continentale.

Festival des aurores boréales

Ce phénomène naturel extraordinaire justifie à lui seul un voyage dans le nord de la Norvège en hiver. Profitez-en pour participer à des réjouissances terrestres, notamment au Festival des aurores boréales de Tromsø, fin janvier (p. 335).

Février

Le mois le plus froid de tout l'hiver est l'occasion idéale d'admirer les aurores boréales, de pratiquer des sports d'hiver et de participer à deux fêtes caractéristiques de l'esprit hivernal norvégien. Réservation recommandée en Norvège du Nord.

Polar Jazz

Au plus profond de la longue nuit arctique, le festival Polar Jazz du Svalbard, le plus septentrional du monde, rappelle que la vie ne s'arrête pas pendant l'hiver polaire. Début février (p. 374).

Rørosmartnan

Depuis des siècles, la plus grande fête hivernale du pays a lieu à Røros. Elle se déroule du mardi au samedi, l'avant-dernière semaine de février. Au programme des réjouissances : marchés, spectacles et manifestations culturelles (p. 140).

Semaine samie

Début février, les Samis, peuple indigène de Norvège du Nord, investissent la rue principale de Tromsø pour le championnat national de course de rennes (p. 335).

Mars

À mesure que les jours s'allongent, la Norvège sort de sa torpeur au rythme des festivals célébrant la fin de l'hiver ou mettant à l'honneur les activités norvégiennes traditionnelles. Une période prisée des voyageurs se rendant au Svalbard.

Borealis Alta et Finnmarksløpet

Le festival Borealis Alta a lieu dans la ville éponyme. Des concerts, entre autres événements culturels, célèbrent la fin de l'hiver. C'est également le début de la plus longue course d'endurance de traîneaux à chiens en Europe, la Finnmarksløpet (p. 343).

Pâques samies

Pâques marque la fin de la nuit polaire pour les Samis de Kautokeino. Les festivités incluent des mariages, des courses de rennes et le Grand Prix sami (concours de *joik* – poèmes chantés), entre autres manifestations traditionnelles (p. 365).

Sunfest

C'est à Longyearbyen, dans le lointain archipel du Svalbard, que l'obscurité hivernale dure le plus longtemps en Norvège. Pas étonnant donc que, pendant une semaine début mars, ses habitants célèbrent le Sunfest avec une telle ferveur (p. 374).

Avril

Avril offre une pause entre les festivités célébrant la fin de l'hiver et la frénésie de l'été norvégien. Les températures sont plus clémentes, et les touristes peu nombreux.

Stavanger Vinfest

Stavanger est l'archétype du port norvégien. Sa gastronomie est l'une des plus diversifiées du pays et, mi-avril, le Stavanger Vinfest célèbre l'amour de la cuisine et du vin (p. 211).

Nidaros Blues Festival

À Trondheim, ce festival de blues, l'un des principaux d'Europe du Nord, est le point d'orgue d'un mois plutôt tranquille. Grands noms internationaux et formations locales se succèdent sur scène (p. 272).

Mai

Dès le mois de mai, le printemps norvégien est bien installé : les températures remontent, les festivals de musique renommés débutent et les premiers touristes arrivent.

Alta Blues & Soul Festival

Fin mai début juin, l'Alta Blues & Soul Festival annonce l'été et sa cohorte de festivals musicaux. Des pointures internationales se retrouvent dans l'extrême Nord du pays (p. 343).

Festival international de Bergen

L'un des plus grands événements culturels du pays se déroule fin mai à Bergen durant deux semaines. Au programme, spectacles de danse, de musique et de folklore. Le festival est à la fois un événement international et un retour aux traditions (p. 169).

Jour de la Constitution

La fête norvégienne la plus populaire du pays est célébrée le 17 mai, avec une ferveur particulière à Oslo, où les habitants se rendent au Palais royal vêtus de costumes traditionnels.

Codstock

Henningsvær parvient à mêler fête de la morue et programme de musique de qualité lors du Codstock, mi-mai. C'est l'un des meilleurs festivals des Lofoten, d'autant qu'il échappe à la foule estivale (p. 308).

Natt Jazz Festival

Le calendrier culturel norvégien compte plusieurs festivals de jazz de renom, et celui de Bergen, qui accueille fin mai de grands noms du jazz, est très joyeux, notamment grâce à l'importante population estudiantine de la ville (p. 169).

Juin

C'est en juin que la saison touristique commence vraiment et il est préférable de réserver son hébergement. Quelques-uns des meilleurs festivals du pays ont lieu à cette période. Le temps est plutôt doux et ensoleillé, mais la pluie n'est jamais loin.

Festival des sports extrêmes

Les mordus d'aventure se retrouvent fin juin à Voss pour une semaine de chute libre, parapente, parachute ascensionnel et saut extrême sur fond de concerts de groupes locaux ou étrangers (p. 182).

Festival médiéval de Hamar

Les costumes d'époque, et les chants grégoriens, dans la cathédrale au toit de verre de Hamar, sont les points forts de ce petit festival prisé des habitants. Dans un décor splendide, il présente l'histoire ancienne de la Norvège sous un angle méconnu (p. 136).

Marathon du soleil de minuit

Pour participer à la course de 42 km la plus septentrionale du monde, rendez-vous à Tromsø fin juin. C'est sans doute le seul marathon où l'on peut voir des coureurs en pleine action à 5h du matin (p. 335) !

Norwegian Wood

Parmi les nombreux festivals de musique d'Oslo, celui-ci programme des groupes de rock internationaux et norvégiens. Ambiance excellente d'autant que l'été est tout proche (p. 66).

Festival viking

Début ou mi-juin, dans le sud-ouest, cœur viking de la Norvège, l'île de Karmøy devient un lieu d'évocation historique privilégié, où l'on peut participer à des festins, des défilés et des soirées de contes sous le signe des vikings (p. 208).

Observation des baleines dans les îles Vesterålen

S'il est parfois possible de partir observer les baleines depuis Andenes ou Stø dès fin mai, voire avant, les circuits quotidiens sont garantis en juin. Stars incontestées, les grands cachalots, mais également les dauphins-pilotes (p. 323).

Juillet

C'est la haute saison touristique dans l'ensemble du pays, avec le climat le plus agréable de l'année et les tarifs hôteliers les plus intéressants. Les sites touristiques peuvent être bondés : pensez à réserver votre hébergement.

Festival de jazz de Kongsberg

Second grand festival de jazz du pays, celui de Kongsberg attire pendant 4 jours de grands noms de la scène internationale. Il a lieu avant le festival de Molde, pour le plus grand plaisir des amateurs de jazz (p. 118).

Moldejazz

La Norvège compte de nombreux festivals de jazz mais avec ses 100 000 spectateurs, des artistes internationaux et une programmation d'une grande qualité, celui de Molde est de très loin le plus couru (p. 259).

Fête de saint Olav (Olavsfestdagene)

Commémorée dans tout le pays, la fête du saint préféré des Norvégiens est célébrée avec un faste particulier à Trondheim avec des marchés médiévaux, des processions, des costumes vikings, des concerts et un festival de gastronomie locale. À Stiklestad, c'est une commémoration historique de 5 jours qui rend hommage au saint (p. 272).

Août

Des festivals de musique en tout genre se succèdent en août, sous un ciel souvent clément. Les tarifs d'hébergement préférentiels de la saison haute sont encore en vigueur au moins jusqu'au milieu du mois. Pensez à réserver.

Festival international de musique de chambre

Si la plupart des festivals de musique norvégiens s'adressent à un public plein d'énergie, Stavanger se démarque en accueillant début août ce formidable festival. Certains concerts ont lieu dans l'élégante cathédrale de la ville (p. 211).

Festival international du film de Haugesund

L'industrie cinématographique nordique est à l'honneur durant ce festival qui se tient au cours de la seconde quinzaine d'août. En plus de présenter des productions internationales récentes, il coïncide avec l'équivalent norvégien des Césars, les Amanda Awards (p. 206).

Festival de blues de Notodden

Ce festival exceptionnel prouve que même les plus petites villes participent à l'engouement norvégien pour les festivals d'été. Notodden se réveille début août pour accueillir des pointures du blues et une foule de spectateurs venus du monde entier (p. 120).

Festival international de jazz d'Oslo

Cet excellent festival de jazz offre 6 jours de concerts à Oslo en août. Il est si réputé que nombre d'habitants de la ville partent en vacances en dehors des dates de l'événement pour pouvoir y assister (p. 66).

Rauma Rock

Le plus grand rassemblement musical du centre de la Norvège se tient à Åndalsnes début août. Tous les styles de musique, du rap au hard-rock, se succèdent pendant deux jours (p. 247).

Varangerfestivalen

Quoique éloignée des circuits touristiques habituels, Vadsø organise l'un des plus anciens festivals de musique du pays, le Varangerfestivalen, où se côtoient jazz, rock et musique du monde (p. 355).

Silda Jazz

Si la Norvège propose une belle gamme de festivals de jazz, le Silda Jazz de Haugesund est l'un des plus injustement sous-estimés. Suffisamment prestigieux pour attirer les grands noms, mais suffisamment à l'écart des itinéraires touristiques pour attirer un public surtout local, il vaut bien le détour jusqu'à la côte ouest (p. 206).

Øya Festival

Oslo accueille le plus grand festival norvégien de rock et de musique indé. Un des meilleurs festivals européens du genre et irréprochable sur le plan environnemental. Le plaisir sans culpabiliser, une combinaison gagnante (p. 66) !

Septembre

La foule des touristes a disparu, de même que les prix d'été attractifs. Certains hôtels et restaurants ont déjà fermé. En résumé, une période plus paisible mais aussi souvent plus onéreuse pour visiter le pays.

Foire agricole de Dyrsku'n

Le deuxième week-end de septembre, Seljord accueille le plus important marché traditionnel et la plus grande foire aux bestiaux du pays. Cette fête de la culture traditionnelle norvégienne attire chaque année 60 000 visiteurs (p. 125).

Festival international du film de Bergen

Ce festival, qui compte parmi les plus grands de Norvège, transforme la ville de Bergen en paradis des cinéphiles la dernière semaine de septembre, pendant laquelle tous les cinémas de la ville programment des films sous-titrés, dans un esprit résolument international (p. 169).

Octobre

L'été n'est qu'un lointain souvenir et, dès la fin du mois, la longue nuit polaire débute au Svalbard. Les températures chutent, et les hommes d'affaires sont désormais plus nombreux que les touristes.

Dark Season Blues

Fin octobre, à l'approche de l'interminable nuit polaire, Longyearbyen accueille un festival de blues réputé avec des concerts programmés et des jam-sessions (p. 374).

Festival de jazz de Lillehammer

Cette station de sports d'hiver, qui accueillit les Jeux olympiques, célèbre joyeusement la fin de l'été avec le dernier grand festival de jazz de l'année, début octobre (ou parfois fin septembre ; p. 133).

UKA

Entre octobre et novembre les années impaires, le plus important festival culturel du pays offre trois semaines de concerts, de pièces de théâtre et de festivités animés par les 25 000 étudiants de Trondheim (p. 272).

Novembre

Un mois calme pour le tourisme norvégien : le froid arrive, les jours raccourcissent et les activités hivernales n'ont pas encore commencé.

Observation des baleines à Tromsø

C'est généralement en novembre que les baleines arrivent dans les eaux de cette ville du Nord du pays. Baleines à bosse et orques sont souvent visibles, ainsi que d'autres espèces, jusqu'en janvier ou février (p. 333).

Décembre

L'hiver est là. Noël et le Nouvel An constituent le pic de la haute saison pour tous ceux qui souhaitent passer les fêtes dans le Nord – réservations indispensables. La plupart des activités hivernales battent leur plein.

Itinéraires

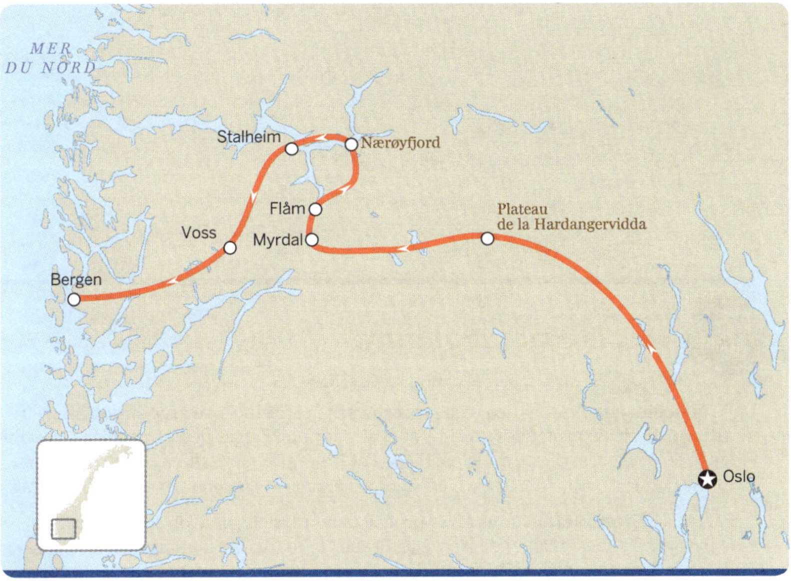

1 SEMAINE Un condensé de Norvège

Cet itinéraire commence par les multiples charmes d'Oslo, traverse des fjords spectaculaires et des étendues montagneuses du pays, pour finir par la belle Bergen. Il peut tout aussi aisément se faire en sens inverse.

Après deux ou trois jours consacrés aux musées et galeries d'**Oslo**, montez dans un train pour Bergen, sur l'une des lignes ferroviaires les plus spectaculaires du monde. À partir d'Oslo en effet, la voie grimpe doucement à travers forêts, plateaux et stations de ski jusqu'à la **Hardangervidda**, plateau à la beauté aride qui compte quantité de sentiers de randonnée et la plus importante concentration de rennes sauvages du pays. À **Myrdal**, prenez le train de la Flåmsbana jusqu'à **Flåm**, d'où des bateaux de croisière remontent l'incomparable **Nærøyfjord**. Continuez par Gudvangen, passez la nuit à **Stalheim** avant de repartir pour **Voss**, où les amateurs de sports extrêmes auront l'embarras du choix. Les trains vous conduiront ensuite à **Bergen**, sans doute la plus belle ville de Norvège : flânez sur son front de mer historique, escaladez les montagnes environnantes pour une vue panoramique, ou imprégnez-vous de l'ambiance des bars et restaurants qui caractérisent cette ville cosmopolite.

2 SEMAINES

La côte norvégienne

De Trondheim aux îles Lofoten, vous franchirez le cercle polaire arctique en longeant un littoral ciselé de profondes anses, ponctué d'innombrables îles, et peuplé de paisibles villages de pêcheurs. Une grande partie de cet itinéraire nécessite une voiture, mais l'express côtier Hurtigruten est à envisager, ne serait-ce que pour une ou deux étapes.

Partez de **Trondheim**, après avoir profité pendant deux ou trois jours de cette ville parmi les plus agréables de Norvège. Prenez la route vers le nord, en passant par **Hell**, puis arrêtez-vous à **Stiklestad**, lieu d'une importance capitale dans l'histoire norvégienne. Passez-y la nuit ou poursuivez jusqu'à **Rørvik**, où une fascinante exposition multimédia fait une excellente introduction à la vie côtière.

La célèbre route nationale 17, ou **route côtière Kystriksveien** (abrégée Fv 17), court vers le nord jusqu'à la pittoresque **Brønnøysund**, et un détour par le large vers l'île de **Vega**, classée au Patrimoine mondial de l'Unesco, est immanquable : prévoyez une ou deux nuits sur place. De retour sur le continent, continuez sur la Kystriksveien, splendide voie qui épouse le littoral et longe quelque 14 000 îles. La parcourir entièrement nécessite du temps, du fait des sections qui serpentent le long des criques, mais cela vaut indéniablement la peine. Comptez cinq jours pour en profiter pleinement, deux si vous êtes pressé. Prenez aussi le temps de faire un détour jusqu'au **parc national de Saltfjellet-Svartisen**, où découvrir le deuxième champ de glace du pays et des langues de glacier accessibles. La plus belle section de la Kystriksveien est celle qui relie Sandnessjøen à Storvik. C'est là que vous franchirez le cercle polaire arctique.

Parmi ses nombreux atouts, **Bodø** est le point de départ du ferry pour les **îles Lofoten**, qui pourraient justifier à elles seules une semaine de votre temps. Toutes ces îles valent la peine d'être explorées, tout comme leurs villages, surtout ceux de **Nusfjord** et d'**Å**, superbement préservés, à l'extrémité sud de Moskenesøy. Comptez 3 jours. Plus sauvage et bien moins fréquenté que les Lofoten, le bel archipel des **Vesterålen** mérite aussi que l'on s'y attarde deux jours. L'été, vous pourrez observer des baleines au large d'**Andenes** avant de poursuivre votre route jusqu'à **Narvik**, votre destination finale.

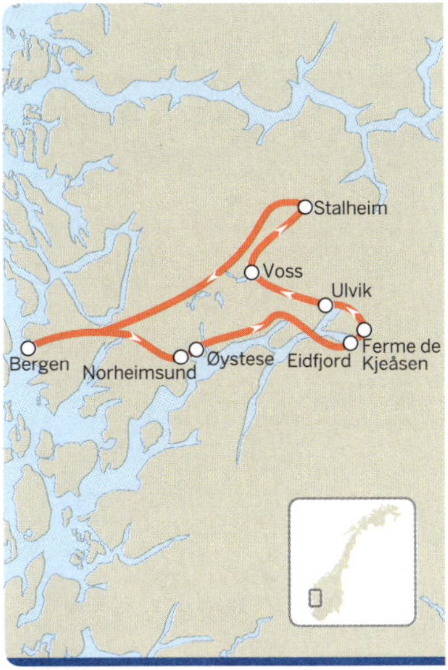

5 JOURS Un long week-end à Bergen

Bergen est l'une des destinations les plus prisées d'Europe du Nord pour les courts séjours. L'arrière-pays devrait vous inciter à faire une excursion d'un ou deux jours pour découvrir de superbes fjords.

C'est **Bergen** qui vous a amené ici, et vous serez fort occupé pendant deux jours, en profitant au mieux des musées, des bons restaurants, en faisant du shopping ou bien tout simplement en flânant dans les jolies rues de cette ville coquette.

Si explorer les environs de Bergen peut se faire par les transports en commun, mieux vaut louer une voiture et passer lors de votre troisième journée par **Norheimsund**, porte d'accès vers les panoramas du réseau du Hardangerfjord. Faites une pause à **Øystese**, pour une bonne dose d'art contemporain, puis passez la nuit à **Eidfjord**, bourgade spectaculaire. Le lendemain matin, après un détour par la **ferme de Kjeåsen**, prenez la route vers le village d'**Ulvik** pour une vue extraordinaire, déjeunez à **Voss**, puis conduisez vers **Stalheim** pour une autre vue spectaculaire. Après une randonnée matinale, revenez à **Bergen** à temps pour votre vol retour.

2 SEMAINES Le meilleur des fjords

Peu de sites naturels symbolisent autant un pays que les fjords de Norvège. Cet itinéraire, sinueux, à travers les fjords, avec un détour par le toit de la Norvège, est un des plus beaux d'Europe.

Commencez par **Stavanger**, à l'extrême sud. Après un ou deux jours, accordez-vous une journée d'excursion au **Lysefjord**, et faites l'ascension du Preikestolen (rocher de la Chaire). Une longue journée de route vers le nord vous mènera au Hardangerfjord, et à un chapelet de villages, dont **Utne** et **Eidfjord**. où vous passerez la nuit. Partez jusqu'à **Flåm** ; si vous avez encore de l'énergie, direction **Aurland** pour deux nuits avec une extraordinaire vue alentour. Serpentez vers le nord jusqu'à la jolie **Solvorn** sur le Lustrafjord, et prenez la route du Sognefjell à travers le **parc national du Jotunheimen**, puis passez la nuit à **Lom**, dont l'église en bois debout (*stavkirke*) jouit d'une situation idéale. Ensuite, dirigez-vous vers l'incomparable **Geirangerfjord**, par une autre route de montagne, la **Trollstigen ("échelle du Troll")**, descendez vers **Åndalsnes**, puis suivez la côte jusqu'à **Ålesund**.

2 SEMAINES Le Nord arctique

Depuis des siècles, le Grand Nord fascine les explorateurs. Cette immensité glacée inspire l'admiration réservée aux grands espaces déserts.

Ville universitaire de taille moyenne parmi les plus animées du pays, **Tromsø** saura vous séduire. Son musée polaire fait revivre l'esprit de l'exploration du Grand Nord ; sa cathédrale arctique évoque à merveille les paysages de ce territoire, et les sommets alentour permettent de pratiquer de nombreuses activités. N'hésitez pas à faire une journée de visites dans l'île de **Senja**. Dirigez-vous vers l'est jusqu'aux pétroglyphes d'**Alta**, puis jusqu'au **Nordkapp** : impossible d'aller plus au nord que ce "cap Nord" en Norvège sans prendre la mer. Ensuite, direction l'intérieur des terres jusqu'à **Karasjok** et **Kautokeino**, au cœur du pays sami. Une exploration du Nord arctique ne saurait être complète sans l'archipel du **Svalbard** : de retour à Tromsø, prenez un vol vers ces latitudes polaires, pour au moins 5 jours, pour aller explorer ces vastes étendues sauvages, parmi les plus reculées d'Europe.

1 SEMAINE Le cœur de la Norvège

Les étendues montagneuses du centre de la Norvège sont magnifiques. En voiture, vous pourrez sillonner les petites routes tranquilles de la région. Les cyclistes chevronnés suivront presque le même itinéraire pour un périple plus lent, tout aussi splendide.

Après deux jours à **Oslo**, direction **Lillehammer**. Située dans un cadre superbe, la ville, qui accueillit les Jeux olympiques d'hiver en 1994, demeure l'une des destinations les plus plaisantes du Centre. Après une nuit sur place, poursuivez vers le nord jusqu'à **Ringebu**, qui possède une des plus belles églises en bois debout du pays. Prenez la Rv 27, qui longe les massifs abrupts du **parc national des Rondane**, avant de continuer vers le nord-est en direction de **Røros**. Avec ses maisons en bois peint et son charme désuet, ce village classé à l'Unesco est l'un des plus enchanteurs de Norvège. Après une ou deux nuits à Røros, rendez-vous à **Trondheim** plus au nord. Cette agréable ville côtière, avec sa cathédrale éblouissante, son importante population étudiante et sa vie culturelle effervescente, mérite un séjour d'un jour ou deux.

Préparer son voyage

Sports et activités

Des randonnées d'été, parmi les plus belles d'Europe, aux sports d'hiver, tout bonnement fabuleux, la Norvège permet de pratiquer nombre d'activités et de sports hors du commun. Du néophyte tenté par un premier essai à l'aventurier aguerri habitué à sauter des falaises, chacun y trouvera exercice à sa mesure, dans un cadre de toute beauté.

Préparer son voyage

Quand partir

La pratique des sports de plein air, et extrêmes, se déroule principalement sur deux saisons, radicalement différentes. En dehors de ces périodes, la plupart des prestataires ferment boutique pour s'adonner à leur passion dans un coin du globe où le climat s'y prête.

La saison estivale dure de mi-juin à mi-août. Le nombre de voyageurs est alors suffisant pour assurer des départs réguliers et un planning d'activités plus fourni – randonnée, kayak, rafting, sports extrêmes (chute libre, parapente, parachute ascensionnel, etc.). Si le temps est clément, beaucoup d'organismes ouvrent à partir du mois de mai jusqu'à mi-septembre, voire la fin du mois.

De fin novembre ou début décembre jusqu'à début mars, les sports d'hiver et le traîneau à chiens sont rois.

Dans vos bagages

Les activités estivales nécessitent peu d'équipement, et les organisateurs de descentes en rafting ou en kayak, comme ceux qui proposent des sports extrêmes, vous fourniront le matériel adéquat.

La randonnée y fait exception. La plupart des randonneurs se lancent sur les itinéraires sans accompagnement, mais

Le top par activité

Itinéraire à vélo

La Rallarvegen (route des Terrassiers) de Finse jusqu'à Flåm, entre mi-juillet et mi-septembre.

Sport extrême

Le Para-bungy (saut à l'élastique depuis un parachute tracté !) à Voss, de mai à septembre. Mais à Voss, toute activité vous donnera des frissons.

Pêche au saumon

Tana Bru à l'est du Finnmark, de mi-juin à mi-août.

Randonnée sur glacier

Le Hardangerjøkulen sur le plateau de la Hardangervidda, accessible de juillet à août.

Randonnée

L'arête du Besseggen, dans le Parc national du Jotunheimen, de juin à août.

Sports d'hiver

Pistes de ski olympiques à Lillehammer, de décembre à avril.

Traîneau à chiens

Engholm's Husky à Karasjok, de décembre à mars.

même ceux qui participent à une randonnée organisée devront en général fournir leur propre équipement, notamment vêtements coupe-vent étanches et chaussures de marche.

En hiver, tout ce dont vous aurez besoin pour le sport – ski, snowboard, etc. – pourra être loué sur place. Quant à la motoneige et au traîneau à chiens, ils ne requièrent aucun matériel particulier, sauf des vêtements isolants.

Été

Air pur et paysages stupéfiants font de la Norvège en été un paradis des amoureux de la nature. Il y a de nombreuses façons de l'explorer : randonnée, vélo, kayak ou voile, pour n'en citer que quelques-uns, et d'autres moins répandus comme le paddle, la pêche en haute mer ou le surf en eaux froides. Les paysages sont trop attirants pour rester longtemps à l'intérieur.

Cyclotourisme

Que vous aspiriez à faire des balades tranquilles à vélo le long des rives plates des fjords, ou que vous soyez un cycliste chevronné adepte des ascensions de cols, la Norvège vous ravira.

Les simples promeneurs pourront louer du matériel auprès des offices du tourisme, de certains hôtels ou des magasins de cycles qui disposent aussi d'informations sur les pistes cyclables.

Documentation

La rubrique *Cycling in Norway* du site de l'office du tourisme norvégien (www.visitnorway.com/things-to-do/outdoor-activities/cycling, en anglais) donne un bon aperçu des itinéraires dans le pays, détaillés avec des cartes. Des prestataires sont répertoriés, qui prennent en charge la totalité d'un circuit avec location de matériel et accompagnement ou non.

Pour des parcours sans guide mais en groupe, consultez **Discover Norway** (☎917 25 200 ; www.discover-norway.no/sykkelturer-2).

Sports extrêmes

Un cadre naturel exceptionnel et des organismes très professionnels font de la Norvège une destination appréciée des amateurs de sensations fortes. De nombreuses possibilités s'offrent aux têtes brûlées comme à ceux qui rêvent de voir d'en haut des paysages spectaculaires. La grande majorité des sites sont regroupés dans la région des fjords, à l'ouest du pays.

Voss est la capitale norvégienne de l'adrénaline et l'un des centres mondiaux des sports extrêmes. Elle accueille fin juin le Festival des sports extrêmes (p. 182).

Destinations

Voici quelques sites parmi les meilleurs pour les montées d'adrénaline :

➡ **Voss** (p. 181) Parapente, parachute ascensionnel, un saut à l'élastique de 180 m depuis un parachute tracté (qui affirme être le plus haut d'Europe) et chute libre.

➡ **Rjukan** (p. 122) La plus haute station de saut à l'élastique (84 m), au sud de la Norvège.

➡ **Kjeragbolten, Lysefjord** (p. 217) BASE jump depuis les falaises à pic du Lysefjord, près du célèbre bloc erratique du Kjeragbolten.

Pêche

Les rivières et les lacs norvégiens attirent les passionnés de pêche à la ligne depuis le XIXe siècle. La pêche au saumon est l'attraction phare et, en juin et juillet, il n'y a pas de meilleur endroit pour s'y adonner que les rivières du Finnmark. Outre le saumon, 41 espèces de poissons vivent dans les quelque 200 000 lacs et rivières du pays. Dans le Sud, la saison de pêche bat son plein entre juin et septembre. Dans le Nord, elle court de juillet à août.

Pour ceux qui lisent l'anglais, le livre *Angling in Norway*, en vente dans les offices du tourisme (200 NOK), présente les meilleurs coins pour pêcher la truite

LE TOP 5 DU CYCLOTOURISME

➡ La route du Sognefjell, dans le parc national du Jotunheimen (p. 153)

➡ La descente grisante entre Finse et les rives de l'Aurlandsfjord jusqu'à Flåm par la Rallarvegen (p. 158)

➡ Les balades dans les superbes paysages accidentés des îles Lofoten (p. 309)

➡ La traversée du plateau de la Hardangervidda, près de Rjukan (p. 123)

➡ L'abrupte et spectaculaire route Snøvegen, au-dessus des fjords (p. 225)

et le saumon, et indique les tarifs comme la réglementation en vigueur.

La législation varie selon les localités mais, en règle générale, entre mi-septembre et novembre, les poissons de rivière de moins de 20 cm doivent être rejetés à l'eau ; entre août et mai, la limite passe à 30 cm. La pêche est proscrite dans un rayon de 100 m autour des fermes d'élevage de poissons ou à distance de câbles et de filets amarrés ou fixés à la rive. Il est interdit de pêcher avec des appâts vivants.

Un permis délivré à l'année est obligatoire pour les plus de 16 ans. Vendu dans les bureaux de poste, il coûte 286 NOK pour le saumon, la truite et l'omble chevalier. Consultez le site fiskeravgift.miljodirektoratet.no pour plus de renseignements. Pour pêcher sur des terrains privés, il vous faudra par ailleurs un permis local (100 à 550 NOK/jour) à acquérir auprès des magasins de sport, hôtels, campings ou offices du tourisme. Dans certaines régions, un certificat attestant de la désinfection du matériel de pêche (150 NOK) est exigé.

Coins de pêche

➡ **Tana Bru** (p. 354) Célèbre pour la pêche au saumon.

➡ **Lakselv** (p. 352) Pêche au saumon également, dans le Grand Nord.

➡ **Stabbursnes** (p. 353) Pêche au saumon.

➡ **Parc National Reisa** (p. 365) Pêche au saumon en particulier.

➡ **Maelström de Saltstraumen** (p. 301) Lieu de pêche prisé à la croisée de deux fjords.

➡ **Moskenesøy** (p. 315) Pêche en haute mer, au large des Lofoten.

➡ **Gjesvær** (p. 351) Expéditions près du Nordkapp (cap Nord).

➡ **Tromsø** (p. 333) Pêche sous la glace en hiver.

Randonnée sur glacier

La marche sur glacier est un des loisirs les plus inoubliables de Norvège, mais mieux vaut l'entreprendre avec un guide expérimenté. Voici certains de nos endroits favoris pour la pratiquer :

➡ **Glacier de Hardangerjøkulen sur la Hardangervidda** (p. 158) D'après certains, l'un des plus spectaculaires de Norvège.

➡ **Parc national du Folgefonna** (p. 203) Immense champs de glace avec plusieurs départs de randonnée sur glacier.

➡ **Nigardsbreen** (p. 237) De tous les bras du Jostedalsbreen, c'est le glacier le plus facile d'accès.

➡ **Parc national de Saltfjellet-Svartisen** (p. 287) Une des plus basses langues de glace d'Europe (et donc des plus accessibles), à la limite du cercle polaire.

➡ **Svalbard** (p. 372) Avec 60% de sa superficie couverte de glaciers, le Svalbard offre de multiples possibilités, notamment près de Longyearbyen.

Randonnée

Le réseau de chemins de randonnée norvégien compte parmi les meilleurs d'Europe. Près de 20 000 km de sentiers balisés sillonnent le pays, des promenades faciles en zone périurbaine aux longs itinéraires qui traversent des parcs nationaux et des étendues sauvages. La plupart sont entretenus par le DNT (Den Norske Turistforening ; p. 436) et sont signalés par des cairns ou par des "T" rouges, tous les 100 m ou 200 m.

La saison de randonnée dure de fin mai à début octobre, sauf en altitude et dans le Grand Nord où elle est beaucoup plus courte. Dans les régions montagneuses, la neige tient souvent jusqu'en juin et tombe à nouveau dès septembre. Beaucoup de circuits ne sont donc praticables qu'en juillet et août.

Documentation

Quelques ouvrages en français :

➡ *Randonnées en Norvège, 14 idées d'itinéraires* (Gyldendal, 2007)

➡ *Guide de randonnées du sud de la Norvège* (Rother, 2017)

➡ *Randonner aux îles Lofoten* de David Souris et Magdalena Brede (2017)

Et en anglais :

➡ *Mountain Hiking in Norway* (Erling Welle-Strand, 1993)

➡ *Walks and Scrambles in Norway* (Anthony Dyer, John Baddeley, Ian H. Robertson, 2006)

➡ *Walking in Norway* (Constance Roos, 2014)

➡ *From Beaches to Mountains : 38 walks and Hikes in the Stavanger Region* (Koninx Ute et Nicholson Rosslyn, 2016)

➡ *Norwegian Mountains on Foot* – édition anglaise du classique norvégien *Til Fots i Fjellet* (DNT)

Itinéraires de randonnée

La Norvège compte d'innombrables possibilités de randonnées. Voici nos 10 préférées :

➡ **Aurlandsdal** p. 225) Randonnée historique de 4 jours sur les traces d'anciennes routes commerciales entre Geiteryggen et Aurland.

➡ **Parc national de Dovrefjell-Sunndalsfjella** (p. 146) Un parc abritant une faune d'une étonnante diversité, avec, pour joyau, le massif du Knutshøene.

➡ **Parc national de Saltfjellet-Svartisen** (p. 287) Des itinéraires à l'atmosphère spectaculairement arctique, entre calottes glaciaires et plateaux pelés.

➡ **Parc national de Stabbursdalen** (p. 353) Aucune route, mais des sentiers traversant des canyons glaciaires et la forêt de pins la plus septentrionale du monde.

➡ **Parc national des Rondane** (p. 148) Moins fréquenté que le Jotunheimen mais tout aussi grandiose.

MATÉRIEL DE RANDONNÉE À PRÉVOIR

Été

- ☐ De solides chaussures de marche ; si vous vous rendez au Svalbard, prévoyez des chaussures de marche montantes (au genou) en caoutchouc.
- ☐ Un bon sac de couchage – même en été, le temps peut changer rapidement.
- ☐ Des vêtements chauds, dont une veste, un pull, un anorak ou un coupe-vent (y compris l'été).
- ☐ Un drap ou "sac à viande" : la plupart des refuges prennent un supplément pour le linge de lit.
- ☐ Une tente légère mais solide.
- ☐ De l'antimoustique.
- ☐ Un petit réchaud.
- ☐ Un masque de sommeil, pour les nuits d'été sans obscurité.
- ☐ Une carte de membre du DNT (Den Norske Turistforening ; p. 436).
- ☐ De bonnes cartes topographiques.

Hiver

- ☐ Des bottes chaudes (si possible avec épaisse doublure en laine) permettant de porter deux paires de chaussettes .
- ☐ Au moins un ensemble de sous-vêtements longs (collant et sous-pull en matière "technique", en polypropylène par exemple – pas de coton).
- ☐ De nombreuses paires de chaussettes légères en synthétique (polypropylène) et épaisses en laine (pas de coton).
- ☐ Des chemises en flanelle ou polypropylène.
- ☐ Des pantalons de marche en tissu imperméable aéré et coupe-vent (Gore-Tex, par ex.).
- ☐ Un pull en polaire.
- ☐ Une veste imperméable et coupe-vent à capuche, suffisamment grande pour se superposer à plusieurs couches de vêtements.
- ☐ Une cagoule en laine, fourrure ou polaire, pour protéger le visage et un chapeau coupe-vent pour la tête et les oreilles.
- ☐ Une longue écharpe en laine.
- ☐ Une paire de moufles en laine et une autre coupe-vent et imperméable.
- ☐ Un tapis de sol gonflable.
- ☐ Un duvet en plumes ou en synthétique convenant aux températures polaires si vous comptez camper.
- ☐ Un couteau de poche.
- ☐ Une lampe de poche ou frontale et des piles de rechange.

➡ **Parc national du Femundsmarka** (p. 143) Entre lacs et forêts, l'habitat des bœufs musqués, près de la frontière suédoise et de Røros.

➡ **Parc national du Jotunheimen** (p. 153) Première destination de randonnée en Norvège, avec quantité d'itinéraires et d'incomparables sommets.

➡ **Plateau de la Hardangervidda** (p. 157) Ce splendide plateau, territoire des rennes, est quadrillé d'innombrables sentiers.

➡ **Trollstigen** (p. 246) La spectaculaire chaîne de Trollstigen permet des treks extraordinaires.

➡ **Trollheimen** (p. 145) Montagnes et lacs d'altitude pour des randonnées inoubliables.

Kayak

Le kayak a tendance à être éclipsé par des activités plus en vogue, tels le rafting et les sports extrêmes. C'est pourtant une occasion incomparable de parcourir les cours d'eau norvégiens sans être entouré d'une foule de voyageurs.

Parcours

Les meilleurs sites de kayak en Norvège sont essentiellement (mais pas uniquement) concentrés autour des fjords de l'Ouest, où de nombreux organismes proposent des excursions guidées. Il est en outre souvent possible de louer des kayaks et tout l'équipement nécessaire dans les campings et offices du tourisme à proximité des fjords.

Les sites suivants figurent parmi les meilleurs pour la pratique du kayak :

➡ **Parc national du Jostedalsbreen** (p. 234) Excursions combinant kayak et randonnée pour s'approcher d'un glacier.

➡ **Svalbard** (p. 372) et **îles Lofoten** (p. 302) Pagayez dans les eaux glacées de l'extrême Nord.

➡ **Île Langøya, îles Vesterålen** (p. 319) Des cours pour débutants ou kayakistes confirmés sont proposés en juillet, pendant la Course arctique de kayak de mer (170 km).

➡ **Voss** (p. 182) Excursions d'1 à 3 jours sur le splendide Nærøyfjord.

➡ **Flåm** (p. 222) Un bon moyen de s'éloigner de la foule dans l'un des plus beaux fjords de Norvège, qui est aussi l'un des plus fréquentés.

➡ **Geiranger** (p. 250) Excursions en kayak le long de la côte au départ d'un lieu extraordinaire.

➡ **Lustrafjord** (p. 228) Promenade en kayak de 4 heures sur ce ravissant bras du Sognefjord.

Escalade et alpinisme

L'incroyable topographie verticale de la Norvège en fait un véritable paradis des grimpeurs amateurs de falaises, de glace ou de hauts sommets. Dans ce domaine, le pays est sans doute la destination la plus variée d'Europe malgré des conditions climatiques extrêmes qui imposent une bonne maîtrise technique et des restrictions strictes et qui limitent considérablement la saison. La région des fjords de l'Ouest est la plus appréciée des grimpeurs émérites.

Documentation

Ceux qui lisent l'anglais pourront parcourir le grand classique *Climbing in the Magic Islands*, d'Ed Webster, qui décrit la plupart des voies praticables sur les îles Lofoten. Concret, l'ouvrage *Scandinavian Mountains*, de Peter Lennon, présente les meilleurs endroits du pays en matière d'escalade.

Pour en savoir plus sur l'alpinisme en Norvège, contactez le **Norsk Tindeklub** (☎91 38 44 19 ; www.ntk.no). Aux Lofoten, essayez l'école d'escalade Nord Norsk Klatreskole (p. 308).

Sites

Les grimpeurs sur glace trouveront leur bonheur à Rjukan. Pour les autres, les sites prisés incluent :

➡ **Trollveggen ou Romsdalshorn, Åndalsnes** (p. 247) Les plus belles voies d'escalade de Norvège. Åndalsnes accueille le célèbre festival d'alpinisme Norsk Fjellfestival (p. 247), début juillet.

➡ **Alpes de Lyngen** (p. 339) De bonnes opportunités d'escalade et d'alpinisme, réservées aux grimpeurs confirmés et autonomes.

➡ **Uskedalen** (p. 204) Situé non loin de Rosendal, un célèbre lieu secret, bien gardé dans la communauté des grimpeurs.

➡ **Lofoten** (p. 308) Une école d'escalade réputée organise des expéditions dans les vertigineuses falaises des îles.

Ski

De nombreuses pistes de fond restent enneigées douze mois par an, et certains domaines skiables permettent de pratiquer le ski alpin et de fond en été, parmi lesquels :

- **Station de ski d'été de Stryn** (p. 240) Le plus grand des *sommar skisenter* norvégiens, avec de bonnes pistes de ski alpin et de fond.
- **Fonna Glacier Ski Resort** (p. 203) Un domaine réputé en altitude, sur les champs de glace de la région des fjords du Sud-Ouest.
- **Station de ski d'été du Galdhøpiggen** (p. 155) Dominée par les plus hauts sommets de Norvège malgré ses 1 850 m d'altitude, c'est l'une des plus jolies stations de ski. Elle est inaccessible au plus fort de l'hiver.

Rafting

De mi-juin à mi-août, les rapides et les eaux glacées du centre de la Norvège sont propices au rafting. De nombreuses agences organisent des sorties en eau vive qui garantissent de belles sensations, principalement au centre du pays. Tous les niveaux sont représentés, de courtes expéditions faciles de classe II, des turbulences de classes III et IV et de folles virées de classe V. Les tarifs incluent tout l'équipement nécessaire.

Norges Padleforbund (carte p. 63 ; www.padling.no ; Sognsveien 73, Oslo) fournit une liste complète des organismes spécialisés en Norvège.

Les endroits les plus courus pour le rafting sont :

- **Heidalen, Sjoa** (p. 150)
- **Setesdalen, Evje** (p. 126)
- **Drivadalen, Oppdal** (p. 144)
- **Voss** (p. 181)
- **Parc national du Jostedalsbreen** (p. 234)

Hiver

Le ski est l'activité phare, aussi bien en tant que loisir que comme mode de déplacement, alors que dans le Grand Nord et sur l'archipel du Svalbard, c'est plutôt la motoneige qui l'emporte. Le traîneau à chiens est un autre attrait majeur.

Traîneau à chiens

Les Norvégiens utilisent la force de traction des chiens depuis des temps immémoriaux, et peu d'activités semblent aussi authentiquement nordiques qu'apprendre à commander son propre attelage à grands renforts de "mush ! mush !". Glisser sur la neige dans le silence et les merveilleux paysages d'hiver : difficile de faire plus magique.

Les excursions vont d'une promenade d'une demi-journée à une expédition de plusieurs jours avec nuits dans des refuges isolés (avec beaucoup de chance, vous verrez peut-être une aurore boréale). En fonction du nombre de participants, la plupart des organismes vous proposeront d'être le *musher* de votre propre traîneau (après une petite initiation préalable) ou de vous laisser conduire afin de profiter pleinement du paysage qui défilera sous vos yeux.

Il existe plusieurs longues courses de chiens de traîneau en Norvège, où on peut voir les professionnels en action. La plus longue, la Finnmarksløpet (p. 343), se déroule en mars, avec plus de 150 attelages qui parcourent jusqu'à 1 000 km dans la neige et la glace du nord du pays.

L'ALLEMANNSRETTEN

En Norvège, toute personne désireuse de camper ou de randonner doit comprendre ce que signifie l'*Allemannsretten* (littéralement, le "droit de chaque homme", mais plus exactement "le droit de libre accès à la nature"). Associée à la Friluftsleven (loi moderne sur les loisirs de plein air), cette loi millénaire permet à chacun de :

- camper là où il veut pendant 2 jours au maximum, à condition d'être à plus de 150 m d'une habitation (l'idéal consistant à être plus loin et hors de vue) ;
- randonner et skier dans les étendues sauvages non cultivées, ou même dans les champs et les prairies, sous réserve qu'ils ne soient ni en culture ni à proximité d'une maison ;
- se promener à vélo ou à cheval sur tous les sentiers et les routes ;
- naviguer en canoë, en kayak, en barque ou en bateau à voile sur toutes les rivières et les lacs.

Ces libertés imposent aussi des responsabilités, et notamment l'obligation de respecter l'interdiction de faire du feu entre le 15 avril et le 15 novembre et de laisser les sites naturels et culturels intacts, comme on les a trouvés.

Destinations

Le traîneau à chiens est surtout pratiqué dans le haut Arctique norvégien. Røros, au centre du pays, est aussi une bonne option.

➡ **Karasjok** (p. 362) Sven Engholm (vainqueur de la Finnmarksløpet à 11 reprises !) et son équipe proposent d'extraordinaires expéditions plus ou moins longues.

➡ **Parc national d'Øvre Dividal** (p. 339) Expéditions de plusieurs jours dans des régions isolées.

➡ **Svalbard** (p. 373) Les paysages les plus spectaculaires du Svalbard sont ceux que l'on atteint en traîneau à chiens.

➡ **Alta** (p. 343) Possibilité d'excursions de 3 heures à 5 jours, non loin d'Alta.

➡ **Røros** (p. 140) Expéditions allant de quelques heures à quelques jours, dans un des coins les plus froids de Norvège.

➡ **Tromsø** (p. 333) Périples durant jusqu'à 4 jours, depuis l'île de Kvaløya, au sud de la ville. Traîneau tiré par des rennes également.

➡ **Kirkenes** (p. 359) Surtout de courtes expéditions, avec possibilité de trajets plus longs.

Ski

Le mot “ski” vient du norvégien. De plus, des gravures rupestres vieilles de plusieurs milliers d'années figurant des chasseurs à skis tendent à prouver que ce sport trouve son origine en Norvège. Le ski est aujourd'hui un loisir national.

Ski de fond

Le ski de fond (ou ski nordique) peut se pratiquer sur des milliers de kilomètres de pistes entretenues. Une étude attentive du tracé des circuits s'impose néanmoins avant toute sortie à skis de fond ; les pistes sont signalées par un code de couleur sur les cartes et les panneaux. Pensez à prendre des vêtements adaptés, suffisamment de vivres et d'eau, une trousse de secours avec des allumettes et de quoi vous réchauffer. Si vous êtes venu sans équipement, vous pourrez en louer sur place.

La plupart des villes et villages possèdent une ou plusieurs pistes éclairées. Ailleurs, il vaut mieux se munir d'une bonne lampe torche, indispensable en hiver. En décembre et janvier, le Grand Nord ne voit même jamais le jour. La saison de ski s'étend de début décembre à avril. Les conditions d'enneigement varient grandement d'une année à l'autre et selon les régions, mais février-mars et les vacances de Pâques sont en général les meilleures périodes (et aussi les plus courues).

Ski alpin

La Norvège compte des dizaines de stations de ski. Cela dit, le ski alpin est une activité coûteuse, en raison du prix des forfaits, de la location du matériel et de l'hébergement. Au printemps, la saison se prolonge plus longtemps que dans les Alpes, et la neige y est meilleure.

Documentation

L'office du tourisme norvégien (p. 438) édite chaque année une brochure pratique : *Skiing in Norway*.

Destinations

La liste des meilleures stations de ski, qui sont aussi les plus populaires, inclut :

➡ **Lillehammer** (p. 129) Pour descendre les pistes des Jeux olympiques d'hiver de 1994.

➡ **Trysil** (p. 137) Le plus grand domaine skiable du pays, avec des pistes pour tous les goûts et tous les niveaux.

➡ **Holmenkollen, Oslo** (p. 64) Près de 2 400 km de pistes de fond, éclairées pour la plupart.

➡ **Geilo** (p. 158) Avec des remontées mécaniques à deux pas de la ligne de chemin de fer Oslo-Bergen.

➡ **Voss** (p. 181) De bonnes pistes sur les montagnes de Stølsheimen, qui surplombent Voss.

➡ **Myrkdalen** (p. 184) L'une des stations de ski les plus récentes de Norvège, près de Voss.

➡ **Hovden** (p. 127) Une station de sports d'hiver prisée, au cœur de l'arrière-pays du Sud norvégien.

LE VIRAGE DU TELEMARK

La région norvégienne du Telemark a donné son nom à l'harmonieux virage (“virage télémark”) qui a fait la popularité du ski nordique dans le monde entier. Au ski de fond, seul l'avant du pied est attaché au ski, le talon restant libre. Pour tourner, le skieur fléchit donc un genou, l'autre jambe restant droite. Les skis alignés l'un derrière l'autre permettent au skieur de tourner élégamment dans la direction du genou plié.

IMPORTANCE DE LA MÉTÉO

Avant de partir en randonnée dans une zone exposée aux intempéries, consultez les prévisions météorologiques locales (www.yr.no/nb). Cette précaution s'impose particulièrement si vous pratiquez la randonnée ou le ski de fond. Les accidents ne sont pas rares lorsque tempête de neige et de brouillard givrant se lèvent. Seuls juillet et août garantissent vraiment des conditions favorables. Et même à cette période, attendez-vous toujours à un brusque changement de temps et faites très attention aux avalanches, particulièrement fréquentes dans le Jotunheimen et possibles dans toutes les régions montagneuses. Ne vous aventurez jamais sur les glaciers si vous êtes inexpérimenté et n'avez pas d'équipement adéquat. Écoutez les habitants, qui comprennent mieux les conditions de leur région que le plus doué des randonneurs venus de la ville. S'ils vous conseillent de ne pas partir, ne tentez pas le diable.

➡ **Tromsø** (p. 333) Le meilleur choix dans le Grand Nord, avec de nombreux opérateurs expérimentés.

Motoneige

Si d'aucuns reprochent à la motoneige d'être polluante et bruyante, la vie dans le Grand Nord arctique serait tout simplement impossible en hiver sans ce moyen de transport. La motoneige permet en outre aux voyageurs de parcourir des distances largement supérieures aux possibilités offertes par le traîneau à chiens. Dans le Nord subpolaire du pays, au Svalbard, la motoneige est le principal moyen de transport en hiver.

Vous serez la plupart du temps à l'arrière de la motoneige pilotée par un conducteur expérimenté. Certains organismes vous proposeront (moyennant supplément) de prendre les commandes, à condition d'être titulaire d'un permis de conduire.

Destinations

La motoneige se pratique essentiellement dans le Grand Nord et le Svalbard. Quelques suggestions :

➡ **Svalbard** (p. 372) La meilleure destination pour pratiquer la motoneige, avec des pistes vous menant dans les profondeurs de l'île principale de Spitzberg. Le statut du Svalbard, zone sauvage protégée, implique un certain nombre de restrictions dans les itinéraires.

➡ **Kirkenes** (p. 359) Excursions de jour comme de nuit dans la superbe vallée de la Pasvik, entre la Finlande et la Russie.

➡ **Alta** (p. 343) Un des principaux centres de motoneige en Norvège continentale.

➡ **Tromsø** (p. 333) De bonnes pistes aux abords de la capitale du Nord.

Raquettes

Comme nombre de sports d'hiver, la pratique des raquettes est une activité de loisir inspirée d'un mode de déplacement ancestral dans les régions enneigées. La lenteur inhérente à cette activité ne permet pas de couvrir de longues distances, et nous recommandons de la réserver à de courtes promenades, les longues excursions pouvant être épuisantes.

Dans tout le Nord arctique, les hôtels ou organismes qui proposent des activités hivernales louent également des raquettes, et certains organisent des excursions à Narvik (p. 289), à Tromsø (p. 333) et dans les îles Lofoten (p. 302).

Tour-opérateurs

TO norvégiens

De nombreuses agences norvégiennes proposent des activités et des excursions. Bien qu'il soit parfois possible de s'inscrire à une expédition une fois sur place, nous vous recommandons de contacter les agences à l'avance, surtout pendant les hautes saisons d'été et d'hiver. Sinon, vous risquez de ne pas obtenir de places aux dates qui vous conviennent. Il est possible de passer par les offices du tourisme locaux pour contacter les agences.

TO internationaux

De nombreuses agences basées hors de Norvège proposent des voyages organisés sur le thème de l'aventure ou d'activités sportives. Le prix de ces expéditions inclut généralement le transport, l'hébergement, la pratique des activités et, parfois, l'équipement. Le manque de flexibilité est alors compensé par la simplicité.

Préparer son voyage

Voyager avec des enfants

Réputée à l'étranger pour la qualité de vie dont jouissent ses familles, la Norvège est une destination propice pour voyager avec des enfants. La plupart des hôtels, restaurants, musées et sites touristiques sont aménagés pour les accueillir. Gardez à l'esprit que les temps de parcours sont souvent plus longs que ce que l'on imagine ailleurs.

Préparatifs

Tous les produits pour bébés comme le lait maternisé, les petits pots, le lait de vache ou de soja et les couches jetables sont disponibles en Norvège (dans les supermarchés, pharmacies et épiceries). Cependant, les prix sont plus élevés qu'ailleurs. On peut réduire le budget en amenant quelques produits indispensables.

Retrouvez nos renseignements et conseils dans le guide Lonely Planet *Voyager avec ses enfants*.

Hébergement

Beaucoup d'hébergements (hôtels, auberges de jeunesse, campings, etc.) louent des chambres familiales ou des bungalows pouvant accueillir une famille avec deux enfants. Les hôtels qui n'ont pas de chambres familiales fournissent souvent des lits supplémentaires et/ou des lits bébé moyennant un supplément.

La chaîne hôtelière Thon Hotels (www.thonhotels.no) fait des efforts notables pour accueillir les familles entre mi-juin et mi-août. Les chambres familiales s'affichent à partir de 1 200 NOK, prix exceptionnel pour la Norvège. La plupart des établissements de cette marque sont dotés d'une aire de jeux pour enfants.

Le top par régions

Oslo

Parcs et jardins, offre variée de musées, espaces ludique et pédagogique, les enfants ne risquent pas de s'ennuyer. Les jeunes enfants ne sont pas acceptés partout.

Centre de la Norvège

Les sites des Jeux olympiques d'hiver de Lillehammer sont adaptés aux familles, comme les activités dans les environs de Røros et les sorties pour observer élans et bœufs musqués.

Bergen et les fjords du Sud-Ouest

Quantité de choses à voir et à faire avec des enfants à Bergen et à Stavanger. Ailleurs, croisières dans les fjords, activités nautiques, musées interactifs et sites vikings.

Nordland

Observation des baleines dans les archipels des Vesterålen.

Le Grand Nord

Essentiellement des activités hivernales comme les balades en traîneau à chiens pour donner des frissons aux voyageurs de tous âges, et la "lumière du Nord", inoubliable.

Restaurants

Il est fréquent de voir des familles norvégiennes manger au restaurant, même haut de gamme, car tout est fait pour bien accueillir les enfants. La plupart des établissements proposent des menus enfants moins chers et moins copieux ; quand ce n'est pas le cas, ils acceptent souvent de servir des portions réduites. Beaucoup comptent en outre un espace pour changer le bébé et des chaises hautes.

Du fait du tarif élevé de la restauration, il peut être difficile de faire des repas équilibrés tous les jours, mais vous trouverez partout des hot-dogs, burgers et autres pizzas. Les supermarchés permettent de faire des provisions en vue d'un pique-nique, et beaucoup vendent des plats préparés.

Transports

Le système des transports publics norvégiens est exceptionnel. Vous pourrez voyager confortablement d'un point à un autre en train, bus, bateau touristique ou ferry, pour le plus grand plaisir de vos enfants.

Les enfants de moins de 4 ans voyagent en général gratuitement en bus et en train mais sans place dédiée (sur les genoux donc), et à moitié prix entre 4 et 15 ans (16 ans sur l'express côtier Hurtigruten). Certains trains longue distance disposent d'une voiture destinée spécialement aux familles, avec espace ludique.

Les loueurs de voitures louent des sièges pour enfants, mais il est indispensable de les réserver, surtout en été et le week-end.

Quand partir

Le meilleur moment pour visiter la Norvège avec des enfants est sans conteste la haute saison touristique, de mi-juin à mi-août. Les tarifs hôteliers sont alors plus avantageux pour les familles, tous les sites sont ouverts, et le climat est propice à des activités extérieures.

Si vous êtes en Norvège pendant la période des aurores boréales et des sports d'hiver, ne vous laissez pas décourager par le froid intense. L'hiver est une saison magique pour découvrir ce pays, le tout est de bien s'équiper (les familles norvégiennes, aussi, ont des enfants !).

À ne pas manquer avec des enfants

Musées

- **Musée des Bateaux vikings, Oslo** (Vikingskipshuset, p. 55) Bateaux vikings reconstitués.
- **Musée du Kon-Tiki, Oslo** (p. 57) Source d'inspiration pour les explorateurs en herbe.
- **Muséum d'histoire naturelle, Oslo** (p. 59) Animaux naturalisés de l'Arctique.
- **Musée archéologique, Stavanger** (p. 210) En été, activités sur le thème viking.
- **Musée norvégien du Pétrole, Stavanger** (Norsk Oljemuseum, p. 209) Le musée du Pétrole est l'un des plus interactifs de Norvège.
- **Musée norvégien des Enfants, Stavanger** (Norsk Barnemuseum, p. 210) Formidable aire de jeux couverte pour les plus petits.
- **Nordvegen Historiesenter, Karmøy** (p. 208) Musée d'interprétation de l'histoire viking.
- **Musée norvégien du Glacier, Fjærland** (Norsk Bremuseum, p. 234) Expositions thématiques et espaces dédiés.
- **Musée de l'Aviation norvégienne, Bodø** (Norsk Luftfartsmuseum, p. 298) Pour les amateurs d'avions.

Parcs à thème

- **Dyreparken, Kristiansand** (p. 109) À la fois zoo et parc à thème, à l'extrême sud du pays.
- **Hunderfossen Familiepark** (p. 136) Attractions aquatiques, trolls et palais de contes de fées.
- **Atlanterhavsparken, Ålesund** (p. 255) Ce "parc de l'océan Atlantique" est l'un des meilleurs aquariums d'Europe du Nord.
- **Aquarium de Bergen** (p. 166) Grand aquarium, accessible en bateau.
- **Aquarium des Lofoten, Kabelvåg** (p. 310) Phoques, otaries et autres espèces marines.
- **Sites olympiques, Lillehammer** (p. 129) Des simulateurs de descente à la piste de bobsleigh.
- **Polar Park, Setermoen** (p. 339) Excellent parc animalier dédié aux espèces polaires.

Navire *Gokstad*, musée des Bateaux vikings, Oslo (p. 55)

Activités

- **Rafting** Nombreux sites accessibles aux familles, dont Sjoa (p. 150).
- **Balades en traîneaux à chiens** À Røros (p. 140) dans le centre du pays, Tromsø (p. 333), au parc national d'Øvre Dividal (p. 339), Karasjok (p. 363) et dans le Svalbard (p. 373) en hiver ; traîneaux à roulettes l'été.
- **Ski** Lillehammer (p. 129), Trysil (p. 137), Voss (p. 182) et, en été, Stryn (p. 240).
- **Kayak** Circuits courts proposés aux familles, à Voss (p. 182), Svalbard (p. 372) et dans la région des fjords.

Observation de la faune

- **Observation des baleines** Découvrez les géants des mers sur la côte nord, au large d'Andenes (p. 323), de Stø (p. 319) et de Tromsø (p. 333).
- **Observation des bœufs musqués** Tentez de débusquer cet animal étonnant dans le parc national de Dovrefjell-Sunndalsfjella (p. 147) et dans les environs d'Oppdal (p. 144).
- **Observation des élans** Troupeaux élevés en liberté dans le sud et le centre de la Norvège, notamment à Oppdal (p. 144), Rjukan (p. 124) et Evje (p. 126).
- **Morses, rennes et renards polaires** Les excursions d'observation des morses complètent parfaitement la découverte de la faune du Svalbard ; on peut parfois observer des rennes et, plus rarement, des renards polaires dans la ville même de Longyearbyen (p. 372).

Autres pistes

- **Seljord** (p. 125) Le domaine des trolls et de Selma le serpent.
- **Soleil de minuit** (p. 398) Les journées sans fin, une expérience inoubliable.
- **Aurores boréales** (p. 398) Un des phénomènes naturels les plus mystérieux.
- **Express côtier Hurtigruten** (p. 447) Pour changer des longs trajets en voiture. Activités à bord pour les enfants.

Les régions en un clin d'œil

Oslo

Musées
Architecture
Activités

Bastion culturel

Des Vikings à Thor Heyerdahl, en passant par Henrik Ibsen, Oslo consacre quasiment un musée à chaque événement (ou personnage) historique ou culturel du pays.

Édifices remarquables

La réputation d'Oslo en matière d'architecture contemporaine a été renforcée par l'ouverture de son opéra, en 2008. Parmi les autres édifices de la ville, citons une forteresse du XIVe siècle, ainsi qu'un Parlement et un musée d'art contemporain.

Aux portes de la nature

Fuyez l'agitation urbaine pour profiter des étendues verdoyantes qui entourent Oslo. Les activités sont essentiellement regroupées autour du tremplin de saut à skis de Holmenkollen et de la forêt de Nordmarka.

p. 44

Le Sud

Festivals
Villages
Paysages

Festivals

La saison estivale voit les Norvégiens rejoindre le Sud. Ils y viennent bien sûr pour profiter des plages, des festivals et également des fêtes populaires qui animent alors les cités balnéaires de la région.

Villages de bord de mer

Les maisons de bois blanc sont caractéristiques des villages côtiers du sud de la Norvège. Grimstad, Lillesand et Risør sont parmi les plus charmants.

Au-delà des fjords

Outre les fameuses anses ponctuant la côte, qui abritaient autrefois les Vikings, le Sud compte d'autres trésors topographiques, dont les falaises du Jøssingfjord, les collines du Setesdal et le mont Gausta.

p. 96

Le Centre

Randonnée
Faune
Architecture

Randonnées en montagne

Le parc national du Jotunheimen abrite certains itinéraires les plus connus de Norvège, mais ceux de la Hardangervidda et des Rondane sont tout aussi spectaculaires.

Rennes et bœufs musqués

Les rennes sauvages peuplent le plateau de la Hardangervidda ; deux parcs nationaux du Centre abritent des bœufs musqués ; quant aux élans, vous les croiserez en de nombreux endroits.

Histoire dans le bois

Les églises en bois debout (*stavkirke*) de Lom et de Ringebu, la cité minière de Røros et le musée de Maihaugen, à Lillehammer, vous feront voyager au fil de l'histoire architecturale norvégienne.

p. 128

Bergen et les fjords du Sud-Ouest

Paysages
Villages
Villes

Fantastiques fjords

Le spectaculaire Hardangerfjord, aux rives tapissées d'arbres fruitiers, est moins visité que les fjords plus au nord. Vers le sud, le Lysefjord est digne d'une carte postale avec des points de vue uniques.

Villages intemporels

Certains des plus jolis villages de Norvège – dont Ulvik et Eidfjord – constituent aussi bon un point d'observation des fjords.

Magnifique Bergen

Entre mer et montagnes, Bergen est une belle ville, avec son ravissant quartier historique et sa vie culturelle intense. Stavanger est aussi pleine d'énergie.

p. 160

Les fjords de l'Ouest

Fjords
Plein air
Architecture

Fjords majestueux

L'ouest de la Norvège abrite des fjords sublimes, dont le Geirangerfjord, le Nærøyfjord, l'Aurlandsfjord, affluents du Sognefjord.

Imposant glacier

Outre des randonnées en montagne et des sorties en kayak, aventurez-vous sur les langues de glace du puissant Jostedalsbreen.

Art et architecture

Les plus belles églises en bois debout de Norvège – dont Stordal, Borgund, Urnes et Kaupanger – s'intègrent dans un décor de carte postale, entre fjords et montagnes. Au nord-est, l'Art nouveau de la ville d'Ålesund ne pourra que vous séduire.

p. 219

Le Trøndelag

Randonnée
Villes
Histoire

Voie sacrée

Arpentez le chemin des Pèlerins, qui ressuscite l'ancien itinéraire menant à Trondheim. Les sentiers qui sillonnent la région boisée de la Bymarka sont tout aussi réputés.

Fantastique Trondheim

Rivale de Bergen au titre de "ville la plus agréable de Norvège", Trondheim compte d'excellents musées, une scène gastronomique et culturelle florissante et de nombreux édifices remarquables.

Passé médiéval

Le Trøndelag est le berceau de l'histoire norvégienne. À Trondheim, la cathédrale de Nidaros est le plus vaste édifice médiéval de Scandinavie. Stiklestad, lieu du martyre de saint Olav, est aussi celui d'une importante bataille viking.

p. 265

Le Nordland

Paysages
Îles
Nature

Porte de l'Arctique

Que vous suiviez les méandres de la Kystriksveien ou la route de l'Arctique, il n'y a nulle part au monde de plus beaux passages vers l'Arctique. Sur ces deux routes, le cercle polaire ouvre sur des paysages à la beauté intense.

Côte dentelée

On dénombre plus de 14 000 îles au large du Nordland. L'archipel de Vega est constitué de nombreux *skerries*, les Vesterålen sont sauvages et peu visitées, tandis que les Lofoten forment sans doute l'archipel le plus spectaculaire d'Europe.

Baleines et glaciers

C'est au large d'Andenes et de Stø que l'on observe le plus facilement des baleines en Norvège. Dans les terres, le parc national de Saltfjellet-Svartisen est le deuxième plus grand champ de glace du pays.

p. 282

Le Grand Nord

Plein air
Culture samie
Paysages

Hiver arctique

Alors que le reste du pays hiberne, les habitants du Grand Nord s'élancent sur ses étendues neigeuses, à skis, en traîneau à chiens et à motoneige. Faites de même.

Territoire sami

Premiers habitants de Norvège du Nord, les Samis ont résisté à des siècles de persécution dans un milieu naturel hostile. Karasjok et Kautokeino sont les bastions incontestables de leur culture.

Côte et cathédrales

Des parcs nationaux isolés de l'intérieur du pays aux splendeurs côtières de Senja, des Alpes de Lyngen et du cap Nord, les paysages arctiques escarpés de Norvège ont inspiré les voyageurs autant que les architectes.

p. 328

Le Svalbard

Plein air
Paysages
Faune

Aventure

Traîneau à chiens et motoneige en hiver, randonnée, croisières et kayak en été, toutes les activités sont possibles pour explorer la nature sauvage du Svalbard.

Nature gelée

Les paysages du Svalbard sont sublimes. Espaces montagneux, champs de glace à perte de vue et fjords désolés, l'archipel renferme certaines des plus belles zones sauvages d'Europe.

Faune polaire

Le Svalbard n'a pas d'égal pour l'observation de la faune arctique. Ours, morses, baleines, rennes, renards polaires et autres animaux se partagent ce territoire qui abrite également plus de 160 espèces d'oiseaux.

p. 367

Sur la route

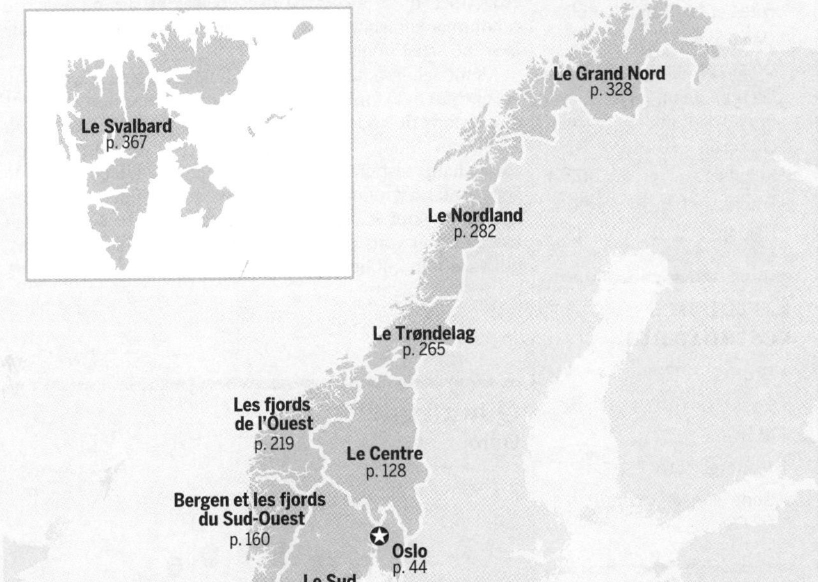
Le Svalbard
p. 367
Le Grand Nord
p. 328
Le Nordland
p. 282
Le Trøndelag
p. 265
Les fjords
de l'Ouest
p. 219
Le Centre
p. 128
Bergen et les fjords
du Sud-Ouest
p. 160
Oslo
p. 44
Le Sud
p. 96

Oslo

666 760 HABITANTS

Dans ce chapitre ➡

Le top des restaurants

- Brutus (p. 77)
- Bass Oslo (p. 75)
- Maaemo (p. 71)
- Pjoltergeist (p. 75)
- Sentralen Restaurant (p. 69)

Le top des hébergements

- Saga Poshtel Oslo (p. 67)
- The Thief (p. 67)
- PS: Hotell (p. 68)
- Comfort Hotel Grand Central (p. 67)
- Lysebu Hotel (p. 69)

Pourquoi y aller

Nichée entre les montagnes et la mer, Oslo est une ville dense, chaleureuse, où se marient culture et divertissement. La capitale sait se réinventer et enregistre la plus forte croissance d'Europe. Avec des musées et des galeries de renommée internationale, Oslo s'est également imposée sur la scène artistique européenne.

Même ici, la nature est parvenue à laisser sa trace : Oslo est entourée de forêts, de collines et de lacs, qui sont autant d'occasions de s'adonner à la randonnée, au vélo, au ski ou au bateau. Ajoutez à tout cela des cafés et des bars animés, d'excellents restaurants, une vie nocturne variée allant de l'opéra au rock indé, sans oublier une importante population immigrée dont les cultures enrichissent cette palette déjà très riche, et vous obtiendrez une ville des plus enivrantes, qui vous fera oublier les fjords pour un moment.

Quand partir

Oslo

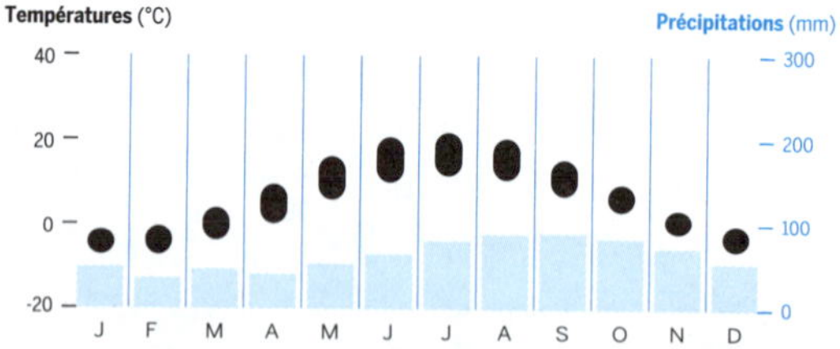

Avr-mai Les parcs sont en fleur, et la fête nationale attire les foules.

Juin Les jours sont plus longs, et le calendrier culturel bien rempli.

Déc Les premières neiges sont là ; marchés et concerts ressuscitent la magie de Noël.

À ne pas manquer

1 L'architecture surprenante de l'**Opéra d'Oslo** (p. 47), devant lequel il vous prendra peut-être l'envie de chanter.

2 Les œuvres étonnantes de l'audacieux **musée Astrup Fearnley** (p. 47), musée d'art contemporain.

3 Comprendre la passion des Norvégiens pour le café au **Tim Wendelboe** (p. 80), pionnier de la révolution du café scandinave.

4 Un voyage dans le temps au **musée des Bateaux vikings** (p. 55), aux navires vikings remarquablement bien conservés.

5 L'effervescence de la vie nocturne d'Oslo au **Blå** (p. 83).

6 *Le Cri* d'Edvard Munch au **Musée national** (p. 51).

7 Une promenade entre les sculptures contemporaines du parc boisé d'**Ekebergparken** (p. 61).

Histoire

Si les Vikings accostèrent bien un jour dans le fjord d'Oslo, l'histoire de la ville commence réellement à l'ère chrétienne, avec la construction d'une cathédrale et d'une forteresse au XIe siècle. La capitale norvégienne est aujourd'hui l'une des plus paisibles et ordonnées du monde, mais au fil des siècles, elle a subi de violents revers de fortune, entre destruction, oubli et conquêtes, reconstruction, réinvention et transformation fulgurante.

Oslo fut fondée en 1049 par le roi Harald Hårdråde (dit le Sévère), dont le fils Olav Kyrre (dit le Tranquille) construisit une cathédrale et établit un évêché. La première ville se trouvait sur la rive est de la baie de Bjørvika. À la fin du XIIIe siècle, alors qu'elle comptait environ 3 000 habitants, le roi Haakon V fit le choix stratégique d'ériger la forteresse d'Akershus (Akershus Festning) du côté ouest.

En 1349, la peste bubonique frappa Oslo, décimant, comme dans le reste du pays, la moitié de la population. S'ensuivit une période de transformation économique et sociale, durant laquelle l'Église perdit son pouvoir au profit des marchands de la Ligue hanséatique. En réaction à la montée de cette organisation de commerçants allemands, la Norvège forma une coalition avec le Danemark. Oslo ne devint plus qu'une capitale symbolique et, en 1624, elle fut détruite par un incendie.

C'est au roi danois Christian IV que l'on doit l'Oslo qu'on connaît aujourd'hui. Il fit rebâtir la ville au pied de la forteresse d'Akershus, afin qu'elle soit mieux protégée. Dans l'esprit de la fin de la Renaissance, elle fut dessinée sur le modèle d'une grille. Il la baptisa Christiania en son propre honneur.

Christiana s'épanouit à la fin du XVIIIe siècle, grâce à une industrie du bois florissante, à la construction navale, au commerce et à l'export de planches de bois. Elle ne regagna son statut de capitale officielle qu'à l'issue des guerres napoléoniennes, en 1814. Le roi Charles-Jean décida de bâtir le Palais royal en 1825, bien que le centre du pouvoir restât à Stockholm. De nombreuses institutions officielles de la ville furent construites à partir de cette époque, comme l'impressionnant siège du Parlement et la Banque de Norvège.

La nouvelle stabilité politique et l'industrialisation du pays entraînèrent une croissance démographique spectaculaire : de 10 000 habitants en 1814, la population d'Oslo passa à 230 000 habitants au tournant du siècle. L'urbanisation transforma le centre-ville et les quartiers alentour. Les rives de l'Akerselva furent bordées d'usines. Le boom économique prit subitement fin en 1899, mais l'épanouissement culturel et politique de la Norvège se poursuivit, avec des figures telles Henrik Ibsen et Edvard Munch, et d'autres noms moins connus, comme Sigrid Undset.

Finalement, en 1905, le roi suédois Oscar II fut contraint de reconnaître la souveraineté de la Norvège, abdiqua et restaura la monarchie constitutionnelle norvégienne : le trône revint à Haakon VII, qui fit du Palais royal sa résidence (ses descendants y vivent toujours). Christiania fut déclarée capitale du Royaume de Norvège et, en 1925, la ville reprit le nom d'Oslo.

En avril 1940, des navires allemands pénétrèrent dans l'Oslofjord, prétendant protéger la Norvège – encore neutre – des Britanniques. L'invasion qui s'ensuivit prit les Norvégiens de court, mais l'ensemble du Parlement et la famille royale parvinrent à fuir vers le nord. Les Allemands mirent en place un gouvernement fantoche dirigé par le fasciste Vidkun Quisling, dont le nom entra dans le vocabulaire norvégien comme synonyme de "collaborateur". Durant la guerre, l'Université d'Oslo fut un haut lieu de la résistance : un groupe d'étudiants y mena une importante opération secrète de collecte de renseignements et des actions de désobéissance civile y virent le jour, comme celle consistant à arborer un trombone en signe d'opposition à l'occupation nazie.

Après la guerre, Oslo absorba les villes alentour, des banlieues apparurent et la vaste capitale arborée que nous connaissons se développa. Malgré son essor, elle restait alors pour beaucoup une ville en friche. Cela changea avec la découverte du gisement de pétrole d'Ekofisk sur le plateau continental norvégien, au sud-ouest de Stavanger, dans la mer du Nord : l'économie décolla, et la Norvège, qui était parmi les pays les plus pauvres d'Europe, devint l'un des plus riches, tandis qu'Oslo se transformait en l'une des villes les plus prospères du monde.

À voir

Que vous soyez amateur d'art ou de littérature, passionné d'histoire ou de sports, ou tout simplement curieux, Oslo possède sans doute un musée qui vous intéressera.

La plupart se concentrent autour du centre-ville, mais un certain nombre se trouvent également sur la péninsule de Bygdøy. Les quartiers de Frogner et Sofienberg abritent également des lieux intéressants à visiter. Les collections exposées dans la capitale sont souvent des trésors du patrimoine national, mais Olso compte aussi de superbes collections privées et des maisons-musées aussi fascinantes qu'intimes.

Centre d'Oslo

Opéra d'Oslo ARCHITECTURE

(Den Norske Opera & Ballett ; carte p. 48 ; ☎21 42 21 21 ; www.operaen.no ; Kirsten Flagstads plass 1 ; hall en accès libre ; visites guidées en anglais (50 min, adulte/enfant 120/70 NOK) ; Ⓣ Sentralstasjonen). Ce magnifique opéra, résidence de l'Opéra et ballet national de Norvège, est la pièce maîtresse du front de mer d'Oslo, qui connaît un développement fulgurant. Conçu par le cabinet d'architectes norvégien Snøhetta, c'est l'une des constructions les plus emblématiques de Scandinavie. Le bâtiment, qui évoque un glacier flottant sur les eaux du fjord, a coûté quelque 500 millions d'euros et a ouvert en 2008. Son esthétique est une réflexion sur la notion de monumentalité, un questionnement sur la noblesse de la production culturelle, la place unique de la Norvège dans le monde et le dialogue entre vie publique et expérience personnelle.

L'édifice mérite que l'on s'y attarde. Si vous disposez de peu de temps, ne manquez pas de monter sur le toit, qui offre une superbe vue sur la ville. Conçu comme un patchwork de marbre, il rappelle que l'Opéra est une prouesse architecturale qui ne se résume pas à la somme de ses parties. L'intérieur en bois évoque la nature norvégienne, tandis que le luste central circulaire illuminé par des LED rappelle la pleine lune. Pour profiter pleinement de l'intérieur du bâtiment, prenez part à une visite guidée (p. 65).

En visitant le bâtiment, il est parfois facile d'oublier que ce n'est pas seulement une curiosité touristique, mais que son rôle premier est de présenter des opéras et des ballets de renommée mondiale (programmation sur le site Internet). Le prix des places varie entre 150 et 800 NOK.

Musée Astrup Fearnley ART CONTEMPORAIN

(Astrup Fearnley Museet ; carte p. 56 ; ☎22 93 60 60 ; www.afmuseet.no ; Strandpromenaden 2 ; tarif plein/réduit 130/90 NOK, gratuit avec l'Oslo Pass ; ⏲12h-17h mar-mer et ven, 12h-19h jeu, 11h-17h

OSLO EN...

Deux jours

La journée débute par la visite du **Musée national** (p. 51, ouverture en juin 2022) pour avoir un bon aperçu de l'œuvre d'Edvard Munch, et enfin voir en vrai le fameux *Cri*. Offrez-vous ensuite un déjeuner de fruits de mer sur les quais, à la terrasse de l'un des nouveaux restaurants du quartier d'**Aker Brygge** dans le centre d'Oslo. De là, prenez un ferry pour la **péninsule de Bygdøy** et passez l'après-midi à découvrir les exploits des grands explorateurs norvégiens au **musée du Fram** (p. 55), consacré au navire polaire *Fram*, ou au **musée des Bateaux vikings** (p. 55). Le deuxième jour, partez à la découverte de l'époustouflant **Opéra d'Oslo** (en faisant coïncider votre passage avec une visite guidée). Enchaînez avec la visite du quartier médiéval d'**Akershus** (p. 53), son **château** et sa **forteresse**, après quoi vous pourrez aller faire le plein d'excentricités contemporaines au superbe **musée Astrup Fearnley** (voir ci-dessus). Enfin, si vous en avez le temps, découvrez comment changer le monde au **Centre Nobel de la paix** (p. 53).

Quatre jours

Disposer de quelques jours supplémentaires vous permettra de découvrir les sculptures monumentales du **parc de sculptures Vigeland** (p. 54) et de trouver le courage pour faire un saut à skis depuis l'immense **tremplin de Holmenkollen** (p. 61) – vous pouvez aussi vous contenter d'une descente virtuelle dans le simulateur (p. 64). Les sportifs pourront également se balader une journée à pied, à skis ou à vélo dans la **forêt de Nordmarka** (p. 62), mais on peut également se contenter d'une excursion tranquille jusqu'à la jolie ville de **Fredrikstad** (p. 90).

Centre d'Oslo

0
400 m
E
F
G
H
1
2
3
4
5
6
7
Grubbegata
Møllergata
Mariboes gate
Torggata
Hausmanns gate
Storgata
Lakkegata
Herslebs gate
Vahls gate
Heimdalsgata
Hammersborggata
Bernt Ankers gate
Calmeyers gate
Christian Krohgs gate
Akerselva
Youngstorget
Norbygata
Motzfeldts gate
Urtegata
Møllergata
Torggata
Pløens gate
Storgata
Nygata
Brugata
Nyalandsveien
Lakkegata
Breigata
Lybekkergata
Stenersgata
Vaterlands bro
Olafiagangen
Grønlandsleiret
Tøyenbekken
Tøyengata
Kirkeristen
Centre d'information du DNT (Den Norske Turistforening)
Association norvégienne pour les handicapés
Station de T-bane Grønland
Biskop Gunnerus gate
Sonja Henies plass
Platous gate
Dronningens gate
Skippergata
Fred Olsens gate
Station de T-bane Jernbanetorget (Oslo S)
Office du tourisme d'Oslo
Gare routière Oslo Bussterminal (OBT)
Rubina Ranas gate
Tøyenbekken
Gare centrale Oslo S (Oslo Sentralstasjon)
Østre tangent
Schweigaards gate
Strandgata
Nyalndsveien
Dronning Eufemias gate
Trelastgata
Operagata
Rådhusgata
Opéra d'Oslo
Wismargata
Rostockgata
Østre tangent
Trelastgata
Langkaia
Kirsten Flagstads Plass
Bispegata
Operatunnelen
Bjørvika
Kong Håkon 5s gate
SØRENGA
Sørengkaia
Kongshavnveien
Mosseveien
Kongshavnveien
Kongsveien
1
3
4
5
7
10
11
18
21
23
25
28
30
31
36
38
39
42
44
45
46
49
51
53
57
58
60
61
62
64
65
66
67
69
71
72
75
76
78
79
81
89

Centre d'Oslo

Les incontournables
1 Forteresse d'Akershus C5
2 Musée Ibsen A2
3 Musée Munch F5
4 Opéra d'Oslo F4

À voir
5 Château d'Akershus C5
6 Musée d'Histoire B1
7 Kunsthall Oslo H4
8 Centre Nobel de la paix B3
9 Musée de la Résistance norvégienne ... C5
10 nyMusikk H3
11 Cathédrale d'Oslo E3
12 Parlement norvégien C3
13 Galerie de la reine Sonja A1
14 Rådhus (hôtel de ville) B3
15 Palais royal A1
16 Sentralen C3
17 Slottsparken B1
18 VI, VII F4

Activités
19 Båtservice Sightseeing B4
21 Den Norske Turistforening (agence principale) E2
23 Visites guidées de l'Opéra F4
24 Oslo Guideservice B3
25 Piscine d'eau de mer de Sørenga F7
26 Patinoire en plein air Spikersuppa C2
27 Viking Biking D3

Où se loger
28 Citybox Oslo E4
29 Grand Hotel C2
30 Hotel Folketeateret E2
31 Confort Hotel Grand Central F3
32 Hotell Bondeheimen C2
33 P-Hotel D2
34 Saga Poshtel Oslo D4
35 Smarthotel Oslo C1
36 Thon Hotel Astoria E3

Où se restaurer
37 Pastis Bistrobar A4
38 Asylet H2
39 Bun's Burger Bar F6
40 Café Skansen C4
41 Delicatessen A4
42 Ekeberg Restaurant H7
43 Elias Mat & Sånt C1
Far East .... (voir 78)
44 Fiskeriet E2
Grand Café .... (voir 29)
45 Illegal Burgers E1
46 Justisen E2
47 Kaffebrenneriet C1
48 Ling Ling A4
49 Maaemo G5
50 Miss Sophie A2
51 Olympen H3
52 Pipervika B3
53 Punjab Tandoori H2
54 Ruffino Ristorante A2
Sanguine Brasserie & Bar .... (voir 4)
55 Sentralen Cafeteria C3
Sentralen Restaurant .... (voir 16)
56 Solsiden B4
57 Stock G4
58 Teddy's Soft Bar F2
59 Theatercafeen B2
60 Vaaghals G4

Où prendre un verre et faire la fête
61 Angst E2
62 Dattera Til Hagen G2
63 Fuglen C1
Gullbaren .... (voir 16)
64 Himkok F2
65 Internasjonalen E2
66 Kulturhuset E2
67 Oslo Camping E2
Pigalle .... (voir 51)
68 Røør C2
69 Sosialen E2
70 Stockfleths D2
71 Torggata Botaniske F1
72 Villa E1

Où sortir
73 Filmens Hus D4
74 Nationaltheatret (théâtre national) B2
Opéra d'Oslo .... (voir 4)
75 Oslo Spektrum F2
76 Rockefeller Music Hall E1
77 Saga Kino B2

Achats
78 Cappelens Forslag F2
79 Foto.no G4
80 Glasmagasinet D2
81 Grønland Bazaar H2
82 Norli C2
83 Norway Designs B2
84 Norwegian Rain D3
85 Oslo Kunsthandel C1
86 Råkk og Rålls C2
87 Tom Wood D3
88 Tronsmo C1
89 Torpedo G5

sam-dim ; Aker Brygge). Le plus prestigieux musée d'art contemporain de la capitale n'est pas une institution subventionnée par l'État, mais une fondation privée. Conçu par Renzo Piano, le musée occupe un magnifique bâtiment de bois gris métallisé. Son toit de verre s'élevant telle une voile s'inscrit parfaitement entre ville et mer. Le catalogue de l'institution, qui se limitait à des œuvres conceptuelles états-uniennes des années 1980 (avec notamment des créations de Jeff Koons, Tom Sachs, Cindy Sherman et Richard Prince) s'est récemment étendu à des artistes comme Sigmar Polke et Anselm Kiefer, par exemple, à qui une salle est aujourd'hui consacrée.

Le musée comprend la célébrissime sculpture en céramique dorée de Jeff Koons, *Michael Jackson and Bubbles*, ainsi que de grandes créations de Damien Hirst. Les expositions temporaires peuvent être monographiques (comme les rétrospectives consacrées à Matthew Barney ou au jeune Norvégien Matias Faldbakken), comme thématiques, limitées à des sujets pointus, comme l'abstraction norvégienne ou le conceptualisme chinois.

Parc de sculptures de Tjuvholmen SCULPTURES

(Skulpturparken på Tjuvholmen ; carte p. 56 ; www.tjuvholmenskulptur.no ; Tjuvholmen ; 24h/24 ; Aker Brygge). GRATUIT Comme le musée Astrup Fearnley qu'il entoure, ce parc de sculptures a été dessiné par Renzo Piano et est dédié à l'art contemporain international. Ne manquez pas les "yeux" magnifiques et provocateurs de Louise Bourgeois (*Yeux*, 1997), le totem rieur d'Ugo Rondinone, *Moonrise East* (2005) et l'éclatant *Spalt* (2003) de Franz West. Des œuvres d'Antony Gormley, Anish Kapoor, Ellsworth Kelly, et Peter Fischli et David Weiss sont également dispersées entre les canaux et une petite plage de galets prisée des familles.

Musée Ibsen MUSÉE

(Ibsen Museet ; carte p. 48 ; 40 02 36 30 ; www.ibsenmuseet.no ; Henrik Ibsens gate 26 ; tarif plein/réduit/enfant 115/75/30 NOK ; 11h-18h mai-sept, 11h-16h oct-avr, visites guidées ttes les heures ; Slottsparken). Le rez-de-chaussée abrite un petit musée assez unique, mais le plus intéressant est l'ancien appartement du dramaturge norvégien Henrik Ibsen (1828-1906), qui n'est accessible qu'aux visites guidées. Dans la dernière résidence de l'auteur, son bureau est resté intact, tout comme la chambre à coucher, où il prononça ces dernières paroles énigmatiques : "*Tvert imot!*" ("Au contraire !"), avant de mourir le 23 mai 1906.

Les autres pièces ont été restaurées et remeublées, mais on s'y sent réellement au XIXe siècle. Les visites guidées, très bien menées, nous plongent dans le quotidien de Henrik et Suzannah Ibsen, dans l'Oslo de l'époque.

Lors de nos recherches, le musée Ibsen était fermé et devait rouvrir le 20 mars 2022 sous un nouveau nom : Ibsen Museum & Teater. Renseignez-vous avant votre venue.

Palais royal RÉSIDENCE ROYALE

(Kongelige Slott ; carte p. 48 ; 81 53 31 33 ; www.royalcourt.no ; Slottsparken 1 ; les visites reprendront en 2022 et les informations pratiques étaient indisponibles au moment de notre visite ; renseignez-vous avant votre venue ; Slottsparken). Construction néoclassique jaune pâle, de taille relativement modeste, la résidence de la famille royale norvégienne émerge du parc du château, le très boisé **Slottsparken**

LE PLUS GRAND MUSÉE D'ART DE SCANDINAVIE

La Galerie nationale qui possèdait la plus vaste collection d'art ancien et moderne du pays dont de nombreux tableaux d'Edvard Munch, parmi lesquels son plus célèbre, *Le Cri*, le musée des Arts décoratifs et du Design (fermé en 2016), le musée d'Art contemporain, qui présentait des collections d'art scandinave et international datant d'après la Seconde Guerre mondiale, ainsi que le musée national d'Architecture ont fusionné en 2003. Leurs collections seront regroupées dans le futur **Musée national**, dont l'inauguration est prévue en juin 2022. Installé près de l'hôtel de ville (Rådhus), sur le site de l'ancienne gare de l'Ouest (Vesbanen), ce "supermusée" conçu par le cabinet d'architectes Kleihues + Schuwerk constituera un pont naturel entre les nouveaux quartiers aménagés au bord de l'eau et le centre-ville.

Installé près du chantier, le centre d'information **Mellomstasjonen** (www.nasjonalmuseet.no ; Brynjulf Bulls plass 2 ; 11h-17h mar-ven, 11h-16h sam-dim ; Aker Brygge, T Nationaltheatret) fournit toutes les informations nécessaires sur le futur musée.

(carte p. 48 ; 24h/24 ; Slottsparken) GRATUIT. Construit pour le roi de Suède Charles-Jean (un Français), le palais ne devint lieu de résidence permanente qu'en 1905 avec le règne de Haakon VII et de la reine Maud.

La construction de cet édifice de 173 pièces débuta en 1825 sous Charles-Jean, mais ne s'acheva qu'en 1849, cinq ans après sa mort. Son fils Oscar Ier et sa belle-fille Joséphine furent les premiers souverains à y résider. Le palais a bénéficié d'importantes rénovations sous l'actuel souverain, Harald V.

Ce palais et la famille royale se distinguent par leur accessibilité : les enfants jouent et les touristes posent à quelques mètres seulement de la porte d'entrée principale – ce qui contraste singulièrement avec certains autres palais royaux européens.

En été, des visites guidées d'une heure sont organisées à l'intérieur du palais. Ces visites couvrent une douzaine de pièces, dont la Garde-robe du Cabinet, la salle des Miroirs, la salle des Banquets et la Chapelle du palais. Les tickets sont en vente au portail (à l'arrière du palais), mais il est préférable de les acheter à l'avance par téléphone, dans les boutiques 7-Eleven ou sur www.billettservice.no, le nombre de visiteurs par jour étant limité.

Musée Munch MUSÉE

(Munchmuseet ; carte p. 48 ; 23 49 35 00 ; www.munchmuseet.no ; Edvard Munchs plass 1 ; tarif plein/réduit 60 NOK, gratuit -19 ans ; 11h-16h lun-mer et sam-dim, 11h-20h jeu-ven ; Bjørvika). Ce musée dédié au grand peintre norvégien abrite la plus vaste collection d'œuvres d'Edvard Munch au monde : 28 000 créations, dont 1 100 peintures et 4 500 aquarelles (bien que ses toiles les plus célèbres, comme *Le Cri*, soient exposées au Musée national (p. 51). Beaucoup ont été léguées au musée par l'artiste lui-même.

Au moment de nos recherches, le musée devait déménager à Bjørvika, non loin de l'Opéra, dans un lieu de 24 000 m² conçu spécialement pour l'accueillir. Imaginé par l'agence espagnole Herreros Arquitectos, il devait ouvrir ses portes en octobre 2021.

Damstredet QUARTIER HISTORIQUE

(carte p. 58 ; 54). Les curieuses maisons en bois du XVIIIe siècle du quartier de Damstredet et de la Telthusbakken voisine changent agréablement de l'architecture moderne du centre-ville. Autrefois défavorisé, Damstredet est devenu un quartier résidentiel prisé des artistes. Pour y accéder, suivez l'avenue Akersgata vers le nord et tournez à droite dans Damstredet gate. Telthusbakken se situe un peu plus haut, également à droite d'Akersgata.

En chemin, ne manquez pas le **cimetière Vår Frelsers** (Vår Frelsers Gravlund/Æreslunden ; carte p. 58 ; Akersbakken 32 ; 24h/24 ; 37), où reposent Henrik Ibsen et son épouse et muse, Edvard Munch et l'auteur Bjørnstjerne Bjørnson.

Musée d'Histoire MUSÉE

(Kulturhistorisk Museum ; carte p. 48 ; 22 85 19 00 ; www.khm.uio.no ; Frederiks gate 2 ; Université d'Oslo ; tarif plein/réduit incluant musée des Bateaux vikings p. 55 120/90 NOK ; 10h-17h mar-dim ; Tullinløkka). Le musée d'Histoire regroupe trois musées sous un seul toit. Au rez-de-chaussée, la **Collection des Antiquités nationales** (Oldsaksamlingen), la plus intéressante, comprend des monnaies, des bijoux et des parures de l'époque viking, dont le seul casque de Viking complet jamais trouvé, et la plus grande collection d'objets égyptiens du pays. La section consacrée à l'**art sacré médiéval** présente les portes et le plafond richement peint de l'église en bois debout d'Ål (construite vers 1300).

Le 2e niveau comprend une exposition consacrée à l'**Arctique** et le **Cabinet des monnaies** (Myntkabinettet), une collection d'anciennes monnaies norvégiennes remontant à 995. La **collection ethnographique**, aux 2e et 3e niveaux, accueille des expositions temporaires sur l'Asie, l'Afrique et les Amériques.

Cathédrale d'Oslo ÉDIFICE RELIGIEUX

(Domkirke ; carte p. 48 ; Stortorvet 1 ; 24h/24 ; Stortorvet). GRATUIT Érigée en 1697, la cathédrale d'Oslo est remarquable notamment pour ses vitraux élaborés, signés Emanuel Vigeland (frère de Gustav), et son plafond peint (1936-1950). Son autel exceptionnel, orné d'une Cène et d'une Crucifixion exécutées par Michael Rasch en 1748, fut l'un des premiers éléments de l'église. Par la suite, il fut déplacé dans tout le pays, avant d'être restitué par l'église Prestnes de Majorstue en 1950.

Derrière l'église, des arcades de 1858 sont occupées en été par des échoppes d'artisanat et des cafés.

Rådhus HÔTEL DE VILLE

(carte p. 48 ; Fridtjof Nansens plass ; 9h-16h ; Kontraskjæret). GRATUIT Achevé en 1950 pour le 900e anniversaire d'Oslo, ce bâtiment à deux tours abrite l'administration municipale. L'intérieur est orné d'œuvres de l'époque célébrant la culture et la vie quotidienne norvégienne. Devenu emblématique d'Oslo, le colossal édifice de briques rouges, dont l'architecture prête à controverse, est immanquable. C'est ici que le prix Nobel de la paix est remis chaque année, le 10 décembre.

Centre Nobel de la paix MUSÉE

(Nobels Fredssenter ; carte p. 48 ; ☎48 30 10 00 ; www.nobelpeacecenter.org ; Brynjulf Bulls plass 1 ; tarif plein/réduit/12-18 ans 120/90/50 NOK ; ⏲11h-17h mar-dim ; 🚊Aker Brygge, Ⓣ Nationaltheatret). Les Norvégiens s'enorgueillissent de leur action en faveur de la paix dans le monde, notamment via leur prix Nobel, qui récompense chaque année des personnes ayant œuvré dans ce sens. Ce musée très moderne met à l'honneur la vie et l'œuvre de ces lauréats et, grâce à de nombreux supports numériques interactifs, permet d'en apprendre autant qu'on le souhaite. Chaque année, une exposition temporaire est consacrée à certains aspects du prix et de ses lauréats. À voir : le livre sur Alfred Nobel au 2e niveau, le cinéma où sont projetés des films sur l'histoire du prix et de ses lauréats, et la boutique de souvenirs, aussi sérieuse qu'amusante.

Parlement norvégien ÉDIFICE HISTORIQUE

(Stortinget ; carte p. 48 ; ☎23 31 30 50 ; www.stortinget.no ; Karl Johans gate 22 ; 🚊Øvre Slottsgate). GRATUIT Construit en 1866, ce bâtiment en briques jaunes en forme de rotonde est l'un des plus beaux parlements d'Europe. Les débats du Storting, l'Assemblée nationale norvégienne, sont retransmis en direct sur le site Internet du Parlement.

VI, VII GALERIE

(carte p. 48 ; ☎902 79 862 ; www.vivii.no ; Operagata 75A ; ⏲10h-17h jeu-ven, 12h-16h sam-dim ; 🚊Kontraskjæret). Située dans un immeuble des années 1930, cette galerie indépendante est réputée pour organiser des expositions intéressantes consacrées aux artistes émergents.

Galerie de la reine Sonja GALERIE

(Dronning Sonja KunstStall ; carte p. 48 ; www.royalcourt.no ; tarif plein/réduit 125/100 NOK, gratuit -6 ans ; ⏲11h-16h jeu-dim ; 🚊Slottsparken). Les anciennes écuries du palais ont servi d'entrepôt pendant un demi-siècle avant d'être transformées en une galerie, inaugurée en juillet 2017 pour les 80 ans de la reine Sonja. Ce charmant bâtiment du XIXe siècle abrite des expositions annuelles ainsi qu'une collection permanente de photographies fascinantes prises ou collectionnées par la reine Maude (1869-1938).

Sentralen CENTRE CULTUREL

(carte p. 48 ; ☎22 47 25 00 ; www.sentralen.no ; Øvre Slottsgate 3 ; 🚊Øvre Slottsgate). Si vous ne vous y rendez pas pour le restaurant, le café, les bars ou les concerts, allez-y pour admirer l'architecture saisissante, à la fois moderne et traditionnelle, de cette ancienne banque transformée en un lieu culturel foisonnant. Décoré par six artistes norvégiens – notez les surprenantes créations de Hanne Friis et Vanessa Baird –, il propose, entre autres, des cours de street dance, des animations pour enfants, des expositions et des pièces de théâtre.

Kunsthall Oslo GALERIE

(carte p. 48 ; ☎21 69 69 39 ; www.kunsthalloslo.no ; Rostockgata 2-4 ; tarif plein/réduit 30 NOK/gratuit ; ⏲12h-17h mar-dim ; Ⓣ Jernbanetorget). Cet espace artistique à but non lucratif propose une programmation très intéressante d'artistes contemporains internationaux et norvégiens et expose également des commandes spéciales.

Institut Nobel ÉDIFICE REMARQUABLE, BIBLIOTHÈQUE

(Norske Nobelinstitutt ; carte p. 56 ; ☎22 12 93 00 ; www.nobelpeaceprize.org ; Henrik Ibsens gate 51 ; ⏲8h-15h lun-ven ; 🚊Solli). GRATUIT On ignore pourquoi Alfred Nobel a choisi la Norvège pour décerner le prix de la paix. Toujours est-il que c'est un comité de cinq Norvégiennes et Norvégiens, désignés pour un mandat de six ans par le Parlement norvégien, qui choisit chaque année le ou la lauréate. Leurs réunions sont tenues à huis clos dans cet institut, créé en 1904.

On peut visiter la bibliothèque (*Nobelinstituttets bibliotek*), qui renferme quelque 200 000 ouvrages traitant d'histoire, de politique, de paix et d'économie.

Château et forteresse d'Akershus

♥ Forteresse d'Akershus FORTERESSE

(Akershus Festning ; carte p. 48 ; www.forsvarsbygg.no ; ⏲6h-21h ; 🚊Christiania Square). GRATUIT Lorsque Oslo devint la capitale de la Norvège en 1299, le roi Håkon V ordonna l'édification de la forteresse d'Akershus, stratégiquement érigée sur la rive est du port, pour protéger la cité des menaces extérieures. L'édifice a été agrandi, modifié

L'OSLO PASS

L'**Oslo Pass** (www.visitoslo.com/en/activities-and-attractions/oslo-pass ; 1/2/3 jours adulte 445/655/820 NOK, enfant 6-17 ans 235/325/410 NOK, senior à partir de 67 ans 355/520/655 NOK), en vente à l'office du tourisme, permet de réduire le coût des transports et des visites dans la capitale. Ce forfait inclut la visite de la majorité des musées et l'utilisation des transports publics dans la ville (à l'exception des bus de nuit). Il permet aussi de bénéficier de réductions dans des restaurants et pour des circuits organisés.

Si vous ne comptez visiter que certains musées du centre-ville, assurez-vous que leur entrée n'est pas gratuite avant d'acheter un pass.

et renforcé maintes fois au cours des siècles. Aujourd'hui, ce vaste ensemble fortifié qui domine toujours le port comprend un château médiéval (Akershus Slott), une forteresse et d'autres bâtiments, dont certains sont toujours occupés par l'armée.

L'entrée se fait par un portail à l'extrémité de l'avenue Akersgata ou par un pont-levis enjambant Kongens gate à l'extrémité sud de l'avenue Kirkegata. Après 18h en hiver, mieux vaut utiliser ce dernier.

Le **centre d'information de la forteresse** (carte p. 48 ; ☎23 09 39 17 ; Akershus Slott ; visites guidées tarif plein/réduit/enfant 100/60/40 NOK ; ⏲10h-17h ; 🚋Christiania Square), situé après l'entrée principale, propose une exposition permanente retraçant l'histoire de cet ensemble architectural, mais aussi des expositions temporaires sur certains aspects de l'histoire d'Oslo. Le personnel peut organiser des visites guidées. À 13h30, il est possible d'assister à la relève de la garde à la forteresse.

Château d'Akershus CHÂTEAU

(Akershus Slott ; carte p. 48 ; ☎23 09 35 53 ; www.forsvarsbygg.no ; Kongens gate ; tarif plein/réduit/enfant 100/60/40 NOK, gratuit avec l'Oslo Pass ; ⏲10h-16h lun-sam, 12h-16h dim juil-août, 12h-17h sam-dim sept-nov ; 🚋Christiania Square). C'est au XVIIe siècle que Christian IV transforma le château d'Akershus en palais de style Renaissance, tout en conservant la façade médiévale. Les donjons recèlent de sombres cachots où l'on enfermait les nobles tombés en disgrâce, tandis que de somptueuses salles de banquet et d'apparat occupent les étages supérieurs.

Toujours utilisée pour des cérémonies militaires, la chapelle comporte les cryptes des rois Haakon VII et Olav V. Des étudiants en costumes d'époque proposent des visites guidées, amusantes et instructives.

Musée de la Résistance norvégienne MUSÉE

(Norges Hjemmefront Museet ; carte p. 48 ; ☎23 09 32 80 ; www.forsvaretsmuseer.no ; tarif plein/réduit/enfant 100/60/40 NOK, gratuit avec l'Oslo Pass ; ⏲10h-17h tlj mai-août, 10h-16h tlj sept-avr ; 🚋Christiania Square). À l'intérieur de la forteresse d'Akershus, ce musée jouxte un mémorial aux résistants exécutés sur place durant la Seconde Guerre mondiale. Petit et bien conçu, celui-ci évoque les années noires de l'occupation allemande jusqu'au 9 mai 1945. Parmi les objets exposés figurent des journaux clandestins, de nombreuses cartes et photos et, plus incongrus, des dentiers ayant appartenu à un prisonnier de guerre norvégien en Pologne, qui les avait modifiés pour capter des émissions de radio.

Frogner et l'ouest d'Oslo

Parc Frogner PARC ET SCULPTURES

(Frognerparken ; carte p. 56 ; 🚌20, 🚋12, 🚌N12 ou 🅃Borgen). Pelouses, bassins, ruisseau et rangées d'arbres : le parc Frogner est prisé des habitants de l'ouest d'Oslo, qui viennent y pique-niquer, se promener ou lézarder sur l'herbe. Il accueille les sculptures monumentales de Gustav Vigeland (voir ci-dessous).

♥ **Parc de sculptures Vigeland** SCULPTURES

(Vigelandsparken ; carte p. 56 ; www.vigeland.museum.no/no/vigelandsparken ; Nobels gate 32 ; ⏲mar-dim 12h-16h ; 🚌20, 🚋12, 🚌N12 ou 🅃Borgen). Installé au sein du vaste parc Frogner, le parc Vigeland est avant tout célèbre pour son extraordinaire exposition en plein air des œuvres du plus célèbre sculpteur norvégien, Gustav Vigeland, qui consacra plus de 20 ans de sa vie à l'élaboration de ce parc. Le parc Vigeland, statistiquement l'un des sites touristiques les plus visités de Norvège, compte 212 sculptures en granit et en bronze de cet artiste. Son œuvre prolifique inclut des amoureux enlacés, de paisibles couples âgés, des mendiants accablés par le mépris et des bébés en pleurs.

Son œuvre la plus célèbre, *Sinataggen* (*Enfant en colère*), représente d'ailleurs un enfant de très mauvaise humeur.

Musée Vigeland MUSÉE

(Vigeland Museet ; carte p. 56 ; www.vigeland.museum.no ; Nobels gate 32 ; tarif plein/réduit 100/50 NOK, gratuit avec l'Oslo Pass ; 10h-17h mar-dim mai-août, 12h-16h mar-dim reste de l'année ; 20, 12, N12 ou Borgen). Pour en découvrir davantage sur l'œuvre de Gustav Vigeland, visitez ce musée situé face à l'entrée sud du parc Frogner. Il fut construit par la ville dans les années 1920 pour servir de demeure et d'atelier à Gustav Vigeland en échange d'une part importante de son œuvre. Le musée présente les esquisses, modèles, moules en plâtre, gravures sur bois et une collection de sculptures et monuments dédiés à des personnages officiels.

À sa mort, en 1943, ses cendres furent déposées dans la tour. Le musée ouvrit au public quatre ans plus tard. Des visites guidées (en anglais) sont possibles sur réservation à partir de 1 000 NOK par groupe. Les participants sont encouragés à faire des croquis (au crayon uniquement) ; des planches à dessiner et des chaises pliantes sont mises à disposition. La programmation inclut également de très bonnes expositions saisonnières.

Musée de la Ville d'Oslo MUSÉE

(Oslo Bymuseet ; carte p. 56 ; 23 28 41 70 ; www.oslomuseum.no ; Frognerveien 67 ; tarif plein/réduit/enfant 90/70/50 NOK 11h-16h mar-dim ; Solli). GRATUIT Situé près de l'entrée sud du parc de sculptures Vigeland, le charmant Bymuseet occupe le manoir Frogner, construit au XVIIIe siècle sur le site d'une demeure de l'ère viking. Il fournit un bel aperçu de la vie des bourgeois norvégiens de l'époque et renferme des collections sur l'histoire de la ville.

OSL Contemporary GALERIE

(carte p. 56 ; 23 27 06 76 ; www.oslcontemporary.com ; Haxthausens gate 3 ; 12h-17h mar-ven, 12h-16h sam ; Niels Juels gate). Dans un ancien parking, la meilleure galerie d'art commerciale de l'ouest d'Oslo propose une programmation intéressante d'artistes conceptuels émergents et établis, essentiellement norvégiens.

Bibliothèque nationale BIBLIOTHÈQUE

(Nasjonalbiblioteket ; carte p. 56 ; 23 27 60 00 ; www.nb.no ; Henrik Ibsens gate 110 ; 9h-21h lun-ven, 10h-18h sam ; Solli). GRATUIT Cette bibliothèque résolument moderne renferme des documents majeurs du patrimoine culturel norvégien, des manuscrits du XIIIe siècle aux magazines, films et partitions. Des expositions temporaires explorent différentes facettes de cette collection.

Péninsule de Bygdøy

Musée des Bateaux vikings MUSÉE

(Vikingskipshuset ; carte p. 56 ; 22 13 52 80 ; www.khm.uio.no ; Huk Av 35 ; tarif plein/réduit incluant musée d'Histoire p. 52 120/90 NOK, gratuit -18 ans, gratuit avec l'Oslo Pass ; 10h-17h ; 91). Il y a environ 1 100 ans, deux navires vikings furent tirés à terre pour de grandes cérémonies funéraires. Des chefs de clan ou des nobles auraient été enterrés avec, entourés de tout le nécessaire à la vie dans l'au-delà : nourriture, boissons, bijoux, meubles, charrettes, et même quelques domestiques et chiens, tués pour leur tenir compagnie. Mis au jour dans la région de l'Oslofjord à la fin du XIXe siècle, ces navires magnifiquement restaurés offrent une plongée émouvante dans le monde des Vikings.

Le musée présente en tout trois vaisseaux, nommés d'après le site funéraire où ils ont été découverts : l'*Oseberg*, le *Gokstad* et le *Tune*. Datant de 820, l'*Oseberg*, le plus impressionnant des trois, est richement décoré de la ligne de flottaison jusqu'à l'élégante proue à tête de serpent. La chambre funéraire qu'il renfermait contenait la plus importante collection d'objets vikings jamais trouvée en Scandinavie, mais malheureusement tous les bijoux ont été pillés. Aussi intimidant que soit le navire, il ne fut sans doute jamais rien d'autre qu'un bateau de plaisance royal.

Plus massif et long de 24 m, le *Gokstad*, fabriqué vers 890, est le plus bel exemple de bateau viking. Lorsqu'il fut mis au jour, sa chambre funéraire avait aussi été pillée et comptait peu d'objets. Vous trouverez un troisième bateau, plus modeste, le *Tune*, dont le peu qui nous est parvenu est incroyablement bien préservé.

Musée du Fram MUSÉE

(Frammuseet ; carte p 56 ; 23 28 29 50 ; www.frammuseum.no ; Bygdøynesveien 36 ; tarif plein/réduit 140/50 NOK, gratuit avec l'Oslo Pass ; 11h-17h tlj ; 91). Ce musée est consacré au *Fram* ("En avant"), navire de 39 m emblématique des premières expéditions polaires. Les visiteurs peuvent en fouler les ponts, entrer dans les cabines exiguës et imaginer la vie

Frogner et l'ouest d'Oslo

en mer, au milieu des glaces polaires. Des expositions détaillées, avec cartes, photos et objets, décrivent les diverses expéditions, de la tentative de Nansen de traverser le pôle Nord à skis à la découverte du passage du Nord-Ouest par Roald Amundsen.

Lancé en 1892, le navire polaire *Fram*, à l'époque le bateau le plus solide jamais construit, passa la majeure partie de son temps pris dans les glaces polaires. De 1893 à 1896, l'expédition au pôle Nord de Fridtjof Nansen conduisit cette goélette jusque dans

Frogner et l'ouest d'Olso

Les incontournables
1 Musée Astrup Fearnley D5
2 Parc de sculptures Vigeland B2

À voir
3 Parc Frogner B2
4 Musée du Kon-Tiki B6
5 Bibliothèque nationale D4
6 Institut Nobel D4
7 Musée du Folklore norvégien A5
8 Musée de la Marine norvégienne B6
9 Musée de la Ville d'Oslo B2
10 OSL Contemporary C3
11 Musée du Fram B6
12 Parc de sculptures de Tjuvholmen D5
13 Musée Vigeland B2
14 Musée des Bateaux vikings A6

Activités
15 Patinoire en plein air de Frogner C1
16 Piscine Frognerbadet C2
17 Plage municipale de Tjuvholmen D5

Où se loger
18 Saga Hotel Oslo D2
19 The Thief D5

Où se restaurer
20 Alex Sushi D4
21 Åpent Bakeri D3
22 Bølgen & Moi D5
23 Feinschmecker C3
24 Fyr Bistronomi D2
25 Gate of India C1
26 Hos Thea C4
27 Park 29 .... C1
28 Tjuvholmen Sjømagasin D5
29 Villa Paradiso D4
30 Vingen D5

Où prendre un verre et faire la fête
31 Champagneria D4
32 Palace Bar D4

Achats
33 Hassan og Den Dama C4
34 Nomaden D3
35 Utopia Retro Modern D4
36 Puces de Vestkanttorget C2

les îles de Nouvelle-Sibérie, en Russie. Le navire passa à quelques degrés du pôle Nord à son retour vers la Norvège.

En 1910, Amundsen repartit à bord du *Fram* afin d'être le premier explorateur à atteindre le pôle Nord, pour découvrir en chemin que Robert Peary l'avait devancé. Ne se laissant pas abattre, Amundsen fit demi-tour avec le *Fram* et, faisant la course avec Robert Falcon Scott, fut le premier homme à rejoindre le pôle Sud. À bord de la goélette, Otto Sverdrup contourna le sud du Groenland jusqu'à l'île d'Ellesmere au Canada entre 1898 et 1902, parcourant plus de 18 000 km.

Outre le *Fram,* le musée abrite le *Gjøa,* premier navire à avoir franchi le passage du Nord-Ouest.

Musée du Kon-Tiki — MUSÉE

(Kon-Tiki Musem ; carte ci-contre ; ☎23 08 67 67 ; www.kon-tiki.no ; Bygdøynesveien 36 ; tarif plein/réduit 140/50 NOK, gratuit avec l'Oslo Pass ; 11h-17h tlj ; 91). Très apprécié des enfants, cet excellent musée est consacré au radeau en balsa *Kon-Tiki*, sur lequel l'explorateur norvégien Thor Heyerdahl (1914-2002) navigua du Pérou à la Polynésie en 1947. Le musée contient également le bateau en roseau totora *Ra II*, construit par des Aymara sur l'île bolivienne de Suriqui (lac Titicaca). Heyerdahl l'utilisa pour traverser l'Atlantique en 1970.

Musée de la Marine norvégienne — MUSÉE

(Norsk Maritimt Museum ; carte ci-contre ; ☎24 11 41 50 ; www.marmuseum.no ; Bygdøynesveien 37 ; tarif plein/réduit 140/50 NOK, gratuit avec l'Oslo Pass ; 11h-17h tlj ; 91). L'écrivain Roald Dahl a dit un jour qu'en Norvège, tout le monde paraissait posséder un bateau. Une théorie que semble confirmer ce musée : il explore les liens qu'entretient la Norvège avec la mer à travers la pêche, la chasse à la baleine, la prospection de pétrole et de gaz offshore, la construction navale, la récupération d'épaves et la navigation de plaisance.

Musée du Folklore norvégien — MUSÉE EN PLEIN AIR

(Norsk Folkemuseum ; carte p. 56 ; ☎22 12 37 00 ; www.norskfolkemuseum.no ; Museumsveien 10 ; tarif plein/réduit 180/40 NOK, gratuit avec l'Oslo Pass ; 10h-17h tlj ; 91). Ce musée à ciel ouvert est le plus grand de Norvège et l'une des principales attractions d'Oslo. Il compte plus de 140 édifices provenant de tout le pays, pour la plupart des XVIIe et XVIIIe siècles, reconstruits et organisés en fonction de leur région d'origine. Des sentiers serpentent entre d'anciennes granges, des *stabbur*

Grünerløkka et Vulkan

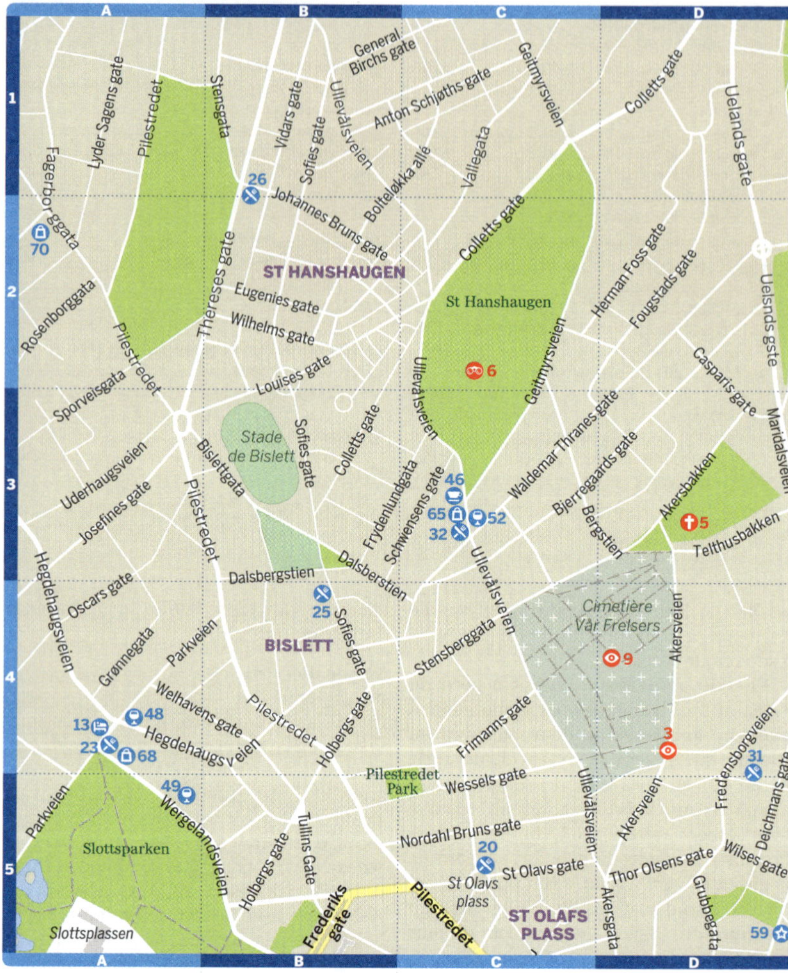

(entrepôts surélevés) et des fermes en bois brut aux toits tapissés de fleurs sauvages. Les enfants apprécieront les nombreux animaux de ferme et les promenades en carriole ou à cheval, entre autres activités.

Grünerløkka et Vulkan

Galleri GOLSA GALERIE

(ex-Rod Bianco ; carte ci-dessus ; 997 87 475 ; www.golsa.no ; Maridalsveien 49C ; 12h-17h mar-ven, 12h-16h sam ; 30). Dans une cour, entre des garages et des entrepôts, une porte noire dissimule un espace cubique blanc, où l'on découvre des œuvres d'artistes contemporains norvégiens et internationaux repoussant toujours plus loin les limites de la création. L'artiste osloïte Bjarne Melgaard, vivant à New York, y expose régulièrement.

Standard (Oslo) GALERIE

(carte ci-dessus ; 22 60 13 10 ; www.standardoslo.no ; Waldemar Thranes gate 86 ; 12h-17h mar-ven, 12h-16h sam ; 30). Présent depuis plus d'une décennie dans le paysage artistique osloïte, la galerie Standard, nichée derrière une barre d'immeubles, à côté de la galerie

GOLSA, comprend deux lieux d'exposition. On y découvre des artistes norvégiens et du nord de l'Europe, comme le chouchou d'Oslo, Matias Faldbakken.

Akerselva FLEUVE

(carte ci-dessus ; 🚌54). Du lac Maridalsvannet au fjord d'Oslo, ce petit fleuve impétueux fut au cœur de l'industrialisation de la capitale, avant de sombrer dans l'oubli jusqu'à la fin du XXe siècle. Aujourd'hui, c'est l'un des lieux de détente les plus prisés d'Oslo, où sur 8 km, on profite de rapides, cascades, forêts, sentiers de course, aires de pique-nique, bassins de baignade et coins de pêche. Les chutes du pont Beier sont une merveille dans la ville.

Schaeffers Gate 5 GALERIE

(carte ci-contre ; ☎452 18 078 ; www.schaeffers-gate5.no ; Schaeffers gate 5 ; ⏱horaires selon expositions, voir site Web ; 🚋Schous plass). Cet espace indépendant dirigé par des artistes propose régulièrement expositions, manifestations et performances. Pour connaître la programmation du moment, consultez le site Internet.

Sofienberg, Grønland et Tøyen

nyMusikk GALERIE

(carte p. 48 ; ☎938 19 216 ; www.nymusikk.no ; Platous gate 18 ; ⏱10h-15h ; Ⓣ Grønland). Cet espace, qui comprend les bureaux de nyMusikk, une bibliothèque spécialisée sur la musique et un lieu de représentations, propose expositions, performances et festivals autour de la musique. Même quand il n'y a rien au programme, vous pouvez entrer feuilleter des magazines et des livres consacrés à la musique contemporaine ou discuter avec l'équipe des diverses manifestations organisées dans la ville.

Kampen QUARTIER

(carte p. 61 ; 🚌60, Ⓣ Tøyen). Avec ses charmants petits immeubles en bois peint, cet ancien quartier ouvrier a conservé des airs de village. L'endroit est idéal pour une promenade et la colline centrale offre une belle vue sur Oslo.

Jardin botanique JARDINS

(Botanisk Hage ; carte p. 61 ; Sars gate 1 ; ⏱7h-21h mi-mars à sept, 10h-17h reste de l'année ; Ⓣ Tøyen). GRATUIT Créé en 1814, le plus vieux jardin botanique de Norvège s'étend sur 6,5 ha. Il comprend un arboretum, un sublime jardin des senteurs, un jardin alpin et une collection de plantes rares provenant des fjords d'Oslo, dont quatre ont presque disparu à l'état sauvage. On peut aussi y admirer les sculptures en bois tressé de l'artiste britannique Tom Hare, s'y promener, paresser sous un arbre ou s'asseoir au café Handwerk (p. 76).

Muséum d'histoire naturelle MUSÉE

(Naturhistorisk Museum ; carte p. 61 ; www.nhm.uio.no ; Sars gate 1 ; tarif plein/réduit 120/60 NOK, gratuit jeu ; ⏱11h-16h mar-dim ; Ⓣ Tøyen). Sous les arbres du jardin botanique, le Muséum

Grünerløkka et Vulkan

Les incontournables
1 Galleri GOLSA E1

À voir
2 Akerselva E5
3 Damstredet D4
4 Galleri 69 .... F4
5 Gamle Aker Kirke D3
6 Parc de St Hanshaugen C2
7 Standard (Oslo) E2
8 Schaeffers Gate 5 .... F4
9 Cimetière Vår Frelsers D4

Activités
10 Centre d'escalade Vulkan E2

Où se loger
11 Anker Hostel F5
12 Anker Hotel F5
13 Cochs Pensjonat A4
14 PS: Hotell E3
15 Scandic Vulkan E4

Où se restaurer
16 Bass Oslo F2
17 Bon Lio F4
18 Café Sara E5
19 Dr Kneipp's Vinbar F4
20 Happolati C5
21 Hønse-Louisas Hus F1
22 Hotel Havana F3
23 Kafe Oslo A4
24 Kasbah E2
25 Kolonialen B4
Kontrast .... (voir 15)
26 L'Ardoise B1
27 Le Benjamin F5
28 Liebling E2
Markveien Mat & Vinhus .... (voir 19)
29 Marché Mathallen E3
30 Mucho Mas F3
Munchies .... (voir 22)
31 Pjoltergeist D4
32 Smalhans C3
33 Süd Øst F5
34 Syverkiosken E2
35 Taco República E5
36 Villa Paradiso F3
37 Wünderburger E5

Où prendre un verre et faire la fête
38 Bar Boca F3
39 Bettola F5
40 Bortenfor E4
41 Colonel Mustard E2
42 Crowbar & Bryggeri E5
43 Grünerløkka Brygghus F3
44 Hendrix Ibsen E3
45 Hytta F4
46 Java Espressobar C3
47 Kunstnernes Hus .... (voir A5)
48 Lorry A4
49 Mir F4
50 Oslovelo F3
51 Paul's Boutique E2
52 Rouleurs of Oslo .... (voir C3)
53 Supreme Roastworks F2
54 Territoriet F5
55 Tim Wendelboe E3

Où sortir
56 Blå E4
57 Kafe Hærverk E5
58 Parkteatret F3
59 Revolver D5

Achats
60 Acne Studios Archive F5
61 Chillout Travel Centre F4
62 Ensemble F4
63 Fransk Bazaar E3
64 Gulating Grünerløkka F4
65 Gutta på Haugen C3
66 Hasla F4
67 Hevn E5
68 Tanum Litteraturhuset A4
69 Vinmonopolet F4
70 FWSS A2

d'histoire naturelle de l'université est divisé en deux sections. Le Musée zoologique est naturellement empli d'animaux sauvages naturalisés. Le billet d'entrée donne également accès aux serres de plantes tropicales.

St Olafs Plass, Bislett et St Hanshaugen

Parc de St Hanshaugen POINT DE VUE
(carte p. 58 ; Geitmyrsveien 31 ; 37). Cet immense parc est l'un des préférés des Osloïtes, un endroit charmant, qui offre une belle vue sur la ville. Le quartier tient son nom ("colline de l'été") de ce parc, où des feux de joie étaient organisés en cette saison.

Gamle Aker Kirke ÉGLISE
(carte p. 58 ; Akersbakken 26 ; 12h-14h lun-sam ; 37). GRATUIT Au nord du centre, cette église médiévale en pierre est le plus ancien édifice d'Oslo : elle date de 1080. Prenez le bus n°37 de Jernbanetorget jusqu'à Akersbakken, puis grimpez à pied en passant par le cimetière.

Agglomération d'Oslo

Ekebergparken PARC ET SCULPTURES

(parc de sculptures Ekeberg ; ☎21 42 19 19 ; www.ekebergparken.com ; Kongsveien 23 ; ⏲24h/24 ; 🚋Ekebergparken). GRATUIT Très controversé à son ouverture en 2013, le parc Ekeberg confirme la réputation d'Oslo comme capitale de l'art contemporain et, plus particulièrement, de la sculpture. Dominant la ville et le fjord d'Oslo, cet immense parc public est orné d'œuvres issues de la collection du promoteur immobilier et collectionneur Christian Ringnes. On y trouve des créations de Louise Bourgeois, Marina Abramovíc, Jenny Holzer, Tony Oursler, Sarah Lucas, Tony Cragg et Jake et Dinos Chapman, mais aussi des sculptures plus anciennes de Rodin, Maillol et Vigeland.

Il faut bien une demi-journée pour l'explorer, et l'excursion tient plus de la chasse au trésor que de la visite de musée. En cherchant les différentes installations, ne manquez pas l'**escalier d'Ekeberg** qui mène à un point de vue historique et époustouflant, et le **Munchpunktet** ("spot Munch"), la vue qui inspira le tableau *Le Cri* à Munch (et la performance de l'artiste Marina Abramovíc en 2013). Des activités dédiées aux enfants sont organisées dans la **maison Lund**, un chalet qui abrite également un musée sur la géologie et l'écosystème du parc, ainsi qu'une boutique d'art et de design.

Tremplin de saut à skis de Holmenkollen SPORTS D'HIVER

(carte p. 63 ; ☎22 92 32 00 ; www.skiforeningen.no/en/holmenkollen ; entrée avec musée du Ski tarif plein/réduit 160/80 NOK, gratuit avec l'Oslo Pass ; ⏲11h-16h lun-ven sept-déc, 11h-18h tlj juin-août ; Ⓣ Holmenkollen). Le tremplin de Holmenkollen, perché sur une colline qui surplombe Oslo, offre une vue panoramique sur la ville et se double d'une salle de concert. Pendant le Festival de ski de Holmenkollen (p. 66), qui a lieu en mars, il attire les meilleurs sportifs du monde entier. Même si vous n'êtes pas casse-cou, l'ensemble vaut largement la visite pour son **musée du Ski** (voir ci-contre) et ses quelques autres attractions.

Le billet d'entrée donne accès au musée et à la tour du tremplin. Un ascenseur effectue une partie de la grimpée, mais il vous restera 114 marches à gravir à pied. Pour rejoindre le musée, prenez la ligne 1 du T-bane jusqu'à Holmenkollen, puis suivez les panneaux.

Est d'Oslo

0 — 200 m

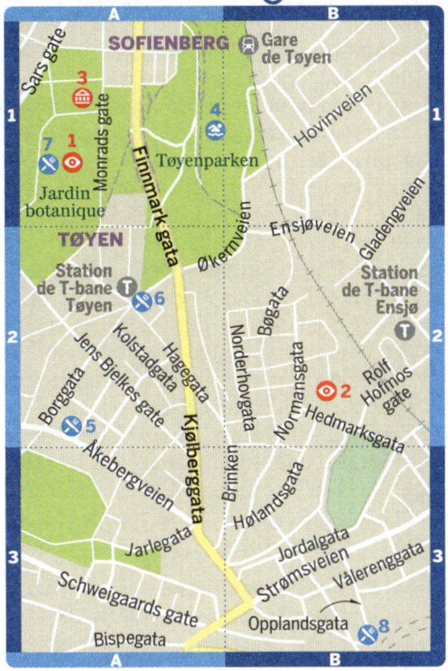

Est d'Oslo

À voir

1 Jardin botanique A1
2 Kampen B2
3 Muséum d'histoire naturelle A1

Activités

4 Piscine Tøyenbadet A1

Où se restaurer

5 Brutus A2
6 Grådi A2
7 Handwerk A1
8 Smia Galleri B3

Musée du Ski MUSÉE

(Skimuseet ; carte p. 63 ; www.skiforeningen.no ; Kongeveien 5 ; entrée avec tremplin de Holmenkollen tarif plein/réduit 160/80 NOK, gratuit avec l'Oslo Pass ; ⏲11h-16h lun-ven sept-déc, 11h-18h tlj juin-août ; Ⓣ Holmenkollen). Le musée du Ski, sur le site du tremplin de Holmenkollen, retrace 4 000 ans d'histoire du ski nordique et alpin en Norvège. Des expositions décrivent les expéditions d'Amundsen et de Scott dans l'Antarctique, ainsi que la longue traversée de la banquise du Groenland par Fridtjof Nansen (vous verrez le bateau qu'il construisit avec son traîneau et une toile de tente pour franchir à la rame les cent derniers kilomètres jusqu'à Nuuk).

Nordmarka FORÊT

(carte ci-contre ; Ⓣ Holmenkollen). Les habitants d'Oslo adorent la forêt de Nordmaka, au nord du tremplin de Holmenkollen, lieu privilégié pour la randonnée, le VTT, la luge et le ski. En été, la **tour d'observation Tryvannstårnet** est un bon point de départ pour une randonnée à pied ou à vélo. En hiver, **Skimore Oslo** (skimore.no/oslo) est apprécié pour ses pistes de ski. De la station Holmenkollen du T-bane, effectuez le parcours panoramique jusqu'au terminus de la ligne 1, Frognerseteren, et repérez le chemin de randonnée balisé.

C'est aussi le centre géographique de la ville, ce qui fait sûrement d'Oslo la seule capitale dont le centre soit occupé par une forêt ! En été, emportez un récipient pour collecter des myrtilles.

Centre d'art Henie-Onstad MUSÉE

(Henie-Onstad Kunstsenter ; ☎67 84 48 80 ; www.hok.no ; Sonja Henies vei 31, Høvikodden ; tarif plein/étudiant/réduit 130/70 NOK/gratuit ; ⏲11h-17h mar-dim ; 🚆Blommenholm, 🚌 160). Ce musée privé présente des œuvres de Miró, de Picasso et de peintres norvégiens impressionnistes, abstraits, expressionnistes et contemporains. Il organise des expositions temporaires consacrées à de grands noms de l'art contemporain et abrite la plus vaste collection d'œuvres de Kurt Schwitters hors d'Allemagne, dont la plupart de celles réalisées en Norvège pendant la Seconde Guerre mondiale. Situé à 15 minutes de route du centre, le musée est desservi par le bus n°160 ; prenez-le à la gare routière d'Oslo jusqu'à Høvikodden.

Musée Emanuel Vigeland MUSÉE-MAUSOLÉE

(Emanuel-Vigeland Museum ; carte ci-contre ; www.emanuelvigeland.museum.no ; Grimelundsveien 8 ; tarif plein/réduit/-18 ans 90/60 NOK/gratuit ; ⏲11h30-16h dim ; Ⓣ Smestad). Emanuel Vigeland, moins célèbre que son frère, Gustav, a entrepris la construction de cet édifice aux allures de mausolée en 1926, avec l'intention d'en faire un musée. L'intérieur, obscur, sans fenêtres, est couvert de fresques figuratives représentant le cycle de la vie et les pulsions sexuelles qui l'animent. L'œuvre de Vigeland est tantôt extrêmement érotique, tantôt émouvante ou troublante. Pendant 20 ans, il a peint l'intérieur de cet édifice, qui devait devenir son tombeau (ses cendres y sont conservées dans une urne en forme d'œuf).

TusenFryd PARC D'ATTRACTIONS

(carte p. 89 ; ☎64 97 64 97 ; www.tusenfryd.no ; Vinterbro ; adulte/enfant/senior 479/399/330 NOK ; ⏲10h30-19h mi-juin à août, horaires restreints reste de l'année ; 🚌500). Ce parc de loisirs à 10 km au sud de la ville, près de l'E6, est très apprécié des enfants de la région. Il comprend des manèges, une ferme fantaisie et d'excellentes montagnes russes en bois, qui défient la gravité 12 fois par tour. Le bus TusenFryd (bus n°546) part du croisement entre Fred Olsens gate et Prinsens gate toutes les heures environ, de 10h à 16h.

Musée norvégien des Sciences et Technologies MUSÉE

(Norsk Teknisk Museum & Telemuseum ; carte ci-contre ; ☎22 79 60 00 ; www.tekniskmuseum.no ; Kjelsåsveien 143 ; tarif plein/réduit 165/110 NOK, gratuit avec l'Oslo Pass ; ⏲11h-18h tlj fin juin à fin août, 9h-16h lun-ven, 11h-18h sam-dim reste de l'année ; 🚋Kjelsås). Idéal les jours de pluie, ce musée installé près du lac Maridal expose la première voiture et le premier tram norvégiens, mais également des roues à aubes, des horloges et suffisamment de gadgets pour occuper agréablement toute la famille quelques heures au moins.

Activités

À skis, en randonnée ou à la voile, les habitants d'Oslo ne manquent pas une occasion de sortir. Ils ont l'embarras du choix avec plus de 240 km² de forêts, 40 îles et 343 lacs dans les limites de l'agglomération. Il suffit de monter dans un train pour atteindre les pistes de ski en moins de 30 minutes.

Cyclotourisme

Les adeptes du VTT trouveront de nombreuses pistes où s'amuser dans l'arrière-pays d'Oslo. L'office du tourisme (p. 86) propose des cartes gratuites destinées aux cyclistes : la *Sykkelkart Oslo*, qui comporte les pistes et chemins cyclables en ville, et l'*Idrett og friluftsliv i Oslo*, l'équivalent pour l'arrière-pays. Il offre également la brochure *Opplevelsesturer i Marka*, qui décrit 6 itinéraires de randonnée à vélo et/ou à pied aux alentours de la capitale.

Remonter l'Akerselva jusqu'au **lac Maridal** (11 km) ou sillonner les bois de **Bygdøy** sont deux parcours particulièrement plaisants en ville, réalisables avec un vélo municipal. Le trajet jusqu'à Maridal passe par plusieurs cascades et usines reconverties à la lisière de Grünerløkka, avant de franchir

Nord d'Oslo

Nord d'Oslo

À voir
1 Musée Emanuel Vigeland B3
2 Tremplin de saut à skis de Holmenkollen B2
3 Nordmarka B1
4 Musée norvégien des Sciences et Technologies D2
Musée du ski .... (voir 2)

Activités
Simulateur de ski de Holmenkollen .... (voir 2)
5 International Summer School (ISS), Université d'Oslo C3
6 Korketrekkeren A2
7 Norges Padleforbund C3
8 Skimore Oslo A1
9 Skiservice Centre B2

Où se loger
10 Bogstad Camping A2
11 Lysebu Hotel A2
12 Oslo Vandrerhjem Haraldsheim D3
13 Scandic Holmenkollen Park A2

Où se restaurer
14 Ullevålseter B1

des ponts typiques, comme l'Anker ou pont *eventyr* (pont de conte de fées). Arrêtez-vous pour un café et une gaufre au Hønse-Louisas Hus (p. 74). Ce parcours peut se faire à pied en prenant le T-bane jusqu'à Kjesås et en revenant en ville par le sentier. À vélo ou à pied, Bygdøy est bien plus bucolique et offre maintes occasions de baignade. Vous pourrez garer votre vélo devant le musée du Folklore norvégien (p. 57). Les cyclistes les plus sportifs emprunteront la ligne 1 du T-bane jusqu'à Frognerseteren et continueront dans la Nordmarka.

Syklistenes Landsforening VÉLO
(☎22 47 30 30 ; www.slf.no ; Storgata 8 ; ⏲9h-14h30 lun-ven ; T Brynseng). L'Association des cyclistes norvégiens fournit des renseignements utiles sur les grands itinéraires cyclables. On y trouve un guide de ces itinéraires (*Sykkelruter i Norge*, 120 NOK), uniquement disponible en norvégien, ainsi que des brochures (125 NOK) en anglais comprenant des cartes et incluant, entre autres parcours, les îles Lofoten, la Rallarvegen, et la Véloroute de la mer du Nord de Svinesund, à la frontière suédoise, à Bergen.

Escalade

Les parois du **Kolsåstoppen**, jalonnées de pitons, offrent les meilleures possibilités d'escalade et sont desservies par la ligne 3 du T-bane – descendez à Kolsås.

Centre d'escalade Vulkan ESCALADE
(Vulkan Klatresenter ; carte p. 58 ; 22 11 28 90 ; www.kolsaas.no ; Vulkan 13 ; tarif plein/réduit à partir de 80/65 NOK ; 10h-23h lun et mer, 7h-23h mar et jeu, 10h-22h ven, 9h-19h sam-dim ; 54). Cette salle d'escalade propose des parcours pour tous les niveaux. Elle comprend des blocs et des murs d'escalade. De juin à août, ouvert uniquement l'après-midi en semaine.

Randonnée

De Frognerseteren (le terminus de la ligne 1 du T-bane), un réseau de 1 200 km de sentiers conduit dans la **Nordmarka**. Un bon chemin descend vers le **lac Sognsvann**, à 6 km au nord-ouest du centre au bout de la ligne 5 du T-bane. En août, emportez un récipient pour collecter les myrtilles et un maillot de bain pour plonger dans le lac – la baignade est autorisée dans tous les lacs des forêts autour d'Oslo, excepté ceux de Maridalsvannet et de Skjersjøen, qui sont des réservoirs d'eau potable. L'agréable marche autour du lac Sognsvann se fait en 1 heure. Vous pourrez la prolonger jusqu'à Ullevålseter (p. 78), une belle ferme ancienne où l'on sert des gaufres et du café. Comptez environ 3 heures pour l'aller-retour (11 km).

On peut aussi faire une jolie promenade dans les bois du **parc Ekeberg** (p. 61), au sud-est du centre-ville. Des concours d'équitation et des matchs de cricket s'y déroulent pendant les week-ends d'été. Un itinéraire sur le thème de l'âge du fer sillonne les bois. Pour vous y rendre, prenez le bus n°34 ou n°46 à Jernbanetorget jusqu'à l'Ekeberg Camping (p. 68). Ne manquez pas l'Ekeberg Restaurant (p. 77), l'un des premiers exemples architecturaux du fonctionnalisme. En redescendant, arrêtez-vous au virage de Valhall pour découvrir la vue qui a inspiré *Le Cri* à Edvard Munch.

Le bureau du DNT (p. 86), qui gère plusieurs gîtes dans la région de la Nordmarka, fournit des cartes et des informations sur de longs itinéraires dans le pays.

Oslo Guideservice VISITES GUIDÉES
(carte p. 48 ; 22 42 70 20 ; www.guideservice.no ; tarifs variables ; fin mai-sept ; Rådhusplassen). L'agence Oslo Guideservice organise, en soirée, des balades d'une heure et demie dans la ville ; départ en face du Rådhus (hôtel de ville) à 17h30, sans réservation. Une bonne façon de découvrir le véritable Oslo grâce à des guides amusants et connaisseurs. Elle propose aussi, sur réservation, des visites personnalisées pour les groupes à partir de 10 personnes.

Patinage

Oslo et ses environs comptent plusieurs patinoires.

Patinoire en plein air de Frogner PATINOIRE
(carte p. 56 ; 910 05 955 ; Middelthunsgate 26 ; tarif plein/réduit 40/15 NOK ; 11h-22h lun-jeu, 11h-21h ven, 11h-18h sam-dim déc-mar ; T Borgen). Située dans le stade de Frogner, elle n'est ouverte que durant la saison d'hiver. Possibilité de louer casques et patins (à partir de 15 h).

Patinoire en plein air Spikersuppa PATINOIRE
(carte p. 48 ; Karl Johans gate ; Øvre Slottsgate). GRATUIT Romantique et la plus centrale de toutes, cette patinoire permet de glisser gratuitement dès qu'il fait suffisamment froid pour que l'eau gèle (de novembre à mars). La patinoire est souvent fermée vers 15h afin de préparer la glace. Possibilité de louer des patins sur place (100 NOK).

Ski

La saison de ski d'Oslo dure du mois de décembre au mois de mars. Les limites de l'agglomération comptent une station de ski et plus de 2 400 km de pistes de ski nordique aménagées (dont 1 000 km dans la forêt de Nordmarka), pour beaucoup éclairées. Des pistes facilement accessibles commencent au terminus des lignes n^os^1 et 5 du T-bane. Le **Skiservice Centre** (carte p. 63 ; 22 13 95 00 ; www.skiservice.no ; Tryvannsveien 2 ; 10h-20h ; T Holmenkollen), à la station Voksenkollen – l'arrêt du T-bane avant le terminus Frognerseteren –, loue des snowboards et des skis nordiques.

Les pistes de **Skimore Oslo** (carte p. 63 ; 404 62 700 ; skimore.no/oslo ; tarif plein/7-15 ans/-7 ans 450/350/150 NOK ; nov-avr ; T Holmenkollen) ouvrent durant la saison de ski.

Simulateur de ski de Holmenkollen SKI 3D
(carte p. 63 ; 900 12 046 ; www.skisimulator.no ; tarif plein/réduit 110/55 NOK ; 11h-18h ; T Holmenkollen). Grâce à une technologie empruntée aux simulateurs de vols employés

dans l'aéronautique, vous pouvez dévaler 130 km de pistes en toute sécurité. Sensations fortes garanties : mieux vaut avoir le cœur bien accroché.

Korketrekkeren LUGE

(carte p. 63 ; www.akeforeningen.no ; Holmenkollen ; tarif plein/réduit location journée 130/80 NOK ; 9h-21h lun-sam, 10h-18h dim hiver ; T Holmenkollen). En hiver, descendez en luge le “légendaire” Korketrekkeren (tire-bouchon), une piste de 2 000 m présentant un dénivelé de 255 m, construite pour l'épreuve de bobsleigh des Jeux olympiques de 1952. On peut louer des luges à l'Akeforeningen près du restaurant Frognerseteren. Prenez le T-bane jusqu'à Frognerseteren et descendez en suivant les panneaux.

Baignade

Oslo dispose de deux charmantes piscines municipales en plein air : la **Tøyenbadet** fermée pour travaux jusqu'en 2024, et la **Frognerbadet** (carte p. 56 ; www.oslo.kommune.no/natur-kultur-og-fritid/svommehaller-i-oslo/frognerbadet/#gref ; 23 27 54 50 ; Middelthuns gate 28 ; tarif plein/réduit 150/105 NOK ; voir le site Web ; 20, 12, N12 ou T Borgen) dans le parc Frogner.

On peut parfois se baigner dans les fjords et les cours d'eau : l'Arkeselva compte plusieurs points de baignade, une fois passée l'école d'art, et la baie de Bjørvika abrite la **piscine d'eau de mer de Sørenga** (Sørenga Sjøbad ; carte p. 48 ; Sørengkaia 69 ; ttе l'année ; Bjørvika) GRATUIT, avec plage, plongeoir et aire de baignade pour enfants l'été et sauna l'hiver.

Îles et plages

Plusieurs plages correctes sont facilement accessibles du centre d'Oslo. Des ferries desservent une demi-douzaine d'îles de l'Oslofjord et des environs, au départ du quai Vippetangen (p. 87), au sud-est de la forteresse d'Akershus. En été, des bateaux desservent fréquemment **Hovedøya** et **Langøyene** (au moins toutes les heures), moins souvent les autres îles. Le dernier ferry part de Vippetangen à 18h45 en hiver et à 21h05 en été.

La rive sud-ouest de l'île rocheuse de Hovedøya, la plus proche du continent, est appréciée des amoureux du soleil. L'île est entourée de chemins qui mènent à d'anciens emplacements de canons et aux **ruines d'un monastère cistercien** du XIIe siècle.

Au sud de Hovedøya, l'île préservée de **Langøyene** comporte des plages rocheuses ou de sable idéales pour la baignade, dont une réservée aux nudistes sur la rive sud-est. Empruntez le bateau n°94, qui ne circule que l'été.

La péninsule de Bygdøy possède deux plages fréquentées, **Huk** et **Paradisbukta** ; prenez à Jernbanetorget le bus n°30 jusqu'au terminus. Outre quelques poches sablonneuses, Huk compte essentiellement des étendues herbeuses et de grands rochers lisses, parfaits pour un bain de soleil. Séparée par une crique, la partie nord-ouest est ouverte aux naturistes. Si Huk semble bondée, 10 minutes de marche à travers bois au nord de l'arrêt de bus conduisent à Paradisbukta, plus paisible.

Sachez enfin que les eaux baignant Oslo sont parfois étonnamment chaudes – il n'est pas rare qu'elles atteignent 22°C. Alors, n'oubliez pas votre maillot de bain !

Plage municipale de Tjuvholmen PLAGE

(carte p. 56 ; Tjuvholmen ; Aker Brygge). À l'extrémité de la grande pelouse du parc de sculptures de l'île de Tjuvholmen (p. 51), se tient cette charmante (toute) petite plage, où l'on peut nager en toute sécurité. Très prisée des familles, elle est souvent bondée de petits Osloïtes barbotant joyeusement.

Circuits organisés

On trouve à Oslo les circuits habituels, offrant un bon aperçu culturel et historique de cette ville, somme toute facile à explorer et très bien organisée. Ils permettent de découvrir une histoire moins bien connue que celle des plus grandes capitales mondiales. Des excursions en bateau permettent de découvrir le front de mer et la péninsule de Bygdøy. Des circuits thématiques sont également organisés pour les amateurs d'architecture, de romans noirs norvégiens, ou encore de Henrik Ibsen ou Edvard Munch. L'office du tourisme, l'Oslo Visitor Centre (p. 86) et son site Internet vous fourniront des renseignements sur chacun de ces circuits.

Visites guidées de l'Opéra VISITE GUIDÉE

(carte p. 48 ; 21 42 21 21 ; www.operaen.no ; Kirsten Flagstads plass 1 ; tarif plein/réduit 120/70 NOK ; 13h tlj ; T Jernbanetorget). En anglais, ces visites guidées vous feront découvrir la scène principale. Votre guide vous dévoilera le symbolisme de son architecture, ainsi que la vie dans les coulisses de l'Opéra. En haute saison, mieux vaut réserver.

Viking Biking À VÉLO

(carte p. 48 ; ☎ 412 66 496 ; www.vikingbikingoslo.com ; Nedre Slottsgate 4 ; circuit 3h tarif plein/réduit 350/200 NOK ; ⏲ 9h30-18h ; Øvre Slottsgate). Cette agence propose d'excellents circuits permettant d'explorer Oslo à deux roues. Plusieurs promenades guidées à vélo sont proposées, dont deux conçues pour éviter la circulation : un itinéraire de 3 heures à travers parcs et ruelles pour découvrir les sites emblématiques de la ville (le "City Highlights"), et un circuit le long de l'Akerselva (le "River Tour").

Båtservice Sightseeing EN BATEAU

(carte p. 48 ; ☎ 23 35 68 90 ; www.boatsightseeing.com ; jetée 3, Rådhusbrygge ; 355-485 NOK/pers ; Aker Brygge). Pour voir Oslo et son fjord depuis la mer, Båtservice Sightseeing propose toute une gamme de circuits à bord d'une goélette en bois traditionnelle ou d'un bateau à moteur plus moderne. Une navette avec montée et descente libre est mise en place de mai à septembre.

Norway in a Nutshell AUTOUR D'OSLO

(agence Fjord Tours ; ☎ 55 55 76 60 ; www.norway-nutshell.com). Pour en voir un maximum en un minimum de temps. Depuis Oslo, l'itinéraire comprend une traversée du plateau de la Hardangervidda en train jusqu'à Myrdal, le spectaculaire chemin de fer de Flåm, une croisière dans le Nærøyfjord jusqu'à Gudvangen, puis un bus jusqu'à Voss où l'on prend un train pour une courte visite de Bergen avant de rentrer à Oslo de nuit (compartiment couchette inclus dans le prix). Comptez 3 420 NOK pour l'ensemble.

Il est également possible de terminer le circuit à Bergen (1 890 NOK). Réservation dans les offices du tourisme et les gares ferroviaires.

Fêtes et festivals

Festival de ski de Holmenkollen SPORT

(☎ 48 04 50 54 ; holmenkollenskifestival.no/nordic ; ⏲ début mars). L'une des principales manifestations mondiales consacrées au ski. L'avant-dernier jour est tellement apprécié des Norvégiens qu'on l'appelle la "deuxième fête nationale".

Inferno Festival MUSIQUE

(www.infernofestival.net ; ⏲ Pâques). Pendant le week-end de Pâques, ce festival voit débarquer sur Oslo des hordes de fans de heavy metal.

OverOslo MUSIQUE

(www.overoslo.no ; post@overoslo.no ; ⏲ juin). Ce festival à la programmation variée se tient pendant trois jours sur une colline, splendide amphithéâtre naturel dominant l'Oslofjord.

Norwegian Wood MUSIQUE

(www.norwegianwood.no ; ⏲ juin). Parmi les dizaines de festivals musicaux d'Oslo, celui-ci est l'un des plus importants. Chaque année, des artistes norvégiens et des têtes d'affiche internationales s'y produisent.

Øya Festival MUSIQUE

(www.oyafestivalen.com ; Tøyenparken ; ⏲ début août ; Ⓣ Tøyen). Le plus grand festival norvégien de rock et de musique indé fait figure d'exemple en matière de respect de l'environnement. Ses 4 scènes fonctionnent à l'énergie renouvelable, tous les déchets sont recyclés et les eaux usées générées par les 16 000 spectateurs deviennent un biocarburant qui alimente les bus transportant les festivaliers entre le centre d'Oslo et le site du festival.

L'Øya Festival attire chaque année de grands noms des scènes rock et indé. Le programme de 2022 prévoit Nick Cave, Suede ou Princess Nokia et bien d'autres artistes. Et c'est sans compter le festival off.

Festival international de jazz d'Oslo MUSIQUE

(Oslo Jazzfestival ; www.oslojazz.no ; ⏲ mi-août). Le jazz s'accorde parfaitement avec les longues soirées d'été d'Oslo, et pendant ce festival les plus grands noms du milieu se produisent à travers la ville.

Festival d'Opéra d'Oslo MUSIQUE

(Oslo Operafestival ; www.operafestival.no ; ⏲ oct). Opéras dans toutes les salles – et même les rues d'Oslo.

Où se loger

Oslo possède un bon choix d'hébergements, dont un nombre croissant de petits B&B et de locations privées dotées de plus de cachet que les chaînes hôtelières. Les hôtels sont généralement bien tenus et confortables, quoique assez ordinaires et – comme on peut s'y attendre – pratiquent des prix bien plus élevés que dans beaucoup d'autres pays. La plupart disposent du Wi-Fi.

Centre d'Oslo

Saga Poshtel Oslo AUBERGE DE JEUNESSE €€
(carte p. 48 ; ☎23 10 08 00 ; www.sagahotelsoslocentral.no ; Kongens gate 7 ; dort/d 520/1 100 NOK ; ; Øvre Slottsgate). Entre auberge de jeunesse et hôtel, cet établissement très central, à la décoration chic, comprend un grand salon convivial. Les nombreuses chambres doubles et les dortoirs de 4 et 6 lits sont basiques, mais impeccables, et disposent tous de leur propre salle de bains. Bonne connexion Wi-Fi.

Citybox Oslo HÔTEL €€
(carte p. 48 ; ☎21 42 04 80 ; www.citybox.no/oslo ; Prinsens gate 6 ; s/d 920/1 045 NOK ; ; Dronningens gate). La chaîne hôtelière Citybox propose des chambres d'une extrême simplicité, à bas prix (du moins, pour la Norvège). L'ambiance n'est pas austère pour autant : l'hôtel est même élégant, avec ses murs blancs et son mobilier scandinave. Le Wi-Fi est gratuit et il y a un café. En plus, il est bien situé. L'essentiel, donc, rien de plus.

Hotel Folketeateret HÔTEL €€
(carte p. 48 ; ☎22 00 57 00 ; www.nordicchoicehotels.no ; Storgata 21-23 ; d à partir de 1 700 NOK ; ; Kirkeristen). Ici, les chambres, grandes et au style original, ont plus de caractère que dans beaucoup d'hôtels d'Oslo. Derrière la place Yongstorget, l'établissement est situé dans le même ensemble animé que le théâtre. Le salon et le restaurant, où le dîner (inclus dans le prix) est servi tous les soirs, sont confortables et contribuent à l'atmosphère sympathique du lieu.

Smarthotel Oslo HÔTEL €€
(carte p. 48 ; ☎415 36 500 ; www.smarthotel.no ; St Olavs gate 26 ; s/d 835/935 NOK ; ; Tullinløkka). Si vous cherchez un hébergement central et sans chichis, cet hôtel d'affaires est une bonne option. À deux pas du Slottsparken, dans une avenue toutefois très fréquentée, cet hôtel loue de minuscules chambres avec tout le confort minimum. Un café se trouve au rez-de-chaussée.

Thon Hotel Astoria HÔTEL €€
(carte p. 48 ; ☎24 14 55 50 ; www.thonhotels.com ; Dronningens gate 21 ; s à partir de 756 NOK ; ; Kirkeristen). Cet établissement est vendu comme un hôtel Thon "bon marché", mais si l'on oublie les salles de bains exiguës et l'absence de minibar, ses chambres élégantes n'ont pas grand-chose à envier aux options plus onéreuses. À noter : les chambres simples sont parfois vraiment petites. L'Astoria est bien situé, proche de la gare ferroviaire, mais il faut se garer dans la rue.

P-Hotel HÔTEL €€
(carte p. 48 ; ☎23 31 80 00 ; p-hotels.no/en ; Grensen 19 ; s/d 799/1 044 NOK ; ; Stortorvet). Décoré dans un style traditionnel, avec mobilier en bois, tapis et rideaux fleuris, le P-Hotel est un choix sûr, quoique sans grand charme. Le petit-déjeuner inclus est livré dans un sac, à votre porte. Très central.

The Thief BOUTIQUE-HÔTEL €€€
(carte p. 56 ; ☎24 00 40 00 ; www.thethief.com ; Landgangen 1 ; d/ste 2 600-8 100 NOK ; ; Aker Brygge). Donnant sur l'Astrup Fearnley Museet, cet hôtel design est le meilleur d'Oslo. Sa décoration, plus sophistiquée que l'habituelle sobriété scandinave, est égayée çà et là de beaux objets artisanaux ou encore des vidéos artistiques. La vue de la plupart des chambres est superbe, tout comme la terrasse sur le toit.

Hotell Bondeheimen HÔTEL €€€
(carte p. 48 ; ☎23 21 41 00 ; www.bondeheimen.com ; Kristian IV gate 2 ; d à partir de 1 345 NOK ; ; Tinghuset). Cet hôtel centenaire, qui loue de vastes chambres colorées au mobilier simple et élégant, était à l'origine une pension pour les gens de la campagne montés à la ville, et appartenait à un organisme pour la promotion de la culture norvégienne. Les chambres, belles et originales, sont aménagées dans un souci du détail témoignant d'une véritable tradition d'hospitalité.

Comfort Hotel Grand Central HÔTEL €€€
(carte p. 48 ; ☎22 98 28 00 ; www.nordicchoicehotels.no ; Jernanetorget 1 ; d à partir de 1 416 NOK ; ; Jernbanetorget). Cet hôtel sans prétention se trouve dans l'enceinte magnifique de la vieille gare ferroviaire, au-dessus de l'aire de restauration flambant neuve, Østbanehallen. Sobres mais confortables, les chambres sont très design. Si certaines sont remarquablement hautes de plafond, d'autres sont mansardées, presque exiguës, mais le personnel est charmant et l'emplacement est idéal pour prendre le train ou se rendre à l'aéroport.

Grand Hotel HÔTEL HISTORIQUE €€€
(carte p. 48 ; ☎23 21 20 00 ; www.grand.no ; Karl Johans gate 31 ; d à partir de 2 016 NOK ; P 📶 🏊 ; T Stortinget). Le hall et le restaurant du rez-de-chaussée ont le cachet de l'ancien ; les chambres, elles, sont d'une élégance dépouillée. Avec parquet ou moquette, elles sont luxueuses, des têtes de lit aux sofas, en passant par les lits ornés de coussins et de couvre-lits. Beige, bleu marine ou encore rose, la décoration de chaque suite est unique. Si le Grand Hotel est une vieille institution, il n'en est pas moins moderne, et même abordable si l'on réserve bien à l'avance ou hors saison.

Frogner et l'ouest d'Oslo

Cochs Pensjonat PENSION €
(carte p. 58 ; ☎23 33 24 00 ; www.cochspensjonat.no ; Parkveien 25 ; d avec kitchenette à partir de 850 NOK, sans sdb 740 NOK ; 📶 ; 🚌17B). Pension pour hommes célibataires dans les années 1920, ce charmant hôtel de briques jaunes propose des chambres sobres, avec de grandes fenêtres et du parquet. Certaines sont équipées de kitchenette. Il est idéalement situé derrière le Palais royal, mais à une intersection très fréquentée, donc relativement bruyante. À l'arrière, les chambres donnant sur le parc du Palais (Slottsparken) sont particulièrement vastes. Les moins chères ont des salles de bains communes.

♥ **Saga Hotel Oslo** BOUTIQUE-HÔTEL €€
(carte p. 56 ; ☎22 55 44 90 ; www.sagahoteloslo.no ; Eilert Sundts gate 39 ; d à partir de 1 495 NOK ; 📶 ; 🚋Rosenborg). Dans une rue tranquille et arborée, derrière le Palais royal, cet élégant hôtel de 46 chambres occupe un bâtiment des années 1890. Dans cet écrin, les chambres et espaces communs sont décorés dans un style moderne subtil et ornés de beaux clichés en noir et blanc. Au sous-sol, le Fangst est un restaurant de sushis réputé.

Grünerløkka et Vulkan

Anker Hostel AUBERGE DE JEUNESSE €
(carte p. 58 ; ☎22 99 72 00 ; www.ankerhostel.no ; Storgata 55 ; dort 243-249 NOK, qua 720 NOK ; 📶; 🚋54). Cette grande auberge à l'ambiance très internationale dispose de chambres insipides mais impeccables, d'une laverie, d'une consigne, de cuisines et d'un petit bar. Le petit-déjeuner est en supplément comme les draps (50 NOK) et le parking (300 NOK/24h). La cadre n'est pas grandiose, mais la situation est commode, à seulement 5 minutes de marche du quartier de Grünerløkka et du centre-ville.

PS: Hotell HÔTEL DESIGN €€
(carte p. 58 ; ☎23 15 65 00 ; www.pshotell.no ; Vulkan 22 ; d/f/app 1 061/1 561/2 111 NOK ; 📶; 🚌54). Inspirée du passé industriel du quartier, la décoration est moderne, dans des tons gris. Petites, mais bien conçues, les chambres ont de grandes fenêtres. L'hôtel propose des chambres simples, des chambres familiales avec lits superposés et, au dernier étage, des suites avec table et canapé.

Anker Hotel HÔTEL €€
(carte p. 58 ; ☎22 99 75 00 ; www.anker-hotel.no ; Storgata 55 ; d à partir de 1 032 NOK ; 📶 ; 🚋Hausmanns gate). Cet hôtel d'affaires à bas coût propose des chambres classiques avec parquet et belle vue. Le buffet du petit-déjeuner est copieux et le bar jouit d'une atmosphère sympathique.

♥ **Scandic Vulkan** HÔTEL €€€
(carte p. 58 ; ☎21 05 71 00 ; www.scandichotels.com ; Maridalsveien 13 ; d 1 335-1 700 NOK ; 🚌54). Parquet et têtes de lit en bois confèrent à cet établissement une chaleur que l'architecture extérieure ne laisse pas deviner. Certaines chambres sont même agrémentées de petites touches originales, comme des murs ornés de vieux vinyles. Le hall d'entrée est très sympathique. À quelques pas, le marché Mathallen (p. 75) vend de quoi se restaurer et passer un agréable moment toute la journée.

Agglomération d'Oslo

Ekeberg Camping CAMPING €
(☎22 19 85 68 ; topcamp.no/nb/ekeberg ; Ekebergveien 65 ; tente 2/4 pers 220/330 NOK ; ⏱juin-août ; P 🚋Ekebergparken). Niché sur une jolie petite colline au sud-est de la ville, ce camping offre l'un des plus beaux panoramas sur Oslo. Le campement peut être bondé, mais quelle vue ! Si vous venez avec des enfants, sachez que le terrain est assez escarpé. À Jernbanetorget, prenez le bus n°34 ou 36 jusqu'à Ekeberg Camping (10 min).

Bogstad Camping CAMPING €
(carte p. 63 ; ☎22 51 08 00 ; topcamp.no/nb/bogstad ; Ankerveien 117 ; tente avec/sans voiture à partir de 495/395 NOK, chalets 1 500-1 945 NOK ; ⏱toute l'année ; P ; 🚌32). Situé en lisière de la forêt

de Nordmarka, c'est une base idéale pour les activités de plein air à Oslo. Il comprend des douches et une cuisine commune ; un kiosque et un restaurant sont situés à proximité. À 9 km au nord du centre-ville. Pour vous y rendre, prenez le bus n°32 à la gare d'Oslo S (30 min environ). Si vous venez sans tente ni camping-car, vous pouvez louer un bungalow ou une tente chic meublée.

Oslo Vandrerhjem Haraldsheim AUBERGE DE JEUNESSE €
(carte p. 63 ; ☎22 22 29 65 ; www.haraldsheim.no ; Haraldsheimveien 4 ; dort avec petit-déj avec/sans sdb 350/290 NOK, d avec/sans sdb 660/560 NOK ; @ ; Sinsenkrysset). Difficile à trouver, cette agréable auberge de jeunesse est située à 4 km du centre-ville. Les dortoirs de 4 lits et les chambres (certaines, dans le nouveau bâtiment, disposent d'un balcon) sont propres et totalisent 268 lits. Réception ouverte 24h/24, cuisine et laverie à disposition et location de draps (50 NOK). Prenez le tram n°12, 15 ou 17, ou le bus n°31 ou 32 jusqu'à Sinsenkrysset, puis marchez cinq minutes en montant la rue.

Scandic Holmenkollen Park HÔTEL HISTORIQUE €€
(carte p. 63 ; ☎22 92 20 00 ; www.holmenkollenparkhotel.no ; Kongeveien 26 ; s/d 1 400/1 650 NOK ; P ; T Holmenkollen). Ancien sanatorium fondé en 1891 par le docteur Ingebrigt Christian Lund, cet hôtel tout droit sorti d'un conte allie luxe, cachet historique et vues splendides. Au petit-déjeuner, l'énorme buffet comprend des produits bio.

Au moment de la mise à jour de ce guide, l'hôtel était fermé pour rénovation. Sa réouverture était prévue pour juin 2022.

Lysebu Hotel RESORT €€€
(carte p. 63 ; ☎21 51 10 00 ; www.lysebu.no ; Lysebuveien 12 ; s/d 1 710/2 144 NOK ; P ; T Voksenkollen). Cette magnifique bâtisse traditionnelle norvégienne, non loin de la forêt de Nordmarka, date de 1916. Confortables, les chambres, à la décoration classique et épurée, donnent sur un paysage époustouflant. Un hôtel haut de gamme, qui abrite également une intéressante collection de peintures abstraites norvégiennes et danoises de la moitié du XXe siècle, prêtées par le Centre d'art Henie-Onstad (p. 62).

Où se restaurer

Oslo est devenue une destination gastronomique à part entière, et après Copenhague et Stockholm, elle commence elle aussi à attirer les gourmets à la recherche de nouvelles sensations. Restaurants étoilés, stands de hot-dogs, délicieux fruits de mer, assiettes inventives de la nouvelle cuisine nordique ou savoureux plats japonais, français, indiens ou mexicains : vous aurez l'embarras du choix.

Centre d'Oslo

Illegal Burgers BURGERS €
(carte p. 48 ; ☎22 20 33 02 ; Møllergata 23 ; burgers 96-142 NOK ; 12h-23h lun-jeu, 12h-minuit ven-sam, 12h-22h dim ; 37). Des burgers classiques et plus gastronomiques à un prix raisonnable. Les steaks sont grillés au feu de bois, et les frites généreuses.

Sentralen Cafeteria CAFÉ, PIZZAS €
(carte p. 48 ; ☎22 33 33 22 ; Øvre Slottsgate 3 ; repas 90-160 NOK ; 8h-22h tlj ; Øvre Slottsgate). Au centre du complexe Sentralen, cette cafétéria est fréquentée par des indépendants et des employés du secteur de la création. Le matin, à leur image, prenez un café et une viennoiserie ou un sandwich ; à midi, régalez-vous d'un plat sain sur place ou à emporter. Vous pouvez aussi déguster une pizza cuite au feu de bois accompagnée d'une bière à partir de 16h en semaine ou dès midi le week-end.

Kaffebrenneriet CAFÉ €
(carte p. 48 ; www.kaffebrenneriet.no ; Universtetsgata 18 ; snacks 35-105 NOK ; 7h-18h lun-ven, 10h-17h sam-dim ; Tullinløkka). En face de l'ancienne Galerie nationale, cet établissement de l'une des meilleures chaînes norvégiennes sert, dans une ambiance détendue, de bons expressos et cafés filtre et vend des paquets de café, des viennoiseries et divers petits sandwichs.

♥ Sentralen Restaurant NOUVELLE CUISINE NORDIQUE €€
(carte p. 48 ; ☎22 33 33 22 ; www.sentralen.no ; Øvre Slottsgate 3 ; petites assiettes 85-195 NOK ; 11h-22h lun-sam ; Øvre Slottsgate). Ce restaurant à l'ambiance décontractée est l'un des meilleurs d'Oslo. Peinte dans des tons vert pastel et meublée de chaises vintage, la vaste salle, ouverte sur la cuisine, attire les employés du quartier autant que les visiteurs du Sentralen (p. 53) et les amateurs de vin naturel. Les petites portions permettent de découvrir la nouvelle cuisine nordique à travers différents plats. La carte propose surtout des spécialités norvégiennes revisitées, préparées avec des produits locaux, mais

incorpore également des influences internationales de façon subtile et surprenante. Les associations de saveurs sont parfois osées, mais les assiettes sont toujours belles et délicates. La sélection de vins est l'une des plus intéressantes de la ville, et l'aimable personnel est de bon conseil.

♥Grand Café NORVÉGIEN €€

(carte p. 48 ; ☎23 21 20 18 ; www.grand.no ; Karl Johans gate 31 ; plats 145-295 NOK ; ⏱11h-23h lun-ven, 12h-23h sam, 12h-21h dim ; Stortinget). À 11h précises, Henrik Ibsen quittait son appartement et venait déjeuner ici de harengs, arrosés de bière et d'un verre d'aquavit (boisson alcoolisée à base de pommes de terre et de graines de carvi). Sa table est toujours là. Rassurez-vous, aujourd'hui, entre cabillaud et moules en sauce, risotto d'épeautre aux champignons et agneau séché aux pommes de terre, la carte est plus variée.

♥Vingen NOUVELLE CUISINE NORDIQUE €€

(carte p. 56 ; ☎901 51 595 ; www.facebook.com/Vingen-Bar ; Strandpromenaden 2 ; plats 145-240 NOK ; ⏱11h-18h mar-mer et dim, jusqu'à 22h jeu, jusqu'à 19h ven et sam ; Aker Brygge). Le Vingen est le café du musée Astrup Fearnley (p. 47), un restaurant à la vue époustouflante et bien plus encore. Passez-y pour son excellent café, mais aussi pour déjeuner ou dîner : les menus à thème s'inspirent des expositions temporaires. À la nuit tombée, on y sert des cocktails. Parfois, des DJ font danser la foule dans le hall du musée ou, en été, sur la terrasse donnant sur la mer.

Justisen NORVÉGIEN, BURGERS €€

(carte p. 48 ; ☎22 42 24 72 ; www.justisen.no ; Møllergata 15 ; plats 135-240 NOK ; Brugata). Plein de charme, l'établissement aux airs de pub, qui date des années 1820, propose une grande sélection de plats norvégiens.

Fiskeriet POISSON ET FRUITS DE MER €€

(carte p. 48 ; ☎22 42 45 40 ; www.fiskeriet.com ; Youngstorget 2 ; plats 165-249 NOK ; ⏱11h-21h lun-ven, 12h-21h sam, 12h-20h dim, boutique 10h-18h lun-sam ; Brugata). On se croirait dans une poissonnerie, et il est vrai que ce restaurant abrite aussi l'un des meilleurs marchés aux poissons d'Oslo. Ce n'en est pas moins un cadre plaisant pour déjeuner ou dîner dans une ambiance sympathique. La carte est agréablement prévisible : *fish and chips*, soupe de poisson, *baccala* (morue séchée) à la méditerranéenne, ragoût de fruits de mer et croquettes de poisson.

Propose aussi des plats à emporter à des prix abordables.

Miss Sophie EUROPÉEN €€

(carte p. 48 ; ☎21 09 78 79 ; www.misssophie-restaurant.no ; Henrik Ibsens gate 4 ; plats 175-275 NOK, plats brunch 65-175 NOK ; ⏱17h-minuit mar-ven, 11h-16h et 17h-minuit sam, 10h-19h dim ; Slottsparken). Cette adresse face au parc sert des plats toute la journée, dans un cadre raffiné. La carte comprend des classiques de la cuisine européenne version haut de gamme : steak frites, *rösti* de patate douce, ou pâtes aux truffes. Lors du brunch du week-end, la clientèle afflue pour manger une omelette et d'autres plats joliment présentés (pudding aux graines de chia, cake à la banane, œufs Benedict).

Pipervika POISSON ET FRUITS DE MER €€

(carte p. 48 ; ☎940 80 932 ; www.pipervika.no ; Rådhusbrygge 4 ; plats 175-250 NOK, crevettes 130 NOK/kg ; ⏱7h-23h ; Aker Brygge). Quoi de mieux, quand il fait beau, que de savourer, face au port, un sandwich crevettes-mayonnaise-citron ? Installé dans une ancienne coopérative de pêcheurs, Pipervika vend des crevettes au kilo, à emporter. On peut aussi y déguster des sushis, des huîtres, et se faire un vrai repas de la mer avec un burger brioché au poisson ou un délicieux *fish and chips*. Tous les produits, pêchés du jour, viennent du fjord d'Oslo.

Delicatessen TAPAS €€

(carte p. 48 ; www.delicatessen.no ; Holmens gate 2 ; tapas 68-149 NOK ; ⏱11h-minuit lun-ven, 12h-minuit sam-dim ; Aker Brygge). Cet établissement prisé de Grünerløkka a ouvert une branche à Akker Brygge, insufflant dans ce secteur industriel un peu de l'âme du quartier branché du nord-est. La vaste sélection de tapas – parmi les meilleures d'Oslo – comprend des croquettes de chorizo et safran, des boulettes de viande, des assiettes d'authentiques *jamón* et *manchego* (fromage) espagnols, ainsi que du poulpe et du poulet grillés. La carte du déjeuner est plus réduite et inclut des sandwichs chauds.

Ling Ling CANTONAIS €€

(carte p. 48 ; ☎24 13 38 00 ; www.linglingoslo.com ; Stranden 30 ; plats 155-385 NOK ; ⏱16h30-minuit mar-ven, 13h-minuit sam ; Aker Brygge). L'ouverture de ce bar-restaurant asiatique très moderne a beaucoup contribué à faire d'Aker Brygge un quartier de gastronomie. Si l'établissement s'inspire de l'*izakaya* (bistrot) japonais, on y sert des spécialités cantonaises à partager. Raviolis de crabe, feuilleté de renne, vermicelles de soja aux Saint-Jacques sont tous préparés avec des produits locaux. Les plats sont conviviaux et invitent à la dégustation de cocktails, bières ou vins.

Bun's Burger Bar BURGERS €€
(carte p. 48 ; www.bunsburger.no ; Sørengkaia 71 ; burgers 140-180 NOK ; 16h-23h mar-jeu, 14h-minuit ven-sam, jusqu'à 22h dim ; Bjørvika). Choisissez parmi les énormes burgers, le steak de thon et les plats végétariens et faites-vous plaisir avec des frites nappées de fromage ou parfumées à la truffe. La vue sur le fjord est splendide et l'on accède facilement à la plage.

Elias Mat & Sånt BISTROT €€
(carte p. 48 ; 22 20 22 21 ; www.cafeelias.no ; Kristian Augusts gate 14 ; plats déj 109-179 NOK, plats dîner 184-269 NOK ; 11h-23h mar-sam, 17h-23h dim-lun ; Tullinløkka). Une bonne adresse pour un repas simple dans le centre-ville. Dans ce charmant petit restaurant, les spécialités incluent un filet de lieu servi avec des pommes de terre et un copieux ragoût de renne avec de la purée. La soupe de poisson et les moules servies au déjeuner offrent un bon rapport qualité/prix.

Maaemo NOUVELLE CUISINE NORDIQUE €€€
(carte p. 48 ; 22 17 99 69 ; www.maaemo.no ; Dronning Eufemias gate 23 ; menu 2 600 NOK ; 17h30-minuit mar-sam ; Bjørvika). Voilà un repas qui ne s'improvise pas : il vous faudra vraisemblablement réserver des mois à l'avance et prévoir un budget conséquent. Néanmoins, si vous pouvez vous le permettre, allez au Maaemo, non pas pour ses trois étoiles au Michelin, mais pour la vingtaine de plats du chef Esben Holmboe Bang, dont la cuisine, l'une des expériences culinaires les plus marquantes au monde, semble être l'expression même de l'âme norvégienne.

Vous mangerez, avec quelques autres convives, à l'étage à la table du chef (six couverts), ou en bas, à l'une des huit tables d'une salle d'acier et de verre, ornée de clichés de Christian Houge évoquant la mythologie nordique. Le service est parfait, naturellement, et le vin excellent. Comptez 1 800 NOK pour une sélection de crus s'accordant aux mets ; 950 NOK pour des jus.

Vaaghals NORVÉGIEN €€€
(carte p. 48 ; 920 70 999 ; www.vaaghals.com ; Dronning Eufemias gate 8 ; plats déj 179-199 NOK, menu dîner 7 plats 695 NOK ; 11h-22h lun-ven, 16h30-22h sam ; Bjørvika). Le partage est à l'honneur dans ce restaurant qui prône le *skifte,* terme désignant une forme de repas très convivial propre à la Norvège. Cet intrigant restaurant allie un cadre des plus modernes avec des ingrédients rustiques, typiquement norvégiens, comme des viandes séchées, une grande variété d'abats, des poissons sauvages et des herbes et légumes sauvages.

Theatercafeen NORVÉGIEN €€€
(carte p. 48 ; 22 82 40 50 ; www.theatercafeen.no ; Stortingsgata 24/26 ; plats 229-380 NOK ; 12h-23h lun-sam, 15h-22h dim ; Nationaltheatret). Prisé des familles norvégiennes durant les fêtes de Noël, et le jour de la fête nationale (17 mai), ce café situé face au Nationaltheatret propose des classiques norvégiens dans un magnifique cadre viennois datant des années 1900. Beaucoup de plats s'inspirent des mers déchaînées et

100% NORVÉGIEN

TENDANCES CULINAIRES

Les Osloïtes ont le goût du risque quand il s'agit de gastronomie, et leur ville s'ouvre de plus en plus aux saveurs du monde. Voici les dernières tendances dans les assiettes :

Nouvelle cuisine nordique Les plats traditionnels sont revisités et les ingrédients d'autrefois (cœur de poulet, langue de morue, boudin, betterave à l'étouffée, fromage frais, rhubarbe, orge) remis à l'honneur. Avec parfois des éléments des cuisines islandaise, danoise et d'ailleurs.

Pizza Les Norvégiens les adorent surgelées, mais vous trouverez à Oslo de véritables pizzas napolitaines à pâte fine, préparées avec des ingrédients de qualité.

Omakase ("je m'en remets à vous"). À Oslo, le poisson est toujours frais et les restaurants de sushis ne manquent pas. La clientèle huppée ne s'y trompe pas et s'en remet à la sélection des chefs.

Vins naturels Les sommeliers de la capitale sont des adeptes des petits producteurs français, italiens, autrichiens et allemands attachés à laisser la nature faire son œuvre.

100% NORVÉGIEN

LE PETIT DERNIER

Pendant un temps, la Norvège semblait exclue du mouvement de gastronomie nordique qui séduisait le monde entier. Le pays ne comptait pas de chefs superstars comme le Danois René Redzepi et le Suédois Magnus Nilsson. Aujourd'hui, Olso a bien rattrapé son retard avec des restaurants étoilés mondialement connus, tels Maaemo (voir p. 71) et Kontrast (p. 76), et un nombre impressionnant de bistrots avant-gardistes (mais pas snobs) servant des plats recherchés, préparés avec des ingrédients locaux et servis dans des lieux sympathiques. La mode est aux petites assiettes à partager, l'ambiance sonore (des vinyles la plupart du temps) a souvent un côté ironique ou provocateur, et le vin est servi par des sommeliers appelant les producteurs par leur prénom.

des forêts obscures du pays, notamment le turbot à la crème de caviar et le flétan aux asperges et aux champignons.

Tjuvholmen Sjømagasin POISSON ET FRUITS DE MER €€€

(carte p. 56 ; ☎23 89 77 77 ; www.sjomagasinet.no ; Tjuvholmen allé 14 ; plats 295-385 NOK ; ⏲11h30-22h mar-ven, 13h-22h sam ; 🚊Aker Brygge). Ce restaurant haut de gamme, qui prépare de magnifiques plats de poissons et de fruits de la mer, sert des plats traditionnels norvégiens (dont l'éternelle soupe de poisson) et internationaux (comme un turbot au fenouil et beurre noisette). Vous trouverez aussi un bar à coquillages, où commander du homard et du crabe au kilo, des huîtres et des crevettes, ou un assortiment (795 NOK/pers).

Café Skansen NORVÉGIEN €€€

(carte p. 48 ; ☎24 20 13 11 ; www.cafeskansen.no ; Rådhusgata 32 ; plats 205-248 NOK ; ⏲12h-22h lun-sam, 13h-20h dim ; 🚊Kontras-kjæret). Avec son bois sombre et son sol carrelé, ce restaurant tranche dans le paysage architectural froid et moderne d'Akker Brygge. Le menu puise dans la cuisine traditionnelle, avec des plats à base de fruits de mer, d'agneau et de steaks. Après des heures à explorer l'Oslofjord, les copieuses saucisses danoises à la sauce au vin rouge sont le repas qu'il vous faut. La carte inclut aussi du steak de baleine.

Pastis Bistrobar FRANÇAIS €€€

(carte p. 48 ; ☎21 02 36 30 ; www.pastisbistrobar.no ; Stranden 3 ; plats 185-355 NOK ; ⏲8h-23h lun et dim, 8h-minuit mar-jeu, 8h2h ven, 9h-2h sam ; 🚊Aker Brygge). Chez Albert, on sert des croque-monsieur et des omelettes au petit-déjeuner et, plus tard dans la journée, des classiques de la cuisine française, tels le carré d'agneau, les moules-frites ou l'entrecôte. La décoration, qui adopte tous les codes du bistrot moderne, est élégante et lumineuse.

Sanguine Brasserie & Bar NORVÉGIEN €€€

(carte p. 48 ; www.sanguinebrasserie.no ; Kirsten Flagstads plass 1, Opéra d'Oslo ; plats 205-305 NOK, menu de 2/3 plats 440/580 NOK ; ⏲3 heures avant les spectacles ; 🚊Bjørvika). Ce lieu agréable et spacieux, face au fjord d'Oslo, est le restaurant le plus décontracté de l'Opéra. C'est aussi un bon endroit pour en admirer l'architecture un verre à la main. Préparés à base de produits frais, les spécialités norvégiennes et les quelques plats internationaux proposés sont originaux, raffinés et joliment présentés. La cuisine est ouverte jusqu'à 23h les soirs de spectacle. Les plus jeunes pourront choisir le menu enfant, simple et abordable (200 NOK), ou commander un plat de la carte en demi-portion.

Stock INTERNATIONAL €€€

(carte p. 48 ; ☎21 09 03 09 ; www.stockoslo.no ; Dronning Eufemias gate 14 ; plats déj 175-225 NOK, plats dîner 255-320 NOK, menu 3 plats 295 NOK ; ⏲11h-22h lun-ven, 12h-22h sam ; 🚊Bjørvika). Grande baie vitrée, mobilier en bois et carrelage : le Stock est un lieu chic et chaleureux. Sa cuisine norvégienne moderne sublime les produits dans des plats comme la saucisse de chevreuil accompagnée de navet et de chou kale, la joue de porc avec purée de céleri-rave, chou et betterave jaune, et le maquereau aux topinambours frits et chou-rave mariné. La carte du bar est tout aussi élaborée. Les huîtres sont bretonnes et les sardines sont cuisinées à l'espagnole, mais vous trouverez également des spécialités locales, comme des saucisses fumées et du pain noir (entre 45 et 70 NOK). Le midi, le plat du jour (185 NOK) est une bonne affaire.

Solsiden POISSON ET FRUITS DE MER €€€

(carte p. 48 ; ☎22 33 36 30 ; www.solsiden.no ; Akershusstranda 13, Skur 34 ; plats 295-315 NOK ; ⏲16h30-22h mar-sam ; 🚊Kontraskjæret). En contrebas de la forteresse d'Akershus, face à Aker Brygge, le Solsiden sert parmi les meilleurs fruits de mer d'Oslo. Il occupe un vaste entrepôt de la zone portuaire, ce qui lui confère une atmosphère particulière. Vous pouvez commander 500 g de crevettes (265 NOK) ou vous faire plaisir avec un plateau de fruits de mer constitué de homard, crevettes, Saint-Jacques, crabe, moules et écrevisses (755 NOK/pers). En été, la terrasse ouvre à 15h.

Ruffino Ristorante ITALIEN €€€

(carte p. 48 ; 22 55 32 80 ; www.ruffino.no ; Arbins gate 1 ; pâtes 170-199 NOK, plats 300 NOK ; 16h-23h lun-sam ; ; Slottsparken). Ce restaurant haut de gamme sert une authentique cuisine italienne, dont une grande variété de pâtes maison et des plats aux fruits de mer. C'est une adresse appréciée des familles, qui peut préparer des demi-portions pour les enfants.

Bølgen & Moi INTERNATIONAL €€€

(carte p. 56 ; 22 44 10 20 ; www.bolgenogmoi.no ; Tjuvholmen allé 5 ; plats 189-285 NOK ; 16h-22h mar et mer, 16h-23h jeu-sam ; Aker Brygge). Établissement d'une chaîne de restaurants norvégienne, Bølgen & Moi jouit d'un excellent emplacement dominant les quais. Les soirs d'été, c'est une excellente adresse où manger (burger, pâtes, soupe de poisson) et boire un verre.

Frogner et l'ouest d'Oslo

Åpent Bakeri CAFÉ €

(carte p. 56 ; 22 04 96 67 ; www.apentbakeri.no/#/inkognito-terrasse ; Inkognito terrasse 1 ; en-cas 45-129 NOK ; 7h30-17h lun-ven, 8h-17h sam, 9h-16h dim ; Inkognitogata). Cette enseigne de quartier sert le café dans de grands bols couleur crème, avec de succulents pains et pâtisseries. Un petit pain frais tartiné de *røre syltetøy* (confiture) maison, savouré dans le patio de la boulangerie, et vous aurez l'un des petits-déjeuners les plus agréables d'Oslo.

Fyr Bistronomi NOUVELLE CUISINE NORDIQUE €€

(carte p. 56 ; www.fyrbistronomi.no ; Underhaugsveien 28 ; plats 140-240 NOK, menus 550-695 NOK ; 12h-minuit lun-sam, bar à partir de 11h30 ; Vigelandsparken). S'il attire essentiellement une clientèle aisée de l'ouest de la ville, ce restaurant n'en est pas moins un lieu charmant à l'ambiance détendue. Il mise sur les grillades, du homard aux crevettes, en passant par le bœuf japonais et le cou de porc. Mais loin d'être un simple restaurant-grill, il sert des accompagnements, sauces, garnitures et en-cas esthétiques et délicats. Belle sélection de vins et de cocktails.

Villa Paradiso PIZZAS €€

(carte p. 56 ; 917 67 639 ; www.villaparadiso.no/restauranter/frogner ; Sommerrogata 17 ; plats 205-279 NOK, pizzas 156-226 NOK ; 10h-22h lun-jeu, jusqu'à 23h ven, 12h-23h sam, jusqu'à 22h dim ; 30, 31, N12, N30, Solli). L'un des attraits de la place Solli. Avec son joli carrelage et son haut plafond, le deuxième Villa Paradiso d'Oslo a encore plus de caractère que son grand frère de Grunerløkka, et les pizzas y sont aussi mémorables. Également au menu : des plats de pâtes, de viande et de poisson simples et bons.

Hos Thea NORVÉGIEN €€€

(carte p. 56 ; 22 44 68 74 ; www.hosthea.no ; Gabelsgata 11 ; plats 380 NOK, menu 6 plats 895 NOK ; 17h-23h tlj ; Skillebekk). On retrouve chez Hos Thea ce qui a fait le réveil gastronomique de la capitale (l'établissement prospère depuis 1987). Situé dans une ancienne boucherie, c'est aussi un lieu chaleureux prisé des Osloïtes qui viennent y festoyer pour les grandes occasions. Les savoureux plats servis ici incluent des petites spécialités françaises (brioche, foie gras) et des influences italiennes (risotto, ravioli), mais restent essentiellement norvégiens.

Alex Sushi SUSHI €€€

(carte p. 56 ; 22 43 99 99 ; www.alexsushi.no ; Cort Adelers gate 2 ; menus 565-1150 NOK ; 16h-23h mar-sam ; Solli). Assis à un élégant comptoir ovale, savourez les meilleurs sushis d'Oslo. Que vous commandiez à la carte ou que vous optiez, comme la plupart des habitués, pour l'*omakase* (sélection du chef, 1 150 NOK), perfection et innovation seront au rendez-vous. La carte inclut le meilleur des fruits de mer norvégiens, préparés simplement ou dans des spécialités maison, comme la salade de tempura et le gratin de homard.

Park 29 INTERNATIONAL €€€

(carte p. 56 ; 481 70 000 ; www.park29.no ; Parkveien 29 ; plats 235-299 NOK ; 11h30-23h lun-sam ; Riddervolds plass). Voici sûrement le plus beau restaurant d'Oslo : situé dans une villa ancienne en bois (autrefois résidence du compositeur Halfdan Kjerulf et, plus récemment, d'un célèbre concessionnaire automobile), l'endroit dispose d'un jardin d'été. Les classiques de la cuisine internationale et norvégienne servis sont simples, raffinés et joliment dressés. On a plaisir à goûter les vins haut de gamme de la carte.

Feinschmecker NORVÉGIEN €€€

(carte p. 56 ; ☎22 12 93 80 ; www.feinschmecker.no ; Balchens gate ; plats 395-495 NOK, menu 4/7 plats 995/1 695 NOK ; ⏲16h-21h tlj sauf dim ; Elisenberg). S'il a perdu son étoile Michelin, ce restaurant gastronomique reste l'un des meilleurs du quartier avec sa cuisine norvégienne moderne à base de produits locaux. Le renom de l'établissement ne doit pas vous intimider : vous pouvez simplement y passer pour boire un verre de vin, et si vous restez dîner rien ne vous oblige à prendre la formule conseillée.

Gate of India INDIEN €€€

(carte p. 56 ; ☎22 69 09 33 ; www.gateofindia.no ; Bogstadveien 66a ; plats 199-299 NOK ; ⏲16h-21h30 lun, jusqu'à 22h30 mar-sam, 15h-21h30 dim ; T Majorstuen). Ce restaurant indien haut de gamme cuisine des plats savoureux avec des ingrédients de qualité.

Grünerløkka et Vulkan

Syverkiosken HOT-DOGS €

(carte p. 58 ; ☎948 59 091 ; Maridalsveien 45b ; hot-dogs à partir de 20 NOK ; ⏲10h-23h30 lun-ven, 12h-23h30 sam-dim ; 34). Ce petit kiosque ressemble à un lieu branché faussement vintage, mais il s'agit bien de l'un des derniers authentiques stands de *pølser* (hot-dog) d'Oslo. Commandez votre saucisse dans une galette de pommes de terre au lieu du pain habituel, ou dans les deux. Outre les sauces et la moutarde, une large sélection de garnitures est proposée.

Taco República TACOS €

(carte p. 58 ; ☎400 57 665 ; www.tacorepublica.no ; Torggata 30 ; tacos 65-80 NOK ; ⏲12h-23h mar-jeu, 12h30-0h30 ven-sam, 14h-22h dim ; 34). Fini les restaurants de tex-mex, Oslo a enfin une véritable *taquería*. Ce restaurant lumineux, meublé de chaises d'écoliers, sert une grande variété de tacos garnis d'ingrédients frais, locaux et cuisinés sur place (les garnitures au poisson sont particulièrement bonnes). Tous les tacos sont faits maison et sans gluten.

Wünderburger BURGERS €

(carte p. 58 ; Torggata 35 ; burgers 90-120 NOK ; ⏲11h-22h lun-jeu, 11h-minuit ven, 12h-minuit sam, 13h-22h dim ; 34). Vous trouverez ici d'excellents burgers faits avec du bœuf de Lofoten élevé en plein air, du pain brioché et les garnitures de votre choix. Les burgers végétariens aussi sont bons et les pains sans gluten meilleurs qu'à l'accoutumée.

Munchies BURGERS €

(carte p. 58 ; www.munchies.no ; Thorvald Meyers gate 36 ; burgers 108-134 NOK ; ⏲11h-22h lun-mer, 11h-23h jeu et dim, 11h-2h ven-sam ; Schous plass). L'endroit est toujours bondé et les suppléments peuvent revenir cher, mais Munchies sert parmi les meilleurs burgers et frites d'Oslo. Installez-vous près de la fenêtre et ne manquez pas de goûter leur bière artisanale.

Liebling CAFÉ €

(carte p. 58 ; ☎24 02 23 02 ; www.liebling.no ; Øvrefoss 4 ; assiettes 165-225 NOK, sandwichs 115-130 NOK ; ⏲10h-17h lun-dim ; Birkelunden). Cette petite perle à l'ambiance très berlinoise est l'un des cafés préférés des étudiants de la KHiO (Faculté des arts d'Oslo) voisine et un bon endroit où s'asseoir avec son ordinateur devant un petit-déjeuner tardif. Vous y trouverez une grande variété de viennoiseries et de pâtisseries (certaines crues ou sans gluten), du café provenant du torréfacteur Supreme Roastworks, de la bière et des vins allemands et autrichiens.

Habsak MOYEN-ORIENTAL €

(carte p. 58 ; ☎21 94 90 99 ; www.thekasbah.no ; Kingos gate 1b ; plats 98-165 NOK, assiettes de mezze 47-79 NOK ; ⏲11h-1h lun-ven ; Biermanns gate). Parmi les spécialités de restaurant en sous-sol, on retrouve les falafels, les pitas garnies et les assiettes de mezze. Avec ses sofas, sa musique reggae et ses meubles d'occasion, l'endroit est aussi confortable que l'ambiance y est décontractée.

Hønse-Louisas Hus CAFÉ €

(carte p. 58 ; www.honselovisashus.no ; Sandakerveien 2 ; en-cas 80-135 NOK ; ⏲11h-18h ; Biermanns gate). Passez prendre un café et une gaufre dans cet établissement accolé à un petit théâtre plein de charme.

Teddy's Soft Bar AMÉRICAIN €

(carte p. 48 ; ☎22 17 36 00 ; Brugata 3a ; plats 95-120 NOK ; ⏲14h-minuit lun-sam ; Brugata). Le juke-box dans le coin contribue à donner au Teddy's Soft Bar un goût d'Amérique des années 1950. Devenu une sorte d'institution locale, l'établissement a peu changé depuis son ouverture. Ses burgers se marient bien avec cet autre classique de l'Amérique des années 1950 qu'est le milk-shake.

Hotel Havana ESPAGNOL €
(carte p. 58 ; ☎23 23 03 23 ; www.hotelhavana.no ; Thorvald Meyers gate 38 ; plats 80-120 NOK ; ⏲8h-21h tlj ; 🚋Brugata). Ce petit restaurant décoré d'azulejos andalous, malgré son nom, s'inspire plus d'un bar espagnol que d'un bar cubain. La cuisine est tout aussi espagnole avec cependant une touche norvégienne, comme la soupe de poisson de Bergen, servie au déjeuner. Vous trouverez aussi les habituelles tapas pour accompagner vos pichets de sangria.

Far East ASIATIQUE €
(carte p. 48 ; ☎22 20 56 28 ; Bernt Ankers gate 4 ; plats 80-120 NOK ; ⏲14h-23h tlj ; 🚋Brugata). Ce petit restaurant simple et très prisé propose des plats thaïlandais et vietnamiens, légers et sains : soupes, curries et nouilles.

♥**Bass Oslo** NOUVELLE CUISINE NORDIQUE €€
(carte p. 58 ; ☎482 41 489 ; www.bassoslo.no ; Thorvald Meyers gate 26c ; plats 70-175 NOK ; ⏲17h-1h mar-sam, 15h-20h dim ; 🚋Birkelunden). On pourrait croire à un énième café branché de Grünerløkka, mais vous mangerez ici parmi les meilleures petites assiettes à partager de la ville. Aux murs : des paysages marins peints sur céramique par des habitants du quartier. Poulet frit et galettes de pommes de terre, morue au beurre d'oseille, gâteau tout chocolat : la plupart des plats mêlent influences norvégiennes et internationales.La carte des vins est impressionnante et de nombreux crus peuvent se commander au verre.

♥**Pjoltergeist** CORÉEN, NOUVELLE CUISINE NORDIQUE €€
(carte p. 58 ; ☎402 37 788 ; www.pjoltergeist.no ; Rosteds gate 15b ; ⏲18h-0h25 mar-sam ; 🚌54). Passez la porte de cette intrigante cave sombre et laissez son menu piquer votre curiosité. Le chef islandais Atli Mar Yngvason associe des ingrédients de son pays natal avec des produits norvégiens, qu'il cuisine et assaisonne en s'inspirant des cuisines coréennes et japonaises. Les saveurs sont audacieuses, les ingrédients parfois surprenants (du cœur d'élan !) et les assiettes sont dressées avec une amusante légèreté.

Si vous réservez une table, ne manquez pas le menu de dégustation. Sinon, installez-vous au bar pour déguster des en-cas ou des plats à la carte. La sélection de vins, très soignée, fait la part belle aux crus naturels. Vous trouverez aussi différents *pjolter*, boisson passée de mode, connue pour être prisée des piliers de bar (l'établissement était jusqu'à peu un bar miteux) et à l'origine de l'amusant nom de l'enseigne. L'ambiance est particulièrement chaleureuse. Cuisine ouverte même après 23h.

♥**Marché Mathallen** AIRE DE RESTAURATION €€
(carte p. 58 ; www.mathallenoslo.no ; Maridalsveien 17 ; ⏲10h-20h mar-sam, 11h-18h dim ; 🚌54). Au bord de l'Akerselva, cet ancien bâtiment industriel reconverti en espace de restauration s'applique à proposer le meilleur de la cuisine norvégienne régionale, ainsi que d'excellentes saveurs internationales. Des dizaines de traiteurs, cafés et restaurants minuscules se serrent dans cet endroit animé du matin jusque tard dans la nuit.

Un lieu décontracté où les inconnus finissent par manger et bavarder ensemble et où les familles se retrouvent à table après que chaque membre a acheté son repas au stand de son choix. Les horaires varient d'un lieu à l'autre, mais la plupart des restaurants sont ouverts au moins jusqu'à 20h, et les bars bien plus tard. Chaque mois, un festival culinaire est organisé (voir le site Internet).

Villa Paradiso PIZZAS €€
(carte p. 58 ; ☎22 35 40 60 ; www.villaparadiso.no/restauranter/grunerlokka ; Olaf Ryes plass 8 ; pizzas 156-211 NOK ; ⏲11h-22h tlj ; 🚋Olaf Ryes plass). Au cœur de Grünerløkka, ce restaurant donnant sur un parc sert, pour beaucoup, l'une des meilleures pizzas d'Oslo – ce qui n'est pas rien dans cette ville où la pizza est une véritable obsession. À l'entrée, une vieille voiture italienne jouxte la terrasse, ouverte en été. Toujours bondé et chaleureux.

Dr Kneipp's Vinbar NORVÉGIEN €€
(carte p. 58 ; ☎22 37 22 97 ; www.markveien.no ; Torvbakkgt 12 ; plats 175-265 NOK ; ⏲16h-22h30 mar-sam ; 🚋Schous plass). Plus formel et plus petit que son grand frère, le restaurant voisin Markveien Mat & Vinhus (p. 76), le Dr Kneipp est idéal pour boire un verre de vin (la carte compte près de 400 crus) et déguster des en-cas légers (maquereau fumé ou tartare à l'italienne, par exemple) et des plats figurant au menu du Markveien. Le cheesecake est légendaire.

Mucho Mas MEXICAIN €€
(carte p. 58 ; ☎22 37 16 09 ; www.muchomas.no ; Thorvald Meyers gate 36 ; plats 115-215 NOK ; ⏲15h-23h lun-jeu, 12h-minuit sam, jusqu'à 23h dim ; 🖉 ; 🚋Olaf Ryes plass). Le fromage et la taille des portions compensent l'absence

d'authenticité. Tous les classiques tex-mex figurent sur la carte – d'énormes tacos, *nachos* et *burritos*, avec ou sans viande. La bière, à prix raisonnable, apaise le feu du piment.

Café Sara INTERNATIONAL €€
(carte p. 58 ; ☎22 03 40 00 ; www.cafesara.no ; Haumanns gate 29 ; plats 179-189 NOK ; ⏲11h-3h30 lun-sam, 13h-3h30 dim ; 🚋Hausmanns gate). Ne vous fiez pas à son nom gentillet : Café Sara est un pub sombre, mais chaleureux, dont la cuisine copieuse et sans prétention mêle plats norvégiens, pizzas, spécialités turques et tex-mex. La spécialité maison est un ragoût de viande au maïs, riz et pommes de terre – parfait pour une froide nuit d'hiver.

Kontrast NOUVELLE CUISINE NORDIQUE €€€
(carte p. 58 ; ☎21 60 01 01 ; www.restaurant-kontrast.no ; Maridalsveien 15a ; 6/10 plats 1 100/1 950 NOK ; ⏲17h30-minuit mer-sam ; 🚌54). Dans un beau cadre minimaliste post-industriel, Kontrast sert de jolis plats de saison, associant simplicité et technique parfaitement maîtrisée. En haute saison, les ingrédients sont bio, éthiques et locaux, les viandes issues d'animaux sauvages ou élevés en plein air. Le lieu a récemment reçu une étoile Michelin, il faut donc réserver.

Bon Lío ESPAGNOL, GASTRONOMIQUE €€€
(carte p. 58 ; www.bonlio.no ; Sofienberggata 15 ; menu 1 680 NOK ; ⏲18h-minuit mer-sam ; 🚌34). Bon Lío réussit le tour de force de concilier gastronomie espagnole et décor de maison traditionnelle norvégienne, pour un résultat chaleureux et séduisant. Si le lieu se veut informel, on n'y dîne pas à la légère : la réservation est indispensable et seul un menu dégustation est proposé. Cela étant, vous vous régalerez d'un festin de plusieurs plats mêlant cuisine méditerranéenne, produits norvégiens, et parfois même saveurs asiatiques.

Le Benjamin FRANÇAIS €€€
(carte p. 58 ; ☎22 35 79 44 ; www.lebenjamin.no ; Søndre gate 6 ; plats 248-310 NOK ; ⏲16h-23h mar-ven, 15h-23h sam-dim ; 🚋Schous plass). Un bistrot français à l'atmosphère raffinée, mais décontractée. On y sert des classiques : sardines grillées, pigeon poché, turbot en croûte de sel, tartines de moelle de bœuf et un plat du jour. La belle carte des vins met les crus français à l'honneur. Réservez une table à l'intérieur, ou venez tôt pour vous asseoir en terrasse – on se croirait à Paris.

Markveien Mat & Vinhus NORVÉGIEN €€€
(carte p. 58 ; ☎22 37 22 97 ; www.markveien.no ; Torvbakkgt 12 ; plats 168-185 NOK, menu 3/5 plats 575/735 NOK ; ⏲16h-minuit mar-sam ; 🚋Heimdalsgata). Si vous cherchez un restaurant chaleureux à l'atmosphère typiquement norvégienne, cette charmante adresse du sud de Grünerløkka ne vous décevra pas. À la lueur d'une bougie, régalez-vous de copieux plats traditionnels (et parfois internationaux), comme le jarret de renne aux légumes-racines, le canard confit aux lentilles, et la lotte au radis et au chou.

Süd Øst INTERNATIONAL €€€
(carte p. 58 ; ☎23 35 30 70 ; www.sudost.no ; Trondheimsveien 5 ; menu 357/375/498/598 NOK ; ⏲16h-23h30 lun-mer, jusqu'à minuit jeu-ven, 14h-minuit sam, jusqu'à 23h30 dim ; 🚋Heimdalsgata). Ce restaurant huppé plaira aux amateurs de saveurs fusion du Sud-Est asiatique. Une grande terrasse donnant sur la rivière permet de profiter du soleil estival. Vous pouvez aussi simplement y commander un cocktail d'inspiration asiatique.

Sofienberg, Grønland et Tøyen

♥ **Handwerk** CAFÉ, BOULANGERIE €
(carte p. 61 ; ☎22 60 85 00 ; www.handwerk.no/botaniskehjem ; Sarsgate 1 ; plat du jour 140 NOK, sandwichs 95 NOK ; ⏲10h-17h tlj ; Ⓣ Tøyen). Si vous ne pouvez pas découvrir la campagne norvégienne, venez vous mettre au vert dans ce joli café au cœur du Jardin botanique. Cet ancien corps de ferme aux murs bleu clair est orné d'œuvres florales et illuminé de bougies et de plafonniers. Depuis un confortable intérieur, vous pourrez admirer le jardin verdoyant (ou blanc de neige) par les fenêtres.

♥ **Punjab Tandoori** INDIEN €
(carte p. 48 ; ☎22 17 20 86 ; www.punjabtandoori.no ; Grønland 24 ; plats 90-175 NOK ; ⏲11h-23h lun-sam, 12h-23h dim ; Ⓣ Grønland). Riche des saveurs du nord de l'Inde, cette "cantine" simple propose des curries très parfumés ! Un restaurant authentique comme on en trouve rarement en Europe, et une véritable institution dans le quartier, aussi bien auprès de la communauté asiatique que des Norvégiens avisés.

Grådi INTERNATIONAL €
(carte p. 61 ; www.facebook.com/gradirestaurantogbar ; Sørligata 40 ; plats 90-140 NOK ; 11h-22h tlj ; Tøyen). Charmante adressedonnant sur une petite place, non loin de Sofienberg, Grådi a tout du restaurant de quartier idéal : cuisine norvégienne fusion savoureuse, bière locale et bons cocktails à des prix exceptionnellement raisonnables. Le service est loin d'être parfait, mais l'accueil est chaleureux et le lieu offre un refuge spacieux et agréable, surtout dans la journée.

Brutus NOUVELLE CUISINE NORDIQUE €€
(carte p. 61 ; 22 38 00 88 ; www.barbrutus.no ; Eiriks gate 2 ; menu 5 plats 650 NOK ; 17h-22h mer-jeu et dim, jusqu'à minuit sam-dim ; Munkegata). On pourrait dire que cet établissement sans prétention, servant certains des plus grands crus, est un bar à vins. Mais cela serait oublier que l'on y propose l'une des cuisines les plus enthousiasmantes et accessibles de la capitale. C'est le restaurant osloïte par excellence : brut, érudit, fantasque et rock and roll.

Côté décoration : briques nues, boiseries peintes, chaises vintage simples, et tableaux d'art contemporain. Les plats sortant de la cuisine ouverte (où s'affaire une brigade vêtue de T-shirts " Brutus" très heavy metal) sont des explosions de saveurs, mettant en valeur des ingrédients locaux inhabituels et mêlant diverses influences scandinaves. On y trouve les plus grands vins naturels d'Europe. Il est possible de ne venir que pour boire un verre et grignoter.

Olympen NORVÉGIEN €€
(carte p. 48 ; 24 10 19 99 ; www.olympen.no ; Grønlandsleiret 15 ; plats 140-260 NOK ; 11h-minuit lun-ven, 12h-minuit sam ; 37). Un repas dans cette brasserie norvégienne ornée de fresques représentant l'Oslo des années 1920, de boiseries sombres et de chandeliers est toute une expérience. Les plats sont bons et abordables (steaks, cochon de lait, maquereau), et il y a plus de 100 bières. Ce restaurant que tout le monde appelle "Lompa" fait partie de l'histoire du quartier de Grønland.

Ekeberg Restaurant NORVÉGIEN €€€
(carte p. 48 ; 23 24 23 00 ; www.ekebergrestauranten.com ; Kongsveien 15 ; plats 295-310 NOK, menu 3 plats 410 NOK ; 12h-23h tlj ; Ekebergparken). Ce chef-d'œuvre de Lars Backer, construit en 1929, est l'un des premiers exemples de l'Oslofunkis (courant fonctionnaliste). Tombé en ruine dans les années 1980, le bâtiment a heureusement été restauré et abrite un restaurant de nouvelle cuisine nordique aux plats simples et soignés. En été, la terrasse sert burgers, moules-frites et sandwichs aux crevettes.

Si l'architecture moderniste ne vous intéresse pas spécialement, venez-y pour la vue sur le fjord et la ville.

Asylet NORVÉGIEN €€€
(carte p. 48 ; 22 17 09 39 ; www.asylet.no ; Grønland 28 ; plats 209-239 NOK ; 11h-0h30 lun-ven, 12h-0h30 sam, 12h-23h dim ; Grønland). Cette ancienne auberge datant de 1730 est nichée au cœur du quartier multiculturel de Grønland. Un passage vous mène à une cour pavée, entourée de galeries en bois. Vous découvrez alors un lieu au charme particulier : plafond bas, poutres, boiseries, dalles au sol et cheminée de travers. Outre des plats traditionnels copieux, les *smørbrød* (tartines généreusement garnies) sont la spécialité de la maison.

Smia Galleri NORVÉGIEN MODERNE €€€
(carte p. 61 ; 22 19 59 20 ; Opplandsgata 19 ; plats 145-265 NOK ; 16h-22h mar-ven, 13h-22h sam, 13h-21h dim ; Grønland). Dans une ancienne boulangerie, ce restaurant accueillant, éclairé par des bougies, sert des plats chics norvégiens et internationaux. Le patio verdoyant est parfait l'été, et reste ouvert jusqu'à minuit. Des soirées jazz sont organisées (voir le site Web). À la gare Oslo S, prenez le bus n°37 en direction de la station Helsfyr du T-bane et descendez à Vålerenga (environ 15 min).

St Olafs Plass, Bislett et St Hanshaugen

Kafe Oslo CAFÉ €€
(Litteraturhuset ; carte p. 58 ; 21 54 85 71 ; www.kafeoslo.no ; Wergelandsveien 29 ; plats 95-195 NOK ; 11h-minuit lun-sam, 12h-17h30 dim ; 17B). La Maison de la littérature (*Litteraturhuset*) est une institution publique. La littérature est au cœur de toutes ses activités – il y a fréquemment des ateliers, des conférences et des débats, dont tous ne sont pas en norvégien. C'est aussi un lieu agréable où faire une pause : il y a un café et un bar, qui servent de bons plats norvégiens, assez savoureux pour attirer parfois les résidents du Palais royal voisin. Au déjeuner, les salades, feuilletés et "marmites d'Oslo" (*oslogryta*, plat prisé des étudiants,

servi avec du pain à volonté) sont d'un bon rapport qualité/prix. Le lieu comprend aussi une librairie richement fournie et projette fréquemment des films d'art et d'essai.

Kolonialen GASTRONOMIQUE €€€
(carte p. 58 ; ☎901 15 098 ; www.kolonialenbislett.no ; Sofiesgate 16 ; plats 230-290 NOK ; 17h-minuit lun-ven 12h-22h sam ; 37). Avec un ancien propriétaire du très réputé Maaemo aux commandes, cet établissement ne pouvait que servir des plats d'exception. La carte comprend un nombre restreint de spécialités de toute l'Europe cuisinées par un chef australien, avec une touche de légèreté et de modernité qui flirte avec l'excentricité.

Happolati ASIATIQUE, GASTRONOMIQUE €€€
(carte p. 58 ; ☎479 78 087 ; www.happolati.no ; St Olavs plass 2 ; plats 105-145 NOK, menu 6 plats 725 NOK ; 16h-22h mer-sam ; 37). Cette dernière création du restaurateur Nevzat Arikan jouit d'une décoration magnifique et très créative, qui reflète autant sa cuisine asiatique contemporaine que la splendide architecture norvégienne de l'édifice qu'il occupe. L'atmosphère est calme, mais il y a de la vitalité dans les nombreuses petites assiettes d'inspiration japonaise, chinoise et sud-asiatique, et le personnel est extrêmement dynamique.

Smalhans NORVÉGIEN €€€
(carte p. 58 ; ☎22 69 60 00 ; www.smalhans.no ; Ullevålsveien 43 ; menu 620-745 NOK ; 15h-1h mer-sam, 15h22h dim ; 37). Pour saisir réellement l'esprit du quartier de St Hanshaugen, rendez-vous dans ce restaurant-bar-café très prisé pour y déguster le *husmannskost* – plat du jour servi entre 16h et 18h (190 NOK, demi-portions possibles) ou se repaître de ses légendaires dîners, petits ou grands (*smalhans* = frugal, *krøsus* = riche), composé de plats norvégiens rustiques à partager, toujours différents.

L'Ardoise BOULANGERIE, BAR À VINS €€€
(carte p. 58 ; ☎22 11 09 65 ; www.lardoise.no ; Thereses gate 20 ; plats 225-325 NOK ; 15h-minuit mar-sam ; 37). Au déjeuner et au dîner, L'Ardoise sert une petite sélection de plats traditionnels français dans une charmante salle. Mais l'adresse doit son succès à ses viennoiseries et à ses pâtisseries – dont les meilleurs croissants d'Oslo et de très bons macarons.

Agglomération d'Oslo

Ullevålseter GAUFRES €
(carte p. 63 ; www.ullevalseter.no ; Maridalen ; gaufres 35-59 NOK ; 9h-17h mar-dim). Cette belle ferme ancienne sert des gaufres et du café.

Où prendre un verre et faire la fête

Le prix de l'alcool n'empêche pas les habitants d'Oslo de faire la fête : la vie nocturne de la capitale est extrêmement riche, animée d'une multitude de bars et de clubs, dont beaucoup ferment à 3h, voire plus le week-end. La taille restreinte de cette ville dense, dont les différents quartiers sont très bien reliés, permet d'enchaîner les bars facilement (si votre compte en banque vous le permet).

Centre d'Oslo

Gullbaren BAR
(carte p. 48 ; www.sentralen.no ; 3e ét, Øvre Slottsgate 3 ; horaires sur le site Web ; Øvre Slottsgate). Caché au sommet d'un immense escalier de marbre, dans ce qui fut le département bancaire de Sentralen (transformé en centre artistique, voir p. 53), ce minuscule bar décoré d'objets récupérés dans les anciens bureaux pourrait bien être le plus charismatique de la capitale.

Kulturhuset BAR, PUB
(carte p. 48 ; www.kulturhusetioslo.no ; Youngs gate 6 ; 8h-3h30 lun-ven, 11h-3h30 sam-dim ; Brugata). La notion de culture comme la conçoivent les Norvégiens (une entreprise interactive et collective) rencontre ici leur extraordinaire capacité à passer du bon temps. La "Maison de la culture" n'occupe ce bel édifice un peu branlant que depuis 2017, mais semble faire partie d'Oslo depuis des années. Venez y boire un café ou un verre, faites un tour à l'étage pour une partie de *shuffleboard* (jeu de palets sur table) ou allez à l'arrière du bâtiment pour assister à un concert, une conférence, un débat ou danser toute la nuit.

Oslo Camping BAR
(carte p. 48 ; www.oslo-camping.no ; Møllergata 12 ; minigolf 130 NOK ; 13h-23h lun, jusqu'à 0h30 mar-mer, jusqu'à 1h jeu, jusqu'à 2h ven, jusqu'à 3h sam, jusqu'à 22h dim ; Brugata). Quand ils sortent, les Norvégiens aiment se divertir avec des animations en attendant que l'alcool fasse son effet de

lubrifiant social. Ici, l'activité proposée est un minigolf de 18 trous. Bière pas chère, clubs de métal et balles bien dures… cela pourrait mal tourner, mais il n'en est rien. Au programme : parties endiablées, DJ le week-end et toasts pour les petits creux.

Røør BRASSERIE
(carte p. 48 ; Rosenkrantz gate 4 ; 15h-1h dim-jeu, 13h-3h ven et sam ; Tinghuset). La passion de la bière artisanale (la liste n'en finit pas !) conjuguée au divertissement. On trouve, sur deux niveaux, un jeu de *shuffleboard*, une collection de vinyles et des distributeurs de friandises. Il y a 70 sortes de bières pression et une sélection honorable de cidres et de vins au verre.

Internasjonalen BAR À COCKTAILS
(carte p. 48 ; www.internasjonalen.no ; Youngstorget 2 ; 10h-3h mar-sam, 16h-1h dim, 10h-1h lun ; Brugata). L'un des premiers bars à cocktails d'Oslo. La décoration, qui nous replonge dans la guerre froide, s'accorde avec l'architecture fonctionnaliste du bâtiment (de style "funkis" scandinave), qui abrite aussi le siège du Parti travailliste norvégien, l'Arbeiderpartiet. Installez-vous face à la place, dans une salle plus intime, à l'étage, qui accueille des DJ et des concerts, ou encore au bar, aux côtés d'étudiants, de politiciens, de syndicalistes et d'artistes.

Angst BAR
(carte p. 48 ; www.facebook.com/pages/Angst ; Torggata 11 ; 12h-23h lun-mar, 12h-1h30 mer-jeu, 12h-3h ven-sam, 14h-23h dim ; Brugata). Sombre, mais loin d'être oppressant (*Angst* signifie angoisse), ce petit bar est très prisé. Le personnel est sympathique et, en été, les tables en extérieur font le bonheur d'une clientèle joyeuse et décontractée. En plus, si vous voulez faire plusieurs bars dans la soirée ou que la queue – habituelle après 23h le week-end – est trop longue, le passage Strøget compte beaucoup d'autres établissements.

Himkok BAR À COCKTAILS, BRASSERIE
(carte p. 48 ; 22 42 22 02 ; www.facebook.com/himkok.oslo ; Storgata 27 ; 17h-minuit jeu et dim, 15h-minuit ven et sam ; Brugata). Aucune enseigne pour ce bar uniquement indiqué par un petit "H" près de la porte. Cet établissement, où est né le concept de "taptail" (cocktails servis au robinet – de l'anglais *tap*, robinet), est aussi une distillerie, qui fabrique la vodka et le gin que vous retrouverez dans vos boissons concoctées d'une main experte.

Pendant les beaux jours, le restaurant Munnsjenk sert des en-cas dans la cour. Même si vous n'y venez pas pour l'alcool, c'est un lieu intéressant, qui a conservé beaucoup de son cachet d'antan.

Sosialen PUB
(carte p. 48 ; 22 42 97 00 ; www.sosialen.com ; Møllergata 13 ; 16h-minuit lun-mar, 16h-2h mer-jeu, 15h-3h30 ven-sam ; Stortinget). Une bonne option, si vous hésitez entre boire un verre et manger un bout avant de sortir autre part. Vous pouvez y déguster des spécialités norvégiennes et internationales dans une jolie salle de style industriel ou y passer la nuit à boire et à danser.

Stockfleths CAFÉ
(carte p. 48 ; www.stockfleths.as ; Karl Johans gate 25, Lille Grensen ; 7h-18h lun-ven, 10h-17h sam ; Stortinget). Fondé en 1895, cet établissement primé est l'un des plus vieux cafés d'Oslo. On y sert du pain complet avec du fromage brun, des pâtisseries et des smoothies.

Frogner et l'ouest d'Oslo

Champagneria BAR À VINS
(carte p. 56 ; 21 08 09 09 ; www.champagneria.com ; Frognerveien 2 ; 16h-22h dim-mar, 16h-minuit mer-sam ; Solli). Il y a du champagne, bien sûr (la carte est longue et détaillée) mais également du *cava* espagnol et du *prosecco* italien. Sur deux niveaux, ce lieu prisé pour boire un verre après le travail propose une petite sélection de tapas.

Palace Grill BAR
(carte p. 56 ; 23 13 11 40 ; Solligata 2 ; 15h-3h lun-sam, jusqu'à 1h dim ; Solli). À l'arrière, la clientèle aisée des quartiers ouest d'Oslo vient boire cocktails et bières dans un bar merveilleusement outrancier, décoré de graffitis noir et argent, et de serpents, poupées et vieux téléphones conservés dans des bocaux alignés sur les étagères. À l'avant, l'on dîne à l'une des 7 tables du restaurant, qui sert un menu du jour composé de 10 plats.

Grünerløkka et Vulkan

♥ **Torggata Botaniske** BAR À COCKTAILS
(carte p. 48 ; Torggata 17b ; 17h-1h dim-jeu, 14h-3h ven-sam ; Brugata). Ce bar aux airs de serre est orné d'une végétation luxuriante (dont

100% NORVÉGIEN

LÀ OÙ LA VILLE NE DORT JAMAIS

Les meilleurs bars de la ville se trouvent à Grünerløkka, dans Thorvald Meyers gate et les rues alentour, ainsi que dans la partie de Torggata située de l'autre côté de l'Akerselva. Le quartier autour de Youngstorget est l'un des plus animés à proximité du centre-ville, et les récents aménagements à Aker Brygge ont apporté une nouvelle vie nocturne aux berges. Pour une ambiance plus alternative, allez à Grønland et Tøyen. À St Hanshaugen, vous trouverez de petites adresses sympathiques et tranquilles vers Ullevålsveien.

un potager aromatique) et de lampes de la moitié du XXe siècle. Chandeliers, chaises, marbres et miroirs complètent la décoration. Et si le cadre ne suffit pas, les boissons achèveront de vous convaincre, avec des ingrédients produits sur place, des fruits frais et des alcools de qualité.

♥ Territoriet BAR À VINS

(carte p. 58 ; www.territoriet.no ; Markveien 58 ; ⏲16h-minuit lun-jeu, 15h-minuit ven, 12h-minuit sam-dim ; 🚋Schous plass). Cet authentique bar à vins de quartier est aussi le plus intéressant de la capitale. Les propriétaires passionnés proposent plus de 300 crus au verre, sans carte. Indiquez au personnel vos goûts et votre budget – on est en Norvège – et on vous présentera un vin que vous adorerez. Commander une bière ou un *gin and tonic* ne fera pas de vous un paria, n'ayez crainte ! Les vinyles tournent sur la platine, les murs sombres sont ornés de clichés saisissants, et il y a rarement un tabouret ou une chaise libre.

♥ Tim Wendelboe CAFÉ

(carte p. 58 ; ☎9443 1627 ; www.timwendelboe.no ; Grüners gate 1 ; ⏲8h30-18h lun-ven, 11h-17h sam-dim ; 🚋Schous plass). Tim Wendelboe est considéré comme le pionnier de la révolution du café scandinave. Son café-brûlerie éponyme est autant un endroit où l'on vient travailler avec son ordinateur qu'un lieu de pèlerinage pour des passionnés du monde entier. Chaque variété est sélectionnée par la maison, torréfiée à la main (le torréfacteur trône dans la salle) et toutes les boissons, des plus complexes au simple cappuccino, sont divines.

Supreme Roastworks CAFÉ

(carte p. 58 ; ☎22 71 42 02 ; www.srw.no ; Thorvald Meyers gate 18a ; ⏲10h-17h ; 🚋Birkelunden). Tenu par le barista mondialement primé Odd-Steinar Tøllefsen, vainqueur de la Brewers Cup en 2015, ce sympathique café et microbrûlerie sert des boissons à base d'expresso et des cafés filtres ou en extraction douce (J60 ou Chemex), que vous pourrez savourer en observant la torréfaction des grains.

Oslovelo BAR

(carte p. 58 ; ☎23 23 05 53 ; www.oslovelo.com ; Paulus Plass 3a ; ⏲10h-18h lun-ven, 12h-17h sam, 16h-minuit lun, 14h-minuit mar-sam ; 🚋Birkelunden). Le cyclisme est à l'honneur dans ce café-bar convivial. Le petit-déjeuner est servi toute la journée et le café vient de chez Supreme. Vous trouverez toutes sortes de bières, dont celles de la brasserie de Grünerløkka, et des DJ animent les soirées. Vous pouvez y amener votre vélo pour des réparations ou acheter des pièces détachées.

Crowbar & Bryggeri BRASSERIE

(carte p. 58 ; ☎21 38 67 57 ; www.crowbryggeri.com ; Torggata 32 ; ⏲15h-3h ; 🚌34). Cette immense brasserie au style industriel rustique s'étend sur deux niveaux. Outre la bière maison, vous trouverez des bières des brasseries Haandbryggeriet, Lindheim, Amundsen et Voss, ainsi que d'intéressantes cervoises danoises, suédoises et américaines.

Hytta BAR

(carte p. 58 ; ☎986 12 22 ; m.facebook.com/Hyttabar ; Thorvald Meyers gate 70 ; ⏲14h-3h ; 🚋Schous plass). Grünerløkka compte trop de bars pour tous les visiter, mais celui-ci devrait retenir votre attention : atmosphère joyeuse et intime, tabourets hauts, le tout avec du rock en fond sonore. Et le vin au verre est plutôt bon.

Bortenfor BAR

(carte p. 58 ; ☎922 66 683 ; www.ingensteds.no ; Brenneriveien 7 ; ⏲voir sur le site Web ; 🚌54). Rien n'indique la présence de ce bar, hormis un passage sur Brenneriveien. Si vous vous perdez, marchez vers le pont, passez la salle de concert Blå, tournez à droite et continuez tout droit. Parmi les atouts de ce bar idéalement situé au bord du fleuve, on citera : son atmosphère intime, sa dimension culturelle, la bonne musique, les cocktails inspirés de la Norvège et le bon vin.

Hendrix Ibsen CAFÉ

(carte p. 58 ; ☎905 41 421 ; www.facebook.com/hendrixibsen ; Vulkan 20 ; 8h-19h lun-ven, 10h-19h sam-dim ; 54). Un endroit parfait pour prendre un café à emporter avant une promenade le long de l'Akerselva. À moins que l'envie ne vous prenne de fouiller dans les bacs de vieux vinyles, d'acheter du café torréfié localement ou encore de rester écouter un DJ en début de soirée.

Bettola BAR À COCKTAILS

(carte p. 58 ; ☎967 53 676 ; www.facebook.com/bettolacocktailbar ; Trondheimsveien 2 ; 15h-22h). Mobilier années 1950 et carrelage old school confèrent à ce bar au personnel sympathique une atmosphère chaleureuse. On y concocte l'un des meilleurs negronis (cocktail à base de gin, vermouth rouge et campari) d'Oslo et les cocktails et vins sont d'un bon rapport qualité/prix.

Mir BAR

(carte p. 58 ; ☎22 37 39 70 ; www.lufthavna.no ; Toftes gate 69 ; 18h-1h ; Schous plass). Grünerløkka Lufthavn – centre culturel associatif accueillant de nombreux artistes locaux et comprenant un jardin en son centre – abrite le Mir, un lieu de détente comme on n'en trouve qu'à Grünerløkka : décor de station spatiale (vous pouvez même emprunter un casque d'astronaute !), bières artisanales, vodka au piment, animations quotidiennes (concerts électro, impros de jazz, DJ, soirées quiz...).

Paul's Boutique BAR

(carte p. 58 ; ☎932 53 886 ; www.facebook.com/PaulsBoutiqueOslo ; Darres gate 1 ; 15h30-0h30 dim-jeu, 15h30-3h ven-sam ; 54). Le nom, hommage aux Beastie Boys, vous donne un indice sur l'ambiance et la clientèle de hipsters mûrs (mais toujours jeunes). Bières face au parc en journée, délicieux cocktails corsés le soir et parties de ping-pong au sous-sol dès que l'envie vous prend.

Grünerløkka Brygghus MICROBRASSERIE

(carte p. 58 ; www.brygghus.no ; Thorvald Meyers gate 30 ; 16h-minuit mar-ven, 14h-minuit sam-dim ; Olaf Ryes plass). Ce pub et microbrasserie de caractère sert toutes sortes de bières maison, des pils aux Weissbiers. En bouteille, vous trouverez des raretés, comme des *surøls* (bières sures) et des bières de Noël scandinaves. Entre deux pintes, commandez à manger au bar (burgers, saucisses-purée, *fish and chips*). Difficile de se faire une place sur les bancs à l'extérieur, mais cela en vaut la peine.

Villa CLUB

(carte p. 48 ; www.thevilla.no ; Møllergata 23 ; 11h-3h ven-sam ; Brugata). Incontournable pour tous les accros de house et d'électro, ce club possède sans doute la meilleure sono de toute la ville. En plus des vendredis et samedis, certaines soirées ont lieu le mardi (voir site Internet).

Bar Boca BAR

(carte p. 58 ; Thorvald Meyers gate 30 ; 16h-1h lun-mar, jusqu'à 2h mer-ven, 14h-2h sam, 14h-1h dim ; Olaf Ryes plass). Un vrai bar de quartier avec une atmosphère de troquet des années 1980 et un personnel chaleureux. Les bières sont bonnes et les cocktails classiques, excellents. L'endroit, comble même quand les autres bars ne le sont pas, est très fréquenté les week-ends. Étape obligée à Grünerløkka.

Colonel Mustard PUB

(carte p. 58 ; ☎21 95 05 00 ; www.colonel-mustard.no ; Darres gate 2 ; 12h-22h lun, 12h-minuit mar-dim ; 54). Ce vaste pub plein de meubles vintage tient son nom du personnage du célèbre jeu. Il propose un grand choix de bières pression et des coins confortables où s'installer et, pourquoi pas, jouer au Cluedo. Au dîner, le *fish and chips*, le risotto et l'osso buco ne vous décevront pas.

Sofienberg, Grønland et Tøyen

Pigalle CLUB, BAR

(carte p. 48 ; ☎21 10 19 99 ; www.olympen.no ; Grønlandsleiret 15 ; 11h-minuit lun-jeu, 11h-1h ven, 12h-1h sam ; 37). Dans une rue bordée d'épiceries et de restaurants indiens, le Pigalle, dans sa version la plus récente, surprend. Le décor semble sorti d'un film de Luc Besson des années 1980 : voûtes et plafond en chêne plaqué, palmiers, jardin d'hiver, prédominance du noir et du vert et miroirs à l'infini. Situé au-dessus de l'Olympen.

Dattera Til Hagen BAR

(carte p. 48 ; www.dattera.no ; Grønland 10 ; 15h-1h30 mer-jeu, 15h-2h30 ven-sam ; T Grønland). Ce vaste bar à l'ambiance bohème dispose, à l'arrière, d'une cour très animée en été. DJ et musique live assurent des journées et des nuits animées.

St Olafs Plass, Bislett et St Hanshaugen

Fuglen BAR À COCKTAILS, CAFÉ
(carte p. 48 ; www.fuglen.com ; Universitetsgaten 2 ; 11h-20h dim-mar, jusqu'à minuit mer-sam ; 17B). Fuglen et sa joyeuse équipe de jeunes entrepreneurs participent à la métamorphose d'Olso en ville branchée et attractive. Depuis qu'ils ont repris ce café, ils ont créé un mini-empire du café et du design norvégien au Japon, tout en continuant à torréfier et à filtrer dans leur ville natale, où ils servent également d'excellents cocktails.

Les boissons sont préparées avec des alcools locaux quand cela s'y prête et intègrent souvent des plantes sauvages (épicéa, algues de la mer du Nord, fleurs des bois). Il y a un jukebox et des meubles emblématiques du design d'après guerre. En journée, asseyez-vous à l'extérieur, avec un excellent café et une couverture en laine norvégienne, s'il fait frais.

Rouleurs of Oslo BAR À VINS, CAFÉ
(carte p. 58 ; www.rosl.no ; Ullevålsveien 16 ; 18h-1h tlj ; 37). Un élégant bar francophile dans un atelier de réparation de vélos ? Bienvenue à St Hanshaugen ! Le jour, venez pour le café (et faire réparer votre monture) ; le soir, venez boire un cocktail ou du chablis. Si vous ne voulez pas partir (la carte des vins est remarquable), restez manger des rillettes de canard, du pâté ou une assiette de charcuterie.

Kunstnernes Hus BAR, PIZZAS
(carte p. 58 ; 22 85 34 10 ; www.kunstnerneshus.no ; Wergelandsveien 17 ; 11h-21h mar-sam, 12h-20h dim ; 17B). Voici l'une des nombreuses institutions culturelles d'Oslo dirigées par des artistes. Celle-ci occupe un impressionnant bâtiment fonctionnaliste de 1929, dont la vaste terrasse surplombe les pelouses du Slottsparken. Profitez de l'ambiance décontractée et du magnifique cadre pour boire un spritz, un verre de vin ou une bière. Les pizzas sont bonnes. Le lieu attire toute la sphère créative d'Oslo, et la musique est toujours excellente. Il abrite des ateliers d'artistes et accueille parfois des expositions et des conférences.

Java Espressobar CAFÉ
(carte p. 58 ; www.javaoslo.no ; Ullevålsveien 47 ; 7h-18h lun-ven, 8h-17h tlj ; 37). Tout inconditionnel du café se doit de venir à Java, lieu qui, avec le Tim Wendelboe (p. 80) et le Fuglen (ci-contre), a révolutionné le café norvégien. Haut de plafond et lumineux, c'est un lieu agréable.

Lorry BEER GARDEN, PUB
(carte p. 58 ; 22 69 69 04 ; www.lorry.no ; Parkveien 12 ; 11h-23h lun, 11h-3h30 mar-sam, 12h-23h dim ; 17B). Lorry est loin de suivre la tendance “nouvelle cuisine nordique”, mais c'est un lieu à l'atmosphère agréable, où il fait bon boire une bonne vieille bière, à l'intérieur ou à l'extérieur. Vous pouvez aussi faire comme Harry Hole, héros des polars de Jo Nesbø, et commander les spécialités norvégiennes au menu.

Où sortir

La scène musicale d'Oslo est florissante, et il s'y produirait plus de 5 000 concerts par an. On peut écouter de la musique live dans toute la ville, mais Møllergata et les quartiers de Vulkan, Grünerløkka et Grønland concentrent la plupart des scènes. L'Opéra d'Oslo programme des opéras et des ballets de renommée internationale. Réservez ou tentez d'obtenir une place debout à la dernière minute (100 NOK).

Centre d'Oslo

Opéra d'Oslo OPÉRA
(Den Norske Opera & Ballett ; carte p. 48 ; www.operaen.no ; Kirsten Flagstads plass 1 ; billets 150-800 NOK ; T Sentralstasjonen). En plus d'être l'un des exemples les plus saisissants de l'architecture contemporaine en Norvège, l'Opéra d'Oslo accueille des opéras et des ballets d'envergure internationale.

Nationaltheatret THÉÂTRE
(carte p. 48 ; www.nationaltheatret.no ; Johanne Dybwads plass 1 ; billets 160-480 NOK ; Nationaltheatret). Le Théâtre national possède un luxueux hall rococo qu'il faut voir absolument. Il fut spécifiquement construit pour présenter les pièces du dramaturge norvégien Henrik Ibsen, qui s'y jouent toujours. Inauguré en 1899, l'édifice doit son style historiciste à l'architecte osloïte Henrik Bull.

Saga Kino CINÉMA
(carte p. 48 ; 994 32 000 ; www.oslokino.no ; Stortingsgata 28 ; Nationaltheatret). Ce multiplexe de 6 salles projette de nouveaux films, dont des succès hollywoodiens, en VO. L'entrée se situe dans Olav V gate.

Filmens Hus CINÉMA

(carte p. 48 ; ☎22 47 45 00 ; www.nfi.no ; Dronningens gate 16 ; Dronningens gate). Dans ce cinéma, la programmation va essentiellement des films classiques aux films primés dans les festivals internationaux.

Grünerløkka et Vulkan

Kafe Hærverk MUSIQUE LIVE

(carte p. 58 ; ☎930 95 357 ; www.kafe-haerverk.com ; Hausmanns gate 34 ; 17h-0h30 tlj ; 54). Ce lieu convivial, intime et plutôt élégant, sert d'excellentes bières artisanales et du vin naturel. En été, on peut profiter de la cour entre deux sets. Au programme : des artistes électros et indés, et des groupes internationaux cultes.

Blå MUSIQUE LIVE, DANSE

(carte p. 58 ; www.blaaoslo.no ; Brenneriveien 9c ; 13h-4h ; 54). Jazz, DJ (c'est la meilleure salle d'Oslo pour écouter du hip-hop) et autres concerts live : il y en a pour tous les goûts. Un big band s'y produit depuis des années chaque dimanche après-midi (gratuit). Vous pouvez aussi y venir tôt pour profiter des tables sur les rives de l'Akerselva.

Parkteatret MUSIQUE LIVE

(carte p. 58 ; www.parkteatret.no ; Olaf Ryes plass 11 ; Olaf Ryes plass). Sur la jolie place centrale, cette salle de dimension moyenne – l'une des préférées des Osloïtes – accueille des artistes internationaux, comme les Shabazz Palaces, et locaux, comme Lindstrom ou Anna of the North...

Rockefeller Music Hall MUSIQUE LIVE

(carte p. 48 ; www.rockefeller.no ; Torggata 16 ; Brugata). Ces anciens bains publics sont aujourd'hui l'une des meilleures salles de concert d'Oslo et accueillent un grand nombre d'artistes et de manifestations.

Revolver MUSIQUE LIVE

(carte p. 58 ; ☎22 20 22 32 ; www.revolveroslo.no ; Møllergata 32 ; 18h-3h30 ; Brugata). Ce bar rock sombre et (un peu) sale dispose d'une salle où se produisent des groupes. Un bon endroit pour écouter des artistes locaux et internationaux, ou pour boire un coup au bar parmi une clientèle essentiellement composée de musiciens.

Oslo Spektrum MUSIQUE LIVE

(carte p. 48 ; www.oslospektrum.no ; Sonja Henies plass 2 ; Oslo Spektrum). L'une des plus grandes salles de concert de la ville, qui accueille des célébrités internationales.

> **LIMITES D'ÂGE ET DRESS CODE**
>
> La plupart des boîtes de nuit, même si elles ne l'annoncent pas officiellement, exigent une tenue correcte – évitez de vous présenter avec des habits boueux et des chaussures de randonnée ! Beaucoup imposent une limite d'âge supérieure à 18 ans, surtout celles servant des alcools forts.

Achats

Le centre d'Oslo et les quartiers alentour comptent de nombreuses petites boutiques, qui raviront ceux que les centres commerciaux rebutent. Dans le centre, Kirkegaten, Nedre Slottsgate et Prinsens gate sont bordées d'enseignes renommées scandinaves et internationales de mode et de décoration d'intérieur. On trouve de bons magasins de luxe à Frogner et St Hanshaugen, tandis que Grünerløkka est le domaine du vintage et de la mode scandinave.

Norwegian Rain MODE ET ACCESSOIRES

(carte p. 48 ; ☎471 46 088 ; www.norwegianrain.com ; Karl Johansgate 41b ; 10h-19h lun-ven, 10h-18h sam ; Nationaltheatret). Cette célèbre marque née à Bergen crée certainement les imperméables les plus élégants du monde. À Oslo, cette boutique propose la collection entière des créations du directeur artistique de la marque, T-Michael (costumes en laine, chemises à col amovible, chaussures et sacs en cuir), ainsi que des éditions limitées de vinyles de Kings of Convenience.

Utopia Retro Modern VINTAGE, DÉCORATION

(carte p. 56 ; ☎213 04 885 ; www.utopiaretromodern.com ; Bygdøy allé 7 ; 12h30-18h jeu-ven, 13h-16h sam ; Solli). Admirez la façade fonctionnaliste de ce bâtiment de 1929 avant de faire un bond dans la moitié du XXe siècle. Conçues par Arne Korsmo et Sverre Aasland, les pièces vendues ici sont fidèles au design d'après guerre. On trouve aussi de fantastiques créations internationales et, surtout, de superbes pièces (originales et rééditées) de designers norvégiens, tels Torbjørn Afdal, Gunnar Sørlie et Sven Ivar Dysthe.

AGENDA CULTUREL

L'office du tourisme édite un mensuel gratuit, *What's On in Oslo*, qui liste les concerts, pièces de théâtre et autres événements de la ville. Sur son site Web (www.visitoslo.com), un calendrier est mis à jour chaque trimestre environ, avec toutes les prochaines manifestations culturelles, dont les concerts de vedettes internationales.

Cappelens Forslag LIBRAIRIE

(carte p. 48 ; www.cappelensforslag.no ; Bernt Ankers gate 4 ; 12h-17h lun-ven, 12h-15h sam ; Brugata). On ne peut qu'adorer cette librairie-café dont les rayons contiennent des ouvrages rares autant que des œuvres cultes. Installez-vous dans le canapé avec un bon café pour feuilleter des éditions originales et d'autres trésors, la plupart en anglais. Lectures, lancements de livres et concerts y sont parfois organisés.

Chillout Travel Centre LIBRAIRIE

(carte p. 58 ; 22 35 42 00 ; www.chillout.no ; Markveien 55 ; 10h-19h lun-sam, 12h-18h dim ; Schous plass). Une boutique selon notre cœur : du bon café, une cuisine savoureuse de tous les horizons, beaucoup d'objets indispensables au voyage (sacs, chaussures) et une librairie spécialisée pleine de récits et guides de voyages, dont des guides Lonely Planet.

Tronsmo LIBRAIRIE

(carte p. 48 ; 22 99 03 99 ; www.tronsmo.no ; Universitetsgata 12 ; 9h-17h lun-mer, 9h-18h jeu-ven, 10h-16h sam ; Tullinløkka). Cette librairie est aussi un lieu de rencontres. Parcourez sa vaste collection de livres en anglais, puis assistez à une lecture ou à une performance. Vous trouverez une large section LGBT et un sous-sol rempli de BD et de romans graphiques.

Gutta på Haugen ÉPICERIE

(carte p. 58 ; www.gutta.no ; Ullevålsveien 45 ; 8h-19h ; 37). Pour un pique-nique ou un bon repas, vous trouverez votre bonheur dans cette véritable institution de St Hanshaugen. Dans ses rayons bien fournis : multitude de fromages norvégiens et européens, belle sélection de saucisses locales et paquets de pain plat norvégien (à goûter !). Vous ne trouverez que le meilleur des produits frais de saison. Sur le trottoir d'en face, une camionnette vend des glaces à l'italienne. Le personnel vous conseillera avec plaisir.

FWSS MODE ET ACCESSOIRES

(Fall Winter Spring Summer ; carte p. 58 ; www.fallwinterspringsummer.com ; Pilestredet 75c ; 9h-17h lun-ven ; Bislett). Une marque norvégienne connue pour ses basiques agréables et ses collections saisonnières jouant sur la simplicité scandinave avec une belle touche d'espièglerie.

Tom Wood MODE ET ACCESSOIRES

(carte p. 48 ; 919 06 226 ; www.tomwoodproject.com ; Øvre Slottsgate 8 ; 11h-18h tlj ; Øvre Slottsgate). Lignes sobres, couleurs monochromes, matières naturelles de bonne qualité, la marque osloïte Tom Wood est des plus norvégienne. Les bijoux en argent raviront les amateurs de design épuré.

Nomaden LIBRAIRIE

(carte p. 56 ; 23 13 14 15 ; www.nomaden.no ; Uranienborgveien 4 ; 10h-18h lun-ven, 10h-17h sam ; 17B). Une librairie dédiée aux voyages, avec ses étagères débordant de guides, cartes et littérature de voyage.

Gulating Grünerløkka BIÈRE

(carte p. 58 ; 400 01 973 ; www.gulating.net/grunerlokka ; Markveien 46 ; 10h-20h mar-ven, 10h-18h sam, 12h-20h lun ; Schous plass). Bières classiques, nouvelles ou rares, cette sélection (l'une des plus riches de Norvège) comblera les amateurs de cervoise. Le personnel chaleureux rend l'expérience encore plus appréciable.

Råkk og Råll MUSIQUE

(carte p. 48 ; 22 41 17 01 ; Stortingsgata 8 ; 10h-18h lun-sam ; Stortinget). Le paradis des chineurs de vinyles : une immense caverne regorgeant de disques d'occasion (notamment des années 1970 et 1980), et de nombreux autres articles.

Hevn MODE ET ACCESSOIRES

(carte p. 58 ; 400 62 430 ; www.hevn.no ; Torggata 36 ; 12h-19h lun-ven, 12h-18h sam ; 34). C'est une mode scandinave minimaliste d'inspiration légèrement gothique que l'on trouve dans cette boutique. Dans les rayons : des vêtements pour hommes et pour femmes (tous fabriqués de manière éthique), des bijoux, des sacs et des chaussures. Beaucoup sont des créations de designers norvégiens, suédois et danois.

Oslo Kunsthandel ART
(carte p. 48 ; 22 60 80 10 ; m.facebook.com/oslokunsthandel.no ; Kristian Augusts gate 13 ; 11h-17h mar-ven, 12h-16h sam-dim ; Tullinløkka). Si vous souhaitez acheter un tableau moderniste digne d'un musée ou des meubles des années 1950, rendez-vous dans cette galerie, qui ravira aussi les simples curieux. La première salle accueille des expositions intéressantes d'artistes norvégiens émergents, tandis que le reste de ce vaste espace industriel est rempli de créations à vendre. Argenterie, verreries, céramiques et objets rustiques complètent la collection d'œuvres modernistes.

Ensemble MODE ET ACCESSOIRES
(carte p. 58 ; 408 55 144 ; www.ensemble.as ; Nordre gate 13 ; 11h-18h lun-ven, 11h-17h sam, 13h-16h dim ; Schous plass). Il émane de cette jolie boutique une sensibilité très "septentrionale", bien que Clean, de Christina Ledang (remarquable artiste locale) soit l'une des seules marques norvégiennes vendues ici. Les vêtements de la marque danoise Norse Projects sont suspendus au-dessus de chaussures suédoises All Tomorrow's Parties, entre les rayons colorés des créations suédoises de Rodebjer et les sous-vêtements et maillots de bain du néerlandais Love Stories.

Puces de Vestkanttorget MARCHÉ AUX PUCES
(carte p. 56 ; Amaldus Nilsens plass ; 10h-16h sam ; T Majorstuen). L'endroit idéal si vous aimez vous promener paisiblement en chinant. Installé sur la place qui coupe Professor Dahls gate, à une rue à l'est du parc Vigeland, ce marché est agréable le samedi matin.

Torpedo LIBRAIRIE
(carte p. 58 ; www.torpedobok.no ; Rostockgata 28 ; 12h-17h mer-dim ; Bjørvika). Cet éditeur spécialisé dans l'art vend des revues et des livres norvégiens et internationaux aux côtés de ses propres publications. Torpedo organise aussi, à Kunsthall Oslo (p. 53), des manifestations autour de livres d'artistes.

Acne Studios Archive MODE ET ACCESSOIRES
(carte p. 58 ; 406 06 707 ; www.acnestudios.com ; Markveien 60 ; 11h-19h lun-ven, 11h-18h sam-dim ; Schous plass). La célèbre marque suédoise possède plusieurs beaux magasins à Oslo, mais si vous cherchez les bonnes affaires, celui-ci propose d'importantes réductions sur les collections de l'année passée. Aux murs, les photos de l'atelier du sculpteur Gustav Vigeland valent le coup d'œil.

Fransk Bazaar VINTAGE
(carte p. 58 ; 950 16 839 ; www.franskbazar.no ; Grünersgate 5 ; 12h-18h jeu, 12h-17h ven-dim ; Olaf Ryes plass). Un repaire de francophiles tenu par un sympathique couple franco-norvégien. Accessoires de décoration, objets et vêtements français pleins de charme s'entassent dans cette séduisante boutique joliment désordonnée.

Hasla BIJOUX
(carte p. 58 ; 922 78 777 ; haslajewelry.com ; Markveien 54 ; 11h-18h lun-ven, 11h-17h sam, 13h-16h dim ; Schous plass). Des modèles sobres inspirés par la nature et des pièces modernes dans un style scandinave plus classique, réalisées à la main par des orfèvres norvégiens.

Foto.no PHOTOGRAPHIE
(carte p. 48 ; 46 46 24 24 ; www.foto.no ; Trelatsgata 3 ; 10h-18h lun-ven, 10h-16h sam ; Bjørvika). Ce beau magasin d'appareils photo propose une large gamme de nouveaux modèles, mais également du matériel d'occasion. Une salle permet de s'asseoir pour discuter photographie, suivre des cours et tester l'équipement vendu.

Vinmonopolet VIN
(carte p. 58 ; www.vinmonopolet.no ; Nordre gate 16 ; 10h-18h lun-ven, 10h-16h sam ; Schous plass). Ce magasin de la chaîne ayant le monopole public de vente d'alcool propose de bons crus français, italiens et espagnols. On y trouve, à un bon prix, du vin français dans des bouteilles plastique à capsules à vis, parfait pour un pique-nique. Vente interdite aux moins de 20 ans. Il y a souvent la queue les vendredis et samedis.

Glasmagasinet GRAND MAGASIN
(carte p. 48 ; 23 08 08 10 ; www.glasmagasinet.no ; Stortorvet 9 ; 10h-19h lun-ven, 10h-18h sam ; Stortorvet). Fondé en 1899, ce grand magasin emblématique d'Oslo abrite une belle sélection de marques scandinaves auxquelles vous ne pourrez pas résister.

Hassan og Den Dama MODE ET ACCESSOIRES
(carte p. 56 ; www.dendama.com ; Frognerveien 4 ; 10h-18h lun-ven, 10h-14h sam ; Solli). Un incontournable de l'avenue Skovveien, ce magasin vend des vêtements, des chaussures et des bijoux de créateurs scandinaves et d'ailleurs.

Norway Designs MODE ET ACCESSOIRES
(carte p. 48 ; www.norwaydesigns.no ; Stortingsgata 28 ; 10h-18h lun-sam ; Nationaltheatret). De superbes verreries, articles de papeterie, vêtements et montres, à deux pas du Théâtre national.

Grønland Bazaar CENTRE COMMERCIAL
(carte p. 48 ; Tøyengata 2 ; 10h-20h lun-sam ; 37). Ce centre commercial spécialisé dans les produits moyen-orientaux comprend aussi une aire de restauration.

Tanum Litteraturhuset LIBRAIRIE
(carte p. 58 ; 23 69 10 80 ; www.litteraturhuset.no/no/huset/bokhandel ; Wergelandsveien 29 ; 10h-17h lun et sam, 10h-19h mar-ven ; 17B). Les rayons fournis de la librairie de la Maison de la littérature (*Litteraturhuset*) témoignent de la vitalité du monde de l'édition norvégien. On y trouve de beaux livres pour enfants.

Norli LIBRAIRIE
(carte p. 48 ; www.norli.no ; Universitetsgata 20-24 ; 9h-19h lun-ven, 10h-18h sam ; Nationaltheatret). La plus grande librairie de Norvège possède un bon choix de titres en langues étrangères ainsi que de nombreux guides de voyage et cartes.

Renseignements

DÉSAGRÉMENTS ET DANGERS

Oslo est une ville très sûre. Faites toutefois preuve de vigilance aux petites heures du jour.

- L'est d'Oslo a plutôt mauvaise réputation mais le quartier est, comme le reste de la capitale, relativement sûr à toute heure de la nuit.
- Si vous prévoyez une sortie en bateau ou une promenade dans les collines, n'oubliez pas que le temps peut rapidement changer, même en été.
- S'il est facile de se procurer des drogues, cela demeure illégal.

OFFICES DU TOURISME

Office du tourisme d'Oslo (Oslo Visitor Centre ; carte p. 48 ; 23 10 62 00 ; www.visitoslo.com ; Jernbanetorget 1 ; 10h-17h ; Sentralstasjon). Juste à côté de la gare ferroviaire principale. Vend des titres de transport et l'Oslo Pass (voir l'encadré p. 54), très utile ; procure des guides gratuits de la ville.

Centre d'information du DNT (Den Norske Turistforening, Touring-Club norvégien de montagne ; carte p. 48 ; www.turistforeningen.no ; Storgata 3 ; 10h-17h lun-mer et ven, 10h-18h jeu, 11h-16h sam ; Jernbanetorget). Informations, cartes et brochures sur la randonnée en Norvège. Vend des cartes de membre qui offrent des réductions sur les refuges le long des principaux itinéraires. Vous pouvez aussi réserver un refuge et en récupérer les clés. Matériel de randonnée en vente.

Use-It (carte p. 48 ; 24 14 98 20 ; www.use-it.unginfo.oslo.no ; Møllergata 3 ; 11h-17h lun-ven, 12h-17h sam ; Brugata). L'Ungdomsinformasjonen (Centre d'information de la jeunesse, surnommé Use-It), est surtout destiné aux voyageurs de moins de 26 ans. Il effectue des réservations (sans frais) dans des établissements bon marché ou chez l'habitant. Vous pouvez y demander des informations sur tout, de l'actualité à l'auto-stop (faire du stop n'est jamais sans risque ; nous ne recommandons pas cette pratique).

POSTE

Poste principale (carte p. 48 ; 23 14 90 00 ; angle Prinsens gate et Kirkegata ; Dronningens gate). Outre ce bureau de poste, vous en trouverez d'autres très pratiques sur la Solliplass (carte p. 56 ; Solliplass ; 7h-17h lun-ven ; Solli), à la gare centrale d'Oslo (Oslo Sentralstasjon, Oslo S) et sur Grensen (carte p. 48 ; Grensen ; 7h-17h lun-ven ; Nationaltheatret).

SERVICES MÉDICAUX

Jernbanetorget Apotek (Jernbanetorget 4b ; 24h/24 ; Jernbanetorget). Pharmacie en face de la gare centrale d'Oslo.

Oslo Kommunale Legevakten (Clinique des urgences d'Oslo ; 23 48 72 00 ; Storgata 40 ; 24h/24 ; Hausmanns gate). En cas d'accident ou d'urgence. Détient une liste de médecins exerçant en libéral.

Depuis/vers Oslo

De nombreuses liaisons aériennes relient Oslo aux autres pays européens. Comptez généralement deux heures de vol depuis Londres ou Paris, un peu moins depuis Berlin ; les vols depuis Stockholm et Copenhague durent moins d'une heure. Des bus et des trains circulent régulièrement entre la capitale norvégienne et la Suède voisine ; le trajet Oslo-Göteborg dure entre 3 et 4 heures. Plusieurs ferries de passagers et de voitures relient les ports de la ville au Danemark, à la Suède et à l'Allemagne. Pour plus de détails, reportez-vous au chapitre *Transports*, p. 442.

AVION

Aéroport d'Oslo-Gardermoen

L'**aéroport international d'Oslo** (Oslo Lufthavn ; carte p. 89 ; www.avinor.no), le principal aéroport de la ville, se situe à Gardermoen, à 50 km d'Oslo. Il est desservi par des compagnies internationales, dont

Norwegian, SAS, Air France et British Airways. C'est l'un des plus beaux du monde et il comprend une multitude de lieux de restauration, des boutiques de design norvégien ainsi que les magasins habituels. La détaxe se trouve dans le hall de départ.

Aéroport Torp Sandefjord

L'aéroport international **Torp Sandefjord** (Torp Sandefjord Lufthavn ; www.torp.no) est situé 123 km au sud-ouest d'Oslo et à 10 km de Sandefjord. Il accueille des compagnies *low cost* comme Ryanair, Wizz Air (vols internationaux) et Widerøe (vols domestiques). Vérifiez bien à quel aéroport vous devez atterrir. Les restaurants et les bars sont peu nombreux, mais de qualité, et le parking est vaste.

BATEAU

Des ferries de **DFDS Seaways** (carte p. 48 ; www.dfdsseaways.com ; Vippetangen 2 ; 60) relient quotidiennement Oslo au Danemark. Ils partent du **quai Vippetangen** (carte p. 48), près de Skippergata. Le bus n°60 s'arrête à une courte distance du terminal.

En été, les ferries **Color Line** (carte p. 56 ; www.colorline.no ; Color Line Terminalen, Hjortnes ; 33) circulent tous les jours vers Kiel (Allemagne). Les bateaux accostent à Hjortneskaia, à l'ouest du port central. Prenez le tram n°13 à Oslo S, le bus n°33 ou le bus Color Line, qui part de la plateforme n°7 de la gare routière centrale 1 heure avant le départ du bateau.

BUS

La gare routière centrale **Oslo Bussterminal** (OBT ; carte p. 48 ; 23 00 24 00 ; Schweigaards gate 8 ; T Jernbanetorget, Bussterminalen Grønland ou Jernbanetorget) accueille les bus longue distance. Elle est reliée à la gare ferroviaire Oslo S par une passerelle.

Nor-Way Bussekspress (81 54 44 44 ; www.nor-way.no) offre le plus grand éventail de liaisons. Les bus partent de l'Oslo Bussterminal. Parmi les principales destinations : Bergen (699 NOK, 9 heures 30, 2/jour) et Stavanger (594 NOK, 8 heures 35, 2/jour).

TRAIN

Tous les trains arrivent et partent de la gare centrale **Oslo S** (oslo-s.no ; Jernbanetorget 1 ; T Jernbanetorget ou Jernbanetorget), dans le centre-ville. Vous y trouverez des **guichets de vente** (6h30-23h) et un **comptoir d'information** (81 50 08 88), qui vous renseignera sur les itinéraires et les horaires dans tout le pays.

Des lignes fréquentes desservent l'Oslofjord (Drammen, Skien, Moss, Fredrikstad et Halden, par exemple). Parmi les autres principales destinations :

DESTINATION	TARIF (NOK)	DURÉE (HEURES)	FRÉQUENCE (/JOUR)
Bergen via Voss	1 078	6½-7½	4
Røros via Hamar	908	5	toutes les 2 heures
Stavanger via Kristiansand	997	8	6
Trondheim via Hamar et Lillehammer	1 458	6½-7½	6

VOITURE ET MOTO

Les principales nationales qui rallient la ville sont l'E6 au nord et au sud, et l'E18 au sud-est et à l'ouest. À chaque entrée dans Oslo, il faut passer par l'un (si ce n'est plus) des 19 péages urbains et payer 33 NOK.

Comment circuler

Pour l'ensemble des transports publics, les tickets sont émis par **Ruter** (www.ruter.no).

Horaires et cartes des transports sont disponibles en ligne ou au **Trafikanten** (177 ; Jernbanetorget 1, 1er ét ; 7h-20h lun-ven, 8h-18h sam-dim ; T Jernbanetorget ou Jernbanetorget), point d'information des usagers, à l'entrée de la gare centrale Oslo S.

Bus, trams, T-bane, trains de banlieue et ferries (sauf le ferry de Bygdøy) ont le même système tarifaire. Un ticket pour un trajet en zone 1 (la majeure partie du centre-ville) coûte 38/19 NOK par adulte/enfant s'il est acheté dans l'un des points de vente (billetterie automatique, 7-Eleven, Narvesen et Trafikanten) ou 58/29 NOK à bord du bus ou du tram. Un pass 1 journée coûte 114/57 NOK, et un pass 7 jours, 320/160 NOK.

L'**Oslo Pass** (voir l'encadré p. 54) permet de circuler gratuitement dans le centre-ville (zones 1 et 2) sur toutes les lignes de bus, tram, métro, ferry et train local qui circulent en journée.

BATEAU

Les ferries pour les îles de l'Oslofjord partent du quai Vippetangen.

Le **ferry n°91** (carte p. 48 ; Bygdøyfergene ou Bygdøy Museums ferry ; nyc.no/home ; 23 35 68 90 ; tarif plein/réduit à bord 62/25 NOK, aux kiosques de l'embarcadère 52/25 NOK, gratuit avec l'Oslo Pass) dessert Bygdøy (mars-oct uniquement) au départ du quai Rådhusbrygge (carte p. 48).

Le **ferry B21** relie Oslo à Drøbak (90 NOK, 1 heure 30, 10h sem, 10h et 15h sam-dim) et dessert d'autres sites du fjord en chemin, dont Håøya (45 min), où l'on peut se baigner

TICKETS ET PASS

- En plus des billets simples, il existe des pass journaliers et des billets pour 8 trajets.
- Les enfants de 4 à 16 ans et les seniors de plus de 67 ans bénéficient du demi-tarif.
- Une application permet d'acheter ses tickets, mais toutes les cartes bancaires étrangères ne sont pas acceptées.
- L'Oslo Pass (voir l'encadré p. 54) donne accès à tous les transports publics de la ville, excepté les bus et trams de nuit, et à la plupart des ferries de l'Oslofjord, dont le ferry n°91 (p. 87) pour Bygdøy.

et camper. Il part de l'embarcadère d'Aker Brygge (carte p. 48).

Bon nombre de ferries circulant dans les îles du fjord sont gérés par Ruter (www.ruter.no).

BUS

Les lignes de bus sillonnent le centre-ville et la banlieue d'Oslo. À défaut de gare centrale pour les bus, la plupart d'entre eux convergent à Jernbanetorget, devant la gare centrale Oslo S. La majorité des bus à destination de l'ouest, dont ceux pour Bygdøy et le Vigelandsparken, font halte au sud du Théâtre national.

Les services sont beaucoup moins fréquents la nuit, mais les week-ends et veilles de jours fériés, des bus de nuit sont mis en place. Les lignes N12, N14 et N18 suivent les itinéraires des trams jusqu'à 4h, voire plus tard. Les bus n^{os}31 et 37 circulent 24h/24 tous les jours.

TAXI

Des stations de taxis sont installées à la gare centrale Oslo S, devant les centres commerciaux et sur les places. Vous pouvez aussi appeler **Norgestaxi** (☎ 08000 ; www.norgestaxi.no) ou **Oslo Taxi** (☎ 02323 ; www.oslotaxi.no), mais sachez que le compteur commence à tourner dès votre appel, et que cela revient cher. Les taxis d'Oslo acceptent les principales cartes bancaires.

T-BANE

Les six lignes de métro du T-bane (T) sont plus rapides et vont plus loin hors du centre-ville que la plupart des bus et des tramways d'Oslo. Toutes les lignes passent par les stations Nationaltheatret, Stortinget et Jernbanetorget (Oslo S). Voir p. 87 pour les prix des billets.

TRAIN

Des trains de banlieue et d'autres lignes desservent des destinations de l'Oslofjord que le T-bane n'atteint pas.

TRAMWAY

Les tramways d'Oslo (🚋) couvrent un vaste réseau et circulent 24h/24.

VÉLO

Oslo Bysykkel (☎ 915 89 700 ; www.oslobysykkel.no), qui gère les vélos en libre-service **Oslo City Bikes**, dispose de nombreuses stations de vélos à travers la ville. En s'abonnant pour 24h, un mois ou une saison entière (59/149/299 NOK), il est possible d'emprunter des vélos autant de fois qu'on le souhaite, pour une durée de 45 minutes (puis 15 NOK toutes les 15 min). Achetez votre pass sur le site Internet où vous obtiendrez un code, ou téléchargez l'application sur votre Smartphone. Les vélos sont pratiques et bien entretenus, mais ne sont disponibles qu'entre 6h et minuit et uniquement lorsqu'il ne fait pas trop froid (habituellement d'avril à décembre).

VOITURE ET MOTO

Oslo compte bon nombre de rues à sens unique et des zones de stationnement interdit commencent à apparaître dans le centre, ce qui peut compliquer la conduite. Cela étant, les embouteillages sont plus rares que dans la plupart des villes européennes.

Les places de stationnement payantes sont indiquées par un panneau bleu marqué d'un "P" blanc. En règle générale, le stationnement est payant du lundi au vendredi de 8h à 17h et le samedi jusqu'à 15h. Il est gratuit le reste du temps. Il y a 16 parkings à plusieurs niveaux en centre-ville, dont ceux des centres commerciaux Oslo City et d'Aker Brygge. Le tarif des parkings publics varie de 250 NOK à 290 NOK/24 h.

L'Oslo Pass (voir l'encadré p. 54) comprend le stationnement dans les parkings municipaux. Les instructions sont fournies avec le forfait.

OSLOFJORD ET ØSTFOLD

À l'extrémité nord du détroit de Skagerrak, le magnifique fjord d'Oslo (Oslofjord) s'ouvre au sud de la capitale, parsemé d'îles et de petites villes pittoresques. À l'est du fjord, la région d'Østfold est un mélange de forêts, de pâturages et de bourgades en bord de mer chargées d'histoire. Cette contrée est prisée des vacanciers norvégiens, mais la plupart des visiteurs étrangers ne font qu'y passer en direction de la Suède.

Drøbak

11 510 HABITANTS

Ancien port d'hiver d'Oslo, cette charmante ville au bord de l'eau compte suffisamment de maisons en bardeaux pour justifier une excursion d'une journée.

À voir

Forteresse d'Oscarsborg FORTERESSE

(Oscarsborg Festnig ; carte ci-dessous ; www.forsvarsbygg.no/no/festningene/finn-din-festning/oscarsborg-festning). GRATUIT Ne manquez pas l'imposante forteresse d'Oscarsborg, qui se dresse sur une île du détroit de Drøbak et dont la construction remonte aux années 1600. Ses canons coulèrent le navire de guerre allemand *Blücher* le 9 avril 1940, sauvant ainsi le roi et le gouvernement norvégien. Cet épisode marquant est au cœur du film *Ultimatum* d'Erik Poppe (2016).

Des **ferries** (carte ci-dessous ; www.forsvarsbygg.no/no/festningene/finn-din-festning/oscarsborg-festning ; adulte/enfant 110/70 NOK) pour l'île partent toutes les 5 minutes environ en été depuis Sundbrygga sur le port (départs moins fréquents le reste de l'année).

Oslofjord et Østfold

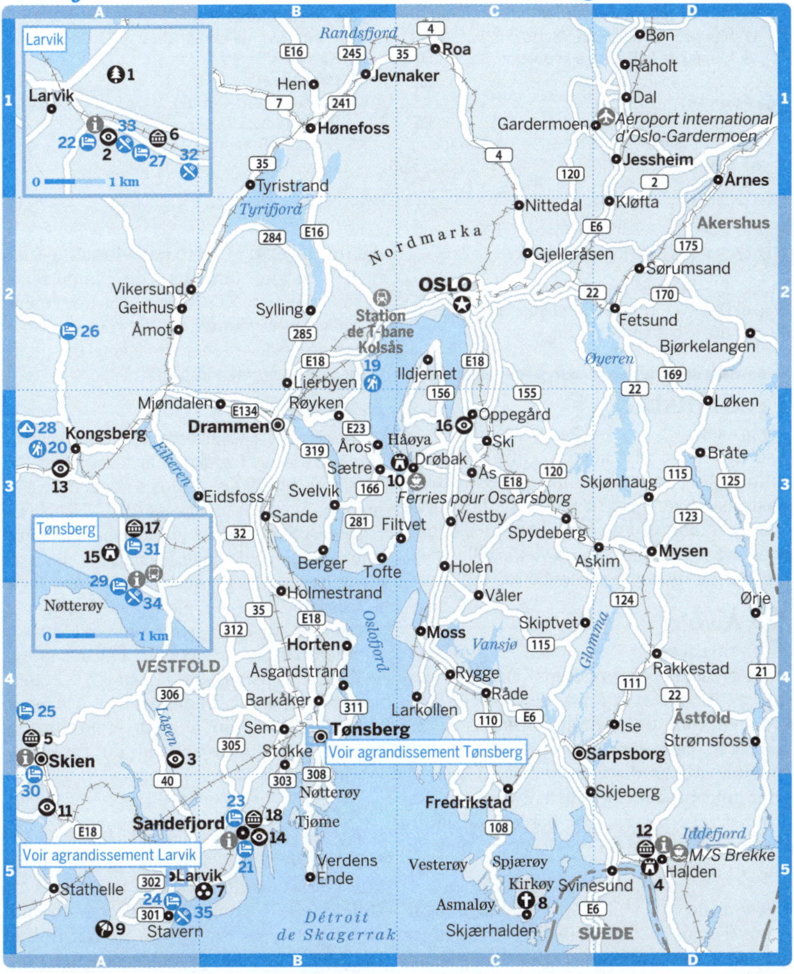

Oslofjord et Østfold

À voir

1 Bøkeskogen A1
2 Bølgen A1
3 Damvann A4
4 Forteresse Fredriksten et musées D5
5 Musée Henrik Ibsen A4
6 Manoir Herregården A1
7 Kaupang B5
8 Église en pierre de Kirkøy C5
9 Mølen A5
10 Forteresse d'Oscarsborg C3
11 Ancienne usine de porcelaine de Porsgrund A5
12 Rød Herregård D5
13 Mines d'argent royales A3
14 Southern Actor B5
15 Château de Tønsberg A3
16 TusenFryd C3
17 Musée du Comté de Vestfold A3
18 Musée de la Pêche à la baleine B5

Activités

19 Promenade côtière B2
Farris Bad .... (voir 22)
20 Knutefjell A3
Circuit des mines royales d'argent .... (voir 13)

Où se loger

21 Clarion Collection Hotel Atlantic B5
22 Farris Bad A1
Fredriksten Camping .... (voir 4)
Fredriksten Hotel .... (voir 4)
Grand Hotell .... (voir 4)
23 Hotel Kong Carl B5
24 Hotel Wassilioff A5
25 Kilden Gård A4
26 Lampeland Hotell A2
27 Lysko Gjestegaard A1
28 Max Kro & Camping A3
29 Thon Hotel Brygga A4
30 Thon Hotel Høyers A4
31 Tønsberg Vandrerhjem A3

Où se restaurer

32 Georg Marius Larsen A1
Kongens Brygge .... (voir 4)
33 Pakkhuset A1
34 Restaurant Havariet A4
Sanden .... (voir 2)
35 Smak av Stavern A5

Depuis/vers Drøbak

Le bus n°541 circule toutes les heures entre Oslo et Drøbak. En juillet, il est aussi possible de prendre le bateau.

Fredrikstad

80 200 HABITANTS

Ancien centre de négoce entre l'Europe continentale et la Scandinavie occidentale, Fredrikstad renferme l'une des villes fortifiées scandinaves les plus jolies et les mieux conservées : Gamlebyen (la vieille ville), face au quartier moderne sur les berges du fleuve.

À voir

Gamlebyen — VIEILLE VILLE

(carte ci-contre). Les maisons en bois, les douves, les portes et le pont-levis de Gamlebyen en font un endroit enchanteur. Les remparts, jadis défendus par 200 canons, sont aujourd'hui des talus herbeux, plaisants pour une promenade. Bien préservées, les étroites rues pavées sont bordées de pittoresques bâtiments du XVIIe siècle, pour la plupart habités.

Cathédrale — ÉDIFICE RELIGIEUX

(carte ci-contre ; ☎69 95 98 00 ; Riddervoldsgate 5). La cathédrale de Fredrikstad datant de 1880 et ornée de vitraux d'Emanuel Vigeland témoigne de l'importance de la ville au XIXe siècle. Curieusement, la religion rencontre ici le sens pratique norvégien : le clocher renferme un phare toujours en service la nuit.

Isegran — ÎLE

(carte ci-contre ; www.isegran.no ; billet combiné avec le musée de Fredrikstad tarif plein/réduit 70/30 NOK ; ⌚9h-20h lun-sam). Les sagas norroises mentionnent la forteresse du XIIIe siècle d'Isegran, un îlot dans le Glomma qui devint une autre ligne de défense contre les Suédois au milieu du XVIIe siècle. Les **ruines** (carte p. XX) d'une tour en pierre subsistent à la pointe est de l'île, près d'un petit **musée** consacré à la construction des bateaux locaux – depuis l'époque où les navires étaient amoureusement fabriqués en bois, à la main.

Par la route ou à pied, empruntez la Rv 108, à 600 m au sud du centre de Fredrikstad.

Fort Kongsten — FORT

(Kongsten Fort ; carte ci-contre ; ☎69 11 56 50 ; ostfoldmuseene.no ; Blakstads gate). Sur ce que l'on appelait autrefois la "colline du Gibet", le fort Kongsten se dresse du haut de sa butte, au milieu des fleurs. Datant de 1685, il servait de poste de guet pour

Fredrikstad

Fredrikstad

Les incontournables
1 Gamlebyen C4

À voir
2 Cathédrale B2
3 Isegran B4
4 Ruines d'Isegran B4
5 Fort Kongsten D5

Où se loger
6 Aktivitets Byen D4
7 Hotel Victoria B3
8 Quality Hotel Fredrikstad A1

Où se restaurer
9 Majoren's Stue og Kro C4
10 Riviera Fusion A1

les troupes stationnées à Gamlebyen non loin de là. Souvent bondé les week-ends d'été et désert les autres jours, ce fort plaisamment négligé est un endroit merveilleux où vous pourrez escalader les tourelles, les talus et les remparts, ou simplement vous asseoir au soleil et profiter au maximum du calme.

VAUT LE DÉTOUR

LES HVALER SKERRIES

Les vacanciers et les artistes norvégiens adorent les Hvaler Skerries, un archipel de 833 îles et îlots boisés à l'entrée sud de l'Oslofjord. Les îles principales, **Vesterøy**, **Spjærøy**, **Asmaløy** et **Kirkøy**, sont reliées au continent par une route à péage (60 NOK) et un tunnel. Le bus n°365 (72 NOK) circule entre Fredrikstad et Skjærhalden, au bout de Kirkøy.

Surplombant la côte de l'**île Akerøy**, uniquement accessible en bateau-taxi depuis Skjærhalden, une forteresse bien préservée du XVIIe siècle a été rénovée dans les années 1960. Elle est ouverte en permanence ; l'entrée est gratuite.

Bâtie au milieu du XIe siècle, l'**église en pierre** (carte p. 89 ; Skjærhalden, Kirkøy ; 12h-16h juil, 12h-16h sam fin juin et début août) de l'île Kirkøy est l'une des plus anciennes du pays.

Les offices du tourisme possèdent des listes de maisons et de chalets privés entièrement équipés dans les Hvaler Skerries (prix variables). L'office du tourisme de Gamlebyen (ci-dessous) peut vous indiquer de nombreux sites à voir dans les îles. D'autres offices saisonniers sont disséminés dans les îles.

Fêtes et festivals

Festival de la Glomma MUSIQUE, GASTRONOMIE
(www.glommafestivalen.no). Ce festival populaire, qui se tient fin juin ou début juillet, est consacré à la cuisine et s'accompagne de concerts, de duels rituels, d'une régate d'embarcations fantaisistes et d'une exposition d'anciens voiliers. Cette manifestation étant très prisée, réservez votre hébergement.

Où se loger et se restaurer

Aktivitets Byen CAMPING €
(carte p. 91 ; 992 21 999 ; aktivitetsbyen.no ; Torsnesveien 16-18, Sarpsborg ; empl avec/sans voiture 370/320 NOK, motel s/d/tr 595/795/895 NOK, bungalow semaine/week-end 1394-1 794 NOK ; P). Cet établissement confortable, bien que sans grand charme, installé dans le domaine du fort Kongsten, vaut surtout pour sa proximité avec la vieille ville. Du centre, prenez n'importe quel bus en direction de Torsnes – le n°362, par exemple.

Hotel Victoria HÔTEL HISTORIQUE €€
(carte p. 91 ; 69 38 58 36 ; hotelvictoria.inn.fan ; Turngata 3, Ville nouvelle ; s/d 1 195/1 295 NOK ;). Les espaces communs de cet hôtel centenaire abondent en décoration d'époque et les chambres sont chics et confortables. Les plus belles ont un joli balcon donnant sur les arbres et les fleurs du parc voisin. Le personnel est extrêmement serviable et sympathique.

Quality Hotel Fredrikstad HÔTEL €€€
(carte p. 91 ; 69 39 30 00 ; www.nordicchoicehotels.no/hotell/norge/fredrikstad/quality-hotel-fredrikstad ; Nygata 2-6, Ville nouvelle ; s/d à partir de 1 440 NOK ;). Cet hôtel d'affaires dispose de chambres très chics tirant néanmoins vers le fonctionnel, rehaussées de photos d'art. Le service est impeccable et la situation on ne peut plus centrale.

Majoren's Stue og Kro NORVÉGIEN €€
(carte p. 91 ; 69 32 15 55 ; www.majoren.no ; Voldportgaten 73, Gamlebyen ; plats 165-355 NOK ; 12h-22h mar-sam, jusqu'à 21h dim). Ce lieu rustique est spécialisé dans les plats norvégiens cuisinés à l'ancienne et cuits lentement. Un parti pris qui semble coïncider avec la tendance du moment. On y mange aussi des burgers et des *fish and chips* servis sur la terrasse, située à l'arrière, ou dans la salle, plus formelle. Le bar, qui propose aussi une belle carte, reste ouvert quelques heures après la fermeture de la cuisine.

Riviera Fusion ASIATIQUE €€
(carte p. 91 ; 69 33 86 88 ; Storgata 21, Engelsviken, Ville nouvelle ; plats 189-359 NOK ; 11h-22h lun-jeu, 11h-minuit ven-sam, 12h-22h dim). Derrière la vitrine d'une ancienne boutique, ce restaurant ne sert pas vraiment une cuisine asiatique fusion, mais plutôt une variété de plats : plats sautés, tempuras et curries thaïlandais y côtoient des steaks et des grillades de fruits de mer à l'italienne. La terrasse d'été fait face à la mer.

Renseignements

L'**office du tourisme** (carte p. 91 ; 69 30 46 00 ; www.visitfredrikstadhvaler.com ; Kirkegaten 31b ; 10h-16h lun-sam, 10h-15h dim), très pratique, est ouvert toute l'année.

Depuis/vers Fredrikstad

Des bus interurbains arrivent et partent de la Fredrikstad Rutebilstasjon, à la gare ferroviaire. Certains rejoignent également l'aéroport d'Oslo.

Fredrikstad se situe sur la ligne ferroviaire **Vy** (www.vy.no) entre Oslo et Göteborg. Des trains depuis/vers Oslo (273 NOK, 1 heure) circulent environ 10 fois/jour. Ils rallient aussi Sarpsborg et Halden. Sachez qu'il faut obligatoirement réserver sur les trains internationaux partant vers le sud.

En voiture, prenez l'E6 vers le sud à la sortie d'Oslo. Juste après Råde, prenez la Rv 110 vers le sud jusqu'à Fredrikstad.

Halden

30 550 HABITANTS

Ville-frontière assoupie au bout de l'Iddefjord, coincée entre des promontoires rocheux et escarpés, Halden fut pendant des siècles la pierre angulaire de la défense norvégienne contre les agressions suédoises. Avec un joli port rempli de yachts, une forteresse qui s'élève derrière la ville et des restaurants corrects, l'endroit mérite le détour.

À voir

Forteresse Fredriksten FORTERESSE ET MUSÉES

(Fredriksten Festning ; carte p. 89 ; www.forsvarsbygg.no/no/festningene/finn-din-festning/fredriksten-festning ; forteresse en entrée libre, musées tarif plein/réduit 80/35 NOK, visite guidée 110 ; forteresse 24h/24, musées 11h-16h tlj, visite guidée 14h tlj). Perchée sur la colline derrière Halden, cette forteresse édifiée en 1661 a résisté à six sièges suédois. Elle n'a jamais été prise. Elle couvre un vaste territoire, majoritairement couvert de pelouses et de remparts effondrés, mais qui comprend aussi quelques musées intéressants, une rue pavée restaurée et de splendides panoramas. Le lieu reprend vie durant les visites guidées divertissantes.

Rød Herregård ÉDIFICE HISTORIQUE

(carte p. 89 ; ostfoldmuseene.no/rod ; Herregårdsveien 10 ; visite guidée tarif plein/réduit 80/35 NOK ; visites 12h, 13h et 15h sam-dim). Datant au moins de 1690, le manoir de Rød Herregård possède un bel intérieur doté notamment d'une importante collection d'armes et d'œuvres d'art, mais aussi de têtes naturalisées de nombreux spécimens de la faune locale. Les jardins, très dessinés, comptent parmi les plus plaisants de Norvège. Le manoir, à 1,5 km au nord-ouest du centre-ville, est bien indiqué.

Où se loger et se restaurer

Fredriksten Camping CAMPING €

(carte p. 89 ; 69 18 40 32 ; Fredriksten Festning ; empl tente avec voiture 275 NOK, bungalow 4/5 lits 490/790 NOK ; P). Idéalement situé au milieu des arbres à côté de la forteresse, ce camping, bien tenu et paisible, a aussi un minigolf et, lorsque la forteresse ferme et que la foule disparaît, un beau terrain vert pour planter sa tente. Le restaurant sur place propose toutes sortes de plats frits assez peu diététiques.

Grand Hotell Halden HÔTEL HISTORIQUE €€

(carte p. 89 ; 947 85 244 ; www.grandhotelhalden.no ; Jernbanetorget 1 ; ch à partir de 1 310 NOK ; P). Face à la gare ferroviaire, c'est le plus vieil hôtel de la ville. Malgré son côté ancien un peu appuyé, c'est un point de chute très confortable.

Fredriksten Hotel HÔTEL HISTORIQUE €€€

(carte p. 89 ; 69 02 10 10 ; www.fredrikstenhotell.no ; Generalveien 25-27 ; ch à partir de 1 395 NOK ; P). Cet hôtel historique au style moderne et élégant offre la plus belle vue de la ville. En plus des habituelles chambres simples et doubles, l'établissement abrite de nombreuses chambres familiales et de 6 lits.

Kongens Brygge PIZZAS €€

(carte p. 89 ; 69 17 80 60 ; Gjesthavn ; plats 135-190 NOK, pizzas 145-255 NOK ; 13h-23h dim-mar et jeu, 13h-2h30 mer, 12h-2h30 ven-sam). Cet établissement au bord de l'eau séduit par son ambiance marine et son superbe ponton, ouvert en été. Les pizzas sont chères, mais généreusement servies. Plusieurs établissements similaires sont installés à proximité.

Renseignements

L'**office du tourisme de Halden** (carte p. 89 ; 69 19 09 80 ; www.visitoestfold.com/en/halden ; Kongens Brygge 3 ; 9h-15h30 lun-ven), tout près de Torget, fournit des renseignements utiles.

Depuis/vers Halden

Des trains relient Oslo à Halden (249 NOK, 1 heure 45) via Fredrikstad toutes les heures du lundi au vendredi, et toutes les 2 heures le week-end. En moyenne, 4 trains continuent tous les jours jusqu'à Göteborg et à Malmö, en Suède. La gare des bus longue distance est sur le port.

1

2

LEONID ANDRONOV/STOCK.ADOBE.COM ©

3

OTTOFLICK/STOCK.ADOBE.COM ©

1. Rådhus (p. 52)
C'est dans l'hôtel de ville d'Oslo qu'est remis chaque année le prix Nobel de la paix.

2. Cathédrale d'Oslo (p. 52)
Ses vitraux et son plafond peint en font un édifice remarquable.

3. Parc de sculptures Vigeland (p. 54)
Ce parc abrite 212 sculptures en granit et en bronze de Gustav Vigeland.

4. Bjørvika (p. 52)
Le quartier du port abrite entre autres l'Opéra et le nouveau musée Munch.

4

STASYS /STOCK.ADOBE.COM ©

Le Sud

Le top des restaurants

➡ Bønder i Byen (p. 112)
➡ Blom Restaurant (p. 105)
➡ Tollboden (p. 103)
➡ Kafe Strandhaven (p. 107)
➡ Sanden (p. 101)

Le top des hébergements

➡ Grand Hotell (p. 116)
➡ Farris Bad (p. 101)
➡ Lillesand Hotel Norge (p. 107)
➡ Grand Hotell (p. 114)
➡ Clarion Hotel Tyholmen (p. 105)

Pourquoi y aller

L'été, les vacanciers norvégiens affluent sur la côte méridionale. On comprend aisément pourquoi devant l'enfilade de villages côtiers très bien préservés aux maisons de bois blanches, la combinaison complexe de baies et de *skerries* (îlots) et la mer scintillante. Loin des fjords et des hauts plateaux vantés dans toutes les brochures touristiques, la "côte d'azur norvégienne" donne à découvrir un tout autre aspect du pays, à la fois cosmopolite et très norvégien.

Une incursion dans l'arrière-pays révèle des paysages encore plus spectaculaires. Bien enfoncé dans les terres, Rjukan donne accès à de hautes terres parmi les plus époustouflantes de Norvège, le parc national de la Hardangervidda et le vénérable mont Gausta. Ailleurs, vous découvrirez une culture traditionnelle riche, au gré de villages idylliques isolés et d'églises en bois debout disséminés dans un paysage de forêts et de sombres lacs peuplés de castors.

Quand partir

Kristiansand

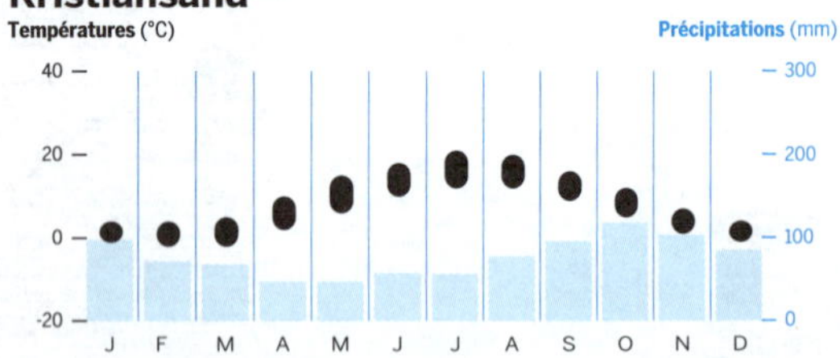

Fév-mars La saison par excellence de l'escalade glaciaire, du ski et des traîneaux à chiens à Rjukan.

Juil L'animation dans les stations balnéaires de la côte sud.

Août-sept Les premières couleurs de l'automne sur les sentiers de l'intérieur.

LA CÔTE

Les plages ne sont peut-être pas votre priorité, mais beaucoup de Norvégiens viennent sur la côte sud pour y découvrir en canot ses îles et ses *skerries* pittoresques. Les villes de la côte sont presque toutes superbes, avec des centres-villes et des fronts de mer aux bâtiments blancs en bois où cafés, bars et restaurants sont prêts à accueillir les vacanciers. Cet attrait est une évidence qui ne faiblit jamais, et c'est une très belle manière de découvrir le style de vie norvégien, à un rythme encore plus doux et paisible que d'habitude.

Tønsberg

41 485 HABITANTS

Tønsberg, la plus ancienne ville du pays, conserve peu de traces de son lointain passé. Il reste quand même quelques ruines de l'époque viking et un château décrépit qui en fait un intéressant détour historique, quand on longe la côte.

À voir

Château de Tønsberg FORTERESSE

(Castrum Tunsbergis ; carte p. 89 ; accès tour 11h-16h mar-dim, 24h/24 lun). GRATUIT Les vestiges de ce qui fut la plus grande forteresse du pays au XIIIe siècle parsèment la colline en arrière de la cité. Elle fut détruite par les Suédois en 1503, et il demeure peu de trace du château. Cependant, la **tour Slottsfjellstårnet** (1888) offre une belle vue sur les ruines du haut de ses 17 m. Des pans du rempart, long de 600 m, subsistent. En revanche, seules restent les fondations médiévales en pierre du donjon du roi Magnus VI Lagabøte, de l'église Saint-Michel (1191), de la résidence du roi Haakon IV Haakonsson et de diverses tours de guet. Le parc est ouvert en permanence.

Musée du Comté de Vestfold MUSÉE

(Vestfold Fylkesmuseum ; carte p. 89 ; www.slottsfjellsmuseet.no ; Farmannsveien 30 ; tarif plein/réduit 100/70 NOK, entrée libre mar ; 11h-16h mar-dim). Au pied du **Slottsfjellet** (rocher du Château), à l'extrémité nord de la ville, ce musée n'est guère qu'à 5 minutes de marche au nord-ouest de la gare ferroviaire. Parmi les sections les plus intéressantes, citons celle consacrée à l'exhumation de l'imposant navire *Oseberg* (aujourd'hui exposé au musée des Bateaux vikings à Oslo ; p. 55), un ensemble de bâtiments de ferme anciens avec leur mobilier d'époque, et le département historique de la pêche baleinière.

Le musée organise aussi des visites guidées de 45 minutes).

Où se loger et se restaurer

Tønsberg Hostel AUBERGE DE JEUNESSE $

(carte p. 89 ; 977 35 508 ; tonsberg@hihostels.no ; Dronning Blancasgata 22 ; dort 350 NOK, s/d avec sdb commune 750/850 NOK, d/qua 895/1 600 NOK ; P). Fort bien tenue et accueillante, cette auberge de jeunesse, installée à 5 minutes à pied de la gare ferroviaire, offre de bonnes prestations et un petit-déjeuner appétissant. Ses parties communes n'ont rien à envier aux établissements de catégorie supérieure. Réception fermée de 12h à 15h.

Thon Hotel Brygga HÔTEL $$

(carte p. 89 ; 33 34 49 00 ; www.thonhotels.no ; Nedre Langgate 40 ; d 1 192 NOK ; @). Apprécié des familles, cet hôtel d'affaires moderne occupe un ancien entrepôt en bois situé en bord de mer. Les chambres sont certes petites mais agréables, et le petit-déjeuner, savoureux.

Roar I Bua POISSON ET FRUITS DE MER $$

(www.roaribua.com ; Nedre Langgate 42 ; sandwichs 80-99 NOK, plats 150-199 NOK ; 10h-22h). Ce vaste abri en bois fait office de poissonnerie ainsi que de charmant bistrot de fruits de mer. Les prix sont abordables et la fraîcheur garantie. Rien ne vous empêche, pour un pique-nique, de vous laisser tenter par le saumon fumé à emporter.

Restaurant Havariet INTERNATIONAL $$

(carte p. 89 ; 33 35 83 90 ; havariet.no ; Nedre Langgate 30e ; plats 199-399 NOK ; 11h-2h). Favori des aficionados du front de mer, cet établissement les régale de consistants plats de brasserie, dans un décor chaleureux. Menus avantageux au déjeuner, et nombreux plats de poisson et fruits de mer, y compris de généreuses salades.

Renseignements

Centre de services (carte p. 89 ; 33 40 60 02 ; www.visitvestfold.com/tonsberg ; Halfdan Wilhelmsens allé 1c). Au rez-de-chaussée de l'hôtel de ville.

Depuis/vers Tønsberg

La gare routière **Tønsberg Rutebilstasjon** (33 30 01 00 ; Jernbanegaten) se trouve à un pâté de maisons au sud de la gare ferroviaire.

À ne pas manquer

❶ L'envoûtant **plateau de la Hardangervidda** (p. 123), où vit la plus grande harde de rennes sauvages d'Europe.

❷ **Dalen** (p. 121), bijou de l'intérieur, à découvrir à bord d'un bateau en longeant le canal du Telemark.

❸ L'ascension du **mont Gausta** (p. 123), le plus beau sommet de Norvège.

❹ Le **festival de Stavern** (p. 102), l'une des nombreuses fêtes musicales de la côte, pour danser toute la nuit.

❺ Les **routes côtières** (p. 115) paisibles et pittoresques, entre Flekkefjord et Egersund.

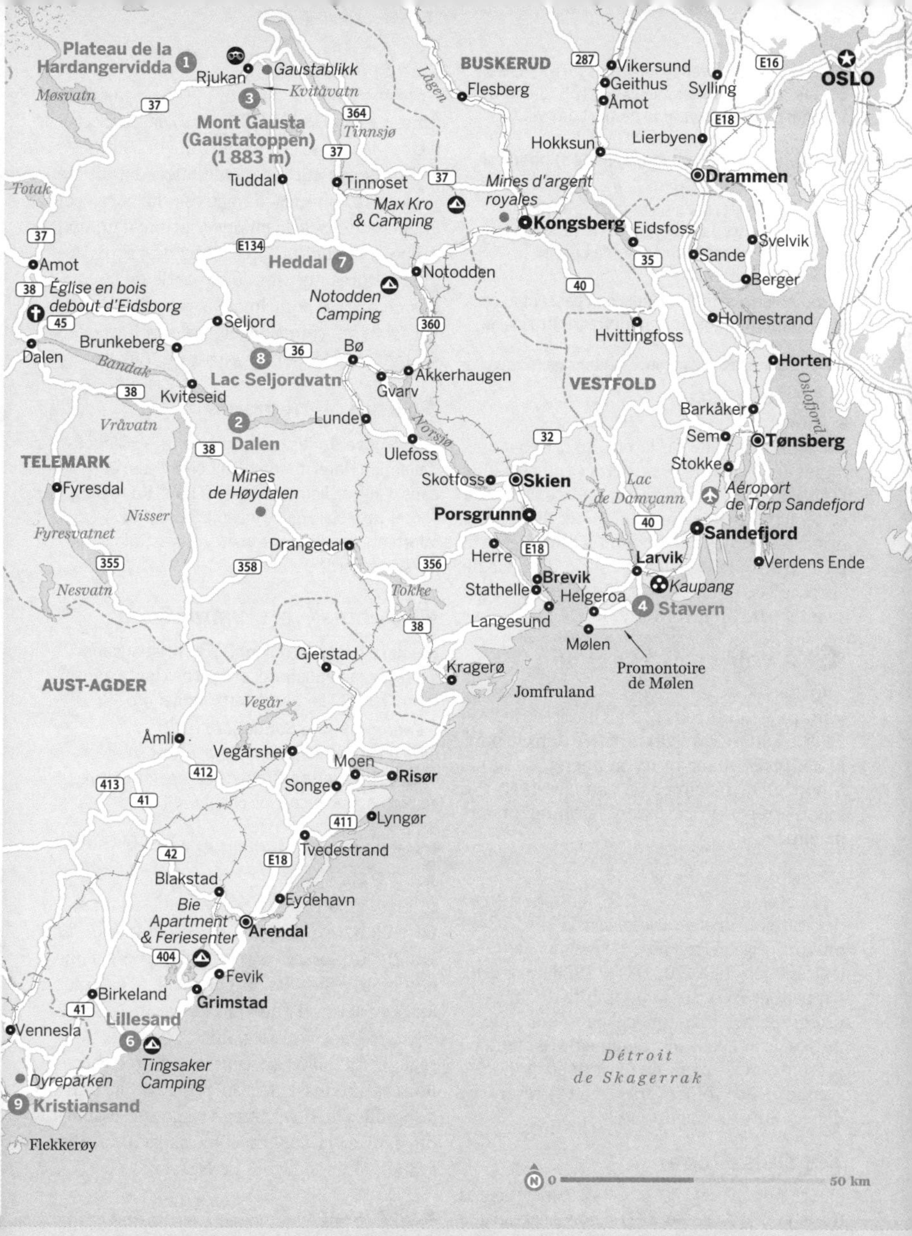

6 Une promenade dans les rues anciennes de **Lillesand** (p. 107), charmante "ville blanche" toute de bois.

7 La superbe ligne des toits et les peintures de l'**église en bois debout de Heddal** (p. 119), peu connue des touristes.

8 La recherche du légendaire serpent Selma sur l'austère lac **Seljordvatn** (p. 125).

9 Une bonne dose de culture, entre bateau et baignade, dans les superbes musées de la "capitale de la côte", **Kristiansand** (p. 108).

Lavprisekspressen (p. 448) assure la liaison depuis/vers Kristiansand (560 NOK, 3 heures, 1-2/jour) en desservant la plupart des villes côtières, dont Larvik (142 NOK, 1 heure, 2/jour). Il existe aussi un bus Vybuss (p. 448) pour Oslo (235 NOK, 1 heure 15).

Des trains interurbains circulent toutes les heures entre Tønsberg et Oslo (249 NOK, 1 heure 15) et vers le sud jusqu'à Larvik (123 NOK, 34 min).

Notez bien que tout véhicule doit passer par un péage automatique pour pénétrer dans la ville.

Sandefjord

61 220 HABITANTS

Ancienne capitale de la chasse à la baleine, Sandefjord est une ville animée qui accueille l'un des rares musées au monde consacré à cette activité. Avec un bon choix d'hôtels et des accès faciles à la côte ou à l'intérieur du pays, passer la nuit ici avant de décoller de Torp, le second aéroport d'Oslo est plus un avantage qu'un inconvénient.

À voir

Southern Actor BALEINIER

(carte p. 89 ; accès compris dans le billet du musée ; 9h30-17h fin juin à août). Amarré dans le port, le *Southern Actor* offre un aperçu de la vie à bord d'un baleinier des années 1950. Ne manquez pas le saisissant monument aux baleiniers.

Musée de la Pêche à la baleine HISTOIRE MARITIME

(Hvalfangst Museet ; carte p. 89 ; 947 93 341 ; www.hvalfangstmuseet.no ; Museumsgaten 39 ; tarif plein/réduit 100/70 NOK ; 11h-16h mar-dim). On peut être contre la poursuite de l'activité présentée ici, mais on ne peut nier que le musée de la Pêche à la baleine de Sandefjord présente très bien cette industrie norvégienne très controversée, en présentant deux points de vue opposés.

Où se loger

Hotel Kong Carl HÔTEL HISTORIQUE **$$**

(carte p. 89 ; 33 46 31 17 ; www.kongcarl.no ; Torggata 9 ; s/d 895/1 195 NOK ; P). Cet hôtel absolument charmant est, dit-on, le deuxième plus ancien du pays. Ses chambres insistent peu sur l'histoire, et allient papier peint traditionnel et mobilier ou objets contemporains classiques, plutôt que de miser sur l'antique. Le personnel est sympathique et serviable. L'hôtel est central, à défaut d'être au bord de l'eau.

Clarion Collection Hotel Atlantic HÔTEL **$$**

(carte p. 89 ; 33 42 80 00 ; www.nordicchoicehotels.no ; Jernbanealleen 33 ; d à partir de 1 900 NOK ; P). Occupant un bel édifice datant de 1914, à 3 minutes à pied de la gare, cet établissement de la chaîne Clarion, d'un bon rapport qualité/prix, est l'un des choix les plus pittoresques sur cette partie de la côte. Les chambres sont luxueuses, mais petites. Un "souper" (dîner léger) est servi gracieusement tous les soirs à partir de 18h.

Renseignements

Vous trouverez des renseignements au Clarion Collection Hotel Atlantic (voir ci-dessus) et dans d'autres lieux de la ville (l'hôtel Kong Carl, l'hôtel Torp ou le parc Scandic Sandefjord). Informations sur le site www.visitvestfold.com/no/sandefjord).

Depuis/vers Sandefjord

La plupart des bus reliant Oslo à Kristiansand s'arrêtent à Sandefjord, et il y a des bus express entre Oslo et l'aéroport Torp Sandefjord.

L'**aéroport Torp Sandefjord** (p. 87) est à quelques minutes de la ville, en taxi ou avec la navette partant de la gare ferroviaire, en correspondance avec chaque vol.

Larvik

43 900 HABITANTS

La ville natale de Thor Heyerdahl, l'un des grands explorateurs norvégiens, est l'une des plus vastes de la côte sud. C'est plus un port actif qu'une ville de vacances, mais elle offre les hôtels les plus charmants de la région, un nouveau centre culturel et des musées intéressants. On y trouve en outre les fouilles de l'ère viking les plus accessibles du pays et la superbe Bøkeskogen, la plus grande forêt de hêtres de Norvège.

À voir

Bøkeskogen FORÊT

(carte p. 89). Cette magnifique étendue de verdure surplombant Larvik est la plus grande forêt de hêtres de Norvège, mais aussi la plus septentrionale au monde. Elle est sillonnée de chemins de randonnée de 2,6 à 10 km de long. Son sommet au nord-ouest offre une vue imprenable sur le lac Farris.

Manoir Herregården ÉDIFICE HISTORIQUE
(carte p. 89 ; ☎481 06 600 ; www.larvikmuseum.no ; Herregårdsbakken ; tarif plein/réduit 100/70 NOK ; ⏲12h-16h mi-juin à mi-août). Le manoir Herregården, un bâtiment en bois de style baroque, fut construit en 1677 pour le gouverneur général de la Norvège Ulrik Frederik Gyldenløve, duc de Larvik et fils naturel du roi Frédéric IV de Danemark. Le mobilier date des XVIIe et XVIIIe siècles.

Kaupang SITE ARCHÉOLOGIQUE
(carte p. 89 ; ☎906 22 744 ; www.vikingbyen.org ; Kaupangveien 276 ; adulte/enfant 60 NOK/gratuit ; ⏲10h-16h mar-dim mi-juin à fin août). L'ancienne cité viking de Kaupang, située à 5 km à l'est de Larvik, fut fondée vers 800 et habitée jusqu'en 960. Elle aurait compté jusqu'à un millier d'habitants. Si la plupart des trouvailles archéologiques ont été transférées à Oslo, les gardiens du site s'ingénient à rendre la visite intéressante, avec une petite exposition, quatre tentes vikings, et des guides compétents en costume d'époque qui vous conduisent jusqu'aux tombes vikings et vous expliquent l'histoire de Kaupang.

Le mercredi et le week-end, ils préparent une soupe et du pain vikings, et allument la forge. Les guides pourront vous indiquer l'emplacement d'autres cimetières vikings dans la région.

Bølgen Kulturhuset CENTRE CULTUREL
(carte p. 89 ; ☎33 17 24 00 ; www.bolgenkulturhus.no ; Sanden 2 ; ⏲10h-21h tlj). En forme de vague, l'impressionnant centre culturel de la ville réunit une galerie d'art à la programmation judicieuse (artistes norvégiens contemporains), des salles de concert et un cinéma (films en version originale). Le Bølgen abrite aussi le meilleur café-bar de la ville, le Sanden.

Activités

Farris Bad SPA
(carte p. 89 ; ☎33 19 60 00 ; www.farrisbad.no ; Fritzøe Brygge 2 ; ⏲7h-22h lun-jeu, 7h-23h ven-dim). Le spa de Larvik est l'un des meilleurs d'Europe, avec un impressionnant ensemble de bassins, de bains de vapeur et de saunas, un escalier engageant qui mène à la mer, des salons d'où la vue sur l'océan est spectaculaire et un sauna réservé aux femmes.

Chaque mercredi soir et un dimanche après-midi par mois, une plage horaire "sans textile" (naturiste) est prévue.

Où se loger et se restaurer

Lysko Gjestegaard PENSION $$
(carte p. 89 ; ☎922 59 266 ; Kirkestredet 10 ; s/d à partir de 840/1 050 NOK ; P ᯤ). Face au musée maritime, à l'extrémité est du port, une bien jolie maison ancienne à pans de bois abrite cette pension délicieuse. Les meubles peints à la main tout comme les plafonds et les murs confèrent un charme fou à ses chambres. Une cuisine est mise à la disposition des hôtes et le bâtiment compte aussi un magasin d'antiquités. Petit-déjeuner en sus.

♥ **Farris Bad** HÔTEL-SPA $$$
(carte p. 89 ; ☎33 19 60 00 ; www.farrisbad.no ; Fritzøe Brygge 2 ; d à partir de 2 340 NOK, petit-déj inclus). Dans le quartier récemment réaménagé sur les quais, cet hôtel et spa construit sur la plus belle plage de la ville réunit de luxueuses chambres avec vue sur la mer et des espaces communs superbement décorés. En dehors des week-ends et de la haute saison, le prix des chambres, qui inclut toujours l'entrée au superbe spa (voir ci-contre), baisse considérablement. Le restaurant de l'hôtel dispose d'une agréable terrasse en bord de mer (déjeuner/dîner 295/395 NOK).

Pakkhuset CUISINE DE PUB $$
(carte p. 89 ; ☎33 19 69 00 ; Storgata 19 ; plats 179-219 NOK, pizzas 120-160 NOK ; ⏲11h-21h dim-jeu, 11h-minuit ven-sam mi-mai à mi-août). Le restaurant du Quality Hotel Grand Farris, sur les quais, propose crevettes entières, burgers et pizzas, dans une ambiance lumineuse et animée. Si animée, en fait, qu'il se transforme en club les vendredis et samedis soir.

Sanden CAFÉ $$
(carte p. 89 ; ☎458 45 582 ; www.bolgenkulturhus.no/sanden ; Bølgen, Sanden 2 ; plats 165-245 NOK ; ⏲10h-17h lun-jeu et dim, jusqu'à 19h ven-sam, plus tard pour les concerts). Un haut lieu du cosmopolitisme chic à Larvik. On pourrait y rester des heures, face à la mer. Le café est le meilleur des environs et le choix en burgers plutôt varié (le "Carla" est à la mayonnaise au piment et à la coriandre, et le "Barbara" aux oignons caramélisés). Ouvert tard pour les soirées spéciales ; renseignez-vous au préalable.

Georg Marius Larsen TRAITEUR $$

(carte p. 89 ; ☎33 18 17 44 ; Dronningens gate 43 ; plats 169-199 NOK ; ⌚9h-16h30 lun-ven, 9h-14h30 sam). Une authentique boutique qui vend du poisson et des fruits de mer frais, mais aussi des galettes de poisson chaudes, des salades et des plats préparés, comme les gratins de fruits de mer.

Renseignements

Il n'y a pas d'office du tourisme actuellement : consultez le site www.visitvestfold.com/no/larvik pour des informations à jour.

Depuis/vers Larvik

Les bus de Telemarkekspressen (www.telemarkbil.no) font halte à Larvik sur l'itinéraire entre Seljord (276 NOK, 2 heures 15, jusqu'à 3/jour) et Tønsberg (127 NOK, 1 heure). Pour d'autres destinations sur la côte, vous devrez sans doute changer à Tønsberg ou à Arendal.

Des trains régionaux circulent toutes les heures entre Oslo S (gare centrale) et Larvik (256-322 NOK, 2 heures). Les gares ferroviaire et routière sont voisines dans Storgata.

Environs de Larvik

Stavern

5 740 HABITANTS

Stavern, juste au sud de Larvik, est plantée sur un bout de côte stupéfiant ; l'océan est plein d'îlots de granit formant un labyrinthe de canaux glacés, et la péninsule peu élevée de Brunlanes, avec ses étranges plages de rochers et ses jolis villages, s'étend un peu plus loin au sud-ouest. Stavern elle-même est presque aussi belle que la nature qui l'entoure. Ses rues piétonnes bordées de cafés, de petites galeries privées et de maisons blanches patinées deviennent un espace convivial presque chaque soir d'été. Le **Fredriksvern Verft**, une base navale du milieu du XVIIIe siècle entourée de fortins qui servaient jadis à la protéger, mérite la visite.

Activités

Sentier côtier MARCHE

(Kyststien ; carte p. 89). Stavern est le point de départ de ce beau sentier très fréquenté de 33 km qui longe la côte jusqu'à Ødegården, dans la partie ouest de Brunelanes. On trouvera un plan de l'itinéraire sur www.visitvestfold.com.

Fêtes et festivals

Festival de Stavern MUSIQUE

(Stavern Festivalen ; www.stavernfestivalen.no ; ⌚mi-juil). Un festival en plein air haut en couleur, entre le rivage et la forêt. Groupes pop et rock, avec de grands artistes scandinaves et internationaux.

Où se loger et se restaurer

Hotel Wassilioff HÔTEL HISTORIQUE $$

(carte p. 89 ; ☎33 11 36 00 ; www.wassilioff.no ; Tollbodgaten 6 ; d 1 495 NOK ; P 📶). En activité depuis 1844, l'Hotel Wassilioff sait comment satisfaire sa clientèle et, grâce à de petites touches comme les vieilles photos de la famille royale norvégienne ou les sièges d'époque de la salle à manger, reste plein de cachet. Les chambres sont un peu moins jolies que les parties communes. La situation à proximité d'un parc et d'une minuscule plage est fort agréable.

Smak av Stavern ESPAGNOL $$

(carte p. 89 ; ☎458 70 301 ; www.smakavstavern.no ; Bryggeslengen 9 ; tapas 98-139 NOK, plats 209-239 NOK ; ⌚16h-23h mer-ven, 12h-23h sam-dim). Smak est un restaurant norvégien classique, aux chaises de bois bleu marine et rouge, aux tables nues ornées de chandelles, à un bel emplacement sur les quais. Il surprend par sa carte de tapas et sa paella – même s'il y a une soupe de poisson et des burgers – si jamais vous n'avez pas envie de cuisine méditerranéenne.

Renseignements

Il n'y a pas d'office du tourisme actuellement ; le site www.visitvestfold.com/en donne des renseignements utiles.

Depuis/vers Stavern

Le bus n°1 dessert Larvik (45 NOK, 15 min, 1/heure).

Kragerø

10 505 HABITANTS

Au nombre des lieux de vacances favoris des Norvégiens, Kragerø échelonne ses maisons chaulées sur toute la pente depuis la mer. Depuis longtemps, les artistes viennent s'y réfugier. Edvard Munch, qui y a passé plusieurs périodes à pêcher pour se refaire une santé, appelait Kragerø "la perle des villes de la côte", même si la ville ne figure dans aucun de ses nombreux paysages marins. Une statue de Munch s'élève à l'endroit où il a peint un soleil d'hiver au-dessus de la mer.

À voir et à faire

Il n'y a pas grand-chose à voir à Kragerø. L'île de **Jomfruland**, au large, en constitue le principal attrait. Pour jouir d'un beau panorama sur la ville et ses *skerries*, grimpez du stade jusqu'au point de vue situé sur la colline Steinmann.

Musée Berg-Kragerø MUSÉE ET PARC
(☎908 32 246 ; www.facebook.com/bergkrageromuseum ; Lovisenbergveien 45 ; adulte/enfant 50 NOK/gratuit ; ⏲11h-16h mar, ven et dim). Sur la rive du Hellefjord, à 3 km du centre-ville de Kragerø, ce domaine de 120 ha et sa demeure campagnarde, qui date de 1803, sont devenus un musée. Outre les jardins, la galerie d'art et les présentations historiques, on peut agréablement profiter des sentiers qui sillonnent le parc.

Observation des phoques TRAVERSÉE EN FERRY
(☎40 00 58 58 ; www.fjordbat.no ; adulte/enfant 250/200 NOK ; ⏲horaires sur le site). Le ferry *Kragerø*, qui effectue la traversée vers l'île de Jomfruland, propose un forfait comprenant l'aller-retour vers l'île de Jomfruland, de la documentation sur la faune et une paire de jumelles à remporter chez soi. Vous avez 50% de chances de voir des phoques lors de la traversée.

Où se loger et se restaurer

Kragerø Sportell Apartments HÔTEL, APPARTEMENTS $
(☎35 98 57 00 ; www.kragerosportell.no ; Lovisenbergveien 20 ; d/app 1 095/1 280 NOK ; P@📶). Malgré sa privatisation, cette ancienne auberge de jeunesse a conservé un excellent rapport qualité/prix. Les chambres basiques sont modernes et confortables, et les beaux appartements équipés pour 4 personnes donnent sur la mer. Le petit-déjeuner est compris dans le prix des chambres uniquement. Pour vous y rendre, suivez les panneaux pour le village de Kalstadkilen.

Victoria Hotel HÔTEL HISTORIQUE $$
(☎35 98 75 25 ; victoriahotel.no ; PA Heuchtsgata 31 ; d 1 599 NOK ; 📶). Ce majestueux établissement au charme irrésistible et à la tenue impeccable abrite les meilleures chambres de la ville. Elles sont toutes différentes, certaines dotées d'une kitchenette, d'autres d'un balcon donnant sur le quai.

VAUT LE DÉTOUR

MØLEN ET LAC DAMVANN

Mølen (carte p. 89). Le promontoire de Mølen est la plus grande plage de galets de Norvège, offrant un paysage austère impressionnant à une vingtaine de minutes en voiture à l'ouest de Stavern. Ses 230 cairns de pierres et amas de rochers, disposés en rangées parallèles, sont des tumulus de l'âge du fer.

Lac Damvann (carte p. 89). À 20 km au nord de Larvik, des forêts entourent le splendide lac Damvann. Selon la légende, ce serait le domaine de la Huldre, ensorcelante créature mythique dont un seul regard suffit à faire perdre la raison aux hommes. Le lac est assez difficile à rejoindre sans voiture ; l'arrêt de bus le plus proche se situe à Kvelde, à 6 km sur la route de Numendalslågen.

Tollboden INTERNATIONAL, PIZZAS $$
(www.tollboden.com ; P. A. Heuchs gate 4A ; plats 163-325 NOK, pizzas 188-235 NOK ; ⏲17h-21h ven, 12h-21h sam, 12h-18h dim-lun). Restaurant décontracté, au bord de l'eau, servant burgers, sushis, soupe de poisson, moules, etc., et pizzas à pâte fine. En été, le restaurant en terrasse, à l'arrière, est plus formel : on a la sensation d'être à un dîner organisé dans la villa d'amis (mais avec des plats à 330-385 NOK, le caviar et le champagne pour deux pers à 2 900 NOK).

Renseignements

Office du tourisme (☎35 98 23 88 ; www.visitkragero.no ; Tovgaten 1 ; ⏲9h-18h lun-sam, 9h-15h dim juil à mi-août, 9h-16h lun-ven mai-juin et mi-août à sept). Situé dans la gare routière.

Depuis/vers Kragerø

Les trains en provenance d'Oslo ou de Kristiansand s'arrêtent à Neslandsvatn et assurent, pour la plupart, la correspondance avec un bus à destination de Kragerø.

Des bus rallient Oslo (335 NOK, 3 heures 30) et Kristiansand (310 NOK, 2 heures 30), mais il faut parfois changer à Tangen sur l'E18.

Risør

6 910 HABITANTS

Située au bord de l'océan, la petite ville blanche de Risør épouse falaises et collines. C'est l'une des plus jolies cités du sud de la

Norvège. Le centre de la ville est son port en forme de U où s'activent bateaux de pêche et yachts, entouré de bâtiments historiques dont certains datent de 1650.

Fêtes et festivals

Festival de musique de chambre de Risør MUSIQUE
(Kammermusikkfest ; www.kammermusikkfest.no ; juin). La dernière semaine de juin, dans différentes salles, ce festival accueille de plus en plus d'artistes locaux et internationaux.

Festival des bateaux de bois RÉGATES
(Trebåtfestival ; www.trebatfestivalen.no ; août). Le premier week-end d'août, le Trebåtfestival vit au rythme des régates, des concerts et de multiples activités pour les enfants. Les hôtels affichent alors souvent complet.

Où se loger et se restaurer

Sorlandet Feriesenter CAMPING $
(37 15 40 80 ; www.sorlandet-feriesenter.no ; Sandnes ; empl 210 NOK, bung 600-1 800 NOK). Sur la péninsule au sud de Risør, ce charmant camping arboré, installé au bord de la mer, loue des emplacements ombragés et des bungalows très bien équipés. Les enfants raffoleront de ses équipements et des activités proposées (notamment promenades en bateau, aires de jeux, douches "éléphants", trampoline géant, etc.).

Det Lille Hotell APPARTEMENTS $$$
(37 15 14 95 ; www.detlillehotel.no ; Storgata 5 ; app 1 400-2 530 NOK/nuit ; P). Disséminés un peu partout dans de vieilles maisons de Risør restaurées avec goût, ces suites et appartements avec mobilier d'époque offrent un excellent rapport qualité/prix, surtout à la semaine. Tarif dégressif pour plusieurs nuits en toutes saisons et moindre à la journée en basse saison.

Stangholmen Fyr Restaurant & Bar POISSON ET FRUITS DE MER $$$
(37 15 24 50 ; www.stangholmen.no ; plats 310 NOK ; restaurant 14h-22h, bar 12h-2h, juin-août seulement). Dans un beau phare de 1855, ce restaurant d'été offre un joli but d'excursion depuis Risør. On y sert de la bouillabaisse (388 NOK) et beaucoup d'autres plats de poisson, ainsi que des steaks et du filet de renne. Les bateaux quittent Risør (aller 50 NOK) à partir de midi, avec des navettes jusqu'au départ de la totalité de la clientèle.

Kast Loss POISSON ET FRUITS DE MER $$$
(37150777; www.strandgata.com; Strandgata 23; plats 265-328 NOK ; 16h-22h lun-ven, 11h-minuit sam, 12h-22h dim). Sans surprise, on prend les fruits de mer très au sérieux ici et pour les gens du cru, Kast Loss est le meilleur rapport qualité/prix de la ville. L'éclairage tamisé et le thème nautique sont agréables. Si les produits de la mer ne vous tentent pas, les pizzas sont bonnes également (184-214 NOK).

Renseignements

Office du tourisme (37 15 22 70 ; www.visitsorlandet.com/risor ; Torvet 1 ; 10h-16h lun-sam). Situé à 50 m à l'ouest du port.

Depuis/vers Risør

La gare ferroviaire la plus proche se trouve à Gjerstad et n'est accessible qu'en voiture. Les bus de Vybuss (p. 448) pour Oslo (435 NOK, 3 heures 30) permettent une correspondance à Vinterkjær avec les bus locaux vers/depuis Risør (39 NOK, 22 minutes). Il y a aussi une liaison directe vers Kristiansand (199 NOK, 2 heures).

Arendal

41 665 HABITANTS

Arendal, l'une des plus grandes villes de la côte sud, est très animée l'été. Les restaurants et les bars de plein air autour du port (le Pollen) sont pleins de vacanciers, festivals et concerts en plein air se déroulent au bord de l'eau presque chaque week-end. Même l'hiver, des grands bars restent ouverts et proposent des concerts. L'endroit est agréable pour passer quelques jours, et propose suffisamment d'activités pour vous occuper tout en gardant une atmosphère intime de village.

Le minuscule vieux quartier de Tyholmen, avec ses maisons de bois serrées les unes contre les autres, ajoute beaucoup de charme, tandis que ceux qui veulent communier avec l'océan de plus près que dans un simple café du port peuvent se rendre aux îles de Merdø, Tromøy et Hisøy.

À voir

Bomuldsfabriken Kunsthall MUSÉE
(37 01 30 60 ; www.bomuldsfabriken.no ; Oddenveien 5 ; 12h-18h tlj). GRATUIT Installé à 15 minutes à pied au nord du centre d'Arendal, ce musée d'art contemporain renommé est l'un des plus grands du sud de

VAUT LE DÉTOUR

LES SKERRIES D'ARENDAL

L'île de **Merdø**, avec 260 ha, toute proche d'Arendal, est habitée au moins depuis le XVIe siècle, et offrait un port secondaire dès 1300. L'une de ses particularités est d'avoir conservé des variétés de légumes rapportées par les premiers navigateurs. On y trouve deux petites plages abritées, proches du port, et de beaux endroits pour pique-niquer.

Les plages les plus fréquentées se situent sur l'île de **Tromøy**, à **Spornes** et **Hove**, et sur l'île de **Hisøy**. Pour rejoindre Spornes, prenez le bus indiqué "Tromøy Vest/Øst", puis marchez un quart d'heure depuis l'arrêt. Vous pourrez également transporter un vélo sur le ferry *Skilsø* (adulte/enfant 30/22 NOK, 10 min), qui effectue fréquemment la traversée entre Arendal et la côte ouest de Tromøy. Cette île est couverte par d'agréables sentiers de randonnée bien indiqués. L'office du tourisme d'Arendal (p. 106) pourra vous suggérer des itinéraires.

Les deux grands phares qui se dressent sur les îlots de **Store** et de **Lille Torungene** guident les navires vers Arendal depuis 1844. Ils sont visibles des côtes de Hisøy et de Tromøy.

la Norvège. Ses expositions temporaires se tiennent dans une ancienne usine de coton de la fin du XIXe siècle, superbe exemple d'architecture industrielle norvégienne.

Tyholmen QUARTIER

Dressé en retrait de Gjestehavn, le port de plaisance, ce superbe ensemble de bâtiments à pans de bois des XVIIe, XVIIIe et XIXe siècles réunit des éléments néoclassiques, baroques et rococo. Tyholmen était autrefois séparé du continent par un canal, aujourd'hui comblé. Un splendide édifice en bois de 1815 accueille désormais l'hôtel de ville (*rådhus*).

Fêtes et festivals

Canal Street JAZZ ET BLUES

(www.canalstreet.no). Artistes de jazz et de blues d'envergure internationale se produisent fin juillet, avec quelques surprises, comme Patti Smith.

Où se loger et se restaurer

♥ Clarion Hotel Tyholmen HÔTEL HISTORIQUE $$$

(☎37 07 68 00 ; www.nordicchoicehotels.no ; Teaterplassen 2 ; d à partir de 1 480 NOK ; ❄📶). L'hôtel Clarion, sans conteste le meilleur d'Arendal, jouit d'un superbe emplacement sur le front de mer, dans un ancien bâtiment des quais qui renoue avec l'atmosphère du vieux Tyholmen. Les chambres de l'aile d'origine ont gardé tout leur cachet et ont une vue charmante, tout comme les suites d'angle de la nouvelle aile. Le restaurant de l'hôtel est à la fois élégant et décontracté.

Thon Hotel Arendal HÔTEL $$$

(☎37 05 21 50 ; www.thonhotels.no/hoteller/land/norge/arendal ; Friergangen 1 ; s/d 1166/1436 NOK ; ❄📶). S'il ne jouit pas d'une vue sur la mer, cet établissement typique n'est guère qu'à 50 m du rivage. Quelconque de l'extérieur, il offre de grandes chambres modernes et confortables. Parking public payant à proximité.

Pigene på Torvet BOULANGERIE $

(☎465 49 136 ; www.facebook.com/pigenepaatorvet ; Tollbodgaten 5 ; en-cas 79-169 NOK ; ⏲10h-16h sam-mer, 10h-17h jeu-ven). Ici, les saveurs compensent l'absence de panorama. La vitrine déborde de gâteaux et de pâtisseries – les meilleures de la ville – qu'on peut emporter ou dévorer à une table, avec un café. Sinon, prenez une pizza à pâte fine, un chili con carne ou une salade pour déjeuner. Avec des produits d'épicerie fine à emporter également.

♥ Blom Restaurant POISSON ET FRUITS DE MER $$$

(☎40 43 43 40 ; www.blomrestaurant.no ; Langbrygge 5 ; plats 310 NOK ; ⏲17h-22h). Blom est le plus chic des restaurants du port, le Pollen, et change des assiettes qui débordent et de l'ambiance alcoolisée qui prévalent parfois dans les autres établissements du front de mer. Les plats sont élégamment traditionnels (on a plutôt un velouté de la mer au bouillon de homard qu'une soupe de poisson, par exemple), le menu à partager propose aussi bien le renne séché à l'aquavit que des sashimis et des brochettes satays.

Où prendre un verre et faire la fête

Lille Andevinge BAR
(☎ 404 04 253 ; www.facebook.com/lilleandevinge ; Nedre Tyholmsvei 10 ; ⌚18h-22h mer-sam). Ce qui ressemble à une boutique traditionnelle en bois a été complètement rénové. Installez-vous près du feu avec une bouteille de vin, ou au bar pour laisser le sympathique personnel vous faire un cocktail sur mesure. Ouvert toute l'année, avec des concerts le week-end.

No.9 Kaffe & Platebar CAFÉ
(☎ 451 02 887 ; www.facebook.com/No9-CC-Cafè ; Teaterplassen 3 ; ⌚11h-16h mar-sam). Ce petit café chic appartient à un musicien de jazz local, Espen Larsen. Sélection de CD (de jazz essentiellement) à la vente, en écoute pendant que vous dégustez un café ou une pâtisserie. Parfois ouvert plus tard pour des événements.

Achats

Tyholmen Kolonial ÉPICERIE
(☎473 98 850 ; www.facebook.com/tyholmenkolonial.no ; Friergangen 5 ; ⌚10h-16h lun-sam). Une épicerie qui propose les meilleurs produits de petits producteurs locaux – fromages, confitures, pains, mais aussi des produits de beauté et des céramiques. On y trouve son bonheur pour se concocter un pique-nique ou acheter directement une salade ou un sandwich pour le déjeuner. Également possibilité de prendre café et pâtisseries sur place, à une table qui donne sur la place pavée.

Renseignements

Office du tourisme (☎37 00 55 44 ; www.arendal.com ; Sam Eydes plass 1 ; ⌚10h-16h lun-ven). Hors saison, les horaires peuvent être erratiques. Même si le bureau est fermé, il y aura quelqu'un pour répondre au téléphone.

Depuis/vers Arendal

Les ferries de la compagnie **MerdøFergen** (www.merdofergen.no ; ☎909 27 470), relient Arendal (Pollen) à l'île de Merdø (voir l'encadré p. 105) de Pâques à septembre le samedi et le dimanche. Ils partent toutes les heures entre 10h30 et 15h30 d'Arendal et quittent Merdø toutes les heures entre 11h et 16h. La compagnie propose aussi la location de bateau-taxi.

Les horaires sont disponibles à l'office du tourisme et affichés sur le quai.

Des ferries desservent également l'île de Hisøy.

Les bus Nor-Way Bussekspress (p. 443) vers Kristiansand (342 NOK, 55 min, jusqu'à 9/jour) et Vybuss (p. 448) vers Oslo (389 NOK, 3 heures 30) font halte à la Rutebilstasjon d'Arendal, située à un pâté de maisons à l'ouest du port (Pollen). D'autres bus Vybuss relient Arendal à Grimstad (199 NOK, 13 min, toutes les 30 min) et Risør (179 NOK, 25 min, toutes les 2 heures).

Grimstad

12 172 HABITANTS

C'est en retrait du front de mer, le long des rues piétonnières, que se dévoile tout le charme de Grimstad. La ville est intéressante à plus d'un titre. Elle a vu grandir le jeune auteur Henrik Ibsen, et il y a un bon musée dans la pharmacie où il a autrefois travaillé. C'est aussi la ville la plus ensoleillée de Norvège, avec une moyenne de 266 heures de soleil mensuelles en juin et juillet. Et son atmosphère est vraiment jeune, grâce à son importante population étudiante.

À voir

Musée Ibsen MUSÉE
(Ibsen Museet ; ☎37 04 04 90 ; www.gbm.no ; Henrik Ibsens gate 14 ; adulte/enfant 90/65 NOK, visites guidées seulement ; ⌚11h-16h tlj dim juin à fin août, fermé sept-mai). Henrik Ibsen, le poète et auteur dramatique norvégien le plus célèbre, s'installa à Grimstad en janvier 1844. La maison où il travailla en tant que préparateur en pharmacie, vécut et commença à écrire, est devenue ce musée où l'on a reconstitué une pharmacie et réuni de nombreux objets ayant appartenu à l'écrivain. Il compte parmi les plus intéressants du sud de la Norvège, et ses visites guidées sont hautes en couleur.

Fêtes et festivals

Salon nautique du Sørland NAUTISME
(Sørlandets Båt og Fritidsmesse ; www.baadmessen.no). Salon nautique de la région du Sørland, tenu sur le port en mai.

Où se loger

Bie Apartment & Feriesenter CAMPING $
(☎37 04 03 96 ; www.bieapart.no ; près d'Arendalsveien ; empl tente 295 NOK, bung/app à partir de 575/1 460 NOK ; P ≋). C'est le camping le plus proche de Grimstad, à 800 m au nord-ouest du centre. Sis le long d'Arendalsveien, ce site bien équipé et accueillant

propose de vastes emplacements herbeux, divers bungalows et des appartements bien aménagés.

Café Ibsen B&B B&B $$
(☎37 27 57 63 ; www.cafeibsen.no ; Løkkestredet 7 ; d 1 300 NOK). Installée dans une maison ancienne du centre de la ville, cette pension est tenue par les sympathiques propriétaires du Café Ibsen. Il y a 6 chambres simples mais pleines de charme, toutes disposant d'une salle de bains privative.

Scandic Grimstad HÔTEL HISTORIQUE $$
(☎37 25 25 25 ; www.scandichotels.no ; Kirkegata 3 ; d à partir de 1 359 NOK ; P❄📶). Au cœur de Grimstad, ce vénérable établissement répartit ses hôtes dans différentes maisons en bois mitoyennes, avec une salle pittoresque pour le petit-déjeuner et un restaurant en sous-sol. Les chambres peuvent être très agréables, même si légèrement banales, mais assurez-vous que l'on ne vous attribue pas l'une des chambres sombres, étouffantes et très bruyantes qui donnent sur le hall.

Où se restaurer

Café Ibsen CAFÉ $
(☎37 27 57 63 ; Henrik Ibsens gate 12 ; sandwichs 79-99 NOK ; ⏲10h-16h lun-sam, 12h-16h dim). Venez ici savourer des gâteaux, des pâtisseries, des quiches et des sandwichs maison. Dans un espace animé en face du musée Ibsen.

♥ **Apotekergården** POISSON ET FRUITS DE MER $$
(☎37 04 50 25 ; www.apotekergaarden.no ; Skolegata 3 ; plats 135-285 NOK, pizzas 185-215 NOK ; ⏲12h-minuit). C'est un lieu d'habitués et l'ambiance n'y manque guère. D'où la difficulté d'obtenir une table sur la terrasse en été, notamment le soir. S'il affiche complet, grimpez les vieilles marches de bois pour aller boire une bière en haut et faire une partie de *shuffleboard* (jeu de palets sur table).

Smag & Behag CAFÉ, TRAITEUR $$
(www.smag-behag.no ; Storgaten 14 ; plats 115-165 NOK ; ⏲12h-22h lun-sam). "Goûtez et appréciez", le nom est juste. Pour un déjeuner ou un dîner décontracté, les meilleurs produits régionaux à déguster sur place ou à emporter, et des crus soigneusement sélectionnés. Au menu : salade estivale de betterave et de saumon fumé ou encore sandwich de bœuf effiloché et chou cru.

Renseignements

Office du tourisme (☎37 25 01 68 ; www.visitsorlandet.com/grimstad ; Storgaten 1a ; ⏲10h-16h lun-ven). L'office du tourisme au sympathique personnel est situé dans le grand bâtiment blanc en bois sur le front de mer.

Depuis/vers Grimstad

La gare routière (Rutebilstasjon) de Grimstad se trouve dans Storgata, sur le port. Néanmoins, certains bus ne s'arrêtent pas en ville mais sur la route nationale.

Les bus Nor-Way Bussekspress (p. 443) relient Grimstadt à Oslo (468 NOK, 3 heures 40) et à Kristiansand (342 NOK, 40 min) 3 à 5 fois par jour. La compagnie Vybuss (p. 448) assure la liaison avec Arendal toutes les 2 heures (306 NOK, 15 min).

Lillesand

9 465 HABITANTS

À mi-chemin entre Kristiansand et Arendal, cette charmante petite ville abrite un centre piéton composé de vieilles maisons chaulées et dont où les rues débordent de boutiques d'occasion et de cafés. On peut aussi y admirer un magnifique port circulaire.

Où se loger et se restaurer

Tingsaker Camping CAMPING $
(☎37 27 04 21 ; www.tingsakercamping.no ; empl 260 NOK, bung 14 500 NOK/sem ; P📶). Sur la côte, à 1 km du centre, ce terrain bien équipé mais bondé ressemble à tous les sites de vacances du même type, nombreux sur la côte. Les bungalows sont un peu chers pour ce qui est proposé.

Lillesand Hotel Norge HÔTEL HISTORIQUE $$$
(☎37 27 01 44 ; www.hotelnorge.no ; Strandgata 3 ; s/d 1 390/1 690 NOK ; P📶). Soigneusement rénové, cet hôtel de charme a retrouvé toute sa splendeur de 1837 grâce à de nombreux éléments d'époque, que l'on peut voir surtout dans les parties communes. Plus sobres, les chambres ont abrité notamment le roi Alfonso XIII d'Espagne et l'écrivain Knut Hamsun, qui y séjournèrent.

♥ **Kafe Strandhaven** CAFÉ $
(☎41 24 50 89 ; www.facebook.com/kafestrandhaven ; Strandgata 10 ; plats 99-179 NOK ; ⏲11h-17h tlj). Au cœur du village, ce café dont les tables sont installées dans un jardin donnant sur le port, est une merveille. Dans un décor de mobilier rétro et moderne nordique, le

personnel sympathique vous régale de sandwichs, salades, soupes, burgers, plus vin en soirée. Les délicieux gâteaux faits maison sont aussi bons que beaux.

Renseignements

Office du tourisme (☎ 37 26 17 50 ; Havnegata 10 ; 10h-18h lun-sam, 12h-16h dim juin-août, 10h-18h lun-dim juillet). Anciennement situé au sein de l'hôtel de ville, l'office du tourisme est désormais ouvert du 18 juin au 8 août dans la capitainerie du port.

Depuis/vers Lillesand

L'été, le pittoresque ferry **M/B Øya** (carte p. 110 ; ☎ 95 93 58 55 ; www.blindleia.no ; adulte/enfant aller simple 400/200 NOK, aller-retour 590/330 NOK, vélo 40 NOK) assure la liaison tous les jours du 26 juin au 8 août entre Kristiansand (départ à 14h) et Lillesand (départ à 10h). C'est le moyen idéal pour faire le trajet. Un bus Vybuss (p. 448) dessert également toutes les heures Kristiansand (90 NOK).

Kristiansand

87 400 HABITANTS

Kristiansand est la cinquième ville de Norvège par la taille, et se veut la "destination de vacances n°1 du pays". Certes, les Norvégiens avides de soleil y affluent en été, il y a une jolie petite plage en ville et une marina... mais Kristiansand est plus une porte d'accès vers les villages de la côte sud ou bien vers l'arrière-pays et la région du Setesdal.

La vie culturelle animée, les boutiques et les excellents restaurants sont les principaux atouts de Kristiansand. La ville possède aussi un zoo et un parc de loisirs pour enfants qui en font une étape de choix pour les familles.

À voir

Musée des Beaux-Arts du Sørland MUSÉE

(Sørlandets Kunstmuseum, SKMU ; carte p. 110 ; ☎ 38 07 49 00 ; www.skmu.no ; Skippergata 24b ; tarif plein/réduit 120/100 NOK, gratuit -16 ans ; 11h-17h mar-dim, jusqu'à 21h mer). L'exceptionnel Sørlandets Kunstmuseum, dont les collections démarrent au XIXe siècle, est aussi tourné vers la création contemporaine, tant picturale qu'artisanale. On peut donc y visiter de nombreuses expositions d'artistes locaux, norvégiens et nordiques. Une aile lumineuse et agréable, joliment conçue, est consacrée aux enfants. Si vous aimez la céramique norvégienne, ne manquez pas les 44 créations de Kari Christensen.

Odderøya ÎLE, PARC

Reliée par un pont, cette île rocheuse proche du marché aux poissons constitue l'un des merveilleux espaces verts de Kristiansand où l'on peut se promener, se baigner ou pique-niquer. On peut également y visiter des ateliers d'artistes et profiter du café-bar Vaktbua (p. 112).

Kristiansand Kunsthall MUSÉE

(carte p. 110 ; ☎ 489 95 560 ; www.kristiansandkunsthall.no ; 4e ét Rådhusgata 11 ; 12h-16h mar-dim). GRATUIT Les expositions proposées par cette galerie sont généralement très conceptuelles mais elle valent le coup d'œil. Elles changent régulièrement. L'espace est superbe et offre une vue rare en surplomb sur Kristiansand. Tous les ans, la galerie accueille des événements lors du festival PUNKT.

Musée des Arts et Traditions populaires de l'Agder occidental MUSÉES

(Vest-Agder Fylkesmuseet ; www.vestagdermuseet.no ; Vigeveien 22b ; tarif plein/réduit 90/40 NOK ; horaires selon les musées ;). À 4 km à l'est de la ville sur l'E18, ce musée fait partie d'un complexe régional comptant 11 lieux passionnants parmi lesquels le musée du Chemin de fer, un navire de guerre et le musée du deuxième plus grand canon terrestre au monde. Le musée Kristiansand en plein air regroupe 40 fermes et hameaux de la région du Setesdal et de Kristiansand. En été, de nombreuses activités sont proposées pour les enfants, notamment des reconstitutions historiques pratiques. Les bus M1, M2 et M3 au départ de Henrik Wergeland gate s'arrêtent au musée.

Musée d'Histoire naturelle de l'Agder et jardin botanique DOMAINE

(Agder Naturmuseum og Botaniske hage ; ☎ 38 05 86 20 ; www.uia.no/naturmuseum-og-botanisk-hage ; Gimleveien 23 ; 80 NOK, gratuit -18 ans ; 10h-15h mar-ven, 12h-16h dim). Les sentiers sinueux qui traversent les 50 ha du domaine de Gimle mènent à un jardin botanique où on trouve aussi pierres, minéraux, animaux empaillés et serres abritant la plus grande collection de cactus du pays. Aménagée intérieurement au XIXe siècle, la demeure ouvre sur les jardins par une extraordinaire colonnade. La roseraie date de 1850. De multiples sentiers sillonnent ce

VAUT LE DÉTOUR

BRAGDØYA

L'été, l'archipel des *skerries* (îles côtières) au large de Kristiansand draine nombre de vacanciers avides de soleil, de baignades et d'activités nautiques. Proche du continent, **Bragdøya**, l'île la plus fréquentée, abrite un atelier de restauration de bateaux en bois, embarcations que l'on peut emprunter gratuitement. Les promenades en forêt n'y manquent guère, pas plus que les lieux de baignade, délicieux. Au loin, vous verrez le **Grønningen Fyr**, un phare classique.

Les ferries pour Bragdøya partent du quai n°6 (carte p. 110), de 2 à 4 fois par jour en été. Demandez à l'office du tourisme de Kristiansand (p. 112) leurs horaires exacts et ceux pour les autres îles.

De fin juin à début août, le M/B *Øya* (p. 108) assure la traversée aller-retour (3 heures) vers Lillesand tous les matins à 10h, sauf le dimanche. Il part du quai n°6 à Kristiansand.

domaine situé à 1 km du centre, au-delà du pont Oddernes.

Baneheia et Ravnedalen PARCS

(Ravnedalen). Au nord du centre, Baneheia et Ravnedalen sont tous deux des espaces verts avec une série de pistes de randonnée et de ski, en bord de lac, pour qui veut échapper un instant à la ville. Les deux parcs ont été créés entre 1870 et 1880 par le président du conseil de Kristiansand, le général Oscar Wergeland. Pendant trois décennies, la plantation de 150 000 conifères transforma le quartier en une ceinture de verdure.

Dyreparken PARC DE LOISIRS

(☎970 59 700 ; www.dyreparken.no ; adulte/enfant haute saison 239/389 NOK ; ⏲10h-16h tlj). Accessible par l'E18 à 10 km à l'est de Kristiansand, le parc de loisirs de Kristiansand est sans doute *la* destination préférée des petits Norvégiens. Il réunit plusieurs parcs à thème et activités de plein air. La **fête foraine** propose manèges, croisières sur un bateau de pirates, trésor du capitaine Crochet et maisons hantées. **Cardamome-ville** (Kardemomme By) est un village fantastique, créé d'après les contes pour enfants de Thorbjørn Egner. N'oubliez pas votre maillot de bain pour profiter des piscines chauffées et des toboggans du **parc aquatique**. Mais la principale attraction reste le **zoo**.

Forteresse Christiansholm CITADELLE

(Christiansholm Festning ; carte p. 110 ; ☎38 00 74 60 ; Østre Strandgate 52b ; ⏲jardin 9h-21h mi-mai à mi-sept). GRATUIT C'est le site le plus remarquable le long de la Strandpromenaden. Construite sur décret royal entre 1662 et 1672 pour surveiller le détroit stratégique de Skagerrak et protéger la cité des pirates comme des Suédois, cette place forte a été dotée d'épais remparts (5 m). Un second mur concentrique dissimulait à l'intérieur l'armurerie. La citadelle était reliée au continent par un pont qui enjambait une douve (comblée au XIXe siècle) assez profonde pour accueillir de grands navires.

Posebyen QUARTIER

(carte p. 110). Le quartier ancien de Kristiansand couvre la quasi-totalité des 14 pâtés de maisons dans la partie nord de la "quadrature" (*kvadraturen*), plan à damier remontant à la fondation de la cité au XVIIe siècle par le roi Christian IV, qui conçut lui-même ce plan rigoureusement géométrique. Prenez le temps de flâner dans ce joli quartier, qui doit son nom aux soldats français qui venaient s'y "reposer".

Le musée des Arts et Traditions populaires de l'Adger occidental (ci-contre) présente une maquette de la cité au 1/10, telle qu'elle était à l'époque de Christian IV.

Le guide *Kristiansand*, publié chaque année par l'office du tourisme, comporte un chapitre consacré à l'exploration de ce quartier. Parmi les bâtiments les mieux préservés, on signalera la **Bentsens Hus** (carte p. 110 ; Kronprinsensgate 59) de 1855, l'**ancien bureau de poste** (carte p. 110 ; Kronprinsensgate 45) de 1695 et **Gyldenløves gate 56** (carte p. 110) de 1802.

Activités

Setesdalsbanen CHEMIN DE FER

(www.setesdalsbanen.no ; adulte/enfant aller-retour 160/80 NOK ; ⏲départs 11h30, 13h20 et 15h10 dim mi-juin à août). L'étroite voie ferrée de 78 km entre Kristiansand et Byglandsfjord a relié le Setesdal à la côte de 1896 à 1962. Elle servait au transport du nickel des mines d'Evje,

Kristiansand

et du bois et des barils utilisés pour saler et exporter les harengs. Des locomotives à vapeur ou Diesel parcourent encore les 6 derniers kilomètres entre Grovane (à 2 km au nord de Vennesla) et Røyknes. Le trajet dure 25 minutes dans chaque sens.

Des trains Vy relient Kristiansand à Vennesla (58 NOK, 26 min, plusieurs/jour).

One Ocean Dive Center PLONGÉE
(☎38 05 01 00 ; www.oneocean.no ; Årossanden 9, Søgne ; 1/2 plongées avec équipement à partir de 950/1 300 NOK). Ce centre, installé à 8 km à l'est du centre-ville, propose des plongées sur des épaves sous-marines, dont celles d'un avion et d'un dragueur de mines.

Fêtes et festivals

PUNKT MUSIQUE
(www.punktfestival.no ; ⊙sept). Ce festival électro avant-gardiste a lieu en septembre et se spécialise dans les remix live. Brian Eno, Laurie Anderson et David Sylvian s'y sont produits.

Où se loger

Kristiansand compte beaucoup de bonnes chaînes hôtelières et quelques hôtels de charme haut de gamme, mais l'hébergement peut être cher pour la prestation offerte (et tout est parfois complet l'été, notamment lors des vacances scolaires, en juillet). Si vous disposez d'un véhicule, plusieurs établissements gérés par des chaînes sont installés aux abords de l'entrée du Dyrepark, à 10 km à l'est de la ville.

Roligheden Camping CAMPING $
(☎38 09 67 22 ; www.dyreparken.no/gjesteinformasjon/roligheden-camping ; Framnesveien ; empl tente 210 NOK, grand bung 2 200 NOK ; ⊙mai-sept). À proximité d'une plage fort courue à 3 km à l'est du centre-ville, ce site bien

Kristiansand

Les incontournables
1 Musée des Beaux-Arts du Sørland B2

À voir
2 Bentsens Hus B1
3 Forteresse Christiansholm D3
4 Ancien bureau de poste C1
5 Gyldenløves gate 56 .... C2
6 Kristiansand Kunsthall B3
7 Posebyen B1

Où se loger
8 Clarion Hotel Ernst B3
9 Hotel Q42 .... D2
10 Scandic Kristiansand Bystranda D2
11 Sjøgløtt Hotell D2

Où se restaurer
12 Bønder i Byen B3
13 Drømmeplassen B2
14 Gastropuben på Kick B3
15 Pieder Ro B4
16 Snadderkiosken D2

Où prendre un verre et faire la fête
17 Frk Larsen B3
18 Hopeful Kunstcafé SKMU B3
19 Vaktbua C4

entretenu fera la joie des campeurs. Accès par le bus n°15 depuis le centre.

Sjøgløtt Hotell HÔTEL $$
(carte ci-contre ; 38 70 15 66 ; www.sjoglott.no ; Østre Strandgate 25 ; s/d 895/975 NOK ;). Logé dans un bâtiment historique, cet hôtel simple est tenu par un couple sympathique. Pas très grandes mais bien conçues et baignées de lumière, ses 15 chambres offrent des petits plus inhabituels dans cette catégorie, telle une machine à expresso. On prend ses quartiers au sous-sol, très chaleureux, le temps du petit-déjeuner, d'une gaufre à l'heure du thé ou d'une pizza accompagnée d'un verre de vin le soir, à moins de préférer un bain de soleil dans la jolie cour intérieure.

Scandic Kristiansand Bystranda HÔTEL $$
(carte ci-contre ; 21 61 50 00 ; www.scandichotels.no ; Østre Strandgate 76 ; s/d 1 230/1 570 NOK ; P@). Cet établissement en bord de mer est grand et tape-à-l'œil, mais très joliment conçu. Dans une ambiance chaleureuse et détendue, il dispose de tous les équipements et les extras escomptés pour un hôtel de cette taille. Avec sa plage, son parc et sa piscine, c'est un endroit idéal pour les familles.

Hotel Q42 HÔTEL $$
(carte ci-contre ; 38 04 40 00 ; www.q42.no ; Elvegata 11a ; s/d 1 000/1 300 NOK). Cet hôtel fait partie d'un centre de conférences religieux, et n'offre pas la même ambiance de vacances que d'autres en ville. Les 11 suites et suites junior sont joliment meublées, calmes, spacieuses et élégantes.

Clarion Hotel Ernst HÔTEL $$$
(carte ci-contre ; 38 12 86 00 ; www.clarionernst.no ; Rådhusgata 2 ; d à partir de 1 399 NOK ; P@). Cet hôtel Clarion est l'un des bâtiments les plus imposants de la ville. D'immenses abat-jour en perles, d'imposantes chaises dorées et argentées, une lumière mauve et des têtes de lit noir corbeau signent la déco intérieure.

Où se restaurer

En été, tout le monde se retrouve sur le petit port, réorganisé autour du marché aux poissons, pour des produits de la mer tout frais pêchés, une bière ou une glace. Mais il y a beaucoup d'autres options partout en ville, de la nouvelle cuisine norvégienne aux sushis, des pizzas aux burgers, sans compter cafés et boulangeries, parfois vraiment très bonnes.

Drømmeplassen BOULANGERIE, CAFÉ $
(carte ci-contre ; 38 04 71 00 ; www.drommeplassen.no ; Skippergata 26 ; sandwichs, salades et soupes 99- 119 NOK ; 8h30-17h lun-sam, 10h-16h dim). Dans cette immense boulangerie, les Norvégiens affluent le matin pour ses *boller* (pains aux raisins) et ses pains tout juste sortis du four, ou à l'heure du déjeuner pour ses salades au poulet, sandwichs au thon et soupes. Prenez place à table à l'intérieur ou en terrasse.

Snadderkiosken RESTAURATION RAPIDE $
(carte ci-contre ; Tangen 1 ; plats 89-115 NOK ; 10h-20h lun-ven, 11h-22h sam-dim). Il est rare que nous recommandions des stands de fast-food, mais le Snadderkiosken est l'un des meilleurs du genre. Derrière la plage, ce petit kiosque de style années 1920 sert de bons plats copieux à emporter, tels la purée aux boulettes de viande ou le poulet grillé accompagné de riz et de salade.

Pieder Ro POISSON ET FRUITS DE MER $$
(carte ci-contre ; 38 10 07 88 ; www.pieder-ro.no ; Gravane 10 ; plats 285-345 NOK ; 16h-22h

mar-ven, 13h-22h sam-dim). Kristiansand excelle dans les restaurants balnéaires décontractés, mais elle sait aussi plaire aux clients plus traditionalistes qui apprécieront le Pieder Ro. Cet établissement arbore un déco nautique chic (le bar est un *vrai* bateau...), des stores à carreaux et propose des chaises confortables. Sa carte sans chichis est proposée toute la journée. Celle du soir, plus élégante, met l'accent sur le poisson frais, mais on peut également opter pour un bon steak.

Bønder i Byen BISTRONOMIQUE **$$$**

(carte p. 110 ; ☎911 47 247 ; www.bønderibyen.com ; Rådhusgata 16 ; plats 315 NOK, menu 4 plats 485 NOK ; ⌚11h-22h lun-sam). La carte du Bønder i Byen est une jolie réinterprétation des superbes produits du pays. Elle est aussi délicieuse à lire, avec son alléchante liste de producteurs locaux, qu'à manger. C'est l'un des rares endroits de la côte où l'on ne sert pas de produits de la mer, mais plutôt du bœuf, du porc ou du poulet, bio et de première qualité, et de très beaux plats de légumes.

Gastropuben på Kick BRITANNIQUE **$$$**

(carte p. 110 ; ☎38 02 83 30 ; www.gastropuben.no ; Dronningens gate 8 ; plats 100 NOK ; ⌚15h-minuit tlj). Cet établissement qui porte le nom un peu prétentieux de "gastropub" propose des plats classiques de pub (lasagnes, hamburgers, fish & chips ou pâtes à la carbonara), et de nombreuses bières différentes à la pression, dont la légendaire Nøgne Ø.

Où prendre un verre et faire la fête

Les habitants de Kristiansand adorent prendre un café au soleil et de nombreux établissements servent de très bons expressos, à base de café torréfié dans la région. La ville s'anime le week-end, même si tous les établissements ferment à 2h30.

Hopeful Kunstcafé SKMU CAFÉ

(Sørlandets Kunstmuseum, SKMU ; carte p. 110 ; ☎38 07 49 00 ; Skippergata 24v ; ⌚11h-17h mar-dim). Le personnel sympathique de ce bel établissement haut de plafond, qui se trouve au sein du musée des Beaux-Arts (p. 108), sert de très bons cafés (le propriétaire torréfie lui-même son café). Vous pourrez aussi y déguster des sandwichs au rôti de bœuf, saumon ou légumes grillés, des smoothies en été et de délicieux desserts.

Vaktbua BAR

(carte p. 110 ; Odderøya ; ⌚18h-2h mar-ven, 15h-2h sam-dim). Situé sur l'île d'Odderøya, c'est le bastion de la culture alternative à Kristiansand. On y va pour ses gâteaux et son café, bio, ou pour les performances, *afters* et autres soirées club, le week-end.

Frk Larsen BAR

(carte p. 110 ; Markens gate 5 ; ⌚11h-minuit lun-mer, 11h-3h jeu-sam, 12h-minuit dim). On peut venir y siroter un cocktail au clair de lune comme y prendre un café l'après-midi. Paisible le jour, l'atmosphère s'anime en soirée et la musique enflamme les foules le week-end. Le bar à cocktails ouvre à 20h.

Renseignements

Office du tourisme (carte p. 110 ; ☎38 07 50 00 ; www.visitsorlandet.com/kristiansand ; Rådhusgata 18 ; ⌚8h-15h30 lun-ven).

DNT Sør (carte p. 110 ; ☎38 12 07 50 ; www.dntsor.no ; Gyldenløvesgate 2b ; ⌚10h-16h lun-ven, jusqu'à 17h jeu, jusqu'à 15h dim). Cartes et renseignements sur les randonnées, les refuges et les circuits organisés en montagne en Norvège méridionale.

Depuis/vers Kristiansand

BATEAU

Les ferries pour le Danemark et la Suède partent du terminal Color Line.

BUS

Vous trouverez un guichet d'information et une consigne à bagages à l'intérieur de la gare routière (carte p. 110). Notez que la plupart des bus locaux, y compris ceux à destination de Lillesand, Grimstad et Arendal, partent de Henrik Wergelands gate, et non de la gare routière.

Bus au départ de Kristiansand

DESTINATION	DÉPARTS (/JOUR)	TARIF (NOK)	DURÉE (HEURES)
Arendal	jusqu'à 9	220	1½
Bergen	1	1 234	11
Evje	7-8	160	1
Flekkefjord	2-4	150	2
Oslo	jusqu'à 9	455	4
Stavanger	2-4	249	3½

TRAIN

Quatre trains par jour desservent Oslo (529 NOK, 4 heures 30) et cinq relient Stavanger (379 NOK, 4 heures).

Mandal

15 530 HABITANTS

La ville officiellement la plus méridionale de Norvège est célèbre pour sa plage longue de 800 m, Sjøsanden. À 1 km du centre, adossée à une forêt, ce n'est certes pas Copacabana, mais tout de même l'une des plus belles plages du pays.

À voir

Musée de Mandal et maison de Gustav Vigeland ART, HISTOIRE MARITIME
(Mandal Museum ; www.vestagdermuseet.no ; Store Elvegata 5/6 ; tarif plein/réduit 70 NOK/gratuit ; 11h-17h lun-ven, 12h-17h sam-dim mi-juin à mi-août). Les expositions d'objets se rapportant à l'histoire maritime et à la pêche, ainsi que des œuvres d'artistes locaux, sont intéressantes, mais ce musée mérite la visite pour son impressionnante collection de sculptures d'un célèbre enfant de Mandal, Gustav Vigeland. Sa maison d'enfance, **Vigeland Hus**, fait également partie du musée.

Fêtes et festivals

Fête du Coquillage GASTRONOMIE
(Skalldyrfestivalen ; www.skalldyrfestivalen.no ; pass journée 250 NOK ; août). La deuxième semaine d'août, honneur aux poissons, coquillages et crustacés, concerts en prime.

Où se loger et se restaurer

Hald Pensjonat PENSION $
(920 80 020 ; www.haldpensjonat.no ; Halseveien 37 ; d/qua 400/500 NOK ; P). Cette belle maison traditionnelle a conservé ses plafonds à caissons et ses délicats décors peints aux murs. Outre cette décoration d'époque et un beau jardin alentour, elle abrite des chambres simples, de style auberge de jeunesse. C'est l'un des rares établissements bon marché sur la côte. Comptez 100 NOK en sus pour les draps.

Sjøsanden Feriesenter CAMPING $
(38 26 10 94 ; topcamp.no/nb/sjosanden ; Sjøsandveien 1 ; empl 120 NOK, app 2-4 pers 1 000/1 150 NOK, bung 2 lits 1350 NOK ; P). À quelques pas de la plage, cet endroit bien tenu se distingue des autres terrains alentour et possède même son propre toboggan aquatique. Des chambres de motel (double 750 NOK), des bungalows et des appartements en location sont également proposés.

Kjøbmandsgaarden Hotel HÔTEL HISTORIQUE $$
(38 26 12 76 ; www.kjobmandsgaarden.no ; Store Elvegate 57 ; s/d 899/1 099 NOK ;). En plein cœur de la vieille ville, cette belle maison en bois classée réunit des chambres un peu étroites mais dotées de salles de bains. Le **restaurant** du rez-de-chaussée est l'un des meilleurs de Mandal.

Renseignements

Office du tourisme (38 27 83 00 ; www.visitsorlandet.com/lindesnes ; Havnegata 2 ; 10h-17h lun-ven, 10h-15h sam-dim). Sur le front de mer.

Depuis/vers Mandal

La gare routière (Rutebilstasjon) de Mandal se situe au nord de la rivière, à une courte distance du quartier historique.

Les bus Nor-Way Bussekspress (p. 443) qui desservent la côte entre Stavanger (378 NOK, 3 heures 30) et Kristiansand (171 NOK, 40 min) passent par Mandal 2 à 4 fois/jour.

Lindesnes

Lindesnes, littéralement "la péninsule courbe", le point le plus méridional de Norvège, donne parfois un aperçu des forces que la nature peut déchaîner entre le Skagerrak et la mer du Nord. Les jours calmes, la suite compliquée de criques rocheuses qui découpent la côte sont incroyablement attirantes, que ce soit du rivage ou d'un bateau.

À voir

Phare de Lindesnes PHARE
(Lindesnes Fyr ; www.lindesnesfyr.no ; adulte/enfant 80/25 NOK ; 10h-20h fin juin-août, horaires réduits reste de l'année, voir sur le site Web). Dressé à la pointe du cap, le Lindesnes Fyr est un phare classique. Deux des bâtiments devant lesquels on passe en grimpant vers le cap abritent la présentation de l'histoire de ce phare. Le centre des visiteurs, proche de l'entrée du site, propose une vidéo informative. Ici fut en effet allumé en 1655 le premier phare de Norvège. Pour entretenir ce feu côtier, on employait alors du charbon et du suif. Édifié en 1915, le feu

actuel fonctionne à l'électricité et se repère à 19,5 milles marins au large.

Où se loger et se restaurer

Lindesnes Camping og Hytteutleie CAMPING $
(916 02 276 ; www.lindesnescamping.no ; Lillehavn ; empl tente 200 NOK, bung 280-950 NOK ; P). Voisin d'une crique étroite, ce terrain cerné d'affleurements granitiques se situe à 3,5 km au nord-est du phare de Lindesnes. Doté d'excellents équipements modernes, il comprend un petit kiosque et une cuisine, et loue des bateaux.

Lindesnes Havhotel HÔTEL $$
(38600800;www.havhotellet.no;Bålyveien50; d à partir de 1 500 NOK ; P). Ce grand complexe hôtelier élégant attire les familles norvégiennes. L'extérieur est quelconque mais les chambres sont extrêmement confortables, sans compter de nombreuses installations et des promotions. Le panorama alentour est enchanteur et l'on peut enfourcher un vélo (gratuit) pour explorer la nature alentour.

Depuis/vers Lindesnes

Il est aisé de gagner le phare de Lindesnes depuis Mandal par bus (90 NOK, 1 heure) via Spangereid les lundis, mercredis et vendredis.

Flekkefjord

9 096 HABITANTS

Flekkefjord est une ville sereine et agréable. Son histoire remonte à 1660, quand elle rivalisait avec Kristiansand, et elle a gardé un joli centre historique. Elle est également connue pour l'amplitude quasi nulle de ses marées (moins de 10 cm).

CANAL VIKING

Du VIIIe au XIe siècle, la côte norvégienne fut le domaine des Vikings. Pourtant, même alors, le cap de Lindesnes, où se heurtent les eaux du Skagerrak et de la mer du Nord, restait périlleux pour ces navigateurs exceptionnels. Afin d'éviter ce passage dangereux, ils creusèrent un canal à travers la péninsule de Lindesnes, à hauteur de Spangereid (une ancienne capitainerie viking), une prouesse d'ingénierie reprise plus tard pour la construction des routes dans ce pays découpé. À l'été 2007, on a creusé à titre expérimental un canal identique.

À voir

Hollenderbyen QUARTIER
Le quartier de l'ancienne "ville des Hollandais", aux rues étroites bordée de vieilles maisons de bois, est un but de promenade chargé d'atmosphère.

Église de Flekkefjord ÉDIFICE RELIGIEUX
(Kirkegaten 10 ; 11h-13h lun-sam juil). On doit la structure octogonale en rondins de cette église, consacrée en 1833, à Hans Linstow, l'architecte du Palais royal d'Oslo (p. 51). Ses huit côtés se retrouvent dans la forme des colonnes, du clocher et des fonts baptismaux.

Musée de Flekkefjord MUSÉE
(Flekkefjord Museum ; www.vestagdermuseet.no ; Dr Kraftsgata 15 ; adulte/enfant 80 NOK/gratuit ; 11h-17h lun-ven mi-juin à mi-août). Cette demeure patricienne de 1724 témoigne du mode de vie de la haute bourgeoisie de l'époque. Son mobilier du XIXe siècle est principalement le legs d'une femme de la région.

Où se loger et se restaurer

Egenes Camping CAMPING $
(38 32 01 48 ; 2017.egenescamping.no ; empl tente 225 NOK, bung 600-1 400 NOK). Superbement situé au bord du lac Seluravatnet, à 1 km de l'E39 et à 5 km à l'est de Flekkefjord, ce terrain permet une multitude d'activités : location de bateaux et canoës, mur d'escalade, minigolf, pêche, etc. Idéal pour les familles.

Grand Hotell HÔTEL HISTORIQUE $$
(38 32 53 00 ; www.grand-hotell.no ; Anders Beersgt 9 ; s/d à partir de 1 095/1 295 NOK ; P). Outre sa situation parfaite au cœur de la vieille ville, cet établissement historique occupe une grande demeure toute chemisée de bardeaux blancs. Les chambres restaurées avec goût ont conservé le charme de l'ancien avec des papiers peints imprimés à la planche, des canapés en velours et des rideaux à festons. Si ce côté nostalgie ne vous tente pas, il y a également des chambres modernes simples. Le restaurant et le pub sont agréables.

Fiskebrygga INTERNATIONAL $$

(☎38 32 22 22 ; Elvegata 9 ; plats 149-210 NOK ; ⏲10h-16h lun, mar et sam, 10h-18h mer et ven, 10h-19h jeu). Voisin de l'office du tourisme, ce restaurant aux allures de café urbain est l'une des meilleures adresses de Flekkefjord pour un repas léger. À la carte sont inscrits poisson et frites, travers de porc marinés, succulents gâteaux et glaces. En été, vous tomberez peut-être sur un jour avec concert.

Renseignements

Office du tourisme (☎38 32 80 81 ; www.smaabyenflekkefjord.no ; Elvegata 1 ; ⏲10h-17h lun-sam). Demandez la brochure *A Tour of Flekkefjord*.

Depuis/vers Flekkefjord

Les bus Nor-Way Bussekspress (p. 443) entre Kristiansand (288 NOK, 1 heure 45) et Stavanger (288 NOK, 2 heures 15) font halte à Flekkefjord.

Egersund

11 470 HABITANTS

Egersund est l'une des villes les plus pittoresques de l'ouest de cette côte, paisible, avec de vieilles maisons de bois qui témoignent de sa longue histoire. Mais celle-ci remonte en fait bien plus loin : les intrigantes runes gravées découvertes à proximité, à Møgedal, sont l'une des plus anciennes formes d'écriture retrouvées dans le sud de la Norvège.

À voir

Après l'anéantissement des deux tiers de la ville par un incendie en 1843, Egersund fut reconstruite avec des rues plus larges pour empêcher la propagation de feux éventuels. La plupart des bâtiments de la vieille ville datent de cette époque. **Strandgaten**, une rue bordée de maisons en bois édifiées après 1843, mérite le détour.

Skrivergården (Strandgaten 58) fut précisément bâtie en 1846 pour le magistrat local Christian Feyer. Le petit parc municipal qui lui fait face était autrefois son jardin privé. L'élégante demeure sise **Strandgaten 43** possède un miroir qui permettait à ses occupants d'observer la rue de l'intérieur. La maison appelée **Bilstadhuset** (Nygaten 14) a conservé sa façade de bois d'origine et abrite à l'étage un atelier de fabricant de voiles.

Aucun de ces édifices n'est ouvert au public. Néanmoins, l'office du tourisme distribue une brochure explicative en anglais avec plan, *Strolling in Egersund*.

VAUT LE DÉTOUR

LA ROUTE CÔTIÈRE ENTRE FLEKKEFJORD ET EGERSUND

Si vous disposez d'un véhicule, oubliez l'E39 et suivez la côte par la Rv 44 entre Flekkefjord et Egersund : c'est l'une des plus belles routes du sud de la Norvège. Vous parcourrez des collines désertes parsemées de rochers, quelques sections boisées, des landes et des lacs, avant de descendre vers le **Jøssingfjord** (à 32 km à l'ouest de Flekkefjord), ses spectaculaires falaises rocheuses et sa charmante cascade. Ouvertes toute l'année, deux maisons du XVIIe siècle se nichent à l'abri d'un impressionnant surplomb rocheux à **Helleren**, bravant le risque d'éboulement mais protégées aussi des rigueurs du climat par ce double toit naturel.

♥ Musée de la Faïencerie d'Egersund MUSÉE

(Egersund Fayancemuseum ; ☎51 49 26 40 ; www.egersundfayancemuseum.no ; tarif plein/réduit 50/25 NOK ; ⏲11h-15h mer-ven, 11h-17h sam-dim). Accessible à pied, à 1,5 km au nord-est du centre-ville, ce musée bien conçu (dissimulé dans un centre commercial peu engageant) accueille les créations d'Egersund Fayance, l'entreprise de céramique et de porcelaine qui fit vivre le quartier de 1847 à 1979. La collection s'articule de façon chronologique et présente une passionnante synthèse des tendances aux XIXe et XXe siècles, des pièces monumentales anciennes aux poteries en grès fonctionnelles, aujourd'hui très prisées des collectionneurs. Le musée vend des impressions décoratives de motifs originaux et quelques reproductions.

Église d'Egersund ÉDIFICE RELIGIEUX

(Torget ; ⏲11h-16h lun-sam, 12h30-15h dim mi-juin à mi-août). Cet édifice religieux date des années 1620, mais sa fondation remonte au moins à 1292. Son plan en forme de croix, ses balcons et ses bancs somptueusement décorés valent le coup d'œil. L'autel réalisé en 1607 porte une représentation du baptême et de la crucifixion du Christ sculptée par un artisan de Stavenger, Thomas Christophersen, et peint par l'artiste Peter Reismer. Les fonts baptismaux remontent à 1583. À l'entrée, une notice en anglais retrace l'histoire de l'église.

VAUT LE DÉTOUR

SOGNDALSTRAND

Les pittoresques maisons et entrepôts de bois qui semblent jaillir de la rivière font de Sogndalstrand un incontournable. Datant des XVIIe et XVIIIe siècles, ils figurent sur les brochures touristiques de toute la région, et méritent vraiment une visite. L'endroit est beau, paisible, à quelque 30 km au sud-est d'Egersund et à 2,5 km au sud de la principale ville de la région, Hauge i Dalane.

Si le petit village de Sogndalstrand vous séduit, vous pouvez descendre à l'historique **Sogndalstrand Kultur Hotell** (☎51 47 72 55 ; www.sogndalstrand-kulturhotell.no ; Strandgaten 22 ; s/d 1 250/1 590 NOK).

Où se loger et se restaurer

Steinsnes Camping CAMPING $

(☎974 00 966 ; www.steinsnescamping.no ; Tengs ; empl tente 180 NOK, bung 325-1 500 NOK ; P ᯤ). Installé en bord de rivière à 3 km au nord de la ville, c'est le terrain le plus pratique ; les bus en direction de Hellvik y marquent un arrêt. Vente de permis de pêche.

Boe Apartments APPARTEMENTS $$

(☎951 60 291 ; www.boeapartments.no ; Strandgaten 72 ; app 1 200 NOK ; P ᯤ). Ce bâtiment traditionnel, dont il reste quelques traits d'origine, comprend trois appartements modernes, élégamment meublés et très bien équipés, avec une excellente literie, du linge traditionnel norvégien et tout l'équipement de cuisine nécessaire, machine Nespresso comprise.

♥ **Grand Hotell** HÔTEL HISTORIQUE $$$

(☎51 49 60 60 ; www.grand-egersund.no ; Johan Feyersgate 3 ; d à partir de 1 195 NOK ; P ᯤ). Les chambres modernisées du Grand Hotell (XIXe siècle) sont élégantes. Les chambres d'angle ont une vue intéressante sur la rue mais ce sont les nouvelles – pour certaines des lofts – de l'aile Klavita qu'il vaut mieux viser, avec leur style scandinave contemporain (beaucoup de chêne et de gris pâle) adouci de papier peint aux motifs délicats et de tissus agréables.

Kniv & Gaffel BURGERS $$

(www.knivgaffel.no/kghouseofburger ; Jernbaneveien 2 ; burgers 189 NOK ; ⏲11h-22h dim-jeu, 11h-23h ven-sam). Bœuf Angus et pain brioché font sortir ces burgers du lot. On y trouve aussi ailerons de poulet, oignons frits et falafels.

Où prendre un verre et faire la fête

Mungåt BAR À BIÈRES

(☎989 01 980 ; www.egersundservering.no/mungat ; Torget 6 ; ⏲19h-2h30 ven-sam). Cette élégante cave à bières, ouverte le week-end seulement, présente surtout des microbrasseries norvégiennes, même si l'on y trouve aussi des bières spéciales des grandes brasseries nationales. Il y en a pas moins de 14 à la pression, et plus de 100 en bouteille. Renseignez-vous sur les événements et les concerts.

Achats

Auduns Antikk ANTIQUITÉS

(☎481 39 864 ; Oluf Løwoldsgate 1 ; ⏲10h-18h lun-sam). Une grande malle aux trésors pleine de céramiques norvégiennes d'époque, dans une boutique blanche en bois. La marque locale, Egersund, est bien sûr représentée, ainsi que des objets à la fois rares et plus abordables des fabricants de la côte ouest, de Figgjo et Stavanger, de Porsgrunn, au sud, et des objets finnois ou suédois également.

Renseignements

Office du tourisme (☎474 88 049 ; visitegersund.no ; Jernbaneveien 2 ; ⏲10h-18h lun-ven, 10h-16h sam-dim juin-août). Ouvert uniquement en été, l'office du tourisme vous renseignera sur la région.

Le reste de l'année, le **Kulturkontonet** (Strandgaten 58 ; ⏲8h-15h lun-ven) vous fournira des renseignements basiques. Le bâtiment vaut à lui seul un coup d'œil, même si vous n'avez pas besoin d'aide.

Depuis/vers Egersund

Il existe 4 liaisons ferroviaires quotidiennes depuis/vers Kristiansand (269 NOK, 2 heures) et 8 depuis/vers Stavanger (110 NOK, 1 heure). Les bus de **Kolumbus** (www.kolumbus.no) relient Egersund et Flekkefjord à Stavanger trois ou quatre fois par jour.

ARRIÈRE-PAYS

L'arrière-pays de la côte sud recèle des sites splendides, tels la paisible vallée du Setesdal et le mont Gausta, près de Rjukan. Également superbe, la région du Telemark, constellée de lacs, est reliée par un canal au beau lac Seljord, domaine du légendaire serpent Selma.

Kongsberg

25 090 HABITANTS

Entourée de forêts denses et sombres, traversée par une rivière pleine de rapides, Kongsberg est l'une des villes les plus agréables de l'intérieur méridional. Outre son joli cadre, on y trouve les anciennes mines d'argent royales, intéressantes, plusieurs musées simples, un beau vieux quartier aux maisons de bois, et l'un des meilleurs festivals de jazz de Norvège.

Histoire

L'histoire de Kongsberg commence et se termine avec l'argent, découvert par deux enfants et un bœuf en 1623 dans la proche vallée de Numedal. Le père des enfants tenta de monnayer le trésor, mais les soldats du roi eurent vent de l'affaire et arrêtèrent la famille pour la forcer à révéler son secret. Kongsberg fut fondée un an plus tard, et la ruée vers l'argent qui s'ensuivit en fit rapidement la deuxième ville du pays, avec 8 000 habitants, dont 4 000 mineurs. Entre 1623 et 1957, 1 350 tonnes d'argent d'une pureté supérieure furent extraites et emplirent les coffres royaux. Kongsberg abrite toujours l'hôtel de la Monnaie royale, mais la dernière mine a fermé en 1957.

À voir

Mines d'argent royales — VISITE DE PUITS

(Kongens gruve ; carte p. 89 ; ☎919 13 200 ; www.norsk-bergverksmuseum.no ; Malmveien 11 ; tarif plein/réduit 230/120 NOK ; horaires et fréquences des visites sur le site Web). Les innombrables mines d'argent de la région de Kongsberg forment ce que l'on appelle le **Sølvgruvene**. L'ensemble ne se découvre que dans le cadre d'une visite guidée. Le point de départ est fixé au n°11 Malmveien. De là, un parcours en train vous emmène sur 2,3 km (30 min aller-retour) à l'intérieur de la montagne. Vous suivez ainsi le *stoll*, tunnel minutieusement creusé dans la montagne, jusqu'au niveau des eaux de drainage des mines, à 342 m sous terre. Le puits principal de la plus grande mine s'enfonce sur 1 070 m dans la montagne jusqu'à une profondeur de 550 m.

La découverte de la mine elle-même se fait à pied et dure 60 minutes environ. Vous marcherez sur 800 m environ et monterez l'équivalent de 5 étages (16 m).

La visite est déconseillée aux personnes de santé fragile ou qui souffrent d'une mauvaise vue car il faut marcher un certain temps sous terre et il faut surtout pouvoir évacuer en cas d'urgence. Les enfants doivent être âgés d'au moins 5 ans.

Habillez-vous chaudement car la température descend à 6°C. Dernier détail : le train est très bruyant. Les bouchons d'oreille sont fournis, mais vous pouvez apporter les vôtres !

Musée norvégien de la Mine — MUSÉE

(Norsk Bergverksmuseum ; carte p. 118 ; norsk-bergverksmuseum.no ; Hyttegata 3 ; tarif plein/réduit 120/65 NOK ; 12h-16h mar-dim). Installé dans une fonderie de 1844 (les anciens fours existent encore au sous-sol), ce musée retrace l'histoire de Kongsberg à l'aide de vestiges industriels, de maquettes et d'échantillons de minerai. Le bâtiment abrite aussi la **Monnaie royale**, transférée ici dès 1686 depuis la forteresse d'Akershus à Oslo, ainsi qu'un **musée du Ski** (les championnats de saut à skis de Kongsberg figurent en effet parmi les plus anciens du monde) et un **musée de l'Armement et de l'Industrie**. Un seul billet d'entrée donne accès à l'ensemble des musées.

Activités

Knutefjell — RANDONNÉE, SKI

(carte p. 89). Verdoyant et boisé, le Knutefjell, à l'ouest de la ville, est le meilleur endroit pour la randonnée ou le ski de fond. L'office du tourisme de Kongsberg vend la carte *Kultur-og Turkart Knutefjell* (120 NOK), qui détaille les différentes pistes d'été et d'hiver.

Mine Safari — AVENTUREI

(Kongens gruve ; carte p. 89 ; ☎919 13 200 ; norskbergverksmuseum.no/silvermines ; Malmveien 11 ; tarif plein/réduit 450/200 NOK ; horaires et fréquences des visites sur le site Web). Partez en expédition à 3 636 m sous la montagne.Le circuit démarre à Saggrenda d'où le train vous emmènera aux mines royales. Vous

Kongsberg

Kongsberg

À voir

1 Musée norvégien de la Mine B3

Où se loger

2 Gyldenløve Hotell B1

Où se restaurer

3 Restaurant Opsahlgården & Christians Kjeller.......................... A4

Où prendre un verre et faire la fête

4 Jonas B. Gundersen Jazzkjøkken..................................... B1

marcherez ensuite sur 1,2 km et découvrirez une partie de la mine qui n'a pas été aménagée pour les touristes. Attention : vous devrez porter des vêtements et des chaussures imperméables et vous munir d'une lampe torche. Ce circuit n'est disponible qu'en norvégien.

Fêtes et festivals

Festival de jazz de Kongsberg MUSIQUE
(www.kongsberg-jazzfestival.no ; juil). Le deuxième plus grand festival de jazz du pays se déroule sur quatre jours, début juillet, dans diverses salles de la ville. Il attire beaucoup d'artistes d'avant-garde, norvégiens ou internationaux, et inclut souvent un concert pop (le groupe norvégien a-ha en 2018, par exemple). Une partie des bénéfices est reversée à des organisations humanitaires.

Où se loger et se restaurer

Max Kro & Camping CAMPING $
(carte p. 89 ; 900 95 025 ; www.maxcamping.net ; Jondalen ; empl tente 245 NOK, bung 4/6 lits 489/720 NOK). C'est le camping le plus proche de Kongsberg, discret, boisé, à 14 km au nord-ouest sur la Rv 37, avec 10 bungalows et de nombreux emplacements pour tentes.

Prenez le bus Kongsberg-Rjukan pour vous y rendre.

Gyldenløve Hotell HÔTEL $$$
(carte ci-contre ; ☎32 86 58 00 ; www.gyldenlove.no ; Hermann Fossgata 1 ; s/d 1 595/1 885 NOK ; P@). Ce sont les photos géantes en noir et blanc de la ville et de ses environs qui attirent d'abord l'œil en entrant dans les chambres de cet hôtel confortable et bien tenu. De nombreux autres détails font de cette enseigne un hébergement charmant, même si les tarifs sont excessifs.

Restaurant Opsahlgården & Christians Kjeller NORVÉGIEN $$$
(carte ci-contre ; www.opsahlgarden.no ; ☎32 76 45 00 ; Kirkegata 10 ; plats 298-348 NOK ; restaurant 16h-23h lun-jeu, 16h-minuit ven, 17h-minuit sam). Ce restaurant haut de gamme, dans l'une des plus vieilles maisons de la ville, surprend avec ses plats impeccables (agneau fumé au genièvre et à la crème de carottes, par exemple), et tout est fait sur place, même les sorbets et les glaces. Il s'accompagne d'un pub-café agréable, où l'on sert des repas moins formels, et d'une microbrasserie petite mais très bien achalandée.

Où prendre un verre et faire la fête

Jonas B. Gundersen Jazzkjøkken BAR
(carte ci-contre ; ☎32 72 88 00 ; Nymoens Torg 10 ; 15h30-22h mar-dim). Appartenant à une chaîne de "cafés jazz" du sud de la Norvège, voici une adresse fort conviviale pour prendre un verre ou assister à un concert le week-end. On y sert pizzas (les meilleures de la ville, d'après les habitants), bruschettas et club-sandwichs (162-214 NOK).

Renseignements

Office du tourisme (carte ci-contre ; ☎32 29 90 50 ; www.kongsberg.no ; Kirketorget 4 ; 9h-18h lun-ven, 10h-14h sam fin juin à mi-août, 9h-16h lun-ven reste de l'année). Documentation utile et personnel serviable.

Depuis/vers Kongsberg

Des trains assurent toutes les 30 minutes la liaison entre Kongsberg et Oslo (230 NOK, 1 heure 15).

Plusieurs compagnies de bus desservent Oslo (à partir de 140 NOK, 1 heure 30) et Notodden (140 NOK, 40 minutes) au minimum une fois par heure.

Si vous êtes en voiture et stationnez sur le parking du supermarché, veillez à prendre un ticket (gratuit) sous peine de prendre une contravention.

Canal du Telemark

Le canal du Telemark court sur 105 km entre Skien et Dalen, avec un embranchement mineur de Lunde à Notodden. Ce "canal" n'est autre qu'une série de lacs et de voies d'eau, avec 18 écluses qui compensent un dénivelé de 72 m. Sa construction pour le transport et le commerce du bois a requis une importante main-d'œuvre (jusqu'à 400 ouvriers) entre 1887 et 1892. Aujourd'hui, une croisière paisible le long des canaux fait partie des incontournables d'un séjour en Norvège méridionale.

Notodden

12 360 HABITANTS

À moins de venir pour le Festival de blues, qui attire les foules début août, traversez cette ville industrielle et continuez jusqu'à la splendide église en bois debout de Heddal, à quelque 5 km au nord-ouest de Notodden sur l'E134.

À voir

Église en bois debout de Heddal ÉDIFICE RELIGIEUX
(Heddal stavkirke ; ☎922 04 435 ; www.heddalstavkirke.no ; Heddal ; adulte/enfant 90 NOK/30, jardin en accès libre ; 9h-18h lun-sam mi-juin à mi-août, 10h-17h mai à mi-juin et mi-août à sept). Cet édifice fabuleux est la plus grande et l'une des plus belles des 28 églises en bois debout subsistant en Norvège. La structure s'appuie sur des poteaux en pin, 12 grands et 6 plus petits, tous coiffés de têtes de personnages effrayants, et compte 4 portes sculptées. Remarquez les délicats motifs floraux (*rosemaling*) de 1668, les runes de la galerie extérieure et la "chaire de l'évêque", sculptée dans un ancien pilier du XVIIe siècle.

Ces sculptures décrivent la légende païenne de Sigurd, le tueur de dragons, transformée en parabole chrétienne opposant Jésus et le démon. L'église, soigneusement restaurée dans les années 1950, date de 1242, mais des parties du chœur remontent à 1147. L'autel, réalisé en 1667, a été restauré en 1908. Le clocher a été ajouté en 1850.

Depuis Notodden, il suffit de prendre le bus n°301, qui s'arrête devant l'église, ou n'importe quel bus à destination de Seljord ou de Bondal. Sinon, on l'atteint à pied de la ville en une demi-heure par une route fréquentée le long d'usines délabrées. Sachez que lors des mariages, l'église est fermée aux visiteurs.

Fêtes et festivals

Festival de blues de Notodden MUSIQUE

(Nottoden Blues Festival ; www.bluesfest.no ; ⌚août). Un festival bien établi, avec des grosses têtes d'affiche telles que Robert Plant, ZZ Top, Little Stevie ou Joss Stone.

Où se loger

Notodden Camping CAMPING $

(☎35 01 33 10 ; www.notoddencamping.com ; Reshjemveien ; empl tente 150 NOK, bung 4/6 lits 450/650 NOK). Situé à 3 km à l'ouest de la ville le long de l'E134, puis à 200 m au sud sur Reshjemveien, cet honnête terrain de bord de rivière affiche souvent complet pendant le festival. On y accède par le bus qui part du centre de Nottoden en direction de Seljord.

Renseignements

Office du tourisme (☎35 01 56 00 ; www.visittelemark.com/notodden ; Bok & Blueshus, Storgata 1 ; ⌚17h-21h lun, 10h-21h mar-ven, 15h-21h sam-dim)

Depuis/vers Notodden

Vybuss (p. 448) relie Kongsberg à Notodden (140 NOK, 40 min) une ou deux fois par heure.

Skien

53 955 HABITANTS

Industrielle, Skien attire surtout les visiteurs en tant que point de départ du canal du Telemark. Cependant, si vous admirez le grand dramaturge Henrik Ibsen ou que vous aimez les céramiques norvégiennes, la ville vous intéressera.

À voir

Musée Henrik Ibsen MUSÉE

(Henrik Ibsen Museum ; carte p. 89 ; ☎35 54 45 00 ; www.telemarkmuseum.no ; Venstøphøgda 74 ; tarif plein/réduit 100/40 NOK ; ⌚11h-17h juin-août). Poète, dramaturge et "père du théâtre moderne", Henrik Ibsen est né à Skien le 20 mars 1828. En 1835, sa famille connut des revers de fortune et s'établit pour sept ans dans la ferme de Venstøp, à 5 km au nord de Skien. Cette ferme de 1815 est aujourd'hui devenue le merveilleux musée Henrik Ibsen, où vous profiterez de superbes présentations audiovisuelles dans l'ancienne grange, tandis que des guides (comédiens pour certains) vous feront faire le tour du propriétaire.

Renseignez-vous sur place ou à l'office du tourisme pour les représentations théâtrales.

VAUT LE DÉTOUR

CROISIÈRE PAISIBLE SUR LE TELEMARK

Chaque jour, de juin à mi-août, diverses embarcations (de vieux bateaux à vapeur pour la plupart) descendent tranquillement le canal du Telemark. En majorité, ce sont des croisières d'une demi-journée, mais rien n'empêche d'opter pour une découverte plus approfondie. Un itinéraire particulièrement intéressant consiste à embarquer à Akkerhaugen, à 24 km au sud de Notodden (adulte/enfant 590/295 NOK, 3 heures 45, tlj à 10h) pour rejoindre Lunde, d'où un bus vous ramènera vers votre point de départ à Akkerhaugen. Le trajet peut également s'effectuer dans le sens inverse : au départ du Norsjø Hotell d'Akkerhaugen (parking gratuit), prenez le bus pour Lunde (qui s'arrête à l'hôtel) d'où vous embarquerez pour naviguer sereinement jusqu'à Akkerhaugen.

La croisière entre Skien et Dalen dure 10 heures (adulte/enfant 995/497 NOK, fin juin à mi-août). Le bateau quitte Skien vers 8h pour rallier Dalen un peu après 18h. De là, un "canal-bus" ramène les passagers au point de départ. Il est aussi possible, entre autres combinaisons, d'embarquer ou de débarquer à Lunde, à mi-chemin.

Pour des informations sur les bateaux, connaître les heures de départ, et réserver, contactez **Visit Telemark** (☎35 90 00 30 ; www.visittelemark.com) ou **Telemarkskanalen** (www.booktelemark.no/en) pour découvrir toutes les formules.

Canoë, kayak ou vélo constituent d'excellents moyens de découvrir le canal, et ils sont acceptés à bord des ferries (canoë/vélo 290/180 NOK).

Ancienne usine de porcelaine de Porsgrund USINE
(Porsgrund Porselænsfabrikk ; carte p. 89 ; ✆35 54 45 00 ; www.porsgrund.com ; Porselensv 12, Porsgrunn ; ⏲11h-17h tlj mi-juin à mi-août, 11h-16h mer-sam le reste de l'année). À Porsgrun, au sud de Skien, se trouve l'une des plus célèbres et anciennes usines de porcelaine de Norvège. Vous pouvez réserver une visite guidée pour observer les artisans en train de peindre les fameux motifs “paille” à l'aide des meilleurs pinceaux, ou simplement visiter la boutique de l'usine.

Où se loger

Kilden Gård B&B $
(carte p. 89 ; ✆414 77 338 ; Aashammeren 55 ; d avec sdb commune 700 NOK ; P wifi). Une maison de famille en bord de la rivière, à 8 km au nord de Skien, abrite ce B&B traditionnel fort chaleureux. Les chambres sont joliment décorées. Idéal en hiver pour le ski.

Thon Hotel Høyers HÔTEL D'AFFAIRES $$
(carte p. 89 ; ✆35 90 58 00 ; www.thonhotels.no ; Kongensgate 6 ; s 1 190 NOK ; P wifi). Juste à côté du port, cet hôtel familial, dans un grandiose bâtiment rose, offre des chambres spacieuses, modernes, claires, et des parties communes traditionnelles majestueuses. La plupart des hôtels norvégiens offrent le café filtre, mais ici, il y a une machine à expressos dans le hall.

Renseignements

Office du tourisme (carte p. 89 ; ✆35 90 55 20 ; www.visitgrenland.no ; Henrik Ibsengate 2, 1er ét, Kaffehuset ; ⏲9h-15h lun-ven). Informations sur les sentiers de randonnée et les pistes cyclables. Dans le centre de services de Skien.

Depuis/vers Skien

Vybuss (p. 448) rallie une à deux fois par jour Skien à Rjukan (59 NOK, 3 heures). Les liaisons ferroviaires Vy (p. 444) desservent à intervalles d'une ou deux heures Larvik (123 NOK, 45 min) et Oslo (369 NOK, 2 heures 40).

Dalen

800 HABITANTS

Nichée au creux de collines boisées escarpées, cette charmante bourgade borde un lac peuplé de castors. C'est le point de départ des ferries qui circulent sur le canal du Telemark. On peut s'y détendre au calme quelques jours.

VAUT LE DÉTOUR

AKKERHAUGEN

Le charmant village d'Akkerhaugen borde la rive nord du radieux lac Norsjø, qui fait partie du réseau navigable du Telemark. C'est un bon point de départ ou d'arrivée pour une croisière d'une demi-journée sur le canal.

On peut manger au **camping** (✆35 95 84 30 ; www.norsjo-ferieland.no ; empl tente/caravane 270/340 NOK, bung 1 200-1 900 NOK ; P wifi) d'Akkerhaugen ; sinon, rendez-vous à Notodden ou à Skien.

À voir

Église en bois debout d'Eidsborg ÉGLISE
(visite guidée adulte/enfant 100/50 NOK ; ⏲10h-18h juin-août, horaires réduits reste de l'année). En hauteur par rapport à la bourgade, vous observerez sur la Rv 45 en direction de Høydalsmo un édifice pittoresque du XIIIe siècle à une seule nef et en particulièrement bon état, l'église en bois debout d'Eidsborg, dédiée à saint Nicolas. Le jardin est ouvert toute l'année, et une personne est souvent présente pour ouvrir l'église si elle est fermée.

Où se loger et se restaurer

Buøy Camping CAMPING $
(✆450 21 326 ; www.buoycamping.com ; empl tente 250 NOK, bung 650-1 600 NOK ; ⏲mai-sept ; P @ wifi). Entouré d'eau de toutes parts, ce site charmant et soigné réunit toutes sortes d'activités pour les enfants. Les emplacements pour tentes sont ombragés, les bungalows en bois aussi jolis dedans que dehors et l'offre se complète d'un B&B (1/2 pers 450/500 NOK, location de draps/serviettes 75/25 NOK/pers).

Dalen Bed & Breakfast B&B $$
(✆35 07 70 80 ; www.dalenbb.com ; Aasmund Nordgardsveg 6 ; d 1 590-1 890 NOK ; P wifi). Cette entreprise familiale est un bon choix : le petit-déjeuner est excellent, et le personnel distribue des cartes gratuites indiquant les meilleurs endroits où observer des élans et des castors.

Dalen Hotel HÔTEL HISTORIQUE $$$
(✆35 07 90 00 ; www.dalenhotel.no ; Hotellvegen 33 ; d à partir de 2 690 NOK ; P wifi). Ouvert en 1894, cet édifice aux fantastiques toits de bois a de faux airs d'église en bois debout. Pillé par les nazis durant la Seconde Guerre

mondiale, il n'en demeure pas moins authentique. Une ambiance de Far West règne à l'intérieur, notamment dans les parties communes riches en antiquités et têtes d'élans naturalisées. La chambre n°17 serait hantée...

Lastein Bryggje Kafè INTERNATIONAL $
(☎35 07 90 00 ; Storvegen 4 ; plats 169-279 NOK ; ⏲13h-22h dim, mer-jeu, 13h-2h ven-sam). Cette belle cabane au bord de la rivière est l'un des endroits les plus pittoresques de la ville, avec une immense terrasse garnie de sièges en rotin avec plaids. À la carte, les classiques attendus : burgers, *fish and chips*, crevettes, ainsi que salade César. Le lieu devient le pub de la ville et ferme tard les soirs de week-end.

Renseignements

Office du tourisme (☎35 07 56 56 ; www.visitdalen.com ; Hotellvegen 16 ; ⏲10h-18h lun-ven, 10h-16h sam-dim mi-juin à mi-août, 10h-15h30 lun-ven le reste de l'année ; 📶). Au centre du bourg. Café offert.

Depuis/vers Dalen

Pour rejoindre Oslo en bus (288 NOK, 7 heures 50), il faut prendre une correspondance dans la ville voisine d'Amot sur l'E134.

Rjukan

3 385 HABITANTS

S'étirant sur 6 km au fond de la vallée encaissée du Vestfjorddalen, à l'ombre du superbe mont Gausta (1 883 m), Rjukan est une belle introduction à la région des hauts plateaux tout en étant le centre par excellence des activités de plein air dans le Sud.

S'il émane un charme certain des constructions de bois pastel du centre-ville, le reste de Rjukan offre un contraste saisissant avec son majestueux cadre naturel.

Si vous vous y trouvez entre fin septembre et mars, vous remarquerez que l'obscurité de l'hiver est remplacée par une "énergie solaire concentrée", soit trois miroirs géants télécommandés, qui suivent et reflètent la lumière du soleil requise depuis les montagnes environnantes, illuminant le fond de la vallée.

À voir

♥ **Gaustabanen** FUNICULAIRE
(www.gaustabanen.no ; ☎45 50 22 00 ; aller simple/aller-retour adulte 300/390 NOK, enfant 210/275 NOK ; ⏲9h-18h). Le Gaustabanen parcourt 860 m au cœur du mont Gausta avant qu'un funiculaire prenne le relais pour grimper sur 1 040 m une incroyable pente de 40 degrés et atteindre l'altitude de 1 800 m, juste au-dessous du refuge Gaustahytta, non loin du sommet. Il fut construit par l'Otan en 1958 pour pouvoir accéder à sa tour de radio par tout temps. À moins de souffrir de claustrophobie, ne manquez pas cette expérience. La gare de départ se situe à 10 km au sud-est de Rjukan.

♥ **Musée norvégien de la Condition ouvrière** MUSÉE
(Norsk Industriarbeider Museum Vemork ; ☎35 09 90 00 ; www.visitvemork.com ; Vemork ; tarif plein/réduit 100/60 NOK ; ⏲12h-19h mi-juin à mi-août, 12h-16h le reste de l'année). Cet intéressant musée a pris place dans la station hydroélectrique de Vemork mise en service en 1911. Située 7 km à l'ouest de Rjukan, elle fut à son inauguration la plus vaste au monde. Une exposition intéressante présente l'histoire des héros du Telemark, ces saboteurs norvégiens et britanniques qui luttèrent pour empêcher les forces d'occupation allemandes de produire une bombe atomique en détruisant la majeure partie des installations. La salle principale abrite une superbe maquette de la station.

Krossobanen TÉLÉPHÉRIQUE
(☎99 51 31 71 ; www.krossobanen.no ; aller simple/aller-retour adulte 105/155 NOK, enfant 50/70 NOK ; ⏲9h-20h mi-juin à oct, 10h-16h lun-jeu, 10h-20h ven, 10h-18h sam-dim le reste de l'année). Le téléphérique du Krossobanen fut construit en 1928 par Norsk Hydro pour permettre à ses employés de voir le soleil. Il mène désormais les touristes jusqu'au Gvepseborg (886 m) pour une vue sur les profondeurs obscures. La plateforme d'observation au-dessus de l'arrivée du téléphérique offre le plus beau panorama. C'est aussi le point de départ d'une foule de randonnées, à pied comme à VTT.

Rjukanfossen CASCADE
Considérée au XVIIIe siècle comme la plus haute cascade au monde, elle a depuis été détrônée par le Salto Ángel, au Venezuela. Haute de 104 m, la cascade de Rjukan continue à offrir un spectacle extraordinaire, en dépit du fait que son eau alimente la station hydroélectrique de Vemork. Empruntez la Rv 37 vers l'ouest, garez-vous juste avant le tunnel à 9,5 km de la ville et parcourez 200 m à pied pour atteindre le point de vue.

À NE PAS MANQUER

CIRCUITS À PIED OU À VÉLO AU DÉPART DE RJUKAN

Rjukan constitue une bonne base pour rayonner alentour, que ce soit à pied ou à VTT. La brochure *Rjukan og Tinn* distribuée à l'**office du tourisme** (p. 125) propose un large choix de parcours.

Le mont Gausta

Les randonneurs n'hésiteront pas une seconde pour entreprendre l'ascension jusqu'au sommet du superbe mont Gausta (1 883 m), d'où l'on découvre par temps clair un sixième de la Norvège. Un chemin de randonnée apprécié (4 km, 2-3 heures) part de Stavsro (à 15 km au sud-est de Rjukan) et grimpe jusqu'au **refuge Gaustahytta** (1 830 m), géré par le DNT (Den Norske Turistforening), près de l'inesthétique relais-radio de l'Otan. De là, une marche d'une demi-heure le long de la crête rocheuse conduit au sommet. Une route de 13 km, qui n'est pas desservie par les transports en commun, relie l'est de Rjukan et Stavsro (1 173 m d'altitude), près du lac Heddersvann. Les **taxis** (☎35 09 14 00) facturent environ 450 NOK la course aller. Prévoyez une journée entière pour la randonnée afin de disposer de suffisamment de temps au sommet. L'office du tourisme distribue une carte gratuite de la Fv 651, mais la *Turkart Gausta Området* est plus utile (50 NOK).

Des itinéraires plus difficiles, de 3 à 4 heures, mènent également au sommet en partant de Rjukan ou bien du musée de la Condition ouvrière.

Si vous ne pouvez pas faire la randonnée, le **Gaustabanen** (voir ci-contre), funiculaire du mont Gausta, vous emmène presque jusqu'au Gaustahytta.

La Hardangervidda

Plus sauvage mais moins spectaculaire, le plateau de la Hardangervidda, plus vaste haut plateau d'Europe, s'élève au nord de Rjukan. Habitat de la plus importante **harde de rennes** en Europe, c'est une terre de randonnée par excellence, tant sont nombreuses et diverses les opportunités qui s'offrent aux marcheurs, de la promenade facile de 2 à 3 heures au circuit de plusieurs jours, en passant par les randonnées d'une journée.

En partant du Gvepseborg, point d'arrivée du **téléphérique de Krossobanen** (voir ci-contre), l'itinéraire le plus impressionnant mène en 5 heures aller-retour (sans compter les pauses) au **refuge Helberghytta** du DNT. Bien indiqué mais parfois bourbeux, ce sentier convient tout à fait aux marcheurs moyennement entraînés. Au départ de la plateforme du téléphérique, le sentier zigzague à travers une forêt de petits arbres aux branchages tortueux avant d'aboutir sur un plateau légèrement vallonné. Le paysage, qui mêle lacs de montagne, collines enneigées et lande aride, avec vue sur le mont Gausta, est à couper le souffle.

Pour les marcheurs les plus entraînés, un circuit de 8 à 9 heures (également praticable par les vététistes) mène du téléphérique au refuge Helberghytta (même itinéraire), avant de poursuivre jusqu'au refuge **Kalhovd Turisthytte**, d'où vous pourrez prendre un bus ou descendre (9 heures à pied) jusqu'au refuge **Mogen Turisthytte**. De là, le ferry du lac Møsvatn (255 NOK, horaires à l'office de tourisme de Rjukan, p. 125) permet d'atteindre Skinnarbu, à l'ouest de Rjukan sur la Rv 37. Les randonneurs les plus aguerris peuvent continuer au nord de Kalhovd et s'enfoncer sur le plateau de la Hardangervidda.

Autre itinéraire, le chemin balisé qui débute au-dessus du Rjukan Fjellstue, à 10 km à l'ouest de Rjukan et juste au nord de la Rv 37, suit la **Sabotørruta** (route des Saboteurs), le sentier emprunté par les résistants norvégiens durant la Seconde Guerre mondiale pour empêcher la production d'une bombe atomique. De fin juin à mi-août, l'office du tourisme organise des randonnées guidées de 3 heures sur cet itinéraire (230 NOK, départ à 12h mar, jeu et dim).

La meilleure carte disponible pour cette section du plateau est celle du Telemark Turistforening : *Hardangervidda Sør-Øst* (105 NOK) à l'échelle 1/60 000. Vous la trouverez à l'office du tourisme.

VAUT LE DÉTOUR

À LA DÉCOUVERTE DES ÉLANS

Sorties d'observation des élans
(☎35 06 26 30 ; www.visitrauland.com ; adulte/enfant 400/200 NOK ; ⏲réservation avant 16h pour un départ à 21h, du 24 juillet au 16 août). Organisées par l'office du tourisme du village de **Rauland** (au sud-ouest de Rjukan sur la Rv 37), ces sorties (1 heure 30-2 heures) vous permettront d'approcher au plus près le plus grand cervidé d'Europe. Vous pouvez également télécharger un plan et vous y rendre avec votre propre voiture.

Activités

L'office du tourisme peut vous mettre en contact avec des tour-opérateurs locaux proposant des activités d'hiver (traîneaux à chiens ou à cheval).

Saut à l'élastique SPORTS EXTRÊMES
(☎40 00 40 25 ; www.telemark-opplevelser.no ; saut 980 NOK ; ⏲mi-mai à sept, horaires variables). Le plus haut saut à l'élastique du pays plonge sur 84 m dans un canyon – à partir du pont qui mène au musée de la Condition ouvrière. Montée d'adrénaline garantie ! Réservez à l'office du tourisme.

Domaine skiable de Gaustablikk SKI
(☎35 09 14 22 ; www.gaustablikk.no ; Kvitåvatnvegen 372 ; forfait 1 journée adulte/enfant 395/310 NOK). Ce domaine skiable paisible est dominé par le Gaustatoppen, le plus haut sommet du sud du pays. Il offre de très bonnes pistes.

Circuits organisés

Cascade de glace ESCALADE GLACIAIRE
(Kvitåvatnvegen 372). Si l'idée vous tente de vous hisser en haut d'une stalactite géante qui donne l'impression qu'elle va se craqueler à tout moment, alors vous êtes au bon endroit à Rjukan. Sa réputation en matière d'escalade sur glace ne cesse de s'accroître. On compte plus de 150 voies à proximité immédiate de la ville.

Où se loger

Kvitåvatn Fjellstue AUBERGE DE JEUNESSE $
(☎35 09 20 40 ; www.kvitaavatn.dk ; Kvitåvatnvegen 398 ; s/d 1 240-1 600/1 720-2 140 NOK, s/d avec sdb commune 1 050-1 345/1 405-1 795 NOK). Cette auberge de jeunesse propose des hébergements simples dans un *lodge* confortable en pin, avec 6 couchettes par chambre dans des bungalows. Dix chambres "panoramiques" ont leur propre balcon avec une belle vue sur le Gaustatoppen, un lit double et deux lits superposés, un poste de travail et une salle de bains privative. Les réceptionnistes ne sont là que de 8h30 à 10h30 et de 16h à 19h.

♥ **Rjukan Hytteby & Kro** BUNGALOWS $$
(☎35 09 01 22 ; www.rjukan-hytteby.no ; Brogata 9 ; bung s-d/tr-qua 1 150/1 500 NOK, draps 150 NOK/pers ; Wi-Fi). C'est sans doute la meilleure adresse de la ville. L'amabilité du gérant et le décor dans l'esprit des habitations d'ouvriers du début du XXe siècle ne gâchent rien, outre le cadre plaisant en bordure de rivière. Il suffit de 20 minutes à pied par les berges pour gagner le centre.

Rjukan Gjestegård PENSION $$
(☎35 08 06 50 ; www.rjukangjestegard.no ; Birkelandsgata 2 ; s/d avec sdb commune 405/610 NOK, d 1 090 NOK ; P @). Installée dans l'ancienne auberge de jeunesse, cette pension centrale fait également office de centre d'information pour voyageurs. Ne vous fiez pas à son aspect austère extérieur, les chambres y sont simples et agréables, une cuisine est mise à disposition et le petit-déjeuner coûte 80 NOK. Location de vélos.

Rjukan Admini HÔTEL HISTORIQUE $$$
(☎908 94 909 ; www.rjukanadmini.com ; Sølvvoldveien 3 ; d/ste 1 690/3 490 NOK). Si vous aimez le chic un peu ostentatoire, cet hôtel historique propose de grandes chambres aux murs jaune pâle, avec des dessus-de-lits ornés de fleurs et des lits à baldaquin. Son cadre campagnard est paradisiaque, avec un jardin luxuriant et les montagnes alentour.

Gaustablikk Høyfjellshotell HÔTEL D'ALTITUDE $$$
(☎35 09 14 22 ; www.gaustablikk.no ; Kvitåvatnvegen 372 ; d 1 700 NOK ; P Wi-Fi). De par sa situation avec vue sur le lac et les montagnes, ce vaste hôtel de montagne compte parmi les plus séduisants de Norvège. Les chambres ont un air alpin moderne et paisible, avec beaucoup de bois brut, des sofas de velours et des bois de cerf un peu partout. Beaucoup ont une belle vue sur le Gausta.

Où se restaurer

Kinokafeen INTERNATIONAL $$
(☎948 57 909 ; Storstulgate 1 ; plats 139-189 NOK ; ⏲12h-22h tlj). On est ici comme au cinéma

des années 1930, dans une atmosphère Art déco. L'endroit le plus original de Rjukan pour se restaurer, voire profiter d'un fort agréable déjeuner en plein air en été.

Gaustablikk Høyfjellshotell NORVÉGIEN $$
(☎35 09 14 22 ; www.gaustablikk.no ; Kvitåvatnvegen 372 ; plats 129-179 NOK, dîner buffet 405 NOK ; ⏲12h-16h et 18h30-21h). Même si vous n'y séjournez pas, l'énorme buffet de cet hôtel (avec viandes et produits de la mer) vaut la montée dans les montagnes, et pas seulement pour la cuisine : la salle à manger est superbe, toute en cuir et bois, avec une vue magnifique. Vous pouvez aussi demander qu'on vous prépare un panier-repas (65 NOK) si vous partez en excursion.

Renseignements

Office du tourisme (☎35 08 05 50 ; www.visitrjukan.com ; Sam Eydesgate 92, Torget ; ⏲8h-15h30 lun-ven, 9h-16h sam-dim août, 8h-15h30 lun-ven sept-déc). L'office du tourisme de Rjukan, sans doute le meilleur du Telemark, dispose d'un personnel compétent et diffuse énormément d'informations sur la région.

Depuis/vers Rjukan

De 5h30 à 15h30, vous trouverez à peu près toutes les deux heures une liaison routière pour Oslo (384 NOK, 3 heures 30) avec changement à Notodden (49 NOK, 1 heure 20). Ces bus font aussi halte à Kongsberg (204 NOK, 2 heures 10).

Rjukan est très étirée, ce qui peut paraître un obstacle, mais le bus local de Bybuss va de Vemork, à 6,5 km à l'ouest de Rjukan, jusqu'à l'extrémité est de la vallée.

Comment circuler

On peut louer des vélos (200 NOK/jour) à l'hôtel Rjukan Gjestegård (ci-contre).

Seljord

2 944 HABITANTS

Le fameux serpent Selma censé vivre dans les profondeurs du Seljordvatn voisin fait la célébrité de Seljord. Plus d'une créature légendaire peuple les collines environnantes. Ainsi, les randonneurs sont censés croiser sur les sentiers les querelleuses femmes trolls Ljose-Signe, Glima et Tårån, du moins c'est ce que disent les habitants. Seljord a inspiré ainsi certains des contes les plus connus de Norvège, dont *Les Trois Frères Billy et le Gros Glok*, d'Asbjørnsen et Moe.

VAUT LE DÉTOUR

TUDDAL

Quelques maisons de bois colorées au bord d'un lac d'un bleu profond entouré de montagnes boisées aux sommets enneigés composent le tableau idyllique de ce minuscule village montagnard qu'est Tuddal. Il n'y a rien de particulier à y faire, si ce n'est savourer le calme et éventuellement se promener aux alentours. Au-dessus du village, une route de montagne spectaculaire et désolée relie Rjukan à la portion de l'E134 située entre Notodden et Seljord.

À voir

Église de Seljord ÉDIFICE RELIGIEUX
(Brøløsvegen 48 ; ⏲11h-17h mi-juin à mi-août). Cette charmante église romane fut érigée au XIIe siècle, en l'honneur de saint Olav. Aussi élancée vers le ciel qu'une église en bois debout, elle donne néanmoins une impression massive en raison de ses murs épais blanchis à la chaux. Dans l'enclos paroissial, entre l'église et le mur du cimetière, deux traces témoigneraient du courroux de deux trolls, tellement fâchés de l'invasion du christianisme qu'ils bombardèrent le site de rochers.

Fêtes et festivals

Foire agricole de Dyrsku'n AGRICULTURE
(www.dyrskun.no ; ⏲sept). Le deuxième week-end de septembre, Seljord accueille depuis 1866 la foire agricole de Dyrsku'n. C'est la plus importante foire aux bestiaux du pays qui attire chaque année quelque 60 000 visiteurs et presque autant de vaches.

Où se loger et se restaurer

Seljord Camping og Badeplass CAMPING $
(☎976 91 444 ; www.seljordcamping.no ; Manheimstrondi 61 ; empl tente 280 NOK, bung 560-1 500 NOK). Ce terrain loue des emplacements sur l'herbe au bord du lac et des bungalows basiques, classiques ou luxueux. C'est ici que l'on embarque pour scruter les profondeurs du lac Seljordvatn avec un télescope à la recherche du monstre Selma. Location de kayaks et de canoës (50 NOK/h).

♥ **Seljord Hotell** HÔTEL HISTORIQUE $$
(☎35 06 40 00 ; www.seljordhotel.no ; Brøløsvegen 18 ; d à partir de 1 500 NOK ; P @ wifi). Beau bâtiment de bois, cette ancienne pension

de jeunes filles de 1858 accueille ses hôtes modernes dans des chambres meublées d'ancien. Chacune porte un nom et raconte une histoire. Chose rare en Norvège, les tarifs ne varient pas selon la saison. Le restaurant est le meilleur de Seljord.

Seljord Hotell Restaurant NORVÉGIEN **$$$**
(☎35 06 40 00 ; www.seljordhotel.no ; Brøløsvegen 18 ; plats 210-330 NOK ; ⌚12h-14h et 17h-21h). Le restaurant de l'hôtel Seljord est le meilleur de la ville. On y sert poissons locaux et gibier.

Renseignements

Office du tourisme (☎35 05 04 00 ; www.seljordportalen.no ; Vekanvegen 1A ; ⌚10h-18h lun-ven mi-juin à mi-août, horaires réduits reste de l'année). Nombreuses informations sur la région, histoires de trolls comprises !

Depuis/vers Seljord

Nor-Way Bussekspress (p. 443) assure jusqu'à 4 liaisons routières par jour vers Notodden (162 NOK, 55 min) et Oslo (424 NOK, 2 heures 50).

Setesdal

Les pentes boisées et les vallées ponctuées de lacs du Setesdal, l'une des régions les plus traditionnelles et traditionalistes du pays, restent peu visitées, même si la région attire maintenant une nouvelle génération d'amoureux de la nature.

Evje

3 585 HABITANTS

La porte sud du Setesdal se niche au milieu des forêts et des collines. Fondée le long d'une rivière, Evje a la faveur des géologues en raison de la diversité des roches alentour. Un parc à thème attire les amateurs de pierres qui peuvent fureter à loisir sur les hauteurs. Cette bourgade est également une excellente base pour le rafting, entre autres activités de plein air.

À voir et à faire

Mineralparken PARC À THÈME
(☎37 93 13 10 ; www.mineralparken.no ; Mineralvegen 1, Hornnes ; billet combiné 329 NOK ; ⌚10h-18h juil à mi-août, horaires réduits reste de l'année). Situé à 10 km au sud d'Evje, ce parc à thème, parfaitement géré, est un monde merveilleux de minéraux de diverses formes et couleurs provenant de la région et de toute la planète. De nombreux échantillons y sont vendus. Activités ludiques pour petits et grands.

TrollActiv PLEIN AIR
(☎37 93 11 77 ; www.trollaktiv.no ; Syrtveit 4 ; ⌚9h-20h avr-oct). À 6 km au nord d'Evje, TrollAktiv est le centre de la plupart des activités de plein air. Le rafting (à partir de 450 NOK/pers) est son point fort, mais il organise également des sorties en kayak sur 2 jours (à partir de 1 950 NOK), des randonnées à VTT (420 NOK), des sorties de pêche et des excursions nocturnes pour observer les castors et les élans (adulte/enfant 350/300 NOK), ainsi que toutes sortes d'activités à sensation dont l'hydrospeed, l'escalade, le kayak, le ski nautique, le paintball et les safaris pêche.

Où se loger et se restaurer

♥ TrollActiv – Evje Vandrerhjem AUBERGE DE JEUNESSE **$**
(☎37 93 11 77 ; www.trollaktiv.no ; d à partir de 530 NOK, tente/tipi 80/100 NOK/pers, bung 470-850 NOK ; P @). Le centre de loisirs sportifs TrollAktiv abrite l'auberge de jeunesse d'Evje. Extrêmement bien tenu, c'est l'hébergement idéal pour qui désire se dépenser et profiter des activités de plein air proposées. Vous aurez le choix de passer la nuit dans votre tente ou dans un *lavvo* (tipi), à moins de préférer le confort d'une chambre double ou d'un bungalow.

Revsnes Hotell HÔTEL **$$**
(☎37 93 46 50 ; www.revsneshotell.no ; Byglandsfjord ; s/d à partir de 1 055/1 460 NOK ; P 📶). Sur les rives du Byglandsfjord, cet établissement familial situé à 12 km au nord de la ville propose un hébergement au vert d'un bon rapport qualité/prix. Vastes et modernes, ses chambres ouvrent en majorité sur les belles eaux du lac.

Pernille Cafeteria RESTAURATION RAPIDE **$**
(☎37 93 00 69 ; Nils Heglands veg 41 ; plats 115-179 NOK ; ⌚10h-18h lun-ven, 10h-16h sam, 12h-18h dim). En plein centre d'Evje, cette cafétéria en étage sert la nourriture habituelle de ce type d'établissement, à savoir les œufs-jambon et burgers du monde entier, plus quelques plats de base norvégiens. Néanmoins, la clientèle locale l'apprécie.

Renseignements

Centre d'information (☎37 93 23 46 ; www.setesdal.com ; Verksmoen 4 ; ⌚11h-18h lun-jeu, 11h-19h ven, 11h-15h30 sam mi-juin à mi-août, 10h-12h lun-ven reste de l'année). Le centre d'information occupe le même bâtiment que la bibliothèque. Renseignez-vous sur les permis de prospection de minéraux.

Depuis/vers Evje

Des bus vont jusqu'à Kristiansand (190 NOK, 1 heure) 7 à 8 fois par jour. Si vous quittez Evje en voiture en direction du nord, vous devrez passer un péage.

Hovden

405 HABITANTS

Dominant l'extrême nord du Setesdal, Hovden est une station de ski l'hiver et une paisible base de randonnée l'été.

Activités

Télésiège REMONTÉE MÉCANIQUE

(adulte/enfant 110/80 NOK ; 11h-14h juil-août, 9h30-15h30 déc-avr, horaires réduits reste de l'année). L'été comme l'hiver, profiter de la vue du sommet du mont Nos (1 176 m) n'exige pas un grand effort si l'on prend ce télésiège. De là, plusieurs sentiers de randonnée de difficulté variable allant de 2 heures à 2 jours serpentent à travers la lande du vaste plateau. Vous trouverez plus d'informations à l'office du tourisme.

Où se loger

Hovden Fjellstoge & Vandrerhjem AUBERGE DE JEUNESSE **$$**

(37 93 95 43 ; www.hovdenfjellstoge.no ; Lundane ; dort/s/d 310/690/1 180 NOK ; P). À 3,5 km au nord du centre-ville, cette joyeuse auberge occupe un bâtiment en bois de style traditionnel, au toit couvert d'herbe. De la chambre aux lits de bois digne d'un conte pour enfants au charmant bungalow, il y en a pour tous les goûts. On y trouve aussi une sorte de petit zoo d'animaux naturalisés, dont un loup et un renne.

Hovden Resort HÔTEL HISTORIQUE **$$$**

(Hovden Høyfjellshotell et Hovdestøylen ; 37 93 88 00 ; visithovden.com/hovdestoylen ; s/d à partir de 1 400/1 620 NOK, app 985 NOK ; P). Dans le haut de gamme, cet hôtel-lodge est le meilleur hébergement de Hovden. Le complexe offre des chambres de bon goût, et beaucoup d'équipements : il a sa propre piste de ski, une piscine intérieure, un sauna, une salle de jeux pour enfants débordant de jouets et le meilleur restaurant de la région.

Depuis/vers Hovden

Des bus relient Hovden à différentes destinations, dont Kristiansand (3 heures) et Oslo (3 heures 30). Il y a un trajet plus direct pour Stavanger en été (3 heures) mais en hiver, il faut passer par Tonstad (5 heures).

Le Centre

Dans ce chapitre ➜

Le top des restaurants

- Vertshuset Røros (p. 142)
- Brimi-Bue (p. 152)
- Halling-Stuene (p. 158)
- Elvesæter Hotell (p. 157)

Le top des hébergements

- Finse 1222 (p. 159)
- Erzscheidergården (p. 141)
- Elvesæter Hotell (p. 157)
- Turatgrø Hotel (p. 157)
- Frich`s Hotel & Spiseri Kongsvold (p. 147)
- Brimi-Fjellstugu (p. 152)

Pourquoi y aller

Entre étendues râpées de toundra et massifs montagneux, la découverte du centre de la Norvège n'a rien à envier à celle des fjords. Entre villages authentiques, églises en bois debout, faune sauvage et joies des sports de plein air – randonnée, rafting, ascensions glaciaires, ski –, se dévoilent les facettes du toit de la Norvège.

Les sentiers de randonnée croisent des glaciers, des cascades et des pics enneigés. Destination privilégiée des marcheurs, le parc national du Jotunheimen est traversé par une des plus belles routes du pays. Mais les parcs des Rondane et de Dovrefjell-Sunndalsfjella et la Hardangervidda, à la splendeur désolée, réservent au visiteur de non moins mémorables moments, parmi les rennes sauvages, les élans ou les bœufs musqués. Dans cet écrin, deux bijoux : Røros, ville minière inscrite au Patrimoine mondial pour son architecture de bois, et Lom, dont les singulières églises en bois debout trônent dans un cadre de conte de fées.

Quand partir

Røros

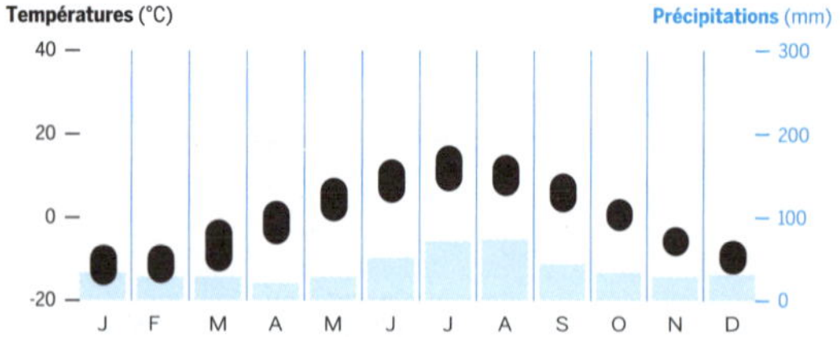

Fév La période du Rørosmartnan (marché de Røros) et du ski à Trysil. Froid intense.

Mai-juin Le beau temps, en général, sans la foule estivale.

Juil-août C'est le moment de randonner, d'observer la faune et de se lancer en eau vive.

CENTRE-EST

Lillehammer

27 476 HABITANTS

À l'occasion des Jeux olympiques d'hiver de 1994, le monde a découvert la station de sports d'hiver de Lillehammer, de longue date chère aux Norvégiens. De ces Jeux, unanimement salués comme une réussite, la ville a hérité de sites remarquables. Donnant à la pointe nord du lac Mjøsa, cette paisible agglomération est entourée de fermes, de forêts et de petits hameaux, et se prête, au fil de l'année, à divers loisirs, même si l'hiver en est le cœur d'activité.

> **VAUT LE DÉTOUR**
>
> **PISTES DE SKI OLYMPIQUES**
>
> Lillehammer possède deux domaines olympiques : le **centre alpin de Hafjell** (☎61 24 90 00 ; www.hafjell.no), à 15 km au nord de la ville, qui a accueilli les descentes pendant les Jeux ; et celui de **Kvitfjell** (☎612 49 000 ; www.kvitfjell.no), à 50 km au nord, réservé au ski de fond. Ouverts de fin novembre à fin avril, ils sont accessibles par le bus au départ de la Lillehammer Skysstasjon.

À voir

Sites olympiques PARC OLYMPIQUE

(carte p. 132 ; ☎61054200 ; www.olympiaparken.no ; Nordsetervegen 45). Quand Lillehammer a été sélectionnée pour organiser les Jeux d'hiver de 1994, le gouvernement norvégien a investi plus de 2 milliards de couronnes dans les infrastructures. Contrairement à d'autres anciens sites olympiques, la plupart des équipements fonctionnent toujours, et les visiteurs peuvent faire le tour des principaux, regroupés dans un grand parc appelé **Olympiaparken** (☎61 05 42 00 ; www.olympiaparken.no ; 9h-18h mi-juin à mi-août, horaires restreints oct-mai).

Tremplin de saut à skis de Lysgårds VUE PANORAMIQUE

(Lysgårdsbakkene Hoppanlegg ; carte p. 132 ; télésiège + tour adulte/enfant 60/55 NOK, télésiège seul adulte/enfant/famille 40/40/120 NOK, tour seule 25/15 NOK ; 9h-19h juin à mi-août, 9h-17h mai et fin août, 11h-16h sam-dim sept). Le grand tremplin (K 120) est long de 136 m et incliné à 37,5°. La vitesse au décollage est de 86 km/h, et le plus long saut lors des Jeux a été de 104 m. Des tribunes d'une capacité de 50 000 places avaient été dressées autour du site où eut lieu la cérémonie d'ouverture. La tour ayant accueilli la **flamme olympique** (carte p. 132) est située près de l'aire d'atterrissage. Vous verrez souvent des sportifs affiner leur préparation sur un autre tremplin, plus petit (K90).

Le tremplin est accessible par un **télésiège** offrant une fantastique vue panoramique sur la ville. Le tarif comprend l'accès à la **tour** du tremplin. Si les 952 marches ne vous font pas peur, sachez que l'ascension à pied est gratuite.

Pour atteindre le sommet en voiture, prenez la route qui quitte la ville vers le nord, après le Musée olympique. L'embranchement, signalé par le panneau "Lygårdsbakkene", se trouve à 2,8 km.

Musée des Beaux-Arts de Lillehammer MUSÉE

(Lillehammer Kunstmuseum ; carte p. 132 ; ☎61 28 89 00 ; www.lillehammerartmuseum.com ; Stortorget 2 ; adulte/enfant 135/65 NOK ; 10h-17h juin-août, 11h-16h mar-dim sept). Semblable à une nef de métal et de verre posée au cœur de la ville, ce musée présente les arts visuels norvégiens du début du XIXe siècle à nos jours. Si l'on y trouve quelques œuvres d'Edvard Munch, il se concentre pour l'essentiel sur des noms moins connus. On peut déjeuner sur place, dans un très agréable café.

Aulestad MUSÉE

(☎61 28 89 00 ; www.aulestad.no ; Aulestadvegen 6-14, Follebu ; adulte/enfant 135/65 NOK ; 10h-17h fin mai à août, 11h-16h sam-dim sept). Le prix Nobel de littérature 1903, Bjørnstjerne Bjørnson, vécut dans cette ferme à Aulestad, à 18 km au nord-ouest de Lillehammer. Rénové avec grand soin, le lieu se prête à une immersion dans le quotidien, plutôt aisé, de l'auteur et de son épouse Karoline. Véhicule indispensable.

Musée olympique de Norvège MUSÉE

(Norges Olympiske Museum ; carte p. 132 ; ☎61 28 89 00 ; eng.ol.museum.no ; Olympiaparken ; tarif plein/réduit 135/65 NOK ; 10h-17h juin-août, 11h-16h mar-dim sept-mai). Cette institution remarquable occupe la salle de hockey sur glace du Håkons Hall. Au rez-de-chaussée, une exposition bien présentée décrit aussi bien les Jeux antiques que ceux de l'ère moderne. L'accent est naturellement porté sur les exploits des champions norvégiens (y compris leur palmarès record de 2018) et sur les jeux de Lillehamer. Écrans tactiles, vidéos, mises en situation via jeux vidéos rendent le lieu interactif et ludique.

À ne pas manquer

1 Les cols et les lacs gelés de la superbe **route du Sognefjell** (p. 153).

2 L'observation et l'approche du bœuf musqué dans le **parc national de Dovrefjell-Sunndalsfjella** (p. 146).

3 Les nombreux sentiers pédestres du **parc national du Jotunheimen** (p. 153), l'un des plus beaux de Norvège.

4 Au départ de **Finse** (p. 158), une randonnée glaciaire jusqu'à la calotte de Hardangerjøkulen.

5 Une promenade dans le passé minier de **Røros** (p. 138), ancienne cité du cuivre comme figée dans le temps.

6 L'ascension de l'un des sommets du **parc national des Rondane** (p. 148).

7 La grisante descente de la **Sjoa** (p. 150) en rafting.

8 La vue depuis le sommet du tremplin olympique de **Lillehammer** (p. 129).

Lillehammer

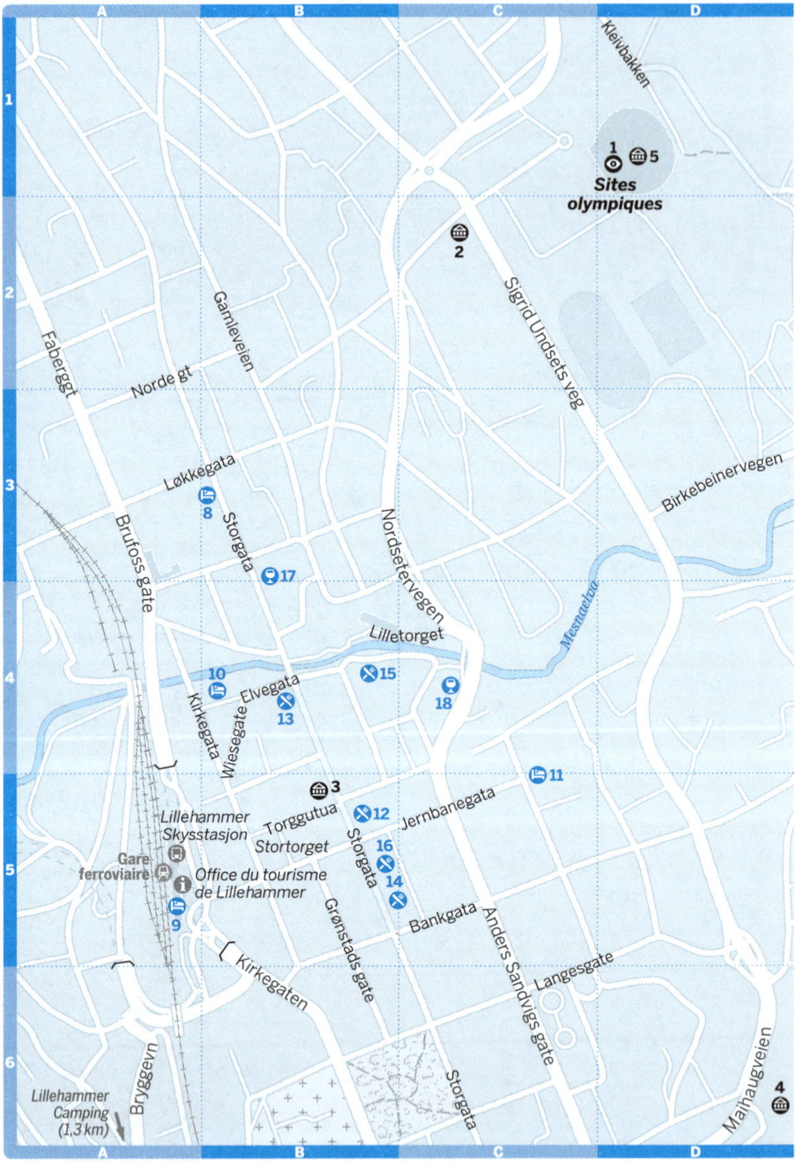

Musée en plein air de Maihaugen

ÉCOMUSÉE

(Friluftsmuseet ; carte ci-dessus ; ☎ 61 28 89 00 ; www.maihaugen.no ; Maihaugveien 1 ; adulte/enfant 135/65 NOK sept-mai, 175/85 NOK juin-août ; ⏲10h-17h juin-août, horaires restreints le reste de l'année). Ce musée des traditions populaires regroupe quelque 180 bâtiments, représentatifs des régions de Norvège. Remontant pour la plupart au début du XXe siècle, ils ont été reconstitués ici en une sorte de village. On y trouve, entre autres, une église

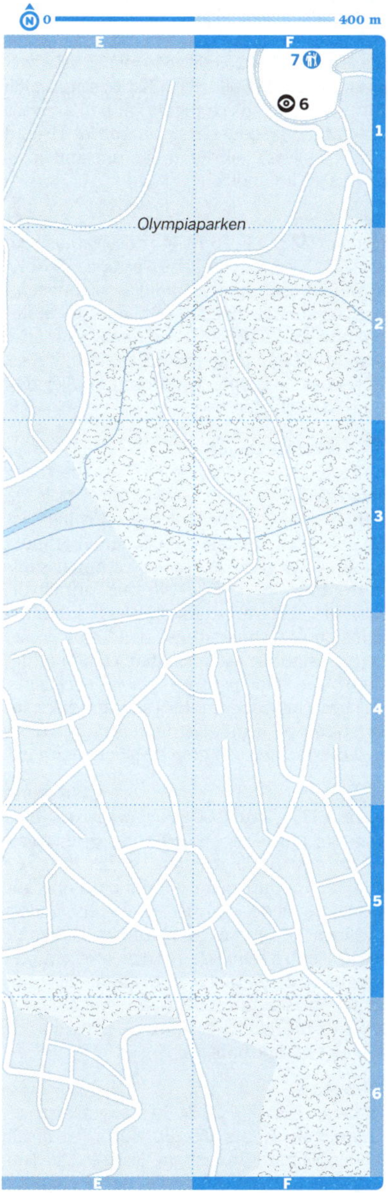

Lillehammer

Les incontournables

1 Sites olympiques D1

À voir

2 Bjerkebæk – maison de Sigrid Undset............................ C2
3 Musée des Beaux-Arts de Lillehammer................................B5
4 Musée en plein air de Maihaugen....... D6
5 Musée olympique de Norvège D1
6 Tour de la flamme olympique F1

Activités

7 Tremplin de saut à skis de Lygårds.......................................F1

Où se loger

8 Clarion Collection Hotel Hammer B3
9 HI Lillehammer Vandrerhjem A5
10 Mølla Hotell B4
11 Øvergaard.. C5

Où se restaurer

12 Café Opus B5
13 Heim... B4
14 Likkelige Dager B5
15 Nikkers.. B4
16 Oliven B5

Où prendre un verre et faire la fête

17 Haakons Pub... B3
18 Lillehammer Bryggeri C4

en bois debout (*stavkirke*) de Garmo, des maisons traditionnelles au toit de tourbe semé d'herbe, un bureau de poste, une salle de classe, des cabanes de pêcheurs et des granges. La reconstitution prend vie avec des comédiens en costumes d'époque.

Bjerkebæk MAISON-MUSÉE

(Bjerkebæk – Sigrid Undsets Hjem ; carte ci-contre ; ☎61 28 89 00 ; www.bjerkebek.no ; Sigrid Undsets veg 1 ; adulte/enfant/famille 135/65/335 NOK ; ⏲10h-17h juin-août, 11h-16h sam et dim sept). Ce musée honore la mémoire de Sigrid Undset (1882-1949), l'un des auteurs majeurs du pays, élue prix Nobel de littérature en 1928. Aménagé dans ce qui fut sa demeure, il expose des objets lui ayant appartenu. Possibilité d'acheter une entrée combinée aux autres musées de Lillehammer.

Fêtes et festivals

Lillehammer Jazz Festival MUSIQUE

(☎81 53 31 33 ; www.dolajazz.no). Ce festival se déroule sur 4 jours en octobre. Les billets sont en vente à partir du 1er juillet chaque année.

Où se loger

HI Lillehammer Vandrerhjem AUBERGE DE JEUNESSE $

(carte ci-contre ; ☎61 26 00 24 ; www.stasjonen.no ; 1er ét, gare ferroviaire ; dort/s/d/f à partir de 395/795/895/1 395 NOK ; P wifi). Pour qui n'est jamais descendu dans une auberge de jeunesse, cet établissement, situé au-dessus de la gare, se prête à une première fois. Les chambres sont simples, mais dotées de salles de bains, de draps et d'un accès Wi-Fi gratuit. Un parking gratuit et une cuisine impeccable complètent l'offre. Nous émettons quelques réserves quant au café du rez-de-chaussée (des amateurs pour une soupe au hot-dog ?).

Lillehammer Camping CAMPING **$**
(☎61 25 33 33 ; www.lillehammer-camping.no ; Dampsagveien 47 ; empl tente 350 NOK/4 pers, chalet 559-1 324 NOK ; ⌚jan-déc ; 📶). Si le camping n'a en soi rien d'exceptionnel, il n'en mérite pas moins la mention pour son emplacement, en bord de lac, et les équipements proposés (buanderie, sports aquatiques, aires de jeux et même une reconstitution de campement viking). Supplément ménage obligatoire pour les chalets.

Øvergaard B&B **$$**
(carte p. 132 ; ☎61 25 99 99 ; www.oevergaard.no ; Jernbanegata 24 ; s/d avec sdb commune 445/395 NOK ; P📶). À courte distance de marche du centre-ville, un peu en contrebas, ce B&B sympathique, aux chambres toutes simples, est empreint d'un cachet résolument familial. Une adresse au calme, bien tenue et très bon marché pour la Norvège. On gagne aisément à pied les sites olympiques.

♥ **Clarion Collection Hotel Hammer** HÔTEL **$$$**
(carte p. 132 ; ☎61 26 73 73 ; www.nordicchoicehotels.com ; Stortorget 108b ; d à partir de 1 487 NOK ; 📶). Occupant un beau bâtiment à la façade moutarde typique de l'architecture norvégienne, cet hôtel loue des chambres monochromes et sans grand caractère mais plutôt confortables. En demi-pension, le rapport qualité/prix est excellent, à tout le moins si on le compare aux tarifs habituels.

Mølla Hotell HÔTEL **$$$**
(carte p. 132 ; ☎61 05 70 80 ; www.mollahotell.no ; Elvegata 12 ; d à partir de 1 295 NOK ; P📶). Si cet hôtel fonctionnel, accolé au moulin de la ville, arbore une façade d'un jaune peu engageant (laquelle aurait été dessinée sur le modèle d'une gerbe de blé), il n'en recèle pas moins son lot de bonnes surprises : murs en brique apparente, moquettes rayées et des chambres simples mais agréables décorées sur le thème des Jeux olympiques de 1994. Superbe vue depuis le bar sur le toit.

Où se restaurer

Oliven CAFÉ **$**
(carte p. 132 ; ☎901 63 955 ; Storgata 57 ; salades et sandwichs 59-119 NOK ; ⌚10h-19h lun-sam, 11h-18h dim). Ce café vous changera un peu avec ses spécialités grecques : *spanakopita* (friand aux épinards), olives fraîches, sandwichs *wraps* au houmous...

Café Opus CAFÉ **$**
(carte p. 132 ; ☎61 26 78 44 ; cafeopus.no ; Storgata 63 ; sandwichs baguette à partir de 59 NOK ; ⌚9h-18h). Très apprécié pour ses sandwichs, petits pains et gâteaux (et pour ses tables en terrasse l'été), le Café Opus sait faire simple et bon : la nourriture est savoureuse, le service, aimable, la décoration, élégante mais sans chichis.

♥ **Lykkelige Dager** CAFÉ **$$**
(carte p. 132 ; ☎482 20 651 ; www.facebook.com/fika.lillehammer ; Storgata 49 ; plats déj 129-199 NOK ; ⌚9h-18h lun-ven, 10h-18h sam, 12h-18h dim). Installé dans un bâtiment cubique de verre et d'acier reconnaissable entre tous, ce café de la rue principale, Storgata, sert d'appétissants plats contemporains : bols de baies d'açai, salades de poulet façon asiatique, soupes thaï et smoothies détox. Les gâteaux sont eux aussi excellents. Par beau temps, des tables sont dressées sur le trottoir pour un déjeuner en extérieur. Le lieu mérite bien son nom de "Jours heureux".

Heim GASTROPUB **$$**
(carte p. 132 ; ☎61 10 00 82 ; www.heim.no ; Storgata 84 ; plats dîner 179-269 NOK ; ⌚12h-minuit lun-jeu, jusqu'à 2h ven-sam, 13h-22h dim). Ce chaleureux pub gastronomique occupe une place de choix parmi les établissements préférés de la ville. Il séduit une clientèle variée, entre jeunesse branchée et simples amateurs de bière. La carte aligne des plats généreux, servis à toute heure, tels que *fish and chips*, saucisses-purée, plateaux de viandes et de fromages.

Nikkers INTERNATIONAL **$$**
(carte p. 132 ; ☎61 24 74 30 ; www.nikkers.no ; Elvegata 18 ; plats 159-269 NOK ; ⌚11h-23h lun-mer, jusqu'à 3h jeu-sam, jusqu'à 22h dim). Adresse hivernale favorite de la clientèle locale, ce bistrot fait également brasserie et pub. Un élan factice, dont seule la tête dépasse à l'intérieur, semble avoir voulu en franchir le mur (à voir de l'extérieur pour comprendre l'effet). L'endroit est prisé pour ses burgers, steaks et ragoût de renne, ainsi que pour sa terrasse donnant sur l'eau. Souvent bruyant l'été.

Où prendre un verre et faire la fête

Lillehammer Bryggeri BRASSERIE
(carte p. 132 ; ☎950 19 108 ; www.lillehammerbryggeri.no ; Elvegata 19 ; ⌚17h-23h mer et jeu, 17h-1h ven et sam). Voici l'établissement idéal pour rencontrer des gens du coin autour d'une bière. Fondée en 1847, cette brasserie a connu quelques épisodes de fermeture, mais est désormais gérée par des passionnés. Les murs sont couverts de bouteilles de bière, et les plafonds voûtés participent de la chaleureuse ambiance. On peut également accompagner les bières d'un ragoût, de saucisses...

Haakons Pub PUB
(carte p. 132 ; ☎61 26 35 50 ; Stortorget 95 ; ⌚13h-3h lun-jeu, 12h-3h ven et sam). Un pub local sans fioritures, où dominent les aménagements en bois. La journée, seuls les habitués sont accoudés au bar. Le soir, l'ambiance change et l'établissement, bondé, est très agréable. L'animation peut même être un peu excessive pendant la saison de ski.

Renseignements

Office du tourisme de Lillehammer (carte p. 132 ; ☎61 28 98 00 ; www.lillehammer.com ; Jernbanetorget 2, Lillehammer Skysstasjon ; ⌚7h30-16h30 lun et jeu, 8h-16h mar, mer et ven, 10h-14h sam). À l'intérieur de la gare ferroviaire.

Depuis/vers Lillehammer

Lillehammer Skysstasjon (carte p. 132) regroupe les gares routière et ferroviaire et la station de taxis.

Des bus **Vybuss** (p. 448) rallient Oslo (475 NOK, 2 heures 30) via l'aéroport international d'Oslo-Gardermoen.

Nor-Way (www.nor-way.no) assure les liaisons vers Bergen (646 NOK, 9 heures, 1-2/jour).

Les trains desservent Oslo (249 NOK, 2 heures 15, ttes les heures environ) et Trondheim (à partir de 259 NOK , 5 heures 20). Certains s'arrêtent aussi à Hamar.

Hunderfossen

À quelque 15 km au nord de Lillehammer, tout près de l'E6, Hunderfossen compte quelques attractions valant le détour.

En été, des bus fréquents desservent Hunderfossen au départ de la Lillehammer Skysstasjon. En hiver, le service est plus irrégulier. Pour rejoindre la piste de bobsleigh, préparez-vous à une sérieuse grimpette.

VAUT LE DÉTOUR

LA PEER GYNT VEGEN

Parmi les superbes routes de montagne du centre de la Norvège, la **Peer Gynt Vegen** (www.peergyntvegen.no ; péage 869 NOK ; ⌚juin-sept) se distingue par une combinaison unique de paysages somptueux et d'histoire romanesque. Cette route s'étire sur 60 km, de Skei à Espedalen, suivant l'itinéraire de Peer Gynt, malheureux personnage créé par Henrik Ibsen, et dévoile des panoramas inégalés sur le Jotunheimen et le massif des Rondane. Elle s'élève à 1 053 m (à hauteur du point de vue Listulhøgda), passant en chemin par la ferme de Solbrå Seter, où fut confectionné, en 1863, le premier fromage du Gudbrandsdal. Au début du mois d'août, la suite *Peer Gynt* d'Edvard Grieg est jouée en plein air près du lac Gålåvatn. Pour rejoindre Skei depuis Lillehammer, prenez l'E6 en direction du nord, puis bifurquez sur la Rv 254 à Tretten. La Peer Gynt Vegen s'élance vers le nord-ouest à hauteur de Svingvoll.

À voir et à faire

Musée norvégien des Routes MUSÉE
(Norsk Vegmuseum ; ☎61 28 52 50 ; www.vegmuseum.no ; Hunderfossvegen 757 ; ⌚10h-17h mi-juin à mi-août, 10h-15h mar-dim reste de l'année). GRATUIT Situé à proximité de l'E6, à Hunderfossen qui ne se trouve qu'à 15 km au nord de Lillehammer, le musée norvégien des Routes montre le réel combat contre la nature mené par les Norvégiens pour tracer des voies de circulation dans ce relief accidenté. Le même ensemble muséographique comprend, un peu plus haut dans la montagne, une autre section aménagée dans un tunnel de 240 m de long, le **Fjellsprengningsmuseet** (musée du Dynamitage des roches), qui permet de comprendre combien il fut ardu de percer tous ces tunnels dans les montagnes norvégiennes.

Piste olympique de bobsleigh SPORT
(☎61 05 42 00 ; www.olympiaparken.no ; Hunderfossvegen 680, Fåberg ; 1 000 NOK/tour ; ⌚10h-17h lun-dim fin juin-fin août, horaires variables reste de l'année). Aurez-vous deux fois l'occasion de descendre une piste olympique en bobsleigh ? Ce bobsleigh sur roues (*wheelbob*) permet de descendre à cinq à une

vitesse maximale de 100 km/h, tandis que les véritables bobsleighs de compétition, les **taxibobs** (990 NOK/pers) accueillent quatre passagers, pour des pointes à 130 km/h – on est en bas en 70 secondes. À partir de 10 ans avec un accompagnateur.

Hunderfossen Familiepark PARC DE LOISIRS
(61 27 55 30 ; www.hunderfossen.no ; Fossekrovegen, Fåberg ; à partir de 349 NOK ; 10h-18h fin juin à mi-août, horaires variables début juin et mi-août à début sept, fermé mi-sept à mi-mai ;). Ce parc, un des meilleurs de Norvège pour les enfants, réunit manèges aquatiques, animations 3D, palais de contes de fées et trolls ambulants. L'attraction la plus récente est une immense montagne russe. Les enfants mesurant moins de 90 cm sont admis gratuitement.

Depuis/vers Hunderfossen

Les trains en provenance de Lillehammer s'arrêtent à Hunderfossen (60 NOK, 4/jour).

Hamar

26 000 HABITANTS

Plutôt quelconque à première vue, cette ville compte un nombre surprenant de sites dignes d'intérêt, eu égard à sa taille modeste. Elle mérite donc largement le détour sur la route entre Oslo et le nord du pays pour ses musées mais aussi son anneau de vitesse olympique.

VAUT LE DÉTOUR

L'ANCÊTRE DES BATEAUX À AUBES

Le **Skibladner** (61 14 40 80 ; www.skibladner.no ; aller Hamar-Lillehammer/aller-retour 295/395 NOK, gratuit -12 ans ; mar, jeu et sam fin juin à mi-août) permet de découvrir le lac Mjøsa au rythme d'autrefois. Construit en Suède en 1856, cet ancêtre des bateaux à aubes fut rénové en 1888 pour devenir un 50 mètres. De fin juin à mi-août, il sillonne le lac entre Hamar, Gjøvik et Lillehammer.

La plupart des voyageurs optent pour le parcours Hamar-Lillehammer (3 heures 30) assuré les mardis, jeudis et samedis. Le bateau quitte Hamar à 11h15, accoste à Lillehammer à 15h pour repartir aussitôt ; arrivée à Hamar à 18h45. Si, comme la plupart des voyageurs, vous ne faites que l'aller simple, il est aisé de rejoindre le point de départ par le train.

À voir

Cathédrale de verre MUSÉE
(Domkirkeodden ; 62 54 27 00 ; www.domkirkeodden.no ; Strandvegen 100 ; adulte/enfant 120/60 NOK ; 11h-16h mar-dim juin et août, 10h-17h juil-août, 11h-16h week-ends de sept). À l'ouest de la ville (1,5 km), ce vaste musée de plein air réunit des bâtiments des XVIIIe et XIXe siècles, les ruines du palais épiscopal mis à sac par les Suédois en 1567, et les vestiges de la cathédrale détruite à la même époque. On l'appelle désormais "cathédrale de verre" (*Domkirkeodden*) en raison de l'extraordinaire structure de verre et d'acier qui la protège des outrages du temps. On y apprend l'histoire locale et la légende du fameux "doigt du Diable" (moulage en étain d'un doigt, associé à d'effrayantes légendes).

Stade du Bateau viking STADE
(Vikingskipet ; 62 51 75 00 ; www.hoa.no ; Åkersvikaveien 1 ; 75 NOK ; 8h-20h lun-ven, 9h30-17h sam et dim). Gracieusement conçu à la ressemblance d'un navire viking renversé, le stade de Hamar a accueilli les épreuves de patinage de vitesse aux Jeux olympiques de 1994 à Lillehammer. Long de 94,6 m et d'une capacité de 20 000 places, il possède une patinoire de 9 600 m^2. De fin octobre à fin février, on peut venir y faire du patin à glace.

Musée des Chemins de fer norvégiens MUSÉE
(Norsk Jernbanemuseum ; 40 44 88 80 ; www.jernbanemuseet.no ; Strandveien 161 ; tarif plein/réduit/4-15 ans 100/85/65 NOK hiver, 120/100/85 NOK été ; 11h-15h mar-dim). Ce musée du rail possède un riche fonds en rapport au chemin de fer, entre rotondes de moteurs, wagons et locomotives à vapeur, jusqu'à d'anciens aménagements de gares. On y rend également hommage aux ingénieurs du génie civil qui réalisèrent de véritables exploits en traçant un réseau ferré dans ce pays particulièrement accidenté. À environ 2 km à l'ouest du centre-ville de Hamar.

Fêtes et festivals

Festival médiéval de Hamar CULTURE
(Hamar Middelalderfestival ; www.middelalderfestival.no ; 2e week-end juin). Au programme :

Habitants en costumes d'époque et chant grégorien dans la "cathédrale de verre".

Festival de la Bière de Hamar BIÈRE
(Hamar Ølfestival ; ⏲ début juin). De la bière, de la musique… et on recommence.

Où se loger et se restaurer

Clarion Collection Hotel Astoria HÔTEL D'AFFAIRES $$
(☎62 70 70 00 ; www.nordicchoicehotels.no ; Torggata 23 ; d 1 090-1 490 NOK ; wifi). En dépit de son extérieur austère, cet hôtel est le choix d'hébergement le plus valable de Hamar. Alliant calme et emplacement en centre-ville, il loue des chambres à la décoration guère inspirée, mais de taille convenable. Petit-déjeuner et dîner sont compris dans les tarifs indiqués.

Vikingskipet Hamar Vanderhjem HÔTEL, AUBERGE DE JEUNESSE $$
(☎62 52 60 60 ; www.vikingskipet.no ; Åkersvikavegen 24 ; s 1 295, app 1 190-2 390 NOK ; P wifi). Cette auberge de jeunesse de qualité est de loin la meilleure des environs. Proche de la ville, elle loue des chambres simples et doubles de différentes tailles, ainsi que de spacieux appartements pouvant accueillir jusqu'à quatre personnes.

Scandic Hamar HÔTEL $$
(☎21 61 40 00 ; www.scandichotels.com ; Vangsvegen 121 ; d à partir de 1 354 NOK ; P wifi). Cet hôtel gigantesque, certes sans grand caractère ni charme, n'en réserve pas moins, entre autres bonnes surprises, des chambres étonnamment plaisantes, rehaussées de fresques abstraites inspirées de l'architecture locale. Parmi les équipements habituels, l'établissement dispose d'une salle de gym et d'un honorable restaurant. Il est à cinq grosses minutes à pied du centre-ville.

Kai & Mattis Café INTERNATIONAL $$
(☎62 53 01 45 ; Torggata 53 ; plats 150 NOK ; ⏲11h-18h lun-sam). Avec ses murs bordeaux et sa décoration surchargée, cet établissement a quelque chose d'un boudoir Art déco. Sa cuisine est bonne ; en sus des sandwiches et des hamburgers, on y sert des plats comme la tourte au curry de poulet.

Renseignements

Office du tourisme régional de Hamar (☎400 36 036 ; www.visit-hedmark.no/hamarregionen ; Strandgata 45 ; ⏲9h-16h lun-ven, 10h-15h sam et dim l'été). En plein centre.

Depuis/vers Hamar

Au moment de nos recherches, les liaisons par bus au départ de Hamar étaient inexistantes.

TRAIN

De nombreux trains relient Oslo (199 NOK, 1 heure 25, 1-2/heure), Røros (205 NOK, 3 heures 20, jusqu'à 4/jour) et Trondheim (à partir de 390 NOK, 6 heures, 4-6/jour) via Lillehammer (161 NOK, 45 minutes).

Trysil

6 763 HABITANTS

Proche de la frontière suédoise et entourée de collines boisées, la petite localité de Trysil se trouve au cœur du plus grand domaine skiable de Norvège. Ce n'en est pas moins une destination nature de référence toute l'année, où l'on peut pratiquer un grand nombre d'activités.

Activités

Si la saison hivernale est très animée, Trysil se prête, le reste de l'année, à de nombreuses activités de plein air, allant du canoë au canyoning en passant par l'équitation ou encore la pêche. Adressez-vous à l'**office du tourisme** (☎62 45 10 00 ; www.trysil.com ; Hotellvegen 1 ; ⏲9h-16h lun-ven, 9h-23h sam-dim) dont le personnel pourra vous proposer toutes ces activités.

En été, le meilleur choix est peut-être la randonnée à vélo sur pas moins de 6 itinéraires cyclables, le plus court alignant 6 km, le plus long 38 km. Le personnel de l'office du tourisme distribue les cartes pertinentes. Vous pourrez louer des vélos pour environ 200 NOK/jour dans la plupart des hôtels et campings.

Où se loger

Trysil Hyttegrend CHALETS $
(☎901 32 761 ; www.trysilhytte.com ; Øranset ; empl 150 NOK, chalets 695-975 NOK ; P wifi). Installée à 2,5 km au sud de la ville, cette belle adresse a plus d'un atout : une connexion Wi-Fi, un sauna chauffé au bois, de nombreuses activités, une aire de jeux pour les enfants et un magnifique emplacement en bord de rivière. Tous les chalets disposent de quoi cuisiner, pratique surtout lorsque l'on vient en famille.

♥ **Radisson Blu Resort** HÔTEL $$$
(☎62 44 90 00 ; www.radissonblu.com/en/resort-trysil ; Hotellvegen 1 ; été s/d à partir de 990/1 090 NOK, hiver d à partir de 1 990 NOK ; P wifi piscine).

Voici l'un des rares hôtels de Trysil ouverts toute l'année, et de surcroît le plus luxueux. En dehors de la saison de ski, les tarifs sont très attractifs pour des chambres spacieuses et impeccables. Donnant au pied des pistes de ski, ce grand ensemble en bois comprend également une piscine, deux restaurants, un bowling et un bar à burgers.

Depuis/vers Trysil

Les bus Trysil Ekspressen de la compagnie Nor-Way (www.nor-way.no) relient Trysil à Oslo (650 NOK, 3 heures, 2/jour).

Røros

5 576 HABITANTS

Charmant village inscrit au Patrimoine mondial de l'humanité, Røros se niche dans une petite cuvette entourée de bois rabougris et de mornes hauteurs. L'écrivain norvégien Johan Falkberget la décrit comme “un lieu où murmure l'histoire”. Cette ancienne cité minière (de son ancien nom Bergstad, ou “ville montagne”) a su préserver ses belles maisons de bois construites à flanc de colline tout comme d'intéressants vestiges de son industrieux passé. On est en plein Far West, version norvégienne.

Røros est d'ailleurs devenue une sorte de refuge pour les artistes, ce qui confère un supplément d'âme à ce qui est l'un des sites les plus enchanteurs du pays.

Notez toutefois que la localité est également une des plus froides de Norvège, et que le thermomètre y est déjà descendu à 50,4°C en dessous de zéro !

Histoire

La légende attribue la découverte du cuivre à un malheureux renne poursuivi par un certain Olsen Åsen à Storvola (Storwartz). Grattant le sol de fureur, l'animal aurait révélé un filon. L'usine de cuivre Røros Kobberverk (Røros Copperworks) fut ainsi fondée en 1644. Deux ans plus tard, une charte royale lui garantissait le monopole, dans un rayon de 40 km, sur tous les produits minéraux et forestiers, ainsi que sur tous les cours d'eau, donc le monopole de l'emploi.

L'entreprise minière choisit Røros pour siège en raison de l'abondance du bois (pour le feu) et de la présence de rapides sur la Hyttelva (une source d'énergie). Elle fit le choix d'employer le feu pour briser les roches dans les mines. Une solution dangereuse, qui coûta cher à Røros : réduit en cendres par les troupes suédoises en 1679, le village vit aussi son haut-fourneau endommagé par le feu en 1953. L'entreprise a finalement fait faillite en 1977, après 333 années d'exploitation.

À voir

Tout le centre-ville se distingue par l'étonnante architecture des 80 édifices en bois intégralement classés qui forment le **quartier historique** autour des deux rues principales, **Kjerkgata** et **Bergmannsgata**. C'est un véritable musée d'architecture à ciel ouvert. Pour admirer une des plus jolies maisons au toit couvert de gazon, grimpez au sommet de Kjerkgata jusqu'à la maison signalée sous le nom de **Harald Sohlsbergs plass 59** (carte ci-contre ; Kjerkgata).

Certains cinéphiles reconnaîtront Røros : le village a servi de décor à plusieurs films, dont *An-Magritt*, d'après le roman de Johan Falkberget. On voit la rue Flanderborg dans des épisodes de l'adaptation télévisée de *Fifi Brindacier*, d'Astrid Lindgren. Enfin, Røros a été choisi pour reconstituer la Sibérie dans *Une journée d'Ivan Denissovitch*, de Soljenitsyne, au cinéma.

Outre le site Internet du musée, une autre excellente source d'information est le site du patrimoine de Røros, www.worldheritageroros.no.

Smelthytta MUSÉE

(carte ci-contre ; www.rorosmuseet.no ; Lorentz Lossius gata 45 ; adulte/réduit/enfant avec visite guidée 110/90 NOK/gratuit ; 10h-18h mi-juin à mi-août, 10h-16h début juin et mi-août à mi-sept, 10h-15h mi-sept à mai). Construit sur l'ancien site d'une fonderie de cuivre partie en fumée en 1975, ce musée met en lumière le passé minier de la ville. De belles maquettes animées expliquent le procédé de fonte, alimenté en énergie par l'eau et la force animale. Des démonstrations de fonte du cuivre ont lieu du mardi au vendredi, à 15h en juillet et en août.

Devant l'entrée du musée s'étend un vaste espace appelé **Malmplassen** (place du Minerai ; carte ci-contre), où le minerai était déposé puis pesé sur l'énorme balance en bois. De l'autre côté de la rive, face à la fonderie, se dressent les **anciens terrils** (slegghaugen ; carte ci-contre), désormais classés et devenus de beaux points de vue sur Røros.

Røros

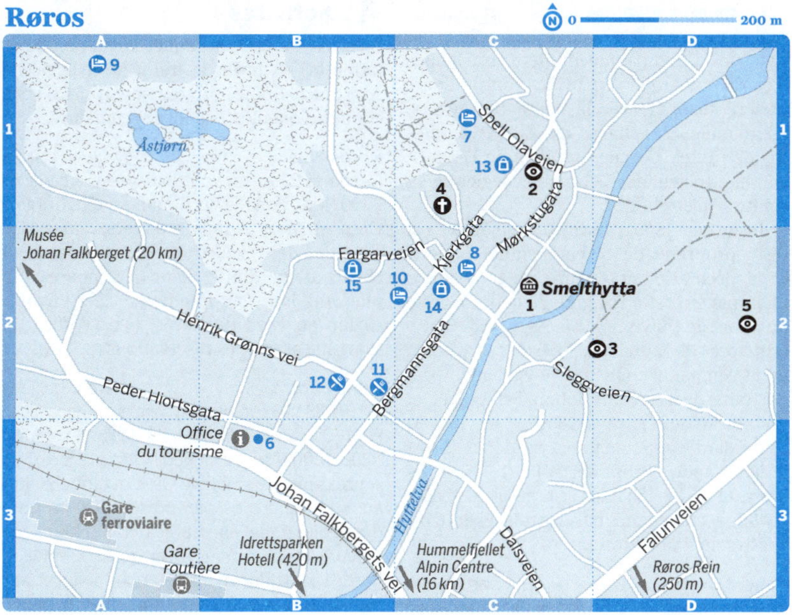

Røros

Les incontournables
1 Smelthytta C2

À voir
2 Harald Sohlsbergs plass 59 .... C1
Malmplassen (place du Minerai)... (voir 1)
3 Maisons de mineurs (Flanderborg gate) D2
4 Église de Røros C1
5 Anciens terrils (*slegghaugen*) D2

Activités
6 Visites guidées B3

Où se loger
7 Erzscheidergården C1
8 Frøyas Hus C2
9 Røros Hotell A1
10 Vertshuset Røros C2

Où se restaurer
Frøyas Hus .... (voir 8)
11 Kaffestugu Cafeteria B2
12 Trygstad Bakeri B2
Vertshuset Røros .... (voir 10)

Où prendre un verre et faire la fête
Berkel og Bar .... (voir 10)

Où sortir
Récitals d'orgue .... (voir 4)

Achats
13 Galleri Thomasgården C1
14 Hartzgården Sølvsmie C2
15 Potteriet Røros B2

Sleggveien QUARTIER, RECONSTITUTION
(carte ci-dessus ; accès libre ; 11h-16h tlj juin-août). À l'angle sud-ouest de ces terrils s'étend le quartier historique de la fonderie, avec ses petites **maisons de mineurs** aux toits couverts de gazon, un des plus jolis secteurs de Røros, surtout le long de Sleggveien.

Église de Røros ÉDIFICE RELIGIEUX
(Røros kirke ; carte ci-dessus ; Kjerkgata ; adulte/enfant 50 NOK/gratuit ; 10h-16h lun-sam, 12h30-14h30 dim mi-juin à mi-août, 11h-13h lun-sam début juin et mi-août à mi-sept, 11h-13h sam reste de l'année). L'église luthérienne de Røros est une des plus caractéristiques de Norvège, et accessoirement la plus grande car elle peut accueillir 1 650 fidèles. Le premier édifice, qui remonte à 1650, se trouvait à l'abandon au milieu du XVIIIe siècle. Il fut dès lors décidé de construire une nouvelle église baroque en arrière de la première. C'est l'église actuelle. Sa construction débuta en 1780 et coûta 23 000 *riksdaler* (les mineurs gagnant à l'époque quelque 50 riksdaler par an).

La **galerie royale** à l'arrière, reconnaissable aux armes de la famille royale et au sigle de la compagnie minière, n'a jamais reçu de monarque : les princes ont toujours préféré s'asseoir avec la population. Chose inhabituelle, la chaire est située au-dessus de l'autel. L'orgue, qui date de 1742, est le plus ancien de facture norvégienne et continue d'être utilisé.

Jusqu'en 1865, l'édifice religieux est resté propriété de la compagnie minière, et la décoration intérieure en témoigne : l'homme qui est à l'origine de la découverte du filon de cuivre, Olsen Åsen, est représenté près de l'autel aux côtés des directeurs de la compagnie. On trouve également des portraits de l'écrivain Johan Falkberget et un tableau de l'église de 1650.

Pendant cinq semaines, de début juillet à début août, l'église accueille des **récitals d'orgue** (18h-18h45 lun-sam, mi-juil au 9 août), parfois accompagnés par des musiciens d'orchestre de toute l'Europe.

Mine d'Olav VISITE DE MINE

(Olavsgruva ; 72 40 61 70 ; www.rorosmuseet.no/olavsgruva ; adulte/enfant/senior 120 NOK/gratuit/100 NOK ; visites ttes les 2 heures 11h-17h juin-août, horaires variables sept-mai). Pour une immersion réaliste dans le passé minier de la région, vous découvrirez à 13 km au nord de Røros ce site d'extraction du minerai, en activité depuis les années 1650. La visite mène à 50 m sous terre via des tunnels sombres jusqu'à la salle principale. Habillez-vous chaudement (la température moyenne annuelle est de 5°C) et prenez de bonnes chaussures, le sol pouvant être glissant.

Musée Johan Falkberget MUSÉE

(www.falkberget.no ; Ratvolden ; adulte/enfant 100 NOK/gratuit ; visites guidées 13h mar et jeu-dim juil à début août, sur rendez-vous reste de l'année). Enfant chéri du pays, l'écrivain Johan Falkberget (1879-1967) a grandi dans la vallée de la Rugel. Traduite en 19 langues, son œuvre couvre trois siècles d'exploitation minière locale. Son roman le plus connu, *An-Magritt*, adapté au cinéma en 1969 avec Liv Ullmann, conte l'histoire d'une jeune paysanne qui transportait du minerai de cuivre dans le comté minier de Røros. Le joli jardin est ouvert à tous (entrée libre).

Le musée jouxte le lac Rugelsjø, à 20 km au nord de Røros. Pour rejoindre le musée, prenez le train jusqu'à Rugeldalen, puis suivez l'allée menant au musée.

Activités

À Røros, on peut pratiquer le canoë, l'équitation et, en hiver, le traîneau et la pêche sous glace. L'office du tourisme (p. 143) vous communiquera la liste des organismes.

Røros Husky TRAÎNEAUX À CHIENS

(915 15 228 ; www.roroshusky.no ; à partir de 2 100 NOK ; nov-avr). Avec à sa tête Torgeir Oren et Mary Amundsen, cette entreprise propose des excursions en traîneaux à chiens, d'une durée allant de 2 heure 30 à plusieurs jours. Cette adresse est à environ 10 km au nord de Røros, mais l'office du tourisme assure les réservations (p. 143).

Husky Point TRAÎNEAUX À CHIENS

(977 38 903 ; www.huskypoint.no ; Kopparleden 9001, Os ; excursion hiver/été adulte à partir de 1 200/1 100 NOK, enfant 600 NOK tte l'année). À proximité de la ville d'Os, à quelque 20 km au sud de Røros, ce prestataire propose des excursions en traîneaux à chiens de 1 heure 30 d'un bout à l'autre de l'année, à bord d'un traîneau sur patins l'hiver et sur roues l'été. Si vous vous en sentez capable, vous pourrez même prendre les rênes.

Circuits organisés

Røros Rein FAUNE ET FLORE

(979 74 966 ; www.rorosrein.no ; Hagaveien 17 ; nov-avr). Grâce à une famille locale samie, les Nordfjell, vous pourrez apprendre à connaître les rennes, voire vous en occuper si vous le souhaitez, ou même conduire un attelage. On finit la journée par un repas traditionnel dans un *lavvu* (tipi) sami.

Visites guidées À PIED

(carte p. 139 ; adulte/enfant 130 NOK/gratuit ; circuits 11h, 13h et 15h mi-juin à mi-août, 11h fin juin et mi-août à mi-sept, 11h jeu et sam reste de l'année). Ces circuits pédestres très intéressants évoquent le passé de la ville et quelques-unes de ses figures majeures. Proposés par l'office du tourisme local, ils durent un peu plus d'une heure et partent de Smelthytta/Malmplassen pour arriver à l'église de Røros. Réservation à l'office du tourisme (p. 143).

Fêtes et festivals

Rørosmartnan CULTURE

(fév). Principale manifestation hivernale, le Rørosmartnan (marché de Røros), fut inauguré en 1644 à destination des chasseurs, qui venaient en ville s'approvisionner et vendre leur gibier aux mineurs.

VAUT LE DÉTOUR

LES PARCS NATIONAUX DU CENTRE-NORD

Parc national du Breheimen Ouvert en 2009, ce parc de 1 691 km² est l'un des plus récemment ouverts. Coincé entre les parcs nationaux du Jotunheimen (au sud) et du Jostedalsbreen (à l'ouest), c'est l'un des meilleurs terrains de randonnée de la moitié sud de la Norvège. Les itinéraires et le balisage moins évident que dans certains parcs plus fréquentés nécessitent une expérience de marcheur, d'autant plus qu'il n'y a pas de refuges DNT gardés. Il faut y venir pour vivre une aventure hors des sentiers battus. Pour plus de renseignements, rendez-vous à l'office du tourisme de Lom (p. 152).

Parc national de Reinheimen Inauguré en 2006, ce parc de 1 969 km² s'étend entre Lom, au sud-est, et Åndalsnes, au nord-est. Assez peu fréquenté, il offre des paysages multiples, escarpements à l'ouest et plateau alpin plus clément à l'est. Rennes sauvages, gloutons et aigles royaux y élisent domicile. Plus de renseignements à l'office du tourisme de Lom (p. 152).

Parc national de Dovre (carte p. 149 ; www.nasjonalparkriket.no). Situé au nord des Rondane, ce parc de 289 km² aménagé en 2003 réunit pratiquement toute la flore norvégienne, d'où son succès. Son point le plus haut est le Fokstuhøe (1 716 m).

Un décret royal a établi en 1853 une période légale pour ce grand marché, lequel se tient depuis chaque année entre l'avant-dernier mardi de février et le samedi suivant. De nos jours, il est marqué par des manifestations culturelles, des spectacles et des marchés de rue.

Elden OPÉRA ROCK
(www.elden-roros.no ; billets à partir de 290 NOK ; ⌚fin juil à début août). Fin juillet-début août, Røros programme la nuit un opéra rock de 3 heures qui a pour scène les terrils en haut du village. Il raconte l'invasion du Trøndelag par la Suède en 1718, l'occupation de Røros, puis comment des milliers de malheureux soldats suédois moururent de froid lors du voyage de retour.

Fermundløpet SPORT
(www.femundlopet.no ; ⌚fév). Une des plus longues courses de traîneaux à chiens d'Europe. Départ et arrivée à Røros la première semaine de février.

Festival d'hiver de musique de chambre MUSIQUE
(Vinterfestspill ; www.vinterfestspill.no ; ⌚mars). Concerts organisés dans l'église, pendant la première semaine de mars.

Où se loger

Si vous souhaitez vous loger sur place, sachez que Røros est pris d'assaut l'été par les visiteurs venus à la journée et les passagers des très nombreux bus de tourisme. Les prix grimpent alors drastiquement. Prévoyez de réserver au plus tôt.

L'office du tourisme (p. 143) dispose d'une liste de chalets d'été et de pensions, dont certains aisément accessibles à pied depuis Røros.

♥ **Erzscheidergården** PENSION $$
(carte p. 139 ; ☎72 41 11 94 ; www.erzscheidergaarden.no ; Spell Olaveien 6 ; d à partir 1 550 NOK ; P ᯤ). Au vu du rapport qualité/prix proposé, cette confortable pension est sans aucun doute le meilleur hébergement de Røros. La décoration montagnarde de bois, tapis, mobilier rustique et lits anciens a été soigneusement pensée et le confort est idyllique. Quant au buffet du petit-déjeuner, c'est un véritable festin qui mériterait à lui seul le détour.

Frøyas Hus CHAMBRES D'HÔTES $$
(carte p. 139 ; ☎72 41 10 10 ; www.froyashus.no ; Mørkstugata 4 ; s/d 950/1 050 NOK ; ᯤ). On se sent vraiment comme à la maison, d'autant plus qu'il n'y a ici que 2 chambres. Petites et rustiques dans l'acception noble du terme, elles ont conservé leur cachet d'antan. Le service aimable, le café dans la cour et les parties communes décorées d'antiquités et de curiosités font partie intégrante de l'expérience de Røros.

Vertshuset Røros HÔTEL HISTORIQUE $$
(carte p. 139 ; ☎72 41 93 50 ; www.vertshusetroros.no ; Kjerkgata 34 ; ch 1 100-1 700 NOK ; ᯤ). Installé dans une auberge du XVIIe siècle sur la principale rue piétonne, cet établissement de choix loue de vastes chambres à la décoration pleine de caractère, avec notamment des poutres d'origine. Les plus onéreuses

sont équipées de kitchenettes, tandis que les appartements sont parfaits pour les familles, avec leurs deux chambres. Comme souvent dans les constructions anciennes, le bruit peut se révéler gênant.

Soyez avertis qu'en cas d'affluence, l'établissement se réserve le droit de vous orienter vers l'hôtel affilié (mais en tous points différent), le **Røros Hotell** (carte p. 139 ; ☎72 40 80 00 ; www.roroshotell.no ; An Magritveien 10 ; ch à partir de 1 600 NOK ; P 📶 🏊).

Idrettsparken Hotell HÔTEL **$$**
(☎72 41 10 89 ; www.idrettsparken.no ; Øra 25 ; chalets à partir de 550 NOK, ch hôtel à partir de 900 NOK ; P). Si trouver une chambre à prix raisonnable n'est pas chose aisée à Røros, cet établissement familial relève le défi. Les chambres sont de tailles variables, des dortoirs pour quatre aux petites chambres doubles, et les lieux, quoique assez datés, sont impeccablement tenus. Ne ratez pas les belles poteries anciennes de la salle de petit-déjeuner.

Où se restaurer

Frøyas Hus CAFÉ **$**
(carte p. 139 ; ☎928 83 530 ; Mørkstugata 4 ; en-cas 50-100 NOK ; ⏲10h-19h). Ce merveilleux café installé dans un petit jardin sert des gaufres et du *rømmegrøt,* porridge traditionnel légèrement aigre à déguster avec du jambon cru le soir.

Trygstad Bakeri BOULANGERIE **$**
(carte p. 139 ; ☎72 41 10 29 ; www.trygstadbakeri.no ; Kjerkgata 12 ; en-cas 30-80 NOK ; ⏲7h30-17h lun-ven, 9h-17h sam, 11h-17h dim). Ce café-boulangerie remarquable a la réputation de servir les meilleurs cafés et viennoiseries qui soient.

Kaffestugu Cafeteria NORVÉGIEN **$$**
(carte p. 139 ; www.kaffestuggu.no ; Bergmannsgata 18 ; plats 148-334 NOK ; ⏲11h-18h lun-mer, jusqu'à 23h jeu-sam, 12h-18h30 dim). Cet établissement historique, agrémenté d'une petite cour, est populaire de longue date. Rappelant un salon de thé à l'ancienne, c'est l'adresse idéale pour un en-cas l'après-midi. Aux repas, on appréciera de généreux plats traditionnels : *smørbrød* (tartine garnie), steak de renne, saucisses et autres ragoûts, accompagnés de pommes de terre et de chou.

♥ **Vertshuset Røros** NORVÉGIEN **$$$**
(carte p. 139 ; ☎72 41 93 50 ; Kjerkgata 34 ; plats déj 110-190 NOK, menu 3 plats 595-625 NOK ; ⏲17h-21h mar-sam). Les produits locaux sont à l'honneur dans cet excellent restaurant : truite sauvage, omble chevalier arctique, bœuf, porc et un choix d'excellents fromages. Le soir, le menu de six plats tient d'un festin montagnard, à savourer dans la belle et chaleureuse salle. Certes moins ambitieuse, la carte du déjeuner reste honorable.

Où prendre un verre et faire la fête

Berkel og Bar PUB
(carte p. 139 ; ☎72 41 93 50 ; vertshusetroros.no/restauranten ; Kjerkgata 34 ; ⏲17h-21h mar-sam). Appartenant à l'écurie Vertshuset, cet excellent pub doit son nom à une trancheuse *berkel,* inventée en 1898 et toujours utilisée dans la préparation des délicieuses assiettes de viandes et de fromages (215-225 NOK). Pour le reste, attendez-vous aux habituels burgers et effilochées de bœuf en brioche. Le pub brasse plusieurs de ses bières et sert par ailleurs une sélection de bières artisanales norvégiennes.

Récitals d'orgue MUSIQUE CLASSIQUE
(carte p. 139 ; Kjerkgata ; ⏲18h-18h45 lun-sam début juil à mi-août). Pendant cinq semaines, de début juillet à début août, l'église de Røros accueille des récitals d'orgue, parfois accompagnés par des musiciens d'orchestre de toute l'Europe.

Achats

Potteriet Røros CÉRAMIQUES
(carte p. 139 ; ☎72 41 17 10 ; www.potteriet-roros.no ; Fargarveien 4 ; ⏲11h-17h lun-ven, 12h-16h sam). Les motifs traditionnels du Trøndelag ornent de nombreuses poteries, parfois réinterprétés dans un esprit plus contemporain. L'atelier voisin est ouvert au public, et les artisans présents (vous pourrez les voir à l'œuvre surtout le matin) sont toujours heureux de présenter leur travail.

Galleri Thomasgården CÉRAMIQUES
(carte p. 139 ; ☎452 79 289 ; Kjerkgata 48 ; ⏲11h-16h mar-sam, 12h-16h dim). Cette galerie digne d'intérêt expose les œuvres en grès et porcelaine du potier Torgeir Henriksen et de superbes sculptures sur bois naturalistes de Henry Solli.

Hartzgården Sølvsmie BIJOUX
(carte p. 139 ; ☎72 41 05 50 ; Kjerkgata 35 ; ⏲10h-18h lun-ven, 10h-16h sam, 12h-17h dim). Cet orfèvre travaille plus particulièrement l'argent en bijoux artisanaux traditionnels, souvent

inspirés de l'art des Vikings. La boutique expose également une petite collection de bijoux anciens. Idéal pour rapporter un souvenir original.

Renseignements

Office du tourisme (carte p. 139 ; 72 41 00 00 ; www.roros.no ; Peder Hiortsgata 2 ; 9h-17h lun-ven, 10h-16h sam). Incontournable pour les renseignements concernant la ville.

World Heritage Roros (www.worldheritageroros.no). Tout sur les sites historiques de Røros.

Depuis/vers Røros

AVION

La compagnie **Widerøe** (www.wideroe.no) relie Oslo deux ou trois fois par jour, sauf le samedi. Il n'y a pas de navette d'aéroport ; en taxi, comptez environ 100 NOK.

BUS

Des bus relient quotidiennement Røros à Trondheim (319 NOK, 3 heures, 2 à 4/jour) au départ de la **gare routière** (carte p. 139 ; Johan Falkbergets vei). Les horaires sont consultables sur le site Internet d'ATB (www.atb.no).

TRAIN

Røros est située sur la ligne ferroviaire reliant Oslo (454 NOK, 5 heures, 4-5/jour) à Trondheim (372 NOK, 2 heures 30).

Parc national du Femundsmarka

Ce parc national (573 km²) qui s'étend de l'est du Femunden, le deuxième lac de Norvège, jusqu'à la frontière suédoise a été créé en 1971 pour protéger le lac, les forêts, les marais et les montagnes de la région. Injustement boudé des touristes étrangers, il n'en constitue pas moins l'un des trois meilleurs terrains de trekking du pays, si l'on en croit le classement de l'association norvégienne de randonnée.

Avec un peu de chance, on voit parfois des rennes sauvages paître sur les hauteurs et, l'été, une harde d'une trentaine de bœufs musqués près de la Røa et de la Mugga – ils migrent vers la région de Funäsdalen en hiver. Cette harde semble provenir d'un groupe plus ancien, vivant dans la région de Dovrefjell. Quelques ours bruns, extrêmement rares, vivent aussi dans le parc, ainsi que des lynx, encore moins représentés ; des loups originaires d'autres secteurs s'y aventurent parfois.

À NE PAS MANQUER

ASCENSION DU MONT ELGÅHOGNA

Particulièrement belle et plutôt facile, l'ascension du **mont Elgåhogna** (1 460 m) dure 3 heures 30 (10,5 km aller-retour). En partant du village d'**Elgå**, seul véritable accès routier au parc du Femundsmarka, descendez vers le sud sur 4 km jusqu'à une petite ferme sur la gauche. Une centaine de mètres plus au sud, vous trouverez un petit parking d'où part un sentier bien balisé (points rouges sur les rochers et les arbres). Après avoir traversé un espace maigrement boisé, on débouche sur un paysage de toundra désolé grimpant légèrement. La dernière partie de l'itinéraire pour le sommet est plus abrupte et oblige à crapahuter un peu. Durant la montée, la vue à l'ouest sur le lac est de plus en plus belle mais le meilleur est tout en haut : du sommet, le regard embrasse la Suède et, tout au loin, la lande et la toundra subarctiques.

Activités

Le parc est un superbe terrain de randonnée et son centre d'information, situé à Elgå, fournit volontiers des idées d'itinéraires et des cartes.

M/S Fæmund II FERRY

(963 92 017 ; www.femund.no ; aller-simple adulte/enfant 255/170 NOK). Ce ferry historique part chaque jour à 9h de mi-juin à mi-août de **Synnervika** (ou "Søndervika"), sur la rive nord du lac Femunden, à destination d'**Elgå** (6 heures 30 aller-retour). De mi-juin à fin août, des bus desservent Synnervika depuis la gare ferroviaire de Røros 45 minutes avant le départ du ferry, puis vous attendent à la descente du bateau en vue du retour sur Røros.

Où se loger

Sur la rive ouest du lac, vous avez essentiellement le choix entre le **Johnsgård Turistsenter** (62 45 99 25 ; www.johnsgard.no ; Langsjøveien 631 ; chalets 300-370 NOK, empl tente 250 NOK), à 9 km à l'ouest de Buvika, et **Langen Gjestegård** (72 41 37 18 ; www.langen-gjestegaard.com ; s/d à partir de 550/900 NOK), une ferme assez douillette au toit enherbé, installée près du lac.

Sur la rive est du lac, le village d'**Elgå** est la base principale pour l'exploration du parc. Vous y trouverez des campings (avec chalets) et un centre d'information sur le parc.

Depuis/vers le parc national du Femundsmarka

Le ferry ancien *Fæmund II* (voir p. 143) assure une liaison fort agréable entre Synnervika et Elgå via le lac Femunden, avec correspondance en bus pour Røros.

Oppdal

6 691 HABITANTS

Située au nord du parc national de Dovrefjell-Sunndalsfjella (p. 146), la petite Oppdal compense son manque d'attraits par une superbe campagne environnante et de nombreuses possibilités d'activités en extérieur.

Activités

Oppdal Safari OBSERVATION DE LA FAUNE
(986 93 200 ; www.moskussafari.no ; Olav Skasliens veg 1 ; adulte/enfant 525/350 NOK ; mai-sept). Ce prestataire expérimenté propose de formidables safaris d'observation de la faune locale, élans et bœufs musqués notamment, dans le parc national de Dovrefjell-Sunndalsfjella. D'une durée d'environ sept heures, ces excursions nécessitent de bonnes chaussures, des vêtements chauds ; n'oubliez pas vos jumelles si vous en avez. Départ à la gare ferroviaire d'Oppdal. Possibilité également de louer bateaux et canoës.

Oppdal Skisenter SKI
(www.oppdalskisenter.no ; Kjerkvegen 112 ; aller-retour adulte/enfant 160/100 NOK été). Le domaine skiable d'Oppdal englobe Hovden, Stølen et Vangslia, trois domaines aisément accessibles depuis la ville. La petite station d'Ådalen voisine possède deux remontées. Vangslia est le plus abordable, avec deux pistes pour débutants ; les pistes de Stølen sont d'un niveau moyen ; Hovden offre trois pistes pour skieurs confirmés. La saison s'étend de fin novembre à fin avril.

Opplev Oppdal RAFTING
(72 40 41 80 ; www.opplevoppdal.no ; Granmo Camping, Dovrevegen 638 ; rafting début juin à mi-août). Ce prestataire polyvalent (canyoning, tyroliennes...) s'est spécialisé dans les descentes en rafting sur la Driva (circuit de base demi-journée 14 km, 890 NOK, avec supplément "premium" de 50 NOK le samedi). Plus calme, la descente de 4 km (adulte/enfant 590/490 NOK) est adaptée aux familles. Départ au Granmo Camping.

Où se loger et se restaurer

Granmo Camping CAMPING $
(996 42 947 ; www.granmocamping.no ; Dovrevegen 638 ; empl tente 170 NOK, camping-car 280-380 NOK, chalets à partir de 600 NOK ; P). Situé à 6 km au sud d'Oppdal, ce camping bien tenu loue de spacieux emplacements et des chalets indépendants, le tout sur un vaste site herbeux. Les enfants apprécieront l'aire de jeux et le petit parc animalier où ils pourront approcher les animaux. Bordé par la Driva, le camping se trouve au départ des descentes en rafting proposées par Opplev Oppdal (voir ci-contre).

Quality Hotel Skifer HÔTEL D'AFFAIRES $$
(73 60 50 80 ; www.skiferhotel.no ; Olav Skasliens vei 9 ; d à partir de 1 340 NOK ; P). Ce bel hôtel du centre-ville tire avantage de chambres meublées avec goût et d'un excellent restaurant (buffet dîner 310 NOK). Certaines chambres donnent sur la montagne, d'autres sur la route mais toutes sont particulièrement confortables. De loin la meilleure adresse de la ville.

Møllen Restaurant & Pizzeria INTERNATIONAL $$$
(72 42 18 00 ; Ola Setroms veg 2 ; pizzas à partir de 269 NOK, plats à partir de 159 NOK ; 13h-22h dim-jeu, 13h-23h ven-sam). Ce restaurant polyvalent affiche une carte bien fournie, allant des pâtes au poisson en passant par le steak, sans oublier pizzas et burgers. Un bon choix pour manger assis.

Renseignements

Office du tourisme (474 67 230 ; www.oppdal.com ; Olav Skasliens vei 1 ; 9h-15h tlj). Petit office du tourisme, tout près de la gare ferroviaire.

Depuis/vers Oppdal

BUS

Vybuss (p. 448) assure des liaisons quotidiennes entre Bergen (à partir de 749 NOK, 15 heures 30) et Trondheim (à partir de 236 NOK, 2 heures).

TRAIN

Les trains à destination d'Oslo (688 NOK, 5 heures) marquent plusieurs arrêts dans la région, notamment Dombås (205 NOK, 55 min) et Otta (215 NOK, 1 heure 30).

En direction du Nord, des trains desservent Trondheim (236 NOK, 2 heures, 4/jour).

Trollheimen

Mille et un sentiers pour marcheurs de tous les niveaux sillonnent les douces pentes du petit massif de Trollheimen et de ses hauteurs parsemées de lacs. L'accès en voiture depuis Oppdal (15 km) ne présente aucune difficulté. Prenez la route 70 en direction de l'ouest, sur 15 km jusqu'au village d'Albu, où une route à péage (50 NOK pour une voiture) indiquée Gjevilvasshytta conduit 8,8 km plus loin à **Osen**, petit regroupement de chalets au bord d'un lac constituant le principal accès à la région sauvage. On peut parcourir à pied la route à péage mais cela risque d'être peu plaisant le week-end en raison du trafic intense. La meilleure carte pour le parc est la *Turkart Trollheimen* (1/75 000) de Kartverket, disponible à l'office du tourisme d'Oppdal.

Activités

Vassendsetra RANDONNÉE

La randonnée qui mène au refuge Vassendsetra (voir ci-dessous), une ferme ancienne, est assez facile. De Gjevilvasshytta, vous marcherez 11 km sur une route forestière, le long du lac Gjevilvatnet. Vous pourrez faire un détour par Raudøra pour vous baigner et vous arrêter à nouveau pour pique-niquer à Reinsbekksetra. Comptez environ 3 heures 30 pour rejoindre Vassendsetra. La balade convient aux enfants à partir de 5-7 ans (voir à l'adresse www.enjoy.ly/no/gjevilvasshytta-vassendsetra-bardsgarden-790127 pour avoir plus de précisions.)

Où se loger

Vassendsetra REFUGE DE MONTAGNE $

(☎73 92 42 00 ; www.tt.no ; Sandgt. 30 ; dort membre/non-membre DNT 255/365 NOK ; ⏲jan-déc). Le refuge est confortable mais il n'y a pas de personnel : il vaut mieux prévoir votre repas.

Gjevilvasshytta REFUGE DE MONTAGNE $$

(☎73 92 42 00 ; www.tt.no/booking-gjevilvasshytta ; dort avec petit-déj et dîner membre/non-membre DNT 815/1 630 NOK). Ce refuge inauguré en 1819, l'un des plus beaux de Norvège, est très bien conçu et comprend de petits dortoirs et des chambres avec lits jumeaux. Ouvert toute l'année, il fonctionne sans personnel l'hiver. Possibilité de se restaurer le soir.

Depuis/vers Trollheimen

Faute de transports en commun pratiques, un véhicule (motorisé ou non) est indispensable pour se déplacer dans le massif de Trollheimen.

Dombås

1 200 HABITANTS

Destination courue tant pour les sports d'hiver que ceux d'aventure, Dombås se résume pratiquement à deux stations-services et à un centre commercial. Mais c'est sans compter le somptueux cadre qui l'entoure et en fait une halte commode et agréable entre les parcs nationaux des hauts plateaux et les fjords de l'ouest. Toutefois, Oppdal (page ci-contre), au nord, compte un plus grand choix d'activités, tandis que Sjoa (p. 150) garde son rang de haut lieu du rafting.

Atout majeur de la région, la ligne de chemin de fer Raumabanen (p. 247) entre Dombås et Åndalsnes compte parmi les plus beaux parcours ferroviaires de Norvège.

Activités

Bjorli Skisenter SKI

(☎61 24 55 77 ; www.bjorliskisenter.no ; Bjorlivegen 84; 👪). Du début de l'automne jusqu'à Pâques, il est possible de pratiquer le ski alpin au domaine skiable de Bjorli, soit 11 pistes, 6 remontées mécaniques et un jardin des neiges pour les petits.

Dombås Skisenter SKI

(www.trolltun.no ; Skitrekkvegen 18). Le domaine skiable de Dombås permet également de skier du mois d'octobre au mois de mai, mais le plus souvent sur de la neige artificielle.

Où se loger et se restaurer

Bjørkhol Camping CAMPING $

(☎61 24 13 31 ; www.bjorkhol.no ; Bjørkhol ; empl tente/caravane 220/230 NOK, chalet avec sdb commune à partir de 400 NOK, chalet 2 lits avec sdb 500-900 NOK). Le rapport qualité/prix et l'accueil réservé aux hôtes sur ce terrain implanté à 6 km au sud de Dombås en font l'un des meilleurs de tout le pays. Les installations sont entretenues avec un soin remarquable, et plusieurs bus quotidiens relient à Dombås ce terrain proche de la route principale.

Trolltun Gjestegård et Dombås Vandrerhjem PENSION ET AUBERGE DE JEUNESSE **$$**
(☎61 24 09 60 ; www.trolltun.no ; d à partir de 1 190 NOK, chalet à partir de 1 095 NOK ; P📶). Cet excellent établissement se trouve à 1,5 km au nord-est de la ville, sur une colline qui domine la route E6. Outre sa situation de choix au pied du parc national de Dovrefjell-Sunndalsfjella, son cadre charmant, ses chambres coquettes et sa restauration à prix modeste en font un point de chute idéal pour aller skier l'hiver ou randonner l'été. Membre du réseau Fjordpass.

Dombås Hotell HÔTEL **$$$**
(☎61 24 10 01 ; www.dombas-hotell.no ; Domaasgrendi 1 ; s/d 1 195/1 475 NOK ; P📶). Cet hôtel sans grand charme offre un intérieur moderne : escaliers avec rambardes en verre, mobilier neutre et parquet. Les chambres les plus grandes sont agrémentées d'un coin salon. Situé non loin de la route, l'établissement est pratique pour accéder au domaine skiable de Dombås.

Moskusgrillen CAFÉ-RESTAURANT **$$**
(☎61 24 01 00 ; www.moskusgrillen.no ; Kyrkjevegen 1 ; plats 179-259 NOK ; ⌚8h30-22h lun-ven, 10h-22h sam, 11h-22h dim). Avec son service continu et son agréable cuisine (burgers de viande d'élan, truite rôtie, agneau en croûte de sel, pommes dauphine, nombreuses pizzas), cet établissement aux allures de *diner* américain est le meilleur de Dombås.

ℹ Depuis/vers Dombås

BUS

Des bus relient Dombås à Oslo (à partir de 429 NOK, 5 heures 30) et Trondheim (249 NOK, 3 heures 10).

TRAIN

Dombås est situé sur la ligne ferroviaire qui relie Oslo (à partir de 454 NOK, 4 heures 30, 4/jour) à Trondheim (à partir de 380 NOK, 2 heures 30).

C'est aussi le point de départ de la ligne de chemin de fer **Raumabanen** (www.vy.no ; voir p. 247), qui suit la spectaculaire vallée de Romsdalen jusqu'à Åndalsnes (1 heure 40, 4/jour).

Parc national de Dovrefjell-Sunndalsfjella

Désert et spectaculaire, ce parc national à la beauté envoûtante est un haut plateau sur lequel règne un froid mordant. Les monts qui l'entourent ondulent sagement, drapés d'un épais manteau de neige la majeure partie de l'année. Le massif culmine à 2 286 m, fournissant un habitat adéquat au renard arctique, au renne, au glouton et au bœuf musqué. Emblème du parc, cet animal ancestral est assez aisé à observer en sorties d'approche organisées.

La partie du parc située à l'est de l'E6, autour du massif du Knutshøene (1 690 m), possède l'écosystème alpin le plus riche d'Europe.

À voir

♥ Point de vue de Snøhetta POINT DE VUE
(⌚juin-oct). Cette superbe construction, plusieurs fois primée, tout en bois courbe et glaces sans tain, sert d'observatoire du renne sauvage norvégien et de centre d'interprétation. Construit à la demande d'une société de protection du renne sauvage, le lieu a une vue étourdissante sur la vallée jusqu'au mont Snøhetta. On y accède du parking par un sentier sans difficulté (1,5 km) ; accès bien fléché sur l'E6, près de Hjerkinn.

Marais de Fokstumyra RÉSERVE NATURELLE
Ces marais sont riches d'une avifaune étonnamment diverse. On y a repéré quelque 162 espèces dont 87 y nidifient. Citons le harle huppé, la harelde boréale, le plongeon arctique, le courlis corlieu, le chevalier sylvain et le hibou des marais.

Mont Snøhetta MONTAGNE
Point culminant du parc, le mont Snøhetta (2 286 m) était autrefois un important passage commercial et figure dans de nombreux mythes et légendes du pays. Si l'on peut se contenter de l'admirer de loin, son ascension prend six heures au départ de Snøheim et nécessite de l'entraînement et un matériel adapté aux conditions météo extrêmes.

Activités

Pour majorité, les visiteurs étrangers viennent ici passer la journée en vue d'approcher les bœufs musqués (voir l'encadré ci-contre). Le parc ne s'en révèle pas moins

LE BŒUF MUSQUÉ

Reconnaissable à sa fourrure longue et épaisse, le bœuf musqué promène sa demi-tonne dans les contrées enneigées de l'Arctique depuis l'époque du mammouth laineux. Le Dovrefjell est l'un des seuls endroits d'Europe où l'on peut en voir en pleine nature – bien qu'ils ne soient pas originaires du lieu, y ayant été introduits au XXe siècle pour leur laine et leur viande. Le parc compte quelque 250 bœufs musqués qui, s'ils sont d'usage placides, peuvent se montrer ombrageux, notamment envers quiconque se retrouve entre un petit et sa mère. Suivez les consignes officielles : garder une distance d'au moins 300 m et battre en retraite au moindre mugissement. Éloignez-vous en diagonale et à reculons (le bœuf musqué ayant une mauvaise vue, il risque de ne pas realiser que vous vous éloignez si vous le faites en ligne droite).

Pour une découverte sans risques, les prestataires Oppdal Safari (p. 144) ou Moskusopplevelse, basé au Furuhaugli Touristhytter (ci-dessous), sont tout indiqués.

un formidable terrain de randonnée avec nombre de sentiers clairement balisés. La carte *Dovrefjell* (1/100 000) de Kartverket rend grand service aux trekkers, complétée pour la région de Knutshøene par les cartes topographiques *Einunna 1519-I* et *Folldal 1519-II* de Statens Kartverk.

Moskussafari OBSERVATION DE LA FAUNE

(www.furuhaugli.no ; ⌚mai-sept). Le Furuhaugli Touristhytter (voir ci-dessous) propose des circuits quotidiens d'observation des bœufs musqués (adulte/enfant 495/250 NOK). De mai à septembre, les safaris ont lieu en journée pour les bœufs musqués. Le départ a lieu à 9h, du Furuhaugli Touristhytter. Il vous faudra avoir votre véhicule, de bonnes chaussures et un pique-nique. Comptez de 4 à 8 heures et 8 à 20 km. Hors saison, possibilité de réserver un circuit privé.

Où se loger

Hjerkinnhus Vanderhjem AUBERGE DE JEUNESSE $

(☎464 20 102 ; www.hjerkinnhus.no ; N-2661 Hjerkinn ; ch 600-750 NOK ; P 📶). Principalement destinée aux randonneurs, notamment ceux qui suivent les Chemins de saint Olav (à quelques mètres seulement de l'établissement), cette auberge de jeunesse à la façade en bois se compose de dortoirs sans fioritures, la plupart pour quatre personnes, avec salles de bains communes et matériel de cuisine. Belle vue sur la montagne ; supplément petit-déjeuner 110 NOK.

Furuhaugli Touristhytter CHALETS $$

(☎61 24 00 00 ; www.furuhaugli.no ; Furuhauglie 80 ; d à partir de 1 395 NOK, chalet 2/6 lits 795 NOK, chalet 2/4 lits avec sdb commune 595 NOK). À mi-chemin entre Dombås et Hjerkinn, ce complexe hôtelier est une excellente base pour rejoindre le parc de Dovrefjell. Les 28 chalets en bois peuvent accueillir de deux à huit personnes ; les premiers prix n'ont pas de toilettes privatives tandis que les plus onéreux disposent d'une salle de bains attenante. On peut également camper sur place et prendre ses repas dans un petit restaurant.

♥ **Frich`s Hotel & Spiseri Kongsvold** HÔTEL $$$

(☎47 67 06 53 ; Dovrevegen 3663 ; s/d à partir de 1 275/1 850 NOK, avec sdb commune 1 075/1 450 NOK ; P 📶). Cet ensemble historique plein de charme installé à 13 km au nord de Hjerkinn sur l'E6 réunit différents bâtiments en bois du début du XVIIIe siècle. Confortables et chaleureuses, les chambres ont chacune leur caractère propre. Au moment de nos recherches, l'hôtel venait d'être repris par la chaîne hôtelière Frich's.

Depuis/vers le parc national de Dovrefjell-Sunndalsfjella

Si les trains circulent bien entre Dombås et Hjerkinn (103 NOK, 30 min), il faut un véhicule privé pour la suite du trajet.

Il n'y a aucun transport en commun dans l'enceinte du parc.

Otta

1 677 HABITANTS

Au confluent de l'Otta et de la Lågen, la petite bourgade d'Otta est réputée pour ses nombreux prestataires de descentes en rafting. Parmi ceux-ci, optez pour ceux installés du côté de Sjoa. Son principal intérêt tient toutefois à sa position de porte d'accès au parc national des Rondane.

Où se loger et se restaurer

Otta Camping CAMPING $
(carte ci-contre ; 901 36 088 ; www.ottacamping.no ; Ottadalen ; empl tente et voiture 250 NOK, caravane 280 NOK 2 pers, électricité 75 NOK, chalet 4 lits 590-890 NOK ; mai à mi-oct ;). Apprécié et commode, ce terrain a l'avantage de sa proximité avec la rivière. En venant du centre-ville, traversez le pont d'Otta, tournez à droite et suivez le cours de la rivière sur environ 1 km.

Thon Hotel Otta HÔTEL $$
(carte ci-contre 61 21 08 00 ; www.thonhotels.no/otta ; Ola Dahls gate 7 ; d à partir de 1 121 NOK ;). Grand, moderne et résolument impersonnel, cet hôtel de chaîne reste pourtant le meilleur hébergement d'Otta. La décoration est résolument passe-partout (tons beige et parquet) et le restaurant sert une cuisine convenable, mais demeure, choix singulier, fermé du vendredi au dimanche.

Pillarguri Kafé CAFÉ $$
(carte ci-contre ; 61230104 ; www.pillarguricafe.no ; Storgata 7A ; plats 144-189 NOK ; 11h-19h mar-jeu, 10h-19h ven et sam, 13h-19h dim). Ce café-restaurant du centre-ville d'Otta propose une carte satisfaisante : burgers de viande d'élan, salades, poulet grillé, pizzas... ainsi que des plats traditionnels norvégiens (ragoût et boulettes de viande de renne). Petite terrasse ensoleillée l'après-midi.

Renseignements

Office du tourisme (carte ci-contre ; 61 24 14 44 ; www.nasjonalparkriket.no ; Ola Dahls gate 1 ; 8h-16h lun-ven mi-juin à mi-août). Situé à l'intérieur de la gare ferroviaire d'Otta, ce petit office du tourisme ne manque pas de documentation sur les activités proposées dans le parc national et ses environs.

Depuis/vers Otta

Des bus relient Otta à Trondheim (à partir de 249 NOK, 3 heures 45) et à Bergen (à partir de 408 NOK, 11 heures 50).

La ligne ferroviaire qui dessert Oslo (à partir de 379 NOK, 3 heures 30, 5/jour) et Trondheim (452 NOK, 3 heures) s'arrête à Otta. Pour rejoindre Bergen, changez à Oslo.

Parc national des Rondane

L'écrivain Henrik Ibsen décrivait les paysages qui composent aujourd'hui les 963 km² du **parc national des Rondane** (www.nasjonaleturistveger.no/en/routes/rondane) comme des "palais empilés sur des palais". Créé en 1962, le premier parc national de Norvège visait à protéger le fabuleux massif des Rondane, souvent considéré comme le plus beau site de randonnées alpines du pays. La présence d'anciens pièges à rennes et de tumulus suggère que les lieux étaient déjà habités il y a des millénaires. Le parc est aujourd'hui l'un des derniers refuges pour les rennes sauvages. L'essentiel de son territoire, glacé et couvert de lichens, se situe au-dessus de 1 400 m, dix sommets rocheux dépassant les 2 000 m – dont le Rondslottet (2 178 m) et le Storronden (2 138 m). Les Rondane sont peuplés de 28 espèces de mammifères ainsi que de 124 espèces d'oiseaux.

Activités

La saison des randonnées se limite aux mois de juillet et août. L'itinéraire le plus facile d'accès part du parking de Spranghaugen – à 13 km en montant par une bonne route venant d'Otta, puis par la route à péage (20 NOK). De là, comptez 6,2 km (1 heure 30) pour atteindre **Rondvassbu** et son refuge du DNT gardé et très fréquenté. Il vous faudra dès lors 5 heures aller-retour pour l'ascension du **Storronden**. Autre possibilité : la course plus difficile menant au sommet du **Vinjeronden** (2 044 m), pour profiter de la vue superbe, avant d'affronter l'étroite crête menant au pic voisin, le **Rondslottet** (comptez environ 6 heures aller-retour depuis Rondvassbu).

Les meilleures cartes sont publiées par Kartverket : *Rondane* (1/100 000, 99 NOK) et *Rondane Sør* (1/50 000).

Refuge de Rondvassbu RANDONNÉE
(carte ci-contre ; 612 31 866 ; rondvassbu.dnt.no). Point de chute idéal pour la randonnée, ce refuge de montagne propose des excursions guidées trois fois par semaine vers différents sommets des environs : Trolltinden (2 018 m), Storronden (2 138 m), ainsi que le point culminant du massif des Rondane, Rondslottet (2 178 m).

Location de vélos VÉLO
(carte ci-contre ; parking Spranghaugen ; vélo adulte/enfant 100/50 NOK la journée). Sur le parking de Spranghaugen, vous trouverez

Parc national des Rondane

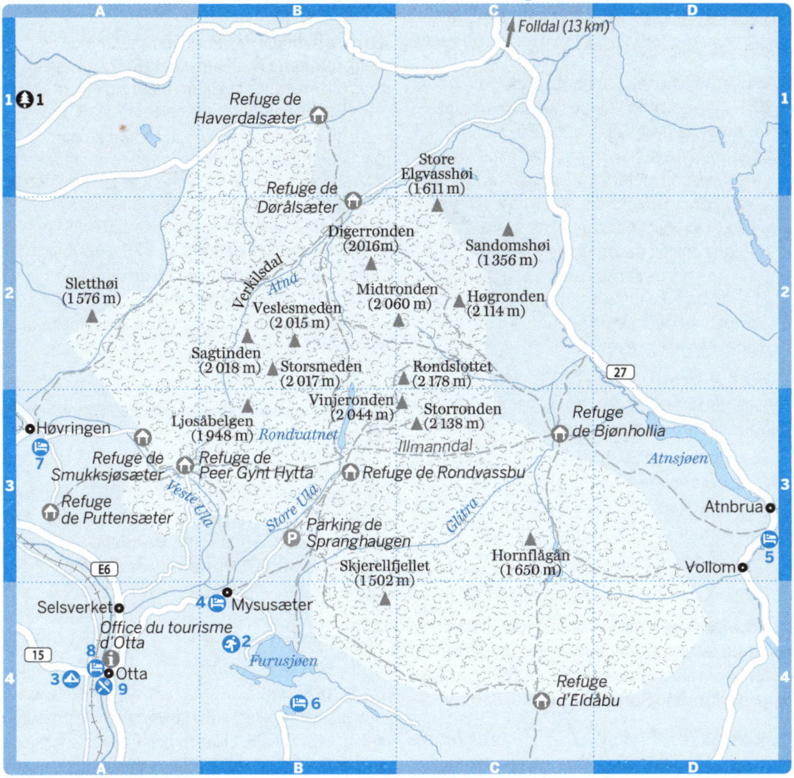

une borne automatisée de location de vélos, destinés uniquement à parcourir la piste menant à Rondvassbu.

Où se loger

Refuge de Rondvassbu REFUGE $

(carte ci-dessus ; ☎612 31 866 ; rondvassbu.dnt.no ; dort non-membre DNT 380-490 NOK, empl tente 95 NOK ; ⏲mars-Pâques et juil-sept). Ce beau refuge de montagne, construit en 1903 et désormais géré par le DNT, est installé au bout d'une piste, à 6 km du parking de Spranghaugen, à la pointe sud du lac de Rondevatnet. Il affiche une capacité de 128 lits, distribués entre un grand dortoir et des chambres pour deux à quatre personnes. Couettes et oreillers sont fournis, mais il vous faudra un drap de sac ou un sac de couchage.

♥ **Rondane Høyfjellshotell** HÔTEL D'ALTITUDE $$

(carte ci-dessus ; ☎61 20 90 90 ; www.rondane.no ; Mysusæter ; ch 895-1 195 NOK ; P). Confort et service aux petits soins vous attendent pour un rapport qualité/prix peu courant. Spa, service de pédicures pour pieds éprouvés, chambres parfumées au pin, et une solide cuisine norvégienne plus des plats

Parc national des Rondane

À voir

1 Parc national de Dovre A1

Activités

2 Location de vélos B4
Refuge de Rondvassbu .... (voir 6)

Où se loger

3 Otta Camping A4
4 Rondane Høyfjellshotell B4
5 Rondetunet D3
6 Refuge de Rondvassbu B4
7 Smuksjøseter Fjellstue A3
8 Thon Hotel Otta A4

Où se restaurer

9 Pillarguri Kafé A4

VAUT LE DÉTOUR

LES JOIES DU RAFTING À SJØA

La petite ville de **Sjøa**, installée sur les rives de la bouillonnante Sjøa, se distingue comme l'un des principaux sites en Norvège pour la pratique du rafting en eaux vives. Chacun pourra descendre selon ses compétences – d'une tranquille balade pour débutants, au torrent propre à faire frémir les plus aguerris. Maints prestataires se partagent le marché, pour des offres comparables. Certains proposent aussi des emplacements de camping et des hébergements en dur sur place. Parmi ceux recommandés, citons :

Sjøa Rafting (☎900 71 000 ; www.sjoarafting.com ; Nedre Heidal ; demi-journée 850-900 NOK, journée 1 160-1 260 NOK)

Go Rafting (☎61 23 50 00 ; www.gorafting.no ; famille/journée 720/1 170 NOK). Rafting en famille à partir de 7 ans. Pour l'excursion à la journée, il faut avoir au moins 15 ans.

internationaux (menu 475 NOK) assurent une relaxation totale. La vue est évidemment exceptionnelle. Situé sur la route entre Otta et le parking de Spranghaugen.

Smuksjøseter Fjellstue GÎTES RURAUX $$
(carte p. 149 ; ☎61 23 37 19 ; www.smuksjoseter.no ; Høvringen ; d à partir de 945 NOK ; P). La famille Skaugen gère depuis les années 1940 ces gîtes traditionnels, donnant sur un *seter* traditionnel de Høvringen. Des chambres meublées simplement, mais assez modernes, y côtoient des appartements plus spacieux, adaptés aux familles. Le petit-déjeuner et le dîner abondent en saveurs locales.

Rondetunet AUBERGE DE JEUNESSE $$
(carte p. 149 ; ☎47 904 15 ; www.rondetunet.no ; chalets 430-2 500 NOK, empl tente 125 NOK ; P). Cet établissement d'altitude se compose de chalets simples et d'emplacements de camping dans le formidable cadre du sud-est du parc national des Rondane. Le personnel organise également une formation en sports de montagne et des randonnées guidées. Situé à proximité de la Rv27, à mi-chemin entre Folldal et Ringebu.

Renseignements

L'office du tourisme d'Otta (p. 148) est la principale source de renseignements sur le parc.

Depuis/vers le parc national des Rondane

Le parc national des Rondane est flanqué de deux routes, l'E6 à l'ouest et la Rv 27 à l'est, plus pittoresque ; cette dernière a d'ailleurs été classée "route touristique nationale".

La plupart des visiteurs accèdent au parc par l'ouest, par la route secondaire qui mène à Mysusæter ; l'embranchement se fait à quelques kilomètres au sud d'Otta. Une fois arrivé à Mysusæter, passez par le péage (20 NOK) puis poursuivez jusqu'au parking, 4 km plus loin.

Une autre route part de l'E6 en direction du nord du parc via Høvringen.

En été, le bus n°538 circule deux fois par jour entre Otta et Mysusæter, à 4 km du parking de Spranghaugen.

Ringebu

4 540 HABITANTS

À la pointe sud du Gudbrandsdal, étroite vallée d'une rivière qui court sur 200 km entre le lac Mjøsa et Dombås, la petite Ringebu vaut le détour pour sa remarquable église en bois debout.

À voir

Église en bois debout de Ringebu ÉDIFICE RELIGIEUX
(Ringebu stavkirke ; www.stavechurch.no ; adulte/enfant 80/40 NOK, billet combiné avec Samlingene 160/90 NOK ; 10h-15h juin-août). Depuis la christianisation au XIe siècle, ce lieu a toujours été un sanctuaire. L'actuelle église paroissiale, construite vers 1220, a été restaurée au XVIIe siècle et dotée de ce si singulier clocher sang-de-bœuf. À l'intérieur, la statue de saint Laurent date d'environ 1250 et l'on y observera des inscriptions runiques.

Renseignements

Office du tourisme (☎61 28 47 00 ; www.ringebu.com ; 8h-18h lun-jeu, 8h-20h ven, 10h-13h sam, 17h-20h dim mi-juin à mi-août, 8h-15h30 lun-ven reste de l'année). Petit office du tourisme à l'intérieur de la gare ferroviaire.

Depuis/vers Ringebu

Des bus relient une fois par jour Lillehammer (à partir de 161 NOK, 55 min) et Oslo (à partir de 319 NOK, 3 heures) ; dans l'autre sens, ils vont jusqu'à Trondheim (249 NOK, 4 heures 35).

Les trains pour Oslo (à partir de 320 NOK, 3 heures 15, 4/jour) ou Trondheim (à partir de 524 NOK, 3 heures 45, 4/jour) font halte à Ringebu.

CENTRE-OUEST

Lom

2 410 HABITANTS

Au cœur de paysages de montagne spectaculaires, Lom semble idéalement située pour les voyageurs. Des torrents traversent le centre du village, des maisons en bois sombre s'accrochent aux collines escarpées et des routes mènent à Geiranger (74 km) vers les fameux fjords de l'ouest via l'étourdissante route du Sognefjell, qui serpente sur les hauteurs du parc national du Jotunheimen. Outre son cadre naturel, Lom abrite une ravissante église en bois debout.

À voir

Église en bois debout de Lom ÉDIFICE RELIGIEUX
(Lom stavkirke ; www.lomstavechurch.no ; tarif plein/réduit 90/60 NOK ; 9h-19h mi-juin à août, 11h-17h mi-août à mi-sept). De style normand, cet admirable édifice a été édifié en 1170 sur une légère hauteur au bord de l'eau, au cœur de Lom. C'est l'une des plus belles églises en bois debout du pays. Agrandie en 1634, l'église doit son actuel plan en croix à l'ajout de deux nefs en 1663.

Norsk Fjellsenter CENTRE D'INFORMATION, MUSÉE
(61 21 16 00 ; www.norskfjellsenter.no ; Brubakken 2 ; tarif plein/réduit 130/85 NOK ; 9h-19h lun-ven, 9h-17h sam et dim mi-juin à mi-août, 9h-16h mi-août à mi-oct, 10h-15h mi-oct à mi-mai). Sorte de centre des visiteurs du parc national du Jotunheimen, cette authentique institution rassemble dans son musée de la Montagne (*Fjellmuseet*) des objets liés à la montagne, à l'histoire naturelle (l'une des pièces phares étant un mammouth à poil laineux), au monde montagnard et à sa culture ainsi qu'à ses activités artisanales et industrielles. On y trouve également un diaporama (10 min) très bien fait.

Centre minéralogique Fossheim GÉOLOGIE
(Fossheim Steinsenter ; 61 21 14 60 ; www.facebook.com/FossheimSteinsenter ; Bergomsvegen 30 ; 10h-16h lun-sam, 10h-15h dim). GRATUIT Ce centre réunit un choix impressionnant de pierres, minéraux, fossiles, gemmes et bijoux à vendre. Il abrite aussi un grand musée, empli de spécimens géologiques norvégiens et du monde entier ; ne manquez pas les fossiles exposés au rez-de-chaussée, ni la thulite, découverte en Norvège en 1820. Cette pierre de teinte rouge contenant du manganèse est désormais extraite dans des carrières à Lom.

Activités

L'office du tourisme (p. 152) peut vous renseigner sur les randonnées, y compris glaciaires, et l'alpinisme dans le parc national du Jotunheimen.

Lom & Skjåk Adventure PLEIN AIR
(472 61 672 ; www.lsadventure.no ; mai-oct). Sis à 10 minutes de voiture par l'E15, au nord-ouest de Lom, ce centre propose rafting, escalade, kayak, spéléologie, canyoning, randonnée et nage en eau vive.

Randonnée

Voisin, le parc national du Jotunheimen (p. 153) est le terrain de toutes les randonnées pour les vrais marcheurs. Toutefois, il existe plusieurs sentiers propices à la promenade non loin de la ville, souvent plus longtemps praticables en hiver que ceux situés sur les hauteurs enneigées. L'office du tourisme fournit, entre autres cartes et adresses, une superbe brochure intitulée *Walks in Lom*, qui contient une carte et une description détaillée des itinéraires. En voici trois qui ont la faveur de tous :

Lomseggen (1 289 m), soit 5 heures aller-retour en passant devant un vieux chalet en pierre nommé *Smithbue* et en bénéficiant d'un superbe panorama sur Ottadalen, Bøverdalen et le pic du Galdhøpiggen (2 469 m), le plus haut sommet norvégien.

Tronoberget, une marche de 3 heures aller-retour, dans la montagne située à l'ouest de la rivière après Lom, pour admirer les sommets du parc national de Reinheimen.

Soleggen et Læshø (1 204 m), une boucle de 5 heures au-dessus de Lom avec vue sur les massifs des Rondane, de Dovrefjell, du Reinheimen, du Breheimen et du Jotunheimen.

Rafting

Si Sjoa est plus réputée (voir l'encadré p. 150), il est possible aussi de pratiquer le rafting à Skjåk, soit 18 km en amont de Lom.

Où se loger

Nordal Turistsenter HÔTEL $$
(61 21 93 00 ; www.nordalturistsenter.no ; ch 1 020 NOK, chalets 585-935 NOK, empl tente

VAUT LE DÉTOUR

DEUX FERMES POUR UN CHEF DE RENOM

Brimi-Fjellstugu (☎61 23 98 12 ; www.brimiland.no/brimi-fjellstugu ; ch à partir de 600 NOK/pers). Cet établissement de montagne réputé, tenu par le chef Arne Brimi, propose des séjours en montagne de plusieurs jours alliant activités d'extérieur et succulents dîners, préparés par le chef lui-même. Le bâtiment d'origine (1949) associe charme de l'authentique et style contemporain. Le restaurant propose trois menus complets (3 plats, 450-600 NOK). Une excellente adresse, tant pour la table que pour le gîte.

Brimi Sæter (☎400 75 153 ; www.brimi-seter.no ; Tesse, Lom ; dort 800 NOK/nuit ; ⏲juin-sept ; P 📶). Cette ferme de montagne, habilement revisitée par Arne Brimi, loue des hébergements répartis dans d'anciens bâtiments de ferme, notamment un grenier à foin et une grange mais aussi deux *lavvu* (tipis traditionnels sami). Chambres privées et dortoir avec lits superposés installés le long d'un mur. Les dîners sont, sans surprise, divinement authentiques.

250 NOK ; ⏲avr à mi-déc ; 📶). Ce complexe hôtelier du centre-ville très fréquenté a de quoi satisfaire tout un chacun : un bâtiment principal agréable, de type motel, des chalets de camping et des emplacements pour tentes et camping-cars. Vous pourrez dîner sur place, dans un pub sans prétention ou dans un restaurant type cafétéria.

Fossheim Turisthotell HÔTEL **$$$**
(☎61 21 95 00 ; www.fossheimhotel.no ; Bergomsvegen 32 ; hôtel s 1 195 NOK, d 1 440-1 795 NOK ; P 📶). Tenu en famille à l'extrémité est du village, cet établissement ancestral réunit des chambres toutes lambrissées dans le bâtiment principal (mention aux 401 et 402 pour leur balcon et leur vue), de luxueux chalets en bois à l'intérieur moderne et des chambres plus simples et moins chères (certaines avec une belle vue) dans l'annexe. Attention néanmoins au manque d'isolation phonique dans cette annexe.

Où se restaurer

♥ **Brimi Bue** CAFÉ **$$**
(☎468 54 262 ; www.brimiland.no/brimibue ; Sognefjellsvegen 13 ; plats environ 180 NOK ; ⏲9h-21h). C'est dans ce bel endroit qu'Arne Brimi, le chef star de la ville, a élu domicile. L'établissement, mis en valeur par un cadre typiquement scandinave (baies vitrées, grands espaces et bois clair), rencontre un succès phénoménal. On y sert essentiellement des assiettes de charcuterie, de fromages et de poissons, ainsi que des grillades de viande cuites à la perfection.

♥ **Boulangerie de Lom** BOULANGERIE **$**
(☎907 85 999 ; www.bakerietilom.no ; Sognefjellsvegen 7 ; pain à partir de 35 NOK, sandwichs/pizzas 66/170 NOK ; ⏲9h-17h lun-mar, 9h-18h mer, jeu et dim, 9h-22h ven sam). L'autre étoile culinaire de Lom, c'est Morten Schakenda, maître boulanger qui fait son pain exclusivement à base de produits naturels avant de le cuire dans un four à bois : baguettes encore fumantes, torsades à la cannelle et autres pains de campagne côtoient d'excellents sandwichs, gâteaux et des pizzas délicieusement croustillantes. La file d'attente déborde souvent jusque sur le trottoir. S'il existe une meilleure boulangerie en Norvège, nous ne l'avons pas encore trouvée.

Fossheim Restaurant NORVÉGIEN **$$$**
(☎61 21 95 00 ; www.fossheimhotel.no ; Fossheim Turisthotell, voir ci-contre ; plats 330 NOK, menu 2/3/4/5/6 plats 420/505/590/675/760 NOK ; ⏲18h-21h30 dim-jeu 18h-22h ven-sam). Si cet hôtel-restaurant sert une cuisine remarquable à l'aune norvégienne, elle serait nettement plus banale en Europe du Sud. Il reste que l'on en ressort sans faim après un plat de truite, de renne, d'élan ou de ptarmigan. Selon l'envie du moment, vous pourrez choisir à la carte ou vous lancer dans l'ambitieux repas de huit plats.

Renseignements

Le Norsk Fjellsenter (p. 151) est la principale source d'information, mais on trouve également un petit **office du tourisme** (☎61 21 29 90 ; www.visitjotunheimen.com ; ⏲9h-17h lun-sam, 9h-16h dim juil à mi-août, 9h-16h lun-sam mi-août à début sept ; 📶) à l'entrée du supermarché Coop.

Depuis/vers Lom

Deux bus express circulent entre Oslo et Lom (695 NOK, 6 heures 15) et plusieurs bus par jour assurent la liaison depuis/vers Otta (205 NOK, 1 heure 20, 4 à 6/jour).

En été, un bus relie Lom à différents points du parc national du Jotunheimen, dont le point de départ du sentier de Gjendesheim (126 NOK, 1 heure 20).

Parc national du Jotunheimen

Le **Jotunheimen** (jotunheimen.com ; à 17 km au sud-ouest de Lom) (1 151 km²), ou la "demeure des géants", est LE parc national norvégien, la destination préférée des amateurs de grands espaces spectaculaires entre sommets et glaciers. Nombre de sentiers plongent dans des vallées aux faux airs de ravins et longent des lacs profonds, des cascades et 60 glaciers montant à l'assaut des plus hautes montagnes du pays, dont le Galdhøpiggen (le point culminant d'Europe du Nord à 2 469 m), le Glittertind (2 452 m) et le Store Skagastølstind (2 403 m). On estime à plus de 275 les sommets dépassant 2 000 m dans le parc.

À voir

Mímisbrunnr – Klimapark 2469 TUNNEL DE GLACE

(carte p. 154 ; ☎61 21 16 00 ; www.mimisbrunnr.no ; adulte/enfant 375/185 NOK ; visites guidées 10h30 et 14h mi-juin à mi-août, sam et dim fin août à mi-sept). Si les mystères de la glace vous intéressent, vous n'en ignorerez plus rien après cette impressionnante visite guidée à travers un tunnel creusé sous 60 m de glace, véritable coup de projecteur sur la structure, les couleurs et une période couvrant plus de six millénaires. L'expérience est d'autant plus émouvante que l'ombre du changement climatique plane tout au long de la visite.

Activités

Avec ses innombrables randonnées spectaculaires, le Jotunheimen mérite d'excellentes cartes : *Jotunheimen Aust* de Kartverket et *Jotunheimen Vest* (1:50 000).

L'office du tourisme (ci-contre) et le Norsk Fjellsenter (p. 151) de Lom proposent conseils, descriptifs d'itinéraires et randonnées guidées dans le parc.

Route du Sognefjell ROUTE PANORAMIQUE

(Sognefjellet ; carte p. 154). Exceptionnel, l'adjectif paraît presque faible pour qualifier cet itinéraire tracé en 1939 par de jeunes chômeurs entre Lustrafjorden et Lom. Grimpant jusqu'à 1 434 m, "la route sur le toit de la Norvège", comme on la surnomme, est l'une des plus belles du pays et la plus haute route de montagne d'Europe.

La route panoramique du Sognefjell (Rv 55) serpente à travers le parc national du Jotunheimen et dessert la plupart des départs de sentiers. Elle compte parmi les 18 routes touristiques nationales.

En venant du sud-ouest, on arrive par de multiples virages en épingles à cheveux au-dessus de la limite forestière avant d'atteindre **Turtagrø** d'où, sur la droite, apparaissent dans toute leur splendeur les monts Skagastølstindane. De Lom, l'ascension est plus progressive et suit la superbe Bøverdalen, la **vallée de la Bøvra**, où se succèdent lacs, cours d'eau, chalets à toit végétal et bosquets de pins. Des hauteurs de la route, la vue sur le Sognefjell est magnifique.

La neige peut tenir jusqu'à début juillet, mais la route est généralement ouverte de mai à septembre. Par endroits, la chaussée est très étroite et bordée de congères des deux côtés. Les campings et autres hébergements ne manquent pas tout du long.

Malgré la prépondérance des véhicules, la Route 55 est aussi légendaire chez les cyclistes – on la cite souvent parmi les itinéraires les plus spectaculaires au monde. Sachez qu'elle requiert une bonne préparation physique... et d'excellents freins.

De mi-juin à fin août, un bus quotidien emprunte la route du Sognefjell pour relier Otta à Sogndal (290 NOK, 3 heures 30).

Besseggen RANDONNÉE

(carte p. 154). La randonnée sur l'arête du Besseggen s'impose comme la plus populaire du pays : au moins 30 000 marcheurs se succèdent durant les trois mois où elle est praticable. L'itinéraire menant du **Memurubu Lodge** (p. 156) à celui de **Gjendesheim** (p. 156) prend environ six heures et culmine à 1 743 m. En partant du parking de Gjendesheim, commencez par traverser le lac à bord du ferry M/S *Gjende*.

La plupart des randonneurs l'abordent dans ce sens mais rien n'interdit de la parcourir dans l'autre sens ; cependant, si vous comptez regagner votre point de départ et votre voiture, calculez bien votre temps afin d'attraper le dernier ferry (16h30). Prévoyez de l'attente en période d'affluence (à savoir la quasi-totalité de juillet-août) en dépit de la rotation quasi continue des bateaux.

De Memurubu, suivez les flèches le long de la pente raide (et exténuante) menant à un plateau. Le sentier est très visible et il semble impossible de s'y perdre. L'itinéraire sinueux passe devant un premier petit lac glaciaire, le **Bjørnbøltjørn**, et est ponctué d'une vue superbe sur les eaux turquoise du **lac Gjende**, plus vaste, où la rivière Memuru déverse chaque année quelque 20 000 tonnes

Parc national du Jotunheimen

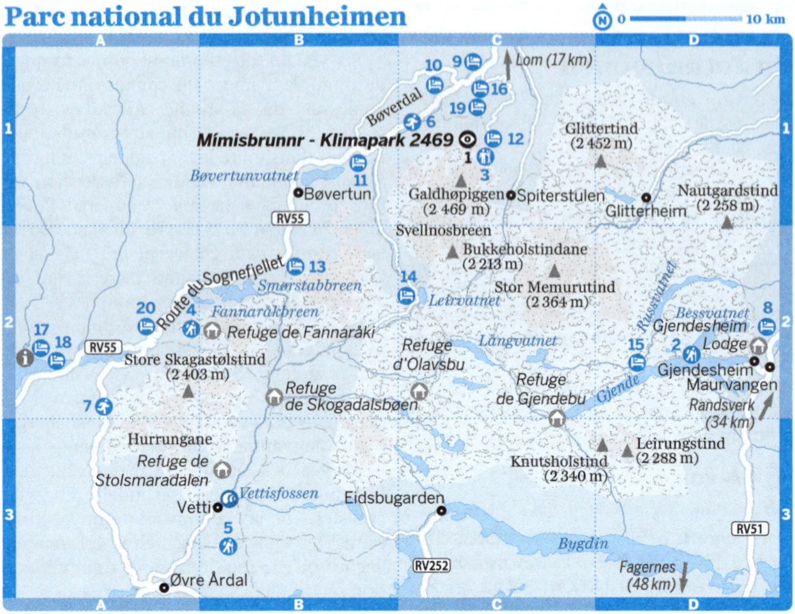

Parc national du Jotunheimen

Les incontournables

1 Mímisbrunnr – Klimapark 2469 .... C1

Activités

2 Besseggen D2
3 Station de ski d'été du Galdhøpiggen C1
4 Hurrungane A2
5 Øvre Årdal B3
6 Route du Sognefjell C1
7 Tindevegen A2

Où se loger

8 Bessheim D2
9 Bøverdalen Vandrerhjem C1
10 Elvesæter Hotell C1
11 Jotunheimen Fjellstue B1
12 Juvasshytta C1
13 Krossbu Turiststasjon B2
14 Leirvassbu Lodge C2
15 Memurubu Lodge D2
16 Røisheim Hotel C1
17 Skjolden Hotel A2
18 Skjolden Vandrerhjem A2
19 Storhaugen C1
20 Turtagrø Hotel A2
Vassbakken Kro & Camping .... (voir 18)

de limon glaciaire. Après plusieurs heures de montagnes russes, vous atteindrez la partie la plus raide qui grimpe jusqu'à l'arête du Besseggen proprement dite. De loin, elle semble étroite et dangereuse mais, bien qu'il faille beaucoup crapahuter et ne pas avoir le vertige, l'ascension n'est pas aussi ardue, ni l'arête si étroite, qu'il n'y paraît. Une fois sur la crête, le sentier grimpe doucement parmi les éboulis jusqu'au sommet du plateau de Veslefjellet avant d'entamer une descente assez tranquille vers Gjendesheim.

Cette randonnée est accessible à toute personne en bonne condition physique. Nous avons vu beaucoup de familles avec de jeunes enfants l'effectuer, encore qu'il faille porter les petits par endroits et que l'ascension jusqu'à l'arête de Besseggen soit rendue un peu plus compliquée avec un bambin.

Henrik Ibsen a écrit du Besseggen : "Il se découpe comme le tranchant d'une faux sur des miles et des miles... Cicatrices et glaciers tailladent le précipice vers les lacs miroitants, 1 600 pieds plus bas sur chaque versant." Une phrase particulièrement évocatrice une fois gagné le sommet.

Tindevegen ROUTE PANORAMIQUE

(carte ci-dessus ; www.tindevegen.no ; 90 NOK/voiture ; mai-nov). Parfois désignée comme raccourci à travers le Jotunheimen, cette route compte parmi les plus épiques de

Norvège. Menant de **Turtagrø** (Rv 53) à **Øvre Årdal** (Rv 55) puis au-delà jusqu'au Sognefjorden, cet itinéraire de 32 km garantit un point de vue unique sur les plus hautes montagnes du pays, pour la plupart enneigées d'un bout à l'autre de l'année : le Fanaråken (2 069 m), le Skagastølstindane (2 405 m) et l'Austabotntindane (2 203 m). L'itinéraire a beau ne pas apparaître dans le classement des routes touristiques nationales, c'est un incontournable absolu.

Ouverte de mai à novembre, la route peut toutefois fermer pendant cette période en cas de chutes de neige.

De Randsverk à Fagernes ROUTE PANORAMIQUE

Entre Randsverk et Fagernes, la Rv 51 grimpe entre les hauteurs boisées du Sjodalen jusqu'à un vaste plateau d'altitude d'où l'on aperçoit pics et glaciers dans le lointain. Cette route de montagne est empruntée par de nombreux randonneurs cheminant vers l'est du Jotunheimen. Elle dessert un refuge du DNT à Gjendesheim (p. 156), point de départ d'une randonnée à la journée très populaire, sur l'arête du Besseggen.

La Jotunheimvegen ROUTE PANORAMIQUE

(www.jotunheimvegen.no ; 100 NOK/voiture ; ⏲mi-juin à oct). Itinéraire de 45 km, la tranquille et pittoresque Jotunheimvegen mène de la Rv 51 à hauteur de l'extrémité est du lac Bygdin jusqu'à Skåbu, au nord-est. Sauf météo contraire, elle est ouverte de mi-juin à octobre. Les 100 NOK du péage, qui peuvent sembler excessifs, sont la seule ressource dont disposent les autorités pour en assumer l'entretien ; elle est gratuite pour les motos. Vous trouverez des campings à Beitostølen et à Skåbu, mais la Jotunheimvegen n'est desservie par aucun transport en commun. Elle rejoint la Peer Gynt Vegen (voir l'encadré p. 135).

Øvre Årdal RANDONNÉE

(carte ci-contre). D'Øvre Årdal, remontez la vallée d'Utladalen sur 12 km vers le nord-est, jusqu'à la ferme de Vetti. De là, un chemin mène à **Vettisfossen**, la plus haute chute d'eau naturelle de Norvège (275 m), et au refuge non gardé de **Stølsmaradalen**. Cet itinéraire constitue une variante pour rejoindre des randonnées plus longues dans le Jotunheimen.

Hurrungane RANDONNÉE

(carte ci-contre). Le fantastique massif du Hurrungane élève sa masse sombre à l'ouest du parc. Certains sommets sont accessibles aux alpinistes chevronnés, voire aux bons grimpeurs, mais la plupart des randonneurs partent vers l'est après le Turtagrø Hotel (p. 157). De l'hôtel, comptez 4 heures pour rejoindre le refuge DNT le plus élevé du pays, le Fannaråki (p. 156), au sommet du Fannaråken (2 068 m).

Station de ski d'été du Galdhøpiggen SKI D'ÉTÉ

(Galdhøpiggen Sommerskisenter ; carte ci-contre ; ☎61 21 17 50 ; www.gpss.no ; forfait remontées tarif plein/réduit 405/330 NOK/jour). Implanté à 1 850 m, sur les hauteurs glacées du plus haut sommet norvégien (le Galdhøpiggen, 2 469 m), ce domaine skiable permet de pratiquer le ski l'été dans un cadre naturel exceptionnel. Depuis Galdesand (sur la Rv 55), suivez la route à péage du Galdhøpiggen (100 NOK) jusqu'à son extrémité, à 1 841 m – il s'agit du point le plus haut accessible par la route en Norvège.

C'est aussi de là que part la randonnée assez difficile vers le Galdhøpiggen (comptez 8 heures pour un dénivelé positif de 1 470 m), depuis Spiterstulen, où démarre la route à péage. Le sentier est bien balisé mais ne partez pas sans une carte et votre boussole.

Où se loger

Le DNT gère des refuges avec personnel sur la plupart de ces itinéraires et des hôtels de montagne privés sont implantés le long des routes principales, essentiellement le long de celle du Sognefjell. Sur la Rv 51, les options se limitent plutôt au camping, encore qu'on trouve quelques hôtels de montagne aux abords de Gjendesheim, bien commodes pour se lancer de bon matin sur l'arête du Besseggen. La plupart ouvrent de mai à septembre.

Juvasshytta HÔTEL D'ALTITUDE $

(carte ci-contre ; ☎61 21 15 50 ; www.juvasshytta.no ; dort adulte/enfant 350/300 NOK). Cet agréable hôtel est à plus de 1 800 m d'altitude, dans l'ombre du point culminant du pays, le Galdhøpiggen. Les différents hébergements vont du plus rustique au très confortable et le personnel organise des circuits pédestres guidés, des randonnées sur le glacier et des ascensions du sommet.

Krossbu Turiststasjon HÔTEL D'ALTITUDE $

(carte ci-contre ; ☎970 01 267 ; www.krossbu.no ; dort à partir de 555 NOK, s 680 NOK, d à partir de 630 NOK ; P wifi). Comptant au total 85 lits, répartis entre le bâtiment principal et une annexe, ce vénérable établissement loue des chambres lambrissées authentiques. Essentiellement destiné aux randonneurs, l'hôtel est entouré de plusieurs itinéraires et son personnel peut organiser une excursion vers le glacier du Smørstabbreen. Petit-déjeuner 125 NOK ; repas 3 plats 390 NOK ; la demi-pension se révèle d'un rapport qualité/prix valable.

Gjendesheim Lodge REFUGE $

(carte p. 154 ; ☎61 23 89 10 ; www.gjendesheim.no ; Gjendesheim ; dort adulte/enfant 210/105 NOK, ch 1-3 lits 350/175 NOK, 4-6 lits 300/150 NOK ; 📶). Au départ du sentier du Besseggen, sur le flanc est du parc, ce beau refuge hautement organisé par le DNT propose des chambres et des repas de bonne tenue. Réservez bien à l'avance car l'endroit est prisé.

Bessheim HÔTEL D'ALTITUDE $$

(carte p. 154 ; ☎61 23 89 13 ; www.bessheim.no ; ch 760 NOK/pers, chalets 490-1 6500 NOK, camping 180-280 NOK ; 🅿📶). À tout juste 3 km à l'est de Gjendesheim, cet hébergement, bien conçu, est le meilleur des environs de la crête de Besseggen. Chambres authentiques, à l'image de la cuisine familiale du restaurant (menu complet 440 NOK). Très couru l'été : réservation indispensable.

Storhaugen HÔTEL $$

(carte p. 154 ; ☎901 92 891 ; www.storhaugengard.no ; Bøverdalen ; chalet 775-3 300 NOK ; 🅿📶). La famille Slettede a ouvert sa ferme ancienne aux hôtes de passage. Une adresse chaleureuse hautement recommandable pour la qualité de son hébergement, aussi bien dans les chalets modernes que dans les appartements, ainsi que pour la vue sur le Jotunheimen et le Bøverdalen. Les enfants se réjouiront de la présence d'animaux de basse-cour. Un excellent rapport qualité/prix, mais venez avec vos vivres car il n'y a pas de restauration.

Leirvassbu Lodge HÔTEL D'ALTITUDE $$

(carte p. 154 ; ☎61 21 12 10 ; www.ton.no/en/leirvassbu-mountain-lodge ; ch avec sdb à partir de 315 NOK ; 🅿📶). Géré par la même famille que l'Elvesæter Hotel, cet hôtel d'altitude typiquement norvégien est installé à 1 400 m, à proximité du lac Leirvatnet. Destiné à une clientèle de randonneurs et de skieurs, l'établissement, fort d'une grosse centaine de chambres, affiche complet en pleine saison. Les chambres avec salle de bains commune permettent quelques économies.

Fannaråki Hut REFUGE $$

(carte p. 154 ; www.ut.no ; dort non-membre DNT 970-1 130 NOK). En partant du Turtagrø Hotel, vous atteindrez en quatre heures le refuge de montagne DNT le plus élevé du pays, au sommet du Fannaråken (2 068 m). Si l'endroit ressemble en tous points aux autres refuges de cet organisme (basique et propre), rares sont les hébergements en Norvège à pouvoir se targuer d'une vue aussi éblouissante.

Stolsmaradalen Hut REFUGE $$

(carte p. 154 ; ☎22 82 28 00 ; www.ut.no/hytte/3.2201 ; dort non-membre DNT 970-1 130 NOK). Les randonneurs en route pour Hurrungane et les cascades de Stølsmaradalsfossen et de Vettisfossen passent souvent la nuit dans ce petit refuge DNT. Le lieu est des plus rudimentaires : quelques matelas et ustensiles de cuisine ; pas d'électricité (il est généralement possible de se chauffer au bois). Prévoyez tout le necessaire et n'oubliez pas votre sac de couchage.

Skogadalsbøen Hut REFUGE $$

(carte p. 154 ; ☎975 69 094 ; www.ut.no/hytte/3.2004 ; dort non-membre DNT 970-1 130 NOK). Ce refuge DNT, huitième par ordre chronologique (1888), est basique mais historiquement riche : 87 lits répartis en chambres doubles, quadruples et deux grands dortoirs. Sans personnel, le lieu est fréquenté essentiellement par des randonneurs venus à la découverte du Fannaråken.

Gjendebu Hut REFUGE $$

(carte p. 154 ; ☎476 11 533 ; www.gjendebu.com ; dort non-membre DNT 970-1 130 NOK ; ⏲juin-sept). Construit en 1871 à 995 m d'altitude au bord du lac Gjende, voici, fort de 119 lits, le plus ancien refuge DNT. Une base idéale pour la randonnée, devant les sentiers de Gjendetunga, Bukkelægeret et Svartdalspiggen.

Olavsbu Hut REFUGE $$

(carte p. 154 ; ☎22 82 28 00 ; www.ut.no/hytte/3.1982 ; dort non-membre DNT 970-1 130 NOK). Installé à une altitude de 1 440 m, ce refuge de 52 lits se trouve au carrefour de deux sentiers : celui arrivant de Leirvassbu (4 heures) et celui reliant Gjendebu à Fondsbu (5 heures). Sans personnel permanent, prévoyez votre repas.

Memurubu Lodge REFUGE $$

(carte p. 154 ; ☎460 16 100 ; www.ut.no/hytte/3.2002 ; dort non-membre DNT 970-1 130 NOK). Ce refuge DNT isolé est utilisé par les randonneurs de la crête de Besseggen. Plusieurs dortoirs affichent une capacité totale de 150 lits, et l'on compte un espace dévolu aux campeurs.

Jotunheimen Fjellstue HÔTEL D'ALTITUDE **$$**
(carte p. 154 ; 61 21 29 18 ; www.jotunheimen-fjellstue.no ; s/d/tr à partir de 1 268/1 688/ 2 254 NOK). De l'extérieur, cet hôtel moderne est éclipsé par son cadre superbe mais ses chambres lumineuses et aérées sont meilleures que beaucoup de leurs homologues dans la région. Café-restaurant animé.

Bøverdalen Vandrerhjem AUBERGE DE JEUNESSE **$$**
(carte p. 154 ; 61 21 20 64 ; www.hihostels.no ; Bøverdalen ; s/d 600/960 NOK ; P). Cette petite auberge de jeunesse, installée au bord de l'eau, a l'attrait d'un café, de chambres bien tenues, de chalets agréables et d'un environnement dont on goûte le charme une fois les promeneurs repartis. Très fréquentée : n'oubliez pas de réserver en été.

Elvesæter Hotell HÔTEL **$$$**
(carte p. 154 ; 61 21 20 00 ; elveseter.no/en/hotel-elveseter ; Bøverdalen ; s/d à partir de 895/670 NOK ; P). Ce vénérable hôtel semble tout droit sorti de l'imagination de Tolkien. Dans les bâtiments en bois, est distribué un ensemble hétéroclite de chambres hors du commun, avec fresques murales, lits en forme de traîneaux, objets anciens et tableaux. La plomberie est bruyante, l'isolation phonique inexistante et l'hôtel souvent bondé… mais l'endroit reste mémorable.

Tenu par la sixième génération de la famille Elvesæter, il donne à proximité du Sagasøyla, mât en bois sculpté de 32 m de haut, retraçant l'histoire de la Norvège de l'unification en 872 à la Constitution de 1814.

Turtagrø Hotel HÔTEL D'ALTITUDE **$$$**
(carte p. 154 ; 57 68 08 00 ; www.turtagro.no ; Fortun ; s/d 2 080/2 800 NOK ; P). Cet établissement de montagne mêle subtilement héritage et modernité. Il se compose d'un chalet alpin construit en 1888 offrant des chambres traditionnelles et d'un bâtiment nettement plus contemporain de 2002, avec des chambres modernes et propres, dans un cadre de bois clair et de baies vitrées. Excellents dîners.

Røisheim Hotel HÔTEL HISTORIQUE **$$$**
(carte p. 154 ; 61 21 20 31 ; www.roisheim.no ; Bøverdalen ; d à partir de 1 550 NOK ; P). Ce charmant hôtel allie l'attrait architectural d'un bâtiment de 1858 au confort moderne (sans la TV). En dehors de la qualité du décor et du logement, l'attrait réside dans la cuisine, pilotée par Ingrid Hov Lunde, grande dame de la gastronomie norvégienne.

Renseignements

Vous pourrez vous renseigner auprès du Norsk Fjellsenter (p. 151) ou du petit office du tourisme (p. 152), tous deux à Lom.

Depuis/vers le parc national du Jotunheimen

Entre juin et septembre, un bus relie Lom à divers points du parc, dont le point de départ du sentier de Gjendesheim (126 NOK, 1 heure 20).

LA HARDANGERVIDDA

Superbe et désolé, le plateau de la Hardangervidda fait partie du **parc national de la Hardangervidda**, le plus grand de Norvège par sa superficie (3 430 km²). Ce paysage de toundra d'un autre monde constitue l'habitat de la plus grande harde de rennes sauvages du pays et le refuge le plus méridional du renard arctique, dont la population naturelle s'est renforcée grâce à des programmes de réintroduction. Depuis toujours lieu de passage des marchandises et des voyageurs circulant entre l'est et l'ouest du royaume, le plateau est aujourd'hui traversé par les principales voies routières et ferroviaires reliant Oslo à Bergen.

Le nombre de rennes a chuté ces dernières années, passant de 19 000 têtes en 1998 à environ 7 000 aujourd'hui. Cette diminution résulte d'un programme de contrôle mis en place par les autorités du parc pour remédier à la surpopulation consécutive à l'interdiction de chasser ces animaux.

En dehors de Finse et Geilo, le parc national de la Hardangervidda est accessible depuis Rjukan et Eidfjord, cette dernière abritant un excellent centre d'information sur le parc national.

Activités

Reliant Haugastøl à Flåm et longue de 83 km, la piste cyclable de Rallarvegen (p. 222) traverse le plateau d'Hardangervidda à Finse ; une distance de 56 km sépare Finse de Flåm. Location de vélos auprès de Finse 1222 (p. 159).

Geilo

2 363 HABITANTS

En arrivant à Geilo (prononcer Yei-lou), à mi-chemin entre Oslo et Bergen, préparez-vous à sauter dans une remontée mécanique dès la descente du train. En été, les belles randonnées ne manquent pas dans la région. Le Hallingskarvet, une montagne aux faux airs de plateau surmontée de plusieurs petits glaciers, constitue notamment une destination appréciée. Outre les randonnées dans la Hardangervidda, la marche sur glacier au **Hardangerjøkulen** (1 862 m), la randonnée à cheval, le rafting, la nage en eau vive ou encore les sorties d'approche des élans sont autant de plaisirs à découvrir. Pour plus de renseignements sur ces activités et bien d'autres, contactez l'office du tourisme (voir ci-contre).

Où se loger et se restaurer

Øen Turistsenter & Geilo Hostel AUBERGE DE JEUNESSE $
(☎32 08 70 60 ; www.oenturist.no ; Lienvegen 137 ; dort 350 NOK, chalets 500-950 NOK ; P wifi). Installée à environ 1 km à l'est du centre, le long de la Rv 7, cette auberge aux chalets et dortoirs bien tenus manque un peu d'ambiance. Assez éloignée de la gare ferroviaire – 2,5 km environ – et l'emplacement en bordure de route n'est de surcroît pas idéal.

Ro Hotell HÔTEL $$
(☎320 95 090 ; www.rohotel.no ; Geilovegen 55 ; s/d 790/1 000 NOK ; wifi). Voisine de la gare ferroviaire, une adresse qui ne paie pas de mine mais parfaite pour le prix. Chambres spacieuses et impeccables, dotées de fauteuils confortables, de bureaux et de Wi-Fi haut débit, bonne isolation phonique et personnel amène.

♥ **Dr Holms Hotel** HÔTEL $$$
(☎32 09 57 00 ; www.drholms.no ; Timrehaugvegen 2 ; ch à partir de 1 350 NOK ; P wifi piscine). Voilà plus d'un siècle que ce vaste ensemble en deux parties s'affiche comme un lieu de délassement pour les montagnards. Dans son bâtiment le plus ancien, ont été aménagées des chambres de style anglais, avec antiquités et bois poli, dans sa partie historique ; l'annexe comprend des chambres plus modernes et épurées.

On trouve également sur place un restaurant traditionnel et, de façon plus étonnante, le bowling le plus en altitude de Norvège.

♥ **Halling-Stuene** NORVÉGIEN $$$
(☎32 09 12 50 ; hallingstuene.no ; Geilovegen 56 ; plats 320-415 NOK ; ⏲17h-22h mar-dim). Ce restaurant à la façade rouge vif s'inscrit dans la plus pure lignée norvégienne pour un succès qui ne se dément pas depuis 25 ans. Le célèbre chef Frode Aga mitonne des plats traditionnels et généreux : *skårapølse* (saucisse d'agneau sauce au beurre), blanc de grouse grillé, truite aux herbes aromatiques et filet de renne sauce grand veneur.

Si d'aucuns ne manqueront pas de trouver les plats trop riches, il n'est point meilleur endroit pour découvrir la gastronomie traditionnelle norvégienne. Sachez que certaines spécialités contiennent de la viande de baleine de Minke.

Renseignements

Office du tourisme de Geilo (☎32 09 59 00 ; www.geilo.no ; Vesleslåttveien 13 ; ⏲9h-18h)

Depuis/vers Geilo

La plupart des visiteurs viennent en train depuis Oslo (328-600 NOK, 3 heures 30, 5/jour) ou Bergen (259 NOK, 3 heures).

Finse

Située à 1 222 m d'altitude, tout près de la calotte glaciaire du Hardangerjøkulen, Finse n'est accessible qu'en train, à vélo ou à pied. C'est la destination de Norvège centrale pour découvrir la nature sauvage arctique. Sa situation isolée au bord d'un lac dans un paysage désolé fascine, que le soleil brille sur le paysage scintillant de neige fraîche ou que le vent se déchaîne sur la toundra et les glaciers par une froide et grise journée de neige.

Il suffit de marcher quelques minutes au sortir de la petite gare pour plonger dans un silence total mais, si vous envisagez des vacances plus musclées, la campagne aux alentours de Finse permet de pratiquer le ski nordique en hiver et la randonnée en été, sans parler des pistes de VTT, peut-être les plus escarpées de Norvège.

Activités

Finse est le point de départ de treks exceptionnels, dont celui de 4 heures, très apprécié, menant à la pointe du glacier Blåisen du Hardangerjøkulen. La balade est superbe mais, quelle que soit la tentation, ne vous rendez sur le glacier qu'exclusivement

RANDONNER DANS LA HARDANGERVIDDA

Dans l'ouest de la Hardangervidda, la saison de randonnée se limite à juillet-août. Le reste de l'année, la neige et des changements de temps soudains rendent l'entreprise trop risquée ; il peut en effet neiger à n'importe quelle époque de l'année. Avant d'aborder le parc, passez au judicieux Hardangervidda Natursenter (p. 197) où vous pourrez préparer votre découverte à travers une superbe exposition sur les richesses naturelles du parc. Le personnel renseigne sur les itinéraires de randonnée et propose à la vente différentes cartes. Les marcheurs et les skieurs opteront pour celles au 1/100 000 (149-279 NOK) publiées par Turkart. La brochure intitulée *Hardangerviddanett Hytteringen* (www.hardangerviddanett.no) contient la liste des refuges de montagne. Le bureau du DNT de Bergen Turlag (p. 180) fournit également des informations de qualité.

Il existe de nombreux points de départ pour les randonnées, dont les chutes de Vøringfoss, Finse et Geilo. Voici nos itinéraires favoris :

De Finse à Vøringfoss (2 jours). Dans la partie la plus accidentée de la Hardangervidda, cette randonnée longe le glacier de Hardangerjøkulen et comprend une nuit en refuge à Rembesdalsseter. Détour possible de 4 à 5 heures (aller) jusqu'à la ferme de Kjeåsen (p. 196).

De Vøringfoss à Kinsarvik via le Harteigen (3 jours). Ascension du beau mont Harteigen, qui dévoile une vue panoramique sur la Hardangervidda, puis descente par l'escalier du Moine jusqu'à Kinsarvik.

De Halne à Dyranut via Rauhelleren (2 jours). Les sentiers vous mèneront au sud de la Rv 7, où vous aurez de grandes chances d'apercevoir des hardes de rennes.

dans le cadre d'une excursion conduite par un spécialiste.

On peut aussi faire le tour du glacier et descendre jusqu'à Vøringfoss. La magnifique randonnée de 3 à 4 jours entre Finse et Aurland suit l'Aurlandsdalen jusqu'à l'Aurlandsfjord. L'hébergement est assuré en chemin par des refuges privés ou du DNT espacés par un jour de marche.

Randonnée sur le glacier Jøklagutane RANDONNÉE GLACIAIRE
(☎993 31 222 ; www.glaciertoursnorway.com ; 840 NOK/pers). Bien menées et fort exaltantes, ces randonnées glaciaires prennent environ 7 heures dont deux sur le glacier lui-même, le temps d'inspecter les crevasses du bord, de se glisser peut-être dans une grotte de glace et de grimper sur la large calotte glaciaire. Départ de la gare ferroviaire à 11h.

Location de vélos VÉLO
(☎56 52 71 00 ; www.hotelfinse1222.no ; à partir de 400 NOK/jour). La boutique de location de vélos de l'hôtel Finse 1222 pourra vous fournir un VTT adapté à la piste de la **Rallarvegen** (p. 222) – avec amortisseurs spécifiques. Les vélos peuvent être rendus à Myrdal ou Flåm, ce qui évite de faire la route en sens inverse (inenvisageable !). Réservation indispensable en été.

Où se loger

Finsehytta HÔTEL D'ALTITUDE $
(☎56 52 67 32 ; finsehytta.dnt.no ; dort 250-410 NOK ; ⏰mi-mars à fin sept ; wifi). Randonneurs, cyclistes et voyageurs en sac à dos convergent vers ce refuge DNT, à quelques minutes à pied de la gare ferroviaire et construit sur une petite péninsule sur le lac. Bien adaptés aux familles, les dortoirs accueillent de trois à six personnes et ont pour la plupart une très belle vue sur le lac. Les dîner (395 NOK) et petit-déjeuner (170 NOK) sont d'un meilleur rapport qualité/prix en demi-pension.

♥ **Finse 1222** HÔTEL D'ALTITUDE $$$
(☎56 52 71 00 ; www.hotelfinse1222.no/ ; ch à partir de 3 910 NOK ; wifi). Cet établissement agréable est quasiment le seul choix d'hébergement à cette altitude sur le plateau de Hardangervidda. Rénové en 2020, c'est un chaleureux ensemble de chambres modernes, bien tenues et bien isolées, beaucoup avec vue magnifique sur le lac et le glacier. Tout proche de la petite gare ferroviaire, il en a annexé certains vieux wagons.

Depuis/vers Finse

Cinq trains quotidiens s'arrêtent à Finse sur la ligne reliant Oslo (686 NOK, 4 heures 30) à Bergen (à partir de 249 NOK, 2 heures 20).

Bergen et les fjords du Sud-Ouest

Dans ce chapitre ➜

Le top des restaurants

- ➜ Lysverket (p. 173)
- ➜ Colonialen Restaurant (p. 173)
- ➜ Renaa Matbaren (p. 214)
- ➜ Egget (p. 214)
- ➜ Tre Brør (p. 183)

Le top des hébergements

- ➜ Hotel Park (p. 170)
- ➜ Stalheim Hotel (p. 193)
- ➜ Utne Hotel (p. 200)
- ➜ Myrkdalen Hotel (p. 184)
- ➜ Energihotellet (p. 202)

Pourquoi y aller

Si vous ne deviez visiter qu'une seule région du pays, c'est sans doute ici que vous en pourriez saisir l'essence.

Deux des plus riantes cités de Norvège servent de point d'accès au "royaume" des fjords. Riche à maints égards, y compris au plan culturel, Bergen se classe parmi les plus belles villes du monde, avec ses maisons de bois peintes s'étageant sur les collines depuis le port de Vågen. Elle est une destination en soi, mais fait aussi une base idéale pour partir à la découverte du Hardangerfjord et de ses villages, ou du vaste réseau du Sognefjord. Et sur le chemin des fjords, Voss est la destination privilégiée des amateurs de sensations fortes.

Plus au sud, Stavanger, attrayante cité portuaire, ouvre sur le long Lysefjord, dont les eaux bleu glacier sont dominées par ces icônes haut perchées que sont le Preikestolen (rocher de la Chaire) et le Kjeragbolten.

Quand partir

Bergen

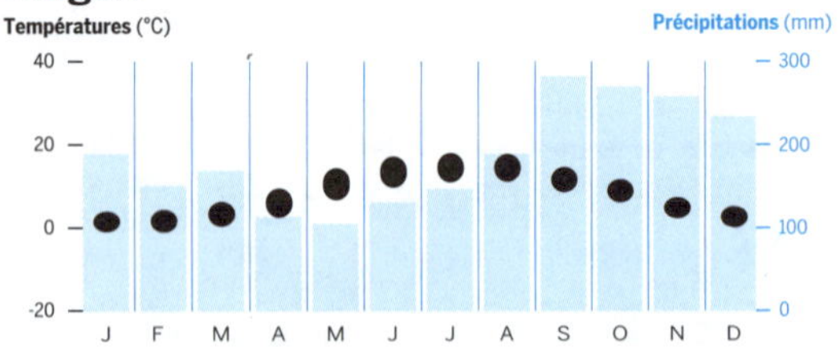

Juin Lors du festival de musique de Bergen et du Festival des sports extrêmes de Voss.

Mai Les vergers en fleurs du Hardangerfjord se parent de superbes couleurs.

Août-sept L'idéal pour une randonnée vers le rocher de la Chaire (Preikestolen) ou le Trolltunga.

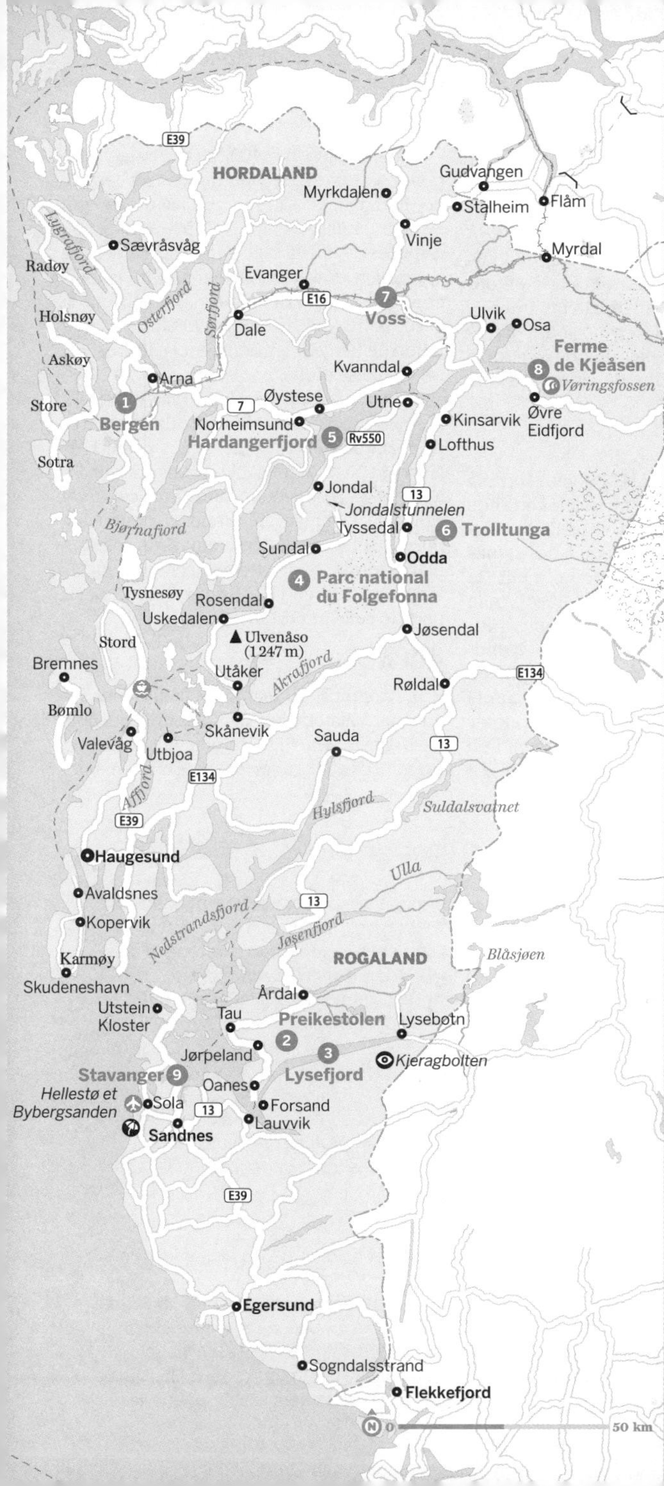

À ne pas manquer

1. Une balade à **Bergen** (p. 162) dans le quartier historique de Bryggen, plus beau port de Norvège.
2. Une randonnée vers le **Preikestolen** (p. 216) et sa vertigineuse vue plongeante.
3. Une mémorable croisière sur le **Lysefjord** (p. 217).
4. La progression prudente sur la calotte glaciaire du **Folgefonna** (p. 203), accompagné d'un guide.
5. Les fermes et les vergers du paisible **Hardangerfjord** (p. 193).
6. Un moment de contemplation, les pieds dans le vide, au bord du précipice de **Trolltunga** (p. 201).
7. Chute libre, kayak, ou escalade à **Voss** (p. 181), pour une bonne dose d'adrénaline.
8. L'ascension depuis l'Eidfjord jusqu'à la vieille **ferme de Kjeåsen** (p. 196).
9. Une soirée dans la riche ville pétrolière de **Stavanger** (p. 209).

BERGEN

278 121 HABITANTS

Entourée de sept collines et cernée d'autant de fjords, Bergen, ancienne capitale, reste une ville étonnante. Le ravissant quartier hanséatique de Bryggen, inscrit au Patrimoine mondial de l'Unesco, en est la pièce maîtresse. Si, par beau temps, l'on se plaît à découvrir les maisons en bois colorées des collines alentours et à sillonner les fjords en ferry, d'excellents musées d'art se prêtent à s'occuper aux jours moins cléments. La cité doit par ailleurs à sa forte population estudiantine de connaître une riche vie festive.

Histoire

Aux XIIe et XIIIe siècles, Bergen était la capitale de la Norvège, et sa plus grande ville. Au XIIIe siècle, les cités-États allemandes s'allièrent pour former des ligues de commerce. La plus grande était la Ligue hanséatique. Basée à Lübeck, elle regroupait plus de 150 cités à son zénith et formait le plus puissant groupe économique d'Europe du Nord. Le port abrité de Bryggen attira en nombre les négociants de la Hanse. Ils y fondèrent leur premier comptoir vers 1360, faisant de Bryggen l'un des quatre principaux centres de la Ligue à l'étranger. Les 2000 résidents, essentiellement allemands, importaient des céréales et exportaient, entre autres produits, de la morue séchée.

Durant plus de 400 ans, Bryggen fut dominée par une communauté très fermée de marchands d'origine germanique, qui avaient interdiction de fréquenter ou d'épouser des Norvégiens. Au XVe siècle, la concurrence avec les armateurs hollandais et anglais, les conflits internes et surtout la peste noire (qui extermina 70% de la population de Bergen) entraînèrent le déclin de la Ligue hanséatique.

Malgré ces revers, au début du XVIIe siècle, Bergen était le pivot et le centre du commerce de Scandinavie, et la ville la plus peuplée de Norvège, avec 15 000 habitants. Durant les XVIIe et XVIIIe siècles, beaucoup de commerçants de la Ligue choisirent la nationalité norvégienne et s'intégrèrent à la communauté locale. Si le dernier comptoir de la Hanse y ferma en 1754, Bryggen demeura un port de belle importance.

À voir

Il faut prendre le temps de flâner dans les quartiers historiques de Bergen. En dehors de Bryggen, les rues les plus authentiques, parmi celles bordées de maisons en bois,

BERGEN EN...

Deux jours

Partez tôt le matin pour une balade au cœur de Bergen, le port historique, pour arriver au vieux port de **Bryggen** (ci-contre) et ses ravissantes maisons en bois. Visitez le **Bryggens Museum** (p. 166) afin de mieux comprendre le contexte historique du quartier. Déjeunez au **marché aux poissons de Torget** (p. 172), où vous attendra la pêche du jour. Passez l'après-midi à découvrir l'extraordinaire collection du **KODE** (ci-contre), et terminez la journée par un repas non moins mémorable au **Lysverket** (p. 173).

Le lendemain, commencez par un café et une viennoiserie au **Kaffemisjonen** (p. 178), puis suivez un **circuit gastronomique** (p. 168). S'il vous reste de l'appétit, déjeunez au **Colonialen Litteraturhuset** (p. 172). En début d'après-midi, prenez le téléphérique en direction du **mont Fløyen** (p. 168), et profitez des lieux pour une agréable balade alentour. Le soir, régalez-vous d'un repas traditionnel, ragoût de renne ou cake au poisson, chez **Pingvinen** (p. 173).

Quatre jours

Si vous avez plus de temps, vous pourrez vous éloigner du centre-ville, visiter le **musée Edvard Grieg** (ci-contre) le troisième jour, et embarquer, le lendemain, pour la belle croisière qui mène au **musée Lysøen** (ci-contre) et sa superbe villa Ole Bull. Ne ratez pas un repas de choix au **Colonialen** (p. 173) et un dîner plus décontracté chez **Marg & Bein** (carte p. 170 ; ☎55 32 34 32 ; www.marg-bein.no ; Fosswinckels gate 18 ; plats 255-279 NOK ; ⌚17h-21h30 mar-jeu, 17h-22h ven et sam, 17h-21h30 dim), mais aussi un délicieux plat de fruits de mer au **Cornelius Sjømat** (p. 173), un restaurant établi sur une île.

sont celles à flanc de colline derrière la gare du funiculaire Fløibanen, celles de Nordnes (la péninsule au nord-ouest du centre, notamment sur la rive sud du port principal) et de Sandviken (secteur au nord de la Håkonshallen). L'ensemble se prête à de mémorables balades.

♥ Bryggen — QUARTIER HISTORIQUE

(carte p. 176). Bryggen ("le quai"), le plus vieux quartier de Bergen, s'étire le long de la rive est du port de Vågen. Derrière les pignons des façades tournées vers le port s'étendent de longues rangées parallèles d'édifices en planches brutes, reconstruits sur des fondations en pierres empilées ou en bois. L'ensemble est incontestablement séduisant, mais perd un peu de son charme lorsque débarquent les touristes des bateaux de croisière et des circuits en bus.

Les 58 (ou 61) édifices existant couvrent 13 000 m². Bâtis après l'incendie de 1702, ils étaient quatre fois plus nombreux à l'origine. Le plan d'ensemble du site date du XIIe siècle. Des fouilles archéologiques de Bryggen laissent penser que le quai se trouvait jadis 140 m plus avant dans les terres.

Au début du XIVe siècle, il y avait là quelque 30 constructions de bois, chacune abritant plusieurs *stuer* (compagnies commerciales). Elles s'élevaient sur 2 ou 3 étages au-dessus du quai et regroupaient des bureaux, des logements et des entrepôts. Chacune possédait une grue pour le chargement et le déchargement des marchandises, ainsi qu'une grande salle commune, la *schøtstue*, où le personnel se rassemblait et prenait ses repas.

Les ruelles de Bryggen sont aujourd'hui un repaire d'artistes et d'artisans, avec son lot de charmantes boutiques à chaque coin de rue. Flâner dans ce quartier, où perdure une ambiance de communauté portuaire, compte parmi les plaisirs propres à Bergen.

♥ Musée Lysøen – Ole Bull — MUSÉE

(Lysøen Museum ; carte p. 164 ; ☎53 00 97 00 ; www.lysoen.no ; ⏲11h-16h30 mi-mai à mi-sept). Le musée Lysøen se trouve sur la petite île du même nom, qui comprend la splendide villa Olle Bull. Cette belle demeure fut érigée en 1873 comme résidence d'été du violoniste norvégien Ole Bull (1810-1880), alors célébrissime. Installée sur une île naguère privée, la propriété, d'esprit mauresque, n'est que tourelles, bulbes, colonnes et marbre. La grande salle de musique est mémorable.

Le musée était fermé pour rénovation au moment de nos recherches. Renseignez-vous avant votre venue.

Vous pouvez toujours visiter l'île (le domaine comprend 13 km de sentiers, accessibles gratuitement). Pour s'y rendre, il faut prendre le ferry (gratuit, 8 min, 1/heure de 11h à 15h) qui assure la liaison depuis le quai Buena à Lysekloster.

♥ Musée Edvard Grieg Troldhaugen — MUSÉE

(Edvard Grieg Museum Troldhaugen ; carte p. 164 ; ☎53 00 97 00 ; griegmuseum.no ; Troldhaugvegen 65, Paradis-Bergen ; tarif plein/réduit/-18 ans 130/90 NOK/gratuit ; ⏲10h-17h mar-dim). Edvard Grieg (1843-1907) et sa femme , la cantatrice Nina Hagerup (1845-1935) passèrent des étés dans cette charmante villa en bois, de 1885 jusqu'à la mort du compositeur en 1907. C'est Nina elle-même qui choisit le nom de la villa, Troldhaugen (la "Colline des Trolls"). L'endroit, ravissant, est entouré de jardins vallonnés, et niché dans le cadre semi-rural d'une péninsule près du lac Nordåsvatnet, au sud de Bergen.

Outre la maison d'origine de Grieg, le site comprend un musée moderne et une salle de concert de 200 places. Ne manquez pas le cabanon du compositeur, au bord du lac côtier, dans lequel il s'enfermait chaque jour pour composer.

La meilleure façon de se rendre à Troldhaugen en transports est de prendre le tram depuis le centre-ville jusqu'à Nesttun (billet 2 heures, 36 NOK). Descendre à l'arrêt "Hop" et marcher 2 km – le chemin est bien indiqué. Navette gratuite pour les concerts en soirée.

♥ KODE — MUSÉES

(carte p. 170 ; ☎53 00 97 00 ; www.kodebergen.no ; Rasmus Meyers allé ; tarif plein/réduit 150/100 NOK, gratuit -18 ans, billet valable 2 jours pour les 4 musées). Sous l'égide de l'institution KODE, les musées de Bergen forment, à eux quatre, une des plus vastes collections d'art et de design de Scandinavie. Chacun est spécialisé dans un domaine particulier : KODE 1 regroupe la collection d'argenterie norvégienne et la fameuse collection Singer ; KODE 2 (p. 165) accueille des collections d'art contemporain ; KODE 3 (p. 165) est dévolu aux œuvres d'Edvard Munch ; KODE 4 (p. 165) est dédié à l'art moderne et aux enfants.

Environs de Bergen

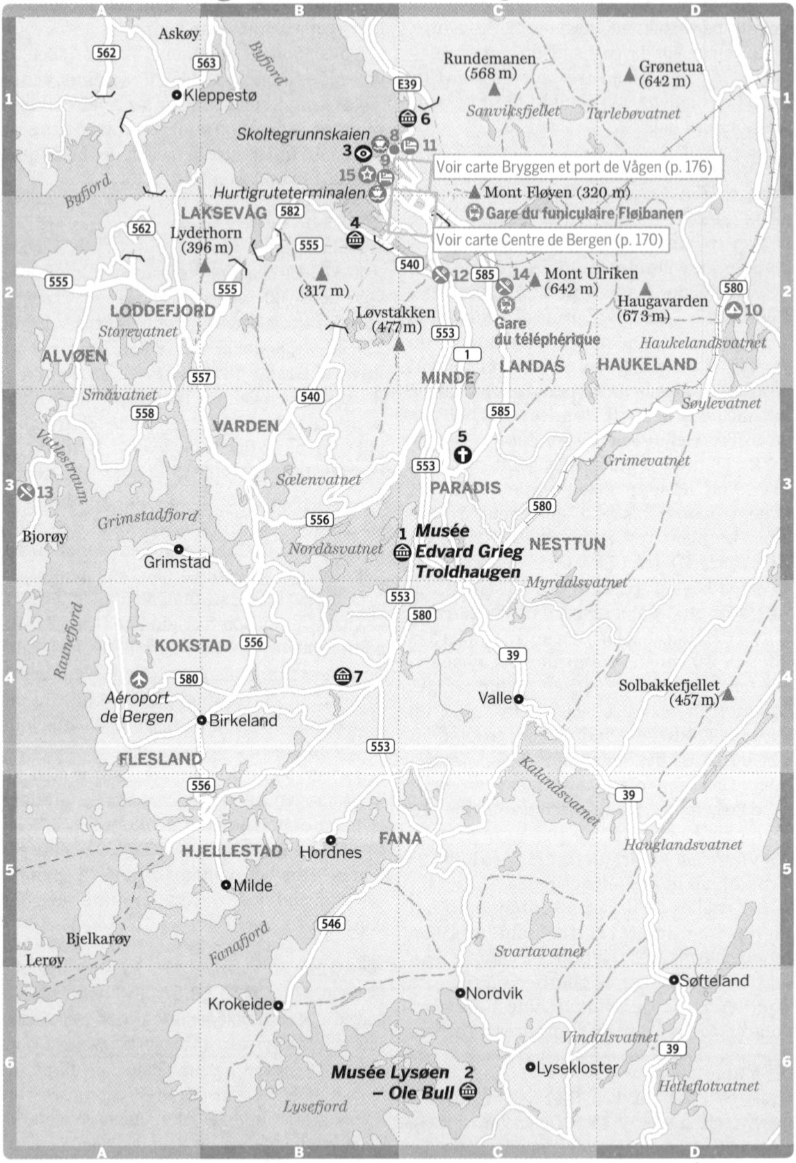

➡ KODE 1

(musée des Arts décoratifs ; carte p. 170 ; Nordahl Bruns gate 9 ; ⏲11h-17h mar et mer, ven-dim, 10h-20h jeu). Rouvert en 2017 après des travaux de rénovation, cet impressionnant musée est le point de départ idéal de votre découverte des KODE. Il accueille trois grandes collections : la première est consacrée à l'**argenterie norvégienne** (*Sølvskatten*), la seconde à la **collection Singer**, une fabuleuse collection d'art et d'antiquités amassée au XIXe siècle par William et Anna Brugh Singer. Quant à la **collection chinoise**, elle constitue la

Environs de Bergen

plus grande collection d'art et d'artisanat chinois de Norvège.

KODE 2

(grandes expositions temporaires ; carte p. 170 ; Rasmus Meyers allé 3 ; 11h-17h mar et mer, ven-dim, 10h-20h jeu). KODE 2 accueille plusieurs **expositions temporaires** par an. À l'issue de travaux de réhabilitation, KODE 2 a rouvert ses portes en octobre 2017 avec une exposition de l'artiste japonaise Chiharu Shiota.

Le **Café Smakverket** (plats 179-289 NOK ; 11h-17h) et la superbe **librairie** du musée (art, photographie, architecture et design) sont au rez-de-chaussée.

KODE 3

(musée Edvard Munch ; carte p. 170 ; Rasmus Meyers allé 7 ; 10h-17h mar-dim). KODE 3 est entièrement dédié au peintre **Edvard Munch**, avec un fonds sans doute encore plus riche que celui du musée d'Oslo. Ses œuvres sont exposées dans un cadre merveilleusement intimiste, et comptent notamment plusieurs toiles issues de sa série de tableaux sur la psyché, intitulée *Frise de la vie* – *Jalousie* (1890), *Mélancolie* (1894-1895), *Les Trois Âges de la femme* (1893), *Soirée sur l'avenue Karl-Johan* (1892) et *Près du lit de mort* (1915).

KODE 4

(musée d'Art moderne et musée d'Art pour enfants ; carte p. 170 ; Rasmus Meyers allé 9 ; 11h-17h ;). Ce musée compte une vaste collection d'œuvres modernistes européennes, dont quelques Klee, Picasso et Miró, ainsi qu'une galerie dédiée au peintre paysagiste norvégien **Nikolai Astrup**. Le KODE 4 occupe un édifice fonctionnaliste des années 1930, autrefois siège administratif du fournisseur d'électricité de Bergen.

Proches de l'art naïf, les peintures, dessins et gravures sur bois néoromantiques d'Astrup représentent les fjords, champs et montagnes de sa région natale de Jølster, ainsi que la vie quotidienne au début du XXe siècle. À les contempler, on est pris du désir d'explorer soi-même l'ouest de la Norvège.

Le KODE 4 accueille également le **Kunst-Lab**, premier musée d'art de Norvège spécialement conçu pour les enfants.

Le bar-restaurant Lysverket (p. 173) est au rez-de-chaussée.

Au moment de nos recherches, le KODE 4 était fermé pour rénovation. Renseignez-vous avant votre venue.

Musée national de la Pêche MUSÉE

(Norges Fiskerimuseum ; carte ci-contre ; 53 00 61 80 ; fiskerimuseum.museumvest.no ; Sandviksboder 23 ; tarif plein/réduit 100/85 NOK ; 11h-17h tlj juin-sept, horaires restreints le reste de l'année). Aménagé, sur les quais, dans plusieurs entrepôts du XVIIIe siècle, ce musée évoque de larges pans de l'histoire de la pêche en Norvège. Très éclectique, l'exposition concerne la pêche à la morue et à la baleine ainsi que la chasse au phoque et présente d'anciens articles de pêche (tels que casques de plongée et harpons).

Bergen Kunsthall MUSÉE

(carte p. 170 ; 940 15 050 ; www.kunsthall.no ; Rasmus Meyers allé 5 ; tarif plein/réduit/enfant 50/25 NOK/gratuit, entrée libre jeu à partir de 17h ; 11h-17h mar-dim, 11h-20h jeu). Le musée d'art contemporain le plus important de Bergen accueille des expositions d'artistes norvégiens et étrangers. Souvent, l'œuvre d'un seul d'entre eux occupe tout l'espace. Le bâtiment vaut le coup d'œil rien que pour son architecture séduisante des années 1930. L'espace bar attenant, Landmark (p. 176), aussi dédié à de l'art vidéo et électronique, accueille en plus concerts, projections cinématographiques, spectacles et conférences.

Damsgård MANOIR

(carte p. 164 ; www.bymuseet.no ; Alléen 29, Laksevåg ; tarif plein/réduit 80/40 NOK ; ⌚12h-15h lun-jeu et dim juin-août 12h-15h dim août-sept). Édifié en 1770, le manoir de Damsgård, implanté à 3 km à l'ouest de la ville, est peut-être le plus bel exemple d'architecture rococo en bois du XVIIIe siècle en Norvège – voire en Europe. Le point d'orgue en est un somptueux jardin baroque, agrémenté de sculptures, de bassins et de variétés végétales communes il y a deux siècles. Pour venir jusqu'ici, prenez le bus n°19 dans le centre de Bergen.

Bryggens Museum MUSÉE

(musée de Bryggen ; carte p. 176 ; ☎55 30 80 30 ; www.bymuseet.no ; Dreggsallmenning 3 ; tarif plein/réduit 120/90 NOK ; ⌚10h-16h mi-mai à août, horaires réduits reste de l'année). Ce musée archéologique est bâti là où s'étaient établis les premiers habitants de Bergen. Vous pourrez y voir des fondations, vieilles de quelque 800 ans, mises au jour lors de sa construction. Le musée réunit notamment des outils, des poteries, des crânes et des runes de l'époque médiévale. Il accueille également une remarquable exposition permanente consacrée à la ville du début du XIVe siècle.

LA BERGEN CARD

La **Bergen Card** (www.visitbergen.com/bergencard ; pass 24h tarif plein/réduit 280/100 NOK, 48h 360/130 NOK, 72h 430/160 NOK) comprend l'entrée gratuite aux principaux musées de Bergen et des tarifs réduits pour les autres ; la gratuité des transports publics ; l'aller-retour dans le funiculaire Fløibanen (p. 168) à prix réduit voire gratuit selon le moment de l'année ; des visites guidées gratuites de la ville ; des réductions pour les visites de la ville et les croisières, les concerts et manifestations culturelles. En vente à l'office du tourisme (p. 180), dans certains hôtels, à la gare routière et en ligne.

Musée de la Hanse et Schøtstuene MUSÉE

(Det Hanseatiske Museum og Schøtstuene ; carte p. 176 ; ☎53 00 61 10 ; schøtstuene.no ; Finnegårdsgaten 1a et Øvregaten 50 ; tarif plein/réduit 130/110 NOK, gratuit -16 ans ; ⌚11h-15h tlj, visites guidées le week-end). Cet intéressant musée est une fenêtre sur le monde des marchands de la Hanse. Installé dans un bâtiment de bois brut de 1704, il met en évidence l'immense contraste qui existait entre les conditions de vie et de travail difficiles des marins et des apprentis, et celles des marchands.

Vous découvrirez notamment le bureau, le cabinet à alcools et la chambre d'été de la direction, ainsi que les quartiers des apprentis – qui se partageaient un lit pour deux –, la salle de stockage du poisson et la *fiskeskrue* (presse à poisson) où plus de 450 tonnes de morue étaient traitées et conditionnées chaque mois.

Complément essentiel au musée de la Hanse, le **Schøtstuene** (carte p. 176 ; Øvregaten 50 ; accès inclus dans le billet du musée) est la reconstruction d'une des salles communes où se rassemblaient jadis les marchands de la Ligue pour travailler et boire de la bière.

Le billet comprend également l'entrée au musée de la Pêche (p. 165), ainsi que l'accès à la navette, qui dessert le musée deux fois par heure depuis Bryggen.

Salle de cérémonie du roi Håkon ÉDIFICE HISTORIQUE

(Håkonshallen ; carte p. 176 ; www.bymuseet.no ; Bergenhus ; tarif plein/réduit 120/90 NOK ; ⌚10h-16h mi-mai à août, 11h-14h mi-août à fin nov). Cet édifice de trois niveaux, construit entre 1247 et 1262 à la demande du roi Håkon Håkonsson et achevé à temps pour les noces et le couronnement de son fils, plaira aux amateurs d'histoire médiévale. C'est la grande salle des banquets du niveau supérieur qui retient surtout l'attention.

Aquarium de Bergen AQUARIUM

(Akvariet i Bergen ; carte p. 164 ; www.akvariet.no ; Nordnesbakken 4 ; tarif plein/réduit/famille 300/190/840 NOK ; ⌚10h-18h ; 👪). Donnant à l'extrémité de la péninsule de Nordnes, cet aquarium plaira aux familles, qui pourront y découvrir maintes espèces, réparties dans une soixantaine d'aquariums, dont des pieuvres et des poissons coralliens. Au nombre des coups de cœur des enfants : le tunnel d'observation des requins, ainsi que les phoques et les manchots. Une serre

LA PRÉSERVATION DE BRYGGEN

Le sublime quartier de Bryggen, classé au Patrimoine mondial de l'Unesco en 1979, n'en est pas moins menacé de destruction depuis le début du XXe siècle.

L'endroit a souffert d'au moins sept incendies (en particulier ceux de 1702 et de 1955, lorsque les flammes en détruisirent un tiers). Certaines maisons penchent depuis l'explosion en 1944 d'un navire hollandais qui transportait des munitions, laquelle soufla les toitures et ébranla des fondations. Cette explosion puis l'incendie de 1955 alimentèrent le débat autour d'une éventuelle destruction définitive ; les risques d'embrasement, alliés à un état général assez déplorable du quartier, ne parlaient pas en sa faveur. Les projets de réhabilitation évoquaient la construction d'immeubles de huit étages, la création d'une gare routière, d'un centre commercial, d'un parking…

Ce furent finalement les fouilles archéologiques entreprises après l'incendie de 1955 qui sauvèrent Bryggen. Sur treize ans, plus d'un million d'objets furent mis au jour. En 1962 furent créés la **Fondation Bryggen** (stiftelsenbryggen.no) et l'association des Amis de Bryggen. La fondation supervise la protection et la restauration du quartier, mais les bâtiments restent privatifs. L'un des grands défis pour l'avenir concerne le lent enfoncement de Bryggen, qui s'abîme de quelque 8 mm par an.

Plus de renseignements auprès du centre d'accueil des visiteurs du quartier (p. 180).

tropicale abrite des reptiles, serpents et crocodiles notamment.

À 20 minutes à pied depuis Torget ; on peut également prendre le ferry de Vågen ou le bus n°11.

Église en bois debout de Fantoft ÉGLISE

(Fantoft stavkirke ; carte p. 164 ; www.fantoftstavkirke.com ; Paradis ; tarif plein/réduit/enfant 70/50/30 NOK ; 11h-16h mi-mai à mi-sept). Dans le verdoyant quartier résidentiel de Paradis, au sud de Bergen, cette église en bois debout, construite dans le Sognefjord vers 1150, fut ensuite déplacée vers son site actuel en 1883. Il s'agit en fait d'une réplique, l'originale ayant été incendiée au début des années 1990 par un mouvement black metal et néopaïen. La **croix** attenante date de 1050 et provient de Sola, dans le Rogaland.

Depuis Bergen, prendre le tramway direction Fantoft (billet 2 heures 36 NOK).

Musée Theta MUSÉE

(carte p. 176 ; 55 55 20 80 ; Enhjørningsgården ; tarif plein/réduit 50/20 NOK ; 14h-16h mar, sam et dim juin-août). Le plus petit musée de Bryggen doit son nom au groupe de résistants norvégiens qui s'y réunissait pendant la Seconde Guerre mondiale. L'ambiance de ce QG, démantelé par les nazis en 1942, est fidèlement restituée. On y retrouve des radios et divers objets d'époque.

Cathédrale de Bergen CATHÉDRALE

(Domkirke ; carte p. 176 ; 55 59 71 75 ; Domkirkeplass 1 ; 9h-14h lun-ven). GRATUIT Remarquez le superbe travail des pierres de l'entrée, œuvre des mêmes sculpteurs qui réalisèrent la maison capitulaire de l'abbaye de Westminster à Londres. De mi-juin à fin août, des récitals d'orgue, gratuits, y sont donnés le dimanche et le jeudi.

Tour Rosenkrantz DONJON

(Rosenkrantztårnet ; carte p. 176 ; 479 79 578 ; www.bymuseet.no ; Bergenhus ; tarif plein/réduit 120/90 NOK ; 9h-16h mi-mai à août, 12h-15h dim sept à mi-mai). Bâtie vers 1560 par le gouverneur Erik Rosenkrantz, cette tour de sept étages fut une résidence et un poste défensif. Elle comprend une partie du donjon (1273) du roi Magnus VI (dit "le Législateur") et de la forteresse de 1520 de Jørgen Hansson.

Activités

Ulriken643 TÉLÉPHÉRIQUE

(carte p. 164 ; 53 64 36 43 ; www.ulriken643.no ; aller-retour tarif plein/réduit/famille 185/115/490 NOK ; 9h-21h mai-sept, 9h-17h mar-dim oct-avr). Depuis le port, si vous regardez en direction des montagnes, vous apercevrez une antenne radio recouverte de paraboles satellites qui trône au sommet du mont Ulriken (643 m). Vous pourrez en faire l'ascension à pied ou préférer sagement le téléphérique, qui vous y mènera en tout juste sept minutes. Par temps clair, on peut admirer un panorama superbe qui englobe la ville, les fjords et les sommets qui l'entourent.

À NE PAS MANQUER

CIRCUITS DANS LES FJORDS DEPUIS BERGEN

Des dizaines de visites des fjords sont organisées depuis Bergen. L'office du tourisme (p. 180) en possède la liste complète et vend les billets. Il est parfois possible de s'inscrire en ligne. La plupart des prestataires offrent une réduction aux détenteurs de la Bergen Card (p. 166). Pour avoir une idée de l'offre disponible, procurez-vous la brochure *Round Trips – Fjord Tours & Excursions* à l'office du tourisme, qui répertorie les circuits proposés par les compagnies privées. Fjord Tours et Rodne Fjord Cruises (tous deux ci-contre) sont les deux principaux prestataires.

Fløibanen FUNICULAIRE, RANDONNÉE
(carte p. 176 ; ☎55 33 68 00 ; www.floibanen.no ; Vetrlidsallmenningen 21 ; tarif plein/réduit aller-retour 90/45 NOK ; ⏲7h30-23h lun-ven, 8h-23h sam-dim). Pour avoir une vue imprenable sur la cité, gravissez la pente à 26° menant au sommet du **mont Fløyen** (320 m) à bord du funiculaire Fløibanen, qui part toutes les 15 minutes. À l'arrivée, des chemins bien balisés s'enfoncent dans la forêt. Les itinéraires sont indiqués sur les cartes *Walking Map of Mount Fløyen* (gratuites), disponibles à l'office du tourisme de Bergen (p. 180).

Au moment de nos recherches, le funiculaire devait fermer pour rénovation. Sa réouverture était prévue pour avril 2022.

Circuits organisés

Le **Bergen Guide Service** (carte p. 176 ; ☎55 30 10 60 ; www.bergenguideservice.no ; Holmedalsgården 4 ; adulte/enfant 130 NOK/gratuit ; ⏲bureau 9h-15h lun-ven) propose toute l'année des circuits pédestres guidés de la ville ; en été, **Bryggen Guiding** (carte p. 176 ; ☎55 30 80 30 ; www.bymuseet.no ; Bryggens Museum, Dreggsallmenning 3 ; tarifs selon la visite) organise des circuits pédestres historiques du quartier de Bryggen.

♥ **Bergen Food Tours** GASTRONOMIE
(carte p. 170 ; ☎960 44 892 ; tarif plein/réduit 800/700 NOK). Ce circuit pédestre (3 heures) passe par huit établissements et permet de goûter des produits typiques : fruits de mer, viande de renne, pâtisseries, bière artisanale, Trekroneren (hot-dogs), mais aussi une soupe de poisson concoctée par le chef le plus en vue de Bergen, Christopher Håtuft, du Lysverket (p. 173). Le circuit démarre généralement à proximité du musée KODE.

♥ **Fjord Tours** EXCURSIONS, CROISIÈRES
(☎81 56 82 22 ; www.fjordtours.com). Bergen est un excellent point de départ pour une excursion à la journée vers les fjords – en particulier pour qui n'a que peu de temps. Le Hardangerfjord et le Sognefjord se prêtent bien, l'un et l'autre, à une croisière depuis Bergen, voire Oslo, grâce à l'excursion à succès **Norway in a Nutshell**, qui englobe un nombre impressionnant de curiosités en une seule journée.

Le **billet standard** (départ de Bergen, à partir de 1 885 NOK) comprend le train de 6h52 à destination de **Voss**, puis le bus jusqu'à l'historique **hôtel Stalheim** et à **Gudvangen**, la croisière en ferry sur le magnifique **Nærøyfjord** jusqu'à **Flåm**, le train de montagne jusqu'à **Myrdal**, et enfin le retour en train sur Bergen à 18h55, à temps pour aller dîner. Une version plus onéreuse inclut une croisière sur un plus beau bateau (1 710/875 NOK).

On peut prolonger l'excursion jusqu'à Oslo (aller-simple tarif plein/réduit 1 890/980 NOK), pour une arrivée prévue vers 22h.

De mai à septembre, Fjord Tours propose en outre des excursions depuis Bergen combinant train, bus et ferry, notamment un circuit de dix heures, le **Hardangerfjord in a Nutshell** (tarif plein/réduit 1 430/890 NOK), qui passe par Voss, Ulvik, Eidfjord et Norheimsund, ainsi qu'une croisière sur le Sognefjord, **Sognefjord in a Nutshell** (tarif plein/réduit 1 610/810 NOK). Attention, ces deux circuits ne sont pas assurés toute l'année. Renseignez-vous.

Nombre d'autres excursions sont proposées, passant notamment par Oslo, Sognefjorden, Geiranger, et Ålesund. Il existe également des circuits thématiques (consacré à la dégustation de cidre par exemple). Toutes les informations sont détaillées sur le site Internet.

Bergen Segway À SEGWAY
(carte p. 164 ; ☎47 14 71 00 ; www.bergensegway.no ; Bontelabo 2 ; circuit 745 NOK, circuit de nuit 995 NOK). Pour quiconque rechigne à se faire les mollets dans les rues pentues de Bergen, un circuit à Segway est tout indiqué. Celui standard passe par Bryggen, le centre-ville, le marché aux poissons et la

vue panoramique depuis le sommet du mont Fløyen. Un circuit nocturne, moins long, existe également. Un peu fou, mais sympathique.

Rodne Fjord Cruises CROISIÈRES
(carte p. 176 ; ☎51 89 52 70 ; www.rodne.no ; Torget ; tarif plein/réduit/famille 580/320/1 600 NOK ; ⏲10h et 15h lun-dim mars-oct, 10h mer-ven, 12h sam et dim nov-fév). Ce prestataire expérimenté propose une croisière de 3 heures 30 sur l'Osterfjord et dans le détroit de Mostraumen, au nord de Bergen. Le bateau passe devant plusieurs cascades : prévoyez des vêtements adaptés. Départ à côté du marché aux poissons. On peut acheter le billet à bord, au terminal des ferries avant le départ, ou à l'avance auprès de l'office du tourisme (p. 180).

Fonnafly HÉLICOPTÈRE
(☎974 84 040 ; www.fonnafly.no ; à partir de 5 500 NOK/3 passagers). Cet opérateur national concocte des vols touristiques sur mesure – mais assez onéreux. Vus du ciel, les fjords sont inoubliables.

Fêtes et festivals

Fête de la bière de Bergen BIÈRE
(Bergen Ølfestival ; www.olfestival.no ; ⏲sept). Cette fête, héritage viking oblige, permet aux amateurs de découvrir pendant deux jours des bières du monde entier.

Festival international de Bergen CULTURE
(Festpillene ; www.fib.no ; ⏲fin mai). Grande manifestation culturelle de l'année. Le Festpillene, ce sont 14 jours de spectacles de danse, de concerts et d'arts visuels dans toute la ville.

Natt Jazz Festival MUSIQUE
(www.nattjazz.no ; ⏲mai). Les Nuits du Jazz, un festival de jazz très apprécié de l'importante population estudiantine de Bergen.

Festival gastronomique de Bergen GASTRONOMIE
(Bergen Matfestival ; www.matfest.no ; ⏲sept). Présentation de la production alimentaire locale (dont la viande de baleine).

Festival international du film de Bergen CINÉMA
(Bergen Internasjonalen Filmfestival ; www.biff.no ; ⏲fin sept). Un des plus grands festivals de cinéma du pays.

Où se loger

Il existe de bons hôtels à Bergen, mais il faut impérativement réserver avant de s'y rendre : la ville se remplit rapidement en été, lors des festivals et autres congrès. L'office du tourisme (p. 180) dispose d'un service de réservation d'hébergement sur place et en ligne.

Citybox AUBERGE DE JEUNESSE, HÔTEL $
(carte p. 170 ; ☎55 31 25 00 ; www.citybox.no ; Nygårdsgaten 31 ; s à partir de 579 NOK, d 899-999 NOK, f 1 545 NOK ; 📶). Créée à Bergen, cette mini-chaîne compte parmi les meilleures de Norvège et son succès ne se dément pas, surtout depuis la construction d'une nouvelle aile en 2017. S'il s'agit plutôt là d'un hôtel élégant (déco simple mais irréprochable et literie confortable) que d'un établissement bon marché, le rapport qualité/prix en reste excellent pour Bergen.

Lone Camping CAMPING $
(carte p. 164 ; ☎55 39 29 60 ; www.lonecamping.no ; Hardangerveien 697, Haukeland ; empl tente, voiture et 2 adultes 230 NOK, bung 670-1 550 NOK). Ce camping en bord de lac, à 20 km de Bergen, entre Espeland et Haukeland, est desservi par les transports publics ; le bus n°900 assure la liaison avec Bergen (53 NOK, 30 min).

Marken Gjestehus AUBERGE DE JEUNESSE $
(carte p. 170 ; ☎55 31 44 04 ; www.marken-gjestehus.com ; Kong Oscars gate 45 ; dort 290 NOK, s/d avec sdb commune 695/995 NOK). À mi-chemin entre le port et la gare ferroviaire, cette auberge de jeunesse, à l'intérieur d'un hôtel, dispose de chambres simples et modernes. Murs blancs et parquet donnent une impression d'espace et de luminosité, les chaises aux couleurs vives et les décors au pochoir apportent une note gaie, et les parties communes sont plus chics que le prix ne le laisse penser. Accès à la réception par l'ascenseur.

Bergen YMCA Hostel AUBERGE DE JEUNESSE $
(carte p. 176 ; ☎55 60 60 55 ; ymca-hostel.bergen-hotelsweb.com/fr ; Nedre Korskirkealmenning 4 ; dort/s/d 215/600/850 NOK). Cette auberge de jeunesse ne manque pas d'atouts : les couchages en dortoirs se révèlent d'un excellent rapport qualité/prix, les lieux sont impeccables, la cuisine bien équipée et la vue sur le port superbe depuis la terrasse sur le toit. En prime : salle de bains privative et mini-réfrigérateur dans toutes les chambres. Restent deux inconvénients,

Centre de Bergen

l'emplacement tantôt bruyant et la forte hausse des tarifs en été.

Hotel Park HÔTEL HISTORIQUE **$$**
(carte ci-dessus ; ☎55 54 44 00 ; www.hotelpark.no ; Harald Hårfagresgate 35 ; d à partir de 1 490 NOK ; 📶). Géré par les filles du propriétaire historique, cet hôtel, aménagé dans deux bâtiments en pierre du XIXe siècle, est un véritable petit bijou. Le mélange d'objets de famille et d'idées originales en fait un endroit unique où l'on se plaît à séjourner. Ses 33 chambres ont toutes leurs particularités, avec leurs plans irréguliers et d'étonnantes touches de design. Les chambres en angle ont vue sur les toits de la ville et sur le mont Fløyen.

Zander K HÔTEL **$$**
(carte ci-dessus ; ☎55 36 20 40 ; www.zanderk.no ; Zander Kaaesgate 8 ; d à partir de 1 270 NOK ; ❄📶). Cet établissement contemporain apporte une touche de distinction dans l'offre d'hébergements, au demeurant sans grande fantaisie, de Bergen. Les chambres spacieuses, doubles ou familiales, sont décorées dans des tons de gris et arborent différentes configurations. L'établissement affiche un style épuré dès l'entrée, le bar et le restaurant : baies vitrées, lampes globes, canapés moelleux... l'influence moderniste est omniprésente. Emplacement idéal, à proximité de la gare. Prêt gracieux de vélos aux hôtes.

Klosterhagen Hotel HÔTEL **$$**
(carte p. 164 ; ☎53 00 22 00 ; www.klosterhagen-hotell.no ; Strangehagen 2 ; s/d 890/1 190 NOK ; 📶). Voici une adresse à retenir pour qui en a assez des chaînes d'hôtels impersonnels. Installé dans le joli quartier de Nordnes, avec ses rangées de maisons mitoyennes et leurs jardins impeccables, cet établissement loue 15 chambres lumineuses, colorées et modernes, agrémentées de mobilier scandinave et de salles de bains habillées d'ardoise.

Centre de Bergen

Grand Hotel Terminus HÔTEL HISTORIQUE $$
(carte ci-contre ; ☎55 21 25 00 ; www.ght.no ; Zander Kaaesgate 6 ; d 1 590-1 990 NOK, ste à partir de 2 090 NOK ; wi-fi). Face à la gare, cette belle adresse construite en 1928, renvoie à la grande époque du voyage en train. Le lieu fait forte impression d'emblée, avec son hall et son bar à whiskys lambrissé. Mais les chambres déçoivent, notamment les premiers prix. Préférez-en une de catégorie intermédiaire ou supérieure.

Skuteviken Gjestehus PENSION $$
(carte p. 164 ; ☎934 67 163 ; www.skuteviken-guesthouse.com ; Skutevikens smalgang 11 ; app 2 pers 1 100-1 200 NOK ; wi-fi). Dans une petite rue pavée de Sandviken, cette pension en bois est décorée de meubles en osier blanc et de coussins en dentelle, avec quelques touches modernes. Les chambres sont présentées comme autant d'appartements, avec salon séparé, kitchenette et salle de bains attenante. Les prix sont indiqués pour 1 personne et débutent à 450 NOK en hiver, pour atteindre 550 NOK en été.

Steens Hotell HÔTEL HISTORIQUE $$
(carte ci-contre ; ☎55 30 88 88 ; www.steenshotel.info;Parkveien22;s890-1390NOK,d1090-1890 NOK ; P wi-fi). Cette ancienne demeure privée des années 1890 ne manque pas de charme avec ses vitraux d'origine et son escalier en colimaçon. Les chambres sont plus modestes, mais celles du niveau supérieur ont l'attrait d'une vue agréable. Atout non négligeable, l'établissement possède un parking.

Skansen Pensjonat PENSION $$
(carte p. 176 ; ☎55 31 90 80 ; Vetrlidsalmenning 29 ; s/d/app 550/900/1 100 NOK ; wi-fi). Pension jolie comme un cœur, à l'emplacement imbattable, sur les hauteurs derrière la première station du funiculaire. La maison a su conserver son authenticité, les chambres sont lumineuses et spacieuses (sans fioritures toutefois) et la "chambre avec balcon" donne sur l'une des plus belles vues de Bergen. Installé dans une petite rue pentue, l'endroit n'est pas facile à trouver de prime abord – n'hésitez pas à téléphoner.

Hotel No.13 BOUTIQUE-HÔTEL $$$
(carte ci-contre ; ☎55 36 13 00 ; www.nordicchoicehotels.no/nordic-resort/hotel-no13 ; Torgalmenningen 13 ; ch à partir de 1 122 NOK, ste 3 300 NOK ; clim wi-fi). Fort d'un emplacement idéal, dans une rue piétonne à quelques pas de la mer, cet élégant établissement à la façade gris pâle appartient désormais à la chaîne Nordic Choice. Décoration affirmée (d'aucuns diront excessive) : sols noirs, accessoires d'ameublement pourpres et tableaux aux couleurs vives. La suite est agrémentée d'une grande verrière de toit incurvée.

Det Hanseatiske Hotel HÔTEL HISTORIQUE $$$
(carte p. 176 ; ☎55 30 48 00 ; www.dethanseatiskehotell.no ; Finnegårdsgaten 2 ; d à partir de 1 299 NOK ; 📶). Voici l'unique hôtel sis dans l'un des édifices en bois d'origine de Bryggen. Il est réparti sur deux bâtiments reliés par une passerelle en verre, et l'extraordinaire architecture datant de l'époque où Bryggen était un port hanséatique se marie aux luxueuses installations contemporaines. L'endroit est sans conteste chargé d'ambiance, même si le mélange est plus heureux dans certaines chambres que dans d'autres.

Clarion Hotel Admiral HÔTEL $$$
(carte p. 176 ; ☎55 23 64 00 ; www.nordicchoicehotels.no ; C Sundts gate 9 ; s/d à partir de 1 690/ 1 940 NOK ; ❄📶). Vous aurez ici droit, depuis le balcon de votre chambre, à la vue la plus emblématique de Bergen, face au port et à Bryggen. Quoique sans grand caractère, l'établissement n'en est pas moins agréable, avec ses chambres parquetées ou garnies de moquette, sa palette de couleurs douces et son honorable restaurant.

Où se restaurer

La scène culinaire de Bergen, restreinte mais variée, est reconnue à l'international, de nombreuses tables sans prétentions pourvoyant aux besoins de sa population estudiantine, à côté de bastions de la cuisine traditionnelle de la côte ouest. Comme il est à prévoir, poisson et fruits de mer ont un je-ne-sais-quoi de spécial.

Les amateurs de café trouveront leur bonheur dans plusieurs établissements de grande qualité.

♥ Marché aux poissons de Torget POISSON ET FRUITS DE MER $
(carte p. 176 ; Torget ; plats déj 99-169 NOK ; ⏲11h-18h tlj juin-août, 7h-16h lun-sam sept-mai). Depuis toujours, Bergen vit des produits de la mer et vous ne trouverez pas meilleur endroit que ce marché aux poissons très animé pour les découvrir : saumon, calamars, *fish and chips*, sandwichs aux crevettes et salades de fruits de mer. Si votre budget vous le permet, leur saumon fumé compte parmi les meilleurs de Norvège.

Royal Gourmetburger og Gin BURGERS $
(carte p. 170 ; ☎56 90 12 33 ; www.royalburger.no ; Neumanns gate 2a ; burgers 169-219 NOK ; ⏲15h-22 dim-jeu, 15h-23h ven et sam ; 🍸). Venez goûter les meilleurs burgers de la ville dans cet établissement de quartier convivial et chaleureux, fort d'un choix copieux de burgers, généreusement garnis de viande, salade, cornichons, fromage... Les végétariens ne sont pas oubliés pour autant et apprécieront le *Beirut*, aux falafels et houmous épicé, ou le *Forest King*, aux champignons de Paris, comté et huile parfumée à la truffe. Le menu gin est également recommandé.

Trekroneren KIOSQUE À HOT-DOGS $
(3-Kroneren ; carte p. 176 ; Kong Oscars gate 1 ; hot-dog à partir de 55 NOK ; ⏲11h-4h lun-sam, 12h-4h dim). Si vous avez voyagé un moment en Norvège, peut-être serez-vous las des hot-dogs vendus dans les stations-services. Or vous trouverez ici d'authentiques saucisses (y compris de gibier, de renne, d'agneau et au piment) ainsi qu'un large choix de sauces.

Bien Izakaya BISTROT $$
(carte p. 164 ; ☎55 59 11 00 ; www.bienbar.no ; Fjøsan-gerveien 30, Kronstad ; menus 399-625 NOK ; ⏲17h-23h). Facilement accessible par le tramway direction Danemarksplass, et pratique pour qui arrive en ville ou en repart, ce bar-restaurant a rang d'institution. De fait, les magnifiques installations de cette ancienne pharmacie des années 1930 ont été soigneusement préservées et abritent désormais un restaurant japonais (sashimi de flétan à la crème de champignons, nouilles au crabe, sébaste à la vapeur).

Le Bien gère également trois autres établissements : le **Centro** (Nordahl Bruns gate 9 ; pizzas et pâtes 159-270 NOK ; ⏲16h-21h tlj) spécialisé dans la cuisine italienne ; le **Snackbar** (Fjøsangerveien 30 ; hamburgers, 169 NOK ; ⏲16h-22h lun-sam, 13h-21h dim), près du Bien originel, qui propose des en-cas et autres hamburgers classiques et le **Bazar** (Vetrlidsallmenningen 2 ; plats 160-285 NOK ; ⏲16h-22h mar-ven, 13h-22h sam) où vous pourrez déguster une cuisine plus classique (tartare de boeuf, confit de canard, escalope viennoise) confectionnée à base des meilleurs produits de Norvège.

Colonialen Litteraturhuset NORVÉGIEN $$
(carte p. 176 ; ☎55 90 16 00 ; www.colonialen.no/litteraturhuset ; Østre skostredet 5-7 ; plats 295-345 NOK ; ⏲brasserie 17h-22h mar-sam, café 11h-15h mar-sam). Cet établissement, affilié au Colonialen Restaurant (ci-contre), plaît davantage que ce dernier à la clientèle locale pour son ambiance plus décontractée et sa carte raffinée. Le lieu est d'une élégance

toute scandinave avec ses tons neutres et ses tables en bois blond. Les plats méritent également de venir : au déjeuner, soupe de poisson et poireaux, assiettes de viandes et de fromages ; au dîner, truite de montagne ou confit de cuisse de canard.

Pingvinen NORVÉGIEN **$$**

(carte p. 170 ; ☎55 60 46 46 ; www.pingvinen.no ; Vaskerelven 14 ; plat du jour 119 NOK, plats 159-269 NOK ; ⏲16h-minuit). Tout le monde à Bergen aime ce lieu pour l'attrait familier (voire familial) des spécialités que l'on y sert. La carte change régulièrement mais comprend invariablement au moins l'un des plats suivants : sandwich aux croquettes de poisson, renne, tourte au poisson, baleine, saumon, jarret d'agneau, *raspeballer* (ou *komle*) – boulettes de pommes de terre typiques de la côte ouest.

♥ **Lysverket** NORVÉGIEN **$$$**

(carte p. 170 ; ☎55 60 31 00 ; www.lysverket.no ; KODE 4, Rasmus Meyers allé 9 ; menu 4/6 plats 849/1 299 NOK ; ⏲18h-1h mar-sam). Si vous pouvez vous le permettre, ne ratez pas ce restaurant. Élaborée par le chef Christopher Haatuft, adoubé par Gordon Ramsay et prétendant crédible au Michelin, la carte fait la part belle à une cuisine d'avant-garde, que lui-même qualifie de "néo-fjordique" – comprenez "alliant les techniques actuelles aux meilleurs produits des fjords". Les plats sont de saison exclusivement et des plus créatifs, réservant au passage de belles surprises dans le mariage des saveurs. On savoure du début à la fin.

Le restaurant occupe les locaux du fournisseur d'énergie électrique local (d'où son nom, qui signifie "création de lumière"), et l'ambiance industrielle reste bien présente, des suspensions en laiton aux immenses baies vitrées. Si vous n'optez pas pour le menu dégustation, des plats plus légers mais non moins savoureux sont servis au bar : soupe de poisson, coquilles Saint-Jacques et sa mousseline de navet. Le parfait compromis entre ces deux choix reste le menu à partager, pour un rapport saveurs/prix excellent.

Colonialen Restaurant NORVÉGIEN **$$$**

(carte p. 170 ; ☎55 90 16 00 ; www.colonialen.no/restaurant ; Kong Oscars gate 44 ; menu dégustation 3/4 plats 450/685 NOK ; ⏲17h-1h mer-sam). Filiale d'un empire en plein essor, ce restaurant gastronomique sert le meilleur de la cuisine néo-scandinave. Les classiques y sont mis au goût du jour au moyen d'audacieux mélanges de saveurs et sublimés par des produits d'excellence, de la côte ouest essentiellement. La présentation est élaborée, avec fleurs comestibles et foison d'autres ingrédients inattendus. Étonnamment situé dans un quartier de la ville moins reluisant que d'autres.

Cornelius Sjømat Restaurant POISSON ET FRUITS DE MER **$$$**

(carte p. 164 ; ☎56 33 48 80 ; www.cornelius-restaurant.no ; Måseskjæret 18, Holman ; menu déj /dîner transport compris 895-1 095/ 1 195 NOK ; ⏲18h-22h30 lun-sam). Offrez-vous un repas de produits de la mer inoubliable dans ce restaurant installé sur une île. Leur "meteorological menu" en comprend une large variété, des Saint-Jacques aux oursins de mer, enrichis d'algues et micro-algues et d'un saumon fumé maison. Face au rivage, dans un joli bâtiment à la façade en verre. La traversée en bateau (25 min) est comprise dans le tarif ; départ à 18h et retour à 22h30.

Sky:Skraperen NORVÉGIEN **$$$**

(carte p. 164 ; ☎53 64 36 43 ; ulriken643.no ; Ulrikens top ; plats 155-250 NOK ; ⏲9h-21h mai-sept, 10h-16h oct-avr). Trônant au sommet du mont Ulviken, ce bel endroit a, entre autres atouts, celui de la vue. On y sert une cuisine familiale améliorée, notamment avec le "mountain menu" : soupe de poisson, truite de montagne avec pommes de terre et cornichons... Pourtant, le repas ne fait pas tout ici ; comptez sur la vue pour finir de vous séduire.

Potetkjelleren NORVÉGIEN **$$$**

(carte p. 176 ; ☎55 32 00 70 ; Kong Oscars gate 1a ; plats 410-720 NOK ; ⏲16h-22h lun-sam). La "cave à pommes de terres", l'une des adresses traditionnelles de Bergen, met à l'honneur dans son menu mensuel les traditions culinaires norvégiennes et les produits de saison. Aménagé dans une cave du XVe siècle, ce restaurant sert des plats copieux : morue pochée et crème d'artichaut, moules aux pommes, jarret d'agneau au vinaigre balsamique, notamment.

Bryggen Tracteursted NORVÉGIEN TRADITIONNEL **$$$**

(carte p. 176 ; Bryggestredet 2, Bryggen ; plats déj 185-215 NOK, plats dîner 285-385 NOK ; ⏲17h-22h mar-sam). Le Tracteursted occupe un édifice de 1708 regroupant d'anciennes écuries, une cuisine (notez le sol en pierre, qui rappelle qu'il s'agissait, en son temps, de la seule maison de Bryggen où il était permis

Bergen

Bergen, c'est le mariage réussi des vives couleurs de l'architecture maritime scandinave et d'un cadre de toute beauté, à la pointe de la superbe région des fjords norvégiens. Ajoutez à cela une vie culturelle dynamique et une inébranlable joie de vivre, qui s'exprime notamment dans les marchés et les restaurants traditionnels.

1

1. Bryggen (p. 163)
Le plus ancien quartier de Bergen, inscrit au Patrimoine mondial, compte d'innombrables boutiques et ateliers.

2. Bergen Kunsthall (p. 165)
Expositions d'art contemporain norvégien et international dans un bâtiment remarquable des années 1930.

3. Funiculaire Fløibanen (p. 168)
L'ascension du mont Fløyen en funiculaire, avec à la clé une vue époustouflante sur la ville.

4. Marché aux poissons de Torget (p. 172)
Le marché incontournable pour qui veut goûter les meilleurs poissons et fruits de mer de Norvège.

Bryggen et port de Vågen

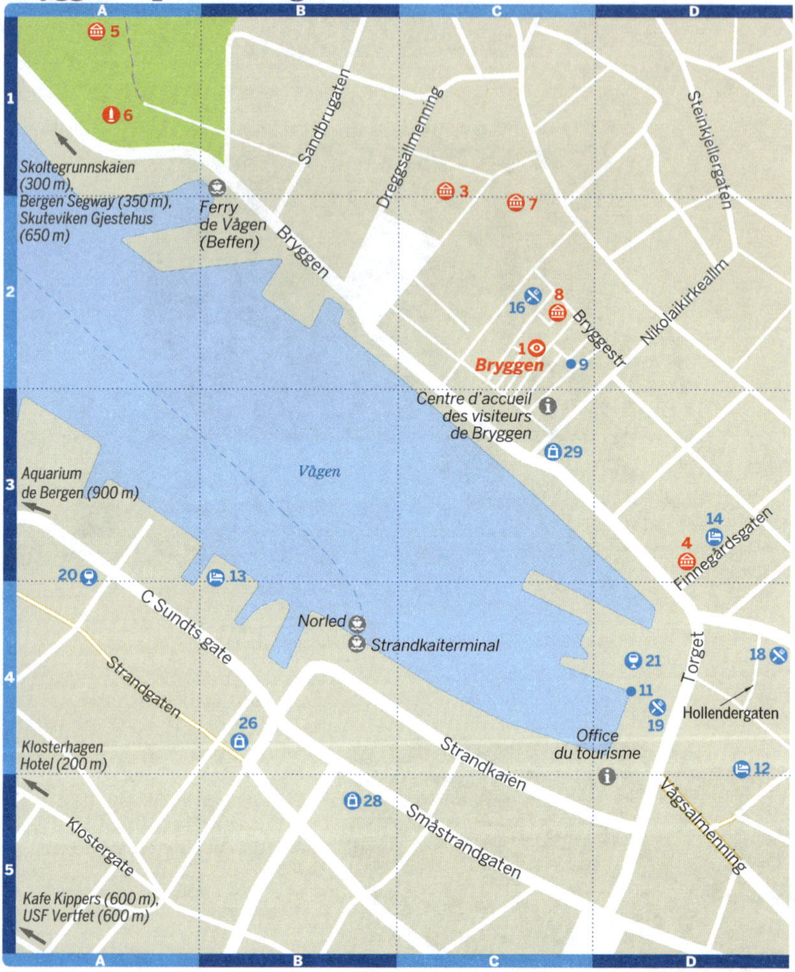

de faire du feu) et la seule *schøtstue* (salle commune) de Bergen encore existante. On y sert des spécialités traditionnelles norvégiennes constamment renouvelées. Chic et raffinée en soirée, l'ambiance est plus informelle au déjeuner.

Où prendre un verre et faire la fête

La ville compte d'excellents bars et les habitants sont de très bonne compagnie. La plupart d'entre eux préfèrent le centre-ville ou le sud-ouest de l'Øvre Ole Bulls plass. De grandes discothèques sur plusieurs niveaux se concentrent également dans cette zone. Souvent un rien vulgaires et réservées aux plus de 24 ans, elles sont facilement repérables.

♥ Landmark BAR, CAFÉ

(carte p. 170 ; ☎ 458 89 046 ; landmarkbergen.no ; Bergen Kunsthall, Rasmus Meyers allé 5 ; ⏱ 11h-17h tlj). Du nom de l'architecte Ole Landmark, ce spacieux établissement tient d'un bel exemple du design norvégien des années 1930. Le lieu, qui fait office de café et de salle de conférences et de projection en journée, de bar et de discothèque en soirée,

est très apprécié des créateurs et artistes du coin. Délicieux déjeuners le midi, avec un choix de tartines garnies et un sandwich chaud hebdomadaire (78-138 NOK).

Bar Amundsen BAR

(carte p. 170 ; Zander Kaaesgate 6, Grand Hotel Terminus ; 17h-23h lun-jeu, jusqu'à minuit ven-sam). Régulièrement élu parmi les meilleurs bars à whiskys du monde, ce très vénérable bar, situé dans le Grand Hotel Terminus (p. 171), est l'endroit idéal pour prendre un verre tranquillement. Il promet plus de 500 goûts différents, et le plus vieux whisky date de 1960. La salle de 1928 est magnifique.

Bryggeriet MICROBRASSERIE

(carte ci-contre ; 40 20 56 95 ; bryggeriet.biz ; Torget 2 ; 15h-21h30 mar-jeu, 15h-22h30 ven-sam). Ce lieu est prisé pour ses bières originales, brassées selon la tradition germanique pour la plupart et créées en lien étroit avec le chef, pour un accord parfait avec la cuisine d'influence teutonne. Aménagé au troisième niveau d'un bâtiment proche du marché aux poissons, il est rustique, confortable et a une belle vue sur l'eau.

Vågal CAFÉ

(carte ci-contre ; 451 33 937 ; Kong Oscars gate 10 ; 12h-0h30 dim-jeu, jusqu'à 2h30 ven et sam). Les crus d'Éthiopie, du Brésil, de Colombie ne sont que quelques exemples des cafés servis dans cet établissement au chic négligé, idéalement situé pour qui vient de faire une promenade dans Bryggen ou sur le port. Mentionnons également un joli jardin à l'arrière, de succulentes pâtisseries et, pour couronner le tout, un café offert tous les vendredis à 9h.

Apollon BAR, DISQUAIRE

(carte p. 170 ; 55 31 59 43 ; www.apollon.no ; Nygårdsgaten 2a ; 10h-0h30 lun-sam, 14h-0h30 dim). En activité depuis le début des années 1980, l'établissement ouvre tard le soir et partage son espace entre les rangées de vinyles d'un côté et un bar fort d'un large choix de bières locales de l'autre. Concerts occasionnels.

Blom CAFÉ

(carte p. 170 ; John Lunds plass 1 ; 10h-15h tlj ;). Le Blom, connu pour son excellent café (les baristas viennent y prendre leur café filtre hors de leurs services) attire une clientèle jeune et branchée. L'endroit est simple et chaleureux, avec un service agréable et suffisamment d'espace pour installer son ordinateur portable. Sandwichs copieux. Délicieux crumbles aux fruits, brownies et portions de muesli maison. Dirigé par l'équipe du Kaffemisjonen.

Nobel Bopel BAR

(carte p. 170 ; Welhavens gate 64, Møhlenpris ; 10h-20h dim-mer, jusqu'à 22h ven-sam). Ce café, où l'on vient le week-end pour son ambiance décontractée, donne dans l'une des rues de Møhlenpris, le quartier étudiant de la ville. La cuisine est bio pour l'essentiel et le pain livré quotidiennement

Bryggen et port de Vågen

par la boulangerie Colonialen ; le brunch est particulièrement apprécié. Vous pourrez profiter d'un excellent choix de bières de microbrasseries norvégiennes et de vins servis au verre.

Kaffemisjonen CAFÉ

(carte p. 176 ; www.kaffemisjonen.no ; ☎450 50 360 ; Øvre Korskirkealmenning 5 ; ⌚8h-18h lun-ven, 10h-18h sam-dim). Voilà plus de dix ans que ce café haut de gamme sert une clientèle de connaisseurs qui viennent y prendre leur petit crème ou un délicieux café filtre, qu'ils peuvent éventuellement accompagner d'un en-cas (houmous, *carrot cake*...) L'endroit mêle acier et faïence dans un esprit minimaliste.

Vous pouvez aussi acheter votre machine à expresso et votre moulin à café, suivre des cours pour devenir barista (850 NOK) ou pour vous transformer en expert de la fabrication du café (850 NOK).

Les propriétaires dirigent également Blom (p. 177), ouvert dans un quartier plus estudiantin, de l'autre côté de la ville.

Det Lille Kaffekompaniet CAFÉ

(carte p. 176 ; www.facebook.com/Det-lille-Kaffe-kompaniet ; ☎55 31 67 20 ; Nedre Fjellsmug 2 ; ⌚11h-18h tlj). Voici l'un des premiers cafés de Bergen ayant su conserver une atmosphère typique. Aux premiers rayons du soleil, les escaliers aux abords sont envahis par les clients, et personne ne sait vraiment quelle table est à qui.

Kippers Bar & Kafe BAR

(USF ; carte p. 164 ; www.kafekippers.no ; ☎456 00 819 ; Georgernes Verft 12 ; ⌚11h-23h dim-jeu, jusqu'à minuit ven-sam). Idéal pour un verre au bord de l'eau, ce café lumineux dispense une vue mémorable sur le port, les quais et les collines en arrière plan. Des en-cas (salades, burgers, sandwichs, 109-215 NOK) sont également proposés.

Café Opera CAFÉ, CLUB

(carte p. 170 ; www.cafeopera.org ; ☎55 23 03 15 ; Engen 18 ; ⌚11h-23h30 lun-mer, 11h-1h30 jeu, 11h-2h30 ven-sam, 12h-23h30 dim). Installé depuis des décennies en retrait de l'agitation du port, ce café sur deux niveaux a une double casquette : en journée, on vient y prendre un café, manger un sandwich (98-158 NOK), voire même un plat (chili con carne, tagliatelles, truite 184-238 NOK) ou un gâteau (58-96 NOK) ; le soir, place aux cocktails, aux DJ et aux concerts de folk. Agréables tables en terrasse par beau temps.

Altona Vinbar BAR À VINS

(carte p. 176 ; ☎55 30 40 00 ; www.augustin.no/en/altona ; C Sundts gate 22 ; ⌚18h-0h30 lun-jeu,

18h-1h30 ven-sam). Situé dans un dédale de salles souterraines voûtées du XVIe siècle, l'Altona s'enorgueillit d'une longue carte de vins soigneusement sélectionnés. Sa lumière tamisée et ses conversations étouffées en font le bar le plus romantique de Bergen (particulièrement lorsqu'il fait froid et humide). À la carte du bar : de savoureux plats réconfortants, comme les burgers d'agneau norvégiens (190 NOK).

Au moment de nos recherches, l'Altona était temporairement fermé. Renseignez-vous avant votre venue.

✩ Où sortir

Østre MUSIQUE LIVE

(carte p. 176 ; www.oestre.no ; Østre Skostredet 3). Cette salle accueille des musiciens électros norvégiens avant-gardistes, et s'y produisent également des artistes étrangers réputés. Au moins trois concerts ont lieu chaque semaine. Programmation sur le site Internet.

USF Vertfet MUSIQUE LIVE

(USF ; carte p. 164 ; ☎55 30 74 10 ; www.usf.no ; Georgernes Verft 12 ; ⊙11h-23h). Cet immense complexe, dédié aux arts et à la culture, occupe un entrepôt réhabilité et accueille une programmation variée : expos d'art contemporain, théâtre, danse, concerts... Excellent café, le Kippers (voir ci-contre), sur place.

Hulen MUSIQUE LIVE

(carte p. 170 ; ☎55 32 31 31 ; www.hulen.no ; Olaf Ryes vei 48 ; ⊙21h-3h jeu-sam). Autre scène musicale mythique, ce club fondé par des étudiants en mai 1969 accueille de grands noms du rock et de la musique indé depuis son ouverture en 1968. Son nom de *Hulen* ("grotte") est tout trouvé pour cette salle aménagée sous terre, dans un ancien abri antiaérien.

Fincken CLUB

(carte p. 170 ; www.fincken.no ; Nygårdsgaten 2a ; ⊙19h-1h30 mer-jeu, 20h-3h ven-sam). Ouvert en 1992, c'est le seul club gay officiel de Bergen. L'endroit est invariablement bondé les week-ends. L'ambiance est festive et animée, la musique est variée, alliant R&B, reggae tropical, latino et pop classique. Entrée interdite aux moins de 20 ans le week-end.

Café Sanaa MUSIQUE LIVE

(carte p. 170 ; www.sanaa.no ; Kaigaten 22 ; ⊙18h-23h ven-sam). Ce café avec devanture qui donne sur le lac Lille Lungegård, déborde sur les pavés et attire une clientèle alternative sympathique. Au programme : musique live et, plus tard dans la soirée, des DJ mixant rythmes d'Afrique de l'Ouest, tango, blues ou jazz.

Ouvert en 2007, il occupe depuis 2017 des locaux plus grands et plus proches du lac.

MUSIQUE CLASSIQUE

Bergen présente un programme de concerts chargé tout l'été durant. Beaucoup sont centrés sur l'enfant de la ville, le compositeur Edvard Grieg. La plupart ont lieu dans des sites en plein air, tels que le musée Edvar Grieg (p. 163), le **Harald Sæverud Museum Siljustøl** (carte p. 164 ; ☎55 92 29 92 ; www.siljustolmuseum.no ; Siljustølveien 50, Råda ; tarif plein/réduit 100/50 NOK ; ⊙12h-16h dim fin juin à mi-août), le sommet du mont Fløyen et dans le parc jouxtant la Håkonshallen. Tous renseignements, horaires et vente de billets auprès de l'office du tourisme (p. 180) ; la Bergen Card (voir l'encadré p. 166) permet des économies importantes sur certains concerts successifs. La cathédrale de Bergen (p. 167) accueille aussi des récitals d'orgue (gratuits) le dimanche et le jeudi de mi-juin à fin août.

Grieghallen MUSIQUE CLASSIQUE

(carte p. 170 ; ☎55 21 61 70 ; www.grieghallen.no ; Edvard Griegs plass ; ⊙août-juin). C'est dans cet impressionnant bâtiment en verre qu'ont lieu les représentations du prestigieux Orchestre philharmonique de Bergen.

Achats

♥ Fetevaren TRAITEUR

(carte p. 176 ; ☎55 90 16 00 ; www.colonialen.no ; Strandgaten 18 ; ⊙10h-17h lun-sam). C'est le dernier venu dans le groupe Colonialen. Cet excellent traiteur propose de généreux sandwichs au déjeuner et un choix très appétissant de charcuterie, de fromages, de poisson fumé, parmi bien d'autres produits. Vous pourrez aussi vous y régaler des pains et pâtisseries confectionnés dans la boulangerie Colonialen – notamment leurs irrésistibles roulés à la cannelle. Vous pouvez aussi commander un repas de 3 plats à venir récupérer ou à se faire livrer. Des vins sont suggérés à la commande.

Aksdal i Muren MODE
(carte p. 176 ; ☎55 24 24 55 ; www.aksdalimuren.no ; Østre Muralmenning 23 ; ⏲10h-17h lun-mer, 10h-18h jeu, 10h-16h sam). Depuis 1883, cette boutique, ouverte dans un édifice d'intérêt historique, veille à ce que les honnêtes gens de Bergen restent au chaud et au sec, ce qui n'est pas une mince affaire ! Son choix de vêtements de pluie, le meilleur de la ville, inclut des marques suédoises réputées pour leur qualité comme Didriksons, de grands noms tels Helly Hansen et Barbour, mais aussi des trésors locaux, à l'instar de Blæst by Lillebøe. Un suroît à rayures vous fera un beau souvenir de Bergen.

Røst CADEAUX ET SOUVENIRS
(carte p. 176 ; ☎488 94 499 ; www.butikkenrost.no ; Bryggen 15 ; ⏲10h-18h lun-sam). Vous avez peu de temps pour acheter des souvenirs, mais cherchez quelque chose d'un peu plus haut de gamme qu'un troll miniature ? Cette jolie boutique en plein centre de Bryggen est emplie d'objets et d'articles pour la maison typiquement scandinaves au joli design, ainsi que des vêtements de marques locales pour femmes, enfants et bébés.

Antonio Stasi Classic Cameras PHOTOGRAPHIE
(carte p. 176 ; ☎995 32 520 ; www.antoniostasi.com ; Lille Øvregaten 4 ; ⏲10h-17h lun-ven, 11h-16h sam). Les férus de photographie aimeront cette boutique, véritable hymne à l'argentique avec son large choix d'appareils Leica, Contax, Rolleiflex et Polaroid. Entrez discuter de votre passion, ici partagée, pour les appareils classiques et les techniques de développement traditionnelles… vous risquez bien de finir parmi les visages de sa collection de Polaroid.

Renseignements

OFFICES DU TOURISME

Office du tourisme (carte p. 176 ; ☎55 55 20 00 ; www.visitbergen.com ; Strandkaien 3 ; ⏲8h30-22h juin-août, 9h-20h mai et sept, 9h-16h lun-sam oct-avr). Distribue un excellent fascicule gratuit en français sur la ville, le *Bergen Guide*, et fournit nombre d'informations sur la région. Vend également des billets de train. Si vous voulez faire une réservation ou demander des conseils, mieux vaut arriver tôt ou s'attendre à faire la queue.

Bureau du DNT de Bergen Turlag (carte p. 170 ; ☎55 33 58 10 ; www.bergenoghordalandturlag.no ; Tverrgaten 4 ; ⏲10h-16h lun-mer et ven, 10h-18h jeu, 10h-15h sam). Cartes et informations sur les randonnées et refuges de tout l'ouest de la Norvège.

Centre d'accueil des visiteurs de Bryggen (Bryggen Besøkssenter ; carte p. 176 ; Jacobsfjorden, Bryggen ; ⏲9h-17h mi-mai à mi-sept). Cartes et documentation sur les activités proposées dans le quartier de Bryggen.

SERVICES MÉDICAUX

Hôpital universitaire de Haukeland (☎05300 ; Jonas Lies vei 65 ; ⏲24h/24). Avec services d'urgence ouvert 24h/24.

URGENCES

Ambulance (☎113)

Police (☎112)

Depuis/vers Bergen

AVION

L'**aéroport de Bergen** (carte p. 164 ; www.avinor.no/en/airport/bergen-airport) se trouve à Flesland, à environ 18 km au sud-ouest du centre-ville. Il est desservi par les compagnies aériennes suivantes :

Norwegian (www.norwegian.com). Vols pour Oslo et Tromsø.

SAS (www.sas.no). Liaisons avec Oslo et Stavanger.

Widerøe (www.wideroe.no). Vols depuis/vers Oslo, Haugesund, Stavanger et de nombreuses destinations sur la côte, jusqu'à Tromsø, tout au nord.

BATEAU

Les ferries internationaux depuis/vers Bergen accostent au **Skoltegrunnskaien** (carte p. 164 ; Skoltegrunnskaien), au nord-ouest de la tour Rosenkrantz. L'express côtier Hurtigruten part du **Hurtigruteterminalen** (carte p. 164 ; Nøstegaten 30), au sud-ouest du centre.

Plusieurs compagnies proposent un express côtier au départ du **Strandkaiterminal** (carte p. 176).

Norled (carte p. 176 ; ☎51 86 87 00 ; www.norled.no ; Kong Christian Frederiks plass 3) propose au minimum 1 liaison quotidienne en ferry vers Sogndal (aller/aller-retour 875/1 310 NOK, 5 heures) et Flåm (aller/aller-retour 945/1 420 NOK, 5 heures 30).

BUS

Les bus de **Flybussen** (carte p. 170 ; www.flybussen.no ; aller/aller-retour adulte 129/218 NOK, gratuit -17 ans) relient 4 fois/heure l'aéroport, le Radisson SAS Royal Hotel, la gare routière principale et l'office du tourisme sur Vågsallmenningen.

La **gare routière** de Bergen (carte p. 170 ; Vestre Strømkaien) est située dans Vestre Strømkaien. Différentes compagnies assurent

BUS AU DÉPART DE BERGEN

DESTINATION	TARIF (NOK)	DURÉE (HEURES)	FRÉQUENCE (/JOUR)
Lillehammer	599	8 heures 50	1
Oslo	689-724	9 heures 40	4
Stavanger	499	5½	6
Voss	221	1½	1

des liaisons longue distance à travers tout le pays. La compagnie **Nor-Way** (www.nor-way.no) fournit un planificateur de voyage bien utile.

TRAIN

La spectaculaire ligne Bergen-Oslo (à partir de 419 NOK, 6 heures 30-13 heures, 5/jour) traverse le cœur de la Norvège. On peut aussi rejoindre Voss (230 NOK, 1 heure 15, toutes les heures) et Myrdal (348 NOK, 2 heures 15, jusqu'à 9/jour) pour prendre la correspondance avec la ligne de chemin de fer de la Flåmsbana (p. 223). Réservez aussi tôt que possible pour les meilleurs tarifs.

ℹ Comment circuler

BATEAU

Le mignon petit **ferry de Vågen** (carte p. 176 ; ☎971 69 903 ; www.beffen.no ; tarif plein/réduit 20/10 NOK ; ⏱ttes les 10 min, 7h30-16h lun-ven tte l'année, 11h-16h sam mai-août), appelé Beffen, part de Bryggen pour rejoindre Tollbodhopen, dans le quartier de Nordnes (près de l'aquarium de Bergen). La traversée dure 7 minutes.

BUS ET TRAMWAY

La compagnie **Skyss** (☎55 55 90 70 ; www.skyss.no) gère les bus et tramways de la ville. Les tarifs sont calculés sur la base de zones ; un ticket pour un voyage revient de 39 à 145 NOK ; en vente dans les distributeurs des arrêts de tramway. Un carnet de 10 voyages est aussi disponible et la Bergen Card (p. 166) permet de se déplacer gratuitement.

VÉLO

Sykkelbutikken (☎55 36 18 80 ; www.sykkelbutikken.no ; Kanalveien 107 ; vélo de tourisme 250/850 NOK par jour/sem ; ⏱10h-18h lun-mer et ven, 10h-20h jeu 10h-16h sam). Location de vélos.

Norway Active (☎410 68 000 ; www.norwayactive.no ; Knøsesmauet 1 ; location vélo 2 heures/journée 400/700 NOK). Location de vélos.

VOITURE ET MOTO

Se garer à Bergen coûte cher et se révèle compliqué de surcroît. Peu d'hôtels disposent d'une aire de stationnement, ce qui implique de se rabattre sur l'un des parkings municipaux du centre-ville. Le plus grand d'entre eux et le moins onéreux est le **Bygarasjen** (180 NOK/24 heures ; ⏱24h/24), à côté de la gare routière, qui permet aussi de rejoindre la gare ferroviaire à l'abri d'un passage couvert.

Ailleurs, comptez au minimum 220 NOK/jour. L'office du tourisme (ci-contre) fournit deux brochures détaillées sur le sujet.

VOSS ET SES ENVIRONS

Si Voss peine à retenir l'attention des visiteurs, quelques lieux-dits des environs valent pourtant le détour, notamment le village d'Evanger, la station de ski de Myrkdalen et la ville carrefour de Myrdal, d'où la ligne ferroviaire de la Flåmsbana (p. 223) bifurque vers la montagne, Flåm et Aurlandsfjorden, bras du Sognefjorden.

Voss

14 168 HABITANTS

Voss (ou "Vossevangen") donne au bord d'un lac scintillant, non loin des fjords. Cette situation lui vaut son renom mondial de capitale norvégienne de l'aventure. La ville en elle-même est loin d'être jolie : on y vient uniquement pour faire du rafting en eau vive, du kayak ou encore du parapente, la plupart du temps dans les fjords.

👁 À voir

Musée des Arts et Traditions populaires de Voss — MUSÉE EN PLEIN AIR

(Voss Folkemuseum ; ☎474 79 794 ; www.vossfolkemuseum.no ; Mølstervegen 143 ; adulte/enfant 110 NOK/gratuit ; ⏱10h-17h juin-août, horaires réduits le reste de l'année). Cet écomusée se compose de différents bâtiments d'époque, et a pour fleuron une ferme qui domine Voss du haut d'une colline, à Mølster. Ces 16 constructions agricoles, jadis typiques de la région, datent d'entre 1600 et 1870. Les visites débutent toutes les heures à l'heure pile.

Vangskyrkja ÉGLISE

(Uttrågata ; www.voss.kyrkja.no ; adulte/enfant 20 NOK/gratuit ; ⏲10h-16h mar-sam). L'église en pierre de Voss occupe l'emplacement d'un ancien temple païen. Un autel en pierre et une flèche en bois exceptionnelle constituent l'essentiel de ce qui reste de l'église gothique bâtie au XIIIe siècle, nombre des éléments d'origine ayant été enlevés durant la réforme luthérienne de 1536. Les vitraux de 1923 commémorent le 900e anniversaire de la christianisation de Voss. Le bâtiment a miraculeusement échappé aux bombardements allemands de 1940. Non loin de là se trouve la fameuse croix de Saint-Olav.

Croix de saint Olav MONUMENT

Dans un champ à environ 150 m au sud-est de l'office du tourisme, une croix en pierre a été érigée en 1023 pour célébrer la conversion de la ville au christianisme.

Activités

Voss vaut essentiellement pour les nombreuses activités de plein air que l'on peut y pratiquer. Réservations auprès de l'office du tourisme, sur place ou via le site Internet (p. 184).

À noter : si le départ du circuit Norway in a Nutshell proposé par Fjord Tours (voir p. 168) se fait généralement d'Oslo ou de Bergen, il est possible également de l'emprunter depuis Voss.

Voss Vind CHUTE LIBRE INDOOR

(☎401 05 999 ; www.vossvind.no ; Oberst Bulls veg 28 ; tarif plein/réduit 849/639 NOK ; ⏲10h-20h mi-juin à mi-août, 12h-20h mer-dim reste de l'année). Si vous aspirez à vous essayer au saut en parachute, mais que l'idée de vous jeter d'un avion vous tétanise, cet excellent prestataire vous fournira une alternative : un simulateur de libre pour ressentir les sensations d'un saut en toute sécurité, au moyen d'une soufflerie (âge minimum 5 ans).

Voss Resort SKI, VÉLO

(☎470 04 700 ; www.vossresort.no ; Bavallstunet 26). La saison de ski à Voss s'étend habituellement de début décembre à avril et se concentre dans cette station, située à 5 km au nord de Bavallen. Des compétitions de ski de descente s'y tiennent et le site dispose d'une école de ski et d'un snowpark.

Les fondeurs profiteront d'excellentes pistes sur le plateau, dans la vallée de Raundalen, à Mjølfjell et autour du mont Hangur.

En été, les mêmes sites servent de chemins de VTT.

Vossafjell RANDONNÉE

(☎991 51 500 ; www.vossafjell.no). Ce prestataire propose différents circuits pédestres guidés, notamment une excursion vers le sommet du Horndalsnuten et une autre le long d'un fjord, qui allie randonnée, découverte de villages ruraux avoisinants et croisière. Le nombre minimal de participants est habituellement fixé à 5, mais rien n'empêche d'appeler pour tenter de rejoindre un groupe.

Voss Active PLEIN AIR

(☎56 51 05 25 ; www.vossactive.no ; Nedkvitnesvegen 25 ; ⏲9h-16h). Descentes en rafting sur des rivières alentour, la Stranda, la Raundalen et la Vosso, notamment. Ces derniers temps, l'entreprise s'est diversifiée et propose désormais nombre d'activités supplémentaires, du canyoning à la descente en rappel, en passant par la pêche, les randonnées guidées, sans oublier – pour le bonheur des enfants – un parcours accrobranche.

Nordic Ventures PLEIN AIR, EXCURSIONS

(☎56 51 00 17 ; www.nordicventures.com ; sur l'eau, près du Park Hotel ; tarif plein/réduit 925/595 NOK ; ⏲avr à mi-oct). Descente des fjords en kayak avec guide au départ de Voss et excursion de plusieurs jours également envisageable. Leur bureau est installé sur l'eau, à proximité du Park Hotel ; ils organisent aussi des excursions au départ de Gudvangen.

Réserve naturelle et de loisirs de Prestegardsmoen RANDONNÉE

La réserve naturelle de Prestegardsmoen, qui s'étend au sud du camping de Voss, consiste en un réseau de sentiers sillonnant les forêts d'ormes, de bouleaux et de conifères. Des centaines d'espèces de végétaux et d'oiseaux y prospèrent.

Fêtes et festivals

Festival des sports extrêmes SPORT

(Veko ; www.ekstremsportveko.com ; ⏲juin). Une semaine entière, à la fin juin, où sont combinées toutes sortes d'activités à sensations fortes – parachute, parapente et saut extrême –, et des concerts d'artistes internationaux et locaux.

Festival culinaire de la tête de mouton GASTRONOMIE
(Smalahovesleppet ; www.smalahovesleppet.no ; ⌚fin sept). Honneur aux spécialités gastronomiques locales, avec assez de têtes de mouton pour tout le monde, et moult divertissements.

Vossajazz MUSIQUE
(www.vossajazz.no ; ⌚fin mars-début avr). Festival annuel et innovant de jazz, musique traditionnelle populaire et musique du monde.

Où se loger

Voss Vandrarheim AUBERGE DE JEUNESSE $
(☎99 59 38 88 ; www.vosshostel.com ; Peter Bondesveg 40 ; dort/d/qua à partir de 375/1 050/ 1 500 NOK ; P @). Cette auberge de jeunesse moderne, forte d'un bel emplacement sur le lac Vangsvatnet, a de surcroît l'attrait d'une belle vue sur le mont Gråsida depuis la plupart de ses 40 chambres. La décoration est celle d'une auberge de jeunesse standard – chambres sans fioritures et lits superposés, à l'exception des chambres jumelles, qui disposent de lits individuels. Vous pourrez louer sur place vélos, canoës et planches de stand-up paddle. Une promenade le long du lac rejoint la ville.

Tvinde Camping CAMPING $
(Tvinde ; ☎56 51 69 19 ; www.tvinde.no ; près de l'Afdalsvegen ; empl tente 250 NOK, bung à partir de 770 NOK ; ⌚tte l'année ; P). Ce camping, qui tire avantage d'une superbe situation aux pieds d'une cascade, permet d'installer sa tente dans un vaste espace boisé. Vous pouvez aussi louer des bungalows ou des appartements de 20 m² environ.

Le camping est situé à 12 km au nord de la ville ; la ligne de bus Voss-Sogndal s'arrête devant l'entrée.

Fleischer's Hotel HÔTEL HISTORIQUE $$
(☎56 52 05 00 ; www.fleischers.no ; Evangervegen ; d à partir de 995 NOK ; P). Ce vénérable hôtel de 1864 à la belle façade ornée de tourelles a accueilli le Kaiser Guillaume II, Edvard Grieg et le prince de Siam ! Il a récemment été agrandi d'une extension moderne. Hélas, les chambres sont quelque peu datées (moquettes velours, rideaux épais, mobilier démodé). Le lieu n'en garde pas moins un charme suranné, comme en témoigne la somptueuse salle à manger. Il y a également une piscine et un court de tennis.

> **VAUT LE DÉTOUR**
>
> **EVANGER**
>
> Quadrillé de maisons en bois restaurées et riche d'un magnifique cadre en bord de lac, ce village, non loin de la nationale à quelque 12 km à l'ouest de Voss, ressemble à une cité miniature. Il n'y a absolument rien à faire ici, hormis se reposer ou s'accorder une tranquille balade en barque. Ce répit n'en est pas moins bienvenu, après une journée passée dans la foule estivale de Voss.

♥ **Store Ringheim** B&B $$$
(☎954 06 135 ; www.storeringheim.no ; Mølstervegen 44 ; d/f 1 590/3 390 NOK ; P). Cette ancienne ferme a été rénovée avec grand soin et beaucoup de goût. On y trouve désormais six très jolies chambres : l'une est confortablement aménagée sous les toits, une seconde dans ce qui était autrefois la cuisine, une autre encore à l'écart, dans la partie la plus ancienne de la maison, avec, cadre romantique à souhait, une cheminée en pierre et un lit à l'impériale décoré à la main.

Où se restaurer

♥ **Tre Brør** CAFÉ $
(☎468 35 537 ; www.facebook.com/trebror ; Vangsgata 28 ; sandwichs et repas léger 85-185 NOK ; ⌚café 11h-1h tlj ;). Ces "Trois Frères" sont au cœur de la vie sociale de Voss et pour cause : on y sert un excellent café de chez Tim Wendlebo, torréfacteur à Oslo, et de chez Jacu Roastery, à Ålesund, mais aussi un beau choix de bières brassées à Voss, et un menu au goût du jour avec ses salades, soupes, burgers et plats aux influences asiatiques.

Des concerts réguliers et des soirées DJ sont organisés les jeudis, vendredis et samedis soir. Enfin, une boutique vend de délicieuses friandises (confitures locales, chocolat, café et bhajias indiens).

Ringheim Kafé NORVÉGIEN $$
(☎56 51 13 65 ; www.ringheimkafe.no ; Vangsgata 34 ; plats 160-220 NOK ; ⌚10h-18h lun-ven, 10h-17h sam, 12h-18h dim). Pour un déjeuner rapide (un burger de viande de renne ou un bol de *hjortekoru* – saucisse fumée, ragoût de pommes de terre et chou), ce café de l'artère principale tient d'un choix correct, mais sans rien d'exceptionnel. Les

desserts, faits maison, sont assez bons dans l'ensemble.

Où prendre un verre et faire la fête

Voss Bryggeri MICROBRASSERIE
(☎975 40 517 ; www.vossbryggeri.com ; Kytesvegen 396 ; ⏱sur rendez-vous). Cette brasserie réputée connaît un succès grandissant depuis quelques années. Ses excellentes bières comprennent notamment une blanche de l'Oregon (Oregonian pale ale), la Natabjødn (bière brune aux noix de style anglais), et la traditionnelle Vossaøl, brassée avec un thé de genévrier. À environ 6 km au nord de Voss ; visites guidées sur rendez-vous. Leurs bières sont également servies au Tre Brør (voir p.183).

Renseignements

Office du tourisme de Voss (☎406 17 700 ; www.visitvoss.no ; Evangervegen 3 ; ⏱9h-18h lun-sam, 10h-17h dim mi-juin à août, 9h-16h lun-ven sept à mi-juin)

Depuis/vers Voss

BUS

Les bus s'arrêtent à la gare ferroviaire, à l'ouest du centre. Liaisons fréquentes vers Bergen (190 NOK, 1 heure 45), Flåm (179 NOK, 1 heure 50)et Sogndal (279 NOK, 2 heures 50) via Gudvangen et Aurland.

TRAIN

Voss bénéficie de liaisons ferroviaires rapides. On peut emprunter la ligne de chemin de fer de la Flamsbåna (p. 223) à Myrdal. Une réservation anticipée permet d'importantes économies.

Bergen (207 NOK, 1 heure, 1/heure)

Oslo (499 NOK, 5 heures 30 à 6 heures, 5/jour)

Myrkdalen

Principale station de sports d'hiver des environs de Voss, Myrkdalen est également appréciée, l'été venu, pour ses randonnées.

La saison de ski s'étend de mi-novembre à mi-avril, avec un cumul d'enneigement de cinq mètres en moyenne. En été, les divers sentiers balisés de haute montagne qui partent de l'hôtel sont propices à de magnifiques randonnées, et il existe un programme d'activités pour les enfants axé sur la nature, de même qu'un bon nombre de loisirs de plein air possibles à Voss.

Où se loger

Myrkdalen Hotel HÔTEL $$$
(☎47 47 16 00 ; www.myrkdalen.no/en/myrkdalen-hotel ; Myrkdalen ; ch/app à partir de 1 490/ 1 805 NOK). La station s'articule autour de ce grand hôtel, aux superbes chambres de style rétro remises au goût du jour : lampes originales, mobilier des années 1950, tons neutres rehaussés de quelques touches pop. Trois restaurants servent une cuisine variée, des pizzas au jarret d'agneau, en passant par du saumon et une fondue. L'endroit compte également deux bars mais son atout majeur est la vue sur les montagnes, éblouissante, depuis chacune de ses fenêtres.

Depuis/vers Myrkdalen

Myrkdalen se situe à 26 km au nord de Voss, via l'E16 et la Rv 13. Pas de transports publics.

Stalheim

200 HABITANTS

Perché au-dessus de la vallée, Stalheim est un village d'une extraordinaire beauté naturelle, au passé riche et fascinant. Entre 1647 et 1909, la localité servit d'étape aux voyageurs empruntant la route de la Poste royale, qui reliait alors Copenhague, Christiania (Oslo) et Bergen. Une route fut construite pour les voitures et les chevaux en 1780. Les cochers faisaient halte à Stalheim, ils y changeaient leurs bêtes, épuisées par l'ascension de la vallée et le franchissement des gorges de Skleiva dans le rugissement des deux chutes d'eau de Stalheim et de Sivle.

La route récente, laquelle comprend deux tunnels, facilite l'ascension depuis la vallée. La pente de l'**ancienne voie postale** ("Stalheimskleiva") atteint quant à elle un dénivelé de 18 degrés. La route est à sens unique, mais les bus touristiques l'empruntent tout de même.

À voir et à faire

Musée des Arts et Traditions populaires de Stalheim MUSÉE EN PLEIN AIR
(Stalheim Folkemuseum ; ☎56 52 01 22 ; www.en.stalheim.com/museum ; Stalheimsvegen 132 ; adulte/enfant 60 NOK/gratuit ; ⏱sur rendez-vous). Près de l'hôtel Stalheim, cet écomusée réunit 30 constructions de bois recréant ainsi une ferme traditionnelle, et donne à voir de l'artisanat et des objets traditionnels. Il n'ouvre qu'à partir de 10 visiteurs ; renseignez-vous à l'hôtel (ci-contre).

MAX TOPCHII/SHUTTERSTOCK ©

Spectaculaire Norvège

La beauté brute et stupéfiante de la Norvège a peu d'égal. Si maints périples y débutent par les emblématiques fjords, les formations rocheuses surréalistes des îles Lofoten et les remparts montagneux du Svalbard, fermés par les glaces, ne sont pas moins spectaculaires. Pour prendre la mesure d'une telle splendeur, rien ne vaut l'exploration de ces grands espaces sauvages.

Sommaire

Ci-dessus Vue depuis le Trolltunga (p. 201), surplombant le lac Ringedalsvatnet

1

ANDREW MAYOVSKYY/SHUTTERSTOCK ©

1. Norheimsund (p. 193), Hardangerfjord **2.** Geirangerfjord (p. 250) **3.** Preikestolen (rocher de la Chaire, p. 216), Lysefjord **4.** Nærøyfjord (p. 226)

3

2
MARCO WONG/GETTY IMAGES ©

Les fjords

Les fjords norvégiens figurent parmi les formations géologiques les plus mémorables du globe. Visiter la Norvège sans s'approcher de l'un d'eux reviendrait à manquer une part essentielle de l'attrait de ce pays.

Parmi les plus beaux, se distingue le Geirangerfjord, inscrit par l'Unesco sur la liste du Patrimoine mondial. Même l'affluence touristique à son maximum n'en saurait entacher l'inoubliable splendeur. Tout aussi visité et également protégé par l'Unesco, le Nærøyfjord confine au superlatif. C'est l'un des nombreux bras du Sognefjord, lequel, avec ses 203 km de long et 1 308 m de profondeur, est le deuxième plus long du monde et le plus profond de Norvège.

Le Hardangerfjord est un autre réseau de fjords émaillé de charmants villages avec vue sur des paysages tous plus enchanteurs les uns que les autres. Au sud du pays, le long Lysefjord est jalonné de certains des plus beaux panoramas du pays ; or, même cette évocation n'est que le pâle reflet de ce qui vous attend encore.

4

LE TOP 8 DES FJORDS

- **Geirangerfjord** Sans conteste le roi des fjords norvégiens
- **Sognefjord** Le plus long réseau de fjords de Norvège
- **Hardangerfjord** Collines vallonnées et ravissants villages
- **Lysefjord** Falaises abruptes, croisières et points de vue étourdissants
- **Nærøyfjord** L'un des fjords les plus étroits et les plus jolis du pays
- **Eidfjord** Le bras le plus spectaculaire du Hardangerfjord
- **Trollfjord** Un fjord incroyablement escarpé dans les îles Lofoten
- **Vestfjord** Baies abritées et villages idylliques, entre les Lofoten et le continent

1

MARIE LINNER/SHUTTERSTOCK ©

1. Skieurs à Trysil (p. 137) 2. Randonnée dans les environs d'Åndalsnes (p. 247) 3. À vélo sur l'E10, près de Flakstad (p. 314), îles Lofoten 4. Parapente au-dessus de l'Aurlandsfjord (p. 222)

3

2

OLGA DANYLENKO/SHUTTERSTOCK ©

4

Esprit d'aventure

Les Norvégiens sont passés maîtres dans l'art de profiter de la beauté sauvage de leur pays, avec un réel esprit d'aventure. Si les activités estivales sont légion, l'hiver invite à parcourir de multiples façons des étendues livrées à la neige et au silence.

Activités estivales

Randonnée

Le droit de circuler librement est inscrit dans la loi norvégienne depuis des siècles (l'*Allemannsretten*, voir l'encadré p. 34), et le pays possède un remarquable réseau de sentiers de randonnée - certains traversent des glaciers ou parcourent des reliefs montagneux -, qui couvrirait 90% de la surface du territoire.

Sports extrêmes

Voss, avec son arrière-pays montagneux émaillé de fjords, est la capitale norvégienne des sensations fortes. Au programme : parachute ascensionnel, parapente ou saut à l'élastique.

Rafting

Les rapides et les eaux glacées des rivières de Norvège feront la joie des amateurs de rafting, débutants ou confirmés. Le centre du pays se prête tout particulièrement à cette activité, et les eaux tumultueuses aux alentours de Sjoia l'emportent en la matière, avec des descentes de classe I à V.

Vélo

Les cyclistes en quête d'itinéraires aussi stimulants que spectaculaires seront comblés. Les parcours longs ne manquent pas, mais nulle descente n'est plus grisante que celle menant de Finse à Flåm.

Activités hivernales

Sports d'hiver

Tracer son chemin en traîneau à chiens, fendre l'air glacé sur une motoneige ou dévaler des pistes de ski : l'hiver norvégien est une période magique.

1

1. Reine, Moskenesøy (p. 315) 2. L'île de Værøy (p. 317) vue depuis Moskenesøy 3. Ramberg, Flakstadøy (p. 313) 4. Musée viking Lofotr, Vestvågøy (p. 312)

3

KOCHNEVA TETYANA/SHUTTERSTOCK ©

Les îles Lofoten

Si les fjords sont emblématiques de la nature norvégienne, la beauté des îles Lofoten n'en est pas moins époustouflante. Cet archipel magique, baigné en été de la cristalline lumière du Nord, est peut-être l'une des plus belles régions du pays.

Moskenesøy

Des paysages féeriques et de singulières formations géologiques confèrent à Moskenesøy une beauté irréelle. Le village d'Å est le cœur de l'île, et le Reinefjord est particulièrement mémorable.

Værøy

Hautes falaises, hameaux isolés et importantes colonies d'oiseaux de mer : la petite île de Værøy, dans le sud des Lofoten, rivalise de splendeur avec Moskenesøy.

Flakstadøy

Isolée, rocheuse et ventée, la côte sud constitue le grand attrait de Flakstadøy. Mais le charme suranné de Nusfjord, ainsi que d'inattendues plages de sable blanc à Ramberg et à Flakstad, rendent la côte nord tout aussi séduisante.

Vestvågøy

Nombre de voyageurs traversent sans s'arrêter Vestvågøy afin de pénétrer plus avant dans l'archipel. Dommage, car le musée viking Lofotr donne un éclairage passionnant sur une époque révolue, et la randonnée entre Unstad et Eggum est magnifique.

Austvågøy

Première escale dans les Lofoten pour la plupart des visiteurs, Austvågøy est une plaisante introduction à la splendeur de l'archipel. Les villages de Kabelvåg et de Henningsvær font des bases idéales pour découvrir l'île, et notamment le détroit de Raftsund et le Trollfjord – d'une étroitesse étonnante.

Le Svalbard

À mi-chemin de la Norvège continentale et du pôle Nord, dont il est la partie la plus accessible, l'archipel du Svalbard figure parmi les lieux les plus singuliers au monde.

Dernière étendue totalement sauvage d'Europe, c'en est aussi la plus vaste. Le Svalbard compte plus d'ours polaires que d'habitants, et la faune arctique y est particulièrement riche : morses, rennes, renards arctiques et d'innombrables espèces d'oiseaux. Près de 60% de son territoire est recouvert de glaciers, et la majeure partie de l'archipel reste enneigée et gelée à l'année. Ses splendides fjords, exempts de présence humaine, et ses impressionnants sommets, largement inexplorés, évoquent les grandes expéditions polaires. Que vous le visitiez dans l'étrange lumière bleutée de la nuit arctique (de fin octobre à mi-février) ou sous le soleil de minuit (entre mi-avril et mi-août), nul doute que le Svalbard vous laissera un souvenir impérissable.

À NE PAS MANQUER

- **Randonnée sous le soleil de minuit** Pénétrez dans les profondeurs de l'archipel ou marchez aux abords de Longyearbyen
- **Pyramiden** Rejoignez cette ancienne colonie minière russe non loin du glacier Nordenskjöldbreen, dans le cadre d'une croisière (l'été) ou d'un circuit à motoneige (l'hiver)
- **Traîneau à chiens** Pour savourer le silence de Spitzberg
- **Ours polaires** La chance d'admirer – à bonne distance – l'animal polaire le plus emblématique
- **Magdalenefjord** Sérieux prétendant au titre de plus beau fjord de toute la Norvège

Husmannsplassen Nåli RANDONNÉE

La “ferme du paysan Nåli” (1870), qui se dresse sur la saillie rocheuse partant de Stalheim au-dessus de Nærøydalen, fut habitée jusqu’en 1930. Le chemin qui y mène (2 heures aller-retour) est déconseillé aux âmes sensibles. À flanc de falaise, il est très étroit par endroits - rien ne sépare du vide surplombant la vallée. Pas question de l’emprunter quand le temps est humide.

Brekkedalen RANDONNÉE

Cette randonnée de 3 heures aller-retour mène jusqu’à la vallée au-dessus de Stalheim. D’après les habitants, c’est la plus belle balade de la région, et la vue est magnifique. L’itinéraire est relativement facile, et vous serez seul au cœur de paysages magnifiques. L’office du tourisme de Voss (page ci-contre) propose des itinéraires guidés ; on peut aussi demander son chemin au Stalheim Hotel (ci-dessous).

Où se loger

Stalheim Fjord og Fjellhytter CHALETS $

(☎56 51 28 47 ; www.stalheim.no ; Brekkedalen 16-24 ; chalet 4/6 pers 4 200-7 200 NOK/sem). De beaux chalets, pour un séjour loin de tout. Tout de bois clair, ils sont correctement équipés (cuisine, salle de bains, etc.), et se prêtent au repos. Ceux de catégorie supérieure (“Standard Plus”) ont Jacuzzi, sauna et chauffage par le sol.

♥ **Stalheim Hotel** HÔTEL HISTORIQUE $$$

(☎56 52 01 22 ; www.stalheim.com ; s/d/superior à partir de 1 160/1 880/2 350 NOK ; ⏲mi-mai à mi-sept ; P@ᯤ). L’atout principal de ce gigantesque hôtel tient davantage de son cadre que de sa décoration datée : la vue est si spectaculaire sur les montagnes enneigées que vous ne vous attarderez guère sur le mobilier kitsch. Les espaces communs, eux, en imposent, avec tableaux anciens et design norvégien.

Sans surprise, l’établissement est envahi de cars de touristes et peut sembler bondé en été, notamment au restaurant. Même si vous n’y passez pas la nuit, la terrasse et son incroyable panorama sur le Nærøydalen valent le détour.

Depuis/vers Stalheim

Stalheim se situe à 34 km au nord de Voss et est accessible depuis l’E16 après une bifurcation en direction du nord-est et de Gudvangen.

Pour rejoindre Stalheim depuis Voss (110 NOK, 1 heure, ttes les heures), vous pouvez prendre n’importe quel bus pour Gudvangen et Aurland. Depuis l’arrêt, sur la route principale, vous devrez grimper sur 1,3 km – à moins de convaincre le chauffeur de faire un petit détour.

HARDANGERFJORD

Le Hardangerfjord relie l’Atlantique aux falaises du plateau de la Hardangervidda, au centre de la Norvège. Incarnation même du pays des fjords, il englobe quantité d’endroits magnifiques, dont nos préférés sont Eidfjord, Ulvik et Utne, tandis que le parc national du Folgefonna permet des randonnées sur glacier et en altitude. Le Hardangerfjord s’explore facilement depuis Bergen. L’endroit est aussi réputé pour ses nombreux vergers, de pommes notamment – on dit ainsi parfois du Hardanger que c’est le grenier à fruits du pays.

Le site Internet www.hardangerfjord.com est une bonne source d’informations.

Norheimsund

2 224 HABITANTS

Le tranquille village de Norheimsund fait office de porte d’entrée vers le Hardangerfjord. Certes, en vous enfonçant dans le réseau de fjords, vous trouverez d’autres endroits plus beaux, mais la bourgade n’en est pas moins charmante. Les ferries partant de là pour aller jusqu’à Eidfjord, Norheimsund est une étape utile si vous voyagez par les transports publics.

À voir

Musée maritime du Hardanger MUSÉE

(Hardanger Fartøyvernsenter ; ☎474 79 839 ; www.fartoyvern.no ; Sandvenvegen 50 ; tarif plein/réduit 110/60 NOK ; ⏲10h-17h début mai à début sept ; 👪). Cet agréable musée, qui perpétue la tradition locale de construction navale, présente de vieux bateaux en bois, des expositions sur les méthodes de restauration et sur la fabrication de cordages, ainsi que des expositions temporaires. Les enfants peuvent s’essayer à la construction navale. Le musée propose également des barques à la location.

Steinsdalfossen CASCADE

À 1 km à l’ouest de Norheimsund sur la Rv 7, la cascade de Steinsdalsfossen, haute de 50 m, offre le plaisir de marcher derrière un rideau d’eau. C’est, curieusement, l’un des sites naturels norvégiens les plus visités, et il se trouve parfois assiégé de cars de touristes en été.

Où se loger et se restaurer

Oddland Camping CAMPING $

(☎90 79 55 52 ; www.oddlandcamping.no ; petit bung/bung familial 700/1 450 NOK ; ⏲petit bung avr-oct, bung familial tte l'année ; Wi-Fi). Si l'on ne peut y monter sa tente, ce camping dispose de bungalows confortables avec vue sur le fjord – un seul toutefois est adapté aux familles, il faut donc, le cas échéant, le réserver aussi rapidement que possible. Au calme, à proximité d'une ferme fruitière, le camping dispose d'un accès au lac et sa plage de galets ; on y loue également des barques. À environ 4 km au sud-est de Norheimsund.

Thon Hotel Sandven HÔTEL HISTORIQUE $$

(☎56 55 20 88 ; www.thonhotels.no ; Kaien 28 ; ch à partir de 1 256 NOK ; P Wi-Fi). Sis au bord de l'eau, au centre de Norheimsund, ce pittoresque hôtel de 1857 ne manque pas de cachet. Les chambres qui donnent sur le fjord ont de vastes balcons. Avec leur parquet blanc et leurs boiseries en chêne clair, les parties communes sont somptueuses et sobres.

Outre les majestueuses salles à manger, il y a un agréable café au bord du fjord et un bar animé – excellent choix de bières. Vous pourrez également dormir dans l'inévitable "chambre des célébrités" : la suite princière où a déjà séjourné le futur roi de Norvège.

La Fiesta PIZZAS $$

(☎56 55 10 77 ; Nedstegata 12 ; pizzas 189-279 NOK ; ⏲15h-22h lun-sam, 13h-21h dim). Voici sans doute la meilleure adresse pour dîner en ville – rien d'exceptionnel, mais de bonnes pizzas et un choix satisfaisant de garnitures. Bière à la pression.

Renseignements

Centre d'information touristique de Norheimsund (☎56 55 31 84 ; www.visitkvam.no ; Steinsdalsfossen ; ⏲11h-18h juin-août, 10h-16h lun-ven mai et sept). Le centre d'accueil des visiteurs de la cascade de Steinsdalsfossen fait également office de principal centre d'information pour Norheimsund et Kvam.

Depuis/vers Norheimsund

Bergen se trouve à 78 km à l'ouest de Norheimsund via la Fv 7.

Le bus Skyss (p. 181) n°925/930 assure la liaison entre Bergen et Norheimsund (124 NOK, 85 min, 10/jour). Le bus de 7h25 arrive à Bergen à temps pour prendre le ferry de 9h à destination d'Eidfjord.

La compagnie Norled (p. 180) propose deux ferries quotidiens entre Norheimsund et Eidfjord (316 NOK, 2 heures 45, pas de véhicules), avec escales à Utne, Lofthus, Kinsarvik et Ulvik.

Øystese

1 881 HABITANTS

Au détour du rivage après Norheimsund, Øystese possède un musée d'art exceptionnel, que l'on ne s'attendrait pas à trouver dans un petit village en bord de fjord. Les sorties intéressantes sont légion, notamment du fait du pérenne attrait des fameuses exploitations fruitières du Hardangerfjord.

À voir

Hardanger Skyspace SCULPTURE

(www.hardangerskyspace.no ; Hardangerfjordvegen ; tarif plein/réduit 150/75 NOK ; ⏲coucher du soleil). Fasciné par la lumière, l'artiste américain James Turrell a créé plusieurs "skyspaces" à travers le monde. Il s'agit de pièces géométriques surmontées d'une ouverture dans le toit qui laisse passer la lumière et permet l'observation du ciel. Celle du Hardanger fut édifiée en 2011 à côté du fjord ; ouverte au coucher du soleil exclusivement, les places sont limitées, il est donc conseillé de réserver.

Kunsthuset Kabuso MUSÉE

(☎474 79 987 ; www.kabuso.no ; Hardangerfjordvegen 626 ; adulte/enfant avec musée Ingebrigt Vik 150/75 NOK ; ⏲10h-17h mar-dim juin-août, horaires réduits reste de l'année). Ce musée présente un fascinant programme où figurent de grands noms de l'art contemporain (Damien Hirst, Matthew Barney et James Turrell y ont tous exposé par le passé) le plus clair de l'année, les expositions estivales étant dédiées à l'identité norvégienne et aux œuvres traditionnelles, souvent locales.

Le musée programme toute l'année des concerts en tous genres. L'acoustique du petit théâtre est fantastique.

Musée Ingebrigt Vik MUSÉE

(☎474 79 987 ; www.kabuso.no ; Hardangerfjordvegen 626 ; adulte/enfant avec Kunsthuset Kabuso 150/75 NOK ; ⏲10h-17h mar-dim juin-août, horaires réduits reste de l'année). Chapeautée par le musée Kabuso, cette collection permanente des œuvres (en bronze, plâtre et marbre) d'Ingebrigt Vik (1867-1927), un des sculpteurs les plus renommés de Norvège, est présentée dans un beau pavillon d'un style

Art nouveau étonnamment précoce, conçu par Torgeir Alvsaker.

Steinstø Fruktgard FERME FRUITIÈRE
(vergers de Steinstø ; ☎922 52 637 ; www.steinsto.no ; Steinstø ; ⏲11h-18h dim-ven, 11h-17h sam). En plein été, un pèlerinage vers cette ferme, située à courte distance à l'est d'Øystese, se voit récompensé de fraises mûres en juin et d'une abondance de framboises, cerises, prunes et pommes en juillet. Un café sert un jus de pomme délicieux et un gâteau aux pommes rustique, ainsi que du *lefse* (pain plat) et des gaufres. Si vous arrivez un dimanche après-midi, un réconfortant déjeuner tardif (plats 165 NOK) vous sera servi.

Où se loger

Hardangerfjord Hotel HÔTEL $$$
(☎56 55 63 00 ; www.hardangerfjord-hotell.no ; s/d à partir de 1 500/1 790 NOK ; P 📶 🏊). Ce grand hôtel moderne, tout en longueur, sur deux niveaux, est posé au milieu de pelouses, au bord du fjord – vue jusqu'à l'autre rive sur les montagnes couronnées par le glacier Folgefonna. Les 87 chambres, rénovées, sont confortables mais sans grand caractère. Il y a un restaurant, une piscine chauffée, un minigolf, et d'autres activités peuvent être organisées.

Depuis/vers Øystese

Øystese est à 6 km au nord-est de Norheimsund, sur la route Hardangerfjordvegen. Tous les jours, au moins 5 bus font le trajet entre Øystese et Bergen (159 NOK, 1 heure 45) via Norheimsund.

Ulvik

1 129 HABITANTS

Situé aux confins les plus reculés du Hardangerfjord, au cœur de la région norvégienne productrice de pommes, le village d'Ulvik, encadré par les montagnes, domine le fjord dans toute sa splendeur. Vous êtes ici au beau milieu de l'impressionnant pays des fjords, parsemé de fermes et quadrillé de chemins de randonnée et cyclables dans les collines environnantes. Ici, une fois les bateaux de touristes évaporés, le silence est d'or. Profitez-en.

À voir

Hardanger Saft og Suderfabrikk FERME FRUITIÈRE
(Fabrique de jus et de cidre de Hardanger ; ☎980 17 497 ; www.hardangersider.no ; Lekve Gard ; ⏲10h-17h lun-sam). Ferme fruitière traditionnelle avec vergers de pommiers et de pruniers et les équipements de production de jus et de cidre.

Ulvik Frukt & Cidreri FERME FRUITIÈRE
(☎911 02 215 ; www.hakastadsider.no ; Hakastad ; ⏲10h-17h lun-sam). Goûtez les jus de pommes et cidres maison de cette agréable ferme fruitière, ainsi que leurs pommes et cerises.

Activités

L'office du tourisme (p. 196) pourra vous indiquer les itinéraires de randonnée alentour, notamment le sentier de 5 km passant devant 4 **fermes fruitières** sur les collines surplombant le village. Des visites de ces fermes sont organisées pour les groupes – demandez à l'office du tourisme si vous pouvez vous joindre à un groupe déjà constitué.

B-Nature PLEIN AIR
(☎911 88 237 ; www.bnature.com ; Tyssevikvegen 31 ; ⏲9h-20h juin-août). Kayak, VTT, randonnée, bateau… toute activité propre à découvrir les paysages environnants est proposée ici. On pourra en outre pratiquer le tir à l'arc, l'ornithologie, l'orientation, mais aussi apprendre à faire du feu, des nœuds ou tailler le silex. Sont également organisées la visite de cidreries locales, ainsi que de fabuleuses sorties en hydravion. Location de vélos/kayaks 210/290 NOK par jour.

Où se loger et se restaurer

Hardanger Guesthouse HÔTEL, CAMPING $$
(☎56 52 61 70 ; www.hardangerguesthouse.no ; Eikjeledbakkjen 2 ; d/tr/f 1 090/1 490/1 790 NOK, empl tente 140-200 NOK, bung 500-600 NOK ; P 📶). Géré par un couple, cet hôtel d'Ulvik se prête à échapper à la foule. Quoique simple, il loue des chambres convenables, avec parquet et salle de bains (assez datées toutefois) et, pour les meilleures, vue et balcon sur l'eau. Il est possible de camper sur place.

Brakanes Hotel HÔTEL $$$
(☎56 52 61 05 ; www.brakanes-hotel.no ; Promenaden 3 ; s 1 250 NOK, d 2 100-2 500 NOK, f 2 600 NOK ; P 📶 🏊). Aucune chance de trouver la tranquillité dans ce vaste hôtel face au fjord : c'est l'un des établissements préférés des voyages organisés. Le bâtiment est moderne, et compte abondance de surfaces vitrées permettant de profiter au maximum

de la vue sur l'eau, mais les chambres sont globalement sans âme. Buffet le midi et menu à la carte le soir.

Den Grøne Kafé CAFÉ **$$**

(☎56 62 61 87 ; dengronekafe.no ; Promenaden 7 ; ⏲13h-18h lun, 10h-18h mar-mer, 12h-18h jeu-sam). Un café accueillant, avec une carte de plats simples : *wraps*, tacos, sandwichs, gâteaux maisons et bon café. Le week-end, il est prisé des habitants, qui apprécient son choix de bières locales en bouteilles.

Renseignements

Office du tourisme d'Ulvik (☎40 00 71 99 ; www.visitulvik.no ; Tyssevike 15 ; ⏲10h-18h lun-ven, 10h-17h sam, 10h-16h dim juil-août, horaires réduits reste de l'année). Propose des cartes de randonnée, loue des vélos (demi-journée/journée 150/200 NOK) et peut se charger des permis de pêche et de ski nautique (à partir de 200 NOK).

Depuis/vers Ulvik

Ulvik se trouve sur la Rv 572, à environ 43 km à l'est de Voss.

Des bus assurent la liaison entre Voss et Ulvik (139 NOK, 1 heure 15, 4 à 6/jour).

Un bateau touristique quotidien, le *Tedno*, relie Eidfjord au départ de Norheimsund, via Lofthus, Kinsarvik, Utne et Ulvik.

Eidfjord

950 HABITANTS

Au plus profond du Hardangerfjord, Eidfjord est, à nos yeux, l'une des plus belles petites localités de cette partie de la Norvège, comme écrasée par les montagnes et les chutes d'eau qui l'entourent. Tant de beauté a malheureusement un prix. Bien qu'elle ne soit accessible que par des tunnels hélicoïdaux, l'été, des bateaux de croisière s'arrêtent presque tous les jours, et la bourgade est tantôt prise d'assaut.

À voir

Vøringsfossen CASCADE

En haut, après 20 km de pente raide, les 182 m de la stupéfiante chute de Vøringfoss marquent l'entrée de la Hardangervidda. Il s'agit en réalité d'une série de chutes appelées Vøringsfossen. Leurs eaux se déversent au bord du plateau et tombent dans le canyon. La vertigineuse chute principale, d'une hauteur de 145 m, est visible depuis plusieurs points de vue sur la route.

Pour jouir du meilleur panorama, rejoignez le point de vue à côté du Fossli Hotel (parking 40 NOK) ou ceux que l'on atteint depuis la **cafétéria de Vøringsfoss**, plus bas dans la vallée sur la Rv 7.

Ce serait l'un des sites les plus visités de Norvège, ce que tend à confirmer en été l'incessant ballet des cars de touristes. Les bus publics Geilo-Odda passent au pied des chutes.

Tumulus vikings SITE ARCHÉOLOGIQUE

(Hæreid ; train des trolls 90/40 NOK ; ⏲train des trolls ttes les heures 10h-17h30 juin-août). Datant de l'an 400 à l'an 1 000, les 350 tumulus vikings découverts sur ce lieu en font le plus grand site de l'âge de fer de la Norvège de l'Ouest. L'office du tourisme pourra vous indiquer comment vous y rendre et vous fournir une carte basique, où figure un chemin balisé pour une randonnée de 1 heure 30.

Ferme de Kjeåsen FERME DE MONTAGNE

Perchées 600 m au-dessus de l'Eidfjord, ces deux fermes étaient jusqu'en 1974 inaccessibles par la route. Ses habitants n'avaient jusqu'alors d'autre choix que de transporter, à dos d'homme ou de bête, leurs provisions à travers la montagne ; une tâche éreintante (il aurait ainsi fallu 30 ans pour achever la construction de l'un des bâtiments). C'est désormais la vue, imprenable, qui y attire les visiteurs.

L'embranchement se fait à hauteur de Simadal, à environ 8 km d'Eidfjord/Rv 7. De là, la ferme se trouve à 5 km par une petite route, qui emprunte un **tunnel** creusé à la fin des années 1970. La circulation est alternée : montée aux heures pile et descentes à la demie. Victime de son succès, Kjeåsen a évidemment perdu en tranquillité.

Le lieu n'est plus habité que par une seule femme, Bjørg Wiik, qui vit ici depuis plus de quarante ans. Bien que le tunnel soit ouvert 24h/24, il est préférable de ne plus monter après 17h par respect pour l'unique résidente des lieux.

Il est possible de se rendre à la ferme à pied (4 heures aller-retour), mais le parcours est escarpé et relativement dangereux, comprenant au moins un pont de cordes. Il part de Sæ dans la vallée de Simadal, et l'on peut se garer près de la centrale électrique de Sima. L'office du tourisme (p. 198) vous fournira des indications. Si cette ferme pique votre curiosité, le fascicule *Kjeåsen in Eidfjord*, de Per A. Holst, raconte son histoire et celle de ses habitants. Il est en vente pour 20 NOK à l'office du tourisme.

Skytjefossen CASCADE

Tombant de près de 300 m de haut, du plateau de la Hardangervidda dans la vallée, cette chute d'eau, à 12 km au nord d'Eidfjord dans la vallée de Simadalen, compte parmi les plus hautes de Norvège. Pour rejoindre le départ du sentier, rejoignez Tveit en voiture et garez-vous après la dernière maison. L'aller-retour jusqu'à la chute (3 km) prend 1 heure 30.

Hardangervidda Natursenter MUSÉE

(☎53 67 40 00 ; www.hardangerviddanatursenter.no ; Øvre Eidfjord ; tarif plein/réduit 130/65 NOK ; ⌚9h-19h mi-juin à mi-août, 10h-18h juin-oct). Cet exceptionnel Centre de la nature de la Hardangervidda est une fantastique introduction à l'un des plus beaux parcs nationaux de Norvège. L'exposition interactive permet de découvrir la flore et la faune du parc et le personnel connaît bien les sentiers pédestres et les pistes de ski.

Activités

♥ Flat Earth PLEIN AIR

(☎476 06 847 ; www.flatearth.no). Flat Earth, l'un des meilleurs prestataires de la région des fjords, organise des circuits de la région, en particulier en kayak de mer. Les circuits vont de trois heures (tarif plein/réduit 599/499 NOK) à la journée (1 250/1 050 NOK) avec barbecue le midi. Des sorties escalade, rafting et VTT sont également envisageables.

Où se loger et se restaurer

♥ Eidfjord Gjestegiveri PENSION $

(☎53 66 53 46 ; www.ovre-eidfjord.com ; Øvre Eidfjord ; bung 400 NOK, s/d 600/890 NOK ; ⌚mai-août ; P 📶). Traversez le tunnel en direction d'Øvre Eidfjord pour rejoindre cette belle maison d'hôtes en bois blanc, au charme suranné et agrémentée sur toute sa largeur d'une terrasse couverte. À l'intérieur, les huit chambres doubles sont basiques mais bien tenues et meublées à l'ancienne. Toutes partagent une salle de bains dans le couloir. On trouve aussi quelques bungalows dans le jardin ainsi qu'un café.

Le petit-déjeuner est satisfaisant, avec notamment du pain fait maison, et le café sert un choix d'une vingtaine de généreux pancakes à la hollandaise, sucrés et salés, garnis notamment de compote de pommes du Hardanger ou de truite de montagne. On y trouve aussi des plats déshydratés pour les randonnées.

Les tarifs augmentent de 200 NOK environ en été.

Sæbø Camping CAMPING $

(☎53 66 59 27 ; www.saebocamping.com ; Øvre Eidfjord ; empl tente et 2 adultes 240 NOK, chalets 495-1 185 NOK ; ⌚mi-mai à mi-sept ; P 📶). Cadre superbe, au bord d'un lac, pour ce vaste camping bien équipé, situé à Måbødalen, à 500 m du Hardangervidda Natursenter. Les propriétaires servent du pain frais au petit-déjeuner. On peut y louer des canoës.

Fossli Hotel HÔTEL HISTORIQUE $$

(☎53 66 57 77 ; www.fossli-hotel.com ; Vøringfossen ; s/d à partir de 790/1 050 NOK ; ⌚mai-sept ; P 📶). Juste au bord du précipice, ce vénérable établissement se prête à dormir dans le rugissement des chutes de Vøringfoss – et à profiter du site après le départ des touristes. La vue depuis cet hôtel est saisissante, et les chambres, certes un peu défraîchies, ont un charme désuet.

L'hôtel fut bâti dans les années 1890 par l'arrière-grand-père d'Erik, hôte tranquille et chaleureux, qui connaît un nombre incroyable d'histoires sur la région. C'est ici qu'Edvard Grieg composa son *Opus 66*. Bien indiqué, l'hôtel est à 1,3 km de la Rv 7. Son restaurant (plats 190-280 NOK) propose une bonne cuisine norvégienne (agneau, saumon au four, daim sauvage), et il y a un café spécialisé dans les gaufres au rez-de-chaussée.

Fjell & Fjord Eidfjord Hotel HÔTEL $$

(☎53 66 52 64 ; www.effh.no ; Lægreidsvegen 7 ; s/d 1 195/1 495 NOK ; P 📶). Si vous rêvez d'une chambre avec vue sur un fjord, cet hôtel moderne qui surplombe l'Eidfjord depuis la route principale ne vous décevra pas. Si les chambres manquent de personnalité, le paysage qui s'offre à la fenêtre compense amplement. Au rez-de-chaussée, un agréable espace salon et salle à manger permet de prolonger la contemplation. Les familles pourront profiter de chambres en enfilade.

Vik Pensjonat PENSION $$

(☎53 66 51 62 ; www.vikpensjonat.com ; Eidfjord ; s/d avec sdb commune 650/1 200 NOK, avec sdb privative 1 200/1 600 NOK, bung 800-1 450 NOK ; P). Voici une adresse à retenir pour qui cherche un emplacement au bord du fjord. Si l'extérieur est typique des pensions en Norvège (bardage bois, pignons recouverts d'ardoise), l'intérieur s'en révèle nettement plus contemporain : chambres épurées, parquet, et vue sur le fjord. Les chambres avec balcon sont très prisées, mais vous pourrez vous rabattre sur un bungalow dans le jardin, au bord de l'eau.

Des soupes aux sandwichs en passant par les plats de résistance comme la truite de montagne ou le steak de renne, le café attenant est l'un des meilleurs endroits où se restaurer ici, à des prix raisonnables (plats 165-240 NOK).

Renseignements

Office du tourisme d'Eidfjord (☎53 67 34 00 ; www.visiteidfjord.no ; Simadalsvegen 3 ; ⏲9h-19h lun-ven, 10h-18h sam-dim mi-juin à mi-août, 10h-17h lun-ven mi-août à mi-juin)

Depuis/vers Eidfjord

BUS

Le bus Skyss (p. 181) n°991/990 (7 à 9/jour lun-ven, 5 à 7/jour le week-end) relie Øvre Eidfjord à Eidfjord (19 NOK, 10 min), Kinsarvik (93 NOK, 50 min), Lofthus (115 NOK, 1 heure) et Odda (195 NOK, 1 heure 30).

En sens inverse, quelques bus relient Geilo (242 NOK, 1 heure 10, 1 à 2/jour), d'où l'on pourra rejoindre Bergen en train.

VOITURE ET MOTO

Le spectaculaire et souvent très venteux pont du Hardanger (*Hardangerbrua*), le plus long pont suspendu entre deux tunnels au monde, relie Bruravik à Brimnes, à l'ouest d'Eidford, le long de la Rv 7/13.

Kinsarvik

3 382 HABITANTS

La bourgade de Kinsarvik et sa voisine Lofthus coulent des jours paisibles au bord du Sørfjord, un bras du Hardangerfjord au cœur de la région d'Ullensvang, riche d'un demi-million d'arbres fruitiers.

Kinsarvik n'a pas toujours été si calme, puisqu'elle fut habitée par quelque 300 Vikings du VIIIe au XIe siècle. La petite esplanade verdoyante en forme de U en face de l'office du tourisme de Kinsarvik est tout ce qui reste de l'ancien port viking. De Kinsarvik, on peut accéder à un superbe itinéraire qui passe par les quatre chutes de Husedalen, grimpe ce que l'on appelle l'escalier des Moines, puis rejoint un réseau de sentiers sillonnant les forêts sauvages du parc national de la Hardangervidda.

Si vous arrivez depuis le versant nord du fjord en voiture, vous emprunterez le **pont du Hardanger** (www.hardangerbrua.no ; péage 117 NOK), plus long pont suspendu entre deux tunnels au monde et achevé en 2013. On peut aussi arriver par bateau de croisière.

À voir

Église en pierre de Kinsarvik ÉGLISE
Édifiée vers 1180, cette église en pierre, parmi les plus vieilles de Norvège, fut restaurée dans les années 1960. Ses murs conservent des traces de fresques réalisées avec des couleurs à base de chaux et de craie montrant l'archange saint Michel en train de peser les âmes, tandis que le diable tente de faire pencher la balance. Selon une légende locale, l'église fut bâtie par des envahisseurs écossais sur l'emplacement d'une ancienne église en bois debout.

Où se loger et se restaurer

Ringøy Camping CAMPING $$
(☎481 93 162 ; www.ringoy-camping.no ; Ringøy ; empl tente et 2 adultes 240 NOK, chalets 990-1 200 NOK ; ⏲mai-sept ; P wifi). Ce très agréable camping occupe un site spacieux et verdoyant donnant sur le Hardangerfjord, 10 km au nord de Kinsarvik. On peut faire un feu de camp (bois fourni gracieusement) et même partir à la découverte du fjord à bord de la barque du camping. Un joli chalet, autrefois propriété d'un fermier, vous attend également un peu à l'écart sur la colline, avec cuisine équipée, salle de bains chauffée et lave-linge.

Kinsarvik Fjordhotel HÔTEL $$
(☎53 66 74 00 ; www.kinsarvikhotel.no ; Kinsarvik ; ch 1 295-1 845 NOK). Cet hôtel imposant semble bien disproportionné, à l'aune de la petite Kinsarvik, mais c'est là que séjournent la plupart des touristes en voyage organisé. L'établissement compte 68 chambres, lesquelles donnent pour moitié d'entre elles sur le fjord, tandis que l'autre moitié est tournée vers les montagnes. Tons neutres passe-partout et un confort suffisant pour envisager d'y passer une nuit… avant que de reprendre la route.

♥ **Gløyp Spiseri** CAFÉ $$
(☎928 55 094 ; www.facebook.com/gloypspiseri ; Kinsarvik ; plats 189-289 NOK ; ⏲11h30-22h). Une belle découverte que ce café situé au bord du fjord : une cuisine préparée avec soin à base de produits frais, une décoration colorée et une cuisine ouverte sur la salle. Les plats principaux changent régulièrement, mais

on trouvera un large choix de salades, plats de poisson, steaks, pizzas et burgers. Gardez un peu de place pour un de leurs délicieux desserts ou une glace italienne.

Renseignements

Office du tourisme de Kinsarvik (☎480 70 777 ; www.visitullensvang.no ; Kinsarvik Brygge ; ⏲8h30-17h30 lun-ven, 10h-16h30 sam, 11h30-16h30 dim juil et août, horaires réduits reste de l'année)

Depuis/vers Kinsarvik

Les routes Rv 7 et Rv 13 relient directement Eidfjord à Kinsarvik.

BATEAU

La compagnie Norled (p. 180) assure une liaison régulière par ferry entre Kinsarvik et Utne (30 min, tarif plein/réduit 42/21 NOK, voiture 115 NOK, 1/heure lun-ven, 6/jour le week-end).

Un ferry de passagers relie chaque jour en été Eidfjord, Ulvik et Norheimsund, mais il s'agit plus d'un circuit touristique que d'un moyen de transport rapide : le ferry fait escale trois heures durant à Eidfjord.

BUS

Le bus Skyss (p. 181) n°991/990 (81 NOK, 35-50 min, 7 à 9/jour du lun-ven, 5 à 7/jour le week-end) circule entre Eidfjord et Kinsarvik, puis poursuit jusqu'à Odda (93 NOK, 55 min-1 heure 15).

Lofthus

556 HABITANTS

Si le village de Lofthus ne présente guère d'intérêt, sinon pour sa jolie église et ses fermes fruitières, il est un point de départ intéressant pour qui s'engage sur la belle route entre Eidfjord et Odda, le long du fjord. Le lieu est très agréable par beau temps.

À voir

Église en pierre de Lofthus ÉDIFICE RELIGIEUX

(⏲10h-19h fin mai à mi-août). Cette église en pierre, qui date de 1250 (bien que le clocher ait été ajouté dans les années 1880), est notable pour ses jolis vitraux. Elle est entourée d'un pittoresque cimetière, dont certaines tombes datent du Moyen Âge.

Chalet de Grieg ÉDIFICE HISTORIQUE

(⏲24h/24). La retraite d'antan du compositeur norvégien Edvard Grieg se trouve dans le jardin de l'Hotel Ullensvang.

Où se loger et se restaurer

Hardanger Hostel B&B AUBERGE DE JEUNESSE $

(☎45 61 23 79 ; www.hardangerhostel.no ; ch 800-1 200 NOK). Cette grande auberge de jeunesse est un choix à considérer pour les budgets limités : une belle vue dominante sur le Hardangerfjord par les grandes baies vitrées de la façade, des chambres (toutes jumelles) sans fioritures mais avec vue sur le fjord pour certaines et salle de bains privative pour les plus onéreuses. Le bâtiment, assez ancien, est plutôt mal isolé, et donc tantôt bruyant et froid.

Lofthus Camping CAMPING $

(☎53 66 13 64 ; www.lofthuscamping.com ; Lofthus ; empl tente ou caravane 2 pers 245 NOK, bung 2/4 lits à partir de 525/695 NOK ; P). Ce camping bien équipé, fort d'une vue directe sur le fjord, ne manque pas d'espace pour les tentes et caravanes. Les bungalows, assez anciens, sont plein de charme et les appartements, plus chics, peuvent accueillir jusqu'à six personnes. Vous pourrez ramasser gracieusement cerises, prunes, poires et pommes des vergers attenants.

Ullensvang Gjesteheim PENSION $$

(☎53 66 12 36 ; www.ullensvang-gjesteheim.no ; Ullensvang ; d/f avec sdb à partir de 1 290 NOK ; ⏲mai à mi-sept ; P). Rénovée avec soin, cette ancienne ferme au bord du fjord vous garantira une bonne nuit de sommeil. Reconnaissable à sa façade en bois ponctuée de petites fenêtres, cette ravissante demeure comprend cinq chambres avec salle de bains et six autres avec salles de bains communes. Toutes sont simples mais d'un assez bon rapport qualité/prix. Une maison indépendante complète l'offre.

Le **restaurant** situé au rez-de-chaussée propose quelques plats norvégiens (plats 170-245 NOK) et, étonnamment, de nombreux plats thaïlandais (plats 179-189 NOK), à consommer sur place ou à emporter.

Hotel Ullensvang HÔTEL HISTORIQUE $$$

(☎53 67 00 00 ; www.hotel-ullensvang.no ; Lofthus ; ch 1 165-1 655 NOK, ste 2 165 NOK ; P). Face au fjord, cet immense édifice de 1846 est essentiellement occupé par un complexe hôtelier moderne, lequel tire avantage d'une vue splendide, de chambres extrêmement confortables et d'un bon restaurant. Sauna, piscine, salle de sport, simulateur de golf, courts de tennis et de squash, mais aussi location de bateaux : il n'y a pratiquement

VAUT LE DÉTOUR

BALADE EN VOITURE VERS JONDAL

Sans virages en épingle à cheveux à vous faire frissonner, spectaculaires cols d'altitude ou fjords sombres et encaissés à vous donner des sueurs froides, le trajet tranquille le long de la **Rv 550** reliant Utne à Jondal, est pourtant l'un des plus beaux qui soient, en particulier à la fin du printemps et au début de l'été. La route borde le fjord tout du long, passant à travers des vergers, devant des cabanes de pêcheurs et de minuscules plages. La profusion d'affleurements rocheux invite à pique-niquer, à se prélasser au soleil ou à barboter. À Hereiane, des rochers lisses s'élèvent au-dessus du fjord jusqu'aux hauts sommets, et un petit bâtiment de service, construit entièrement en pierre naturelle, est installé sur un splendide socle jaune. Le ferry au départ de Jondal vous ramènera à Norheimsund, mais avant de partir, prenez le temps de déguster une gaufre au kiosque du hangar à bateaux et de déambuler entre les cottages de style suisse de la bourgade. Sinon, poursuivez jusqu'à Rosendal ou Odda via le tunnel de Jondal (Jondalstunnelen).

rien que l'on ne puisse faire ici. L'endroit manque toutefois un peu d'âme.

Renseignements

Office du tourisme de Lofthus (☎53 66 31 12 ; www.visitullensvang.no ; Rv 13, Lofthus ; 🕒11h-19h mi-juin à mi-août, 9h-15h le reste de l'année)

Depuis/vers Kinsarvik et Lofthus

La Rv 13, qui relie Eidfjord à Odda, passe par Lofthus.

Le bus Skyss (p. 181) n°991/990 relie Eidfjord à Lofthus (104 NOK, 1 heure, 7 à 9/jour lun-ven, 5 à 7/jour le week-end) avant de continuer sa route vers Odda (69 NOK, 35 min). Il faut compter environ une heure dans les deux sens. Lors de nos recherches, la route subissait de lourds travaux au sud de Lofthus : retards à prévoir jusqu'à la fin du chantier.

Utne

Utne est l'un des villages les plus pittoresques et reposants du Hardangerfjord. Il est connu pour son arboriculture et ses rues traditionnelles immaculées, et constitue le point de départ pour une des balades les plus enchanteresses de la région.

À voir

Musée des Arts et Traditions populaires du Hardanger MUSÉE EN PLEIN AIR
(Hardanger Folkemuseum ; ☎474 79 884 ; www.hardangerogvossmuseum.no ; Fergekai ; tarif plein/réduit 110/60 NOK ; 🕒11h-16h mai-août, 9h-15h mar-ven sept-avr). Cet excellent écomusée préserve le patrimoine culturel de la région du Hardanger. Flânez au gré de sa collection de maisons, bateaux, boutiques, appentis et école d'époque, et parcourez les expositions décrivant les superbes costumes et broderies traditionnels, les mariages, le célèbre violon Hardanger et sa fabrication, la pêche et la culture des vergers. Café sur place – gâteaux maison.

Où se loger

Hardanger Gjestegård PENSION **$$**
(☎97 10 18 78 ; www.hardanger-gjestegard.no ; Alsåker ; s/d 895/1 290 NOK). Cette charmante demeure de 1898, à 10 km à l'ouest d'Utne sur la Fv 550, fut naguère dévolue au traitement et à la transformation des fruits. Y sont désormais louées des chambres pleines de caractère, décorées de meubles traditionnels peints à la main. Certaines ont été aménagées dans le bâtiment principal d'autres dans une annexe.

♥ **Utne Hotel** HÔTEL HISTORIQUE **$$$**
(☎53 66 64 00 ; www.utnehotel.no ; Utne ; s/d 1 520/1 930 NOK ; P). Ce bâtiment d'époque en bois fut édifié en 1722, après la Grande Guerre nordique, ce qui lui vaut le titre de plus vieil hôtel de Norvège. La lignée d'hôtelières qui s'y sont succédé est remarquable. Chambres à l'élégance simple évoquant le temps jadis, et salles de bains chics et modernes. Le restaurant étant excellent, il vaut la peine d'opter pour un supplément demi-pension (625 NOK).

Depuis/vers Utne

Utne se trouve sur la petite route Rv 550, 45 km au nord d'Odda et 35 km au nord-est de Jondal.

Des ferries relient régulièrement Utne et Kinsarvik (tarif plein/réduit 54/27 NOK, voiture avec conducteur 115 NOK, ttes les heures lun-ven, 6/jour le week-end) et Kvanndal (38/19 NOK, voiture avec conducteur 102 NOK, 20 min, 2/heure dim-ven, ttes les heures dim).

Odda

7 006 HABITANTS

Après plusieurs jours passés dans les charmantes bourgades des fjords, la petite ville post-industrielle d'Odda fait pâle figure. Cette ancienne cité sidérurgique vaut surtout pour sa situation, à proximité immédiate du parc national du Folgefonna (p. 203), idéale pour la randonnée du Trolltunga. De nombreux prestataires pourront vous guider.

À voir

Trolltunga POINT DE VUE

Le Trolltunga, étroite proue rocheuse qui surplombe le lac Ringedalsvatnet, est l'un des sites les plus photographiés et l'un des spots de randonnée les plus prisés de Norvège, avec le Preikestolen. Toute célèbre qu'elle soit, cette "langue de troll" reste difficile d'accès : comptez 10 heures aller-retour, soit 23 km au départ de Skjeggedal, situé à 13 km au nord-est d'Odda.

On peut normalement envisager la randonnée de mai à début septembre, selon l'enneigement. Le sentier est clairement balisé depuis le parking, notamment par des bornes indiquant les distances jusqu'au sommet – attention toutefois, l'ascension est parfois abrupte (dénivelé positif de 1 000 m). Le jour du départ, soyez vigilant sur votre état de forme et convenablement équipé. Ne ratez pas sur le trajet la cascade de **Tyssestrengene** (646 m).

Si vous souhaitez faire la randonnée plus tôt dans l'année, ou préférez vous y lancer avec un guide professionnel, adressez-vous à Trolltunga Active (voir ci-contre). N'espérez pas être seul une fois arrivé – le Trolltunga est l'un des paysages les plus partagés sur les réseaux sociaux – mais le simple fait de pouvoir admirer la vue depuis le sommet saura récompenser tous vos efforts.

Si vous continuez un peu au-delà du Trolltunga, vous atteindrez une autre belle plateforme, le **Preikestolen**, modèle réduit du site du même nom au-dessus du Lysefjord (p. 216), près de Stavanger.

En juillet et août, la compagnie **Tide** (www.tide.no) assure une liaison quotidienne en bus express de Tyssedal et le parking du véritable Preikestolen près de Stavanger, ce qui permet d'enchaîner les deux ascensions les plus célèbres de Norvège (aller simple 695 NOK).

Musée norvégien de l'Énergie hydraulique et de l'Industrie MUSÉE

(Norsk Vasskraft og Industristadmuseum, NVIM ; ☎53 65 00 50 ; www.nvim.no ; Centrale hydroélectrique de Tyssedal , Naustbakken 7, Tyssedal ; tarif plein/réduit 90/60 NOK ; ⏲10h-17h mi-mai à août, 10h-15h mar-ven sept à mi-mai). Si une visite d'une centrale hydroélectrique vous paraît peu engageante, laissez-vous surprendre par ce site emblématique. Conçue par Thorvald Astrup, architecte connu pour ses projets industriels mêlant architecture classique européenne et mouvement fonctionnaliste, l'usine de Tysso 1 fut construite entre 1906 et 1918. C'est aujourd'hui un magnifique témoignage d'ambition industrielle, à découvrir dans le cadre d'une visite guidée.

Activités

Pour des randonnées allant jusqu'à 6 heures dans les environs, procurez-vous la brochure *Hikes in Odda,* ou, plus détaillée, *Hiking and Biking – Odda, Røldal, Seljestad, Tyssedal* à l'office du tourisme.

Trolltunga Active PLEIN AIR

(☎991 12 121 ; www.trolltunga-active.com). Cet excellent prestataire propose un nombre impressionnant d'activités riches en émotions, à pratiquer dans les environs d'Odda. La plus évidente est la randonnée guidée sur le Trolltunga (1 350 NOK), que l'on pourra également entreprendre au lever ou au coucher du soleil (3 900 NOK). Les amateurs de sensations fortes ne seront pas déçus par leur tyrolienne, ni par leur base de saut à l'élastique (occasionnellement).

Les autres pourront pratiquer kayak, VTT et rafting mais aussi filer sur l'eau en vedette ou camper à la belle étoile.

Où se loger

Odda Camping CAMPING $

(☎941 41 279 ; www.oddacamping.no ; Eide ; empl tente/caravane 150/160 NOK, bung 590-1 790 NOK ; ⏲mi-mai à août ; 📶). Des emplacements pour tentes et caravanes, ainsi que des chambres et bungalows sont proposés dans ce camping, joliment situé sur les rives du lac Sandvinvatnet, à 20 minutes à pied (environ 1 km) du centre-ville, sur la colline.

Trolltunga Hotel PENSION $$

(☎400 04 486 ; www.trolltungahotel.no ; Vasstun 1 ; dort 450 NOK, s 820-1 105 NOK, d 1 045-1 570 NOK, tr 1 475 NOK ; P 📶). Cet établissement simple, mais bien tenu, affiche un large choix d'hébergements : dortoirs, chambres simples, doubles et triples, toutes joliment décorées dans des tons de bleu "fjord", avec des chevets fabriqués à partir de bûches de bois et de petits tableaux encadrés. N'hésitez pas à choisir les catégories "Petite Lofts" et "Double Plus", pour leur sublime vue sur le fjord. Salle de bains commune pour certaines chambres.

Le restaurant sert de bons repas à partir de 17h (plats à partir de 289 NOK).

Tyssedal Hotel HÔTEL $$$

(☎53 64 00 00 ; www.tyssedalhotel.no ; Tyssedal ; s 890 NOK, d 1 350-1 450 NOK, f 2 100 NOK ; P 📶). Ce bel édifice Art déco de 1913 comprend de superbes chambres parquetées et aménagées avec goût. Les fantômes norvégiens semblent avoir un faible pour les hôtels : Nils Bergslien, artiste originaire d'Eidfjord, "hante" le sous-sol et le 3e étage. Son héritage matériel, de fantastiques illustrations de contes de fées et des peintures paysagistes du Hardangerfjord, orne également l'hôtel.

Le restaurant de l'hôtel (plats 199-329 NOK) est le meilleur d'Odda.

Renseignements

Office du tourisme d'Odda (☎480 70 777 ; www.hardangerfjord.com/ullensvang ; Torget 2 ; ⏱9h-19h mi-juin à mi-août, horaires réduits mai et sept)

Depuis/vers Odda

Odda est à 70 km au sud d'Eidfjord sur la Rv 13.

Le bus Skyss (p. 181) n°991/990 (7 à 9/jour lun-ven, 5 à 7/jour le week-end) part à destination d'Eidfjord (195 NOK, 1 heure 30) et de Voss (207 NOK, 2 heures).

Pour regagner Oslo, prenez le bus Haukeliekspressen n°930 (661 NOK, 3/jour, 6 heures 30) de la compagnie **Nor-Way** (www.nor-way.no). Changement à Seljestad.

Røldal

359 HABITANTS

Située à 22 km au sud-est d'Odda, le village de Røldal mérite qu'on s'y arrête pour sa belle église en bois debout mais l'endroit est des plus tranquilles en dehors de la saison de ski.

À voir et à faire

Église en bois debout de Røldal ÉDIFICE RELIGIEUX

(Røldal stavkirke ; Røldal ; ⏱9h-17h juil-août). Cette église du XIIIe siècle était un important lieu de pélerinage au Moyen Âge. Selon la légende locale, une de ses croix de bois suerait chaque année la veille de la Saint-Jean, phénomène qui s'accompagnerait d'une guérison des malades.

Røldal Skisenter SKI

(www.roldal.com ; Rv 13 ; ⏱déc-avr). Cette station de sports d'hiver garantit une épaisse couche de neige et une saison longue. On y pratique la descente, le fond et le ski de randonnée en hiver, mais aussi le VTT et la randonnée en été.

Où se loger

♥ **Energihotellet** BOUTIQUE-HÔTEL $$

(☎51 20 05 55 ; www.energihotellet.no ; Øvre Kilen, Nesflaten ; ch à partir de 1 870 NOK ; P ❄ 📶). Conçu dans les années 1960 par l'architecte Geir Grung, dans le cadre de la centrale hydroélectrique de Røldal-Suldal, ce bâtiment de style brutaliste a été réhabilité en boutique-hôtel chic, dans un esprit minimaliste en accord avec la structure en béton brut des lieux. Les élégantes chambres donnent pour la plupart sur le lac Suldalsvatnet.

Un excellent restaurant de cuisine néo-scandinave, un sauna et, en été, une piscine extérieure chauffée, complètent l'offre de cet hôtel proche du village de Nesflaten, à quelque 28 km au sud de Røldal.

Hordatun Hotel HÔTEL $$

(☎93 45 02 93 ; www.hordatun.no ; d 1 250 NOK, ste 1 350-1 450 NOK ; P 📶). Ne manquez sous aucun prétexte ce formidable hôtel en forme de fer à cheval, prolongé de balcons avec vue sur le lac Røldalsvatnet. Sa structure en béton résolument moderne ne fera pas l'unanimité mais la vue est exceptionnelle et les chambres stylées, quoique sous un angle plutôt fonctionnel, avec mobilier basique, parquet stratifié et baies vitrées en simple vitrage. Les suites et les chambres loft sont agrémentées de belles mezzanines. On trouve enfin un assez bon restaurant au rez-de-chaussée (plats 199-299 NOK).

Depuis/vers Røldal

Le bus Haukeliekspressen n°930 (628 NOK, 3/jour, 5 heures 30) de la compagnie

Nor-Way (www.nor-way.no) s'arrête à Røldal avant de poursuivre en direction d'Oslo.

Parc national du Folgefonna

Créé en 2005, ce parc de 545 km² comprend le troisième plus grand champ de glace du continent norvégien. La calotte glaciaire du Folgefonna couvre 168 km², avec une glace épaisse de 400 m par endroits. C'est un lieu spectaculaire, où les bras des glaciers s'immiscent dans plusieurs vallées.

Activités

L'approche la plus pratiquée du Folgefonna est la randonnée sur glacier depuis Odda ou Jondal. Adressez-vous aux compagnies Flat Earth (p. 197), basée à Øvre Eidfjord, ou Folgefonni Breførarlag, à Jondal. Les randonnées sont accessibles à toute personne en bonne condition physique, habillée chaudement et chaussée de façon adaptée.

Le site www.visitsunnhordland.no est une excellente source d'information sur les randonnées au bord du Folgefonna. Cherchez la page "Fancy a Walk?" pour découvrir des liens vers des descriptions d'itinéraires et des cartes téléchargeables.

Folgefonni Breførarlag RANDONNÉE
(☎951 17 792 ; www.folgefonni-breforarlag.no ; Jondal ; ⏲mi-juin à mi-août, sur demande reste de l'année). Ce prestataire professionnel propose diverses randonnées guidées sur le glacier au départ du Fonna Glacier Ski Resort (ci-dessous) en été. Cet itinéraire a l'avantage de garantir des vues exceptionnelles, mais il faut marcher dans la neige avant d'atteindre le glacier.

Fonna Glacier Ski Resort SKI D'ÉTÉ
(☎94 10 00 00 ; www.folgefonn.no ; Jondal ; ⏲9h-16h mai-oct). Cette station permet de pratiquer des sports d'hiver en été : ski, surf et traîneau de mai à octobre, la saison finissant parfois plus tôt. Elle est accessible par les transports publics au départ de Bergen, de Jondal et de Norheimsund. Le site Internet de la station affiche davantage d'informations.

Renseignements

Centre d'information du parc national du Folgefonna (☎53 48 42 80 ; www.folgefonna.info ; Skålakaien, Rosendal ; ⏲10h-19h juin-août)

Office du tourisme de Jondal (☎951 17 792 ; www.visitjondal.no ; Fv 550, Jondal ; ⏲9h30-16h juin, 9h30-18h juil-août)

Depuis/vers le parc national du Folgefonna

L'accès le plus simple au parc national se fait depuis Jondal.

Deux bus directs relient Odda à Jondal : le bus n°980 (173 NOK, 2 heures 30, 2/jour), qui contourne le fjord via Utne, et, tôt le matin, le bus n°930 (104 NOK, 45 min, lun-dim), qui passe par le tunnel de Jondal.

Pour accéder au parc national, un bus quotidien (en été seulement) part de Jondal à 9h45 à destination de la station de ski de Fonna Glacier ; en prenant le premier bus n°930 ou n°980 de la journée, vous arriverez à temps à Jondal.

Rosendal

944 HABITANTS

Séparé du reste du Hardangerfjord par de hautes montagnes et par le parc national du Folgefonna, Rosendal a l'attrait d'un cadre pittoresque, proche du fjord et sur fond de hautes collines. L'accès au parc national est plus aisé depuis Odda et Jondal, mais Rosendal vaut le détour en soi et compte un centre d'information du parc national.

À voir

Baroniet Rosendal ÉDIFICE HISTORIQUE
(☎53 48 29 99 ; www.baroniet.no ; Rosendal ; entrée avec visite guidée tarif plein/réduit 150/50 NOK, jardin seulement 100/20 NOK ; ⏲10h-17h juil à mi-août, 11h-16h mi-mai à juil et mi-août à mi-sept). Bâti en 1665, ce manoir, seule baronnie de Norvège, trône légèrement en amont du village. Au fil des intérieurs, d'époque, vous découvrirez une collection de tapisseries, une remarquable bibliothèque magnifiquement préservée et des pièces de porcelaine de Saxe et de porcelaine royale de Copenhague. À l'extérieur, ne manquez pas la splendide roseraie Renaissance. Concerts en soirée l'été. Visite guidée comprise dans l'entrée.

Pour prolonger votre visite, accordez-vous une pause déjeuner dans la ravissante serre (plats 179-289 NOK). Pour un repas plus gastronomique, vous pourrez réserver une table au luxueux Blue Dining Room (menus 3 ou 5 plats).

Il est même possible de loger sur place, dans une annexe du manoir (p. 204).

VAUT LE DÉTOUR

LES ENVIRONS DE ROSENDAL

Sunndal

À Sunndal, à 4 km à l'ouest du tunnel, prenez la route qui monte jusqu'à la vallée de Sunndal (carrossable sur 1 km), puis suivez à pied sur 2 km le chemin qui rejoint le lac Bondhusvatnet, d'où la vue sur le glacier de **Bondhusbreen** est époustouflante. C'est aussi un départ de sentier de randonnée.

Uskedalen

À Uskedalen, à 14 km à l'ouest de Rosendal, la paroi rocheuse de l'Ulvenåso (1 247 m) constitue l'un des meilleurs spots d'escalade de Norvège. Pour de plus amples détails, contactez l'office du tourisme de Rosendal (ci-contre).

Møsevatnet

L'une des routes les plus jolies (et tranquilles) de cette partie de la Norvège grimpe jusqu'au barrage de Møsevatnet, d'où l'on a une belle vue sur un bras du glacier du Folgefonna. Prenez la Rv 48 au sud de Rosendal, puis tournez vers le sud-ouest à Dimmelsvik. Les directions de Fjellhaugen, Matre et Åkra sont indiquées. À l'embranchement indiquant Matre et Åkra à droite, prenez à gauche direction Blådal et le Fjellhaugen Skisenter (station de ski hivernale), puis abandonnez la direction de la station de ski. Après cette bifurcation, la route, étroite mais bien goudronnée, monte à travers bois et traverse des collines rocailleuses ponctuées de lacs et de barrages.

Steinparken PARC

Indiqué sur la route menant au manoir de Baroniet Rosendal (p. 203), ce curieux musée en plein air comprend des monolithes de la région du Folgefonna sculptés et lissés avec art pour mettre en relief la diversité géologique de la région. Certains sont l'œuvre de l'artiste contemporain Bård Breivik. Un sentier part d'une vieille scierie jusqu'au parc.

Circuits organisés

Rødne Fjord Cruise BATEAU

(51 89 52 70 ; www.rodne.no ; Skalafjæro ; tarif plein/réduit 618/206 NOK). Cette compagnie propose une croisière quotidienne au départ de Bergen, qui comprend notamment une visite du manoir de Baroniet Rosendal et un déjeuner (2 plats) au restaurant de la serre.

En semaine, le ferry quitte Bergen à 8h50 pour arriver à Rosendal à 10h45 ; retour à 14h25 et arrivée prévue à 16h20. Le week-end, départ à 11h de Bergen, arrivée à 12h55, retour à 16h35 et arrivée à 18h.

Fêtes et festivals

Rosendal Mat & Kunstfestival GASTRONOMIE

(Festival de gastronomie et d'art de Rosendal ; www.rosendalmatogkunstfestival.no ; début juil à mi-juil). Un festival d'art et de gastronomie locale, accompagné d'un marché, qui a lieu les années paires.

Où se loger

Sundal Camping CAMPING $

(956 67 819 ; www.sundalcamping.no ; Sunndalsvegen 641 ; empl tente et 2 adultes 190 NOK, bung 480-680 NOK ; P). Rosendal ne possédant aucun camping, il faudra vous rabattre sur celui-ci, 28 km au nord-est, à Sundal. Ceux qui ont déjà expérimenté les campings norvégiens ne seront pas surpris : des bungalows (petits, moyens et grands) côtoient des emplacements pour tentes et caravanes.

Rosendal Turisthotell PENSION $$

(53 47 36 66 ; www.rosendalturisthotell.no ; Skålagato 17 ; s/d avec sdb commune 850/990 NOK ; P). Cette belle demeure fut construite en 1887 face au quai et c'est l'exacte représentation de la maison norvégienne typique – pignons, balcons et bardage bois, avec les montagnes pour arrière-plan. L'intérieur surprend par sa modernité : les chambres sont lumineuses, claires et meublées avec soin, des lits anciens aux textiles épais. Salle de bains commune à toutes. Les chambres en angle allient espace et vue.

Baroniet Rosendal FERME $$

(53 48 29 99 ; www.baroniet.no ; Rosendal ; s/d petit-déj inclus à partir de 880/1 280 NOK ; mai-août ; P). Juste à la sortie des terres du manoir de Baroniet Rosendal, cette grande

ferme abrite des chambres attrayantes (lits en fer forgé), qui partagent des salles de bains. On peut s'y restaurer, et les repas sont servis dans la grande cuisine de la ferme. Le menu composé de trois plats (590 NOK) change quotidiennement et marie fruits, légumes et herbes du jardin.

Où se restaurer

Martha Meidell NORVÉGIEN **$$**
(☎53 47 36 66 ; Rosendal Touristhotel ; plats déj 169-189 NOK, plats dîner 255-325 NOK ; ⏰déj 13h-16h, dîner 19h-22h). Il n'est pas simple de trouver un restaurant ouvert le soir à Rosendal. Réjouissez-vous, celui du Rosendal Turisthotell est excellent. La carte varie fréquemment, avec une régularité pour les plats de poisson, viande et gibier, accompagnés de légumes et fruits de l'agriculture locale. Au dîner, deux ou trois choix de plats principaux sont proposés ; carte plus rudimentaire au déjeuner (boulettes de viande, quenelles de poisson, etc.).

Påfyll Snikkeriet NORVÉGIEN **$$**
(☎414 06 991 ; plats 150-220 NOK ; ⏰14h-21h lun, mar, jeu et dim, 13h-21h mer et ven-sam Pâques-août). Cet établissement est réputé pour ses plats norvégiens faits maison (truite du fjord, saucisses locales, notamment) et ses tarifs raisonnables. Concerts fréquents en soirée.

Renseignements

Office du tourisme de Rosendal et centre du parc national du Folgefonna (☎53 48 42 80 ; www.visitsunnhordland.no ; Skålafjæro 17 ; ⏰10h-18h juin-août, 10h-15h mai et sept)

Depuis/vers Rosendal

Rødne Fjord Cruise (ci-contre) assure une liaison aller-retour par jour, avec déjeuner et visite touristique, au départ de Bergen.

Le bus n°770 (47 NOK, 1 heure, 6/jour) relie Odda via Sunndal.

On rejoint Rosendal par un tunnel de 11 km (voiture 90 NOK, gratuit minuit-6h) passant sous un champ de glace au départ d'Odda. Rosendal est à 32 km de l'entrée/sortie du tunnel le long de la côte. Un autre (nouveau) tunnel assure la liaison depuis/vers Jondal.

Si vous allez vers le sud à Haugesund ou Stavanger, l'E39 est la route la plus rapide en prenant le ferry Rannavik-Skjersholmane (voiture avec conducteur 167 NOK), mais le ferry Utåker-Skånevik revient moins cher (115 NOK).

HAUGALANDET

Au nord et à l'est de Stavanger s'étend une région de collines basses et d'îles et îlots côtiers, évoquant les îles du nord de l'Écosse. La joyeuse Haugesund est la capitale régionale.

La région de Haugesund revêt une grande importance sur le plan historique. En 872, une bataille eut lieu à Hafrsfjord, tout près. Elle aboutit à la première unification du pays, et c'est pourquoi la région se targue d'être le "berceau de la Norvège".

Haugesund

36 538 HABITANTS

Le port de Haugesund, au bord de la mer du Nord, figure hors des sentiers battus de la côte ouest. La cité était autrefois un important port de pêche au hareng et les bateaux qui empruntaient le bras de mer y faisaient escale. Elle dépend désormais, comme de localité de la côte ouest, de l'industrie pétrolière. Or ne vous y trompez pas : elle reste une jolie ville, animée et tournée vers le port. Le front de mer ne manque d'ailleurs pas de bons restaurants et de sympathiques bars. La charmante île de Karmøy est toute proche.

À voir

Utsira ÎLE
À environ 18 km à l'ouest de Haugesund, la petite île d'Utsira ne fait pas plus de 6 km² pour une population de 235 âmes. Pour autant, le site est un haut lieu de l'ornithologie, car l'île n'abrite pas moins de 310 espèces, et des amateurs y affluent de toute l'Europe, en particulier lors des saisons de migration. Un ferry (www.rutebaatenutsira.no ; tarif plein/réduit aller 64/32 NOK) dessert l'île quotidiennement depuis Haugesund.

Haraldshaugen MONUMENT
(Haraldshaugvegen). La sépulture du roi Harald ("à la Belle Chevelure"), premier souverain de la Norvège unifiée, se trouve à 1,5 km au nord de Haugesund. L'obélisque fut érigé en 1872 pour le millénaire de la bataille décisive de Hafrsfjord, en 872, qui permit à Harald de conquérir l'ouest du pays.

Monument à Marilyn Monroe MONUMENT
Étrangement, Haugesund se revendique terre d'origine de Marilyn Monroe : son supposé père, un boulanger local, émigra

aux États-Unis. Située sur le quai, près de l'hôtel Scandic Maritim, cette sculpture (moins ressemblante qu'aguicheuse), fut installée à la faveur du 30e anniversaire de la mort de l'actrice, survenue en 1962.

Circuits organisés

L'office du tourisme (ci-contre) propose une gamme complète de circuits, des balades guidées dans le quartier de l'hôtel de ville à des croisières le long des côtes à la découverte des phares historiques et des localités insulaires isolées.

Ravnafloke RIB Island Tour BATEAU
(☎52 80 43 98 ; Smedasundet 77 ; 540 NOK/pers). Voici un moyen original de découvrir la côte, les îles et les phares des alentours de Haugesund : à pleine vitesse, à bord d'un bateau pneumatique semi-rigide (RIB). Un minimum de 12 personnes étant requis, renseignez-vous auprès de l'office du tourisme (voir page ci-contre), qui pourra vous indiquer l'horaire du prochain départ.

Fêtes et festivals

Silda Jazz MUSIQUE
(www.sildajazz.no ; début à mi-août). Jazz, soul, folk et musique indé : le Festival international de jazz de Haugesund est très réputé.

Festival international du film de Haugesund CINÉMA
(Norvegian International Film Festival ; www.filmweb.no/filmfestivalen ; 2e quinzaine d'août). Considéré comme le Cannes scandinave, c'est le plus grand festival de cinéma de Norvège.

Où se loger

♥ Hotel Banken HÔTEL DESIGN $$
(☎52 70 00 30 ; banken-hotel.no ; Strandgata 161 ; s 960 NOK, d 1 190-1 690 NOK, ste 1 990 NOK ; wifi). Principalement fréquenté par une clientèle en déplacement professionnel, cet établissement est sans conteste, et de loin, le meilleur de Haugesund. Occupant un somptueux bâtiment en pierre du début du XXe siècle, il loue de belles chambres, confortables et spacieuses, dont le parquet, tout comme la magnifique vue sur Smedasunden, rappellent davantage un hôtel haut de gamme. Les chambres doubles “deluxe” ont l'attrait d'une fenêtre de toit avec vue sur le port.

Scandic Maritim HÔTEL $$
(☎52 86 30 00 ; www.hotelmaritim.no ; Åsbygaten 3 ; s 875-1 175 NOK, d 1 175-1 575 NOK, f 1 325-2 500 NOK ; P wifi). Ce vaste hôtel de la chaîne Scandic profite d'un atout majeur : son emplacement, directement sur le port et au cœur du quartier des bars et restaurants. Le bâtiment en lui-même n'a rien d'exceptionnel mais les chambres aux couleurs maritimes sont agréables et agrémentées de loggias vitrées, que l'on peut fermer par grand vent.

Scandic Haugesund HÔTEL $$
(☎21 61 41 00 ; www.scandichotels.com ; Kirkegata 166 ; ch 1 199-1 699 NOK ; wifi). Ce grand hôtel d'affaires à la façade en verre est fiable et confortable. Les chambres sont typiques de la chaîne Scandic : contemporaines, épurées et sans grande personnalité, mais pourvues d'agréables salles de bains. Les chambres des niveaux supérieurs ont vue sur la ville.

Où se restaurer

Brasserie Brakstad PUB $$
(☎52 70 00 50 ; www.brasseriebrakstad.no ; Kaigata 2 ; plats 195-345 NOK ; 11h-23h lun-jeu, jusqu'à minuit ven, 12h-minuit sam, 13h-22h dim). Voici la meilleure adresse pour un repas sur le port. Ce sympathique pub sert une excellente cuisine à l'avenant : bons gros steaks au poivre, moules, pavés de saumon et poêlées de légumes. On choisira entre la déco industrielle de l'intérieur avec ses murs en brique apparente ou, par beau temps, les rangées de tables sur le quai.

Lothes Mat & Vinhus BURGERS $$$
(☎52 71 22 01 ; www.lothesmat.no ; Skippergata 4 ; menu 3 plats 655 NOK ; 18h-1h mar-sam). Voisin immédiat du port, ce petit restaurant lambrissé est apprécié de longue date à Haugesund, autant pour sa copieuse cuisine norvégienne que sa jolie terrasse avec vue sur le port. La direction possède également l'établissement voisin, le **Himla Godt**, spécialisé dans les burgers, grillades, soupes de poisson et autres (plats 119-189 NOK).

To Glass SCANDINAVE $$$
(☎52 70 74 00 ; www.toglass.no ; Strandgata 169 ; plats 229-345 NOK ; 15h-22h lun-sam). Ouvert en étage, un peu à l'écart du port, ce restaurant stylé a la faveur d'une clientèle locale qui y vient, après le travail, savourer une cuisine réconfortante et des assiettes de tapas à partager.

Où prendre un verre et faire la fête

Totalen Bluebird Kaffebar CAFÉ
(☎482 48 577 ; www.totalen.no ; Haraldsgata 173 ; ⊙9h-16h lun-mar, jusqu'à 17h mer-ven, 10h30-16h sam). Le Totalen sert le meilleur café de la ville, dont le Jacu Bird (un café corsé provenant du Brésil), accompagné de délicieux scones et biscuits.

Achats

Amundsen Spesial ÉPICERIE-TRAITEUR
(☎52 72 31 00 ; amundsenspesial.no ; Skippergata 5 ; ⊙10h-17h lun-ven, jusqu'à 16h sam). Cette épicerie-traiteur haut de gamme déborde d'articles plus appétissants les uns que les autres : saumon fumé maison, fromages norvégiens, saucisses fumées, chocolat et fruits à coques à foison. On trouve également des produits d'importation, huile d'olive d'Italie et vins français, notamment.

Renseignements

Office du tourisme (☎52 01 08 30 ; www.visithaugesund.no ; Strandgata 171 ; ⊙9h-17h lun-ven, 10h-16h sam-dim mi-juin à août, 10h-16h30 lun-ven sept-mai)

Depuis/vers Haugesund

Haugesund se trouve à 82 km au nord de Stavanger et 18 km au sud de Bergen. La route E39 relie les trois villes entre elles, via plusieurs ferries.

AVION

L'**aéroport de Haugesund** (☎52 80 40 60 ; flyhau.no/no ; Helganesvegen 350, île de Karmøy) se trouve à 13 km au sud-ouest de la ville.

Les compagnies SAS et Norwegian assurent des liaisons régulières avec Oslo, tandis que Widerøe dessert Bergen du lundi au vendredi, et Copenhague une fois par jour.

Les navettes **Flybussen** (Flybussen ; www.flybussen.no/haugesund ; aller simple 100 NOK) quittent l'aéroport après chaque arrivée.

BATEAU

L'île d'Utsira est desservie quotidiennement par un ferry au départ de l'embarcadère de Haugesund.

BUS

Une ligne express de la compagnie **Nor-Way** (www.nor-way.no) part chaque heure à destination de Stavanger (aller simple 240 NOK, 2 heures 10).

VOITURE ET MOTO

Les places de parking ne manquent pas dans Haugesund. Elles sont gratuites à partir de 15h.

Les voyageurs à destination de Stavanger dans le sud devront prendre un ferry entre Arsvågen et Mortavika (www.fjord1.no ; tarif plein/réduit/voiture 6/23/185 NOK, 2/heure).

Île de Karmøy

Karmøy est une île relativement plate dotée de beautés naturelles : outre de magnifiques plages de sable blanc, elle est constellée de forêts, de vastes marais, de plateaux de bruyères et de lacs. Côté culture, elle n'est pas en reste, riche de plusieurs sites historiques d'importance, de beaux villages aux maisons en bois, en plus d'un festival viking entraînant, début juin (p. 208).

Histoire

L'île de Karmøy est intimement liée à l'histoire norvégienne. Le site d'Avaldsnes fut choisi par Harald Hårfagre ("à la Belle Chevelure") pour y établir sa cour, après avoir remporté la bataille de Hafrsfjord en 872, événement fondateur du royaume unifié de Nordvegen. Avaldsnes devait conserver ce titre juqu'en 1450.

À voir

Église Saint-Olav ÉDIFICE RELIGIEUX
(www.avaldsneskirke.no ; Avaldsnes ; tarif plein/réduit 100/50 NOK ; ⊙13h-15h30 dim-mar juin-août). La grande église en pierre du roi Håkon IV Håkonsson, dédiée à saint Olav en 1250, aurait été édifiée sur le site d'une chapelle en bois bien plus ancienne. C'est un formidable exemple de l'architecture viking et qui fut longtemps un point de repère important pour la navigation. Quelque peu négligée pendant des années, elle a été restaurée dans les années 1830 et elle a bénéficié de l'ajout d'un clocher en 1862. Elle a ensuite été à nouveau consacrée en 1929. En été, des visites guidées permettent de découvrir l'intérieur.

Si plusieurs obélisques en pierre entouraient jadis l'église, un seul est parvenu jusqu'à nous – un bloc massif d'une hauteur de 7,2 m surnommé "aiguille de la Vierge Marie". Penchant fortement vers l'église, la légende assure que le Jour du Jugement dernier sera imminent lorsque l'obélisque touchera le mur.

Nordvegen Historiesenter MUSÉE
(☎52 81 24 00 ; opplevavaldsnes.no ; Avaldsnes ; tarif plein/réduit 180/70 NOK ; ⏲10h-16h lun-ven, 11h-16h sam, 12h-17h dim juin-août, 10h-16h mer, 12h-17h dim fin sept à fin avr). Une courte marche depuis le parking de l'église (p. 207) mène à ce centre historique, qui retrace l'histoire de Harald à la Belle Chevelure et de différents rois de Norvège à partir du Xe siècle. Non loin, sur une petite île verdoyante, en contrebas de l'église, une reconstruction de ferme viking, composée de divers bâtiments, est très appréciée des enfants. Les visites sont conduites par des guides en habits d'époque.

Skudeneshavn SITE HISTORIQUE
À 37 km au sud de Haugesund, la magnifique Skudeneshavn s'est enrichie grâce au commerce du hareng au XIXe siècle. Elle est célèbre pour ses maisons en bois de style Empire qui jalonnent Søragadå, la rue principale, et pour ses jolis jardins. Un certain nombre de cafés sont ouverts toute l'année et il y a un office du tourisme près du quai.

Ferme viking d'Avaldsnes FERME
(☎52 81 24 00 ; www.opplevavaldsnes.no ; Avaldsnes ; tarif plein/réduit avec Nordvegen Historiesenter 180/70 NOK ; ⏲12h-16h30 fin juin à mi-août ; 👪). Cette ferme pédagogique, ouverte uniquement du 21 juin au 10 août, redonne vie à la culture viking, grâce à la reconstitution de plusieurs bâtiments et de démonstrations régulières en été d'artisanat, de travail des métaux et du bois, et d'agriculture – sans oublier les guides, en costume d'époque. Elle a été construite sur la base des découvertes faites à Rogaland et se découvre dans le cadre de visites guidées trois fois par jour en période estivale.

Visnes Grubeområde MUSÉE
(☎906 02 472 ; visnes.gruvemuseum@gmail.com ; Visnes ; adulte/enfant 60 NOK/gratuit ; ⏲12h-16h lun-ven et dim juil à mi-août, dim seulement fin juin et début sept). De 1865 à 1972, le village de Visnes, 4 km à l'ouest d'Avaldsnes, abritait la plus importante mine de cuivre de Norvège, qui fournit le cuivre utilisé pour la statue de la Liberté, à New York. Ce sont quelque quatre millions de tonnes de cuivre, de zinc et de soufre qui en furent extraits. Ce petit musée relate l'histoire de la mine.

Musée de la Pêche de Karmøy PÊCHE
(Karmøy Fiskerimuseum ; ☎477 18 15 ; www.fiskerimuseum.net ; Vedavågen ; tarif plein/réduit 30/10 NOK ; ⏲11h-16h lun-ven, 14h-18h dim juin à mi-août). À Vedavågen, sur le rivage ouest de l'île, ce musée présente l'industrie halieutique moderne de la région. Dessiné par le cabinet Snøhetta, concepteur de l'opéra d'Oslo et du point de vue Snøhetta du parc national de Dovrefjell-Sunndalsfjella, le bâtiment lui-même est remarquable.

À noter que l'aquarium d'eau salée est désormais hors service.

Fêtes et festival

Festival viking CULTURE
(Vikingfestival ; www.vikingfestivalen.no ; ⏲juin). Ce festival annuel refait vivre sur la côte est d'Avaldsnes les traditions vikings : fêtes, courses de bateaux et expositions d'artisanat, de culture et de la guerre. Les manifestations gravitent autour de la ferme viking d'Avaldsnes.

Où se loger

Norneshuset B&B $$
(☎900 59 007 ; www.norneshuset.no ; Nordnes 7, Skudeneshavn ; s/d 1 090/1 290 NOK). Ce charmant B&B, qui donne sur le port, est aménagé dans un ancien entrepôt arrivé en bateau de Riga, en Lettonie, dans les années 1830. Chambres de caractère et service sympathique.

Renseignements

Office du tourisme de Skudeneshavn
(☎52 85 80 00 ; www.visitkarmoy.no ; Kaigata 5, Torget ; ⏲10h-16h lun-sam, 12h-16h dim juin-août, 12h-17h juil et août)

Office du tourisme d'Avaldsnes
(☎52 81 24 00 ; www.opplevavaldsnes.no ; Kong Augvaldsvei 101 ; ⏲10h-16h lun-ven, 11h-16h sam, 12h-17h dim juin-août, horaires réduits reste de l'année)

Depuis/vers l'île de Karmøy

L'E134 relie directement Haugesund à l'île ; Avaldsnes est à 9 km au sud de la ville.

Skudeneshavn, ville la plus méridionale de l'île, est à 28 km plus au sud ; elle est accessible par la Rv 47 sur la côte ouest, ou la Rv 511, à l'est.

BUS

Au départ du centre-ville de Haugesund (à côté de la Poste), Avaldsnes est desservie par le bus n°209 ou n°210 (35 NOK, 22 min, 2/heure). Le bus n°210 continue vers le sud, jusqu'à Skudeneshavn (1 heure 15) pour le même tarif.

STAVANGER

123 369 HABITANTS

Il n'est guère étonnant que Stavanger soit jumelée à Houston, au Texas, et à Aberdeen, en Écosse : elle doit à son gisement en mer du Nord, qu'elle exploite depuis les années 1970, d'être la principale ville pétrolière de Norvège. C'est d'ailleurs ici que se trouve le siège de la plus grande compagnie pétrolière du pays, Statoil. Si la périphérie est récente (et tentaculaire), le centre-ville de Stavanger a su échapper à la frénésie de construction et conserver ses constructions en bois du XVIIIe siècle, parmi les plus belles de Norvège. Cette très jolie ville s'anime en été, notamment dans le quartier du port.

Un inconvénient toutefois résulte de cette prospérité : la hausse vertigineuse du coût de la vie, y compris pour les Norvégiens eux-mêmes. C'est l'un des endroits les plus chers du pays, et le moindre hébergement ou repas en ville s'en ressent largement.

Stavanger reste le point de départ idéal pour la découverte du Lysefjorden tout proche, ainsi que de la célèbre randonnée vers le Preikestolen (rocher de la Chaire).

À voir

Un billet valable toute la journée est proposé pour plusieurs musées de Stavanger (www.museumstavanger.no, tarif plein/réduit 100/70 NOK, gratuit -18 ans). Il donne accès au Stavanger Museum, au musée des Beaux-Arts de Stavanger, au musée de la Conserve, au musée norvégien des Enfants, au **Musée maritime de Stavanger** (Sjøfartsmuseet ; carte p. 212 ; ☎ 51 84 27 00 ; stavangermaritimemuseum.no ; Strandkaien 22 ; tarif plein/réduit incluant d'autres musées de Stavanger 100/70 NOK ; 11h-15h mar-mer et ven, 11h-19h jeu, 11h-16h sam et dim), au manoir de Breidablikk (p. 210) et au palais de Ledaal (p. 210).

Stavanger Museum — MUSÉE

(carte p. 212 ; ☎ 51 84 27 00 ; stavangermuseum.no ; Muségata 16 ; tarif plein/réduit incluant d'autres musées de Stavanger 100/70 NOK ; 11h-15h mar-mer et ven, 11h-19h jeu, 11h-16h sam-dim). Le principal musée de Stavanger fut fondé au XIXe siècle et couvre un large ensemble de thématiques, de l'histoire locale à la culture viking, sans oublier une section taxidermie et histoire naturelle. Installé dans un gigantesque bâtiment, assez austère, sur Muségata, il accueille, depuis une rénovation menée en 2017, le Musée norvégien des Enfants (p. 210).

♥ Musée norvégien du Pétrole — MUSÉE

(Norsk Oljemuseum ; carte p. 212 ; www.norskolje.museum.no ; Kjeringholmen ; adulte/enfant 150/75 NOK ; 10h-19h tlj juin-août, 10h-16h lun-sam, 10h-18h dim sept-mai ;). Si l'idée de passer l'après-midi au musée du Pétrole ne vous séduit pas d'emblée, n'hésitez pourtant pas à venir découvrir ce lieu d'exception, tant pour son éblouissante architecture en acier que pour les expositions, à la pointe de la technologie, qui y embarquent le visiteur dans l'histoire des gisements de la mer du Nord. Parmi ses fleurons : le plus grand foret du monde, la simulation des installations de forage, des documentaires d'archives et d'étonnantes maquettes de plates-formes pétrolières dans une immense salle. D'autres expositions sont consacrées à l'histoire naturelle, la politique énergétique et le changement climatique.

L'Oljemuseum présente un juste équilibre entre l'aspect technique de l'exploitation et de l'extraction, et l'hommage rendu à ceux qui consacrèrent leur vie professionnelle à l'industrie pétrolière. Les temps forts sont illustrés au moyen d'archives. Celles-ci couvrent notamment la tragédie de la plate-forme de forage d'Alexander L. Kielland, en 1980, au cours de laquelle périrent 123 ouvriers, et la décision de 1972 par le Parlement de Norvège de baser la compagnie Statoil à Stavanger.

Vous y passerez certainement plus de temps que prévu, surtout si vous avez des enfants.

♥ Gamle Stavanger — QUARTIER

(carte p. 212). Le Vieux (*gamle*) Stavanger, qui surplombe le côté ouest du port, est un endroit charmant. Les ruelles pavées de la vieille ville sont bordées de maisons en bois de la fin du XVIIIe siècle blanchies à la chaux, toutes impeccables et décorées de jardinières fleuries. Prenez le temps d'y flâner à loisir.

♥ Musée de la Conserve — MUSÉE

(Norsk Hermetikkmuseum ; carte p. 212 ; ☎ 51 84 27 00 ; iddismuseum.no ; Øvre Strandgate 88a ; tarif plein/réduit incluant d'autres musées de Stavanger 100/70 NOK ; 11h-15h mar, mer et ven, 11h-19h jeu, 11h-16h sam-dim). Ce musée, logé dans une ancienne conserverie, est l'un des plus mémorables en ville. Avant le pétrole, il y avait les sardines et Stavanger réunissait alors plus de la moitié des conserveries de poisson de Norvège. En 1922, celles-ci concentraient 50% des emplois de la ville. Vous n'ignorerez plus rien des 12 étapes du processus : du salage au fumage, de l'étêtage à la mise en boîte. Les guides sont toujours prêts à répondre aux questions et à faire fonctionner de vieilles machines.

Le premier dimanche du mois (et les mardis et jeudis de mi-juin à mi-août), vous pourrez déguster des harengs fumés tout juste sortis des fours. Un bâtiment attenant abrite un café et de vieux logements ouvriers restaurés et meublés dans des styles allant des années 1920 (rez-de-chaussée) à 1960 (étages).

Musée norvégien des Enfants MUSÉE

(Norsk Barnemuseum ; carte p. 212 ; stavangermuseum.no ; Muségata 16 ; tarif plein/réduit incluant d'autres musées de Stavanger 100/70 NOK ; 11h-15h mar-mer et ven, 11h-19h jeu, 11h-16h sam-dim ;). Ce musée retrace l'histoire de l'enfance à travers les âges, notamment sous l'angle du jouet, dont on retrouve quelque 6 000 types, d'anciens trains et toupies jusqu'aux poupées géantes et aux jeux de construction Meccano. La plupart ont été fabriqués dans la plus grande usine de jouets de Norvège, située non loin de Stavanger, à Lærdal.

Musée des Beaux-Arts de Stavanger MUSÉE

(Stavanger Kunstmuseum ; 51 84 27 00 ; stavangerkunstmuseum.no ; Henrik Ibsengate 55 ; tarif plein/réduit incluant d'autres musées de Stavanger 100/70 NOK ; 11h-15h mar-mer et ven, 11h-19h jeu, 11h-16h sam-dim). Ce musée, à 2,5 km au sud du centre, abrite des toiles du XVIIIe siècle jusqu'à nos jours, dont l'inquiétant *Gamle Furutrær* (1865) et autres tableaux de paysages de l'artiste du pays, Lars Hertervig (1830-1902). D'autres éminents artistes norvégiens sont regroupés dans une importante collection, parmi lesquels Frida Hansen, Kitty Kielland et Olaf Lange. Quelques sculptures sont également exposées.

Jernaldergarden MUSÉE

(www.uis.no/nb/arkeologi/besok-jernaldergarden-pa-ullandhaug ; Ullandhaugvn 3, Ullandhaug ; tarif plein/réduit incluant Musée archéologique 100/40 NOK ; 11h-16h mi-juin à août, 11h-16h dim mai à mi-juin et mi-août à oct). Venez découvrir la vie à la ferme à l'âge du fer (de -400 à 800 environ). Le personnel de ce musée, à 4 km au sud de la ville, vous accueillera en costume d'époque, puis la visite se poursuit avec des expositions sur l'activité agricole, la préparation de repas, la tannerie, l'artisanat... Instructif et distrayant à la fois.

Cathédrale ÉDIFICE RELIGIEUX

(Domkirke ; carte p. 212 ; Håkon VIIs gate ; 30 NOK ; 9h-18h juil-août, 9h-16h mai-juin et sept, horaires réduits reste de l'année). La cathédrale en pierre de Stavanger, impressionnante malgré sa simplicité, date d'environ 1125. Rénovée après un incendie en 1272, elle comporte des éléments gothiques, baroques, romans et anglo-normands. Malgré des restaurations réalisées en 1860 et 1940 et la suppression d'éléments décoratifs durant la Réforme, ce serait la plus ancienne cathédrale de Norvège ayant conservé sa structure d'origine.

À l'intérieur, ses colonnades et tapisseries, sa chaire baroque finement sculptée et ses vitraux, dépeignant les grands moments du calendrier chrétien, sont un ravissement.

Musée archéologique MUSÉE

(Arkeologisk Museum ; carte p. 212 ; 51 84 60 00 ; www.uis.no/nb/arkeologisk-museum ; Peder Klows gate 30A ; tarif plein/réduit 100/40 NOK ; 10h-17h lun-ven, 10h-16h sam-dim juin-août, 11h-15h mer-sam, 11h-20h mar sept-mai ;). Ce musée d'archéologie retrace 11 000 ans d'histoire humaine, époque viking comprise. Il présente des squelettes, des outils et une pierre runique. L'été, il y a un programme d'activités pour les enfants.

Breidablikk MANOIR

(carte p. 212 ; 51 84 27 00 ; www.breidablikkmuseum.no ; Eiganesveien 40a ; tarif plein/réduit incluant d'autres musées de Stavanger 100/70 NOK ; 11h-16h tlj mi-juin à mi-août). L'opulent manoir de Breidablikk fut construit pour Lars Berentsen, un autre marchand. Ses intérieurs authentiques de la fin du XIXe siècle comportent d'anciens outils agricoles, des livres et des objets décoratifs.

Ledaal PALAIS

(carte p. 212 ; 51 84 27 00 ; www.ledaalmuseum.no ; Eiganesveien 45 ; tarif plein/réduit incluant d'autres musées de Stavanger 100/70 NOK ; 11h-16h tlj mi-juin à mi-août). Cette résidence de style Empire fut bâtie entre 1799 et 1803 pour le riche marchand Gabriel Schanche Kielland. Récemment rénovée, et emplie de meubles anciens, c'est aujourd'hui le palais d'été et la résidence royale régionale.

VAUT LE DÉTOUR

PLAGES DE LA VILLE

À 20 minutes de trajet en voiture au sud de Stavanger, des plages de sable fin s'étendent sur toute la côte. Contenues par des dunes hérissées d'algues et mouchetées de cabanes en bois, elles ont l'attrait d'une atmosphère singulière, mais sont rarement à l'abri du vent. Tout près de l'aéroport, **Sola** dispose d'un parking, d'un kiosque, et l'historique **Sola Strand Hotel** (p. 213) est installé là. Plus loin, **Hellestø** et **Bybergsanden** se succèdent, superbes et paisibles : l'idéal pour une marche vivifiante quel que soit le temps, ou pour barboter en été.

Activités

Stavanger est la base idéale pour partir à la découverte du Lysefjord. Les croisières et autres circuits partent de l'embarcadère principal de la ville, Fiskespiren.

NuArt Street Art Tour CIRCUIT
(carte p. 212 ; www.streetarttours.no ; adulte/enfant 150 NOK/gratuit ; 13h). Ces circuits pédestres retracent 15 ans d'histoire du festival NuArt (ci-dessous) et permettent de découvrir le street art à Stavanger, les œuvres majeures comme les plus discrètes. D'une durée de 1 heure 30, ils peuvent être réservés en ligne ou directement auprès de l'office du tourisme (p. 215). Lieu de rendez-vous : Nedre Strandgate.

Geoparken AIRE DE JEUX
(carte p. 212 ; Norsk Oljemuseum ; adulte/enfant 150/75 NOK ; 10h-19h juin-août, 10h-16h lun-sam, 10h-18h dim sept-mai). GRATUIT Les enfants de tous âges apprécieront le Geoparken, aire de jeux du musée du Pétrole (p. 209) inspirée d'équipements de l'exploitation pétrolière.

Circuits organisés

Guide Companiet À PIED
(51 85 09 20 ; www.guidecompaniet.no ; visite de 1-2 heures 450 NOK). La visite démarre devant l'office du tourisme (p. 215) et comprend la cathédrale, le Vieux Stavanger et les maisons sur le quai, classées.

Fêtes et festivals

NuArt STREET ART
(www.nuartfestival.no ; début sept). Festival international de street art mêlant expositions, circuits et événements live.

NuMusic MUSIQUE
(www.facebook.com/numusicfestival ; début sept). Festival de musique électronique, de longue date, avec de grands noms, dans des lieux intimistes intéressants.

Festival international de musique de chambre MUSIQUE
(Kammermusikk Festival ; www.kammermusikkfestivalen.no ; début août). Festival de musique classique très reconnu, à la programmation intéressante, dans des lieux surprenants.

May Jazz Festival MUSIQUE
(www.maijazz.no ; début mai). Concerts de jazz, avec la présence d'au moins deux stars internationales chaque année.

Stavanger Vinfest ŒNOLOGIE
(www.stavangervinfest.no ; mi-avr). Une semaine de célébration du vin, dans les meilleurs restaurants de la ville.

Gladmat GASTRONOMIE
(www.gladmat.no ; mi-juil). Apparemment le plus grand festival gastronomique de Scandinavie.

Où se loger

Ville pétrolière oblige, les prix flambent en semaine en raison de la venue d'hommes d'affaires, et il n'est pas rare de voir tous les hébergements occupés. Cela dit, les tarifs baissent et la disponibilité revient le week-end et en plein été. Autre bémol : vous pouvez faire une croix sur la fin du mois d'août, lors des années paires, car le Salon de l'ONS (Offshore Northern Seas Foundation) s'empare de la ville dans son ensemble.

Le site Internet de l'office du tourisme (p. 215) dispose d'une liste complète de B&B à Stavanger et alentour, mais les participants des Salons les investissent aussi. Réserver le plus tôt possible.

Mosvangen Camping CAMPING $
(51 53 29 71 ; www.stavangercamping.no ; Tjensvoll 1b ; empl tente 200-400 NOK, bung 500-700 NOK ; P). À quelque 3 km au sud de Stavanger, sur la route d'Ullandhaugveien, cet agréable camping semble bien loin de la ville. Des emplacements herbeux et des bungalows de deux à quatre couchages (avec salle de bains commune pour tous) constituent l'essentiel du site, installé dans un cadre verdoyant.

Thompsons B&B B&B $
(971 50 520 ; Muségata 79 ; s/d avec sdb commune 400/500 NOK ; P). Dans une villa

Stavanger

de 1910 d'un paisible quartier résidentiel, un B&B où l'accueil du propriétaire, Sissel Thompson, donne à se sentir comme chez soi. Les 4 chambres sont douillettes et confortables. Copieux petit-déjeuner norvégien servi dans la salle à manger, au rez-de-chaussée. Le meilleur rapport qualité/prix de Stavanger.

Comfort Hotel Square HÔTEL $

(carte ci-dessus ; ☎51 56 80 00 ; www.nordicchoicehotels.no ; Løkkeveien 41 ; ch à partir de 1120 NOK ; ❄📶). Cet hôtel de chaîne surprend par son caractère. Dans la vieille ville (Gamle Stavanger), ce bâtiment en bois ondulé a le double attrait de sa belle terrasse sur le toit et d'un intérieur raffiné (béton brut, chambres colorées, fresques). Tarifs très avantageux le week-end (souvent deux fois moins cher qu'en semaine), petit-déjeuner compris. Vous pourrez vous octroyer une grasse matinée le dimanche et quitter les lieux pour 18h.

Skansen Hotel HÔTEL, PENSION $

(carte ci-dessus ; ☎414 35 777 ; www.skansenhotel.no ; Skansegata 7 ; s/d 595/795 NOK). Le Skansen est l'unique établissement petits budgets du centre-ville. Les chambres sont spartiates

Stavanger

Les incontournables
1 Musée de la Conserve....A2
2 Gamle Stavanger....A1
3 Musée norvégien du Pétrole....C1

À voir
4 Musée archéologique....C5
5 Breidablikk....A5
6 Ledaal....A4
7 Musée norvégien des Enfants....C5
8 Cathédrale....C3
9 Musée maritime de Stavanger....B2
Stavanger Museum....(voir 7)

Activités
10 Geoparken....D1
11 Lysefjord Safari....D2
Norled....(voir 11)
12 NuArt Street Art Tour....B2
13 Rødne Fjord Cruises....B2

Où se loger
14 Clarion Collection Hotel Skagen Brygge....B2
15 Comfort Hotel Square....B3
16 Darby's Inn....B5
17 Havly Hotel....C2
18 Skansen Hotel....B1
19 Stavanger B&B....D4

Où se restaurer
20 Bølgen & Moi....C1
21 Døgnvill....C2
22 Egget....C2
23 NB Sørensen's Mat & Vin....B2
24 Renaa Matbaren....C2
Renaa Restauranten....(voir 24)
25 Renaa Xpress Sølvberget....C2
26 Marché aux poissons de Torget....B2

Où prendre un verre et faire la fête
B.broremann B.bar....(voir 18)
27 Bøker & Børst....C1
28 Café Sting....C2
29 Cardinal....C2
30 Checkpoint Charlie....B3

mais propres, et les quelques petits plus sont bienvenus : il y a de quoi faire du thé et du café et des bonbons norvégiens gratuits. En plus d'un *beer garden*, vous profiterez du B.Broremann B.bar (p. 215), véritable institution locale, situé au rez-de-chaussée.

Darby's Inn B&B $$
(carte ci-contre ; ☎476 25 248 ; www.darbysbb.com ; Oscars gate 18 ; ch 1 250-1 305 NOK ; P ❄ 📶). Dans cette somptueuse demeure historique à l'ambiance feutrée, les deux chambres du devant sont probablement les plus charmantes de Stavanger, même sans vue sur la mer. Les intérieurs traditionnels allient bois sombre, meubles anciens, tableaux, tapis persans et piano quart-de-queue dans le salon et la salle à manger. Les grandes chambres d'hôtes sont plus simples mais pourvues en linge de lit haut de gamme, coussins moelleux et épais rideaux adaptés au cadre.

Havly Hotel HÔTEL $$
(carte ci-contre ; ☎51 93 90 00 ; www.havly-hotell.no ; Valberggata 1 ; s/d 1155/1 250 NOK ; 📶). Un peu à l'écart de la rue principale du port, cet hôtel d'affaires géré par le groupe Best Western est un cran au-dessus de l'offre habituelle de sa catégorie. Avec ses allures de paquebot vu de profil, sa façade bardée de bois blanc et ses fenêtres uniformément carrées, l'établissement offre des chambres spacieuses, sans intérêt particulier mais agréablement meublées.

Stavanger B&B B&B $$
(carte ci-contre ; ☎454 13 160 ; www.stavangerbedandbreakfast.no ; Vikedalsgata 1a ; s 400-530 NOK, d 470-670 NOK ; P 📶). Pour changer des habituelles chaînes hôtelières, essayez ce petit établissement tout simple (décoration rudimentaire ; certaines chambres sont particulièrement petites, notamment les chambres simples, dont la douche et le lavabo sont collés au lit). Les tarifs, raisonnables, comprennent le petit-déjeuner ainsi qu'un thé ou café accompagné de gaufres, servi chaque fin de journée.

Sola Strand Hotel COMPLEXE HÔTELIER $$$
(☎51 94 30 00 ; www.sola-strandhotel.no ; Axel Lunds veg 27, Sola ; ch à partir de 1 080 NOK ; ❄ 📶 🏊). Inauguré en 1914, cet hôtel familial domine les dunes de la plage de Sola. Ses 135 chambres, presque toutes avec belle vue sur la mer, sont dans l'ensemble modernes et meublées dans un style fonctionnel. Les adeptes de la plage trouveront par ailleurs quelques avantages non négligeables, notamment un charmant spa Nordsjøbadet et un excellent restaurant.

L'inconvénient reste la proximité avec l'aéroport de Stavanger, qui gâche un peu la tranquillité des lieux.

Clarion Collection Hotel Skagen Brygge HÔTEL $$$

(carte p. 212 ; ☎51 85 00 00 ; www.nordicchoicehotels.com ; Skagenkaien 30 ; ch à partir de 1 350 NOK, dîner inclus ; ❄📶). Conçu dans l'esprit d'une rangée de maisons mitoyennes, cet élégant établissement est l'adresse habituelle des cadres supérieurs des compagnies pétrolières en déplacement professionnel. Luxueux et sobre à la fois, il aligne des chambres spacieuses avec vue sur l'eau, d'élégants fauteuils de velours turquoise et de belles tonalités chocolat et cappuccino. Salle de gym, gâteaux et gaufres offerts l'après-midi, agréable salon. Les tarifs sont quasi deux fois moins élevés le week-end.

Où se restaurer

♥ Renaa Xpress Sølvberget NORVÉGIEN $$

(carte p. 212 ; ☎51 55 11 11 ; www.restaurantrenaa.no ; Sølvberggata 2 ; panini 89-98 NOK, salades 170 NOK, pizzas 180-199 NOK ; ⌚10h-18h lun-sam, 12h-18 dim). Parmi les trois restaurants Renaa de Stavanger, ce café haut de gamme détient le quasi-monopole au déjeuner. Le choix est large : soupe, salade copieuse, panini garni de *Parmaskinke* (jambon de Parme) ou de *røkelaks* (saumon fumé), pizza au levain cuite au feu de bois (disponible à partir de 15h). Les desserts et le café sont tout aussi excellents. L'attente peut être longue à midi.

♥ Renaa Matbaren INTERNATIONAL $$

(carte p. 212 ; ☎51 55 11 11 ; www.restaurantrenaa.no ; Breitorget 6, entrée sur Bakkegata ; plats 230-465 NOK ; ⌚16h-22h mar-ven, 11h-22h sam). Au nombre des établissements du grand chef Sven Erik Renaa, ce restaurant offre un aperçu de ses talents à un prix abordable (ou presque). La carte de cet élégant bistrot propose des classiques revisités – moules au vinaigre de Xérès, turbo au vin jaune, cailles frites au sarrasin... Baies vitrées, bois clair... l'ambiance aussi est résolument scandinave. Extraordinaire collection d'art (notamment une statue originale signée Antony Gormley).

Døgnvill BURGERS $$

(carte p. 212 ; ☎51 89 10 00 ; www.dognvillburger.no ; Skagen 13 ; burgers 169-199 NOK ; ⌚12h-22h lun-jeu, 12h-22h30 ven-sam, 14h-22h dim ; ✍). 🍃 Prisé d'une clientèle branchée (et, en fait de tous), ce restaurant de burgers a tout bon, de ses petits pains faits main, jusqu'à ses viandes, salade et fromages locaux. Commandez un Classic, relevez-le de *chipotle*, ajoutez du fromage bleu ou du *taleggio*, ou préférez une version vegan, avec de la betterave cuite, de l'aubergine fumée ou des champignons de Paris.

NB Sørensen Mat & Vin NORVÉGIEN $$

(carte p. 212 ; ☎51 84 38 00 ; www.herlige-stavanger.no ; Skagen 26 ; plats 225-379 NOK ; ⌚17h-22h mar-jeu, 12h-minuit ven-sam). Notre table préférée parmi toutes celles qui jalonnent le front de mer. Ambiance chaleureuse et décor maritime pour une carte éclectique : poisson, steaks, burgers, grillades et salades, ainsi qu'un plat du jour traditionnel norvégien (169 NOK), servi jusqu'à 19h. Pour un repas plus élaboré, préférez Annen Etage au 1er étage.

Bølgen & Moi NORVÉGIEN $$

(carte p. 212 ; ☎51 93 93 51 ; www.bolgenogmoi.no ; Kjerringholmen 1, Norsk Oljemuseum ; plats déj 199-279 NOK, dîner menu 3/4/5/6 plats 625/695/745/895 NOK ; ⌚12h-23h30 mar-sam). Jouxtant le musée du Pétrole, cet établissement sert un menu restreint au déjeuner, et, le soir, une carte de menus saisonniers. Les baies vitrées offrent une vue sur l'eau, le service est rapide... autant de points positifs pour une grande chaîne de restauration.

♥ Egget BISTROT $$$

(carte p. 212 ; ☎984 07 700 ; www.facebook.com/eggetstavanger ; Steinkargata 23 ; plats à partir de 800 NOK ; ⌚18h-23h mar-sam). Installé dans un bâtiment bardé de bois près de Steinkargata, ce bistrot est petit par la taille mais grand par l'ambition : cuisine créative et au goût du jour, qui mise sur la fraîcheur des aliments de saison et des parfums asiatiques. Sans menus préétablis, les plats sont écrits à la craie au-dessus du bar : truite sauvage, côtes de porc braisées, salade de chou asiatique ... Seul point négatif, le montant de l'addition.

Renaa Restaurant NORVÉGIEN $$$

(carte p. 212 ; ☎51 55 11 11 ; www.restaurantrenaa.no ; Steinkargata 10 ; menu dégustation 2 800 NOK ; ⌚17h30-tard mer-sam). Venez savourer un menu gastronomique dans le restaurant phare du chef Sven Erik Renaa, étoilé au guide Michelin. Avec quelques tables seulement et un nombre limité de services, la carte du Renaa conjugue le local et le saisonnier : poisson, fruits de mer, viande et gibier se marient aux micro-végétaux, plantes sauvages et fleurs comestibles.

Marché aux poissons de Torget
POISSON ET FRUITS DE MER $$$

(carte p. 212 ; Rosenkildetorget ; ⌚marché 11h-22h lun-sam). Ce petit marché aux poissons n'a rien à voir avec celui de Bergen. On peut toutefois se procurer du poisson frais et goûter des fruits de mer locaux : huîtres, moules, calamars, homard et crabe. Le restaurant du marché prépare de bons plats de poisson, notamment un somptueux (et fort onéreux) plateau de fruits de mer (1 550 NOK/2 pers). Même si vous n'y consommez pas, vous apprécierez l'endroit.

Où prendre un verre et faire la fête

♥ Bøker & Børst
CAFÉ, BAR

(carte p. 212 ; ☎51 86 04 76 ; bokerogborst.no ; Øvre Holmegate 32 ; ⌚9h-0h30 tlj). Avec toute la distinction d'un salon rétro – étagères remplies de livres, lampadaires et papier peint vintage – il est bien agréable de s'attarder un peu dans ce café-bar, fort d'un large choix de bières à la pression, d'en-cas et de pâtisseries. Cour couverte à l'arrière.

Checkpoint Charlie
CLUB

(carte p. 212 ; ☎51 53 22 45 ; www.checkpoint.no ; Nedre Strandgate 5 ; ⌚18h-minuit mer-sam). Le Checkpoint existe depuis une bonne trentaine d'années. C'est le lieu incontournable de Stavanger et chacun a sa propre anecdote à raconter sur ce club. Son site Internet recense les concerts à venir de la scène locale et internationale (de l'indie au rock pur), ainsi que les soirées.

Cardinal
PUB

(carte p. 212 ; ☎982 04 200 ; www.cardinal.no ; Skagen 21 ; ⌚15h-minuit dim-jeu, 12h-minuit ven-sam). Les amateurs de bière artisanale ne sauraient rater ce pub traditionnel, dont le choix est tenu pour un des meilleurs du pays. Commandez une "Planken" et vous pourrez en goûter cinq (plateau de dégustation soit cinq demis).

Café Sting
CAFÉ

(carte p. 212 ; ☎948 46 789 ; www.cafesting.no ; Valbergjet 3 ; ⌚16h-minuit mer-jeu, 12h-1h30 ven-sam, dim-mar ouvert seulement l'été). À l'écart de l'agitation du port, cette maison ancienne est fréquentée par une clientèle cultivée, venue pour les concerts, les soirées jazz et les expositions. Une petite terrasse sur le toit donne sur le parc voisin.

B.broremann B.bar
BAR

(carte p. 212 ; ☎406 36 783 ; www.broremann.no ; Skansegata 7 ; ⌚18h-0h30 lun-ven et dim, 16h-0h30 sam). Ce bar tranquille, l'un des préférés de Stavanger, attire une clientèle de trentenaires raffinés, suivie en soirée d'employés de l'hôtellerie, qui viennent prendre une bière ou un cocktail après leur service.

Renseignements

Office du tourisme (carte p. 212 ; ☎51 85 92 00 ; www.regionstavanger-ryfylke.com ; Strandkaien 61 ; ⌚8h-18h lun-ven, 9h-14h sam-dim juin-août, 9h-16h lun-ven, 9h-14h sam sept-mai). Renseignements sur la région, le Lysefjord et le Preikestolen.

Stavanger Turistforening DNT (carte p. 212 ; ☎51 84 02 00 ; www.stf.no ; angle de Muségata ; ⌚10h-16h lun, mer et ven, 10h-15h sam, 10h-19h mar et jeu). Renseigne sur les randonnées et les refuges de montagne.

Depuis/vers Stavanger

AVION

L'**aéroport de Stavanger** (☎67 03 10 00 ; avinor.no) se situe à Sola, à 14 km du centre-ville. En plus des compagnies internationales, sont présentes plusieurs compagnies domestiques. Vols saisonniers vers différentes destinations en Europe.

Norwegian (www.norwegian.com). Vols pour Oslo, Bergen et Trondheim.

SAS (www.sas.no). Dessert Oslo et Bergen, ainsi que des destinations internationales.

Widerøe (www.wideroe.no). Vols depuis/vers Bergen, Kristiansand, Sandefjord, Florø.

BATEAU

Des ferries internationaux et des circuits en bateau dans le Lysefjord (p. 218) partent de Stavanger.

La compagnie **Kolumbus** (carte p. 212 ; ☎81 50 01 82 ; www.kolumbus.no ; Verksgata) assure également une liaison en ferry express vers Lysebotn (adulte/enfant/voiture 160/80/567 NOK, 1/jour lun, mer et ven) et en car-ferry vers plusieurs autres destinations.

BUS

La plupart des liaisons pour Oslo nécessitent un changement à Kristiansand.

Les bus **Flybussen** (carte p. 212 ; ☎51 52 26 00 ; www.flybussen.no ; aller simple/retour 120/180 NOK) passent trois à quatre fois par heure, du début de la matinée à la fin de soirée, sur une ligne allant de la **gare routière** (carte p. 212 ; Jernbaneven) à l'aéroport de Stavanger, à Sola.

BUS AU DÉPART DE STAVANGER

DESTINATION	TARIF (NOK)	DURÉE (HEURES)	FRÉQUENCE (/JOUR)
Bergen	499	5 heures 15	ttes les heures
Haugesund	241	2	ttes les heures
Kristiansand	405	4	4
Oslo	594-990	9-10 heures 30	2

TRAIN

La plupart des liaisons pour Oslo comportent un changement à Kristiansand. Des tarifs très avantageux sont possibles en réservant au moins une semaine à l'avance.

VOITURE ET MOTO

Stavanger se trouve à environ 210 km au sud de Bergen, et 138 km au sud de Haugesund, toutes deux via l'E39. Le trajet coûte cher une fois additionnés les traversées en ferry, les péages du réseau routier et ceux urbains.

LYSEFJORD

Tout le long des 42 km du Lysefjord, qui porte bien son nom de "fjord de la lumière", les roches granitiques luisent de reflets éthérés. Même quand le ciel est gris, la brume semble ici quasi lumineuse. Le Lysefjord est le fjord préféré de nombreux visiteurs, et sa beauté le vaut.

Deux activités justifient par ailleurs la visite de ce lieu exceptionnel : une croisière sur le fjord ou la randonnée vers le Preikestolen (4 heures), cette extraordinaire formation granitique au-dessus du fjord ô combien emblématique du pays. Les plus téméraires voudront sans doute pousser jusqu'au Kjeragbolten, un gros rocher coincé dans une crevasse.

De Stavanger, un ferry remonte jusqu'à **Lysebotn**, au fond du fjord, d'où une route étroite, maintes fois photographiée, grimpe jusqu'à Sirdal, 1 000 m plus haut, par 27 virages en épingles à cheveux. Ensuite, la route gravit la montagne, et l'on peut continuer vers le Setesdal et Oslo.

Activités

♥ Preikestolen RANDONNÉE

Le spectacle des gens perchés au bord de cette extraordinaire formation granitique, est l'une des images emblématiques de la Norvège. Plongeant à pic sur 604 m dans les eaux du fjord, entouré de falaises sur trois côtés, le **Preikestolen** ("la Chaire") est l'un des sites les plus remarquables de Norvège. L'ascension (4 heures) est raide depuis Preikestolhytta Vandrerhjem, généralement praticable d'avril à septembre, selon les chutes de neige.

Le chemin (3,8 km, 2 heures) part de la Preikestolhytta Vandrerhjem. Il commence par un raidillon bien balisé, puis alterne montées et passages boueux jusqu'à l'ascension finale, qui traverse des plaques de granite longeant des falaises battues par les vents pour arriver au rocher du Preikestolen. Ceux qui manquent d'entraînement pourront trouver ardues les fortes déclivités du départ et du milieu. On peut théoriquement s'y engager en hiver même si la probabilité d'un temps défavorable est forte et les transports publics réduits.

Comme c'est le cas pour maintes curiosités naturelles en Norvège, il n'y a ici ni clôtures, ni barrières. Or bien que le rocher attire quelque 200 000 visiteurs par an, un seul accident mortel, survenu en 2013, est à déplorer. La plus grande prudence reste malgré tout de mise. Ceux sujets au vertige auront certainement le cœur qui battra la chamade à la seule vue de personnes laissant pendre leurs jambes dans le vide. Pour le reste, malgré la fissure béante qui le sépare de la montagne, le rocher devrait rester en place encore quelques siècles. Des sentiers rocheux qui gravissent les montagnes à l'arrière dévoilent d'autres panoramas somptueux.

Les environs comptent d'autres belles **promenades** : le chemin de l'arête de Vatnerindane (2 heures), l'Ulvaskog (3 heures), le chemin de Refsvatnet (3 heures), le sommet du Moslifjellet (3 heures) et même une randonnée de deux jours jusqu'à Lysebotn. Toutes partent du parking de la Preikestolhytta. Pour plus de détails sur les itinéraires et sur les refuges du DNT le long des sentiers, adressez-vous au bureau du DNT de Stavanger (p. 215) avant de quitter la ville.

Fjord Expedition KAYAK
(☎977 34 448 ; www.fjordexpedition.com ; Vågabakken 29, Jorpeland ; 2 950 NOK). Une exploration du Lysefjord dans un kayak individuel, entre majesté et calme. Ce prestataire propose ces excursions guidées de deux jours à la découverte de la faune et de la flore du Lysefjord et des petites criques isolées que les bateaux de croisière ne peuvent atteindre. On passe la nuit dans une tente ou un *lavuu* (tipi sami traditionnel).

Outdoor Life RANDONNÉE
(☎51 88 03 88 ; www.outdoorlifenorway.com ; ⏲randonnée à la journée 1 290 NOK/pers). Randonnées guidées vers différents points du Lysefjord, notamment des endroits hors des sentiers battus de l'habituelle randonnée vers le Preikestolen ; excursions vers le Kjerag, entre autres ; randonnées de nuit, circuits à VTT et en bateau. Des randonnées sont aussi proposées l'hiver, ce qui permet de profiter des lieux loin de la foule estivale : une expérience mémorable.

Lysefjord Safari BATEAU
(carte p. 212 ; ☎979 42 000 ; www.fjordevents.no ; circuit en vedette 1 190 NOK ; ⏲mai-sept). Ceux qui trouvent les croisières ennuyeuses vont réviser leur jugement : ces circuits en vedette rallient le Lysefjord depuis Stavanger en deux heures seulement. Les gilets de sauvetage sont fournis... mais pas les cachets contre le mal de mer. Départs quotidiens de l'embarcadère de Fiskespiren.

Kjeragbolten RANDONNÉE
Vous aurez sans doute déjà vu des clichés de ce gros rocher coincé entre deux falaises éloignées de 2 m environ, au-dessus d'un précipice vertigineux. Les 10 km aller-retour (5 heures) de cette randonnée comportent une montée difficile de 700 m depuis le parking du café Øygardsstølen (parking 30 NOK), situé près du dernier virage au-dessus de Lysebotn.

Vous trouverez de nombreuses informations pratiques concernant le Kjeragbolten et les moyens de transport pour y accéder sur le site Web kjeragbolten.com. Le site www.earthtrekkers.com/kjeragbolten-hike-complete-guide regorge aussi d'informations.

La randonnée emprunte un itinéraire rendu difficile par des passages boueux et pentus. Après le passage de trois crêtes, l'arrivée sur le Kjeragbolten est assez périlleuse : il faut notamment passer une saillie au-dessus d'une falaise haute de 1 000 m et, de là, descendre avec précaution jusque sur le rocher lui-même... pour une photo inégalable au-dessus du vide ! Attention, l'entreprise est périlleuse, la plus grande prudence est de mise – personnes sujettes au vertige s'abstenir !

LE LYSEFJORD ET LE PREIKESTOLEN

Croisières sur le Lysefjord

Deux compagnies, parmi lesquelles **Rødne Fjord Cruises** (carte p. 212 ; ☎51 89 52 70 ; www.rodne.no ; Skagenkaien 35-37, Stavanger ; adulte/enfant/famille 580/320/1 600 NOK), proposent des croisières de trois heures au départ de Stavanger et à destination de Lysefjord. Celles-ci passent par plusieurs sites, notamment la **grotte du Vagabond** et la **cascade de Hengjane**. Repérez les chèvres sauvages sur les collines environnantes.

Le Lysefjord et le Preikestolen

Si vous souhaitez faire la randonnée du Preikestolen (rocher de la Chaire) sans être motorisé, le choix le plus abordable est d'acheter un billet auprès de **Norled** (carte p. 212 ; ☎51 86 87 00 ; www.norled.no ; croisière sur le Lysefjord adulte/enfant/famille 490/300/1 300 NOK), ou deTide (www.tide.no). Le circuit comprend l'aller-retour à bord du ferry Stavanger-Tau, ainsi que l'aller-retour en bus entre Tau et le départ du sentier, à Preikestolhytta.

Rødne Fjord Cruises propose des circuits croisière et randonnée ; le tarif (adulte/enfant 780/500 NOK) comprend la croisière vers Tau et le trajet en bus entre Tau et Preikestolhytta. Restera à votre charge le billet de ferry retour vers Stavanger (adulte/enfant 56/28 NOK).

Il est plus simple d'avoir son propre véhicule. Vous pourrez prendre le **ferry Stavanger-Tau** (p. 218) au départ de l'embarcadère de Fiskespiren, puis suivre la Rv 13 sur 13 km jusqu'à la bifurcation vers Preikestolhytta Vandrerhjem, 6 km plus loin. Comptez environ 1 heure 30 en voiture.

Où se restaurer

Lysefjorden Turisthytte AUBERGE DE JEUNESSE $
(☎948 26 602 ; lysefjordenturisthytte.dnt.no ; Lysebotn ; dort/qua 380/1 520 NOK ; ⏲juin-août). L'association de randonneurs Stavanger Hiking Association propose des chambres équipées de douche et de toilettes, ainsi qu'un hébergement moins cher en dortoirs. Ouvert pour le petit-déjeuner, le déjeuner et le dîner, le café-salon attenant est habilité à vendre bière et vin. Possibilité de louer draps et serviettes. À 50 m du quai.

♥ **Preikestolen Fjellstue** LODGE $
(☎51 74 20 74 ; preikestolenbasecamp.com ; Jørpeland ; auberge de jeunesse dort/s/d/qua 325/530/770/1 420 NOK, lodge s/d 1 150/1 520 NOK). Avec ce lodge de montagne et une auberge de jeunesse affiliés DNT, situés au départ du sentier et récemment remis à neuf, le Preikestolen dispose enfin de logements dignes de sa splendeur naturelle. L'éventail d'hébergements convient à tous les budgets. L'ensemble comprend une auberge de jeunesse bien tenue (petit-déjeuner et linge de lit inclus), des chambres simples en lodge et des cottages familiaux. Un café permet une pause déjeuner avant ou après la randonnée (plats 98-288 NOK).

En été, on peut dormir dans un hamac suspendu sur un quai couvert, au bord du lac, dans le camp de base au bord de l'eau ("water camp", du B&B Basecamp). Possibilité de faire du canoë et des balades le long du lac de Refsvatn : la location du canoë est incluse dans le prix et vous permet de l'utiliser durant tout votre séjour. Petits-déjeuners chauffés sur le feu de camp. Comptez 3 500 NOK pour 10 personnes maximum, 2 500 NOK pour les membres DNT.

Preikestolen Camping CAMPING $
(www.preikestolencamping.com ; Jørpeland ; empl tente, voiture et 2 adultes 300 NOK ; ⏲avr-oct, ouvert 7h-22h). Le camping le plus proche du Preikestolen se trouve à environ 1 km après la Rv 13, sur la route de Preikestolen Fjellstue. Encadré de forêt, il est bien tenu et pourvu de bons équipements, dont une boutique-restaurant. Il est idéal pour qui souhaite entamer les randonnées avant la foule, mais il faut compter 5 km de plus pour rejoindre le point de départ du sentier.

Kjerag Restaurant CAFÉ $
(Øygardsstølen ; ☎975 11 651 ; Fv 500, Lysebotn ; en-cas et repas léger 79-189 NOK ; ⏲7h30-20h mi-juin à mi-sept). Situé à la pointe orientale du Lysefjord, près du village de Lysebotn, cet extraordinaire café se découvre après une succession de virages en épingle mais sait récompenser le visiteur grâce à sa formidable vue sur le fjord à travers ses baies vitrées type proue de bateau. Si la cuisine n'a rien de mémorable – sandwichs, salades et en-cas – le lieu est, lui, inoubliable.

Renseignements

Retrouvez tous les renseignements sur la région sur le site officiel de l'office du tourisme norvégien, www.visitnorway.fr/destinations-norvege/region-fjords/ryfylke/lysefjord, mais également sur www.lysefjordeninfo.no et www.regionstavanger-ryfylke.com/top-attractions/the-lysefjord-and-florli et.

Depuis/vers Lysefjord

Lysefjord est située à environ 45 km de Stavanger via la Rv 13. Deux choix s'offrent aux automobilistes : via la liaison directe en ferry de Stavanger à Tau, ou l'itinéraire plus sinueux par le ferry Solvorn-Oanes.

La petite villes d'Oanes est à l'embouchure occidentale du fjord, et Lysebotn à sa pointe orientale – 46 km via les ferries du fjord.

BATEAU

Le ferry **Stavanger-Tau** (www.kolumbus.no ; tarifs sur le site Web ; ⏲ttes les 40-45 min) part au moins une fois dans l'heure de Stavanger à destination de Tau, d'où l'on pourra rejoindre le départ de randonnée vers le Preikestolen.

Autre possibilité, emprunter le **ferry Solvorn-Oanes** (www.lustrabaatane.no ; tarif plein/réduit 44/22 NOK, voiture avec conducteur 110 NOK ; ⏲4-8/jour) sur la Rv 13, plus rapide mais moins fréquent.

Les fjords de l'Ouest

Dans ce chapitre ➡

Le top des restaurants

- Lyspunktet (p. 257)
- Restaurant Arven (p. 224)
- Knutholmen (p. 244)
- Sødahl-Huset (p. 248)
- Ciderhuset (p. 232)

Le top des hébergements

- Juvet Landscape Hotel (p. 249)
- Hotel Aak (p. 248)
- Villa Norangdal (p. 252)
- Hotel Brosundet (p. 256)
- Walaker Hotell (p. 229)
- Sveggvika (p. 261)

Pourquoi y aller

Taillées et creusées par des glaciers, les vallées de l'ouest de la Norvège, noyées par la mer, sont entourées de terres accidentées et escarpées. Ce paysage unique fait de cette région l'une des destinations les plus prisées au monde.

Bien que éclipsé par les fjords, le littoral n'en est pas moins spectaculaire, bordé par un océan souvent déchaîné et adossé à des sommets montagneux d'un vert profond.

Les trajets en ferry font partie du mode de vie. Ils ne permettent pas seulement de rendre la circulation possible au milieu d'une géographie insensée : les spectaculaires vues sur les rives, autrement inaccessibles, font de ces moyens de transport un bonheur à part entière.

Les fjords se prêtent à merveille à la randonnée, en groupe sur l'un des glaciers typiques de la région, ou seul sur les chemins balisés ou en pleine nature. Et si, après tant d'air pur et de grands espaces, l'envie d'un peu de sophistication urbaine vous gagne, faites un détour par la charmante ville côtière d'Ålesund, à la belle architecture Art nouveau.

Quand partir

Ålesund

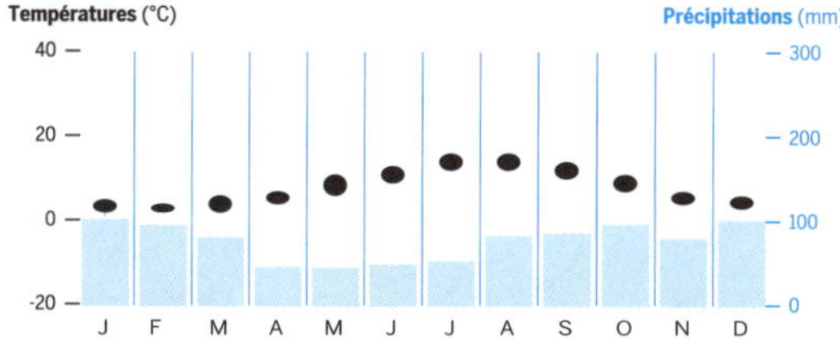

Début juil Le Norsk Fjellfestival, dédié aux amateurs de plein air, se déroule dans la superbe Åndalsnes.

Mi-juil Molde fait la fête toute la semaine pendant le Moldejazz.

Fin août Pour déguster des fruits de mer au festival de la cuisine norvégienne à Ålesund.

À ne pas manquer

1 Une croisière le long du **Geirangerfjord** (p. 250), l'un des fjords les plus spectaculaires de Norvège.

2 La route du **Trollstigen** (p. 246), "l'échelle du Troll", ses virages en épingle et ses dénivelés vertigineux.

3 Une escapade en kayak sur un lac glaciaire et une randonnéee sur le glacier du **Nigardsbreen** (p. 237).

4 La vue fantastique depuis le sommet du **Loen Skylift** (p. 240), perché en haut de la montagne.

5 Les superbes paysages depuis le train de la **Flåmsbana** (p. 223), entre Flåm et le plateau sauvage de la Hardangervidda.

6 L'air iodé le long de l'**Atlanterhavsveien** (p. 261), la route de l'océan Atlantique.

7 La montée en lacets de la route de l'Aurlandsfjell jusqu'au spectaculaire point de vue de **Stegastein** (p. 225) pour un selfie inoubliable.

8 L'architecture Art nouveau d'**Ålesund** (p. 253) et ses îles alentours.

9 L'**église en bois debout de Borgund** (p. 222), témoignage du passé médiéval de la Norvège.

SOGNEFJORD

Le Sognefjord, le plus profond (1 308 m) et le deuxième plus long fjord du pays (203 km), entaille profondément l'ouest de la Norvège. Par endroits, les parois abruptes s'élèvent à plus de 1 000 m au-dessus de l'eau. Ailleurs, les rives moins accidentées sont jalonnées de fermes, de vergers et de villages.

Si la principale voie navigable impressionne par sa largeur, en sillonnant les bras étroits, comme le profond et charmant Nærøyfjord, on découvre de superbes paysages de falaises escarpées et de cascades.

Le site Web www.sognefjord.no est un guide exhaustif de la région.

À voir

Église en bois debout de Borgund ÉDIFICE RELIGIEUX
(www.stavechurch.com/en/borgund ; Borgund ; adulte/enfant 100/80 NOK ; 10h-17h tlj avr-oct). À 30 km au sud-est de Lærdalsøyri le long de l'E16, à Borgund, cette église en bois debout (*stavkirke*), fut construite au XIIe siècle au bord de l'une des principales routes marchandes entre l'est et l'ouest du pays. Dédiée à saint André, c'est l'une des plus connues et des plus photographiées, et la mieux conservées de Norvège. Son intérieur simple et son autel subtilement rustique sont bouleversants. À côté, se dresse l'unique clocher en bois médiéval subsistant dans le pays.

Depuis/vers le Sognefjord

BATEAU

Norled (www.norled.no) relie une fois par jour Bergen à Flåm (adulte/enfant 825/415 NOK, 5 heures 55), avec plusieurs escales dont Vik, Balestrand et Sogndal.

Fjordtours (www.fjordtours.no) propose un circuit "Sognefjord in a nutshell" depuis Bergen (1 610 NOK, 10 heures), avec un prolongement possible jusqu'au Nærøyfjord.

Des ferries relient les deux rives du Sognefjord, évitant aux passagers et aux voitures un grand détour pour le contourner.

BUS

Plusieurs lignes de bus desservent les villes en bordure de fjord, dont Flåm, Vik et Sogndal.

TRAIN

Un chemin de fer pittoresque, la Flåmsbana (voir page ci-contre), descend à flanc de montagne depuis Myrdal, située sur la ligne Oslo-Bergen.

AURLANDSFJORD

S'écartant du bras principal du Sognefjord, profond et étroit, l'Aurlandsfjord s'étire sur 29 km de long et, au plus, 2 km de large, et offre de superbes paysages sur une distance réduite. Le plus beau point de vue sur le fjord est à Stegastein, une plateforme située sur la très belle route de l'Aurlandsfjell.

Aurland et Flåm, au sud du fjord, sont les meilleurs endroits pour faire étape et se ravitailler.

Flåm

450 HABITANTS

Au fond de l'Aurlandsfjord, Flåm occupe un emplacement spectaculaire. Sa principale attraction est sa ligne de chemin de fer qui grimpe en montagne et offre des panoramas uniques. Mais le village reçoit des milliers de visiteurs et ce petit coin de paradis peut vite devenir cauchemardesque au cœur de l'été. C'est aussi un étape du populaire circuit *Norway in a Nutshell* (voir l'encadré ci-contre).

À voir

Musée de la Flåmsbana MUSÉE
(9h-20h mai-sept, horaires réduits le reste de l'année). GRATUIT Situé à côté du quai du train, ce petit musée présente des photos fascinantes de la construction de la voie de chemin de fer de la Flåmsbana (voir page ci-contre) et de la vie à Flåm, avant l'arrivée des voitures et des bus.

Activités

L'office du tourisme (p. 224) distribue des brochures décrivant des itinéraires pour randonner dans les environs (de 45 min à 5 heures). On peut louer des vélos dans plusieurs boutiques, y compris pour suivre la Rallarvegen.

Rallarvegen VÉLO
(www.rallarvegen.com). La Rallarvegen ("la route des terrassiers") est la voie de service utilisée par les ouvriers qui construisirent la ligne de chemin de fer de la Flåmsbana. C'est maintenant une longue **piste cyclable** de 83 km, au départ de Haugastøl (1 000 m) ou sur 56 km depuis Finse, un itinéraire plus facile. On peut aussi l'emprunter pour une excursion d'un jour peu exigeante en partant de Myrdal, à 18 km au sud de Flåm.

Le plus simple est de louer un vélo à Sykkelutleige i Flåm (voir page ci-contre), de rejoindre Myrdal en train puis de suivre la Rallarvegen sur 18 km pour revenir à Flåm. Autre option, louer un vélo au **Cafe Rallaren** (☎57 63 37 56 ; www.caferallaren.no ; Myrdal ; location vélo 370 NOK/jour), à la gare de Myrdal. À l'arrivée, on peut laisser son vélo à la gare de Flåm.

Pour suivre la totalité de la Rallarvegen, il est préférable de s'adresser à l'un des hébergements situés le long de l'itinéraire. Le **Haugastøl Turistsenter** (☎32 08 75 64 ; www.haugastol.no ; Haugastølvegen, Haugastøl) sur le plateau de la Hardangervidda propose des forfaits de deux jours avec location de vélo, hébergement et transport (à partir de 2 910 NOK/pers). Un peu plus chic, Finse 1222 (p. 159) propose des forfaits similaires avec un parcours à vélo un peu plus court. Ces deux options vous permettent de laisser votre vélo à Flåm à l'arrivée.

♥ Flåmsbana CHEMIN DE FER
(www.norwaysbest.com/flamsbana ; aller tarif plein/réduit 360/180 NOK, aller-retour 480/240 NOK). Prouesse d'ingénierie, cette ligne ferroviaire (la plus abrupte du monde à fonctionner sans câble) grimpe jusqu'à 864 m d'altitude en 20 km, sur une pente à 18%, et traverse 20 tunnels pour arriver à Myrdal (soit 45 min d'ascension), sur le plateau aride de la Hardangervidda. En chemin, le train longe des cascades grondantes et marque une pause photo à l'impressionnante Kjosfossen. Le train fonctionne toute l'année, avec jusqu'à une dizaine de départs par jour en été et quatre en hiver.

Sykkelutleige i Flåm VÉLO
(☎57 63 14 00 ; location vélo 380 NOK/jour ; ⏲9h-18h). Loueur de vélos situé dans un bâtiment jaune entre la gare et le Fretheim Hotel. Propose des locations de vélo pour la Rallarvegen (voir page ci-contre).

Njord Sea Kayak KAYAK
(☎913 16 628 ; www.seakayaknorway.com ; adulte/enfant à partir de 890/712 NOK). Depuis la modeste plage de Flåm, ce tour-opérateur propose chaque jour deux expéditions guidées : l'une en paddle autour du fjord (3 heures, adulte/enfant 890/712 NOK) l'autre en kayak couplée avec une randonnée pédestre sur l'ancien Sentier des rois (4 heures, 890/712 NOK). Des expéditions de plusieurs jours avec camping sauvage pour les amateurs d'aventure sont aussi possibles.

ℹ NORWAY IN A NUTSHELL

Si la plupart des visiteurs effectuent le circuit classique Norway in a Nutshell ("la Norvège en bref") à partir d'Oslo ou de Bergen, vous pouvez choisir une miniversion (adulte/enfant 775/400 NOK). Cet itinéraire circulaire au départ de Flåm – en bateau jusqu'à Gudvangen, en bus jusqu'à Voss, en train jusqu'à Myrdal, puis à nouveau sur la fabuleuse ligne ferroviaire de la Flåmsbana jusqu'à Flåm – constitue le cœur du périple, passant par les lieux les plus spectaculaires. Le bateau à destination de Gudvangen appareille de Flåm à 9h et le train de la Flåmsbana (ci-contre) vous ramène à 16h55.

Circuits organisés

Fjord Safari EXCURSIONS
(☎57 63 33 23 ; www.fjordsafari.com ; promenade 1 heure 30 sur le fjord adulte/enfant 760/560 NOK, 2 heures 15 910/680 NOK). Une balade en Zodiac permet de voir plus du fjord en moins de temps. Le personnel fournit un kit étanche, pratique pour ce trajet revigorant. Les balades durent de 1 heure 30 à 3 heures, arrêts compris ; d'autres plus longues avec escale à Unredal, pour un en-cas constitué de limonade et de fromage de chèvre.

Où se loger

♥ Flåm Camping & Hostel AUBERGE DE JEUNESSE, CAMPING $
(☎940 32 681 ; www.flaam-camping.no ; Nedre Brekkevegen 12 ; empl tente à partir de 350 NOK, auberge de jeunesse à partir de 650 NOK, bung à partir de 880 NOK, maison 6-8 pers à partir de 2 400 NOK ; ⏲mars-nov ; P 📶). Bien située à Flåm, cette auberge de jeunesse-camping est l'adresse idéale pour les adeptes de l'hébergement bon marché. Les options conviennent à tous les budgets : dortoir, chambre simple, à lits jumeaux, triples ou quadruples, dans des bâtiments lambrissés de pin, aux tissus colorés. Le camping qui accueille tente, caravane et camping-car se trouve à quelques pas de la marina sur un terrain végétalisé.

Flåm Marina & Apartments APPARTEMENTS $$
(☎57 63 35 55 ; www.flammarina.no ; s/lits jum 1 850/2 050 NOK, app 1 750-2 950 NOK). Cet établissement, au bord de l'eau se distingue des autres adresses de Flåm, en proposant des

appartements indépendants (1 à 4 personnes), simplement meublés mais disposant d'un petit salon et d'une cuisine. Idéal pour les familles. Lits superposés et vue sur le fjord dans certaines chambres. Également des chambres standard. Le Bryggerestaurant (voir ci-dessous) est sur place.

Heimly Pensjonat PENSION $$

(☎57 63 23 00 ; ch à partir de 2 090 NOK ; ⌚juin à mi-sept ; 📶). Surplombant le fjord à la lisière du village, loin du tumulte du port, cette adresse reconnaissable à sa façade quelconque propose des chambres correctes et sans fantaisie. Jardinet devant et vue sur le fjord pour certaines chambres.

Flåmsbrygga HÔTEL $$$

(☎57 63 20 50 ; www.flamsbrygga.no ; ch 2 090-2 850 NOK ; ❄📶). Juste à côté du quai, cet hôtel moderne a un aspect rustique rassurant, avec lambris, tapis et poutres apparentes. Toutes les chambres (sauf deux) ont un balcon, avec une superbe vue sur le fjord. L'endroit est très passant, mais pratique pour tout, et notamment son pub-restaurant attenant, l'Ægir Bryggeri.

Fretheim Hotel HÔTEL HISTORIQUE $$$

(☎57 63 63 00 ; Nedre Fretheim ; s/d à partir de 1 025/1 990 NOK, ste 2 380 NOK ; P📶). Fréquenté au XIXe siècle par des aristocrates anglais amateurs de pêche, ce vaste hôtel de 122 chambres est intime et accueillant. Les 17 chambres du bâtiment original de 1870 ont été restaurées pour retrouver leur aspect d'origine, avec des équipements du XXIe siècle. Les ailes américaines sont contemporaines et luxueuses. Restaurant Arven, avec vue sur le fjord, sur place (voir ci-contre).

Où se restaurer et prendre un verre

Flåm Bakery BOULANGERIE $

(gâteaux et pâtisseries 25-40 NOK ; ⌚8h-17h). Brioches, feuilletés, gâteaux et des pains norvégiens traditionnels sont proposés dans cette boulangerie.

Bryggerestaurant NORVÉGIEN $$

(☎57 63 35 55 ; www.flammarina.no ; plats 160-360 NOK ; ⌚9h-22h lun-sam, 10h-22h dim). Dans l'espace de Flåm Marina & Apartments (p. 223), cette adresse propose burgers d'élan, ragoût d'agneau, pizzas et *klippfisk* (morue), servis au bord de l'eau.

♥ Restaurant Arven NORVÉGIEN $$$

(☎57 63 63 00 ; www.fretheimhotel.no ; Fretheim Hotel ; plats 165-315 NOK, buffet 495 NOK ; ⌚18h-21h dim-mar, jusqu'à 21h30 ven-sam). Installé à l'étage du Fretheim Hotel, ce restaurant, face au port et au fjord, propose une cuisine à base de produits locaux et de saison qui se plaît à réinterpréter les classiques norvégiens : renne fumé, ceviche de flétan ou la glace au *brunost* (sorte de fromage à pâte brune). Le soir, on a le choix entre carte et buffet.

Ægir Bryggeri BRASSERIE

(☎57 63 20 50 ; www.flamsbrygga.no/aegir-bryggeripub ; Flåmsbrygga ; ⌚17h-22h ven-sam, 18h-21h dim-jeu). Ressemblant à une église en bois debout, la brasserie Ægir est réputée pour ses 6 bières pression, toutes brassées sur place. On peut les accompagner de plats norvégiens, hamburgers et pizzas (160-210 NOK).

Renseignements

Office du tourisme (☎57 63 14 00 ; www.visitflam.com ; A-Feltvegen 11 ; ⌚8h-17h30)

Depuis/vers Flåm

BUS

Ces destinations sont reliées à Flåm par le bus :

DESTINATION	TARIF (NOK)	DURÉE (HEURES)	FRÉQUENCE (/JOUR)
Aurland	67	15 min	4
Bergen	364	3	2
Gudvangen	74	14 min	2
Lærdalsøyri	116	50 min	2-6
Sogndal	188	1 ¾	1

BATEAU

De Flåm, des bateaux desservent les localités du Sognefjord.

Le trajet le plus pittoresque depuis Flåm est le ferry (p. 227) qui remonte le Nærøyfjord jusqu'à Gudvangen (5/jour). De là, un bus en correspondance pour Voss permet de monter dans le train pour Bergen ou Oslo. L'office du tourisme (ci-dessus) vend des billets.

De mai à septembre, Norled (www.norled.no) propose un ferry direct pour Bergen (adulte/enfant 825/415 NOK, 5 heures 30).

Il y a au moins un bateau rapide quotidien pour Balestrand (280/143 NOK, 2 heures) toute l'année. Réductions en ligne et à l'avance.

TRAIN

Flåm est le seul village du Sognefjord desservi par le train, grâce à la ligne de chemin de fer de la Flåmsbana (p. 223). De Myrdal, des trains rallient Oslo (599 NOK, 5 heures) et Bergen (348 NOK, 2 heures 45).

Aurland

1 715 HABITANTS

Moins animé que Flåm, à 10 km au sud, le paisible hameau d'Aurland est connu pour être l'un des accès au Lærdalstunnel, le tunnel routier le plus long du monde avec ses 24,5 km. Cette portion essentielle de l'E16 qui relie Oslo à Bergen (avant sa construction, les véhicules devaient emprunter un ferry entre Lærdal et Gudvangen) constitue une alternative rapide à la sinueuse route de l'Aurlandsfjell, parfois appelée la "route des neiges" (*snøvegen*), qui franchit quelques-uns des plus hauts cols du pays. Celle-ci n'est généralement praticable que de juin à octobre.

Le choix est simple : un itinéraire pratique grâce au Lærdalstunnel ou une route vertigineuse avec des vues splendides tout du long – le nôtre est fait.

À voir

Stegastein — POINT DE VUE

Cette splendide plateforme, à 630 m d'altitude, est l'un des plus beaux belvédères de Norvège. Revêtu de pin, posé sur des minces jambes d'acier, il semble ouvrir une route vers le fjord. À son extrémité, une barrière de verre ajoute à la confusion entre vide et paysage. L'endroit attire nombre de visiteurs. Pour en profiter au maximum, arrivez tôt le matin.

À 8 km d'Aurland par une route étroite et sinueuse.

Aurlandsfjellet — ROUTE PANORAMIQUE

(www.nasjonaleturistveger.no/en/routes/aurlandsfjellet ; juin à mi-oct). Longue de 45 km, cette route, l'une des plus belles de Norvège, s'élève depuis la mer vers les hauts plateaux arides entre Aurland et Lærdalsøyri (Lærdal). Même sans suivre la totalité de l'itinéraire, ne manquez pas les huit premiers kilomètres entre Aurland et la plateforme du Stegastein (ci-dessus).

L'itinéraire est impraticable en hiver (fermé d'octobre/novembre à fin mai), et en été, des névés ne sont pas rares sur le bord de la route (d'où son surnom, *snøvegen*, "route des neiges").

Otternes — SITE HISTORIQUE

(57 63 11 32 ; www.aurland.kommune.no ; 10h-18h mai à mi-sept). Entre Flåm et Aurland, perché au-dessus du fjord, le hameau d'Otternes compte 27 bâtiments restaurés dont le plus ancien date du début du XVIIe siècle. Certains étaient habités jusque dans les années 1990 et leur restauration est due en grande partie à l'initiative de Laila Kvellestad. Suivez sa visite guidée (30-60 min, en anglais, 4/jour) des maisons et de la ferme en activité. Pause recommandée pour vous régaler d'une glace bio, d'un jus de pomme frais ou de crêpes.

Accessible par le sentier pédestre qui relie Flåm et Aurland (ci-dessous).

Activités

Les offices du tourisme d'Aurland et de Lærdal publient 6 itinéraires de randonnée dans les alentours, avec les chemins en surimpression sur une photo aérienne.

Randonnée de Geiteryggen à Aurland — RANDONNÉE

Cette randonnée dans l'Aurlandsdal relie Geiteryggen à Aurland en suivant les rives d'une rivière, le long d'une ancienne route marchande reliant l'est et l'ouest de la Norvège. À partir de la mi-juillet, un parcours est possible sur 4 jours au départ de Finse (sur la ligne ferroviaire Oslo-Bergen), avec des étapes à Geiterygghytta, Steinbergdalen et Østerbø.

Le dernier tronçon, habituellement ouvert de début juin à fin septembre, d'Østerbø (820 m) à Vassbygdi (95 m), est le plus beau et peut aussi constituer une splendide randonnée d'une journée (comptez 6-7 heures). Des bus circulent 2 fois/jour entre Aurland et Vassbygdi (15 min) et Østerbø (1 heure).

Randonnée de Flåm à Aurland — RANDONNÉE

Cet itinéraire de 12 km qui suit principalement l'ancienne route reliant Aurland à Flåm en passant par Otternes offre des vues magnifiques. Jusqu'en 1919 et la construction de la route côtière, c'était le seul moyen de communication entre les deux villages. Comptez 3 heures environ.

Où se loger

Lunde Gard & Camping — CAMPING $

(997 04 701 ; www.lunde-camping.no ; empl tente, voiture et 2 adultes 250 NOK, bung 650-850 NOK ; mai-sept ;). Ce petit camping,

agréablement niché près d'une rivière, est apprécié des familles. Bien équipé avec cuisine, sanitaires impeccables et salle TV.

Vangsgaarden Gjestegiveri HÔTEL $$

(☎57 63 35 80 ; www.vangsgaarden.no ; s 1 350 NOK, d 1 395-1 590 NOK, qua 1 890 NOK, bung 4 lits à partir de 1 350 NOK ; P wifi). Ce complexe logé dans des bâtiments d'une blancheur impeccable à l'architecture XVIIIe siècle, est une bonne solution si l'on veut éviter l'animation de Flåm. Chambres simples mais agréables, dont une majorité avec vue sur le fjord. Il y a aussi six bungalows près de l'eau.

Sur place, le restaurant-pub Duehuset est agréable pour dîner.

Aurland Fjordhotell HÔTEL $$$

(☎57 63 35 05 ; www.norwaysbest.com/no/overnatting-og-restauranter/hotel-aurlandsfjord ; ch à partir de 2 090 NOK ; P wifi). Façade en bois blanc, toit à pignons, situation enviable, hélas les chambres sont moins brillantes, et rappellent davantage le motel que l'hôtel historique. À utiliser en solution de repli si tout est complet à Flåm.

Où se restaurer

Aurlandskafeen CAFÉ $

(☎57 63 36 66 ; plats 110-180 NOK ; ⊙10h-17h lun-sam). Un café typique d'une petite ville, idéal pour un petit-déjeuner sucré ou un déjeuner composé de sandwichs. Agréable terrasse donnant sur la rivière.

Duehuset PUB, CAFÉ $$

(☎57 63 35 80 ; www.vangsgaarden.no ; plats 140-330 NOK ; ⊙15h-23h juin-août). Ce "pigeonnier" qui fait partie de l'hôtel Vangsgaarden Gjestegiveri (voir ci-dessus) est agréable pour dîner ou prendre une pinte au coucher du soleil. La carte n'a rien d'extraordinaire (burgers, salades et poisson) mais l'addition est raisonnable. Belle terrasse sur le fjord.

Depuis/vers Aurland

Des bus relient Aurland à Flåm (67 NOK, 15 min, jusqu'à 8/jour). Le bus express depuis/vers Bergen/ Flåm (364 NOK, 3 heures) s'arrête à Aurland.

Attention aux radars dans le Lærdalstunnel.

Nærøyfjord

Le bras étroit du Nærøyfjord s'étend à l'ouest de Flåm. Avec 250 m de large au point le plus resserré et 17 km de long, il porte bien son nom de "fjord étroit". Encaissé entre de hautes falaises qui s'élèvent à 1 200 m de part et d'autre de ses rives, c'est le fjord le plus étroit de Norvège. Les jours de pluie ou lors de la fonte des neiges, des cascades dévalent les parois des falaises. Le fjord se visite aisément depuis Flåm dans la journée.

La traversée du fjord en bateau est superbe. À l'extrémité sud, Gudvangen, le village principal, souvent envahi par les touristes venus en bus ou en bateau, peut décevoir.

À voir et à faire

Kjelsfossen CHUTE D'EAU

La cascade de Kjelsfossen, à quelques centaines de mètres de Gudvangen, dévale la paroi sud de la vallée de Nærøydalen. Remarquez le dispositif paravalanches au-dessus du village. Ici, les avalanches, d'une force de 12 tonnes au mètre carré, peuvent parcourir jusqu'à 50 m par seconde. Selon la légende locale, leur puissance peut propulser un troupeau de chèvres de l'autre côté du fjord !

♥ Croisière sur le Nærøyfjord CROISIÈRES

(thefjords.no ; à partir de 530 NOK). La plupart des visiteurs arrivent en bateau au Nærøyfjord. Plusieurs bateaux font la navette enre Flåm et Gudvangen (5/jour de mai à septembre). Choisissez entre les ferries à l'ancienne ou le tout récent *Vision of the Fjords*.

À Gudvangen, on peut prendre un bus pour Voss, puis un train pour Bergen ou Oslo. L'office du tourisme de Flåm (p. 224) vend des billets et des combinés bus/ferry Flåm/Voss.

Où se loger

Vang Camping CAMPING $$

(☎57 63 39 26 ; www.vang-camping.no ; empl tente 190 NOK, bung 500-1 200 NOK ; ⊙mai à mi-sept). Du côté gauche de l'E16, à environ 1 km de Gudvangen, ce camping est niché entre la route et la rivière. Également quelques bungalows qui n'ont pas tous le même niveau de confort.

Gudvangen Camping CAMPING $$

(☎993 80 803 ; www.visitgudvangen.com ; empl tente 2 adultes 190 NOK, bung 460-1 345 NOK ; ⊙mi-avr à mi-sept). Un vaste camping qui propose cabanes et emplacements pour tentes à l'abri des falaises boisées. À côté d'une station-service et à 1 km des quais des ferries.

Depuis/vers le Nærøyfjord

Outre les croisières (voir ci-contre) quotidiennes depuis Flåm pour les passagers sans voiture, **The Fjords** (thefjords.no) exploite deux car-ferries depuis Kaupanger (à partir de 330 NOK, 2 heures 30), le MF *Skånevik* et le MF *Hardingen Sr.* Ces deux bateaux perpétuent cette liaison qui existe depuis 1875.

Des ferries naviguent entre Gudvangen et Flåm (aller/aller-retour 295/400 NOK) via Aurland jusqu'à 5 fois/jour en été.

Jusqu'à 8 bus par jour relient Gudvangen à Flåm (74 NOK, 20 min) et Aurland (67 NOK, 30 min).

Undredal

112 HABITANTS

Undredal est un joli petit village, charmant et calme… jusqu'à l'arrivée des premiers bateaux de la journée. Il est réputé pour ses fromages, produits du lait des chèvres qui paissent librement sur les pentes du fjord, autour du village. Deux fromages se distinguent dans les fromageries du village, l'un jaune à pâte ferme, et sa variante brune, légèrement sucrée, faite avec du petit-lait, bouilli et concentré.

À voir

Église en bois debout d'Undredal ÉDIFICE RELIGIEUX
(adulte/enfant 40 NOK/gratuit ; 12h-17h mi-mai à mi-sept). L'église du village, aux voûtes en berceau, était à l'origine une église en bois debout construite en 1147. Avec 40 places, c'est le plus petit édifice religieux en activité de Scandinavie. Remarquez les jolies peintures naïves du plafond représentant des anges, un Christ en croix et d'autres personnages bibliques, entourés d'étoiles stylisées.

Où se loger

Camping d'Undredal CAMPING $
(950 39 881 ; www.visitundredal.no ; empl tente, voiture et 2 pers 230 NOK). Au centre du village, ce petit camping bénéficie d'une situation paisible. Les équipements sont limités – une douche et des toilettes – mais c'est l'idéal si vous cherchez le calme.

Depuis/vers Undredal

Undredal se situe à 6,5 km au nord de l'E16, accessible par une route étroite qui descend abruptement. Avant le percement de cette dernière en 1988, l'accès se faisait uniquement par la mer. La meilleure option consiste à faire l'aller en bus et le retour en bateau. En bus, descendez à l'extrémité est du tunnel de 11 km menant à Gudvangen, puis marchez jusqu'au village par la route. Pour que le ferry s'arrête à Undredal, actionnez le signal à côté de la lampe jaune qui clignote sur le mur du café proche de la jetée.

Lærdal (Lærdalsøyri)

2 174 HABITANTS

Le village de Lærdalsøyri, ou Lærdal, se situe à la jonction de la jolie vallée du même nom (dont les contrebas fertiles produisent des cerises délicieuses) et du fjord. Aujourd'hui paisible, il fut jadis un port animé, où les produits de la région étaient chargés sur des bateaux à destination de Bergen. En janvier 2014, un incendie a ravagé une quarantaine de bâtiments en bois au sud-ouest du village. Malgré cette épreuve, Lærdal a conservé tout son charme.

À voir

Une agréable promenade dans le centre historique (Gamle Lærdalsøyri) vous fera découvrir des dizaines de maisons, des entrepôts et des cabanes de pêcheurs bien préservés datant des XVIIIe et XIXe siècles. L'office du tourisme fournit une carte décrivant les plus beaux édifices avec un itinéraire à pied.

Centre norvégien du Saumon sauvage AQUARIUM ET CENTRE D'INTERPRÉTATION
(Norsk Villakssenter ; 915 51 043 ; www.facebook.com/villakssenteret ; adulte/enfant 90/60 NOK ; 10h-18h juil-août, 11h-18h mai et sept). La rivière de Lærdal est connue pour être l'un des meilleurs endroits pour titiller le saumon sauvage. Si cette activité a toujours fait partie de la culture locale, ce sont les aristocrates anglais qui furent les premiers à venir faire du tourisme ici et à pêcher dès le milieu du XIXe siècle. Ce centre d'interprétation retrace l'histoire passionnante des salmonidés à l'aide de films et de photos d'époque. Un aquarium de 20 m de long permet d'observer saumons et truites de mer.

Activités

La pêche est gratuite dans le fjord. Le cours supérieur de la rivière Lærdal est recommandé pour la truite. Un permis à la journée doit être demandé à l'office du tourisme ou dans les campings locaux.

Pour randonner, adressez-vous à l'**office du tourisme** (48 27 75 26 ; www.sognefjord.no ;

Øyraplassen 14 ; ⏲11h-19h) qui dispose d'itinéraires sur papier et vend une carte détaillée de la région (139 NOK), au 1/50 000.

Où se loger

Sanden Pensjonat PENSION $
(☎57 66 64 04 ; sandenpensjonat.no ; Øyragata 9 ; s/d avec sdb à partir de 1 200/1 500 NOK ; 📶). Ayant servi de pension pendant près de 100 ans, cette charmante maison historique a été restaurée et rendue à sa fonction d'origine en 1994, par les propriétaires Jon et Hallvard. Ils ont su garder la simplicité et le confort de l'époque, tout en l'aménageant avec soin.

Lærdal Ferie og Fritidspark CAMPING, MOTEL $
(☎57 66 66 95 ; www.laerdalferiepark.com ; empl tente 230 NOK, bung 1 149-1 699 NOK, motel s/d 799/899 NOK ; 📶). Posé au bord de l'eau, ce camping offre une vue panoramique sur le fjord. Le motel dispose d'une cuisine commune. Depuis le salon et sa terrasse, une grande baie vitrée donne sur le fjord.

Lindstrøm Hotell HÔTEL $$
(☎57 66 69 00 ; www.lindstroemhotel.no ; s/d 1 100/1 450 NOK ; ⏲avr-oct ; P📶). Central, cet hôtel se répartit entre une belle bâtisse à pignon entourée d'un jardin et un bâtiment des années 1960 situé de l'autre côté de la rue. Dans ce dernier, on trouve un charmant dédale de salons et de bibliothèques, décoré dans un style scandinave des années 1950. Les chambres des deux bâtiments sont impeccables et élégantes.

Renseignements

Office du tourisme de Lærdal (☎482 77 526 ; www.sognefjord.no ; Øyraplassen 14 ; ⏲11h-19h). Le modeste bureau est installé dans un bâtiment de bois qui servait à l'origine de banque pour le village. Service de réservation hébergement et activités.

Depuis/vers Lærdal (Lærdalsøyri)

Pour poursuivre vers le sud, vous avez le choix entre le plus long tunnel routier du monde, qui relie Aurland à Lærdal (gratuit) et, l'été, la route de l'Aurlandsfjell qui s'élève par les montagnes. Des bus express circulent depuis/vers Bergen (328 NOK, 3 heures 45) 2-3 fois/jour via le tunnel.

Le car-ferry de **The Fjords** (thefjords.no) reliant Kaupanger à Gudvangen (adulte/enfant 350 NOK/gratuit, voiture avec conducteur 750 NOK) fait escale à Lærdal.

Lustrafjord

Ce fjord calme et paisible d'une quarantaine de kilomètres orienté vers le nord-est débute à partir de Solvorn jusqu'à Skjolden. C'est également une voie de passage vers d'autres régions. La Rv 55 qui longe sa rive ouest permet de rejoindre l'embranchement vers le glacier du Nigardsbreen et la porte d'entrée sud du parc national du Jotunheimen. Au-delà de Skjolden, elle mène à la spectaculaire route du Sognefjell, qui traverse le vaste plateau montagneux et le parc national de la Hardangervidda.

Urnes

À voir

Église en bois debout d'Urnes ÉDIFICE RELIGIEUX
(www.stavechurch.com/en/urnes ; adulte/enfant 100/80 NOK ; ⏲10h30-17h45 mai-sept). Si vous ne deviez visiter qu'une église, choisissez celle d'Urnes (sans oublier Borgund, p. 222). Construite au XIIe siècle, c'est la plus ancienne du pays et la plus richement décorée. Elle est d'ailleurs classée sur la liste du Patrimoine mondial de l'Unesco. Elle est située dans un écrin, sur la rive du Lustrafjord, adossée aux montagnes. Habillée de boiseries au décor de lianes emmêlées et de bêtes féroces, elle semble tout droit sortie d'un décor du film *Le Seigneur des anneaux*. Avant le bâtiment actuel, deux autres constructions se sont succédé sur une centaine d'années et leurs matériaux ont été utilisés pour la construction de l'église actuelle.

Le billet d'entrée comprend une visite guidée très intéressante en anglais de 45 minutes.

Où se restaurer

Gamlefjøsen Cafe CAFÉ $
(☎907 68 284 ; www.urnes.no ; ⏲11h-17h30 juin-sept). Ce petit café logé dans une ferme en activité est idéal pour profiter du fjord et de ses paysages en faisant une pause sucré/salé. Au programme : jus de fruits maison, limonade à la framboise, miel de la ferme, sandwichs, gâteaux et, probablement, les meilleures gaufres de la région, servies avec une confiture de myrtilles.

Depuis/vers Urnes

Le ferry de **Lustrabaatene** (www.lustrabaatane.no ; adulte/enfant/voiture 44/22/114 NOK) relie Solvorn à Urnes plusieurs fois par jour (départ de Solvorn à 7h10, retour Urnes à 18h/16h45 haute/basse saison). Si vous ne visitez que l'église, laissez votre voiture au parking à Solvorn.

Solvorn

Solvorn coche toutes les cases pour le visiteur : emplacement spectaculaire, charme, tranquillité, population accueillante... À cela s'ajoute une proximité avec certains des meilleurs sites de la région pour pratiquer randonnée à pied et à vélo et baignade.

Les deux hébergements du village sont aussi agréables l'un que l'autre, ce qui en fait un endroit idéal où séjourner quelques jours.

Activités

Circuit Mollandsmorki VTT

Cette boucle de 25 km au départ de Solvorn emprunte routes goudronnées, sentiers en gravier et petits chemins de terre, le tout avec, la plupart du temps, des vues magnifiques. Malgré son faible kilométrage, c'est un parcours exigeant, qui nécessite parfois de mettre pied à terre, mais gratifiant – presque plus que la Rallarvegen (p. 222).

FjordSeal KAYAK

(carte p. 235 ; ☎990 90 159 ; www.fjordseal.com ; Marifjøra ; adulte/enfant 700/550 NOK ; circuits 9h30 mai-sept). Ce tour-opérateur propose des sorties guidées en kayak de 4 heures sur les eaux tranquilles du Lustrafjord, avec la perspective de croiser une colonie de phoques. Départ depuis Marifjøra, accessible par la Rv 55, à 17 km au nord de Solvorn.

Où se loger

Eplet Hostel AUBERGE DE JEUNESSE $

(☎416 49 469 ; www.eplet.net ; empl tente 150 NOK/pers, dort/s/d 300/690/790 NOK ; mai-sept ; @📶). Entourée d'arbres fruitiers (pommiers, framboisiers, myrtilles) et offrant une vue magnifique sur le fjord, cette auberge de jeunesse bien équipée dispose de chambres joliment meublées dans deux bâtiments en bois ainsi que d'emplacements de camping dans le jardin. Une unité de fabrication de jus de fruits bio, un terrain de croquet, quelques agneaux et des vélos complètent le décor. Petit-déjeuner non compris.

Bestebakken B&B $$$

(☎901 68 449 ; www.bestebakken.no ; Hafslo ; ch à partir de 2 250-3 900 NOK ; P). Située au hameau de Hafslo, sur les rives d'un lac, à 7 km au nord-ouest de Solvorn, cette ancienne ferme propose 16 chambres charmantes et confortables. Certains lits ont été fabriqués à la main et le mobilier est souvent ancien. Parmi les autres atouts de cette adresse : une restauration savoureuse, le Jacuzzi extérieur et diverses activités (voir le site Web).

Walaker Hotell HÔTEL $$$

(☎57 68 20 80 ; www.walaker.com ; d bâtiment ancien 2 400-2 900 NOK, d annexe 1 900 NOK ; mai-sept ; @📶). Installé à côté du fjord, voici le plus ancien hôtel familial de Norvège (1640). L'établissement occupe 3 bâtiments, dont deux anciens avec des chambres aux meubles peints et de nombreuses antiquités. Le plus récent ressemble à un motel des années 1960. À l'extérieur, une jolie pelouse et un jardin planté de lilas, rosiers, pommiers et cerisiers offrent un cadre champêtre. Le soir, un repas de 4 plats (en demi-pension), est servi dans la salle à manger.

Depuis/vers Solvorn

Le bus n°153 relie Sogndal à Solvorn (48 NOK, 15 min, 4-5/jour).

Skjolden

500 HABITANTS

Cette localité marque l'extrémité nord du Lustrafjord. Entourée de montagnes et paisible, elle vaut surtout comme étape le long de la route du Sognefjell. Le Fjordstova abrite l'ensemble des commodités pour le visiteur : office du tourisme, café, piscine, mur d'escalade et même un stand de tir. La vilaine construction d'allure industrielle en façade est une turbine de la station hydroélectrique de Norsk.

Le philosophe et mathématicien autrichien Ludwig Wittgenstein (1889-1951) vécu dans le village en 1913 et 1914.

À égale distance de Solvorn et de Skjolden, le petit village de **Luster** mérite une visite pour sa charmante église en pierre et son excellente boulangerie.

À voir et à faire

À la sortie est de Skjolden, la Rv 55 longe les eaux turquoise du lac glaciaire **Eidsvatnet**. À une quinzaine de kilomètres au nord de Skjolden, la région de **Mørkridsdalen** se prête idéalement à la randonnée.

Dale Kyrkje ÉGLISE

(carte p. 235 ; Luster ; 10h-20h). Les églises en bois debout faisant l'objet de toutes les attentions des visiteurs, cette merveilleuse église de style gothique en pierre est souvent négligée. Bâtie vers 1250, elle présente un clocher en bois et une entrée décorée par un ecclésiastique resté presque anonyme et baptisé "Nils le Peintre" ajoutée au XVIIIe siècle. Le crucifix au-dessus du chœur et la chaire peinte datent du XIIIe siècle.

Les fresques près du chœur du XVIe siècle furent découvertes dans les années 1950.

Où se loger et se restaurer

Vassbakken Kro & Camping CAMPING $

(carte p. 235 ; 57 68 61 88 ; www.vassbakken.com ; empl voiture, tente et 2 adultes 250 NOK, bung 690-990 NOK, ch 1/2/4 700/900/1 400 NOK ; mai à mi-sept). En bordure de la Rv 55, à 3 km de Skjolden, ce petit camping est situé au pied d'une imposante cascade. Son café-restaurant, The Tavern, attire visiteurs et locaux qui apprécient sa cuisine norvégienne.

Le camping propose également diverses activités : pêche, randonnée (été comme hiver), ski, escalade, activités à la ferme... Informations sur le site Web.

Skjolden Hotel HÔTEL $$

(carte p. 235 ; 57 68 23 80 ; www.skjoldenhotel.no ; s 800 NOK, d 1 150-1 350 NOK, tr 1 550 NOK ; P). Logé dans un bâtiment des années 1970, cet hôtel bien rénové offre un cadre reposant et confortable : grand salon, mobilier design, parquet au sol... Les chambres ont gardé un côté rétro (salles de bains désuètes), mais la vue superbe sur le Lustrafjord compense les quelques défauts. La terrasse et la pelouse face au fjord sont magnifiques. Également un bar avec service rapide (burgers, steaks et poulet) et un restaurant plus chic en bas.

Lustrabui BOULANGERIE

(carte p. 235 ; 57 68 14 00 ; Luster ; 8h-17h tlj). Formées chez le meilleur boulanger de Norvège (Bakeriet I Lom), deux femmes dirigent cette boulangerie qui propose pains croustillants et viennoiseries délicieuses. Quelques tables permettent de savourer le *skillingsbollar* (roulé à la cannelle) accompagné d'un café. On peut venir de loin pour s'y attabler.

Renseignements

Office du tourisme (carte p. 235 ; 992 31 500 ; www.skjolden.com ; 11h-19h mi-juin à mi-août ;). Logé dans le Fjordstova, cet office du tourisme efficace loue vélos et kayaks, avec les itinéraires qui vont avec.

Depuis/vers Skjolden

Le bus n°153 relie Skjolden à Sogndal (150 NOK, 1 heure 30, 3-5/jour).

En roulant sur la Rv 55 vers le nord et la route du Sognefjell (p. 153), vérifiez votre jauge d'essence. La prochaine station-service après celles de Skjolden se trouve à 77 km.

Vik

2 731 HABITANTS

Vik possède deux jolies petites églises de style médiéval, qui doivent chacune leur survie à l'architecte du XIXe siècle Peter Andreas Blix, qui conçut, entre autres réalisations, nombre des gares de la ligne ferroviaire Oslo-Bergen.

À voir

Église en pierre de Hove ÉDIFICE RELIGIEUX

(adulte/enfant 50/40 NOK ; 11h-16h fin juin à mi-août). Cette église, construite à la fin du XIIe siècle, est le plus ancien bâtiment en pierre de la région. Elle a gardé son aspect roman d'origine, sous les restaurations majeures de Peter Blix qui incluent les fresques abstraites de la nef et du chœur, les figures en bois issues des légendes nordiques dans les poutres de la charpente, à l'intérieur, et les rives du toit, à l'extérieur.

Église en bois debout de Hopperstad ÉDIFICE RELIGIEUX

(www.stavechurch.com/hopperstad-stavkirke ; adulte/enfant 80/60 NOK ; 10h-17h mi mai à fin sept). À la lisière sud du village, cette église en bois debout a été édifiée dans les années 1140. Deuxième plus ancienne édifice de ce type de Norvège, elle a échappé de peu à la démolition à la fin du XIXe siècle et a été restauré dans les années 1880.

Elle est constituée de près de 2 000 pièces de bois fabriquées par des artisans itinérants et assemblées avec l'aide des villageois. Les motifs en bois sculptés à l'extérieur représentent un décor végétal et des créatures légendaires, tandis que l'intérieur est rehaussé de fresques au plafond et abrite un retable gothique à baldaquin.

Depuis/vers Vik

BATEAU

Vik est reliée à Balestrand par un car-ferry (410 NOK, 15 min, 2/jour).

BUS

Le bus n°970 de Skyss fait la liaison Voss/Vik (140 NOK, 1 heure, 2/jour).

VOITURE ET MOTO

Un car-ferry de la compagnie Norled traverse le fjord entre Dragsvik et Vangsnes (à partir de 70 NOK, plusieurs fois par heure), à 11 km au nord de Vik. Si vous allez vers le sud à Voss ou Bergen, il vous fera gagner beaucoup de temps.

Balestrand

1 337 HABITANTS

Installé en face d'une impressionnante partie du fjord, Balestrand se détache sur un majestueux cadre de montagnes. Ce village tranquille est un lieu de villégiature prisé depuis le XIXe siècle, parfois un peu kitsch. Outre une jolie église, le village possède un musée passionnant. Escale appréciée des bateaux de croisières, il retrouve sa quiétude hors saison.

À voir

Musée norvégien du Voyage et du Tourisme MUSÉE

(Norsk Reiselivsmuseum ; 474 53 053 ; www.reiselivsmuseum.no ; adulte/enfant 90/45 NOK ; 10h-16h mar-dim). Ne manquez pas ce musée, sis dans un élégant bâtiment de verre et de béton, près du quai de Balestrand, qui raconte l'histoire des déplacements des habitants de la région d'un point de vue historique, géographique et culturel. Une visite passionnante qui mérite bien un arrêt.

Vous pouvez également opter pour une visite guidée (adulte/enfant 100-50 NOK).

Église Saint-Olav ÉDIFICE RELIGIEUX

Surnommée par les locaux "l'église anglaise", cette charmante chapelle anglicane bâtie en 1897 ressemble à une église de bois debout. Son surnom vient de sa bâtisseuse, une Anglaise, Margaret Green, qui épousa un hôtelier, mais qui mourut avant de voir l'église terminée. Si la porte est close, demandez la clef au Midtnes Hotel (ci-dessous). Quelques visites guidées.

Tumulus vikings SITES ARCHÉOLOGIQUES

À moins de 1 km au sud le long du fjord, la fouille de 2 tumulus de l'ère viking a mis au jour les vestiges d'un bateau, 2 squelettes, des bijoux et plusieurs armes. Un tertre est surmonté d'une statue du légendaire roi Bele, érigée par l'empereur germanique Guillaume II. Passionné par la mythologie nordique, le Kaiser passait régulièrement ses vacances ici avant la Première Guerre mondiale. Il fit également construire un monument similaire en l'honneur de Fridtjof, l'amant de la fille du roi Bele, sur l'autre rive du fjord, en face de Vangsnes.

Sognefjord Aqvarium AQUARIUM

(adulte/enfant 70/35 NOK ; 10h-19h mai-sept). Cet aquarium modeste, un peu désuet, présente les poissons et crustacés qui peuplent les eaux salées du Sognefjord, grâce à sa vingtaine de bassins. À privilégier pour les jours de pluie.

Le billet d'entrée donne droit à une location de canoë ou kayak de 1 heure.

Où se loger

Sjøtun Camping CAMPING $

(950 67 261 ; empl tente et 2 adultes 210 NOK, bung 320-420 NOK ; juin à mi-sept). Panorama sur le Sognefjord et emplacement bucolique sont les atouts de ce camping tranquille, situé à 1 km au sud du centre. Grâce à sa plage privée, on peut facilement aller nager avant ou après le petit-déjeuner. Bon niveau d'équipement (cuisine, lave-linge, séchoir).

Kringsjå Hotell AUBERGE DE JEUNESSE $

(57 69 13 03 ; www.kringsja.no ; Laerargata 9 ; dort 290 NOK, d avec sdb à partir de 410 NOK, petit déj inclus ; mi-juin à mi-août). En amont des docks, cette auberge de jeunesse affiliée HI et un centre d'activités en plein air pendant l'année scolaire. Auparavant hôtel, l'endroit est plaisant, dans un style lodge, avec des chambres confortables et une cuisine commune.

Midtnes Hotel HÔTEL $$

(57 69 42 40 ; midtnes.no ; s 990-1 250 NOK, d 1 290-1 575 NOK petit-déj inclus ; P). À côté de l'église Saint-Olav, un hôtel familial reconnaissable à sa façade blanche et son toit à deux pignons, entouré d'une pelouse épaisse. Comparées aux autres

hébergements norvégiens, les chambres sont d'un excellent rapport qualité/prix, surtout si on tient compte du bâtiment historique. Certaines sont dotées de balcon. La terrasse fait un joli décor pour le copieux petit-déjeuner ou le dîner de trois plats (325 NOK).

Balestrand Hotell HÔTEL **$$**
(☎57 69 11 38 ; www.balestrand.com ; s 1 200-1 590 NOK, d et lits jum 1 400-1 790 NOK ; ⏲mi-mai à mi-sept ;). De l'extérieur, cet hôtel moderne en béton a autant de charme qu'un immeuble de bureaux, mais ne vous y trompez pas : les chambres (toutes avec un balcon) sont gaies et colorées, quoiqu'un peu spartiates (pas de téléphone, ni de télévision), et les meilleures ont une vue sublime sur le fjord.

L'hôtel se trouve tout près du port.

Kviknes Hotel HÔTEL **$$$**
(☎57 69 42 00 ; www.kviknes.no ; d 1 420-1 750 NOK ; ⏲mai-sept ; P). Difficile de croire que ce gigantesque hôtel datant de 1877 puisse afficher complet tant il est vaste. Il est composé de deux bâtiments : l'élégant bâtiment d'origine habillé de bois et peint en jaune pâle, et une annexe sans charme, construite dans les années 1960, mais qui offre la meilleure vue. Le salon, avec ses tableaux et son mobilier d'époque, est un atout.

L'établissement abrite également un restaurant, le Balholm Bar (plats 85-265 NOK). La carte des vins est l'une des plus riches de la région.

Où se restaurer

Ciderhuset NORVÉGIEN, CIDRERIE **$$**
(☎95 90 21 90 ; www.ciderhuset.no ; Sjøtunsvegen 32 ; tapas 90-130 NOK, plats 300 NOK ; ⏲16h-21h lun-sam fin juin à mi août, cidrerie 13h-18h lun-sam mi-mai à fin août). La "Maison du cidre" qui produit des cidres, des confitures et des jus, propose des visites de sa distillerie avec dégustation (13h et 16h, du lundi au samedi, de mi-mai à fin août). Après quoi, vous pourrez aller dans la serre-restaurant pour un déjeuner composé de tarte, de tapas et de salade, et le soir d'un repas complet. Au dessert, les fruits du verger sont servis avec une crème bio locale.

Gekkens CAFÉ **$$**
(☎57 69 14 14 ; Holmen 15 ; plats 120-190 NOK ; ⏲15h-21h lun-jeu, 13h-21h ven-dim). Ouvert depuis 25 ans, ce petit café habillé de bois propose un savoureux déjeuner norvégien : soupe de poisson, saumon grillé et viande à la confiture d'airelles. Intérieur charmant et petite terrasse sur le trottoir.

Renseignements

Office du tourisme (☎948 77 501 ; www.visitbalestrand.com ; ⏲9h-16h lun-ven, 10h-16h sam-dim juil-août, horaires réduits sept-juin). Près du quai, ce petit office du tourisme vous aidera à réserver déplacements et activités.

Depuis/vers Balestrand

BUS

Des bus relient Balestrand à Sogndal (à partir de 95 NOK, 1 heure, 3/jour).

BATEAU

Des bateaux express circulent depuis/vers Bergen (585 NOK, 3 heures 45, 2/jour) et Sogndal (160 NOK, 45 min, 1/jour).

Un ferry de Norled traverse depuis/vers Vik (75 NOK, 15 min, 2/jour).

De juin à août, un car-ferry quotidien suit l'étroit Fjærlandsfjord jusqu'à Fjærland (aller/aller-retour 480/950 NOK, 1 heure 30), porte d'accès du parc national du Jostedalsbreen (p. 234).

VOITURE ET MOTO

Pour arriver à Balestrand, il faut monter dans un car-ferry à Hella à destination de Dragsvik (94 NOK, plusieurs par heure), puis prendre un second ferry pour Vangsnes (123 NOK, plusieurs par heure). Cet itinéraire permet de rejoindre également Vik, Myrkdalen et Voss.

La **Gaularfjellsvegen** (Rv 13) est une très belle route de montagne qui remonte vers le nord jusqu'à Førde. Le long du Førdefjord, la route offre quantité de virages en épingle et de chutes d'eau le long des falaises.

Sogndal

7 477 HABITANTS

Si Sogndal n'est pas la bourgade la plus séduisante de la région, elle abrite une communauté sympathique et constitue une bonne base pour passer la nuit ou pour se lancer dans des activités de plein air. Elle est aussi relativement proche de la partie sud du parc national du Jotunheimen, à près de 60 km, sur les rives du Lustrafjord.

VAUT LE DÉTOUR

LE CIRCUIT DU SOGNEFJELL

Ce circuit d'une journée longe un splendide fjord, s'élève par la magnifique **route du Sognefjell** (Sognefjellet, p. 153), puis serpente en suivant une route à voie unique peu fréquentée avant de redescendre par une pente escarpée jusqu'au fjord. Ce trajet peut se faire en transports. Quant aux cyclistes, ils devront être dans une forme éblouissante et prévoir plusieurs jours.

De Sogndal, suivez la Rv 55 en direction du nord-est le long du charmant Lustrafjord jusqu'à Skjolden, au bout du fjord. À environ 5 km après cette petite localité, la route commence à s'élever et les virages se succèdent. Pendant des siècles, ce n'était qu'une piste par laquelle on acheminait le poisson et le sel de la côte pour les échanger contre du fer, du beurre et des peaux dans les villages de l'intérieur des terres.

À **Turtagrø**, qui se résume à une poignée de cabanes battues par les vents, vous pouvez continuer le long de la Rv 55, qui passe par le parc national du Jotunheimen, franchit le col le plus haut d'Europe du Nord (1 434 m) et continue jusqu'à Lom.

Pour revenir à Sogndal, quittez la Rv 55 et tournez à droite en direction d'Årdal. La route étroite, appelée **Tindevegen** (p. 154 ; route des Pics), continue de monter au-delà de la ligne des arbres jusqu'au col (1 315 m) et à un péage. Ensuite, la route plonge à travers des bois de bouleaux vers les eaux émeraude de l'Årdalsvatnet et le village d'Øvre Årdal. De là, la Rv 53 vous ramène à Sogndal, via une traversée en ferry entre Fodnes et Mannheller.

À voir et à faire

Église en bois debout de Kaupanger ÉDIFICE RELIGIEUX
(www.stavechurch.com/kaupanger-stavkirke ; Kaupanger ; adulte/enfant 80/60 NOK ; 10h-17h mi juin à mi-août). Le principal attrait de Kaupanger est son église en bois debout (*stavkirke*), bâtie en 1184 et remaniée au XVIIe siècle. L'intérieur, impressionnant dans sa hauteur, comporte, dans la nef, des fresques murales représentant des annotations musicales, tandis que des motifs de vigne et de fleurs habillent le chœur. L'arche du chœur, de style celtique, est unique.

Musée des Arts et Traditions populaires de Sogndal MUSÉE EN PLEIN AIR
(Sogn Folkemuseum ; 57 67 82 06 ; www.dhs.museum.no ; adulte/enfant 80/30 NOK ; 10h-15h mai et sept, 10h-17h juin-août, 10h-15h lun-ven oct-avr ;). Cet écomusée est installé entre Sogndal et Kaupanger, en bordure de la Rv 5. Il est constitué d'une trentaine de bâtiments (ferme, école, moulin, maison...) typiques de l'architecture de cette région rurale depuis le Moyen Âge jusqu'à la période contemporaine. Certains bâtiments sont meublés et on peut participer à une visite guidée en anglais (1 heure) ou simplement suivre les panneaux explicatifs. Le site plaît aux familles qui peuvent approcher des animaux, construire une hutte en bois et participer à d'autres activités en rapport avec le bois. Idéal pour organiser un pique-nique.

Sogndal Guiding PLEIN AIR
(57 62 99 88 ; www.sogndallodge.no ; Almenningen 10). Dans les locaux du Sogndal Lodge (p. 234), ce tour-opérateur propose toute la gamme des activités praticables dans la région : randonnée, kayak, escalade, marche sur glacier et ski. Location de matériel (kayak, VTT et paddle).

Où se loger

Sogndal B&B AUBERGE DE JEUNESSE $
(57 62 75 75 ; sogndal-vandrerhjem.hotelmix.fr ; Helgheimsvegen 9-10 ; s/d à partir de 510/850 NOK ; mi-juin à mi-août). À proximité d'un carrefour, cette grande auberge de jeunesse dispose de chambres simples et doubles. Petit-déjeuner servi dans la grande salle à manger. Ouverte en été, le reste de l'année elle retrouve sa fonction initiale de pensionnat.

Kjørnes Camping CAMPING $
(975 44 156 ; www.kjornes.no ; empl tente 360 NOK, bung 560-1 775 NOK ;). Dans ce camping, joliment situé au bord du fjord, les places sont convoitées par les camping-cars pour être au plus près de l'eau. Optez pour un grand bungalow avec chauffage au sol et terrasse donnant sur le fjord ; certains d'entre eux vous donneront l'impression d'être presque seul entre la forêt et le fjord.

Situé à 3 km de Sogndal, près de la Rv 5, en direction de Lærdal.

Sogndal Lodge AUBERGE DE JEUNESSE $$
(57 62 99 88 ; www.sogndallodge.no ; Almenningen 10 ; d/tr/qua 820/1 100/1 200 NOK, lodge entier 3 850 NOK). Cette auberge de jeunesse propose 4 chambres (12 lits) sobrement meublées mais toutes avec un style bien affirmé. Le salon convivial avec ses sofas douillets permet de préparer sa randonnée à l'aide des guides de la bibliothèque.

Quality Hotel Sogndal HÔTEL $$$
(57 62 77 00 ; www.nordicchoicehotels.com ; Gravensteinsgata 5 ; ch à partir de 1 296 NOK ; P). Une bonne adresse de la chaîne Quality, reconnaissable à sa façade incurvée en verre. Décor moderne, parquet au sol, fenêtres lumineuses, salle de bains bien équipée, sans oublier le restaurant avec sa carte de plats italiens et norvégiens.

Hofslund Fjord Hotel HÔTEL $$$
(57 62 76 00 ; www.hofslund-hotel.no ; Fjørevegen 37 ; s/d 1 195/1 495 NOK ; P@). Quasi centenaire (1912), ce vénérable hôtel de 100 lits est géré par la même famille depuis 4 générations. Son emplacement est superbe, et la plupart des chambres bénéficient d'un balcon avec vue sur le fjord. À cela s'ajoutent une piscine chauffée et une belle pelouse qui descend jusqu'à l'eau.

Où se restaurer

Kafe Krydder CAFÉ $
(908 43 828 ; Parkvegen 6 ; salades 80-140 NOK, sandwichs 70-95 NOK ; 11h-17h lun-sam). Ce sympathique café, endroit le plus fréquenté de la ville au déjeuner, propose salades gourmandes, sandwichs, paninis, brioches et gâteaux. Grande terrasse et une petite aire de jeux pour les enfants. Situé dans l'un des derniers bâtiments d'époque de la ville.

Depuis/vers Sogndal

AVION

L'unique aéroport du Sognefjord est à Sogndal, avec deux vols quotidiens par jour depuis/vers Bergen et Oslo.

BUS

Destinations régionales à partir de Sogndal :
Bergen (766 NOK, 4 heures 30 à 7 heures 30, 5/jour).
Flåm (188 NOK, 1 heure 40, 4/jour)
Kaupanger (51 NOK, 20 min, 8-10/jour)
Balestrand (105 NOK, 1 heure 15, 3/jour)

BATEAU

Des bateaux rapides desservent Bergen (600 NOK, 3 heures 45, 2/jour) et Balestrand (190 NOK, 45 min, 1/jour).

PARC NATIONAL DU JOSTEDALSBREEN

Pendant des années, le puissant Jostedalsbreen, qui forme la plus grande calotte glaciaire d'Europe continentale, a continué de progresser lentement, alors que la plupart des glaciers reculaient.

Mais aujourd'hui, le Jostedalsbreen recule également. Il reste toutefois imposant, abrasant jusqu'à 400 000 tonnes de roches par an. Couvrant 487 km^2, le Jostedalsbreen atteint par endroits une épaisseur de 600 m. Il domine les hauts plateaux du comté de Sogn og Fjordane. La calotte glaciaire et plusieurs coulées secondaires sont protégées dans le cadre du parc national du Jostedalsbreen.

Les entrées nord et sud du parc national sont assez éloignées, et il faut donc les visiter séparément, en priorité avec son véhicule car il y a peu de service de transport. Pour accéder à la partie sud, les villes de Solvorn, Sogndal et Fjærland sont les points d'accès les plus pratiques. Du côté nord, Stryn, Loen et Olden offrent un accès facile et de nombreux hébergements.

Fjærland

310 HABITANTS

Dans la catégorie village typique en bord de fjord, Fjærland est un candidat sérieux. Situé à l'extrémité du Fjærlandsfjord, avec sa rue unique bordée de maisons en bois, il offre un cadre enchanteur et paisible. La plupart des visiteurs s'y rendent pour accéder aisément aux deux langues glaciaires, le Supphellebreen et le Bøyabreen. La localité est aussi appelée "le village des livres" (www.bokbyen.no) grâce à sa dizaine de librairies d'occasion (surtout en norvégien et parfois un peu d'anglais).

Fjærland se réveille début mai jusqu'à octobre, quand le ferry effectue ses rotations.

À voir

Musée norvégien du Glacier MUSÉE
(Norsk Bremuseum ; carte ci-contre ; 57 69 32 88 ; www.bre.museum.no ; adulte/enfant 140/

Parc national du Jostedalsbreen

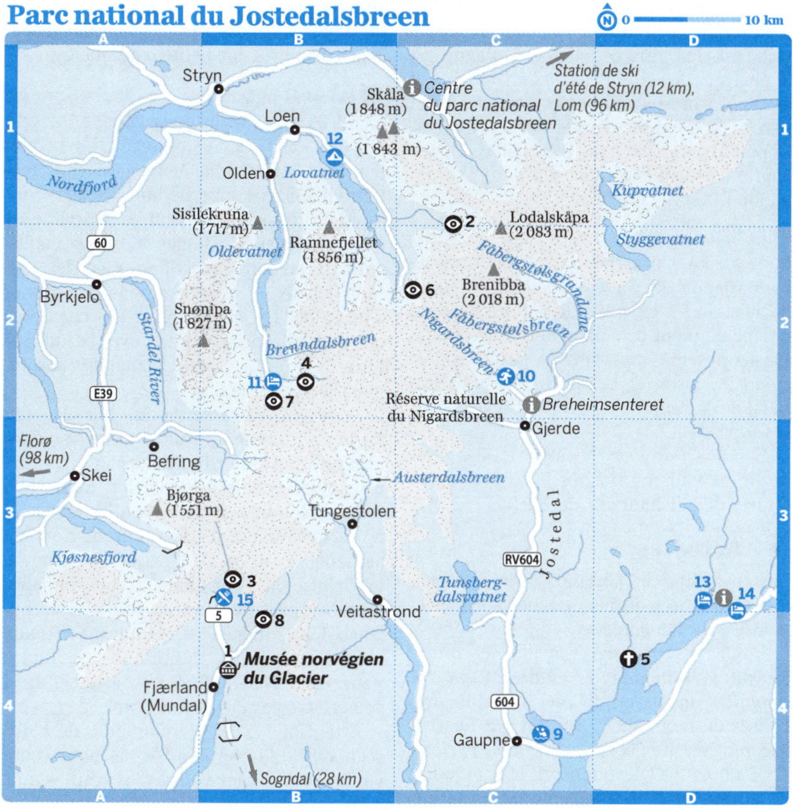

Parc national du Jostedalsbreen

Les incontournables
1 Musée norvégien du Glacier B4

À voir
2 Bødalsbreen C1
3 Bøyabreen B3
4 Briksdalsbreen B2
5 Dale Kyrkje D4
6 Kjenndalsbreen C2
7 Melkevollbreen B2
8 Supphellebreen B4

Activités
9 FjordSeal C4
10 Ice Troll C2
Jostedalen Breførarlag .... (voir 10)

Où se loger
Bøyum Camping .... (voir 1)
11 Briksdalsbre Fjellstove B2
Melkevoll Bretun .... (voir 11)
12 Sande Camping B1
13 Skjolden Hotel D3
14 Skjolden Vandrerhjem D3
Vassbakken Kro & Camping .... (voir 14)

Où se restaurer
15 Brævasshytta B3
Lustrabui .... (voir 5)

70 NOK ; ⏲9h-19h juin-août, 10h-16h avr-mai et sept-oct). En arrivant à Fjærland, impossible de manquer ce musée, installé dans une longue structure en béton que des mammouths laineux semblent protéger. Il répond à toutes les questions sur la géologie glaciaire, la formation des fjords ou la faune du Jostedalsbreen. Parmi ses points forts, on notera la reconstitution d'un tunnel de glace et la défense d'un mammouth de Sibérie vieux de 30 000 ans.

Bøyabreen GLACIER
(carte p. 235). Le Bøyabreen, bleuté, qui s'étend vers l'est, de l'autre côté de la montagne, est le plus spectaculaire des deux formations. Il craque, et des pans de glace s'en détachent parfois pour tomber dans le lac en contrebas. Depuis le parking (centre d'accueil-café), une courte balade mène au lac glaciaire, avec un panorama sur le glacier.

Supphellebreen GLACIER
(carte p. 235). On arrive par un embranchement depuis la route principale au nord de Fjærland à ce petit glacier qui descend à flanc de montagne dans une vallée isolée. Plusieurs sentiers partent du petit parking. Selon la saison et la météo, il est parfois possible de s'approcher jusqu'à la glace, mais soyez prudent.

Des blocs de glace y furent taillés pour servir de podiums lors des Jeux olympiques d'hiver de Lillehammer, en 1994.

Activités

Le tour-opérateur Fjærland Guiding propose des randonnées et des marches sur glacier guidées, sur demande.

L'office du tourisme (voir page ci-contre) fournit gratuitement le guide *Escape the Asphalt*, un descriptif de 12 itinéraires balisés de randonnée (30 min à 3 heures). À compléter avec la carte *Turkart Fjærland* (1/50 000, 80 NOK) qui décrit les itinéraires et indique les sentiers. La plupart des itinéraires sont des sentiers empruntés jusque récemment par les troupeaux lors de la transhumance estivale vers les pâturages d'altitude.

Fjærland Guiding KAYAK
(958 29 171 ; fjaerlandguiding.com ; Sandaneset ; randonnées guidées à partir de 300 NOK, marche sur le glacier à partir de 850 NOK). Les circuits guidés sur le glacier doivent être réservés à l'avance, auprès de l'office du tourisme (voir page ci-contre). Parmi les choix possibles : marche sur glacier au Haugabreen, ascension du mont Skeidsnipa et randonnée au-dessus du Supphellebreen.

Où se loger et se restaurer

Bøyum Camping CAMPING $
(carte p. 235 ; 48 23 57 24 ; www.boyumcamping.no ; dort 225 NOK, empl tente 170 NOK, ch 420-640 NOK, bung 990-1 500 NOK ; mai-sept ; P). À trois kilomètres du quai du ferry de Fjærland, le Bøyum offre diverses options pour toutes les bourses, avec une vue superbe sur le Bøyabreen, le glacier au bout de la vallée. Les emplacements sont verts et spacieux ; il y a une petite boutique-café.

Hotel Mundal HÔTEL $$$
(919 09 990 ; www.hotelmundal.no ; s/d à partir de 1 045/1 650 NOK ; mai-sept ; P). Tenu par la même famille depuis sa construction en 1891, ce superbe hôtel conserve un intérieur d'époque : meubles d'origine et quelques chaises Thonet, tableaux, tapis, fauteuils en cuir confectionnés par des artisans locaux et réagencement "moderne" d'un salon des années 1920. Les chambres ont un vrai charme d'antan avec parquet et têtes de lit en fer forgé. Demandez absolument la vue sur le fjord.

Vous pourrez passer la nuit dans la suite de la tour ronde, qui offre une vue panoramique sur le fjord et le glacier – comme un ancien vice-président des États-Unis Walter Mondale, dont la famille est originaire de Mundal, et la reine de Norvège actuelle (à différentes occasions, comme le précise la charmante réceptionniste). Deux options de restauration : le décontracté Kafe Mikkel et le restaurant chic aux menus norvégiens traditionnels de quatre plats (380 NOK). Réservez avant 18h si vous n'êtes pas client de l'hôtel.

Attention : au moment de nos recherches, l'hôtel était fermé pour rénovation. Renseignez-vous avant votre venue.

Fjærland Fjordstove Hotel HÔTEL HISTORIQUE $$$
(482 37 844 ; www.fjaerlandhotel.com ; s/d/qua 1 330/1 950/2 820 NOK ; P). Cette charmante pension, logée dans un bâtiment historique, bardé de bois blanc, est superbement située au bord de l'eau. Les chambres ont le charme de l'ancien, avec tissus fleuris et aquarelles d'un autre âge. Au rez-de-chaussée, le salon bibliothèque offre une vue splendide.

La cuisine, étonnamment moderne, s'avère excellente. Le déjeuner à la carte et le dîner de trois plats (550 NOK, 650 NOK si vous n'êtes pas client de l'hôtel) sont une fête de saveurs inventives et saisonnières.

Brævasshytta CAFÉ $
(carte p. 235 ; 950 67 259 ; www.facebook.com/brevasshytta ; plats 1 400-2 100 NOK ; 8h-20h mai-sept). Ne manquez pas de visiter cette adresse, ne serait-ce que pour y boire un café. Celle-ci a été construite dans la moraine de la dernière avancée du

Bøyabreen. La proximité du glacier donne l'impression d'être dans une salle de cinéma Imax ! Cuisine simple (boulettes de viande, poulet grillé, sandwichs et burgers) proposée midi et soir.

Achats

Le livre est omniprésent dans la localité, mais le choix le plus complet se trouve à Bøk & Bilde, où se trouve l'office du tourisme. La plupart des titres sont en norvégien.

Renseignements

Office du tourisme (☎99 23 15 00 ; www.fjaerland.org ; ⏲11h-17h juin-août). Dans la librairie Bok & Bilde, ce petit office du tourisme se charge des réservations et loue des vélos.

Depuis/vers Fjærland

BUS

Les bus contournent le village et s'arrêtent sur la Rv 5, à proximité du musée norvégien du Glacier (Norsk Bremuseum). Chaque jour, 4 à 6 bus partent depuis/vers Sogndal (102 NOK, 30 min) et Stryn (87 NOK, 2 heures). Horaires disponibles sur le site de Kringom (www.kringom.no).

BATEAU

De juin à août, un ferry (aller/aller-retour 480/950 NOK, 1 heures 45, 2/jour) relie Balestrand à Fjærland via Hella.

Jostedalsbreen et Nigardsbreen

La vallée de Jostedal s'étire vers le nord à partir de Gaupne, sur les rives du Lustrafjord. Cette bande étroite est coincée entre deux parcs nationaux : le déjà ancien Jostedalsbreen, sur le côté ouest, et le parc national de Breheimen à l'est. De tous les bras du Jostedalsbreen, le Nigardsbreen est le glacier le plus spectaculaire et le plus facile d'accès, et celui qui offre les meilleures randonnées glaciaires.

Activités

Si vous êtes un randonneur chevronné et que vous préférez marcher seul, continuez sur la route au-delà des bras de torrent de Fåbergstølsgrandane, jusqu'au barrage du lac glaciaire, le Styggevatnet. En chemin, plusieurs départs d'itinéraires pédestres.

Des randonnées guidées s'organisent facilement au centre d'accueil des visiteurs du Breheimsenteret (voir ci-contre).

♥ Ice Troll CIRCUITS SUR GLACIER
(carte p. 235 ; ☎970 14 370 ; www.icetroll.com ; marche sur glacier adulte/enfant 800/650 NOK). Ce tour-opérateur réputé, tenu par un Néo-Zélandais, Andy, propose des excursions comprenant la traversée du lac en kayak ou en canot, suivie d'une marche sur glacier. Les plus aguerris opteront pour l'escalade sur glace, les raquettes ou le rafting. Réservation en ligne ou auprès du centre des visiteurs du Breheimsenteret (ci-dessous).

Jostedalen Breførarlag CIRCUITS SUR GLACIER
(carte p. 235 ; ☎57 68 31 11 ; www.bfl.no ; marches sur glacier à partir de 1 830 NOK/pers et par jour). Marche guidée sur le glacier du Nigardsbreen (5 jours), escalade (3 jours, à partir de 6 190 NOK et mélange des deux (5 jours, à partir de 7 100 NOK). La marche sur glacier est réservée aux plus de 16 ans, tandis qu'il faut avoir plus de 17 ans pour pratiquer les deux autres activités. Réservation en ligne ou auprès du centre des visiteurs du Breheimsenteret (ci-dessous).

Où se loger

♥ Jostedal Camping CAMPING $
(☎977 56 789 ; www.jostedalcamping.no ; empl voiture et 2 adultes 270 NOK, bung 1 200-1 800 NOK ; P 📶). C'est prendre peu de risque que d'affirmer que ce camping est l'un des mieux situés de Norvège. Au bout du monde, dans une prairie au bord d'une rivière, au sud du Breheimsenteret. Impeccablement tenu par Astrid, il bénéficie d'excellents équipements : terrasse, cuisine, salon et salle à manger.

Jostedal Hotel HÔTEL $$
(☎57 68 31 19 ; www.jostedalhotel.no ; s/d/qua 1 170/1 440/1 690 NOK ; P 📶). À seulement 2,5 km au sud du centre des visiteurs du Breheimsenteret, cet hôtel sympathique tenu par la même famille depuis 3 générations est actuellement entre les bonnes mains de Laila. Les chambres sont confortables et lumineuses, et offrent une belle vue. Le restaurant est un très bon choix pour le dîner, et propose des classiques norvégiens, avec des produits venus de la ferme familiale voisine.

Renseignements

Breheimsenteret (carte p. 235 ; ☎57 68 32 50 ; www.jostedal.com/en/visit-breheimsenteret ; ⏲9h-18h mi-juin à août, 10h-17h mai à mi-juin et sept). L'élégant centre des visiteurs de Jostedal abrite un petit musée avec quelques vitrines sur la géologie locale, une boutique et un café avec une vue spectaculaire sur la vallée. Son site Internet renseigne sur les différents tour-opérateurs et les activités à pratiquer jusqu'à Jostedal et Breheim.

Depuis/vers les glaciers de Jostedalsbreen et Nigardsbreen

BUS

En été, les **Jostedalsbrebussen** ("Glacier Bus" n° 160 ; www.jostedal.com/brebussen ; adulte/enfant 158/79 NOK) font la navette entre Sogndal et le pied du Nigardsbreen via Solvorn. Départs à 8h35 et 13h35 et retour du Nigardsbreen à 16h55 et du Breheimsenteret (p. 237) à 17h. Temps de trajet entre 2 heures 30 et 3 heures.

BATEAU

De mi-juin à début septembre, le ferry *Jostedalsrypa* (60 NOK aller-retour, de 10h à 18h environ) fait la navette sur le lac jusqu'à la paroi du glacier. Depuis le quai, une marche éprouvante à travers les blocs de roche permet de rejoindre la face même du glacier.

Si vous avez la malchance de rater le dernier ferry, il y a toujours une barque amarrée à l'embarcadère, à l'usage des retardataires.

VOITURE ET MOTO

Depuis Sognda, le plus simple pour rallier le Jostedalsbreen est de suivre la Rv 55 vers l'ouest le long du Lustrafjord, puis la Rv 604, à partir du petit village de Gaupne.

Du centre des visiteurs du Breheimsenteret (p. 237), la Brevegen, une route à péage (60 NOK/véhicule, 3,5 km) rejoint le parking du Nigardvatnet, en bordure du lac. Elle est ouverte d'avril à octobre, selon la météo.

On peut éviter le péage en suivant un sentier pédestre et pédagogique.

Briksdalsbreen et Kjenndalsbreen

La partie nord du parc national s'explore de préférence en suivant ses deux vallées presque parallèles, Oldendalen et Lodalen. Elles aboutissent toutes deux à une langue du glacier du Jotunheim : l'Oldendalen mène au Briksdalsbreen, et la Lodalen au Kjenndalsbreen.

Le Briksdalbreen attire la grande majorité des visiteurs (et des cars de touristes) ; le Kjenndalsbreen est moins fréquenté.

À voir

Kjenndalsbreen — GLACIER

(carte p . 235). Le beau Kjenndalsbreen se situe à 21 km du village de Loen en remontant la vallée de Lodalen. S'il est le moins visité des quatre glaciers, il rivalise avec le Nigardsbreen pour la beauté de son approche, le long des eaux turquoise du lac glaciaire Lovatnet. Après le péage (40 NOK), vous pourrez rejoindre un ravissant petit endroit où grignoter un morceau et louer un vélo, un canoë ou une barque, avant d'entreprendre les 5 derniers kilomètres jusqu'au point de vue du glacier.

Briksdalsbreen — GLACIER

(carte p. 235). Depuis Olden, on rejoint cet impressionnant glacier par une route pittoresque longue de 23 km. Arrivé au parking, deux sentiers pédestres rejoignent le glacier. Le plus court (5 km aller/retour) est aussi

LES CATASTROPHES DU LAC LOVATNET

En remontant la vallée de Lodalen, vous apercevrez des îles semblant presque séparer le lac en deux. Il s'agit d'énormes blocs de roche qui se sont détachés du Ramnefjell pour tomber dans le lac, en trois fois. En 1905, la vague géante qui en résulta tua 63 personnes, dont 9 seulement furent retrouvées, et emporta le *Lodalen*, le bateau à vapeur, à 400 m de la berge dans les terres. En 1936, un autre bloc se détacha, déplaçant un volume estimé à 1 million de mètres cube ; la vague tua 72 personnes et propulsa le bateau encore plus loin que la première fois. Le troisième, en 1950, a laissé une immense cicatrice sur la montagne, mais n'a heureusement provoqué aucune victime.

Un sentier escarpé indiqué **Pilgrimssti** ("sentier des Pèlerins" ; marquage bleu) descend à travers bois jusqu'à une croix en bois marquant l'emplacement d'un monument aux victimes de la catastrophe de 1905 – lui-même emporté par le cataclysme de 1936. Il se trouve à 100 m avant les panneaux indiquant la route à péage pour le Kjenndalsbreen. Sur le chemin, ponctué par une série de citations bibliques, vous verrez les vestiges rouillés du *Lodalen*, le bateau du lac emporté ici par les vagues de la première et de la deuxième catastrophe. Comptez 35 à 45 minutes aller-retour.

le plus ardu. Actuellement, les randonnées guidées sur le glacier sont interrompues en raison de l'apparition de crevasses dangereuses. Le mieux est de participer à une sortie en bateau pneumatique sur le lac (voir ci-contre) depuis Olden.

Dans le passé, on se rendait traditionnellement jusqu'au glacier en charrettes à cheval. Celles-ci ont été remplacées par des *troll cars* d'Oldedalen Skyss (ci-contre), semblables à des voiturettes de golf (adulte/enfant 250/150 NOK/pers). À l'arrivée, 15 minutes de marche sont nécessaires pour rejoindre le glacier. En saison les places sont rares, réservez-les au centre des visiteurs du Jostedalsbreen (voir ci-dessous).

Bødalsbreen GLACIER
(carte p. 235). Non loin du Kjenndalsbreen, cette langue glaciaire secondaire offre de belles possibilités de randonnée.

Où se loger

Briksdalsbre Fjellstove LODGE $$
(carte p. 235 ; ☎57 87 68 00 ; www.briksdal.no ; s/d 1 250/1 595 NOK, bung 4 lits 1 995 NOK). Près du centre des visiteurs de Briksdalsbreen, cet ensemble composé de lodges et de simples cabanes est l'hébergement le plus proche du glacier. Le site est bruyant la journée, mais une fois les bus de touristes partis, la vallée est à vous. Le restaurant propose truite de montagne et burgers d'élan (plats 180-300 NOK).

Melkevoll Bretun CAMPING $$
(carte p. 235 ; ☎91 51 92 08 ; www.melkevoll.com ; empl tente et 2 adultes 250 NOK, bung 660-1 200 NOK, 75 NOK/pers supp ; ⏲mai-sept). Une vue splendide sur le Melkevollbreen, le Volefossen, le lac Oldevatnet et le Briksdalsbreen. Les emplacements sont vastes et il y a plusieurs styles de bungalows : simple et rétro ou moderne et bien équipé.

Renseignements

Centre du parc national du Jostedalsbreen (Jostedalsbreen Nasjonalparksenter ; carte p. 235 ; visitjostedalsbreen.no ; Oppstryn ; adulte/enfant 100/55 NOK ; ⏲10h-16h mai, 10h-17h juin, 10h-18h juil-début août, 11h-16h fin août, 11h-15h sept). Dans le village d'Oppstryn, ce centre présente un film (10 min) sur le glacier, des animaux naturalisés et des expositions illustrant les avalanches ou les chutes de roches. Son jardin compte plus de 300 espèces de plantes endémiques (légendées aussi en français). Des tables de pique-nique sont orientées sur le lac.

Depuis/vers les glaciers de Briksdalsbreen et Kjenndalsbreen

De juin à août, **Oldedalen Skyss** (☎57 87 68 05) assure un "Glacier Bus" entre Stryn et Briksdal (101 NOK, 1 heure, tlj), avec escales à Loen et Olden.

NORDFJORD

Pour la plupart des visiteurs, le Nordfjord, long de 100 km, ne représente qu'une étape entre le Sognefjorden et le Geirangerfjord. À son extrémité est, les petites villes de Loen, Olden et Stryn permettent de passer la nuit, notamment si vous allez vers la partie sud du parc national du Jotunheimen.

Olden

498 HABITANTS

Il ne se passe pas grand-chose dans ce village, mais c'est une étape pratique pour rouler vers le nord du Nordfjord ou vers l'ouest et le glacier du Brikdalsbreen. La plupart des visiteurs ici sont des croisiéristes : Olden est une des dix escales les plus visitées du pays, et peut être absolument bondée si vous arrivez au mauvais moment.

Activités

Briksdal Adventure RANDONNÉE
(☎901 38 308 ; www.briksdaladventure.com ; randonnée glacier 1 084 NOK/pers ; ⏲mai-sept). Ce tour-opérateur propose des randonnées au Brikdalsbreen avec sortie en canot sur le lac. Pour gravir la glace, des randonnées au glacier de Tystigbreen, au Strynefjell, près de la station de ski de Stryn (800 NOK), sont organisées.

Où se loger

Olden Fjordhotel HÔTEL $$$
(☎57 87 04 00 ; www.olden-hotel.no ; s/d à partir de 1 390/1 690 NOK ; ⏲mai à mi-sept ; P 📶). Près du village, cet immense hôtel, à l'architecture peu avenante, posé au bord de l'eau, propose des chambres correctes, presque toutes avec balcon.

Renseignements

Office du tourisme (☎57 87 40 40 ; www.nordfjord.no ; ⏲10h-16h mi-juin à mi-août). Ce modeste office fournit des renseignements sur le Nordfjord, dont une carte gratuite avec des itinéraires de randonnée.

Depuis/vers le Nordfjord

La ligne NW431 de la compagnie Nor-Way Fjordexpressen (www.nor-way.no) effectue la liaison avec Bergen (580 NOK, 6 heures, 2/jour).

Loen

398 HABITANTS

À l'embouchure de la majestueuse vallée de Lodalen, Loen est une porte d'entrée au Jostedalsbreen et les spectaculaires bras glaciaires du Bødalen du Kjenndalen.

Activités

Loen constitue une bonne base pour la randonnée. Procurez-vous la carte *Walking in Loen & Lodalen*, au 1/50 000 (50 NOK), qui décrit 20 randonnées d'une journée.

Une marche superbe et exténuante mène à la **tour Skålatårnet**, au sommet du mont Skåla (1 848 m). L'itinéraire commence à partir d'un parking indiqué à 2,5 km à l'est de Loen. Comptez 7-8 heures - soit légèrement plus... que le record établi à moins de 1 heure et 10 minutes lors de la Sportiva Skaala, un trail de compétition.

Les hôtels et les offices du tourisme, comme celui d'Olden, vendent généralement cette carte.

Loen Skylift TÉLÉPHÉRIQUE

(☎57 87 59 00 ; www.loenskylift.com ; mont Høven ; adulte/enfant aller-retour 540/285 NOK, pass 1/2/3 jours 715/1 100/1 380 NOK ; ⊙horaires sur le site Web). Ce téléphérique inauguré en mai 2017 permet de s'élever au sommet du mont Høven, à 1 011 m d'altitude, en 10 minutes environ. Ses performances sont impressionnantes, avec une pente à 53°, l'une des plus raides au monde. La vue depuis le sommet est fantastique et on peut, de là, randonner en été et skier en hiver. Le restaurant (plats 160-440 NOK) offre l'une des plus belles vues de la région.

Loen Active PLEIN AIR

(☎57 87 58 00 ; www.loenactive.no). Ce tour-opérateur propose une ascension sportive en empruntant différentes vias ferratas installées le long de la paroi rocheuse du mont Høven (1 270 NOK, billet téléphérique inclus). Non recommandé aux personnes sujettes au vertige. Également randonnées avec guides et location de vélo et de pédalo.

Où se loger

Sande Camping CAMPING $

(carte p. 235 ; ☎41 66 91 92 ; www.sande-camping.no ; empl voiture, tente et 4 pers 355 NOK, bung 4 pers à partir de 385 NOK). À quelques kilomètres au sud-est de Loen, ce camping en bord de lac est une bonne solution pour profiter des multiples activités de la région. Emplacements au bord de l'eau, hébergements bungalows traditionnels et location de vélos, kayaks et matériel de pêche, sans oublier un magasin d'alimentation et un café agréable (essayez la truite locale). Le bloc sanitaire a été rénové récemment.

Hotel Alexandra HÔTEL $$$

(☎57 87 50 00 ; www.alexandra.no ; s/d avec petit-déj et dîner à partir de 2 160/3 420 NOK ; P❄📶🏊). Ce grand complexe hôtelier luxueux, en bordure de fjord, propose une multitude de services : restaurants, cafés, centre de balnéothérapie, piscines intérieures et extérieures et discothèque. En comparaison, les chambres, bien que confortables, manquent de personnalité. Pas moins de huit catégories de prix, les grandes avec vue sur le fjord sont les plus chères.

Depuis/vers Loen

La ligne de bus W431 de Nor-Way Fjordexpressen (www.nor-way.no) s'arrête à Loen depuis Bergen (589 NOK, 6 heures 10, 2/jour).

Stryn

Principale localité du Nordfjord supérieur, Stryn est un centre régional assez étendu mais conserve certaines de ses maisons en bois d'origine, le long de la rivière. Après avoir passé du temps en pleine nature, vous trouverez son atmosphère agréablement stimulante.

Activités

Station de ski d'été de Stryn SKI D'ÉTÉ

(Stryn Sommerskisenter ; strynsommerski.com ; forfait 1 journée adulte/enfant 450/390 NOK). Située à une quarantaine de kilomètres à l'est de Stryn (Rv 15, puis la Gamle Strynefjellsvegen), la station, ouverte de fin mai à juillet, est le plus grand domaine skiable d'été de Norvège. Les photos de skieurs norvégiens en maillot de bain sont prises ici. En dehors des deux mois d'ouverture, l'endroit est glacial.

VAUT LE DÉTOUR

SUR LA GAMLE STRYNEFJELLSVEGEN AU DÉPART DE STRYN

En voiture, ce spectaculaire circuit de 130 km sur la **Gamle Strynefjellsvegen** ("route de montagne du vieux Stryn", appelée aussi Strynfjellet) nécessite 4 bonnes heures. Quittez Stryn vers l'est par la **Rv 15**, qui longe la rivière issue du lac Strynevatnet, puis suivez la rive du lac – un très beau trajet dans un paysage de montagnes.

Après 20 km, arrêtez-vous au **centre du parc national du Jostedalsbreen** (p. 239), au village d'**Oppstryn**, pour vous renseigner sur le glacier, admirer les animaux empaillés et le jardin et sa vue sur le lac.

Au panneau explicatif à 17 km après le centre du parc national, tournez à droite pour suivre la **Rv 258**. Il faut savoir qu'une équipe de terrassiers – habitants de la région et immigrés suédois – a mis plus de 10 ans pour faire passer la Gamle Strynefjellsvegen à travers la montagne. Considérée comme un chef-d'œuvre d'ingénierie civile à l'époque, cette route fut ouverte à la circulation en 1894. Durant plus de 80 ans, elle constitua le principal itinéraire est-ouest dans cette partie du pays. Jusque dans les années 1950, une équipe de 200 ouvriers, armés uniquement de pelles, la dégageait en hiver, creusant sur des kilomètres entiers une neige haute de plusieurs mètres.

L'ascension jusqu'au haut plateau est spectaculaire, avec ses voiles d'eau tombant des hauteurs et ses trois torrents qui longent la route, charriant de la glace fondue. Vous trouverez plusieurs points pour vous arrêter. Profitez de la plateforme d'observation au-dessus de Videfossen, avec l'eau bouillonnant sous vos pieds.

À 9 km en suivant la Gamle Strynefjellsvegen, vous atteignez la **station de ski d'été de Stryn** (voir ci-contre). Déserte hors saison, elle est, de fin mai à juillet, la plus importante station de ski estivale de Norvège.

La montée abrupte derrière vous continue le long d'une route non goudronnée très praticable, longeant une série de petits lacs turquoise. Là, sur ce plateau d'altitude, la végétation éparse tient le terrain.

Après avoir franchi la ligne de partage des eaux, à 10 km de la station de ski, débute une descente beaucoup plus douce permettant de rejoindre la Rv 15. Tournez à gauche sur une deux-voies rapide longeant le **lac Breiddalsvatnet**, avant de rentrer dans le premier d'une série de 3 longs tunnels qui vous ramèneront au centre du parc national et au-delà pour revenir à Stryn.

Après l'achèvement de ces 3 tunnels en 1978, l'ancienne route fut délaissée au profit d'une route plus récente, large et rapide, de 12 km, contre 27 km d'une route sinueuse à une seule voie. Cependant, la Gamle Strynefjellsvegen attire toujours les voyageurs curieux et pas pressés. Elle a été classée route touristique nationale.

La Gamle Strynefjellsvegen est généralement déblayée de juin à octobre. Les panneaux électroniques qui longent la Rv 15 indiquent si la "Strynfjellet" (son nom officiel) est bien ouverte.

Où se loger

Stryn Camping CAMPING $

(☎57 87 11 36 ; www.stryn-camping.no ; Bøavegen 6 ; empl voiture, tente et 2 adultes 260 NOK, bung 400-1 700 NOK ; ⊙tte l'année). Dans le centre de Stryn, ce camping agréable, quoique très fréquenté, distille une ambiance de camp de vacances. Caravanes et bungalows occupant l'essentiel de l'espace, les campeurs peuvent se sentir un peu à l'étroit quand il est bondé. Bon niveau d'équipement : aire de jeux, minigolf, trampolines, lave-linge, séchoir...

Stryn Vertshus B&B B&B $$

(☎57 87 05 30 ; www.strynvertshus.no ; s/d 800/1 300 NOK ; wi-fi). À l'étage de cette maison centenaire (café au rez-de-chaussée), se trouvent 5 chambres confortables qui affichent bien plus de charme que la plupart des hôtels de cette partie du Nordfjord. Luminaires en cuivre et gravures en noir et blanc ajoutent une touche de cachet. Vue sur le fjord et excellent petit-déjeuner.

♥ **Visnes Hotel** HÔTEL $$$

(☎57 87 10 87 ; www.visneshotel.no ; Prestestegen 1 ; s/d/qua 1 295/1 495/1 950 NOK ; ⊙mi-mai à sept ; P wi-fi). Tenu par la même famille depuis 6 générations, cet hôtel comporte 2 bâtiments classés. Le plus grand, construit en 1850, abrite la plupart des chambres. Il est meublé dans le style de l'époque mais conserve un aspect rustique. Les chambres les plus chères jouissent d'une vue époustouflante sur le fjord et il y a également 2 grandes chambres familiales.

Pour un confort royal, préférez l'autre bâtiment, plus petit, édifié en 1890 dans le "style dragon" (ou style "Viking"), où ont séjourné le roi de Siam Rama V en 1908 et le roi Oscar Ier de Suède et de Norvège en 1913. Le restaurant, installé dans le plus grand bâtiment de l'hôtel, sert des plats traditionnels à base de produits régionaux.

Où se restaurer

Stryn Vertshus CAFÉ $$

(☎57 87 05 30 ; www.strynvertshus.no ; Tonningsgata 19 ; plats 100-195 NOK ; ⏲9h-23h lun-sam, 11h-20h dim). Voilà à quoi devrait ressembler un café de village en bord de fjord : confortable comme une paire de vieilles pantoufles. La carte est simple mais savoureuse et les assiettes roboratives (burgers, pâtes, sandwichs et pizzas). Excellents café et équipe sympathique

Depuis/vers Stryn

La ligne de bus NW431 de Nor-Way Fjordexpressen relie Stryn à Bergen (604 NOK, 6 heures 20, 2/jour), via Loen et Olden. Vybuss rejoint Oslo (779 NOK, 7-8 heures, 2/jour), et Ålesund (233 NOK, 3 heures 50, 2/jour), via Ørsta.

LA CÔTE DES FJORDS

Peu de voyageurs font la route jusqu'à ce morceau de côte occidentale. Pourtant, cette partie maritime comblera les amateurs de paysages battus par les vents. Phares solitaires, champs d'éolienne et îles isolées ponctuent ce territoire sauvage qui ne manque pas d'attrait.

Florø

8 450 HABITANTS

Ville la plus occidentale du pays, Florø est une localité plaisante et tranquille, aux armoiries ornées de trois harengs. Aujourd'hui, elle doit sa prospérité à l'or noir. La vaste Fjord Base, au nord-est de la ville, dessert la gigantesque plateforme pétrolière de Snorreankeret, au large. La pisciculture et la construction navale participent aussi de sa richesse, mais le hareng, raison d'être originelle de Florø, joue un rôle limité désormais.

Plusieurs îles facilement accessibles en ferry sont idéales pour une excursion à la journée. Vous pourrez découvrir un certain nombre de sites historiques importants tout en appréciant leur beauté naturelle exceptionnelle.

À voir

Dans Strandgata, l'artère principale de Florø, et alentour, les plus belles maisons en bois du XIXe siècle sont bien indiquées et comportent des panneaux explicatifs en anglais.

Pour un agréable point de vue sur la ville, rejoignez en 10 minutes de marche la **colline de Storåsen**, depuis l'école Florø Ungdomsskule, dans Havrenesveien.

Kinn ÎLE

Cette petite île, facilement accesssible par bateau, offre un bel aperçu du littoral autour de Florø. Sur place, des guides vous accompagneront jusqu'à la petite église de pierre du XIIe siècle (40 min, 1 km à pied) en vous détaillant l'histoire et les usages de la pêche à Florø.

Musée du Littoral MUSÉE

(Kystmuseet ; ☎98269854 ; www.kyst.museum.no ; Brendøyvegen ; adulte/enfant 70 NOK/gratuit ; ⏲11h-18h lun-ven, 12h-16h sam-dim juin-août, 10h-15h lun-ven, 12h-15h sam-dim sept-mai). À 2 km au sud de Florø, ce musée ethnographique couvre le comté de Sogn og Fjordane. Il occupe plusieurs bâtiments, dont certains sont des reconstitutions comme la maison de pêcheurs du début du XXe siècle. À cette époque, la pêche au hareng était prépondérante. Le deuxième bâtiment abrite une collection de bateaux. L'exposition Snorreankeret raconte la prospection et l'exploitation du pétrole et du gaz en mer du Nord.

Îles au large de Florø

Du quai Fugleskjærskaia, des ferries desservent plusieurs petites îles, qui constituent toutes des excursions sympathiques pour la journée. Renseignez-vous à l'office du tourisme, qui peut réserver des places sur les bateaux et vous conseillera des hébergements sur les îles.

Askrova abrite une grotte préhistorique appelée grotte des Trolls, dont les galeries les plus profondes n'ont jamais été explorées. Sur l'île de **Batalden**, visitez la galerie et le petit musée de Batalden Havbu. Vous pourrez loger en chambre d'hôtes dans l'une de ces maisons joliment rénovées.

Kinn (page ci-contre) possède une église du XIIe siècle remarquablement restaurée, qui aurait été bâtie par des Celtes fuyant les persécutions dans les îles britanniques.

Sur **Svanøy**, un chemin de randonnée passe par une réserve de cervidés.

Tansøy, reliée à Askrova par un pont, offre depuis son point culminant (233 m) une superbe vue panoramique sur l'archipel.

Activités

Nautisme

Florø Rorbu et Efinor Camping Krokane louent des bateaux à rame ou à moteur pour explorer la côte.

Randonnée et vélo

L'office du tourisme (p. 244) vend un guide *Cycling in Flora* (10 NOK) et propose des cartes des randonnées dans les environs.

Où se loger

Krokane Camping CAMPING $

(57 75 22 50 ; krokanecamping.no ; Krokane ; empl tente 330 NOK, bung 1 050 NOK ;). Installé sur une petite péninsule, à 2,5 km à l'est de la ville, ce camping tranquille offre des bungalows et des emplacements au bord de l'eau et sous un toit végétal. Location de canöe (200 NOK/jour) et de bateaux à moteur (à partir de 390 NOK/4 heures).

Quality Hotel Florø HÔTEL $$

(57 75 75 75 ; www.nordicchoicehotels.no ; Hamnegata 11 ; ch à partir de 1 222 NOK ; P@). Sur le quai, à côté de la marina et construit dans le style d'un entrepôt portuaire (la salle à manger est une ancienne poissonnerie), cet hôtel est le plus plaisant de Florø. Les chambres avec vue sur la mer ne coûtent pas plus cher, et quelques-unes disposent de lits faits dans des barques recyclées.

Florø Rorbu APPARTEMENTS $$

(913 92 888 ; florbu.com ; Krokane Kai ; app 950-1 050 NOK ;). Gérés en famille, ces appartements sont situés le long de la mer et possèdent leur propre quai en bois. Ils sont bien équipés et les tarifs baissent à partir de 2 nuits. Location de bateaux à moteur (500 NOK/jour) et de kayaks (200 NOK/jour) et prêt de matériel de pêche, dont des pièges à crabes.

Comfort Hotel Florø HÔTEL $$

(57 75 25 55 ; www.nordicchoicehotels.com ; ch à partir de 1 060 NOK ;). Cet établissement de chaîne hôtelière est situé dans le centre. Design contemporain, peintures murales et mobilier de créateur égayent parties communes et chambres. Sur place, le pub-restaurant Kysten ouvre les vendredis et samedis.

Où se restaurer et prendre un verre

Bistro To Kokker CAFÉ $

(57 75 22 33 ; bistro.bistrotokokker.no ; Strandgata 33 ; plats 154-192 NOK ; 9h-23h lun-sam, 12h-23h dim). Cette sorte de cantine manque un peu de cachet, mais sa cuisine est bon marché et roborative. Cabillaud croustillant, saumon poêlé, steaks, côte de porc et brochettes de poisson sont servis avec de généreuses portions de purée et de légumes ; il y a toujours un plat du jour en promotion.

Hjørnevikbua CUISINE DE PUB $$

(57 74 01 58 ; hjornevikbua.bistrotokokker.no ; Strandgata 23 ; plats dîner 280-320 NOK, menu 3 plats 475 NOK ; 12h-1h lun-dim). Au rez-de-chaussée, un pub marin et, à l'étage, un restaurant de poissons et de viandes. Les assiettes sont plus proches de la cuisine de pub mais la quantité est là et la vue est agréable.

Vesle Kinn MICROBRASSERIE, PUB

(brasserie 473 39 047 ; www.kinn.no ; Strandgata 58 ; 8h-16h lun-ven). Ouverte en 2009, cette microbrasserie et ses bières inventives

LA PLUS LONGUE TABLE DE HARENGS DU MONDE

Bien entendu, les concurrents ne sont pas nombreux. Cependant une table de harengs de 400 m de long est un exploit impressionnant. Pendant quelques années, les ports de Florø et de Haugesund, distants de 365 km environ, se défiaient pour produire la plus grande et la plus longue table de harengs du pays. Haugesund s'étant retiré de la compétition, Florø demeure maintenant sans rival.

Pour en profiter, rendez-vous à Florø le 3e vendredi de juin, lorsque la table de 400 m de long est installée dans le centre de Florø et couverte d'assiettes de harengs, de pommes de terre, de pains et de boissons – le tout gratuit. Une fois les assiettes terminées, les festivités commencent et durent tout le week-end.

sont appréciées en Norvège. À la boutique du centre-ville, on peut goûter une douzaine de ses bières, des gins et une *stout* blanche.

La brasserie se visite : demandez au bar ou à l'office du tourisme (ci-dessous).

Renseignements

Office du tourisme (☎57 74 30 00 ; www.fjordkysten.no ; Strandgata 30 ; ⏲9h-18h lun-ven, 10h-16h sam, 11h-15h dim juin-août). Service de réservation d'activités (excursions à l'île de Kinn, visite de la brasserie Kinn...). Documentation et organisation de randonnées avec ou sans guide.

Depuis/vers Florø

AVION

L'aéroport de Florø est situé à 2 km au sud. La compagnie Widerøe (www.wideroe.no) effectue des rotations entre Florø, Oslo, Bergen et Stavanger.

BATEAU

Depuis Bergen, Florø est la première escale de l'express côtier Hurtigruten qui remonte vers le nord.

Les bateaux rapides de Norled passent à Florø depuis Bergen (718 NOK, 3 heures 30) et Måløy (253 NOK, 1 heure).

VOITURE

La route la plus pittoresque pour aller à Måløy, au nord, passe par l'île de Bremanger.

Kalvåg

453 HABITANTS

Si vous roulez de Florø à Måløy via l'île de Bremanger, faites un détour de 5 km depuis le débarcadère du ferry, à Smørhamn, jusqu'à Kalvåg, charmant village de pêcheurs soigneusement préservé. Là, une immense usine de conditionnement de poisson, à la périphérie du village, fonctionne seulement à la période où les bancs de harengs et de maquereaux évoluent dans les eaux proches. À son apogée, Kalvåg abritait plus de 50 saurisseries de harengs, qui employaient quelque 10 000 saisonniers.

Où se restaurer

Knutholmen POISSON ET FRUITS DE MER $$$

(☎57 79 69 00 ; www.knutholmen.no ; plats 298-350 NOK, assiettes de la mer 695 NOK ; ⏲8h-minuit). Pour tuer le temps entre deux ferries, rien de tel que de savourer une assiette de crevettes, de pinces de crabes ou de homard, servie en terrasse, face aux bateaux de pêche. À l'étage, des chambres avec parquet et déco marine (d 1 390-1 890 NOK).

Renseignements

Office du tourisme (☎481 40 488 ; www.fjordkysten.no ; ⏲10h-18h lun-sam, 12h-16h dim le reste de l'année). Situé sur le quai, l'office organise des visites intéressantes des saloirs à harengs.

Depuis/vers Kalvåg

Peu de transports en commun, mieux vaut être motorisé pouur rejoindre Kalvåg.

Måløy

3 500 HABITANTS

À l'extrémité de l'île Vågsøy, Måløy est vite isolé quand le vent marin se lève. Heureusement, en été, les (rares) jours de soleil transforment le petit port en étape agréable. Comme presque tous les autres ports de pêche de la région, son avenir est clairement du côté des plateformes de pétrole et des navires de commerce.

Måløy est relié au continent par le “S” gracieux du Måløybrua (pont de Måløy) et c'est une étape de l'express côtier Hurtigruten.

À voir

Refviksanden PLAGE

À 10 km au nord de Maløy, cette plage de sable blanc longue de 1,5 km offre l'un des meilleurs spots de la côte ouest pour une baignade. Avec le soleil, l'endroit est sauvage et idyllique, mais les jours sans vent sont l'exception. Camping près de la plage équipé de toilettes et de douches.

Kannesteinen SITE NATUREL

À 10 km au nord-ouest de Maløy, les assauts de l'océan ont créé le Kannesteinen, une étonnante formation rocheuse qui semble surgir de la mer telle la queue d'une baleine.

Où se loger

Steinvik Camping CAMPING $

(☎903 68 736 ; empl tente 250 NOK, bung 400-1 200 NOK, app 550-800 NOK ; ⏲tte l'année). Ce camping, le plus proche de Måløy, offre une vue spectaculaire sur le chenal maritime, très fréquenté. Agréable salon meublé de fauteuils et de canapés. Pour vous y rendre, rejoignez la rive est par le pont, puis tournez à droite après 2 km (au niveau

VAUT LE DÉTOUR

LA ROUTE JUSQU'AU PHARE DE KRÅKENES

Cette boucle de 42 km s'effectue en 2 heures, escales comprises. Prenez la Rv 617 au départ de Måløy, puis suivez les panneaux pour le Kråkenes Fyr (phare de Kråkenes).
En chemin, à l'aller ou au retour, faites un petit détour pour découvrir **Refviksanden**, une étendue de sable blanc longue de 1,5 km, élue plus belle plage de Norvège par sondage sur Internet il y a quelques années.

La route traverse de vastes prairies désolées balayées par le vent, passe devant une longue succession de moulins à vent en mouvement (sortez de votre voiture pour comprendre pourquoi ils ont été installés ici !) et offre des vues magnifiques sur des falaises abruptes.

Le **phare de Kråkenes**, à l'extrémité de la route, est juché de manière précaire sur un rocher. Que le temps soit ensoleillé ou orageux, cet endroit offre une vue fabuleuse sur les falaises et l'océan. Vous pouvez passer la nuit dans son B&B ou sa suite nuptiale (voir ci-dessous).

de l'école), le camping se trouve au bout d'une piste de 1,2 km. Espèces seulement.

Torget Hotell HÔTEL **$$**
(☎953 33 133 ; www.torgethotell.no ; Gate 149 ; s/d 1 090/1 290 NOK ; P 📶). Cet hôtel élégant qui occupe une ancienne conserverie est de loin le meilleur hébergement de Maløy. Élégantes et épurées, les chambres avec parquet disposent pour la plupart d'un balcon avec vue sur la mer. Au dernier étage, un grand loft avec des fenêtres mansardées dispose de la plus belle vue sur le port et les bateaux.

Phare de Kråkenes PENSION **$$$**
(www.krakenesfyr.com ; d avec sdb privative 2 000 NOK, max 4 pers, séjour 3 nuits minimum, draps et serviettes compris ; P 📶). Envie de dormir dans un phare isolé du monde ? Rejoignez ce refuge situé à l'extrémité d'une route spectaculaire, à 42 km de Maløy. À l'intérieur, une jolie suite nuptiale (avec un sommier circulaire) et 5 chambres confortables dans un autre bâtiment (2 500 NOK/nuit, draps non compris).

Où se restaurer

Snorre Sjømat CAFÉ **$**
(Havfruen ; ☎57 85 25 60 ; ⏲10h-16h30 lun-ven, 10h-14h sam). Cet établissement près des quais est à la fois une poissonnerie (une plaque sur le mur porte l'inscription "Né pour pêcher, obligé de travailler") et un petit café, apprécié pour ses galettes de poisson accompagnées de purée, ses sandwichs au saumon et aux crevettes, ses divers plats de *klippfisk* et, bien sûr, son fish and chips.

Kraftstasjonen POISSON ET FRUITS DE MER **$$**
(☎909 30 357 ; Gate 1 ; plats dîner 250-350 NOK ; ⏲15h-21h mar-jeu, 15h-22h ven-sam). Brunch, déjeuner ou dîner, ce bistrot original, sur la rue principale, s'adapte à toutes les envies ; assiettes et soupe de poissons, tapas, salades au quinoa, burgers…

Renseignements

Office du tourisme (☎57 84 50 77 ; www.nordfjord.no ; Gate 1 ; ⏲8h-16h ou 17h lun-ven, 10h-16h sam juil-août, horaires variables reste de l'année). L'office réserve transport par bateau, circuit nature et toutes autres activités.

Depuis/vers Måløy

BATEAUX

Le bateau express de Norled depuis/vers Bergen (865 NOK, 4 heures 30, 2/jour) s'arrête à Maløy et continue sa route pour Selje. L'express côtier Hurtigruten fait étape à Maløy.

BUS

Vybuss dessert Oslo (749 NOK, 12 heures 30, 2/jour) via Stryn.

Selje et île Selja

700 HABITANTS

Peu de voyageurs se rendent à **Selje**, ce qui fait le charme de ce village et de sa plage de sable sauvage, tout à l'ouest du pays. Sa principale attraction est son monastère du XIIe siècle, situé sur la petite île **Selja**. Le

Vestkapp, à 32 km de Selje par la route, malgré son nom qui signifie cap Ouest, n'est pas le point le plus occidental de la Norvège. Il n'en jouit pas moins d'une vue splendide sur la mer et plusieurs spots dans les environs sont devenus populaires chez les surfeurs.

À voir

Monastère de Selja SITE HISTORIQUE
(www.seljakloster.com). Sur l'île Selja, les ruines de ce monastère et de l'église de Sainte-Sunniva datent respectivement des XIe et XIIe siècles et sont devenues un lieu de pèlerinage. On peut grimper au sommet de la tour (40 m) pour admirer le panorama. L'île est à 15 minutes de bateau (à partir de 169 NOK).

Où se loger et se restaurer

Doktorgarden B&B $$
(909 30 357 ; www.doktorgarden-selje.no ; s 750 NOK, d avec sdb commune 1090 NOK ; Pâques-oct ;). Au-dessus du port, vous serez réveillé, dans cette belle maison ancienne, par l'arôme des gâteaux qui sortent du four et la vue sur la mer. À l'étage, 4 grandes chambres décorées avec soin se partagent une grande salle de bains impeccable et une cuisine pour les clients. Galerie au sous-sol, librairie et café (ci-dessous).

Doktorgarden Café CAFÉ $
(909 29 771 ; gâteaux 35-50 NOK ; 9h-18h juin-août, 10h-15h sam-dim reste de l'année). Un lieu clair, confortable, dans le B&B Doktorgarden, spécialiste des gâteaux : aux fruits, aux carottes, cheesecake et la classique génoise à la crème et à la confiture.

Renseignements

Office du tourisme (404 46 011 ; www.nordfjord.no ; 9h-16h45 mi-juin à mi-août). Installé sur le port, l'office du tourisme dispose d'une liste de bungalows, d'appartements, d'artisans et de producteurs locaux. En plus de suggestions d'itinéraires de randonnée et de conseils sur les plages, vous trouvez des informations sur les sites de la Seconde Guerre mondiale (tunnels et fortifications) et les parcours de pèlerinage.

Pour rejoindre Selje depuis Måløy, vous avez le choix entre 2 itinéraires aussi beaux l'un que l'autre : en voiture par la Rv 618 le long du fjord, ou par le bateau express du Nordfjord (83 NOK, 25 min, 2 fois/jour).

LES FJORDS DU NORD

En s'enfonçant vers le nord dans le comté de Møre og Romsdal, la côte devient parsemée d'îlots et les fjords pénètrent plus profondément dans les terres.

Le magnifique Geirangerfjord, qui est inscrit au Patrimoine mondial de l'Unesco, figure dans la plupart des circuits organisés, et de nombreux bateaux de croisière y jettent l'ancre. En été, vous pouvez éviter ce tohu-bohu touristique en explorant des cours d'eau et des routes moins fréquentés, aux paysages tout aussi saisissants.

Sur la côte, les villes portuaires d'Ålesund et de Kristiansund méritent bien une visite, et deux routes superbes, celle du col de Trollstigen et de l'Atlanterhavsveien, offrent des itinéraires spectaculaires.

Åndalsnes

2 244 HABITANTS

Deux itinéraires, tous deux spectaculaires, rejoignent Åndalsnes par le sud. La route du col de Trollstigen et celle de la vallée du Romsdal, avec le très pittoresque chemin de fer de la Raumabanen. Cette voie ferrée entre Dombås à Åndalsnes traverse une vallée glaciaire profonde bordée de parois abruptes et de hautes cascades. Sur les rives du Romsdalfjord, Åndalsnes, massivement bombardée durant la Seconde Guerre mondiale, est aujourd'hui une ville moderne, sans patrimoine particulier, mais bénéficiant d'un environnement exceptionnel.

À voir

Trollstigen ROUTE PANORAMIQUE
(mai-oct). Au sud d'Åndalsnes, la Trollstigen ("échelle du Troll", Rv 63) est classée route touristique nationale. Elle fut achevée en 1936 après 8 ans de travaux. Si vous aimez les montées d'adrénaline, sachez que cette pente à 8 degrés, comprenant 11 virages en épingle à cheveux, ne comporte qu'une seule voie presque tout du long. Plusieurs cascades spectaculaires dévalent ses versants, notamment celle de Stigfossen, cascade rugissante de 180 m.

Au sommet, un centre des visiteurs a été construit en béton, en acier oxydé et en verre, pour à la fois résister au terrain extrême et représenter ses nombreuses textures. De là, des plateformes d'observation s'avancent au-dessus du vide, offrant des panoramas de la route qui serpente dans la vallée luxuriante en contrebas, ainsi que le bruit de fond constant d'une chute d'eau. Pendant la descente, vous traversez les étendues du **parc national de Reinheimen**, créé en 2006. Troisième plus grand parc de Norvège, il abrite une grande population de rennes.

Le col est généralement déblayé et ouvert de fin mai à mi-octobre ; plus tôt en saison, un itinéraire à skis de fond permet de le franchir.

Raumabanen CHEMIN DE FER PANORAMIQUE
(visitandalsnes.com/en/rauma-line ; aller simple adulte 199 NOK ; 1 enfant gratuit par adulte ; ⏲4/jour). Cette voie ferrée spectaculaire parcourt les 114 km entre Åndalsnes à Dombås à travers des paysages de montagne, de lac, de forêt et de vallée étroite. Le train franchit six tunnels et 32 ponts pour une expédition de 1 heure 40 environ. De juin à août, le parcours est commenté en anglais par un guide et les passagers se voient remettre une brochure qui décrit les choses à ne pas manquer.

Trollveggen SITE NATUREL
(mur du Troll). Depuis Dombås vers le nord-ouest, l'E136 et la voie ferrée descendent parallèlement vers la vallée du Romsdal (que vous reconnaîtrez peut-être si vous avez vu *Harry Potter et le Prince de sang mêlé*, dans lequel la vallée apparaît). Près d'Åndalsnes, le spectaculaire Trollveggen, qui fut escaladé pour la première fois en 1958 par une équipe anglo-norvégienne, s'élance vers le ciel. Il s'agit de la paroi verticale la plus longue d'Europe du Nord. Son sommet déchiqueté, que vous verrez souvent noyé dans les nuages, est considéré par les alpinistes comme le défi ultime.

Activités

Pêche

Sorties de pêche John Kofoed PÊCHE
(☎971 79 442 ; www.rauma-jakt-fiskesafari.no ; adulte/enfant 450/200 NOK, équipement 150 NOK supp). John Kofoed organise des sorties de pêche de 3 heures dans le Romsdalsfjord 3 fois/jour en été. Si soixante-dix espèces de poissons sont répertoriées dans la zone les pêcheurs d'un jour remontent volontiers lieu noir, lieu jaune, morue, aiglefin, turbot, flétan, merlan, hareng et maquereau. Sur réservation par tél ou auprès de l'office du tourisme.

Randonnée

La brochure *Geiranger Trollstigen* (30 NOK) décrit sept sentiers de randonnées balisés autour de la route panoramique Trollstigen. Il faut compléter avec la carte *Romsdals-Fjella* au 1/80 000. L'office du tourisme propose les deux, et peut également organiser des randonnées guidées.

Nesaksla RANDONNÉE
Cette randonnée vivifiante (de 3 à 4 heures aller-retour), la **Romsdalseggen**, rejoint le sommet du Nesaksla (715 m) qui domine Åndalsnes. Le départ du sentier se trouve à l'est du centre-ville, près de la Rv 64. Au programme : des vues extraordinaires sur les Alpes de Romsdal, la Rauma et le fjord de Romsdal vous récompenseront de cette montée pentue. Parcours et infos sur www.romsdal.com.

Escalade

Si les Trollveggen (1 500 m) et Romsdalshorn (1 550 m) figurent parmi les sites d'escalade les plus connus de Norvège, la région offre de multiples possibilités selon son niveau de pratique et l'environnement (glacier ou roche). Informations à l'office du tourisme qui vend le guide *Klatring i Romsdal* (300 NOK, en anglais).

Ski de randonnée

La région du Romsdal, au sud d'Åndalsnes, est réputée pour la pratique du ski de randonnée, en particulier l'ascension du **Kirketaket** (1 439 m). Comptez entre 3 et 5 heures jusqu'au sommet, mais une fois en haut, plus de 1 000 mètres de descente en poudreuse s'offrent à vous jusqu'aux rives du fjord. Le ski au printemps et au début de l'été est possible, quand la Trollstigen est à nouveau ouverte.

Pour plus d'informations, rendez-vous sur www.romsdal.com et www.kirketaket.com. Pour des conseils sur le ski, visitez le site www.skiromsdal.no ou contactez l'Hotel Aak (p. 248), qui peut également organiser des sorties guidées de ski de randonnée.

Fêtes et festivals

Rauma Rock MUSIQUE
(www.raumarock.com ; ⏲début août). Le plus grand festival de rock du centre de la Norvège se tient chaque année à Åndalsnes.

Norsk Fjellfestival SPORTS
(Festival d'alpinisme ; norskfjellfestival.no ; ⏲début juil). Une semaine de réjouissances pour les

amateurs d'activités de plein air comprenant de nombreuses manifestations folkloriques.

Où se loger

Åndalsnes Camping CAMPING $

(☎71 22 16 29 ; www.andalsnes-camping.com ; empl tente, voiture et 2 adultes 225 NOK, bung 600-1 300 NOK ;) À moins de 2 km d'Åndalsnes, ce camping jouit d'un emplacement superbe sur la rive de la Rauma et entouré de montagnes. Café, salle de TV/loisirs confortable et pain frais livré chaque matin. Location de vélos, canoës et paddles.

Trollstigen Resort CAMPING $

(☎923 52 217 ; www.trollstigenresort.com ; empl tente 250 NOK, bung 980-1 040 NOK ;). Reconnaissable à son troll à l'entrée, ce camping bien tenu se trouve à 2 km le long de la Rv 63 en direction de Geiranger. Accueil chaleureux, emplacement superbe en surplomb de la Rauma, vues sur les montagnes et tranquillité de mise. Tous les bungalows, sauf un, sont équipés de salle de bains et ceux à 2 lits ont été rénovés avec goût. Ouvert toute l'année, il est très apprécié des skieurs en hiver.

Åndalsnes Vandrerhjem AUBERGE DE JEUNESSE $

(☎468 01 015 ; visitsetnes.com/joomla/no ; ch à partir de 1 490 NOK ; mars-nov ; P). Cette auberge de jeunesse affiliée HI dispose de plusieurs bâtiments posés au milieu de la nature, à 1,5 km du centre. Les chambres n'ont rien d'exceptionnel, mais suffisent pour quelques nuits. Agréable salon pour échanger des informations avec d'autres voyageurs et petit-déjeuner généreux.

♥ Hotel Aak HÔTEL $$$

(☎71 22 17 00 ; www.hotelaak.no ; s/d 1 300/ 1 600 NOK ; mi-mai à sept ; P). Construit en 1870, cet hôtel a été rénové avec beaucoup de soin par la famille Rønning. Joliment décorées, les chambres offrent une vue splendide sur les montagnes. Le petit-déjeuner est un vrai festin montagnard ; on peut aussi organiser les repas du soir.

Grand Hotel Bellevue HÔTEL $$$

(☎71 22 75 00 ; www.classicnorway.no/hotell/ grand-hotel ; Åndalgata 5 ; ch à partir de 1 595 NOK ; P). Sur les hauteurs de la ville, ce grand hôtel construit au XIXe siècle offre un univers bien contemporain. Des grandes photographies de montagne ornent les murs des chambres claires. Sans être immenses, presque toutes disposent d'une belle vue. Service au restaurant assez formel (lun-sam, plats 205-365 NOK).

Où se restaurer

♥ Sødahl-Huset CAFÉ $$

(☎400 66 401 ; Romsdalsvegen 8 ; plats 120-200 NOK ; 11h-18h lun-jeu, 11h-21h ven-sam, 12h-18h dim). Un café convivial à la décoration hétéroclite qui propose bières et concert live. Parmi les plats à l'ardoise faits maison avec des produits locaux on retiendra le burger de *kraftkar* (au bleu), les gâteaux savoureux et la salade revigorante de saumon, cuisinée façon asiatique. Comme annoncé, il est tenu par trois femmes à l'accueil chaleureux.

Renseignements

Office du tourisme (☎930 49 755 ; www.visitnorthwest.no/tindehovedstaden-andalsnes ; 10h-12h). Près de la gare, cet office prodigue informations et conseils pour organiser des sorties guidées rando, escalade ou sur les fjords. Location de vélos, dont des vélos à assistance électrique (VAE 100/400 NOK par heure/jour).

Depuis/vers Åndalsnes

BUS

Åndalsnes est située sur la *Gyldne Omvei* ("Route d'Or") qui mène au col de Trollstigen (p. 246). Des bus empruntent cet itinéraire jusqu'à Geiranger (aller/aller-retour 156/ 478 NOK, 3 heures 50, 2/jour) de mi-juin à août.

Également des bus pour Molde (169 NOK, 1 heure 30, jusqu'à 8/jour) et Ålesund (345 NOK, 2 heures 15, 4/jour).

TRAIN

Trains depuis/vers Dombås (249-297 NOK, 1 heure 30, jusqu'à 4/jour), connectés avec la ligne Oslo-Trondheim.

Valldal

Après avoir franchi le fameux col de Trollstigen ou savouré le superbe trajet en ferry depuis Geiranger, les voyageurs se contentent souvent de traverser Valldal. Nichée dans une brèche du Norddalsfjord, la ville est entourée de vergers, les plus septentrionaux d'Europe, qui produisent une profusion de pommes, poires, cerises et fraises. Ces dernières sont célébrées chaque année lors du Festival de la fraise, qui a lieu habituellement le dernier week-end de juillet. Sur la Rv 63 qui rejoint

Valldal par l'est, trois belles cascades (Holsfossen, Gudbrandsjuvet et Skjerdsura) vous forceront à ralentir.

À voir et à faire

Gudbrandsjuvet CASCADE

A 15 km à l'est de Valldal par la Rv 63, cette cascade qui se déverse dans un bassin de 5 m de large et 20 m de profondeur est impressionnante. La passerelle d'observation qui s'avance dans le vide permet de profiter de ce spectacle dans un environnement humide et très nature. Un café se trouve à l'entrée du site.

Vieille église de Stordal ÉGLISE

(Rosekyrka ; Stordal ; adulte/enfant 55/25 NOK ; 11h-16h mi-juin à mi-août). À 30 km au nord-ouest de Valldal (Rv 650, vers Ålesund), cette église en bois debout fut bâtie en 1789 sur les vestiges d'une chapelle encore plus ancienne dont il reste quelques éléments. Banale à l'extérieur, la surprise se cache à l'intérieur : plafond, murs et piliers sont décorés de scènes bibliques et de portraits de saints. Son surnom, l'"église Rose" (*Rosekyrka*), provient des tons roses qui dominent.

Valldal Naturopplevingar PLEIN AIR

(900 14 035 ; uteguiden.com). Ce tour-opérateur situé près du quai des ferries et de l'office du tourisme est spécialisé sur les activités sportives, notamment rafting (à partir de 1 099 NOK par adulte/jour), kayak (à partir de 950 NOK), canyoning et escalade. Formule avec bivouac sous tente.

Où se loger

Fjellro Turisthotell HÔTEL $$

(919 08 854 ; www.fjellro.no ; Syltegata ; s/d 1 140/1 820 NOK ; café-restaurant 12h-22h mai-sept ; P). Dans le centre-ville, cet hôtel élégant, repérable à son toit rouge, offre une étape agréable, quoique légèrement désuète. Les chambres un peu vieillottes sont fonctionnelles. Au rez-de-chaussée, restaurant de poissons et, à l'arrière, un jardin agréable.

Juvet Landscape Hotel HÔTEL DESIGN $$$

(950 32 010 ; www.juvet.com ; Alstad ; ch à partir de 2 700 NOK ; mars-nov ;). Parmi les plus élégants de Norvège, cet hôtel isolé allie une architecture contemporaine à un cadre magnifique. Oubliez les notions traditionnelles de luxe, vous serez logé dans un bungalow à l'intérieur épuré en bois foncé. Les murs faits de grandes baies vitrées disparaissent pour laisser place à la nature. Le paysage rayonne à travers les vitres, éclipsant tout le reste. À l'origine de cette adresse, Knut Slinning, propriétaire également de la ferme voisine. Également 2 chambres (qui ont tout du petit nichoir et avec salle de bains exiguë), sont proposées à un tarif plus économique.

Petits-déjeuners et dîners (550 NOK/pers) ont lieu autour d'une grande table dans la grange rustique. Un spa et un sauna en extérieur, le long de la rivière, complètent le tableau. À 15 km au nord-est par la Rv 63.

Jordbærstova CAFÉ $$

(70 25 76 58 ; plats 140-210 NOK ; 12h-19h mai-sept). Populaire auprès des habitants de Valldal qui viennent y déjeuner, ce café offre un cadre chaleureux et une cuisine norvégienne classique (boulettes de viande et ragoût de renne). Copieux buffet le dimanche midi et excellents desserts à la fraise. À 5 km au nord-est par la Rv 63.

Achats

Valldal Safteri ALIMENTATION

(Syltetøysbutikken ; valldalsafteri.no ; 10h-16h jeu-ven, 11h-15h sam). Ce producteur indépendant propose un large choix de confitures et de jus de fruits confectionnés à l'arrière de la petite boutique. À l'est de l'église de Valldal.

Renseignements

Office du tourisme (917 80 746 ; www.visitalesund.com ; 10h-18h mi-juin à mi-août, 10h-17h lun-ven reste de l'année). Dans une cabane, non loin du quai des ferries. Location de vélo (25/100 NOK heure/jour).

Depuis/vers Valldal

BUS

Valldal est situé sur la ligne de la "Route d'Or" (adulte/enfant 956/478 NOK, 2/jour) qui va d'Åndaslnes à Geiranger par le col de Trollstigen.

BATEAU

La croisière en ferry (adulte/enfant aller 240/130 NOK, aller-retour 370/190 NOK, 2 heures 15, 2/jour) qui relie Valldal à Geiranger de mi-juin à mi-août est spectaculaire.

VOITURE ET MOTO

Ouverte de mai à octobre, la Rv 63 s'élève jusqu'au col de Trollstigen. Passé celui-ci, Valldal se trouve à 37 km.

Geiranger et le Geirangerfjord

250 HABITANTS

Le fjord dans toute sa splendeur ! Classé au Patrimoine mondial, ultraphotographié, le bras de mer serpente sur 20 km, émaillé de cascades – tels les Sept Sœurs, le Soupirant et le Voile de la mariée – qui dévalent les falaises pour se jeter dans ses eaux vert émeraude.

Hélas, la beauté n'est pas toujours synonyme de sérénité. Près de 600 000 visiteurs se pressent chaque année sur le site et une multitude de bateaux accostent au quai chaque jour en été au port de Geiranger.

Heureusement, on peut retrouver calme et sérénité en montant dans le ferry qui parcourt le fjord pendant 1 heure entre Geiranger et Hellesylt. C'est une fabuleuse minicroisière. Montez à bord, même si vous n'avez rien à faire à l'autre bout du fjord !

À voir

Flydalsjuvet POINT DE VUE

C'est l'une des images les plus iconiques prise en Norvège : celle d'une silhouette qui s'avance sur un piton rocheux qui semble bien fragile dans un paysage fabuleux entre fjord et montagnes. Pour vous y rendre depuis Geiranger, suivez la route de Stryn, jusqu'au parking indiquant "Flydalsjuvet", à 5 km. Une seconde plateforme se trouve un peu en contrebas. Pour y accéder, il faut redescendre de 150 m environ, puis suivre un petit sentier pentu et parfois glissant et terminer en rampant les derniers mètres pour obtenir le plus bel effet...

Dalsnibba POINT DE VUE

(www.dalsnibba.no). Panorama unique sur la vallée et le fjord, Dalsnibba, à 1 500 m d'altitude, est situé à une vingtaine de kilomètres au sud de Geiranger. On le rejoint par la Rv 63, puis une route à péage de 5 km (250 NOK/voiture). Au sommet, la **Geiranger Skywalk**, plateforme d'observation construite récemment, donne le sentiment de flotter dans l'air et permet de profiter du spectacle sans obstacle.

Plusieurs bus desservent le belvédère, dont le Nibbebus (aller-retour adulte/enfant 450/300 NOK, 3/jour mi-juin à août).

Le bus n°211 fait la navette également, (aller-retour adulte/enfant 335/273 NOK, 2/jour mi-juin à août), mais vous ne disposerez que de 20 minutes pour profiter de la vue au sommet.

Option plus luxueuse, le Panorama Bus (aller-retour adulte/enfant 550/300 NOK, 3/jour mi-juin à août), laisser 3 heures à ses passagers avant de rentrer à Geiranger.

Norsk Fjordsenter MUSÉE

(☎70 26 38 10 ; www.fjordsenter.com ; adulte/enfant 130/70 NOK ; ⏰10h-16h). Ce centre d'interprétation propose de nombreux angles pour aborder la région de Geiranger : géologie, avalanche, inondation, construction des premières routes et développement du tourisme. Même sans la visite, le bâtiment mérite de s'y arrêter. À 150 m au sud du terminal des ferries, par la Rv 63.

Activités

Autour de Geiranger, une multitude de chemins de randonnée balisés permettent de se balader en toute tranquillité et de croiser fermes abandonnées, cascades, points de vue. Procurez-vous la carte *Hiking Routes*, en vente à l'office du tourisme, qui présente 18 parcours de 1,5 et 5 km (10 NOK).

Une boucle un peu plus longue et appréciée commence par un trajet à bord du bateau touristique de Geiranger Fjordservice. Du débarcadère de Skagehola, une montée ardue de 45 minutes conduit à **Skageflå**, une ferme posée près de la falaise. Vous pourrez revenir sur vos pas jusqu'à la jetée, où le bateau s'arrête à la demande (prévenez l'équipage à l'aller ou faites signe), ou continuer de l'autre côté de la montagne et retourner à Geiranger via Preikestolen et Homlung.

Circuits organisés

♥ Geiranger Fjordservice BATEAUX

(☎70 26 30 07 ; www.geirangerfjord.no ; Homlong ; à partir de 400 NOK ; ⏰mai-sept 5 départs/jour, avr et oct 1/jour). Réputé, ce tour-opérateur propose des excursions de 1 heure 30 en bateau sur le Geirangerfjord.

De mi-juin à août, il propose également des sorties en bateau pneumatique (15 places, 249 NOK) et en kayak (950 NOK), depuis leur base de Homlong, à 2 km de Geiranger.

Où se loger

Grande Hytteutleige & Camping CAMPING $

(☎70 26 30 68 ; www.grande-hytteutleige.no ; Rv 63 ; empl voiture, tente et 2 adultes 200 NOK, bung

550-1 290 NOK ; ⏲avr-oct ; P📶). Pour profiter d'une très belle vue sur le fjord, choisissez le plus petit terrain des deux, au nord. Le camping dispose de bons équipements : laverie, douches, une petite cuisine avec plaques chauffantes, et Wi-Fi gratuit. Location de kayaks et de matériel de pêche et réservation de bateau-taxi pour visiter les fermes du fjord.

Geirangerfjorden Feriesenter CAMPING $

(☎951 07 527 ; www.geirangerfjorden.net ; Grande ; empl face au lac voiture, tente et 2 adultes 255 NOK, bung à partir de 990 NOK ; ⏲fin avr à mi-sept ; P📶). Plus tranquille que l'adresse précédente, ce camping se trouve sur la rive nord. Charmante situation, emplacements spacieux, équipements bien entretenus, sans oublier des bungalows joliment décorés. Si vous n'avez pas besoin d'être juste au bord de l'eau, vous pouvez économiser 300 NOK.

Geiranger Camping CAMPING $

(☎70 26 31 20 ; www.geirangercamping.no ; empl voiture, tente et 2 adultes 310 NOK ; ⏲mi-mai fin sept ; P@📶). À deux pas du terminal des ferries, le Geiranger Camping est séparé par un torrent. Manquant parfois d'ombre et un peu bruyant en journée, il est agréable et pratique, grâce à sa proximité avec les ferries.

♥ Westerås Farm BUNGALOWS $$

(☎926 49 537 ; bung 2 lits 870-1 040 NOK, app 1 250 NOK ; ⏲mai-sept). Cette élégante ferme ancienne, à 4 km sur la Rv 63 en direction de Grotli, est située au bout d'une route étroite et escarpée. Vous pourrez séjourner dans l'un des 2 appartements de la ferme ou l'un des 5 bungalows. La grange, qui date de 1603, abrite un restaurant, où Arnfinn et Iris servent des assiettes composées maison.

Hotel Utsikten HÔTEL $$$

(☎70 26 96 60 ; www.classicnorway.no/hotell/hotell-utsikten-geiranger ; s/d 1 290/1 590 NOK ; ⏲mai-sept ; P📶). “Un temple qui élève votre esprit” – tel fut le commentaire du roi de Siam Rama V lors de son séjour dans cet hôtel. Perché sur la colline qui domine Geiranger (suivez la Rv 63 en direction de Grotli), cet hôtel familial construit en 1893 offre une vue sublime sur le village et le fjord. Seul regret, les chambres sont petites et communes.

Hotel Union HÔTEL $$$

(☎70 26 83 00 ; www.hotelunion.no ; ch à partir de 2 180 NOK ; ⏲fév à mi-déc ; P❄📶🏊). Avec sa situation spectaculaire sur les hauteurs du village, cet hôtel historique a été remis au goût du jour avec spa, piscines et sauna. Si les espaces communs respirent le luxe, les chambres n'ont guère de personnalité.

Où se restaurer

Olebuda & Cafe Olé INTERNATIONAL $

(☎70 26 32 30 ; www.olebuda.no ; Maråkvegen 19, Geiranger ; plats restaurant 155-255 NOK, plats dîner 310-355 NOK ; ⏲juin-août, café mai-sept). Logé dans l'ancienne épicerie de Geiranger, cet élégant restaurant, à l'étage, propose une cuisine internationale et de spécialités norvégiennes avec des produits locaux (roulé au saumon poché, chèvre fumé...). Au rez-de-chaussée, un café pittoresque et décontracté propose, à toute heure, savoureux gâteaux, en-cas et café.

Brasserie Posten BRASSERIE $$

(☎70 26 13 06 ; www.brasserieposten.no ; plats 169-349 NOK, pizza 209 NOK ; ⏲12h-23h avr-sept, horaires réduits reste de l'année). 🍃 Dans une ambiance moderne et lumineuse, on s'attable autour de salades, pizzas, plats de viandes ou de poissons, cuisinés par un chef adepte des produits laitiers bio (Røros), herbes aromatiques et légumes frais. La terrasse au bord du fjord vaut la pause.

Achats

♥ Geiranger Sjokolade CHOCOLAT

(☎967 25 205 ; www.geirangersjokolade.no ; ⏲10h-20h30 mai-sept, nov-déc). Les effluves de chez Bengt Dahlberg, qui œuvre dans le sous-sol d'un ancien hangar à bateaux, se font parfois deviner jusqu'au port. Difficile de choisir parmi les saveurs comme les truffes aromatisées au fromage brun ou celles fourrées de baies polaires. Plus simplement, on peut opter pour une glace ou un chocolat chaud. Quand la boutique est fermée hors saison, descendez au sous-sol et frappez à la porte.

Renseignements

Office du tourisme de Geiranger (☎70 26 30 99 ; www.fjordnorway.com/geiranger ; Geirangervegen 2 ; ⏲9h-18h mi-mai à mi-sept, horaires réduits reste de l'année). Efficace, quoique parfois débordé, cet office du tourisme permet de réserver bateaux et croisières, fournit des itinéraires de randonnée. Sur le port.

Depuis/vers Geiranger

BATEAU

La traversée en car-ferry entre Geiranger et Hellysylt mérite le détour (adulte/enfant aller-retour 490/245 NOK, 1/5 passagers avec voiture 2590 NOK ; 1 heure 30 ; 4-8/jour mai-début oct). Réservation sur le site Internet Visit Flåm (www.visitflam.com).

De mi-avril à mi-octobre, l'express côtier Hurtigruten vers le nord effectue une liaison d'Ålesund (départ à 9h30) à Geiranger (départ à 13h30).

BUS

De mi-juin à mi-août, des bus touristiques effectuent le spectaculaire parcours de Geiranger à Åndalsnes (à partir de 513 NOK, 3 heures, 2/jour), baptisé "la Route d'Or".

Hellesylt

250 HABITANTS

Malgré sa cascade rugissante, l'ancien port viking de Hellesylt s'avère plus calme et un peu moins grandiose que Geiranger. Peu de chose à voir en vérité mais y faire étape pour se reposer s'avère plaisant.

À voir et à faire

Procurez-vous à l'**office du tourisme** (94 81 13 32 ; 10h-17h mi-juin à août), la *Tafjardfjella,* carte de randonnée pédestre (1/50 000) et la *Hellesylt Mountain Biking Map.*

Peer Gynt Galleriet CENTRE CULTUREL
(950 13 170 ; www.peergyntgalleriet.no ; tarif plein/réduit 120/60 NOK ; 11h-17h juil-août). Une galerie qui expose des bas-reliefs en bois sculptés par le menuisier Oddvin Parr illustrant la légende de *Peer Gynt* de Ibsen, expliquée dans un film de 35 minutes (3 fois/jour en anglais). La cafétéria attenante offre une jolie vue sur le fjord.

Où se loger

Hellesylt Camping CAMPING $
(902 06 885 ; Hellesyltvegen 64 ; empl tente, voiture et 2 adultes 230 NOK ;). Un terrain surtout occupé par les caravanes qui se placent le long du fjord, mais les campeurs trouveront toujours un peu de place. Bien protégé du vent et à proximité des ferries. Équipements basiques mais fonctionnels.

Hellesylt Hostel AUBERGE DE JEUNESSE $$
(70 26 51 28 ; dort 265 NOK, s 430-550 NOK, d 690-790 NOK, tr 750-930 NOK, qua 990-1 140 NOK ; tte l'année ; @). Cette auberge de jeunesse affiliée HI est perchée sur la colline qui domine Hellesylt. Elle n'a rien de spécial, mais le site est très joli. Dortoirs de 4 ou 6 lits mixtes, et de nombreuses chambres, parfois avec salle de bains commune. Si vous arrivez en bus, demandez au chauffeur de vous déposer afin d'éviter la longue montée de la colline.

Depuis/vers Hellesylt

Le car-ferry qui relie Geiranger et Hellesylt (voir *Depuis/vers Geiranger,* p. 252) fonctionne de mai à début octobre.

Norangsdalen

Norangsdalen est l'un des fjords du Nord les plus spectaculaires et pourtant l'un des moins visités. Le ferry Leknes-Sæbø, qui emprunte le Hjørundfjord, relie cette jolie vallée cachée à Hellesylt via le village d'Øye.

Ici, les paysages alternent entre sommets enneigés, lacs de montagne, fermes abandonnées et plateaux rocheux. Dans la partie supérieure de la vallée, à **Urasætra**, les ruines de plusieurs fermes en pierre se dressent sur les rives d'un lac sombre. Plus loin, on distingue les vestiges d'anciens bâtiments engloutis sous l'eau du lac **Langstøylvatnet** – créé en 1908 par l'effondrement d'un pan rocheux sur les pentes du Keipen.

Randonneurs et grimpeurs pourront explorer les différents sommets du **Sunnmørsalpane** voisin. Parmi les plus connues, citons l'ascension jusqu'au Slogen (1 564 m) depuis Øye, ou celle du Råna (1 586 m) depuis Urke.

Où se loger

Villa Norangdal HÔTEL HISTORIQUE $$$
(70 26 10 84 ; www.facebook.com/norangdal ; s/d 1 450/1 950 NOK ; P). Ce charmant hôtel a accueilli ses premiers clients en 1885. Le propriétaire actuel, descendant du fondateur, a repris en main en 2007 l'hôtel, après des années d'abandon. Les 6 chambres rendent chacune hommage à une décennie du XXe siècle, utilisant des éléments de décor scandinaves caractéristiques, tels que des œuvres des Norvégiennes Nora Gulbrandsen et Grete Prytz Kittelsen.

Hotel Union Øye HÔTEL HISTORIQUE $$$
(70 06 21 00 ; www.unionoye.no ; ch 1 790-2 290 NOK ; mai-sept ; P). Ouvert en 1891,

l'Union a attiré pendant plus d'un siècle alpinistes, écrivains, artistes et même quelques têtes couronnées. Ressemblant à une demeure autrichienne transportée sur les rives d'un fjord, il conjugue œuvres et meubles d'époque, boiseries, lambris et touches de kitsch, qui font là tout son charme. Le restaurant propose un service plutôt luxueux au déjeuner et au dîner, servi dans une salle élégante.

Depuis/vers Norangsdalen

Peu de transports en commun. La Rv 665 qui remonte la vallée commence depuis la Rv 60, à l'ouest de Hellesylt. Un car-ferry fait la liaison avec Leknes.

Runde

100 HABITANTS

À 82 km au sud-ouest d'Ålesund, Runde est reliée au continent par un pont. L'île abrite un demi-million d'oiseaux de 230 espèces différentes, dont 100 000 couples de macareux migrateurs. Ils arrivent en avril et repartent vers fin juillet. Mouettes tridactyles, fous de Bassan, fulmars, océanites tempêtes, pingouins tordas, cormorans huppés et guillemots font partie des colonies présentes ; 70 autres espèces viennent nicher. En été, des excursions en bateau permettent d'aller observer les colonies d'oiseaux et de phoques.

À voir

Station de recherche internationale Runde Miljøsenter CENTRE SCIENTIFIQUE

(70 08 08 00 ; www.rundecentre.no ; exposition adulte/enfant 85/35 NOK ; 10h-18h juin-août, 10h-16h mai ; P). Cette station de recherche internationale, consacrée aux oiseaux de Runde, témoigne de l'importance ornithologique de l'île. Une petite exposition présente le travail du centre qui organise des excursions avec un scientifique pour observer les colonies d'oiseaux (3 400 NOK, 12 pers maximum).

Des hébergements sont disponibles (app 1/2/5 pers 950/1 550/2 050 NOK) pour prolonger son séjour sur l'île.

Où se loger

Goksöyr Camping CAMPING $

(70 08 59 05 ; www.goksoyr.no ; empl tente 190 NOK, bung 310-570 NOK ; mai-sept). Situé juste avant que la route vers le nord ne se rétrécisse, le Goksöyr Camping propose des bungalows et des chambres rudimentaires, ainsi que des emplacements de camping. Les propriétaires, résidents de longue date sur l'île, sont accueillants et plein de ressources sur les sentiers de randonnée et les sites où voir des oiseaux.

Renseignements

Office du tourisme (901 83 455 ; www.rundecentre.no ; Runde Miljøsenter ; 10h-18h juin-août, 10h-16h mai). Situé dans la station de recherche internationale.

Depuis/vers Runde

Les bateaux pour Runde partent du Skateflukaia à Ålesund (à partir de 233 NOK) chaque jour en été. La traversée dure 2 heures environ.

On peut faire le trajet en voiture, via le ferry Sulesund-Hareid (82 km, adulte/avec voiture 42/115 NOK).

Ålesund

42 317 HABITANTS

Premier port morutier de Norvège, Ålesund s'étend sur un chapelet d'îles, en forme d'hameçon, et reliées entre-elles par une route. Après un incendie majeur en 1904, la ville a été en partie reconstruite dans le style Jugendstil (Art nouveau) et reste aujourd'hui l'exemple le plus abouti et le plus harmonieux de cette architecture en Scandinavie.

À voir

Jugendstil Senteret MUSÉE

(Centre de l'Art nouveau ; carte p. 254 ; 70 10 49 70 ; www.jugendstilsenteret.no ; Apotekergata 16 ; tarif plein/réduit avec musée KUBE 90/60 NOK ; 10h-17h juin-août, 11h-16h mer-dim sept-mai). Toutes les générations apprécient ce Centre de l'Art nouveau. Le patrimoine architectural unique de la ville est mis en valeur dans une ancienne pharmacie rénovée qui a conservé son bel escalier à vis et sa salle à manger à l'étage, une "machine à remonter le temps" présente un documentaire intitulé "Des cendres à l'Art nouveau" (14 min), remarquable description multimédia de la reconstruction d'Ålesund après l'incendie de 1904. Une exposition regroupe des textiles, des céramiques et des meubles de l'époque, soigneusement sélectionnés.

KUBE MUSÉE

(Kunstmuseet KUBE ; carte p. 254 ; Apotekergata 16 ; tarif plein/réduit avec Jugendstil Senteret

Ålesund

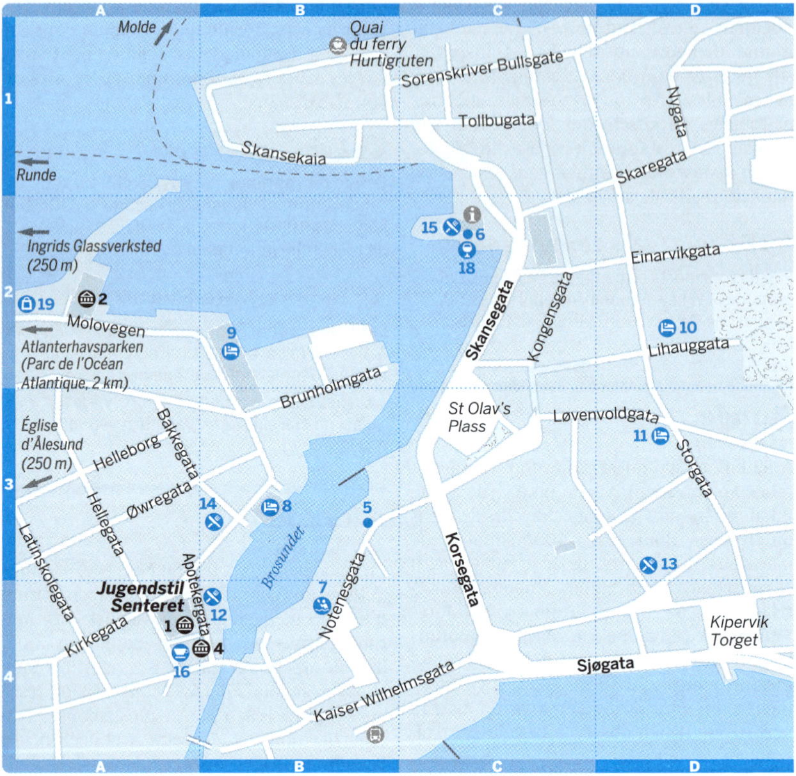

90/60 NOK ; ⌚10h-17h juin-août, 11h-16h mar-dim sept-mai). Installé dans l'ancien bâtiment de la Banque de Norvège, le musée d'art contemporain du comté de Møre og Romsdal met en avant des artistes norvégiens, et accueille des manifestations sur le design et l'architecture. La vue sur le port depuis le premier étage est superbe.

Belvédère de Kniven POINT DE VUE
(carte p. 254). Pour un panorama sur la péninsule d'Ålesund, les montagnes et les îles environnantes, grimpez les 418 marches jusqu'au sommet de la colline d'Aksla. Par beau temps, le paysage est superbe, et magique à l'heure du crépuscule.

Godøy et phare d'Alnes ÎLE
Île la plus à l'ouest du centre d'Ålesund, Godøy offre le sentiment d'être coupé du reste du monde, surtout au cœur de l'hiver. Excellentes balades à faire, en particulier vers le **phare** (☎70 18 50 90 ; www.alnesfyr.no ; adulte/enfant 25/10 NOK ; ⌚11h-17h mai-oct) édifié en 1853 dans le village de pêcheurs d'Alnes. Pour une impression de bout du monde, grimpez jusqu'au balcon circulaire de cette structure en bois de 5 étages, ornée de toiles d'Ørnulf Opdahl, un peintre norvégien résident de Godøy.

Musée de la Pêche MUSÉE
(Fiskerimuseet ; carte ci-dessus ; ☎70 23 90 00 ; www.sunnmoremuseum.no/english/fisheries-museum ; Molovegen 10 ; adulte/enfant 60/50 NOK, avec Ålesunds Museum 100/80 NOK ; ⌚9h-16h lun-ven, 12h-16h sam-dim mi-mai à août, sur rendez-vous sept-mai) Ce musée, consacré à la pêche, occupe l'entrepôt Holmbua datant de 1861, l'un des rares bâtiments à avoir survécu à l'incendie de 1904. Une section est consacrée au *klippfisk* (morue salée et séchée) et à la production de l'huile de foie de morue. L'entrée, reconstitution d'une ancienne épicerie, est un régal en soi.

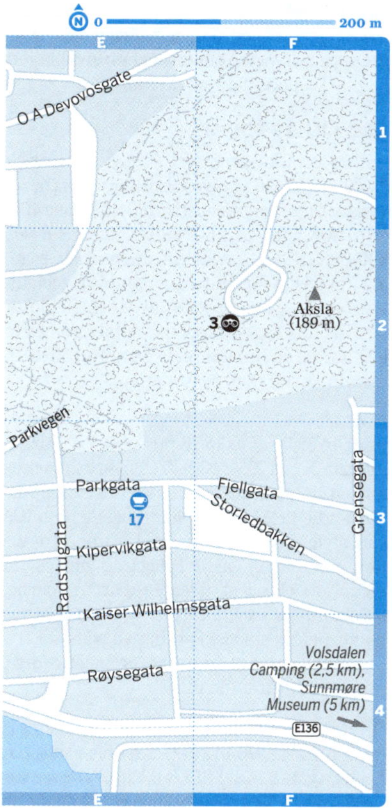

Ålesund

Les incontournables

1 Jugendstil Senteret A4

À voir

2 Musée de la Pêche A2
3 Belvédère de Kniven F2
4 KUBE B4

Activités

5 62° Nord B3
6 Promenade guidée de la ville C2
7 Kayak More Tomorrow B4

Où se loger

8 Hotel Brosundet B3
9 Scandic Ålesund B2
10 Scandic Parken D2
11 Scandic Scandinavie D3

Où se restaurer

12 Anno B4
13 Lyspunktet D3
Maki .... (voir 9)
14 Nomaden B3
15 XL Diner C2

Où prendre un verre et faire la fête

16 Apoteker'n A4
17 Jacu Coffee Roastery E3
18 Milk C2

Achats

Invit Interior B3
19 Trankokeriet Antikk A2

Le billet d'entrée combiné inclut l'entrée au **Ålesunds Museum** (Rasmus Rønnebergs gate 16) qui retrace l'histoire de la chasse aux phoques, de la pêche, de la navigation et de l'industrie dans la région du Sunnmøre. Également des informations sur l'incendie de 1904, la renaissance Art nouveau et l'occupation allemande pendant la Seconde Guerre mondiale.

Atlanterhavsparken AQUARIUM

(☎70 10 70 60 ; atlanterhavsparken.no ; Tueneset ; adulte/enfant 215/95 NOK ; ⏲10h-18h tlj juin-août, 10h-16h tlj sept-mai ; 👪). À la pointe ouest de la péninsule, à 3 km du centre-ville, le “parc de l'océan Atlantique” mérite une journée entière. Superbe introduction au monde sous-marin de l'Atlantique Nord, il donne un aperçu de la richesse de la vie marine le long du littoral et dans les fjords. Les enfants peuvent s'entraîner à attraper des crabes ou nourrir les poissons dans un bassin. Le gigantesque aquarium de 4 millions de litres, quant à lui, ébahit petits et grands. Le domaine jouit d'une vue magnifique sur la côte et propose des départs de sentiers de randonnée (cherchez les bunkers et les batteries de canon de la Seconde Guerre mondiale).

Sunnmøre Museum MUSÉE EN PLEIN AIR

(☎70 16 48 70 ; www.sunnmore.museum.no ; Borgundgavlen ; tarif plein/réduit 80/40 NOK ; ⏲10h-16h lun-ven, 12h-16h dim mai-sept, 11h-15h mar-ven, 12h-16h dim oct-avr). À 4 km à l'est du centre-ville, ce site, ancien comptoir de commerce de Borgundkaupangen en activité du XIe au XVIe siècle, expose en plein air une cinquantaine de bâtiments traditionnels. Les amateurs de bateaux apprécieront la collection d'une quarantaine de navires, dont des répliques de bateaux vikings et un vaisseau marchand datant du XIe siècle.

Église d'Ålesund ÉDIFICE RELIGIEUX
(Aspegata ; ⌚10h-16h mar-dim). Édifiée en 1909, l'église paroissiale d'Ålesund, en pierre, possède un large chœur décoré de fresques murales. Les vitraux sont également remarquables, notamment ceux de l'aile nord, au thème marin.

Activités

Les quatre îles de Valderøy, Vigra, Giske et Godøy, reliées au continent par des ponts, offrent une belle excursion depuis Ålesund – si vous avez un véhicule, bien sûr.

62° Nord CIRCUIT ORGANISÉ
(carte p. 254 ; ☎70 11 44 30 ; www.62.no ; Skansekaia). Cet excellent tour-opérateur, près du port, organise des excursions le long de la côte, notamment pour observer la faune (950 NOK) et des croisières sur le Hjørundfjord (950 NOK).

Kayak More Tomorrow KAYAK, RANDONNÉE
(carte p . 254 ; ☎486 50 409 ; www.kayakmoretomorrow.com/en ; Notenesgata 3). Expéditions kayak de mer ou en paddle (à partir de 515 NOK/pers environ), et location de matériel (à partir de 185 NOK/heure). Également sorties guidées à vélo, visite pédestre de la ville et location de vélos.

Circuits organisés

Promenade guidée de la ville À PIED
(carte p. 254 ; adulte/enfant 100 NOK/gratuit ; ⌚12h-13h30 mi-juin à mi-août). Visite guidée sur l'architecture d'Ålesund (1 heure 30 à 2 heures, chaque jour en été) avec un guide expert. Inscription à l'office du tourisme.

Fêtes et festivals

Festival de la cuisine norvégienne CUISINE
(Norske Matfestivalen ; www.matfestivalen.no ; ⌚dernière sem d'août). Célébration de la cuisine locale, avec stands et démonstrations de cuisine.

Festival nautique d'Ålesund NAUTISME
(Ålesund Båtfestival ; batfestivalen.no ; ⌚1re quinzaine de juil). Une semaine de plaisirs nautiques.

Sommerfesten MUSIQUE
(www.facebook.com/Sommerfesten ; ⌚fin juil). Festival bon enfant de pop, rock et folk, en extérieur sur l'île de Giske.

Midtsommer Jazz MUSIQUE
(⌚dernier week-end juin). Festival de jazz qui se tient dans différentes salles du centre.

Jugendfest MUSIQUE
(www.jugendfest.no ; ⌚2e quinzaine d'août). Des groupes norvégiens et étrangers envahissent la ville l'espace d'un week-end.

Où se loger

Volsdalen Camping CAMPING $
(☎70 12 58 90 ; www.volsdalencamping.no ; Volsdalsberga ; empl tente 150-180 NOK, bung 460-1 370 NOK, gîte 4 pers 670-990 NOK, app 2/8 pers 690-2 280 NOK ; ⌚tte l'année). Au bord de l'eau, à 2 km à l'est du centre, ce camping accueillant est le plus proche de la ville. Plutôt destiné aux caravanes, aux mobile homes et à la nuitée en bungalow, le camping offre un terrain abrité pour les campeurs.

Hotel 1904 HÔTEL $$
(carte p. 254 ; ☎70 15 78 00 ; 1904.no ; Løvenvoldgata 8 ; ch 1 795-3 500 NOK ; P❄📶). Le plus ancien hôtel d'Ålesund a été construit après l'incendie de 1904. Il a heureusement gardé son style Art nouveau malgré une rénovation complète. Passé l'élégante entrée, la réception claire et décorée d'art moderne, les chambres s'avèrent épurées dans des tons blanc, beiges et gris. Parking au sous-sol.

L'établissement se trouve en plein centre, non loin du front de mer.

♥**Hotel Brosundet** HÔTEL $$$
(carte p. 254 ; ☎70 10 33 00 ; www.brosundet.no ; Apotekergata 5 ; s/d 1 288/1 628 NOK, d avec vue 1 730 NOK ; P❄📶). Implanté sur le front de mer et conçu par les célèbres architectes de Snøhetta, cet ancien entrepôt est l'un des hôtels les plus charmants de Norvège. De magnifiques poutres et des murs en briques apparentes sont associés au style et au confort bien contemporains. Le mobilier est en chêne blanc, les salles de bains sont dissimulées derrière des cloisons en verre et les lits sont drapés de velours brun et de peaux de mouton.

L'hôtel abrite une petite épicerie où vous pourrez acheter des spécialités locales, et des viennoiseries, un restaurant, et un bar proposant un bon choix de vins, bières, champagnes et cocktails.

Scandic Parken HÔTEL D'AFFAIRES $$$
(carte p. 254 ; ☎70 13 23 00 ; www.scandichotels.com ; Storgata 16 ; ch à partir de 1 895 NOK ; ❄📶). Logé dans un bâtiment moderne, avec une façade de verre, le Scandic Parken est doté d'un immense salon/salle à manger. La vue superbe sur la ville, en particulier depuis les étages supérieurs, fait vite oublier le

style "voyage d'affaires", très neutre, de l'hôtel. Il y a des offres promotionnelles sur Internet et hors saison.

Pour vous restaurer, vous aurez le choix entre le Polarbjørn (18h-23h lun-sam), situé au 9e étage de l'hôtel avec une vue panoramique sur la mer et les îles avoisinantes et la brasserie Normandie (11h30-13h30 lun-ven).

Thon Ålesund HÔTEL **$$$**

(carte p. 254 ; ☎70 10 20 80 ; www.thonhotels.no ; Molovegen 6 ; s à partir de 1 136 NOK, d à partir de 1 420-1 610 NOK, ste à partir de 2 080 NOK ; ❄@📶). Un intérieur douillet et un bel emplacement sur le port sont les vrais atouts de cet hôtel fonctionnel. Les chambres standard sont correctes mais ce sont les supérieures qui offrent les plus belles vues. Le restaurant en bas est correct, il y aussi un bar et une salle de gym.

Où se restaurer

Lyspunktet CAFÉ **$$**

(carte p. 254 ; ☎70 12 04 00 ; www.lystmeny.no ; Kipervikgata 1 ; plats 130-170 NOK ; ⊙12h-17h sam-lun, 10h-13h mar-ven, ouvert tard les week-ends d'été). Cet excellent café, tendance bohème chic, propose bières artisanales et une jolie carte de plats ou d'encas : foccacias, sandwichs de porc, soupe de poisson, tartes, burgers et tacos. Canapés moelleux et cheminée en hiver apportent le réconfort et la chaleur.

Attention : au moment de nos recherches, le café était fermé pour rénovation et il devait déménager à un nouvel emplacement. Renseignez-vous avant votre venue afin de connaître sa nouvelle adresse.

Anno Restaurant & Bar NORVÉGIEN, PIZZAS **$$$**

(carte p. 254 ; ☎71 70 70 77 ; www.anno.no ; Apotekergata 9b ; plats 175-335 NOK, pizzas 145-200 NOK ; ⊙11h-22h lun-ven, 14h-22h sam). Cet établissement élégant installé dans un bâtiment de 1907 est situé au bord de l'eau, dans le centre de la ville. Vous pourrez y savourer des pizzas cuites au feu de bois et des plats plus recherchés (saumon poché, risotto de moules aux champignons, *klippfisk* et viandes) élaborés à base de produits locaux.

Il est possible de louer une salle privée avec balcon et baies vitrées donnant sur Brosundet.

XL Diner POISSON ET FRUITS DE MER **$$$**

(carte p. 254 ; ☎70 12 42 53 ; www.xlgruppen.no ; Skaregata 1 ; plats 178-525 NOK ; ⊙18h-minuit lun-jeu, 17h-minuit ven-sam). Les produits de la mer, sont cuisinés avec inventivité dans cet élégant restaurant de 1999 à la décoration moderne et qui propose une multitude de spécialités locales. C'est surtout la morue qui fait la renommée de cet établissement, qui s'approvisionne auprès d'une pêcherie locale et propose ainsi de la morue salée, des "langues" de morue poêlées et de la soupe de poisson. Les carnivores se régaleront quand même de l'un des deux plats carnés.

La salle à l'étage, avec la jolie vue sur le port, est un bel endroit pour dîner.

Où prendre un verre et faire la fête

♥ **Jacu Coffee Roastery** CAFÉ

(carte p. 254 ; ☎997 28 802 ; www.jacu.no ; Parkgata 18 ; ⊙9h-15h lun-ven, 10h-14h sam). Le torréfacteur le plus respecté de la côte ouest est installé dans cet espace industriel rénové. Arrêtez-vous pour déguster un expresso ou un café filtre accompagné d'une pâtisserie au petit-déjeuner, ou d'un sandwich à midi. Si vous voulez en apprendre plus sur le café, il y a aussi des dégustations et des cours. Vous pouvez acheter tout le nécessaire pur confectionner votre café (grains, machines) et même du thé.

Il y a également des expositions d'art.

Milk BAR

(carte p. 254 ; ☎70 12 42 53 ; www.milkbar.no/en ; Skateflua 1b ; ⊙18h-minuit lun-mer, 18h-2h30 jeu-sam). Au bord de l'eau, ce bar élégant à l'atmosphère détendue est doté de grandes fenêtres ouvertes sur un ancien embarcadère de ferry. Il est ouvert jusque tard. La carte des vins, les bières à la pression et les cocktails attirent une clientèle locale.

Le nom de cet établissement reflète l'ancienne fonction du bâtiment : un dépôt de livraison de lait.

Apoteker'n CAFÉ

(carte p. 254 ; ☎70 10 49 70 ; www.jugendstilsenteret.no/kafe-butikk ; Apotekergata 16 ; sandwichs 50 NOK environ ; ⊙10h-17h juin-août, 11h-16h mar-dim sept-mai). Logé dans le Jugendstil Senteret (Centre de l'Art nouveau, p. 253), ce café modeste mais élégant propose gâteaux et boissons ainsi qu'une carte de sandwichs et de salades confectionnés avec les produits locaux de chez Matbuda, un fournisseur de Stranda.

Il y a également une boutique où vous pourrez acheter des articles design et des objets d'artistes locaux qui feront de très beaux cadeaux. La sélection de beaux livres vaut le détour.

Achats

Trankokeriet Antikk ANTIQUITÉS
(carte p. 254 ; ☎913 52 304 ; www.facebook.com/trankokeriet ; Molovegen 16b ; ⏱10h-17h lun-mer et ven, 10h-19h jeu, 10h-15h sam). Cette boutique d'antiquités est un véritable paradis pour les collectionneurs. Bien qu'il y ait peu de bonnes affaires, on y trouve un stock impressionnant de curiosités nautiques, d'artisanat traditionnel norvégien, de céramiques du milieu du siècle des plus célèbres créateurs de Norvège, et des objets qui défient toute description.

Ingrids Glassverksted VERRERIE
(hors carte ; ☎70 12 53 77 ; www.ingridsglass-verksted.no ; Ivar Aasens gate 19 ; ⏱10h-17h lun-ven, 10h-15h sam). Cet atelier de verre qui vient de déménager présente ses créations : cruches colorées en forme d'animaux, bols, verres et même des maisons miniatures. Il est possible de visiter et il y a un point de vente dans Løvenvoldgata.

Invit Interior ACCESSOIRES MAISON
(carte p. 254 ; ☎97 48 69 18 ; Apotekergata 6 ; ⏱11h-16h25 mar-sam). Cette boutique vend des meubles contemporains ainsi que des articles de cuisine et des objets de déco typiquement scandinaves.

Renseignements

Office du tourisme (carte p. 254 ; ☎70 30 98 00 ; www.visitalesund.com ; Skaregata 1 ; ⏱8h30-18h juin-août, 9h-16h lun-ven sept-mai). Cet office du tourisme moderne et efficace fourmille d'idées de choses à faire dans la région du Sunnmore. Sa brochure *Along the Streets of Ålesund* (30 NOK) décrit un itinéraire à la découverte du patrimoine architectural.

Depuis/vers Ålesund

AVION

Ålesund est bien connectée au reste du pays, avec des vols fréquents depuis/vers Bergen, Oslo, Trondheim et Stavanger. Vols avec escale depuis la France, la Belgique et la Suisse.

BATEAU

Depuis Ålesund, l'express côtier Hurtigruten propose de mi-avril à mi-octobre un détour jusqu'à Geiranger. Le départ se fait du **terminal Hurtigruten** (carte p. 254).

En été, au départ du quai Skateflukaia, des bateaux de tourisme proposent des excursions, dont une pour Runde (adulte/enfant 494/253 NOK).

BUS

Depuis/vers Oslo et Trondheim, mieux vaut prendre l'avion que le bus (moins cher et plus rapide). En revanche, depuis/vers Bergen, le bus est plus compétitif (450 NOK, 9 heures 30, 1 à 2/jour).

Il existe aussi des bus pour Molde (69 NOK, 2 heure 30, jusqu'à 8/jour) et Åndalsnes (345 NOK, 2 heures 25, 4/jour).

Comment circuler

L'aéroport d'Ålesund est situé sur l'île de Vigra, accessible par un tunnel sous-marin.

Le **bus de l'aéroport** (www.frammr.no ; 113/57 NOK, 25 min environ) s'arrête au quai Skateflukaia, le terminal des ferries, et à la gare routière (carte p. 254).

Molde

25 936 HABITANTS

Bordant la côte dans le vaste estuaire du Romsdalsfjord, Molde est surnommée "ville des Roses", en raison de son sol fertile, de sa végétation et de son climat tempéré. Elle est essentiellement connue pour son festival international de jazz, qui a lieu en juillet.

Cité moderne et sans grand charme architectural, cependant agréablement compacte, elle s'inscrit dans de beaux paysages côtiers. Pour les apprécier, rendez-vous en voiture ou à pied jusqu'au **point de vue de Varden**, à 400 m au-dessus de la localité.

À voir

Ona ÎLE
L'îlot d'Ona, avec ses paysages de rochers et son phare, abrite encore une petite communauté d'une vingtaine de pêcheurs. Depuis Molde, on peut s'y rendre facilement par le bus Fram (adulte/enfant 318/161 NOK) jusqu'à Aukra et au quai des ferries de Småge. De là, des bateaux effectuent la navette vers Ona.

Musée du Romsdal MUSÉE EN PLEIN AIR
(Romsdalmuseet ; ☎71 20 24 60 ; www.romsdalsmuseet.no ; Per Amdamsveg 4 ; tarif plein/réduit 100/90 NOK ; ⏱parc 8h-22h). Ce musée

en plein air regroupe près de 50 bâtiments anciens typiques de la région de Romsdal. Parmi les granges, fermes et entrepôts, on peut observer une ruelle bordée de maisons et une petite chapelle reconstituée à partir d'églises abandonnées. Après avoir exploré cet immense domaine, faites une pause dans la **Bygata**, une demeure transformée en café, ouvert l'été. En été, intéressantes visites guidées depuis le centre-ville (150 NOK).

Fêtes et festivals

Moldejazz MUSIQUE
(www.moldejazz.no ; mi-juil). Chaque année, mi-juillet, ce festival international de jazz attire jusqu'à 100 000 fans. Les artistes sont surtout d'origine scandinave, avec quelques têtes d'affiche internationales.

Où se loger

Kviltorp Camping CAMPING $
(71 21 17 42 ; www.kviltorpcamping.no ; Fannestrandveien 142 ; empl tente 320 NOK, bung 585-2 295 NOK). Au bord de l'eau, ce camping se trouve également à proximité de la piste de l'aéroport de Flybussen, heureusement peu actif. Les bungalows sont clairs et joliment meublés et ils sont disponibles toute l'année. Le bus depuis/vers l'aéroport passe juste à côté.

Hotell Molde Fjordstuer BOUTIQUE-HÔTEL $$$
(71 20 10 60 ; www.classicnorway.com ; Julsundvegen 6 ; s/d 1 004/1 440 NOK ; P). Ce bel hôtel, conçu comme une version moderne d'entrepôts portuaires, est un choix judicieux. Les chambres n'ont pas vraiment de style ; en revanche, celles qui donnent sur le port offrent le spectacle apaisant des navires qui entrent et sortent. Le restaurant (plats 285-360 NOK) est délicieux, avec beaucoup de poissons et de fruits de mer.

Scandic Seilet HÔTEL $$$
(71 11 40 00 ; www.scandichotels.no ; Gideonvegen 2 ; ch 1 050-1 350 NOK, ste 2 059-3 050 NOK ; P). Une chose est sûre, vous ne manquerez pas cet hôtel confortable, qui s'élance vers le ciel comme une voile de verre. Le décor intérieur est quelconque, mais la plupart des chambres ont de larges baies vitrées qui offrent une vue splendide sur le détroit. Au 15e étage, le Masta Skybar est particulièrement photogénique.

Scandic Alexandra Molde HÔTEL $$$
(71 20 36 00 ; www.scandichotels.no ; Storgata 1-7 ; ch 1 420-1 890 NOK, ste à partir de 2 461 NOK ; P @). En comparaison de sa façade extérieure sans intérêt, cette adresse offre des chambres surprenantes : parquet au sol, lits confortables, grand écran et mobilier minimaliste, en particulier celles dans la catégorie supérieure. Situé dans la rue principale et proche des restaurants.

Où se restaurer

Kneippen CAFÉ $
(71 21 94 00 ; Storgata 28 ; gâteaux 350-500 NOK, sandwichs 660-900 NOK ; 9h-20h lun-ven, 9h-18h sam). Impossible d'entrer dans ce charmant café-pâtisserie sans succomber à la tentation. Régalez-vous de *skolebrød* (tarte à la crème), fantaisie aux amandes, tarte aux fraises, ou autres douceurs présentées. Trop de gourmandise sucrée ? Commandez un sandwich, ils sont tout aussi délicieux.

Fole Godt CAFÉ, BOULANGERIE $
(930 91 333 ; www.folegodt.no ; Storgata 61 ; sandwichs et salades 120-180 NOK ; 7h45-17h lun-sam, 10h-16h dim). Difficile d'obtenir une table au déjeuner dans ce café toujours très fréquenté. Heureusement, il y a parfois de la place dans la seconde salle, près de la cuisine. En dégustant sandwichs, salades et gâteaux vous ne serez déçu d'avoir tenté votre chance.

Rød CAFÉ $$
(71 20 30 00 ; xn--rdmolde-q1a.no ; Storgata 19 ; plats 140-190 NOK ; 11h-23h lun-jeu, 11h-1h ven-sam, 14h-21h dim). Cuisine simple et appétissante pour ce café-pub qui met l'accent sur une carte économique et variée (burgers, quesadillas, tartines, grillades...).

Glass ITALIEN $$$
(90 41 30 89 ; www.glassmolde.no ; Torget 1 ; pizzas 150-230 NOK, plats 180-340 NOK ; 16h-22h lun-ven, 14h-22h sam, 15h-21h dim). Ce bistrot au bord de l'eau est le restaurant préféré des habitants de Molde : larges baies vitrées, mobilier chaleureux et stylé, ambiance musicale et surtout une excellente carte constituée d'*antipasti*, pâtes, viandes et de délicieuses pizzas à la pâte fine. Réservez pour être sûr de pouvoir vous y attabler.

Où prendre un verre et faire la fête

Syd Vin & Matbar BAR À VINS

(☎415 66 028 ; sydmolde.no ; Fjordgata 3 ; ⏲17h-minuit mer-ven, 16h-minuit sam). Ce bar à vins donne sur le fjord, vers le sud (d'où son nom). Sa terrasse jouit d'un panorama spectaculaire. Des vins au verre de vignobles italiens et français accompagnent les assiettes de charcuterie et de fromage (145-165 NOK). Bruschetta, soupe de poisson et burgers figurent aussi à la carte.

Renseignements

Office du tourisme (☎71 20 10 00 ; Torget 4 ; ⏲9h-18h lun-ven, 9h-16h sam, 12h-17h dim mi-juin à mi-août, 8h30-16h lun-ven reste de l'année). Sur la place Torget, près du terminal de l'express côtier Hurtigruten.

Depuis/vers Molde

AVION

L'**aéroport de Molde Årø** (☎67 03 23 10 ; www.avinor.no/en/airport/molde-airport) est à 5 km à l'est du centre-ville, le long de la mer. La compagnie Widerøe dessert tous les jours Bergen et Kristiansund, Norwegian et SAS proposent des vols quotidiens pour Oslo.

Le bus de l'aéroport (adulte/enfant 35/18 NOK) est synchronisé avec les vols.

BATEAU

Certains bateaux touristiques en saison font escale à Molde depuis Andaslnes et Kristiansund, mais le plus utile est le car-ferry Molde-Vastnes (adulte/enfant/voiture avec conducteur 50/25/146 NOK, 35 min, ttes les 15 min).

Le ferry côtier Hurtigruten fait une escale à Molde.

BUS

Le bus Fram Express n°101/100 (www.frammr.no) s'arrête à Molde (une fois par heure), sur la liaison Kristiansund (144 NOK, 1 heure 30) à Ålesund (156 NOK, 2 heures).

VOITURE ET MOTO

Si vous empruntez la Rv 64 en direction du nord, le Tussentunnelen vous évitera un détour d'au moins un quart d'heure.

Bud

La Rv 664, qui longe la côte entre Molde et Kristiansund, est une plaisante alternative à l'E89, plus rapide. En chemin, on passe par le village de pêcheurs de Bud, blotti autour de son port. Du XVIe au XVIIe siècle, Bud était le plus grand centre de négoce entre Bergen et Trondheim.

À voir

Drågen Smokehouse FUMOIR

(☎958 64 425 ; www.draagensmokehouse.com ; ⏲8h-16h). Fatigué de la qualité souvent médiocre des produits industriels, Petter Aune a créé cette exploitation artisanale où le saumon d'Aukra est fumé au bois et herbes aromatiques. C'est l'un des rares fumoirs encore en activité en Norvège et le saumon produit apporte en effet cette "smakupplevelse", qui fond dans la bouche. Visite, dégustation et vente de produits.

Fort côtier d'Ergan FORTERESSE

(Ergan Kystfort ; ☎91 51 05 26 ; www.romsdalsmuseet.no ; tarif plein/réduit 130 NOK, gratuit -18 ans ; ⏲12h-16h mi-juin à mi-août, uniquement pour les groupes sur rdv le reste de l'année). Musée et mémorial de la Seconde Guerre mondiale, cette forteresse fut construite par l'armée allemande en 1940. À visiter, le réseau de bunkers, l'infirmerie et l'intendance enterrées, et les casernements sur la colline.

Où se restaurer

Bryggjen i Bud POISSON **$$**

(☎71 26 11 11 ; www.bryggjen.no ; plats 150-220 NOK ; ⏲13h-18h jeu-dim). Cet établissement sans prétention attire à plusieurs kilomètres à la ronde des clients venus savourer une solide cuisine de la mer : soupe et boulettes de poisson, lieu noir salé et, bien sûr, *klippfisk* (morue salée et séchée) – les plus grands saloirs de *klippfisk* du pays sont un peu plus loin sur la route.

Depuis/vers Bud

Aucun transport en commun pratique pour Bud. La ville est située à 40 km au nord de Molde par la Rv 64 et la Rv 664.

Averøy

Averøy offre le silence et la beauté sauvage d'une île au large de la Norvège, tout en étant facile d'accès grâce au tunnel reliant Kristiansund et un accès direct à la route de l'Atlantique. En voiture, cette route en bord de mer offre une multitude de villages posés au milieu des rochers et balayés par les embruns. C'est une excellente base pour les alentours, bien plus pittoresque que Kristiansund.

Où se loger

Skjerneset Bryggecamping RORBUER $
(☎916 93 480 ; Ekkilsøy ; empl tente et 2 adultes 230 NOK, bung 430-880 NOK, cottage 4 lits 640-980 NOK). Sur l'île d'Ekkilsøy, ces *rorbuer* (cabanes de pêcheurs) proposent un hébergement rustique mais doté d'un charme indéniable. Pour quelque chose de plus luxueux, optez pour les cottages. L'adresse est gérée par les pêcheurs qui vendent aussi leurs prises et organisent des sorties en bateau. Quelques emplacements pour tentes.

Håholmen Havstuer HÔTEL HISTORIQUE $$$
(☎71 51 72 50 ; www.classicnorway.no /hotell/haholmen-havstuer ; Håholmen ; s/d/qua 1 090/1 690/3 290 NOK ; fin juin à mi-août ;). Situé sur un îlot au large d'Averøy, cet "hôtel" est en fait un ancien village de pêcheurs constitué d'une série de petites maisons des XVIIIe et XIXe siècles. Plus ou moins rustiques mais toutes charmantes, elles abritent une ou plusieurs chambres doubles. Le **Ytterbrugga**, restaurant de l'hôtel, sert du poisson frais.

Le parking se trouve sur l'île de Geitøya, le long de la route de l'Atlantique. De là, un bateau effectue la traversée en 5 minutes. Départ du parking toutes les heures, entre 11h et 21h et sur rendez-vous.

Sveggvika PENSION, BUNGALOWS $$$
(☎400 18 192 ; www.sveggvika.no ; Seivågneset ; d 1 250-1 900 NOK ; P). Depuis votre lit, admirez le reflet des nuages roses qui avancent sur l'eau calme de la baie, ou assistez à une tempête violente sur la mer du Nord. Les chambres élégantes, bien que simples, de cet ancien entrepôt de *klippfisk* (morue salée) des années 1920 vous donnent l'impression d'être au cœur de la nature. Petit-déjeuner et dîner excellents et location de vélos et de bateaux pour les clients.

Depuis/vers Averøy

Kristiansund se trouve à 31 km au nord-est d'Averøy par la Rv 64. Les transports en commun sont inégaux depuis/vers les îles. Renseignements à l'office du tourisme de Kristiansund (p. 264).

Kristiansund

24 131 HABITANTS

Développé autour de son port de pêche et de ses activités de séchage de morue, Kristiansund s'est fait une spécialité du *klippfisk* (morue salée et séchée), préparé dans la ville et ses environs. Le chantier naval de Mellemværftet, mal tenu et chaotique, est quant à lui toujours en activité.

La ville s'étend sur trois îles ; son port, central, a été bombardé durant la Seconde Guerre mondiale et rebâti sans charme. L'âme de l'ancienne ville persiste dans l'île d'Innlandet, facilement accessible par bateau.

La plupart des visiteurs qui se rendent à Kristiansund y accèdent via l'Atlanterhavsveien (Rv 64, route de l'Atlantique).

À voir

Atlanterhavsveien ROUTE PANORAMIQUE
(Route de l'océan Atlantique ; www.nasjonaleturistveger.no/en/routes/atlanterhavsvegen). Les huit ponts battus par les tempêtes de cette "route de l'océan Atlantique" se tortillent comme des serpents de mer, et relient 17 îles entre Vevang et l'île d'Averøya. Le journal anglais *The Guardian* classe cet itinéraire parmi les plus beaux du monde. Pour 8 km de long seulement, le titre est peut-être un peu lourd à porter, mais il est assurément très pittoresque. En automne, quand les tempêtes se déchaînent, vous y ressentirez la force prodigieuse de la nature. En été, vous aurez de bonnes chances d'apercevoir des baleines et des phoques.

On peut suivre la route dans les deux sens : de Molde, rejoignez la côte à Bud ; de Kristiansund et du nord, empruntez le nouveau tunnel sous-marin qui rejoint Bremsnes. Quelle que soit votre direction, évitez la Rv 64, qui traverse Averøya, et optez pour la route indiquant Kvernes, plus calme, plus jolie et aussi rapide, qui suit la côte sud de l'île.

Plusieurs beaux points de vue, d'une architecture souvent surprenante, ont été aménagés le long de la route dans le cadre du Nasjonale Turistveger, un réseau de 18 routes panoramiques (appelées aussi "routes touristiques nationales") géré par l'administration des routes (Statens Vegvesen). Parmi les arrêts incontournables, l'aire de repos et le sentier d'**Eldhusøya**, une île au sud-ouest d'Averøya, et la plateforme d'observation avec une paroi de verre d'**Askevågen**, à un peu plus de 10 km au nord de Bud, qui offre une vue à 360° sur l'archipel, l'océan et le rivage. Le pont le plus impressionnant – et le plus long – est celui du **Storseisund**, merveille défiant les lois de la gravité qui semble s'enrouler en allant d'Eide à l'île d'Averøy. Il est souvent le décor de publicité de voiture.

Si vous n'êtes pas motorisé, grimpez dans le bus n°100 de **Fram** (☎71 28 01 00 ; frammr.no ; 144 NOK, 1 heure 30 ; ⏲au moins 9/jour) qui relie Molde à Kristiansund.

Grip ÎLE

(www.gripruta.no). À 14 km au nord de Kristiansund, l'île de Grip a une tradition de pêche à la morue qui remonte à plusieurs siècles, mais ses derniers habitants permanents l'ont quittée en 1974. La plupart des maisons ont résisté à l'usure du temps et les hameaux aux couleurs pastel éparpillés le long de la côte sont très pittoresques. De fin mai à fin août, un bateau part de Kristiansund Piren (billet aller-retour adulte/enfant 350/150 NOK, 40 min, 1 à 2/jour) pour rejoindre Grip.

Comptez 3 heures 30 pour l'expédition, dont 1 heure 30 sur l'île (visite guidée possible). Parmi les sites à voir, une église en bois debout du XVe siècle et le phare de Bratthårskollen, haut de 47 m, bâti en 1888 sur un *skerry* (îlot). Au plus fort de son activité, l'île compta jusqu'à un millier de pêcheurs.

Vieille ville QUARTIER HISTORIQUE

La vieille ville de Kristiansund (*Gamle Byen*) est encore bien palpable dans une partie d'**Innlandet**, avec des bâtiments en bois qui datent du XVIIe siècle. Le splendide **Lossiusgården**, à son extrémité est, appartenait à un négociant du XVIIIe siècle. Le vénérable Dødeladen Café (voir page ci-contre), qui fête ses 300 ans, reste un bel endroit pour prendre un verre ou manger un morceau.

Le moyen le plus agréable de s'y rendre est le ferry Sundbåten (p. 264) au départ du quai Piren. À pied, depuis le pont de Heinsgata, comptez 15 minutes

Mellemværftet SITE HISTORIQUE

GRATUIT Le chantier naval de Mellemværftet, accessible à toute heure, ressemble à un grand bazar nautique. Le mieux consiste à marcher le long du quai depuis le Smia Fiskerestaurant (voir page ci-contre), pour découvrir, au milieu de bâtiments difficilement identifiables, les vestiges d'un chantier naval du XIXe siècle, une forge, un atelier et des logements d'ouvriers.

Musée du Salage de la morue MUSÉE

(Norsk Klippfiskmuseum ; ☎71 58 70 00 ; www.nordmore.museum.no ; Gomalandet ; adulte/enfant avec visite guidée 70 NOK/gratuit ; ⏲12h-17h fin juin-début août). Dans un ancien entrepôt du XVIIIe siècle, ce musée vous dira tout ce que vous vouliez savoir sur l'histoire du salage de la morue. Il présente diverses pièces d'équipement, des photos d'époque et autres souvenirs. On peut parfois assister au processus de salage de la morue. Du centre-ville, prenez le ferry *Sundbåt* et demandez l'arrêt du musée.

Église Kirkelandet ÉGLISE

(Langveien 41 ; ⏲9h-15h dim-ven). Reconstruite en 1964 après sa destruction lors des bombardements allemands, cette église présente une façade où se mêlent sobrement cuivre et béton. À l'intérieur, l'architecture des lignes attire le regard vers les 320 vitraux, situés dans le chœur. Leur couleur ocre à la base s'éclaircit graduellement jusqu'à devenir la "lumière céleste du paradis".

Église en bois debout de Kvernes ÉDIFICE RELIGIEUX

(www.stavechurch.com/kvernes-stavkirke ; Fv 247, Kvernes ; adulte/enfant 80/60 NOK ; ⏲11h-17h fin juin à mi-août). Dans un cadre magnifique, cette église en bois debout (*stavkirke*), à 26 km au sud de Kristiansund, date de 1300 et fut remaniée par la suite. L'intérieur est richement décoré : cherchez la superbe maquette de bateau vieille de 300 ans et le retable étonnant du XVe siècle, où la Vierge Marie figure en bonne place – catholique jusqu'au bout. Si de nombreux retables de ce genre furent détruits au moment de la Réforme, celui-ci fut par chance conservé, même si un cadre luthérien stylisé lui fut ajouté en 1695.

Fêtes et festivals

Operafestukene MUSIQUE

(www.oik.no ; ⏲début fév). Ce festival d'opéra dure 2 semaines.

Nordic Light Photo Festival ART

(www.nle.no ; ⏲sept). Grand festival de photographie artistique, en septembre, qui attire des grandes signatures et 70 000 visiteurs aux expositions et ateliers.

Tahiti Festivalen MUSIQUE

(www.facebook.com/pg/Tahitifestivalen ; ⏲juin). Une semaine de musique, fin juin, sur Innlandet. Groupes pop et rock norvégiens dominent la programmation.

Où se loger

Dala Bergan BUNGALOWS $

(☎905 91 003 ; www.havfiske-kristiansund.no ; Dalabergan 1 ; ch 600 NOK, bung 1 400-1 900 NOK ; P📶). À 10 minutes à pied du centre, dans Dalaveien, ces bungalows semblables à des cabanes rustiques de pêcheurs sont situés au bord de la mer. Ils sont équipés de salle de bains, TV et d'une terrasse pour prendre le soleil. Également 2 chambres plus simples et location de bateaux.

Atlanten Camping & Motell CAMPING, MOTEL $

(☎71 67 11 04 ; www.atlanten.no ; Dalaveien 22 ; empl tente 150-190 NOK, bung 495-1 295 NOK, motel s/d 750/995 NOK, app 995-1 495 NOK ; P📶). À la fois auberge de jeunesse et camping, cet établissement accueillant se situe à 3 km au nord du centre. Le motel dispose d'une cuisine bien équipée, de TV dans les chambres et d'un grand écran dans le salon. Les installations du camping ont été refaites à neuf, et les appartements équipés offrent un excellent rapport qualité/prix pour les petits groupes.

Thon Hotel Storgata HÔTEL $$

(☎71 57 03 00 ; www.thonhotel.com ; Storgata 17 ; ch à partir de 1 045 NOK ; P📶). Le principal atout de cet hôtel, situé dans la partie moderne de la ville, est la vue de certaines chambres sur le port et Innlandet. Hormis cela, c'est un hôtel de chaîne quelconque. Le bar de l'hôtel, le **Christian's Bar** (☎71 57 03 00 ; Storgata 17) s'avère agréable pour boire un dernier verre.

Thon Hotel Kristiansund HÔTEL $$

(☎71 57 30 00 ; www.thonhotels.com ; Fiskergaten 12 ; ch à partir de 946 NOK ; P❄📶). À une vingtaine de minutes à pied du centre, cet ancien entrepôt de 1915 héberge des chambres aux lignes modernes avec quelques éléments de l'ancien décor, poutres anciennes et grandes fenêtres. La terrasse donne sur le port.

Scandic Kristiansund HÔTEL $$$

(☎71571200;www.scandichotels.no/hotell/norge/kristiansund/scandic-kristiansund ; Storgata 41 ; ch à partir de 1 085 NOK, f à partir de 1 275 NOK, ste à partir de 1 656 NOK ; P@📶). Dominant le port, ce grand hôtel apprécié des employés des plateformes du pétrole, à la façade d'immeuble de bureaux, est aussi un bon choix pour le visiteur occasionnel. Fonctionnel, il offre des chambres plaisantes, un sauna, une salle de sport et un parking sur place.

Où se restaurer

Plan A CAFÉ $$

(☎475 12 949 ; www.facebook.com/planaksu ; Nedre Enggate 9 ; plats déj 140-180 NOK ; ⏲9h-22h lun-sam, 10h-22h dim). Populaire parmi les habitants, ce café du centre-ville est très animé à l'heure du déjeuner. On vient pour y savourer sandwichs généreux, pizzas croustillantes et gâteaux sucrés. Ambiance moderne et service décontracté. Idéal pour faire une pause l'après-midi.

Dødeladen Café NORVÉGIEN $$

(☎71 67 50 30 ; www.dodeladen.no ; Innlandet ; plats 185-345 NOK ; ⏲15h-23h mar-jeu, 15h-minuit ven-sam, 14h-21h dim). Des tranches de gâteaux, mais aussi d'histoire... Ce bâtiment bardé de bois remonte au début du XVIIIe siècle, et se fond bien avec les autres bâtiments historiques de la vieille ville. Comme il sied, la cuisine est aussi traditionnelle et classique que son architecture : soupe de poisson à la crème, morue salée à la tomate, *svele* (crêpes), gaufres et sandwichs façon *smorrebrød*.Accessible par le ferry Sundbåten.

♥ **Bryggekanten** RESTAURANT, BAR $$$

(☎71 67 61 60 ; www.fireb.no ; Storkaia 1 ; plats 195-245 NOK, pizzas 185 NOK ; ⏲11h30-minuit lun-jeu, jusqu'à 2h ven-sam). Cette brasserie au bord de l'eau est idéale pour un brunch, un déjeuner ou un dîner. Il offre une splendide terrasse protégée du vent et, à midi, une carte variée (pâtes, burgers, salades, moules et bruschettas), tandis que le soir, les assiettes de poissons ou de viandes sont plus inventives.

Smia Fiskerestaurant POISSON ET FRUITS DE MER $$$

(☎71 67 11 70 ; www.smia.no ; Fosnagata 30b ; plats 99-345 NOK ; ⏲11h-22h lun-sam). Dans une ancienne forge (repérez les outils) de Fosnagata, une rue pavée, ce restaurant de poisson est un bon endroit pour apprécier le *klippfisk* (morue séchée), une soupe de poisson, une assiette de saumon ou la pêche du jour. La viande de baleine de Minke est également au menu.

Sjøstjerna POISSON ET FRUITS DE MER $$$

(☎71 67 87 78 ; www.sjostjerna.no ; Skolegata 8 ; plats 265-340 NOK ; ⏲17h-minuit lun-sam). Le *klippfisk* sous différentes formes et des poissons sont au menu de ce restaurant marin amusant, voire kitsch. Les Saint-Jacques et les moules y sont particulièrement bonnes. Seul regret, le voisinage un peu bétonné et tristounet.

Renseignements

Office du tourisme (☎70 23 88 00 ; www.visitnorway.com/places-to-go/fjord-norway/northwest/kristiansund ; Kongens plass 1 ; ⏲9h-18h lun-ven, 10h-16h sam-dim mi-juin à mi-août, 9h-17h lun-mer reste de l'année ; 📶). Dans le centre, au pied de la colline, en venant du front de mer. Wi-Fi gratuit.

Depuis/vers Kristiansund

AVION

L'**aéroport Kvernberget** (☎71 68 30 50 ; Nordlandet) est situé sur l'île de Nordlandet. Vols quotidiens depuis/vers Oslo et Bergen.

Des bus circulent depuis/vers l'aéroport (80 NOK, 15 min, jusqu'à 8/jour), en correspondance avec les horaires des vols.

BATEAU

Des bateaux express relient Kristiansund à Trondheim (3 heures 30, jusqu'à 3/jour depuis Nordmørskaia).

L'express côtier Hurtigruten fait escale à Holmakaia.

BUS

Bus vers Molde (144 NOK, 1 heure 30, ttes les heures), puis Ålesund (280 NOK, 3 heures 55). Également liaisons avec le nord et Trondheim (417 NOK, 4 heures 55, 3/jour).

Comment circuler

Le **ferry Sundbåten** (www.sundbaten.no ; adulte/enfant billet 1 jour 30 NOK/gratuit) en service depuis 1876, ce qui en fait le plus ancien transport en commun encore en activité du pays. C'est un moyen de transport plaisant, qui offre un autre point de vue sur le port. Les bateaux partent de la jetée de Piren, au pied de la colline de Kaibakken, et relient le centre-ville aux îles d'Innlandet, de Nordlandet et de Gomelandet. Ils circulent toutes les demi-heures, du lundi au samedi ; le circuit complet dure 20 minutes.

Le Trøndelag

Dans ce chapitre ➡

Le top des restaurants

- ➡ Baklandet Skydsstasjon (p. 274)
- ➡ Café Norveg (p. 280)
- ➡ Marché aux poissons de Ravnkloa (p. 273)
- ➡ Brod & Cirkus (p. 279)
- ➡ Vertshuset Tavern (p. 274)

Le top des hébergements

- ➡ Scandic Nidelven (p. 273)
- ➡ Radisson Blu Royal Garden Hotel (p. 273)
- ➡ Pensjonat Jarlen (p. 272)
- ➡ Scandic Stiklestad (p. 278)
- ➡ Scandic Rock City (p. 280)

Pourquoi y aller

Territoire étroit et point de passage vers l'Arctique, la région du Trøndelag couvre une superficie peu étendue mais à coup sûr bien remplie. Elle a pour cœur la ville animée de Trondheim et son emblématique cathédrale gothique, le plus grand édifice médiéval de Scandinavie. Mais le présent est aussi séduisant que l'histoire dans cette ville estudiantine qui aligne restaurants et bars au bord de l'eau. À peine 100 km au nord-est, le charmant village de Stiklestad, facilement accessible par la route de l'Arctique, tient une place particulière dans le cœur des Norvégiens pour avoir été le théâtre du martyre de saint Olav, roi symbole de l'unité nationale. Le reste du Trøndelag offre un visage typiquement norvégien avec ses collines accidentées où la couleur rouge sang des fermes tranche sur le vert des champs de blé et d'orge. Ici l'eau n'est jamais loin : mer, lac ou fjord enchâssé dans les terres et bordé de délicieux villages où il fait bon s'attarder.

Quand partir

Trondheim

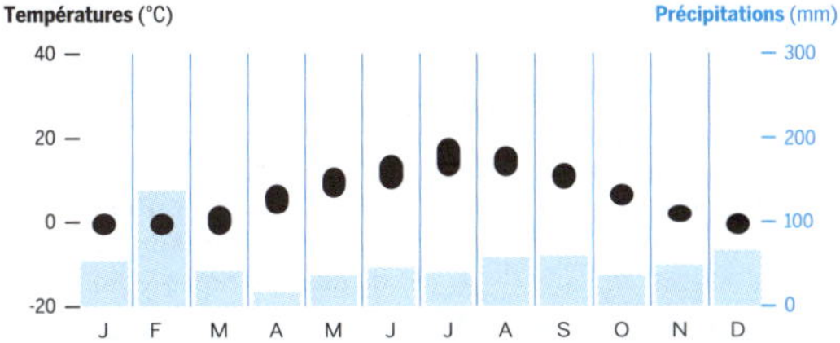

Mi-juin à fin juin L'hiver est bel et bien terminé et les touristes encore peu nombreux.

Fin juil Fêtes en l'honneur de saint Olav à Trondheim et à Stiklestad.

Sept Trondheim retrouve son rythme trépidant avec la rentrée universitaire.

TRONDHEIM

190 464 HABITANTS

Avec ses entrepôts colorés et son environnement bien maritime entre fjord et cours d'eau, Trondheim est sans conteste l'une des villes les plus pittoresques du pays. Troisième par la population, c'est aussi l'une des villes historiques de Norvège, avec de larges rues en partie piétonnes dans le centre-ville, quelques restaurants et cafés fort sympathiques et d'excellents musées – sans oublier la cathédrale gothique la plus septentrionale d'Europe. Le port est envahi de bateaux de pêche et de mouettes et les environs de la ville offrent un cadre sauvage tout indiqué pour la randonnée.

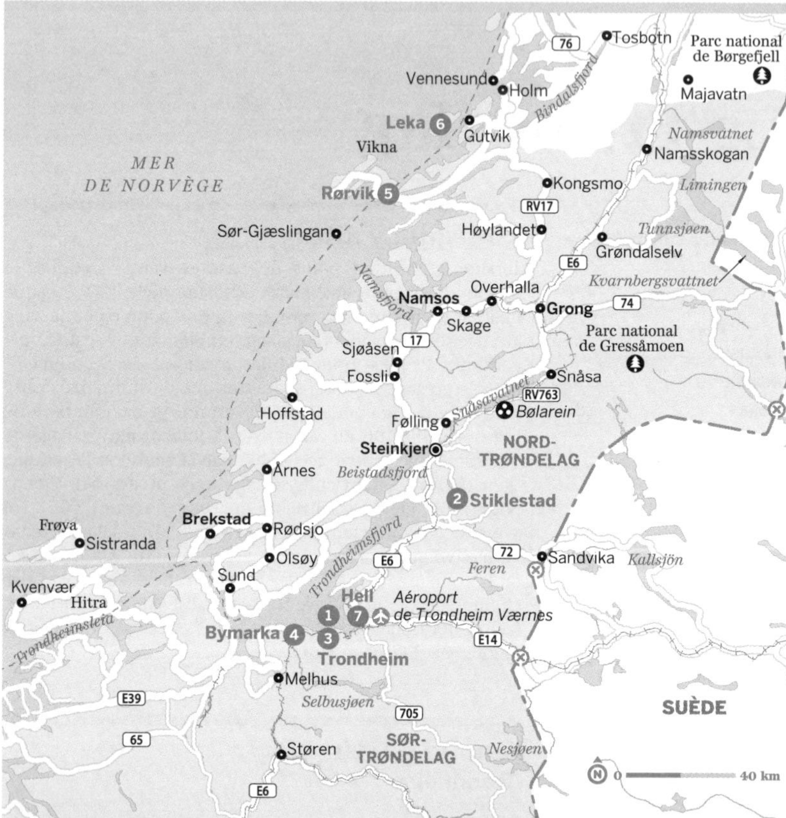

À ne pas manquer

1 L'imposante **cathédrale de Nidaros** (ci-contre), sanctuaire national, à Trondheim.

2 Le centre culturel de **Stiklestad** (p. 277), qui retrace la vie de saint Olav.

3 La traversée du vieux pont **Gamle Bybro** (p. 270), à Trondheim, suivi d'un déjeuner au **Baklandet Skydsstasjon** (p. 274), et d'une balade sur les quais du quartier de Solsiden.

4 Une randonnée en pleine nature dans la **Bymarka** (p. 272), près de Trondheim.

5 La découverte de la vie côtière au musée **Norveg** (p. 280), à Rørvik.

6 Une virée au large, loin des sentiers battus, sur l'île de **Leka** (p. 281) à l'histoire étonnante.

7 Un selfie devant le panneau de **Hell** (p. 277), qui vous souhaite la bienvenue en Enfer !

Histoire

En 997, le roi chrétien Olav Ier Tryggvesson choisit un large banc de sable à l'"embouchure de la Nidelva" (c'est le sens de son premier nom de Nidaros) pour ancrer son bateau et établit une ferme à proximité. Selon une théorie plausible, Leif Eriksson rendit visite au roi deux ans plus tard et se convertit au christianisme avant de faire voile vers l'Islande et le Groenland ; il fut peut-être le premier Européen à poser le pied en Amérique du Nord.

En 1030, un autre roi Olav (II Haraldsson), désormais plus célèbre, fut tué lors d'une bataille à Stiklestad, à 90 km au nord-est, puis canonisé. Le tombeau d'Olav attira dès lors les pèlerins en nombre, venus de toute l'Europe ; son évêché couvrait la Norvège, les Orcades, l'île de Man, les îles Féroé, l'Islande et le Groenland. Jusqu'en 1217, Trondheim demeura la capitale de la Norvège, dont l'empire devait s'étendre de l'actuelle Russie occidentale jusqu'aux côtes de Terre-Neuve. Le culte de saint Olav perdura jusqu'à la Réforme en 1537, quand la Norvège fut placée sous l'autorité de l'évêché luthérien du Danemark.

Après qu'un incendie eut détruit la majeure partie de la ville en 1681, Trondheim fut reconstruite avec de larges rues. Le XVIIIe siècle marque son âge d'or, les nouvelles demeures des marchands rivalisant de splendeur. Durant la Seconde Guerre mondiale, son emplacement stratégique lui valut de devenir la base de la marine allemande pour le nord de la Norvège, mais la ville échappa heureusement à des destructions majeures. Forte de son Université norvégienne de sciences et de technologie et d'un institut de recherche qui compte plus de 2 000 employés, Trondheim est aujourd'hui considérée comme la capitale technologique de Norvège.

À voir

Cathédrale de Nidaros ÉDIFICE RELIGIEUX

(Nidarosdomen ; carte p. 268 ; ☎73 89 08 00 ; www.nidarosdomen.no/attraksjoner/nidarosdomen ; Kongsgårdsgata ; adulte/enfant/famille 120/60/300 NOK, visite guidée 120 NOK, combiné avec palais de l'Archevêché et joyaux de la Couronne 200/100/500 NOK ; 9h-18h lun-ven, 9h-14h sam, 9h-17h dim mi-juin à mi-août, horaires réduits le reste de l'année). La cathédrale de Nidaros est le plus grand édifice médiéval de Scandinavie et le plus septentrional d'Europe. Sa façade ouest richement sculptée arbore sur trois niveaux personnages bibliques, évêques et rois norvégiens. Cet imposant ensemble statuaire date en grande partie du début du XXe siècle, s'inspirant largement des statues originales du XIIIe siècle exposées au musée du palais de l'Archevêché. Sur la façade ouest, des vitraux modernes et une rosace laissent entrer la lumière et les couleurs dans l'édifice.

L'agrandissement de la cathédrale remonte à 1153, quand la Norvège devint un archevêché indépendant. L'autel se tient au-dessus de la **tombe de saint Olav**, le roi viking converti au christianisme. Le transept et la salle du chapitre, édifiés entre 1130 et 1180, témoignent d'influences anglo-normandes (de nombreux artisans venaient d'Angleterre), tandis que le chœur et le déambulatoire gothiques furent achevés au début du XIVe siècle. La nef, détruite à plusieurs reprises par des incendies, est une reconstruction datant du XIXe siècle.

Dans la crypte, des pierres tombales gravées de l'époque médiévale ont été restaurées à partir de fragments, la plupart ayant été recyclées en matériaux de construction. Si la plupart des souverains ont été couronnés dans cette cathédrale, aujourd'hui une simple bénédiction est organisée, comme cela a été le cas en juin 1991, pour Harald V, le roi actuel.

De mi-juin à mi-août, on peut grimper les 172 marches de la **tour de la cathédrale** (50 NOK) pour profiter d'une vue sur les toits de la ville. La visite guidée, limitée à 20 personnes, part du transept sud chaque demi-heure. Avis aux amateurs de *metal* : la cathédrale est bien en couverture de l'album *De Mysteriis Dom Sathanas* (1984) du groupe norvégien Mayhem.

Entre juin et août, une **visite guidée** quotidienne en français est proposée de la cathédrale et du palais de l'Archevêché (réservation et horaires à booking.ndr@kirken.no et ☎73 89 08 00). Les mélomanes pourront faire coïncider leur visite avec un **récital d'orgue**.

Palais de l'Archevêché PALAIS, MUSÉE

(Erkebispegården ; carte p 268 ; www.nidarosdomen.no/attraksjoner/erkebispegarden ; Kongsgårdsgata ; adulte/enfant/famille 120/60/300 NOK, billet combiné avec cathédrale et joyaux de la Couronne 200/100/500 NOK ; 10h-17h lun-ven, 10h-15h sam, 12h-16h dim mi-juin à mi-août, horaires réduits sept à début juin). À côté de la cathédrale, la résidence de l'archevêque, commandée vers 1160, est le bâtiment séculier le plus ancien de Scandinavie. Son aile ouest abrite

Trondheim

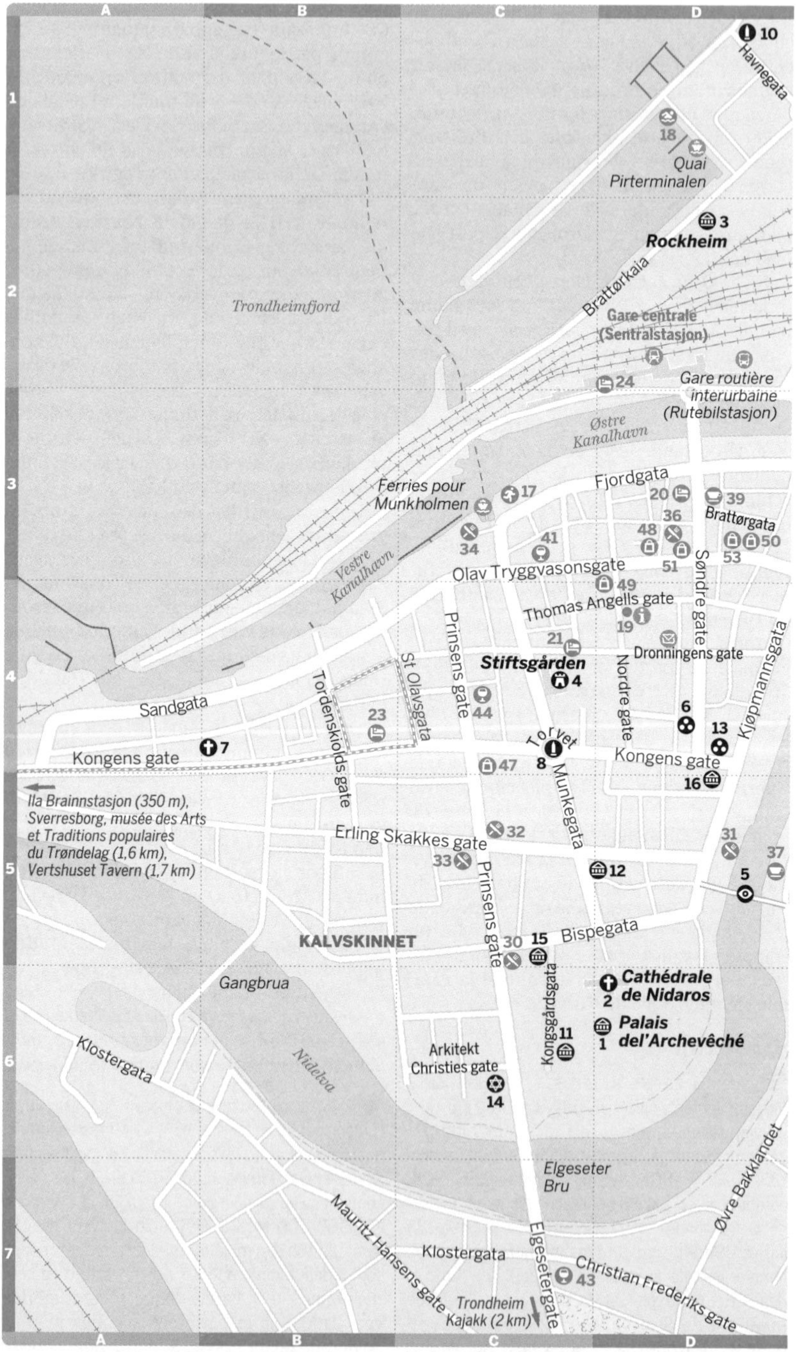
A
B
C
D
1
2
3
4
5
6
7
10
Havnegata
18
Quai Pirterminalen
3
Rockheim
Brattørkaia
Trondheimfjord
Gare centrale (Sentralstasjon)
24
Gare routière interurbaine (Rutebilstasjon)
Østre Kanalhavn
Fjordgata
Ferries pour Munkholmen
17
20
39
36
Brattørgata
48
34
41
50
53
51
Vestre Kanalhavn
Olav Tryggvasonsgate
49
Thomas Angells gate
19
Søndre gate
Prinsens gate
21
Dronningens gate
Stiftsgården
4
St Olavsgata
Nordre gate
Kjøpmannsgata
Sandgata
Tordenskiolds gate
23
44
6
13
Torvet
7
8
Kongens gate
47
Munkegata
16
Ila Brainnstasjon (350 m), Sverresborg, musée des Arts et Traditions populaires du Trøndelag (1,6 km), Vertshuset Tavern (1,7 km)
Erling Skakkes gate
32
31
33
37
12
5
KALVSKINNET
30
15
Bispegata
Gangbrua
Kongsgårdsgata
Cathédrale de Nidaros
2
11
Palais de l'Archevêché
1
Klostergata
Nidelva
Arkitekt Christies gate
14
Elgeseter Bru
Øvre Bakklandet
Mauritz Hansens gate
Klostergata
43
Christian Frederiks gate
Elgeseter gate
Trondheim Kajakk (2 km)

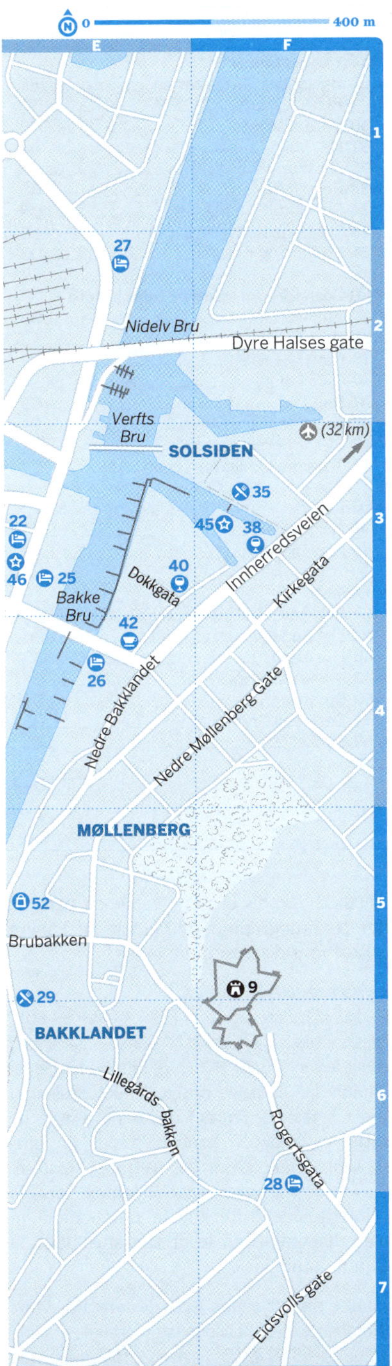

les **joyaux de la Couronne de Norvège**. L'aile sud accueille un **musée** (Museet Erkebispegården) où sont conservées les sculptures d'origine de la cathédrale. Au sous-sol, vous découvrirez reliques et objets médiévaux mis au jour lors des fouilles qui ont précédé la construction du musée dans les années 1990.

Prenez le temps de visionner le film de 15 minutes. Si vous avez prévu une visite de la cathédrale, il est plus avantageux de prendre le billet combiné, qui regroupe les trois entrées (palais de l'Archevêché, joyaux de la Couronne et cathédrale).

Musée national militaire MUSÉE

(Ruskammeret ; carte ci-contre ; ☎400 22 611 ; www.rustkammeret.no ; Kongsgårdsgata ; ⌚10h-17h lun-ven, 11h-16h sam-dim juin-août, horaires réduits le reste de l'année). GRATUIT Situé dans le palais de l'Archevêché, ce musée a été créé dans l'ancienne armurerie du palais. Les collections présentent épées, armures et canons et rappellent que le palais devenu plus tard résidence des gouverneurs danois servit de base militaire aux XVIIe et XVIIIe siècles. Au dernier étage, le **musée de la Résistance** (Hjemmefront) explique le rôle joué par la Norvège durant la Seconde Guerre mondiale.

♥ Stiftsgården PALAIS

(carte ci-contre ; www.nkim.no/stiftsgarden ; Munkegata 23 ; tarif plein/réduit 110/60 NOK ; ⌚10h-16h lun-sam, 12h-16h dim juin-fin août). Ce vaste palais de bois est une résidence royale officielle à l'architecture et à la décoration d'un style baroque tardif de la fin du XVIIIe siècle. Des visites guidées sont organisées en été pour explorer quelques-unes des 140 pièces de ce bâtiment (réservation obligatoire). Les charmants jardins du palais sont accessibles librement au public. Accès depuis Dronningens gate.

♥ Rockheim MUSÉE

(carte ci-contre ; www.rockheim.no ; Brattørkaia 14 ; adulte/réduit/enfant 150/120 NOK/gratuit ; ⌚10h-16h mar-ven, 11h-17h sam-dim). Bienvenue dans le temple de la musique pop et rock (surtout norvégienne), des années 1950 à nos jours. Sur le quai, un immense toit de verre décoré de pochettes de disques de groupes norvégiens surplombe un ancien entrepôt tout aussi vaste, riche en objets et en expériences interactives (comme créer son tube de hip-hop). Située à proximité du centre aquatique de Pirbadet (p. 272) et du débarcadère

Trondheim

Les incontournables
1 Palais de l'Archevêché D6
2 Cathédrale de Nidaros D6
3 Rockheim D2
4 Stiftsgården C4

À voir
5 Gamle Bybro (Vieux Pont) D5
6 Ruines de l'église Gregorius (SpareBank) D4
7 Hospitalkirken B4
8 Statue du roi Olav Ier Tryggvesson C4
9 Fort Kristiansten F5
10 Statue de Leif Eriksson D1
11 Musée national militaire C6
12 Musée national des Arts décoratifs D5
13 Ruines de l'église Olav D4
14 Synagogue et Musée juif C6
15 Musée des Beaux-Arts de Trondheim C5
16 Vitensenteret D5

Activités
17 Tripps Båtservice C3
18 Pirbadet D1
19 Visit Trondheim D4

Où se loger
20 Chesterfield Hotel D3
21 City Living Hotel & Apartments C4
22 Clarion Collection Hotel Grand Olav E3
23 Pensjonat Jarlen B4
24 P-Hotel D3
25 Radisson Blu Royal Garden Hotel E3
26 Scandic Bakklandet E4
27 Scandic Nidelven E2
28 Singsaker Sommerhotel F6

Où se restaurer
29 Baklandet Skydsstasjon E5
Bror .... (voir 51)
30 Café ni Muser C5
31 Havfruen D4
32 Jordbær Pikene C5
33 Persilleriet C5
34 Ravnkloa Fish Market C3
35 Søstrene Karlsen F3
36 To Rom og Kjøkken D3

Où prendre un verre et faire la fête
37 Antikvariatet D5
38 Bare Blåbær F3
39 Café Le Frère D3
40 Cafe Løkka E3
41 Habitat C3
42 Jacobsen og Svart E4
43 Studentersamfundet C7
44 Trondheim Microbryggeri C4

Où sortir
45 Dokkhuset F3
46 Olavshallen E3

Achats
Bryggerekka Bruktmarked .... (voir 13)
47 Elin Aune C4
48 Husfliden D3
49 Moods of Norway D4
50 Småting D3
51 Søstrene Grene D3
52 Sukker E5
53 Ting D3

du ferry rapide. De mi-juin à mi-août, visite guidée gratuite (en anglais).

Gamle Bybro
PONT

(Vieux Pont ; carte p. 268). Reconstruit en 1861 sur une première version qui datait du XVIIe siècle, ce pont décoré de portes de bois permet de rejoindre le quartier de Bakklandet et le fort Kristiansten (page ci-contre). Il était gardé par deux maisons, dont une seule est encore debout. Il offre une superbe vue sur les façades colorées des entrepôts qui se reflètent dans l'eau.

Musée des Beaux-Arts de Trondheim
MUSÉE

(Trondheim Kunstmuseum ; carte p. 268 ; ☎73 53 81 80 ; trondheimkunstmuseum.no ; Bispegata 7b ; adulte/enfant 140/80 NOK ; 12h-20h mer, 12h-16h jeu-dim). À deux pas de la cathédrale, ce musée abrite une collection d'art d'artistes danois et norvégiens, en particulier des lithographies de Munch. Également expositions d'art contemporain.

Synagogue et Musée juif
MUSÉE

(Jødisk Museum ; carte p. 268 ; ☎401 69 801 ; jodiskmuseum.org ; Arkitekt Christies gate 1b ; adulte/enfant 70/40 NOK ; 10h-16h lun-ven et 12h-16h dim en haute saison, 12h-16h seulement le dim le reste de l'année). Le petit musée de cette synagogue, probablement la plus septentrionale d'Europe, retrace l'histoire de la communauté juive, décimée lors de l'Holocauste. Visite guidée uniquement et plan disponible sur les autres sites liés à la communauté juive.

Musée national des Arts décoratifs
MUSÉE

(Nordenfjeldske Kunstindustrimuseum ; carte p. 268 ; ☎73 80 89 50 ; nkim.no/en ; Munkegata 5 ; tarif plein/réduit 100 NOK/gratuit). La collection permanente de ce musée expose le meilleur du design scandinave, avec notamment deux superbes salles Art nouveau. Un étage entier est consacré aux œuvres avant-gardistes de trois artistes femmes : les tapisseries de Hannah Ryggen et de Synnøve Anker Aurdal, ainsi que les verreries de Benny Motzfeldt.

Le musée était fermé lors de nos recherches. Renseignez-vous avant votre venue.

Vitensenteret CITÉ DES SCIENCES

(carte p. 268 ; www.vitensenteret.com ; Kongens gate 1 ; adulte/enfant/famille 140/100/450 NOK ; 10h-16h lun-ven, 11h-17h sam-dim ;). Les enfants apprécieront les expériences interactives dans ce centre qui propose plus de 150 activités autour des sciences.

Musée Ringve des Instruments de musique MUSÉE

(Ringve Musikkmuseum ; 73 87 02 80 ; www.ringve.no ; Lade allé 60 ; tarif plein/réduit 150/130 NOK ; 10h-17h juin-août, 11h-16h mar-dim sept-avr ; 3, 4). Ce musée national consacré à la musique et aux instruments présente la collection d'un collectionneur passionné qui est présentée dans l'ancienne grange. Le cadre enchanteur de l'élégant manoir de Ringve et du jardin botanique du XVIIIe siècle mérite la visite. Prenez le bus n°3 ou 4, puis marchez jusqu'au sommet de la colline.

Statue du roi Olav Ier Tryggvesson STATUE

(carte p 268 ; Torvet). Torvet (ou Torget), la place centrale de la ville, est dominée par la statue du roi Olav Ier Tryggvesson qui trône au sommet d'une colonne. Celle-ci fait office de cadran solaire.

Ruines de l'église Olav VESTIGES

(Olavskirken ; carte p. 268 ; Kongens gate ; 10h-19h lun-jeu, 10h-18h ven, 11h-16h sam). GRATUIT La construction d'une nouvelle bibliothèque dans Kongens gate a permis aux archéologues de mettre au jour les fondations d'une église du XIIe siècle, sans doute l'Olavskirken, visibles dans la cour, ainsi que les squelettes de deux adultes et d'un enfant.

Ruines de l'église Gregorius VESTIGES

(Gregoriuskirken ; carte p 268 ; Søndre gate 4 ; 8h15-15h lun-mer et ven, 8h15-17h jeu). GRATUIT Le sous-sol de Søndre gate 4 (aujourd'hui la SpareBank) abritait les vestiges d'un autre sanctuaire médiéval, la Gregoriuskirken, révélée par de précédentes fouilles. On peut accéder aux ruines durant les heures d'ouverture de la banque.

Fort Kristiansten CITADELLE

(Kristiansten Festning : carte p. 268 ; Festningsgata ; visite guidée 12h et 14h tlj juin-août). GRATUIT Du Gamle Byro (page ci-contre) 10 minutes suffisent pour rejoindre la forteresse de Kristiansten, construite après le grand incendie de 1681. L'effort est récompensé par la vue sur la ville. Pendant la Seconde Guerre mondiale, les Allemands y emprisonnèrent et exécutèrent les résistants norvégiens. Le site est ouvert lorsque le drapeau est hissé.

Munkholmen ÎLE

(îlot aux Moines). Cet îlot, à 2 km du port de Trondheim, abritait un monastère bénédictin avant d'être transformé en fort et en prison, puis en bureau des douanes. Aujourd'hui, il est devenu une destination pour les locaux qui viennent y pique-niquer sur le bord de la plus belle plage de la ville.

Il est desservi par des **ferries** (carte p. 268 ; www.trippsbatservice.no ; aller-retour adulte/enfant 100/50 NOK ; 10h-16h juil à mi-août, horaires réduits mi-mai à fin mai et mi-août à sept) de mi-mai à début septembre, à raison d'au moins un départ toutes les heures entre 10h et 16h, à côté du marché aux poissons de Ravnkloa (p. 273).

Hospitalkirken ÉGLISE

(carte p 268 ; Hospitalsløkka 2-4 ; lors des offices). À l'ouest du centre-ville, cette église octogonale date de 1705 et a été construite dans les jardins de l'hôpital. Autour, quelques rues pavées sont bordées de bâtiments en bois du XIXe siècle.

Sverresborg, musée des Arts et Traditions populaires du Trøndelag MUSÉE EN PLEIN AIR

(Sverresborg, Trøndelag Folkemuseum ; 73 89 01 00 ; www.sverresborg.no ; Sverresborg allé 13 ; tarif plein/enfant 120 NOK/gratuit ; 10h-17h juin-août, 10h-15h mar-ven, 12h-16h sam et dim sept-mai ; 18, 8). Cet écomusée situé à 3 km à l'ouest du centre est l'un des plus intéressants dans son genre. À l'intérieur, l'exposition permanente *Livsbilder* ("images de la vie") expose des objets usuels des 150 dernières années (vêtements, fournitures scolaires, vélos, etc.). La partie en plein air regroupe une soixantaine d'anciens bâtiments de la ville et de la campagne, que l'on peut visiter. Sverresborg inclut aussi les ruines du château du roi Sverre et offre une belle vue sur la ville.

Activités

Trondheim Kajakk KAYAK

(☎483 38 318 ; www.trondheimkajakk.no ; visite 2 heures avec location 450 NOK/pers, location 400 NOK/jour ; 8h-23h ; 3, 4, 9, 46). Pour voir Trondheim autrement, suivez l'un des circuits en kayak qui explore la Nidelva. Le prix dépend du nombre de participants.

La plupart des circuits partent du terrain de football de Tempe (Bostadvegen) à 4 km au sud de la gare ferroviaire. Demandez au chauffeur du bus de vous laisser à Valøyvegen. De là, le terrain de football se trouve à deux minutes à pied.

Tripps Båtservice CROISIÈRES

(carte p. 268 ; ☎950 82 144 ; www.trippsbatservice.no ; adulte/enfant 240/100 NOK ; croisière 11h, 12h30 et 15h mar-dim mi-juin à mi-août, 12h jeu-dim mi-mai à juin et mi-août à sept). Cette agence propose un circuit le long de l'estuaire de la Nidelva (départ à 13h mar-dim) ainsi que deux croisières plus longues (1 heure 30, à 12h30 et 15h) dans le fjord. Rendez-vous au kiosque du quai à côté du marché aux poissons de Ravnkloa (page ci-contre).

Pirbadet CENTRE AQUATIQUE

(carte p. 268 ; ☎73 83 18 00 ; www.pirbadet.no ; Havnegata 12 ; tarif plein/réduit/enfant 195/170/130 NOK ; 6h30h-21h lun, mer et ven, 12h-21h mar et jeu, 10h-19h sam-dim). Sur le quai Pirterminalen, Pirbadet est le plus grand parc aquatique couvert de Norvège. Piscine à vagues, sauna, toboggan et des baies vitrées pour profiter de la vue.

RANDONNÉES À TRONDHEIM

En ville, vous pourrez gravir la courte montée escarpée par les ruelles piétonnes de Bakklandet jusqu'au fort Kristiansten, ou marcher sur les berges de la Nidelva entre les ponts Bakke Bru et Gangbrua.

À l'ouest de Trondheim, la **Bymarka** est une région boisée de 80 km^2 sillonnée de sentiers et de pistes de ski. Prenez le tram Gråkallbanen à l'arrêt St Olavsgata et traversez les faubourgs verdoyants avant de descendre à **Lian** pour admirer la vue sur la ville et vous baigner dans le lac **Lianvannet**.

À l'est de Trondheim, le **Ladestien** ("chemin de Lade") débute à 1 km du centre-ville et suit le littoral de la péninsule de Lade. Une superbe promenade.

Circuits organisés

Visit Trondheim À PIED

(carte p. 268 ; ☎73 53 69 94 ; visittrondheim.no ; circuit 130-2 540 NOK ; 14h lun-dim fin juin à mi-août, 14h sam sept à mi-mai). Outre le circuit de base (2 heures, 185 NOK), l'office du tourisme propose un large choix de circuits pédestres, guidés ou non, sur des thèmes variés (le café, la musique, la gastronomie...).

Fêtes et festivals

♥ UKA CULTURE

(www.uka.no ; oct/nov). Tous les 2 ans, en octobre et novembre, des milliers d'étudiants assistent au plus important festival culturel du pays. Trois semaines de concerts, pièces de théâtre et autres manifestations se succèdent dans le Studentersamfundet (p. 275 ; Centre des étudiants).

♥ Olavsfestdagene CULTURE

(www.olavsfestdagene.no ; juil-août). Autour du 29 juillet, jour de la Saint-Olav, une semaine de festivités en l'honneur de la figure historique du roi. Marché médiéval et programme de concerts de musique (classique, jazz, rock...).

♥ Nidaros Blues Festival MUSIQUE

(nidarosbluesfestival.com ; avr). Le gratin du blues international, plus quelques artistes norvégiens.

Pstereo MUSIQUE

(www.pstereo.no ; fin août). Grand festival pop et rock le temps d'un week-end, fin août.

Kosmorama CINÉMA

(kosmorama.no ; mars-début mai). Le festival international de cinéma se déroule sur une semaine au printemps (dates variables, de mars à début mai).

Où se loger

♥ Pensjonat Jarlen PENSION $

(carte p. 268 ; ☎73 51 32 18 ; www.jarlen.no ; Kongens gate 40 ; s/d/tr 645/845/990 NOK ;). Tarifs, emplacement et indéniable rapport qualité/prix sont les atouts de cet établissement central. L'allure est résolument contemporaine, avec parquet ou moquette au sol, plaque électrique et réfrigérateur la plupart du temps. Certaines salles de bains mériteraient une rénovation.

Flakk Camping CAMPING $

(☎940 54 685 ; www.flakk-camping.no ; empl voiture/caravane 270/450 NOK, bung 525-

695 NOK ; mai-août ; P). À une dizaine de kilomètres du centre-ville, cet accueillant terrain jouxte le Trondheimfjord (dont l'embarcadère des ferries voisin n'engendre pas de nuisance réelle). Prendre la Rv 715 depuis Trondheim. Bungalows et location de tente possible.

Singsaker Sommerhotel HÔTEL $

(carte p. 268 ; 73 89 31 00 ; Rogertsgata 1 ; dort/s/d 300/880/950 NOK, s/d avec sdb commune 535/745 NOK ; mi-juin à mi-août ; P). Sur une butte herbeuse dans un paisible quartier résidentiel, une bonne adresse économique. L'imposant bâtiment des années 1940 servit de club aux officiers allemands. Accessible par le bus n°63 au départ de la gare ferroviaire ou bien en voiture le long de Klostergata vers l'est en partant du Studentersamfundet et en suivant les panneaux. Parking gratuit très pratique et chambres bien tenues.

Radisson Blu Royal Garden Hotel HÔTEL $$

(carte p. 268 ; 73 80 30 00 ; www.radissonblu.com ; Kjøpmannsgata 73 ; ch à partir de 1 325 NOK ; P@). Cet élégant hôtel de style contemporain est installé au bord de la rivière. Les chambres sont toutes confortables et certaines donnent sur l'eau, d'autres sur un agréable patio. L'ensemble est particulièrement lumineux.

City Living Schøller Hotel HÔTEL, APPARTEMENTS $$

(carte p. 268 ; 73 87 08 00 ; www.cityliving.no ; Dronningens gate 26 ; ch/app à partir de 637/922 NOK). Situé au cœur de ville, en face d'un beau jardin, cet établissement moderne mêle harmonieusement style et confort. Belles chambres, avec parquet ou moquette. Excellent rapport qualité/prix au vu des prestations et de l'emplacement.

Clarion Collection Hotel Grand Olav HÔTEL $$

(carte p. 268 ; 73 80 80 80 ; www.nordicchoicehotels.no ; Kjøpmannsgata 48 ; ch à partir de 1 839 NOK ; @). Le Clarion compte une centaine de chambres luxueuses, déclinées dans des dizaines de styles différents. Il est situé au-dessus d'une vaste galerie marchande et de la salle de concerts Olavshallen. Emplacement pratique, à quelques pas de tous les sites d'intérêt de Trondheim, le quartier de Solsiden et la cathédrale de Nidaros, notamment.

P-Hotel Brattøra HÔTEL $$

(carte p. 268 ; 73 60 40 05 ; www.p-hotels.no ; Fosenkaia 7 ; s/d à partir de 695/895 NOK ; @). Cet hôtel se trouve à quelques minutes à pied de la gare ferroviaire et de la principale rue commerçante. Appartenant à la chaîne hôtelière P-Hotels, la façade extérieure manque sans doute de caractère mais les chambres sont confortables et bien équipées. Préférez une chambre en étage élevé pour échapper au bruit du restaurant. Le petit-déjeuner est déposé le matin devant votre porte dans un sac (un jus de fruits en bouteille et un sandwich).

Chesterfield Hotel HÔTEL $$

(carte p. 268 ; 407 30 509 ; Søndre gate 26 ; s/d à partir de 715/895 NOK ; @). Cet hôtel réputé offre un rapport qualité/prix exceptionnel comparé à l'offre habituelle norvégienne. Les chambres, impeccables et modernes, contrastent avec les espaces communs un peu défraîchis. Celles du 7e et dernier étage s'agrémentent de fenêtres donnant sur la ville.

Scandic Nidelven HÔTEL $$$

(carte p. 268 ; 73 56 80 00 ; www.scandichotels.com ; Havnegata 1-3 ; ch à partir de 2 331 NOK, ste à partir de 3 176 NOK ; P@). Ce grand hôtel d'affaires dispose de plus de 340 chambres et de tous les équipements attendus (salles de conférences, salle de gym...). La plupart des chambres, plutôt petites, sont néanmoins plaisantes et offrent une vue sur l'eau. Primé plusieurs fois par les professionnels du tourisme, le petit-déjeuner offre en particulier un bar à jus de fruits frais et un buffet d'une variété impressionnante.

Scandic Bakklandet HÔTEL $$$

(carte p. 268 ; 72 90 20 00 ; www.scandichotels.no ; Nedre Bakklandet 60 ; ch/ste à partir de 1 701/1 799 NOK ; P). Situé à la pointe nord de Bakklandet, cet établissement huppé ne manque pas d'atouts : un emplacement au bord de l'eau, un excellent restaurant de spécialités et un bar très agréable. Les chambres toutefois n'ont rien d'exceptionnel, en particulier côté mobilier et décoration. Les chambres avec vue sur l'eau sont les plus agréables.

Où se restaurer

Marché aux poissons de Ravnkloa POISSON ET FRUITS DE MER $

(carte p. 268 ; 73 52 55 21 ; www.ravnkloa.no ; au bout de Munkegata ; en-cas à partir de 50 NOK, plats 170-310 NOK ; 10h-17h lun-ven, 10h-16h sam). Tout est appétissant dans ce marché aux poissons doublé d'un restaurant en self-service avec terrasse sur les quais. Les croquettes de poisson sont délicieuses et on peut se laisser tenter par les sandwichs aux crevettes, les moules ou la soupe de poisson. Également nombreux fromages et saveurs sucrées.

Bror PUB $

(carte p. 268 ; ☎458 31 526 ; www.brorbar.no ; Olav Tryggvasons gate 29 ; burgers 98-119 NOK, tacos 139-149 NOK ; ⏲11h-23h lun-jeu, 11h-minuit ven-sam, 15h-23h dim). Ce pub-brasserie branché décline burgers et tacos à l'infini : poulet au chutney de mangue, mayonnaise au paprika, morue fumée aux radis, citron et noisettes... Un bipper vous indique quand votre commande est prête.

Café ni Muser CAFÉ $

(carte p. 268 ; ☎73 53 63 11 ; nimuser.no ; Bispegata 9 ; plats 155-195 NOK ; ⏲11h-22h lun-dim). Envie d'un repas léger et bon marché au contact d'une clientèle arty ? Rendez-vous au café du musée des Beaux-Arts de Trondheim (p. 270). Au menu : burger de dinde, soupe du jour, salades et plusieurs autres options végétariennes. Les pâtisseries sont à se damner. Les après-midi ensoleillés, la terrasse attire du monde.

L'arrière-cour du café accueille des séances de cinéma en plein air, même l'hiver, tandis que des concerts sont organisés toute l'année.

Persilleriet VÉGÉTARIEN $

(carte p. 268 ; ☎73 60 60 14 ; www.persilleriet.no ; Erling Skakkes gate 39 ; plats à partir de 119 NOK ; ⏲10h-18h lun-ven ; 🖉). Ce minuscule établissement fondé en 2005 sert, au déjeuner, des plats végétariens à déguster sur place ou à emporter. La carte, qui change régulièrement, reflète des influences thaïlandaises, orientales ou mexicaines.

L'établissement organise aussi des cours et des conférences (en norvégien) sur l'alimentation et un deuxième restaurant Persilleriet a été ouvert en 2011 près de l'hôpital Saint-Olav.

Jordbær Pikene CAFÉ $

(carte p. 268 ; ☎40 00 42 42 ; www.jordbarpikene.no ; angle Erling Skakkes gate et Prinsens gate ; plats 135-185 NOK ; ⏲9h-20h lun-ven, 9h-18h sam). Chez les "Filles-Fraises" (le nom du lieu), on sert des pâtes, des salades, des sandwichs et des jus de fruits frais dans un cadre sympathique et informel. Il n'y rien d'exceptionnel, mais la cuisine est correcte et les prix sont honnêtes.

Cet établissement a été créé en 2003 par un célèbre chef et auteur culinaire norvégien, Lars Lian. Le concept a depuis essaimé dans tout le pays et il y a désormais 41 cafés de ce type en Norvège, principalement dans les centres commerciaux.

♥ **Baklandet Skydsstasjon** NORVÉGIEN $$

(carte p. 268 ; ☎73 92 10 44 ; www.skydsstation.no ; Øvre Bakklandet 33 ; plats 89-275 NOK ; ⏲11h-1h lun-ven, 12h-1h sam et dim). Si le restaurant traditionnel norvégien existe, c'est probablement à cette adresse que vous la trouverez. Cet ancien relais du XVIIIe siècle qui a par ailleurs abrité différentes entreprises au fil des siècles (fabrication de chapeaux, menuiserie, dépôt de lait entre autres) est devenu une adresse prisée de Trondheim grâce à sa carte de plats typiques et généreux : soupe de poisson ou de renne, saumon cuit au four, pâté de foie... L'établissement propose également un buffet de hareng (188-239 NOK), un ragoût de renne sauvage, ainsi qu'une incroyable carte d'aquavits. Le tout est synonyme de repas copieux fait maison. Vous devriez être conquis.

Søstrene Karlsen NORVÉGIEN, INTERNATIONAL $$

(carte p. 268 ; ☎73 60 00 25 ; www.sostrenekarlsen.no ; Tmv-kaia 25 ; plats déj 125-198 NOK, plats dîner 175-225 NOK ; ⏲11h-22h lun-sam, 13h-21h dim). La plupart des établissements le long des berges dans le quartier de Solsiden appartiennent à des chaînes de restauration et les clients y viennent pour l'ambiance, rarement pour la cuisine. Un cran au-dessus, cette adresse sert divers plats à base de poissons ou de viandes faits maison, confectionnés avec des ingrédients de qualité.

♥ **Vertshuset Tavern** NORVÉGIEN $$$

(☎475 15 900 ; sverresborg.no/tavern ; Sverresborg allé 11 ; plats 175-315 NOK ; ⏲15h-23h lun-jeu, 15h-minuit ven-sam, 14h-20h dim). Autrefois au cœur de Trondheim, cette taverne historique (elle date de 1739, mais n'a commencé à servir des clients qu'en 1766) a été transférée à l'écomusée Sverresborg (p. 271), en lisière de la ville.

Vous pourrez y savourer un plat du jour traditionnel ou déguster des gaufres accompagnées d'un café dans l'une des 16 petites salles aux poutres basses dotées d'un parquet incurvé, ornées d'un poêle en fer forgé, et décorées de bougies et de nappes en dentelle.

Havfruen POISSON ET FRUITS DE MER $$$
(carte p. 268 ; 73 87 40 70 ; www.havfruen.no ; Kjøpmannsgata 7 ; plats 189-315 NOK ; 17h-01h mar-sam). Le credo de ce restaurant haut de gamme, c'est le poisson ! Installé dans un ancien entrepôt aux poutres apparentes qui donne sur la rivière et le pont de la vieille ville, cette adresse privilégie qualité des produits avec des tarifs en conséquence. Viandes de baleine servies en sauces. Le bar à côté offre une ambiance plus détendue.

Lors de nos recherches, "La Sirène" venait d'être rénovée et devait rouvrir avec une nouvelle équipe de chefs et de serveurs et une carte plus internationale que nous n'avons pas pu tester.

To Rom og Kjøkken NORVÉGIEN $$$
(carte p. 268 ; 73 56 89 00 ; www.toromogkjokken.no ; Carl Johans gate 5 ; menu 3/5/7 plats 495/650/995 NOK ; 16h-minuit lun-sam). Service chaleureux et cadre plaisant pour ce restaurant qui propose une cuisine à base de produits locaux, viandes et poissons. Pour manger sur le pouce et à prix plus économique, optez pour le plat du jour servi au bar (179 NOK).

Où prendre un verre et faire la fête

Ila Brainnstasjon BAR, MUSIQUE LIVE
(489 55 036 ; www.ilabrainnstasjon.no ; Ilevollen 32b ; 16h-23h mer-jeu, 16h-minuit ven, 13h-minuit sam, 12h-19h dim). Véritable institution à Trondheim, ce bar est la meilleure adresse pour écouter de la musique live (à partir de 21h, sauf le jeudi à 18h). La session de jazz du dimanche à 14h est l'endroit où il faut être dans la ville. Calendrier des concerts sur le site Internet (rubrique "Hvar Skjer").

Jacobsen og Svart CAFÉ
(carte p. 268 ; 411 92 694 ; www.jacobsensvart.no ; Ferjemannsveien 8 ; 7h-18h lun-ven, 9h-18h sam, 11h-18h dim). On vient de loin dans cet établissement pour son café accompagné d'un roulé à la cannelle. Ajoutez à cela l'ambiance musicale, on frise la perfection.

Antikvariatet CAFÉ, BAR
(carte p. 268 ; 479 17 339 ; www.facebook.com/antikvarene ; Nedre Bakklandet 4 ; boissons à partir de 79 NOK ; 12h-1h30 tlj). Un bar comme on les aime ! Bières à la pression, étagères de livres, vue sur l'eau, concerts live... Évidemment, le lieu attire nombre d'étudiants et de locaux branchés. Il est situé dans un joli quartier, au milieu des maisons en bois de Bakklandet. Installez-vous sur le balcon pour profiter de la vue.

Trondheim Microbryggeri MICROBRASSERIE
(carte p. 268 ; 924 82 200 ; www.tmb.no ; Prinsens gate 39 ; 15h-0h30 lun-jeu, 14h-2h30 ven, 12h-2h30 sam). Dans une petite allée perpendiculaire à Prinsens gate, cette brasserie est le rendez-vous incontournable de tous les amateurs d'*øl* (bière). Pas moins de 8 bières maison pour accompagner un repas léger et savoureux. Un endroit où il fait bon s'attarder devant un verre. Au bout d'une courte ruelle, près de Prinsens gate.

Cafe Løkka BAR
(carte p. 268 ; 400 00 974 ; www.cafelokka.no ; Dokkgata 8 ; 11h-minuit lun-mer, 11h-2h jeu-sam, 12h-minuit dim). Anciennement atelier de réparation de bateaux, ce café offre un large choix de bières et de milkshakes. Également carte de restaurant servie jusqu'à 22h.

Café Le Frère CAFÉ
(carte p. 268 ; 900 90 989 ; cafe-le-frere.business.site ; Søndre gate 27 ; 7h-17h lun-ven, 10h-16h30 sam, 10h30-16h dim). Cet agréable café de quartier, reconnaissable à ses pots de fleurs en façade, a pour devises "servir le meilleur expresso du monde" et "toujours doubler la dose sauf mention contraire". Pâtisseries et en-cas légers pour accompagner le café qui règne en maître.

Habitat BAR
(carte p. 268 ; 923 71 352 ; www.facebook.com/habitattrondheim ; Olav Tryggvasonsgate 30 ; 15h-23h30 lun-jeu, 13h-1h30 ven et sam). Ce sympathique bar propose un choix étonnant de bières connues (Berliner Weisse) ou artisanales. Pizzas maison servis à une clientèle estudiantine.

Bare Blåbær BAR
(carte p. 268 ; 73 53 30 33 ; www.barebb.no ; Innherredsveien 16 ; 11h-1h dim-jeu, 11h-2h ven-sam). Ce bar est aussi connu pour ses cocktails que pour ses pizzas, certains disent les meilleures de la ville. Essayez les *chili bollocks*, probablement une spécialité hivernale... Sur les quais dans le quartier de Solsiden.

Studentersamfundet BAR
(Centre des étudiants ; carte p. 268 ; www.samfundet.no ; Elgesetergate 1). Rythmé par le calendrier universitaire, ce complexe abrite une dizaine de bars animés, un cinéma et une scène

pour les concerts. En été, il se transforme en centre d'hébergements pour voyageurs.

Où sortir

Dokkhuset CENTRE CULTUREL
(carte p. 268 ; 911 59 045 ; www.dokkhuset.no ; Dokkparken 4 ; 15h-22h30 lun-jeu, 12h-2h ven et sam). Installé dans une ancienne station-service réhabilitée avec brio (de vieux moteurs sont visibles sous vos pieds, à travers une paroi en verre), ce lieu fait office tout à la fois d'auditorium (on peut assister parfois à des représentations de jazz ou de musique de chambre), de restaurant et de café-bar. Sirotez un verre sur la jetée ou observez les passants depuis le toit-terrasse. Souvent fermé en été.

Olavshallen SALLE DE CONCERT
(carte p. 268 ; 73 99 40 50 ; www.olavshallen.no ; Kjøpmannsgata 44). Cette salle de concert est installée dans le centre culturel Olavskvartalet qui abrite l'Orchestre symphonique de Trondheim. Programmation internationale d'artistes de rock ou de jazz entre septembre et mai.

Achats

Bryggerekka Bruktmarked MARCHÉ
(carte p. 268 ; www.facebook.com/bryggerekka-bruktmarked ; Kjøpmannsgata ; 11h-16h dim mi-juin à fin août). Au bord de l'eau, à Kongens gate, les entrepôts colorés des quais offrent un cadre plein de charme à ce marché aux puces (le dimanche en été uniquement). Antiquités, articles vintage, café et gaufres vous attendent un peu partout.

Ting DÉCO
(carte p. 268 ; 452 00 700 ; www.ting.no ; Olav Tryggvasonsgate 10 ; 10h-18h lun-sam). Le meilleur de la décoration et du design scandinave à des prix plutôt raisonnables. Dans la même rue, **Småting** (carte p. 268 ; 47 48 92 88 ; www.ting.no ; Olav Tryggvasonsgate 6 ; 10h-18h lun-sam), tenu par la même équipe, revisite les jouets d'enfants avec le même esprit créatif.

Sukker OBJETS DESIGN ET ACCESSOIRES
(carte p. 268 ; 480 36 856 ; www.sukkerdesign.no ; Nedre Bakklandet 9 ; 15h-18h ven, 11h-16h sam-dim). Bijoux, vêtements, poteries, articles pour la maison… cette boutique de créateurs donne envie de tout acheter. Horaires d'ouverture restreints.

Elin Aune CÉRAMIQUE
(Trønderkeramikk ; carte p. 268 ; 73 51 74 10 ; www.elinaune.no ; Prinsensgate 21 ; 10h-17h lun-ven, 10h-15h sam). C'est la même famille qui tient cette boutique depuis 1797. Ici les produits fabriqués dans l'atelier ont la finesse de la production artisanale. Entrée possible sur Prinsens gate ou via le centre commercial de Trondheim Torg, depuis Torvet.

Søstrene Grene PAPETERIE, ARTICLES MAISON
(carte p. 268 ; 73 51 02 00 ; www.sostrene-grene.com ; Olav Tryggvasonsgate 14 ; 10h-18h lun-sam). Des articles de papeterie et des objets de décoration pour la maison.

Husfliden ARTISANAT, VÊTEMENTS
(carte p. 268 ; 73 83 32 30 ; www.norskflid.no ; Olav Tryggvasonsgate 18 ; 10h-17h lun-ven, 10h-16h sam). Le meilleur du vêtement folklorique, en particulier le *bunad*. À porter pour la fête nationale norvégienne.

Renseignements

INTERNET

Vous pourrez vous connecter gratuitement à l'office du tourisme et à la **bibliothèque** (72 54 75 00 ; Kongens gate ; 10h-18h lun, 10h-16h mar-ven, 11h-16h sam).

OFFICE DU TOURISME

Office du tourisme (carte p. 268 ; 73 80 76 60 ; visittrondheim.no ; 1er ét, Kongens Gate 11 ; 10h-18h). Dans le centre, service de réservation d'hébergements.

POSTE

Poste principale (carte p. 268 ; Dronningens gate 10). D'autres adresses auprès de l'office du tourisme qui vous indiquera l'agence la plus proche.

Depuis/vers Trondheim

AVION

L'**aéroport de Trondheim Værnes** (avinor.no/en/airport/trondheim-airport) est situé à 32 km à l'est de Trondheim. Des vols proposés par SAS (www.sas.no), Norwegian (www.norwegian.no) et Widerøe (www.wideroe.no) relient Trondheim aux grandes villes norvégiennes, ainsi que Copenhague et Stockholm.

Depuis/vers l'aéroport

La compagnie **Værnes Ekspressen** (905 74 475 ; vaerneksekspressen.no ; aller simple adulte/enfant 200/100 NOK, aller-retour 360/200 NOK) assure également des liaisons entre l'aéroport et plusieurs sites de Trondheim.

Le train dessert l'aéroport de Værnes (82 NOK, 30 à 40 min, ttes les heures) depuis

PHOTO D'ENFER

Hell n'offre guère d'autre intérêt que son nom – "prospérité" en norvégien et "enfer" en anglais. Nombre de voyageurs y font une courte halte, le temps de se photographier devant le panneau de la gare ferroviaire. Ils peuvent ainsi prétendre revenir de l'enfer sans en avoir souffert.

la gare centrale de Trondheim (Sentralstasjon). Attention, au départ de l'aéroport, certains trains ne passent pas par Trondheim.

BATEAU

Trondheim est l'une des escales de l'express côtier Hurtigruten. Les bateaux express qui relient Trondheim à Kristiansund (3 heures 30) partent du **quai Pirterminalen** (carte p. 268 ; Havne) jusqu'à 3 fois/jour.

De mi-mai à septembre, des ferries rejoignent Munkholmen (p. 271). Départs au minimum toutes les heures entre 10h et 16h ou 18h du marché aux poissons de Ravnkloa (p. 273).

BUS

La gare routière interurbaine **Rutebilstasjon** (carte p. 268 ; Fosenkaia) jouxte la gare ferroviaire (Trondheim Sentralstasjon ou Trondheim S).

Trondheim est un carrefour pour le transport en bus. La compagnie Vybuss assure des liaisons depuis/vers plusieurs destinations, parmi lesquelles :

Bergen (1 453 NOK, 14 heures). Un bus de nuit.

Namsos (296 NOK, 3 heures 45). Quatre bus/jour via Steinkjer (273 NOK, 2 heures 15).

Si vous empruntez les transports publics pour rejoindre Narvik et d'autres destinations au nord, il est plus rapide de prendre le train jusqu'à Fauske ou Bodø (le terminus de la ligne), puis de continuer en bus.

TRAIN

La gare ferroviaire **Trondheim Sentralstasjon** (ou Trondheim S ; carte p. 268) assure deux à quatre départs quotidiens vers Oslo (904 NOK, 6 heures 45). Deux trains partent à destination de Bodø (1 017 NOK, 9 heures 45), au nord, via Fauske (976 NOK, 9 heures), Mo i Rana (740 NOK, 6 heures 30) et Mosjøen (668 NOK, 5 heures 30).

Pour obtenir des prix plus avantageux, recherchez l'offre tarifaire *minipris* sur le site vy.no (ou sur l'application mobile).

Des trains desservent également Steinkjer (296 NOK, 2 heures, 1/heure).

ROUTE DU NORD

Stiklestad

On ne saurait trop exagérer l'importance de cette bourgade dans l'histoire du pays. Au XIe siècle, la bataille de Stiklestad (voir l'encadré p. 278) marqua la fin de l'épisode viking et l'avènement de la période médiévale et la victoire de la chrétienté.

Aménagé comme un vaste parc à thème, le site de Stiklestad est en grande partie accessible gratuitement. Outre plusieurs expositions relatives à la bataille, il abrite un musée et une église du XIIe siècle.

À voir

Église de Stiklestad ÉDIFICE RELIGIEUX

(11h-18h lun-sam, 12h30-18h dim mi-juin à mi-août). L'église de Stiklestad fut édifiée entre 1150 et 1180 à l'endroit même où saint Olav, mourant, se serait allongé sur une pierre. Celle-ci, réputée miraculeuse, a été volée, à l'époque de la Réforme.

Centre culturel national de Stiklestad MUSÉE

(Stiklestad Nasjonale Kultursenter ; 74 04 42 00 ; stiklestad.no ; prix selon attraction ; 10h-22h). Ce centre qui occupe un élégant bâtiment en bois fait revivre, grâce à des installations, les différentes étapes de la bataille où Olav Haraldsson trouva la mort. Dans le **Stiklestad 1030**, le billet d'entrée permet de visionner un film de 15 minutes et de suivre une visite guidée incluant l'église. Un petit musée traite de la question de la résistance norvégienne durant la Seconde Guerre mondiale. Enfin, le parc du site abrite plus de 30 bâtiments anciens (entrée libre), et on peut se détendre au café **Molåna**, une ancienne ferme en bois avec sa toiture végétalisée. Des spectacles en costume d'époque redonnent vie à cette épopée pendant la belle saison.

Fêtes et festivals

Fête de saint Olav CULTURE

(stiklestad.no/spelet-om-heilag-olav ; juil). La semaine avant la Saint-Olav (29 juillet), Stiklestad accueille la fête de saint Olav, marquée par un marché médiéval et d'autres animations. L'apogée des festivités est une reconstitution historique en plein air (adulte/enfant 550/230 NOK), les cinq derniers soirs à 19h, illustrant les conflits opposant le roi aux paysans et aux seigneurs

OLAV HARALDSSON ET LA BATAILLE DE STIKLESTAD

Ce que nous savons de la bataille de Stiklestad, nous le devons à la grande saga nordique *Heimskringla*, écrite par Snorri Sturluson, un historien d'origine islandaise, deux siècles environ après la bataille. Selon lui, Olav Haraldsson rentra en 1030 en Norvège après une période d'exil et franchit, accompagné de 3 600 soldats, les montagnes qui séparent la Suède de la Norvège. Le 29 juillet 1030, à proximité d'une ferme connue sous le nom de Stiklestad à environ 80 km au nord de Trondheim, l'armée d'Olav se heurta aux 15 000 hommes menés par des chefs païens. L'armée d'Olav fut vaincue et il y laissa la vie. Son corps fut ramené à Trondheim où il fut enterré.

Sturluson précise qu'un an après, le cercueil d'Olav fut ouvert et l'on découvrit un corps intact – ses cheveux et ses ongles ayant même poussé. Vérité historique ou légende, le martyre d'Olav est devenu l'un des piliers de l'identité norvégienne.

La bataille de Stiklestad marqua la fin de l'ère viking et l'avènement de la période médiévale. Malgré la mort d'Olav, elle est considérée comme une victoire de la chrétienté et le roi vaincu, comme un martyr et un saint. Olav fut canonisé à Trondheim en 1031 et sanctifié en 1164 par le pape Alexandre III. Saint Olav a fait des émules dans toute l'Europe du Nord et sa tombe, dans la cathédrale de Nidaros (p. 267) à Trondheim est un lieu de pèlerinage depuis presque un millénaire.

locaux. Des acteurs norvégiens connus tiennent les rôles principaux, secondés par des habitants.

Où se loger et se restaurer

La plupart des visiteurs ne s'arrêtent que quelques heures à Stiklestad, cependant on peut y passer la nuit grâce à l'hôtel ci-dessous (plus de choix à Steinkjer et à Namsos).

Scandic Stiklestad HÔTEL **$$**
(☎74 04 42 00 ; stiklestad.no/hotell ; s/d à partir de 950/1 250 NOK ; P ❄ 📶). Au sein du centre national de la culture de Stiklestad, cet hôtel appartenant à la chaîne hôtelière Scandic a su conserver sa personnalité en alliant touches contemporaines (palette sombre et beaux parquets) et clin d'œil à l'histoire norvégienne. Le restaurant de l'hôtel est plutôt de bonne qualité.

Depuis/vers Stiklestad

Le site de Stiklestad se trouve à 5 km à l'est de l'E6, sur la Rv 757 et n'est pas desservi par les transports en commun.

Steinkjer

21 151 HABITANTS

Les sagas médiévales parlent de Steinkjer comme d'un important centre de négoce. S'il ne reste pas grand-chose de ce riche passé, la ville reste au carrefour des deux principales routes vers le Nord. Vous dépasserez peut-être Steinkjer sans y prêter attention, la ville n'ayant que peu d'attraits à l'exception de l'Egge Museum, à 2,5 km au nord de la ville.

À voir

Egge Museum MUSÉE EN PLEIN AIR
(☎74 13 44 90 ; eggemuseum.no ; Fylkesmannsgården ; adulte/enfant 70 NOK/gratuit ; ⏲11h-15h mar-dim mi-juin à mi-août, horaires réduits fin août à début juin). Si vous avez déjà visité ce type d'écomusée (corps de ferme, animaux en liberté et bénévoles en costume traditionnel), vous ne trouverez rien de bien innovant ici, mais les enfants apprécieront. Sur la même colline se trouvent des tumulus funéraires et des cercles de pierres vikings.

Où se loger et se restaurer

Même si Steinkjer abrite quelques adresses, la plupart des visiteurs arrivés de Trondheim préfèrent poursuivre leur route vers le Nord.

Føllingstua CAMPING **$**
(☎902 74 995 ; www.follingstua.no ; E6, Følling ; empl voiture/caravane 245 NOK, bung 590-1 600 NOK, d avec sdb commune/privative 700/800 NOK). À proximité de l'E6, à 14 km au nord de Steinkjer, ce sympathique et beau terrain proche de l'extrémité sud-ouest du lac invite à faire halte, le temps de pêcher dans le lac, par exemple. Location de bateaux et canoës (200 NOK/jour).

Tingvold Park Hotel HÔTEL $$

(☎74 14 11 00 ; www.tingvoldhotel.no ; Gamle Kongeveien 47 ; s/d à partir de 1 100/1 300 NOK ; P @). Près d'un ancien site funéraire viking et entouré d'un beau jardin, cet établissement dominant Steinkjer (labélisé Best Western) propose des chambres sans grand charme mais bien tenues.

Brod & Cirkus NORVÉGIEN $$$

(☎926 19 226 ; www.brodogcirkus.no ; Kongens gate 33 ; plats à partir de 285 NOK, menu 3 plats 495 NOK ; 11h-16h mar, 11h-16h et 18h-21h mer-ven, 18h-22h mer-sam). Viande, poisson ou coquillages, tout est de provenance locale. Pain et desserts sortent tout droit de la cuisine.

Renseignements

Office du tourisme (☎74 40 17 16 ; www.visitinnherred.com ; Sjøfartsgata 2a ; 9h-18h lun-ven, 10h-16h sam-dim mi-juin à mi-août, 9h-16h lun-ven reste de l'année). Près de l'E6, en face du centre commercial Amfi, il se double de l'**Info-Centre de la Kystriksveien** (route côtière) et peut réserver des chambres en ville et le long de la route côtière. Location de vélo (75/200 NOK par heure/jour) et accès gratuit à Internet. De la gare ferroviaire, suivez le tunnel piétonnier.

Depuis/vers Steinkjer

Si Steinkjer est relié à Trondheim par le bus (273 NOK, 5 heures, 2/jour), le train s'avère nettement plus rapide et plus fréquent pour rallier Trondheim (296 NOK, 2 heures), l'aéroport de Trondheim Vaernes (226 NOK, 1 heure 30) et Mosjøen (493 NOK, 3 heures 30).

Si vous êtes sur la route du Nord, la route bifurque à Steinkjer – suivez la route de l'Arctique, l'E6 (suivez les panneaux indiquant Narvik) ou, autre solution plus pittoresque, la Rv 17 ou Kystriksveien (route côtière) vers Namsos.

Namsos

12 906 HABITANTS

Première ville portuaire d'importance sur la route côtière entre Trondheim et Bodø, Namsos constitue une étape plaisante qui vaut surtout pour quelques belles excursions alentour.

À voir

Lysstøperiet FABRIQUE DE BOUGIES

(☎951 04 995 ; www.facebook.com/lysstoperietnamsos ; Finn Christiansens vei 14 ; 10h-17h lun-ven, 11h-15h sam). GRATUIT Geir Arne Opdahl et Mona Nordfjellmark ont transformé un ancien hangar ferroviaire en petite fabrique de bougies. Ils façonnent chaque année une quinzaine de tonnes de paraffine de premier choix pour en faire des bougies de toutes les formes (citrouilles, poivrons, bottes, chats, fleurs, etc.) et de toutes les couleurs.

Rock City MUSÉE

(☎979 73 769 ; tarif plein/réduit 120/60 NOK ; 17h-21h dim-ven, 16h30-18h sam). Au pied d'un grand cube blanc en damier (l'hôtel du même nom, p. 280), ce temple du rock rend hommage aux très nombreux artistes originaires de Namsos qui se sont fait un nom dans l'industrie musicale scandinave.

Activités

Bjørumsklumpen PROMENADE

Du centre-ville, une jolie promenade de 20 minutes le long de Kirkegata mène au sommet (114 m) de cette colline qui domine le Namsfjord, Namsos et ses alentours. Au tiers de la montée, un panneau indique un sentier qui conduit à des bunkers construits par l'armée allemande durant la Seconde Guerre mondiale.

Oasen Svømme og Miljøsenter BAIGNADE

(☎74 21 90 40 ; namsos.kommune.no/oasen-namsos ; Jarle Hildrums veg ; adulte/enfant 130/80 NOK ; 9h-19h30 lun, mar et jeu, 10h-19h30 mer et ven, 10h-15h30 sam-dim). Creusé dans la montagne à environ 1 km à l'est de la ville, ce centre aquatique abrite 3 piscines chauffées et un toboggan de 37 m – de quoi consoler les enfants après un long trajet en voiture.

Où se loger et se restaurer

Namsos Camping CAMPING $

(☎74 27 53 44 ; www.namsos-camping.no ; Flyplassvegen 10 ; empl tente/caravane 150/300 NOK, bung

EN ROUTE VERS LE NORD DEPUIS STEINKJER

Au nord de Steinkjer, l'E6 suit la rive nord du **Snåsavatnet**, étroit lac s'étirant sur 45 km bordé de forêts de conifères. Plus pittoresque, la Rv 763 longe la rive sud, ce qui permet de découvrir le **Bølarein** (www.bolarein.no) un site de gravures rupestres qui remonte à 4000 avant J.-C., avec notamment un renne grandeur nature.

4 lits sdb ext à partir de 525 NOK, sdb 850-1 150 NOK). Ce terrain haut de gamme réunit une grande cuisine-salle à manger, un terrain de jeu, des karts et un minigolf. À proximité, un lac peu profond fera le bonheur des enfants, qui apprécieront en outre les écureuils. Les bungalows basiques sont d'un bon rapport qualité/prix, et les plus chers bien équipés. De Namsos, prenez la Rv 17 en direction de Grong et suivez les panneaux indiquant l'aéroport.

Scandic Rock City HÔTEL **$$**
(☎74 22 40 00 ; www.scandichotels.no ; Sverres gate 35 ; ch à partir de 1 340 NOK ; 📶). À proximité immédiate de Rock City (p. 279), cet hôtel élégant et contemporain constitue l'une des meilleures adresses de la ville. Les chambres sont décorées avec goût : toiles et couleurs fortes, confort irréprochable. Atout supplémentaire, l'excellent petit-déjeuner.

Tino's Hotell HÔTEL-RESTAURANT **$$**
(☎74 21 80 00 ; tinoshotell.no ; Verftsgata 5 ; s/d à partir de 1 095/1 300 NOK ; 📶). Près du rivage, cet hôtel au service chaleureux propose des vastes chambres confortables doublées. Il dispose également d'un **restaurant** (pâtes/pizzas à partir de 180/150 NOK, plats 300-320 NOK ; ⏲12h-23h) de spécialités italiennes (dont 24 sortes de pizzas) d'une qualité rarement égalée dans le pays.

Achats

M. Aakervik laks og vilt ALIMENTATION
(☎74 27 20 90 ; www.facebook.com/maakervik ; angle Havnegata et Herlaugs gate 16 ; ⏲9h-16h30 lun-mer, 9h-17h jeu-ven, 9h30-15h sam). Une excellente adresse pour acheter du renne, du chevreuil, de l'élan ou du saumon sauvage entre autres poissons. À l'intérieur, quelques animaux naturalisés.

HERLAUGSHAUGEN

Accessible à pied depuis le port de Leka, le **tumulus funéraire viking** de Herlaugshaugen est le deuxième plus important de Norvège. Ses origines remontent au Xe siècle, lorsque, selon les sagas islandaises, le premier roi de Norvège, Harald Håfagre ("Harald à la Belle Chevelure"), longea la côte avec son armée. Alors qu'il approchait de Leka, le roi de l'île, Herlaug, préféra être enterré vivant avec onze de ses hommes plutôt que de devoir affronter l'armée conquérante de Harald. On découvrit au XVIIIe siècle des ossements humains et d'animaux, des armes et les restes d'un bateau.

Renseignements

Saisonnier, l'**office du tourisme** (☎90 70 85 85 ; www.visitnamdalen.com ; Namdalshagen, Søren R Thornæs vei 10 ; ⏲9h-17h lun-ven, 10h-16h sam mi-juin à mi-août, horaires réduits fin août à début juin) loue des vélos (60/150 NOK par heure/jour) et fournit des informations sur la Kystriksveien.

Depuis/vers Namsos

Les bus Nor-Way Bussekspress circulent quatre fois par jour entre Namsos et Trondheim (296 NOK, 4 heures 20) via Steinkjer (186 NOK, 1 heure 30).

Rørvik

2 949 HABITANTS

Cette bourgade s'anime quand l'express côtier Hurtigruten voguant vers le nord et celui en chemin vers le sud se croisent, tous les jours vers 21h30. Les passagers ne manquent pas de visiter le splendide musée Norveg.

À voir

Musée du littoral Norveg MUSÉE
(Kystmuseet Norveg ; ☎74 36 07 70 ; www.kystmuseetnorveg.no ; Strandgata 7 ; adulte/enfant 100 NOK/gratuit ; ⏲10h-22h mi-juin à août, 11h-15h reste de l'année et quand l'express côtier est au port). D'une architecture audacieuse, ce musée ressemble à un voilier et retrace 10 000 ans d'histoire côtière à l'aide de divers médias, dont un audioguide en anglais. Il abrite aussi un restaurant gastronomique réputé (voir ci-dessous).

Où se loger et se restaurer

Vous ne pourrez pas dormir à Rørvik – les visiteurs font escale depuis leur croisière Hurtigruten ou poursuivent leur route.

Café Norveg NORVÉGIEN **$$$**
(☎488 80 024 ; kystmuseetrorvik.no/kafe-norveg ; Strandgata 7, Kystmuseet ; plats à partir de 295 NOK ; ⏲10h-22h). Le restaurant du musée Norveg est l'un des meilleurs du Trøndelag, et accueille parfois des chefs étoilés, pour une carte qui évolue au gré des saisons. Réservation obligatoire.

Depuis/vers Rørvik

Outre l'escale proposée par le ferry Hurtigruten, le moyen le plus rapide de relier Rørvik depuis Namsos est le bateau express (adulte/enfant 245/124 NOK, 1 heure 30, 1 à 3/jour).

Par la route, Rørvik se trouve à 320 km au nord de Trondheim.

Leka

589 HABITANTS

N'hésitez pas à faire un détour par l'île de Leka, d'une beauté sauvage. Les randonneurs en apprécieront les paysages désertiques balayés par les vents et une géologie exceptionnelle : la roche arbore de sublimes teintes de rouge et de jaune. L'île abrite également des tumulus funéraires vikings et des peintures rupestres. C'est aussi l'habitat privilégié des pygargues à queue blanche. Retrouvez tous les renseignements sur www.visitleka.no.

Activités

L'île compte une trentaine de sentiers balisés (500 m à 9 km). Plusieurs pistes cyclables sillonnent l'île sur un total de 28 km. Possibilité de louer des vélos chez Lekamøya Spiseri.

Vous retrouverez un bref topo des sentiers de randonnée et de VTT dans la brochure *Leka Tourist Guide – Cycling & Hiking*, disponible dans les offices du tourisme.

Lekamøya Spiseri VÉLO
(☎417 68 615 ; Skeismyrveien 29 ; vélo enfant/adulte/tandem 125/225/350 NOK par jour). Proche de l'embarcadère des ferries de Gutvik, ce prestataire loue des vélos à la journée.

EFFRAYANTS PYGARGUES

Les ornithologues apprécient Leka qui permet d'observer le fameux pygargue à tête blanche. Cet aigle majestueux est redouté par les enfants de la région. Selon la légende, en 1932, une fillette du nom de Svanhild fut emportée par le rapace ! L'oiseau aurait déposé l'enfant au sommet d'une montagne, sans dommage.

Où se loger

Leka Motell og Camping CAMPING $
(☎74 39 98 23 ; www.leka-camp.no ; empl tente/caravane 140/240 NOK, ch 400-850 NOK, cabane ou app 1 100-1 900 NOK). Si l'on peut camper ici, vous gagnerez en confort en réservant l'une des chambres du motel attenant, bien équipée et au tarif raisonnable. Plus spartiates et originales, des huttes en pierre au toit couvert d'herbe (400 NOK) peuvent accueillir jusqu'à 4 personnes dans des lits superposés.

Leka Brygge APPARTEMENT $$
(☎957 93 318 ; lekabrygge.no ; app à partir de 1 375 NOK ; P). La douzaine d'appartements modernes logés dans un bâtiment en bois blanc sur la côte orientale de Leka constituent les meilleurs hébergements de l'île. Parquet au sol, cuisine, vue sur la mer et buanderie.

Depuis/vers Leka

On peut rejoindre Leka en ferry, toutes les heures au départ de Gutvik (adulte/enfant/voiture 37/18/94 NOK), à 20 minutes en voiture depuis la route côtière Rv 17. Le premier ferry quitte Gutvik à 7h30, le dernier à 22h55.

Le Nordland

Dans ce chapitre ➜

Le top des restaurants

- Fiskekrogen (p. 310)
- Børsen Spiseri (p. 307)
- Anitas Sjømat (p. 317)
- Lysthuset (p. 324)
- Umami (p. 326)

Le top des hébergements

- Svinøya Rorbuer (p. 307)
- Henningsvær Bryggehotel (p. 309)
- Lofoten Suite Hotel (p. 307)
- Lovund Hotell (p. 297)
- Fru Haugans Hotel (p. 284)
- Hotell Marena (p. 323)

Pourquoi y aller

En route vers le nord, la profusion de champs le cède aux lacs et aux forêts, la vue s'élargit, les sommets s'aiguisent et la ligne des arbres descend toujours plus bas sur les versants des montagnes. Au-delà du cercle polaire arctique, le soleil de minuit prolonge indéfiniment les journées d'été et les aurores boréales dansent dans les ténèbres du ciel hivernal.

Lancez-vous sur la spectaculaire route côtière Kystriksveien, ou suivez, dans les terres, celle de l'Arctique, plus directe et presque aussi belle. Viennent ensuite les îles Lofoten, reconnaissables à leurs sommets en lame de rasoir, et où subsistent d'intemporels villages de pêcheurs. Des ponts permettent de passer aisément d'île en île, et les randonnées à pied ou à vélo, qu'elles soient tranquilles ou sportives, se prêtent à s'y attarder.

Quand partir

Bodø

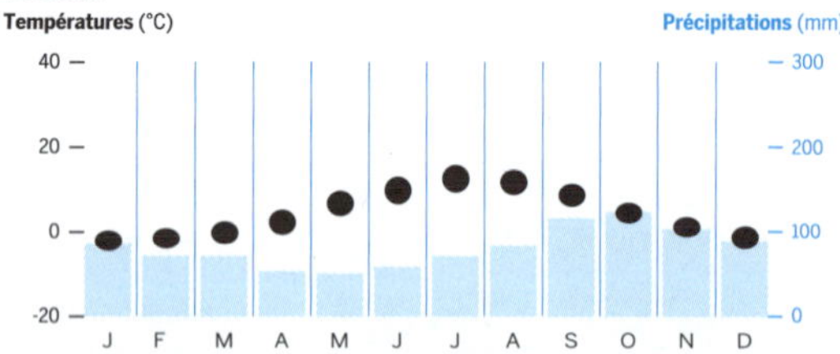

Fin mars Pour les îles Lofoten et le championnat du monde de pêche au cabillaud à Svolvær.

Fin mai à mi-juin Soleil de minuit et beau temps propice aux activités de plein air.

Novembre à janvier Nuits longues et de bonnes chances d'admirer des aurores boréales.

À ne pas manquer

1 La splendide **route côtière Kystriksveien** (p. 295), ponctuée de traversées en ferry (à suivre au moins de Sandnessjøen à Storvik).

2 La traversée de Skutvik à Svolvær, dans les **Lofoten** (p. 308), l'un des plus beaux trajets en ferry au monde.

3 Le ravissant village de pêcheurs de **Nusfjord** (p. 314), digne d'une carte postale, pour un retour vers le passé des Lofoten.

4 L'économie fondée sur l'eider, à découvrir sur **Vega** (p. 293), classée à l'Unesco, pour oublier le tumulte du monde moderne.

5 **Å** (p. 315), un paisible petit village de pêcheurs préservé aux confins sud des Lofoten.

6 Isolé et ressuscité, le village de **Nyksund** (p. 320), à découvrir avant une randonnée côtière sur la route de la Reine jusqu'à Stø, dans les îles Vesterålen.

7 Une sortie en mer depuis **Andenes** (p. 321), pour observer baleines et macareux, suivie d'une virée le long de la côte ouest d'Andøya.

8 Une marche sur l'un des glaciers du **parc national de Saltfjellet-Svartisen** (p. 287).

ROUTE DE L'ARCTIQUE

La route de l'Arctique – principale artère traversant l'intérieur de la Norvège du nord au sud, et plus prosaïquement appelée "E6" – souffre d'une mauvaise image. De fait, plus fréquentée et plus directe sur la longueur, elle pâtit de la comparaison avec l'époustouflante route côtière Kystriksveien. Or elle n'en reste pas moins un bel itinéraire. Reliant une Norvège à l'autre, elle est ponctuée de certains des plus remarquables paysages du pays et franchit le cercle polaire. Si votre voyage comprend un aller-retour entre le sud et le nord, assurez-vous de l'emprunter dans un sens ou l'autre.

Mosjøen

9 820 HABITANTS

En arrivant à Mosjøen (prononcer "moucheun") par l'E6, l'aspect industriel de cette cité productrice d'aluminium risque de vous décevoir, surtout si vous venez du nord. Pourtant, sur la rive du Vefsnfjord, l'ancienne Sjøgata figure, avec une ou deux rues alentour, parmi les endroits les plus charmants du Nordland, et mérite amplement une visite. La vue sur les à-pics, de l'autre côté du fjord, est magnifique.

À voir

Sjøgata QUARTIER HISTORIQUE

Une promenade dans le quartier autour de la rue Sjøgata, qui compte plus de 100 édifices classés, se prête à découvrir des galeries, des cafés, des restaurants et des demeures privées installés dans d'anciens entrepôts, ateliers et hangars à bateaux joliment rénovés. *The History of a Town*, une excellente brochure en vente au musée et à l'office du tourisme, décrit l'histoire de Mosjøen.

Vefsn Museum MUSÉE

(helgelandmuseum.no ; adulte/enfant 50 NOK/gratuit ; 10h-18h lun-ven, 10h-15h sam-dim). Ce musée est organisé en deux sites. Dans la rue Sjøgata, l'**entrepôt Jakobsensbrygga** (Sjøgata 31b ; accès avec billet du musée ; 10h-20h lun-ven, 10h-15h sam juin-août, horaires réduits reste de l'année) est un excellent petit musée qui retrace, à l'aide de photos particulièrement évocatrices, l'histoire de la ville à partir du début du XIXe siècle. Au nord-est du centre, la **collection de bâtiments ruraux** (Bygdesamlinga ; accès avec billet du musée ; 10h-15h lun-ven, 11h-15h sam-dim mi-juin à mi-août, horaires réduits reste de l'année) regroupe en plein air 12 fermes, boutiques et autres édifices des XVIIIe et XIXe siècles. L'un et l'autre disposent de très bonnes brochures en anglais.

Circuits organisés

Visites guidées À PIED

(adulte/enfant 50 NOK/gratuit ; 10h juil). Tous les matins de juillet, une visite pédestre de 45 minutes à 1 heure est organisée le long de Sjøgata (en anglais et en norvégien). Départ à l'angle nord-est du Fru Haugans Hotel.

Où se loger

TopCamp Mosjøen CAMPING €

(75 17 79 00 ; topcamp.no/nb/mosjoen ; Campingvegen 1 ; empl tente/caravane 180/255 NOK, bung 4 pers à partir de 650-1 350 NOK ;). À côté de l'E6, à 500 m au sud-est du centre de Mosjøen, ce camping est souvent pris d'assaut par les voyageurs en route vers le cap Nord (Nordkapp). Il comprend un snack-bar, une piscine avec toboggan, une aire de jeux pour enfants et même un bowling.

Kulturverkstedet PENSION €€

(75 17 27 60 ; www.kulturverkstedet.net ; ch 1 100-1 600 NOK). Dirigées par les fondateurs du Café Kulturverkstedet (ci-contre), ces 5 chambres d'hôtes, essaimées le long de Sjøgata, ne manquent pas de charme. La plupart arborent un style délicieusement rétro, lequel n'est pas forcément du goût de tout le monde : prenez le temps de comparer les photos sur leur site Internet, afin de trouver l'ambiance qui vous correspond. La réception est au café.

Fru Haugans Hotel HÔTEL €€€

(75 11 41 00 ; www.fruhaugans.no ; Strandgata 39 ; s/d 1 250/1 650 NOK ; @). L'aspect quelconque de sa façade principale ne doit pas vous dissuader. Le Fru Haugans (du nom de la propriétaire d'origine, dont le portrait est accroché dans le salon voisin du restaurant Ellenstuen) est le plus vieil hôtel de la Norvège du Nord. Il date en partie de 1794, et ses chambres vont de celles d'antan aux simples et modernes. Bon rapport qualité/prix et emplacement idéal.

Où se restaurer

Cafe Umami CAFÉ €

(☎461 89 840 ; Sjøgata 35 ; plats 74-183 NOK ; ⏲9h-15h lun-mer, 9h-17h jeu-ven, 11h-15h sam). Au menu : des sandwichs variés, une redoutable soupe de poulet et quelques salades originales. Ce café occupe un bâtiment ancien de Sjøgata, dont la charmante décoration contemporaine se démarque de celle, à base de tables en bois brut et rideaux à volants, que l'on trouve ailleurs dans la rue. Certains dimanches d'été, le lieu est ouvert de 11h à 15h.

♥ **Gilles Cafe & Musikk** CAFÉ, NORVÉGIEN €€

(☎75 17 54 54 ; www.gilles.no ; Sjøgata 6 ; plats 175-275 NOK ; ⏲8h-19h lun, mar, ven et sam, 8h-23h mer). Vers l'extrémité nord de Sjøgata, cette excellente table sert des en-cas tels que des tempuras de *scampi*, mais aussi des pizzas et des plats plus traditionnels (dont une délicieuse soupe de poisson). C'est le lieu le plus animé de Mosjøen, avec de la musique *live* jusqu'à 21h la plupart des soirs d'été (moins fréquemment le reste de l'année). Il lui arrive même d'organiser des concerts en montagne, à l'extérieur de la ville.

Café Kulturverkstedet CAFÉ €€

(☎75 17 27 60 ; www.kulturverkstedet.net ; Sjøgata 22-24 ; plats à partir de 125 NOK ; ⏲9h-15h lun-sam). Tenu par l'association de sauvegarde du patrimoine local, ce ravissant café est installé dans l'un des plus grands édifices restaurés de Sjøgata. Vous pourrez y boire un verre et grignoter un morceau en feuilletant les livres mis à disposition de la clientèle, ou en visitant la galerie d'art attenante.

♥ **Ellenstuen** NORVÉGIEN €€€

(☎75 11 41 00 ; Strandgata 39 ; plats 280-335 NOK ; ⏲18h-22h30 lun-sam). L'autre restaurant du Fru Haugans Hotel (ci-contre) est un lieu intime, à la décoration riche en éléments d'époque. Vous pourrez y déguster des plats inventifs, dont le cerf rôti ou le filet de grouse légèrement fumé, dans une sauce à la framboise.

Renseignements

Office du tourisme (☎75 01 80 00 ; www.visithelgeland.com ; ⏲9h-19h lun-ven, 11h-17h sam-dim mi-juin à début-août, 10h-16h lun-ven reste de l'année). À l'extrémité nord de Sjøgata.

VAUT LE DÉTOUR

UN CROCHET PAR HATTEN

En voiture, vous pourrez faire un détour agréable en empruntant la Villmarksveien, une magnifique route isolée parallèle à l'E6 à l'est de Mosjøen, qui conduit vers l'étrange **mont Hatten** (ou Hattfjell, 1 128 m). Depuis la route, comptez 2 heures de marche pour rejoindre le sommet. Sachez que la Villmarksveien évite Mosjøen.

Depuis/vers Mosjøen

Depuis l'**aéroport de Mosjøen** (avinor.no/en/airport/mosjoen-airport), à 5 km du centre, Widerøe (www.wideroe.no) propose des vols vers Bodø (via Mo i Rana) et Trondheim.

Des bus rallient Brønnøysund (315 NOK, 3 heures, 1-2/jour sauf sam) et Sandnessjøen (217 NOK, 1 heure 05, 3-5/jour sauf sam). D'autres bus circulent depuis/vers Mo i Rana (168 NOK, 1 heure 35, 2 à 4/jour), mais le train est plus rapide.

Mosjøen se situe sur la ligne ferroviaire entre Trondheim (853 NOK, 5 heures 20, 2-3 trains/jour), Fauske (606 NOK, 3 heures 30, 3/jour) et Bodø (709 NOK, 4 heures 15, 3/jour).

Mo i Rana

26 314 HABITANTS

Mo i Rana (Mo pour les habitants), troisième plus grande ville du Nord, donne accès aux forêts d'épicéas, aux grottes et aux glaciers de la région du cercle polaire arctique. Elle doit sa réputation de cité accueillante à la construction de l'aciérie – aujourd'hui fermée –, qui entraîna sa croissance rapide. Bien que son architecture soit essentiellement cubique, la ville se fait plus pimpante depuis que l'industrie lourde a cédé la place à la technologie. Il ne s'agit certes pas de la plus jolie destination du pays, mais elle compte son lot d'attraits justifiant l'étape.

À voir

Havmannen STATUE

(carte p. 286). Havmannen (l'Homme de la mer), une statue en granit (11 m) baignant dans l'eau jusqu'aux genoux, tourne le dos à la ville et regarde vers le fjord. Cette sculpture aux lignes pures et au profil arrondi est l'œuvre de l'artiste britannique Antony Gormley.

Mo i Rana

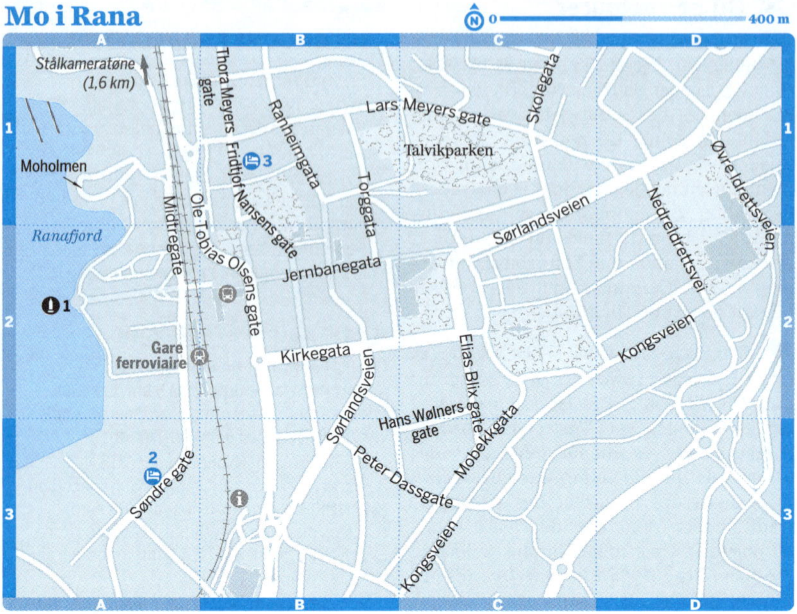

Mo kirke ÉGLISE

Plus ancien bâtiment de la ville, cette église fut édifiée en 1724 à l'initative de Thomas von Westen, l'un es premiers missionnaires luthériens parmi les Samis. Avec son toit pentu et son dôme en forme de bulbe, elle mériterait de plus longues heures d'ouverture.

Le cimetière contient un monument à la mémoire des prisonniers russes morts en captivité et les tombes de 8 soldats britanniques, tués en mission en mai 1940.

Où se loger

Fjordgaarden Mo HÔTEL €€

(carte ci-dessus ; ☎75 12 10 50 ; www.fjordgaarden.no ; Søndre gate 5 ; s/d à partir de 750/940 NOK). Bien située près de la gare et des eaux du fjord, cette adresse stylée compte des chambres basiques, dont les plus récentes sont décorées de photos de stars hollywodiennes (Marylin Monroe, James Dean ou encore Elvis Presley).

Du fait de ses prix, étonnamment raisonnables, elle constitue une très bonne option.

Meyergården Hotell HÔTEL €€

(carte ci-dessus ; ☎75 13 40 00 ; www.meyergarden.no ; Fridtjof Nansens gate 28 ; ch 915-1 595 NOK ; P@). Affilié au groupe hôtelier Scandic, le plus ancien hôtel de Mo ne manque pas de caractère, malgré sa façade toute vitrée un peu passe-partout. La plupart de ses belles chambres ont été récemment rénovées, avec modernité et raffinement.

Il y a un restaurant (voir ci-dessous) et un bar où prendre un verre.

L'établissement peut également organiser des activités. N'hésitez pas à téléphoner au ☎900 54 06..

Où se restaurer

Søilen BISTROT €€€

(carte ci-dessus ; ☎75 13 40 00 ; Fridtjof Nansens-gate 24 ; plats déj 145-165 NOK, plats dîner 175-365 NOK ; 11h30-13h30, 16h30-23h dim). Très réputé, le restaurant de l'hôtel

Meyer-gården n'utilise que de la viande, des produits laitiers et du miel de provenance locale. Mention spéciale pour leur fameux flan au caramel et à la crème fouettée.

Renseignements

L'**office du tourisme** (carte ci-contre ; ☎75 01 80 00 ; visithelgeland.com/no ; Ole Tobias Olsens gate1 ; ⊙9h-19h lun-ven, 11h-17h sam-dim fin juin-début août, horaires réduits reste de l'année) dispose d'un accès Internet gratuit.

Depuis/vers Mo i Rana

L'**aéroport Røssvoll** (avinor.no/en/airport/mo-i-rana-airport/), à 14 km au nord-est de Mo i Rana, assure des vols pour Bodø et Trondheim. Par temps clair, vous bénéficierez d'une vue superbe sur les calottes glaciaires du Svartisen.

En bus, les options sont limitées. Il y a quelques liaisons depuis/vers Sandnessjøen (340 NOK, 2 heures 45, 1 à 3/jour) et Mosjøen (168 NOK, 1 heure 40, 2 à 4/jour). Au moins un bus **Länstrafiken** (www.tabussen.nu) relie la gare routière de Mo i Rana (carte ci-contre) à Umeå (8 heures) et à d'autres destinations en Suède.

La plupart des visiteurs arrivent à la jolie **gare ferroviaire** (☎75 15 01 77 ; www.vy.no) octogonale de Mo i Rana, d'où des trains desservent les destinations suivantes :

DESTINATION	TARIF (NOK)	DURÉE (HEURES)	FRÉQUENCE (/JOUR)
Bodø	534	3	3
Fauske	411	2¼	3
Mosjøen	236	1	4
Trondheim	945	6½	3

Parc national de Saltfjellet-Svartisen

Le parc national de Saltfjellet-Svartisen (2 102 m²) est une des formations géologiques les plus spectaculaires de la Norvège continentale. À l'ouest, il englobe les pics accidentés de la calotte glaciaire du Svartisen, deuxième glacier du pays, dont les langues s'aperçoivent depuis la route côtière Kystriksveien, au nord du point de la traversée en ferry de Forøy. Vers l'est, les hautes et mornes landes du massif du Saltfjellet s'avancent jusqu'à la frontière suédoise.

Le parc national de Saltfjellet-Svartisen est également le territoire d'une faune abondante, dont le glouton, le lynx, l'élan et une population reproductrice de renards arctiques. La plupart de ces animaux restent hélas hors de vue.

Les voyageurs qui se dirigent vers le nord à bord de l'express côtier Hurtigruten peuvent effectuer une superbe excursion vers le glacier du Svartisen.

À voir

Centre du cercle polaire LIEU D'INTÉRÊT
(Polarsirkelsenteret ; ☎918 53 833 ; polarsirkelsenteret.com ; film (facultatif) adulte/enfant 80/40 NOK ; ⊙10h-20h juin-août, 10h-18h mai). Le parallèle 66°33' N marque la limite méridionale du soleil de minuit lors du solstice d'été et de la nuit polaire, lors de celui d'hiver.

Le Centre du cercle polaire se dresse dans un magnifique paysage, au cœur d'une haute vallée enneigée le plus clair de l'année, entre Mo i Rana et Fauske, là où la route de l'Arctique franchit la frontière invisible.

Activités

Glacier du Svartisen

Les deux calottes glaciaires du Svartisen, séparées par la vallée de Vesterdalen, chevauchent le cercle polaire arctique entre Mo i Rana et la péninsule de Meløy. La glace peut y atteindre une épaisseur maximale de 600 m. Si l'altitude moyenne est de quelque 1 500 m, des bras descendent dans les vallées et forment les glaciers les plus bas d'Europe continentale. Vous pourrez aborder le Svartisen par son côté est ou son côté ouest, plus spectaculaire. La plupart des visiteurs se contentent d'une brève excursion en bateau. Les randonneurs auront plus de satisfaction en l'approchant par l'est.

L'**Østisen**, le glacier oriental, est plus accessible depuis Mo. Au bout de la route de Svartisdalen, à 20 km de l'aéroport de Mo i Rana en remontant la vallée, des **ferries** (aller-retour adulte/enfant 170/60 NOK ; ⊙mi-juin à août) traversent le lac Svartisen (Svartisvatnet) 4 fois/jour. Du débarcadère, une marche de 3 km conduit au pied du glacier Austerdalsisen. Un kiosque et un camping sont installés au bord du lac.

De l'extrémité de la route, vous pouvez également grimper jusqu'au refuge sur la rive du lac **Pikhaugsvatnet**, entouré de pics et de glace. Il constitue une excellente base pour des randonnées d'une journée dans la vallée de Glomdal ou jusqu'au glacier du Flatisen.

VAUT LE DÉTOUR

FERME FROMAGÈRE

L'exploitation laitière **Strandli Gård** (☎472 37 246 ; Fv 273 ; ⊙sur rendez-vous) est l'occasion d'une charmante excursion non loin de l'E6. On peut y acheter de bons fromages et yaourts produits sur place, mais également y séjourner dans une atmosphère plus que chaleureuse.

Massif du Saltfjellet

Les vastes hauts plateaux du massif du Saltfjellet dominent le cercle polaire arctique, reliant les pics du Svartisen à la frontière suédoise. Dans cet environnement plutôt inhospitalier subsistent des vestiges d'anciens enclos et sites sacrificiels samis, datant pour certains du IXe siècle.

Une marche de 15 km vers l'est mène à Graddis, près de la frontière suédoise, et au Graddis Fjellstue og Camping (ci-dessous).

En voiture, vous pourrez rejoindre le Saltfjellet par l'E6 ou par la Rv 77, qui suit le versant sud de la vallée de Junkerdalen. Si vous voyagez en train, vous pourrez descendre à Lønsdal, entre Fauske et Trondheim. Il vous faudra peut-être demander l'arrêt ; renseignez-vous.

Où se loger

Graddis Fjellstue og Camping PENSION, CAMPING €

(☎958 36 618 ; www.graddisfjellstue.no ; s/d à partir de 550/750 NOK ; ⊙mi-juin à mi-août). Cette petite pension douillette est tenue par la même famille depuis son établissement en 1867. Outre ses chambres, elle dispose également d'emplacements de camping pour des tentes et des caravanes, ainsi que de bungalows. Vous pourrez aussi profiter du barbecue couvert où des événements festifs peuvent être organisés.

Graddis Fjellstue fait une bonne base pour partir en randonnée et vous pourrez emprunter des chemins parmi les moins fréquentés du pays. Non loin, vous croiserez certainement Mathusalem, un pin vieux d'un millénaire.

Renseignements

CARTES

La *Saltfjellet* au 1/100 000, de Kartverket, est la meilleure carte pour le trekking.

RENSEIGNEMENTS

Le centre d'information touristique de Svartisen (☎416 30 365 ; www.visitmeloy.no ; Rv 17, Holand ; ⊙10h-17h lun-ven juin à mi-août). En été, cet office du tourisme fournit de bons renseignements sur le parc national. Il se situe dans le hameau de Holand, à 14 km à l'est de l'embarcadère des ferries de Forøy et à 25 km au sud-ouest de Glomfjord.

Depuis/vers le parc national de Saltfjellet-Svartisen

La majeure partie du trajet jusqu'au parc devra se faire à bord de votre propre véhicule. Du côté ouest, n'importe quel moyen de transport empruntant la Rv 17 vous déposera au port, au nord de l'embarcadère des car-ferries.

Fauske

9 508 HABITANTS

Fauske étant la porte d'entrée sur la route de l'Arctique vers Bodø (pour les îles Lofoten), Sulitjelma et le parc national de Rago, la plupart des voyageurs en route vers le Nord y passent. Ils sont toutefois rares à s'y attarder davantage que le temps d'un plein d'essence ou d'un changement de bus ou de train.

Pourtant, cela peut valoir la peine d'y passer quelques jours.

À voir

Fauske est essentiellement connue pour son beau marbre, le "rose de Norvège", utilisé pour de nombreux monuments, tels le Rådhus d'Oslo, le siège de l'Onu à New York et le palais impérial à Tokyo. La **place de la ville**, sur le thème du marbre, mérite le coup d'œil.

Vous pourrez aussi découvrir la collection de bâtiments historiques et de textiles du **Fauske Folk Museum** (☎907 33 674 ; nordlandsmuseet.no/en/fauske-bygdetun ; Sjøgata ; adulte/enfant 70/10 NOK ; ⊙11h-15h mi-juin à mi-août, 11h-15h lun-ven reste de l'année), appelé Bygdetun, dont le parc est idéal pour un pique-nique en famille.

Où se loger

Lundhøgda Camping og Motell CAMPING €

(☎97 53 98 94 ; www.lundhogdacamping.no ; Lundveien 62 ; empl voiture/caravane 150/220 NOK, d/tr/bung 700/900/700-1 000 NOK, maison 8 pers 1 800-2 400 NOK ; ⊙mai-sept) Complexe hôtelier à 3 km à l'ouest de la ville, avec une vue superbe sur le fjord et les sommets environnants. Les hébergements n'ont rien d'extraordinaire, mais c'est le cadre qui prime.

Scandic Fauske HÔTEL €€
(75 60 20 00 ; www.scandichotels.no/hotell/norge/fauske/scandic-fauske ; Storgaten 82 ; d 890-1 140 NOK ;). Seul établissement haut de gamme ouvert toute l'année, le Fauske qui vient d'être repris par la chaîne hôtelière Scandic loue des chambres neuves, ornées de peintures contemporaines. Il y a un bon restaurant, d'occasionnels concerts, et un bar assez animé pour un hôtel.

Renseignements

Office du tourisme (47 64 88 90 ; www.visitbodo.com ; Sjøgata ; 11h-18h lun-ven, 11h-17h sam, 12h-18h dim mi-juin à mi-août). Ouvert en saison, il est installé sur le domaine du Bygdetun (Faukse Folk Museum, voir page ci-contre).

Depuis/vers Fauske

BUS

Des bus circulent depuis/vers Bodø (105 NOK, 1 heure 10, 3-6/jour) et Narvik (315 NOK, 4 heures 30, 2/jour).

TRAIN

Des trains font la navette sur la Nordlandsbanen entre Trondheim (1 089 NOK, 8 heures 30) et Bodø (160 NOK, 45 min), via Fauske, 2 fois/jour. Jusqu'à 4 trains circulent tous les jours entre Fauske et Bodø. Comme toujours, réserver en ligne devrait vous permettre de faire de substantielles économies sur le prix du billet. Pour pousser plus au nord, vous devrez prendre un bus.

Narvik

18 787 HABITANTS

Narvik présente deux visages. Côté pile, elle jouit d'une situation exceptionnelle, enserrée par des îles à l'ouest et par des montagnes sur tous les autres bords, tandis que de spectaculaires fjords s'étirent au nord et au sud. Côté face, l'industrie lourde jette un voile de laideur sur un centre-ville plutôt délabré. Narvik fut fondée en 1902 en tant que port pour les mines de fer de la ville de Kiruna, en Laponie suédoise, et l'installation de transbordement qui scinde la ville en deux voit toujours les wagons décharger sur les navires plusieurs millions de tonnes annuelles de minerai.

Cependant, son attrait réside ailleurs, à savoir dans les activités sportives et touristiques uniques à pratiquer alentour, et dans la spectaculaire voie ferrée Ofotbanen, qui rallie la Suède.

À voir

Musée de la Guerre de Narvik MUSÉE
(Narvik Krigsmuseum ; 76 94 44 26 ; www.warmuseum.no/no/English ; Kongens gate 39 ; adulte/enfant/famille 130/55/295 NOK ; 10h-16h tlj). Ce petit musée retrace les combats livrés à Narvik au tout début de la Seconde Guerre mondiale et les cinq années d'occupation qui s'ensuivirent – une exposition

LA BATAILLE DE NARVIK

Pendant la Seconde Guerre mondiale, le contrôle de ce port stratégique fut un enjeu crucial pour la machine de guerre allemande, qui entendait sécuriser son ravitaillement en fer (50% de ses importations provenaient de Narvik). En avril 1940, 10 destroyers allemands bravèrent le blizzard pour entrer dans le port et couler deux cuirassés norvégiens. Le lendemain, cinq destroyers britanniques engagèrent une bataille féroce qui causa la perte de deux navires dans chaque camp. En mai, Britanniques, Norvégiens, Français et Polonais débarquèrent pour reprendre la ville.

Mais les Allemands livrèrent une rude bataille, et la ville fut ravagée. Le cimetière de la ville en témoigne, avec ses tombes de soldats, tout comme les 34 navires norvégiens, britanniques, français, néerlandais et allemands au fond du port. Le 8 juin 1940, les Alliés abandonnèrent Narvik (pour rejoindre la bataille de France), qui repassa aux mains des Allemands entre lesquelles elle demeura jusqu'au 8 mai 1945.

Sur tout le long de l'E6, dans les deux sens, depuis Narvik, des panneaux "Narvik 1940" indiquent des mémoriaux et des panneaux d'information sur les moments clés de la bataille, dont l'offensive du général norvégien Carl Gustav Fleischer pour tenter de reprendre la ville.

À NE PAS MANQUER

LA RALLARVEIEN

Randonnée prisée, la Rallarveien court en parallèle de la **voie ferrée Ofotbanen** (voir ci-contre), suivant un ancien chemin pour les ouvriers ferroviaires, entre le parc national d'Abisko et la mer. Peu de marcheurs l'entreprennent intégralement et décident plutôt de partir de **Riksgränsen** ou de **Bjørnfell**, la station suivante à l'ouest. C'est une descente peu exigeante jusqu'à **Katterat**, d'où l'on peut prendre le train du soir pour Narvik.

Les plus endurants descendront à **Rombaksbotn**, au bout du fjord, site du campement principal où la voie ferrée se construisait (retournée depuis à l'état sauvage). De là, un bateau (adulte/enfant 345/140 NOK) part irrégulièrement pour Narvik en été. Vous renseigner auprès de l'office du tourisme (p. 292) vous évitera un trek supplémentaire de 10 km, malvenu en fin de journée.

sobre et fascinante. Une brochure détaille chaque section du musée.

Activités

Narvikfjellet TÉLÉPHÉRIQUE

(905 40 888 ; www.narvikfjellet.no ; Mårveien ; aller/aller-retour 150-200/225-295 NOK, gratuit -7 ans ; 12h-19h juin et août, 12h-minuit juil, 11h-18h et 16h-22h ven-dim sept-oct). Ce téléphérique grimpe à 656 m au-dessus de la ville, offrant une vue fabuleuse sur les sommets et les fjords alentour, et jusqu'aux Lofoten par temps clair. Plusieurs chemins de randonnée balisés partent de la station au sommet. Une piste de VTT, également signalée, descend vers la ville. De février à avril, le Narvikfjellet vous dépose sur le domaine skiable – pistes, hors-piste et ski de fond – aux vues époustouflantes. On aime venir y admirer le soleil de minuit.

Si vous souhaitez aller encore plus haut, renseignez-vous sur les randonnées organisées, qui mènent au-delà de la plus haute station (adulte 645 NOK, moins de 15 ans 445 NOK). Le parc d'accrobranche (adulte/enfant 250/200 NOK) est très amusant.

Voie ferrée Ofotbanen TRAJET EN TRAIN

(57 63 14 00 ; www.norwaysbest.com/the-arctic-train ; adulte/enfant 650/325 NOK). La splendide voie ferrée Ofotbanen grimpe le long des parois des fjords, à travers des forêts de bouleaux et des plateaux rocailleux jusqu'à la frontière suédoise. De Narvik à Riksgränsen, la station de ski juste après la frontière suédoise, la voie ferrée passe par une cinquantaine de tunnels et de galeries pare-neige. Peu avant l'arrivée à Narvik, peut-être apercevrez-vous l'épave du navire allemand *Georg Thiele*, à l'orée du fjord.

La ligne peut se parcourir en une journée ou une demi-journée, en partant de Narvik à 10h26. Le train qui repart de Riksgränsen à 11h39 laisse le temps pour un café et un bref coup d'œil. Vous pouvez aussi vous promener dans ces montagnes superbes et prendre le train de 16h02. En quittant Narvik, asseyez-vous du côté gauche pour les plus belles vues.

Construite à la fin du XIXe siècle par des travailleurs migrants pour relier Narvik aux mines de fer de Kiruna, au nord de la Suède, elle fut inaugurée en 1903. Actuellement, quelque 15 millions de tonnes de minerai transitent chaque année par cette ligne, devenue un important site touristique.

En Suède, plusieurs chemins de randonnée longue distance partent de la voie ferrée, dont le Kungsleden, de renommée mondiale, qui court vers le sud depuis Abisko jusqu'au cœur de la Suède.

L'office du tourisme de Narvik (p. 292) organise des circuits guidés (900 NOK/pers).

Narvik Golfklubb GOLF

(948 00 949 ; www.narvikgolf.no ; journée/9 trous 400/250 NOK). Une route splendide longe le fjord jusqu'à ce golf magnifique, à Skjomendalen ; à 18 km au sud de la ville, juste avant le pont Skjomen sur l'E6, suivez les panneaux indiquant Skjomdal. Les parois abruptes du fjord dissimulent une vallée dans laquelle se niche le parcours. De beaux sentiers de randonnée sillonnent les alentours.

Narvik og Omegns Turistforening RANDONNÉE

(NOT ; 905 73 732 ; not.dnt.no). L'Association de randonnée pédestre de Narvik, excellente source d'informations sur la randonnée, entretient plus de 15 refuges, pour la plupart entre Narvik et la frontière suédoise. L'office du tourisme (p. 292) vous remettra les clés contre une caution de 150 NOK.

Fêtes et festivals

Vinterfestuka MUSIQUE, CULTURE

(☎469 45 032 ; www.vinterfestuka.no ; ⊙mars). Chaque année en mars, Narvik organise sa Vinterfestuka, une semaine de festivités qui commémore également les terrassiers qui construisirent la voie ferrée.

Où se loger

Ballangen Camping CAMPING €

(☎76 92 76 90 ; www.ballangen-camping.no ; Stor Ballangen ; empl tente/caravane 150/250 NOK, bung 2 lits 450 NOK, 4/6 lits avec sdb 800/1 000 NOK). À 2 km au nord-est du centre, le seul camping de Narvik surplombe le fjord et l'E6. Malgré de nombreuses qualités, sa proximité avec la nationale et la voie ferrée ne garantit pas un sommeil des plus paisibles.

Breidablikk Gjestehus PENSION €€

(☎76 94 14 18 ; www.breidablikk.no ; Tore Hunds gate 41 ; s 1 150 NOK, d 1 750 NOK, f 2 800 NOK ; P@📶). L'abrupte montée qui mène à cette plaisante pension depuis le centre est vite oubliée. À flanc de colline, il y a là des chambres pour tous les budgets – panorama sur la ville et le fjord en prime. Le salon commun est très confortable.

Scandic Narvik HÔTEL €€

(☎76 96 14 00 ; www.scandichotels.no/hotell/norge/narvik ; Kongens gate 33 ; d 895-1 495 NOK ; 📶). Ce saisissant édifice en verre, qui domine le centre-ville, renferme l'hôtel le plus élégant de Narvik. Toutes les chambres, des "standards" aux "Junior Suites", sont chics et contempraines, et celles des étages supérieurs ont une vue fabuleuse. Excellent restaurant qui donne sur la ville, bar au 16e étage (Tøtta Bar, voir ci-contre). également salle de sport et parking.

Où se restaurer

Arild's Grillbar RESTAURATION RAPIDE €

(☎76 94 56 00 ; arildsgrillbar.no ; Torgsvingen 9 ; plats 60-180 NOK ; ⊙11h-23h lun-ven, 12h-23h sam-dim). Les fast-foods sont omniprésents en Norvège, mais les voyageurs à petit budget las des hot-dogs de stations-services se réjouiront de trouver cette adresse, où sont servis des plats simples, mais bons. L'établissement propose pizzas, burgers et salades ainsi que des tables auxquelles s'asseoir. En bas des escaliers, près du marché aux poissons.

VAUT LE DÉTOUR

LE HAMSUNSENTERET

À peu près à mi-chemin entre l'E6 et le point de traversée en ferry depuis/vers les îles Lofoten à Skutvik, le long de la Rv 81, le **centre Knut Hamsun** (Hamsunsenteret ; ☎75 50 34 50 ; www.hamsunsenteret.no ; Presteid, Hamarøy ; adulte/6-18 ans 130 NOK/gratuit ; ⊙10h-18h juin à mi-août, 10h-15h30 mar-ven et 11h-17h sam-dim et reste de l'année, fermé jan) est un incontournable pour les amateurs de littérature. L'architecture audacieuse du bâtiment est un des exemples les plus frappants de design contemporain en Norvège du Nord, tandis que dans le musée même, des expositions bien présentées couvrent la vie et l'œuvre de Knut Hamsun, qui remporta le prix Nobel de littérature en 1920. L'aimable personnel en promeut volontiers les œuvres.

Fiskekroken CAFÉ €

(☎907 09 976 ; www.facebook.com/Fiskekroken-Narvik ; Kongens gate 42 ; plats 80-190 NOK ; ⊙12h-19h mar-jeu, 13h-21h ven-sam). Ce petit café, rattaché à la poissonnerie adjacente, sert des plats rapides à emporter ou à manger sur place, à l'exemple de croquettes de poisson et de *fish and chips*. Le poisson est extra-frais.

Kafferiet INTERNATIONAL €€

(☎76 96 00 55 ; kafferiet.com ; Dronningensgate 47 ; repas léger 129-209 NOK, plats 193-349 NOK ; ⊙11h-minuit lun-jeu, 11h-0h30 ven, 11h30-0h30 sam). L'établissement le plus sophistiqué de Narvik est chic, moderne et dispose de tables en extérieur le long d'un escalier. Pâtes, poisson et viandes grillées composent l'essentiel d'un menu très convenu. Une fois la cuisine fermée, le lieu se transforme en bar/boîte de nuit.

Où prendre un verre et faire la fête

Tøtta Bar BAR À COCKTAILS

(☎76 96 14 09 ; www.scandichotels.com/hotels/norway/narvik/scandic-narvik/restaurant-bar/totta-bar ; Scandic Narvik, 16e ét, Kongens gate 33 ; ⊙18h-minuit tlj). Entouré de baies vitrées à en avoir le vertige, ce bar à cocktails très stylé, au 16e étage du Scandic Narvik (voir p. 291), se targue d'une vue fabuleuse, et n'est pas réservé uniquement à la clientèle de l'hôtel.

Renseignements

Dans le centre, l'**office du tourisme** (☎76 96 56 00 ; www.destinationnarvik.com ; Kongens gate 41-43 ; ⊙10h-18h lun-dim juin-août, 10h-15h lun-dim sept-mai) détient les clefs des refuges du Narvik og Omegns Turistforening (p. 290 ; caution 150 NOK). Accès Wi-Fi gratuit et location de vélos (250 NOK/jour).

Depuis/vers Narvik

AVION

Presque tous les vols partent de l'aéroport Harstad-Narvik à Evenes, à 1 heure 15 de la ville par la route. Le petit aéroport Framneslia de Narvik, à 3 km à l'ouest du centre, dessert uniquement Bodø, Tromsø et Andenes.

BUS

Depuis la **gare routière**, des bus express circulent vers le nord jusqu'à Tromsø (280 NOK, 5 heures 30, 3/jour) et vers le sud jusqu'à Bodø (325 NOK, 7 heures, 2/jour) via Fauske (315 NOK, 5 heures 30, 2/jour).

Pour rejoindre les îles Lofoten, 2 bus Lofotekspressen (www.reisnordland.no) circulent chaque jour entre Narvik et Svolvær (413 NOK, 3 heures 50), avant de continuer jusqu'à Å.

Entre fin juin et début septembre, le bus n°91 circule 2 fois/jour le long de l'E10 jusqu'à Riksgränsen (45 min), en Suède, et continue vers Abisko et Kiruna (3 heures).

TRAIN

En direction de la Suède, 2 trains partent chaque jour pour Riksgränsen (1 heure), à la frontière, et Kiruna (3 heures). Des trains continuent jusqu'à Lulea (7 heures 15) via Boden, où des correspondances permettent de rallier Stockholm. L'itinéraire emprunte la spectaculaire voie ferrée Ofotbanen (p. 290) et passe, en Suède, par le parc national d'Abisko, un bel endroit pour la randonnée et les paysages arctiques.

LA ROUTE CÔTIÈRE KYSTRIKSVEIEN : PLANIFIER SON ITINÉRAIRE

L'excellente brochure gratuite *Kystriksveien*, distribuée par les offices du tourisme et de nombreux hôtels sur la route, contient une mine d'informations. Le site Internet www.visitnorway.no/reisemal/trondelag/kystriksveien (en anglais) fournit encore plus de détails. Pour une description plus approfondie, téléchargez la brochure détaillée du *Travel Guide* sur le site.

Pour des informations plus orientées pour les petits budgets, rendez-vous sur : 0 (en anglais).

ROUTE CÔTIÈRE KYSTRIKSVEIEN

Si vous disposez d'un ou deux jours, quittez la route de l'Arctique pour découvrir l'isolement et la splendeur de la Kystriksveien, la "route côtière" qui se déroule le long du littoral sur 650 km. La parcourir entièrement nécessite du temps et de l'argent, mais on peut la quitter ou la rejoindre à Steinkjer, à Bodø ou, à mi-chemin, à Mosjøen ou Mo i Rana. Vous devrez être motorisé, car les bus n'empruntent pas cette route.

Près de 14 000 îles ponctuent le large, des petits îlots rocheux parsemés de quelques touffes d'herbe aux îles (telle Vega) habitées depuis des siècles par des communautés vivant de la pêche côtière et d'une agriculture de subsistance. Autant de destinations qui méritent le détour.

Brønnøysund

5 037 HABITANTS

La petite localité côtière de Brønnøysund est flanquée d'un archipel d'îlots d'un côté, et de terres agricoles vallonnées de l'autre. Son très joli cadre la distingue d'autres bourgades du sud de la Kystriksveien, et elle mérite un arrêt, ne serait-ce que pour cette raison.

À voir

Torghatten MONTAGNE

À 15 km au sud de Brønnøysund, sur l'île de Torget, le Torghatten est un point de repère local. Dans la montagne, une percée, haute de 35 m et large de 20 m, est accessible par un bon sentier (20 min de marche). L'express côtier Hurtigruten en direction du sud contourne l'île, avec à la clef une excellente vue sur ce tunnel naturel, long de 160 m.

Hildurs Urterarium JARDIN

(☎415 15 213 ; www.hildurs.no ; Tilrem ; visite guidée avec déj et boissons 325 NOK/pers ;

12h-17h mi-juin à mi-août). À 6 km au nord de Brønnøysund, ce jardin abrite quelque 100 variétés de rosiers, 400 espèces d'herbes et 1 000 de cactus. Il comprend aussi de vieux bâtiments agricoles, une petite galerie d'art et une boutique qui vend des produits locaux, dont du vin élaboré sur la propriété. Le jardin est un endroit plaisant pour une pause déjeuner.

Circuits organisés

L'office du tourisme vend des billets pour une splendide **minicroisière** recommandée, à bord de l'express côtier Hurtigruten. Partant tous les jours à 17h, le bateau passe par le Torghatten, à destination de Rørvik au sud, dans le Trøndelag ; vous disposerez de 1 heure pour explorer la ville et visiter son splendide **musée Norveg** (p. 280), avant de reprendre le bateau vers le nord et de revenir à Brønnøysund à 1h. Les prix varient selon la saison et la disponibilité.

Où se loger

Torghatten Camping CAMPING €

(75 02 54 95 ; torghatten.net ; empl tente/caravane 250/280 NOK, bung 1 500-1 950 NOK). Ce charmant camping possède une petite plage au bord d'un lac artificiel, idéale pour les enfants. Situé à 10 km au sud-ouest de Brønnøysund, c'est une bonne base pour l'ascension du Torghatten (ci-contre).

Thon Hotel Brønnøysund HÔTEL €€

(75 00 89 00 ; www.thonhotels.no/bronnoysund ; Sømnaveien 98 ; ch à partir de 1 345 NOK ; P). Entre chambres modernes, bon petit-déjeuner et vue splendide depuis les derniers étages, cet établissement, fidèle aux standards de la chaîne hôtelière Thon, est le meilleur hébergement de la ville.

Où se restaurer

Restaurant Sagastua NORVÉGIEN €€€

(Hildurs Urterarium ; 415 15 213 ; www.hildurs.no/restaurant-sagastua ; Tilrem ; buffet avec 1 plat chaud/2 plats chauds et dessert 395/495 NOK, déj 195/325 NOK, menu 3/5/7 plats à partir de 525/625/755 NOK ; 13h-17h). Sens du goût, service professionnel et belle présentation font de ce restaurant une valeur sûre. Le poisson est particulièrement bien cuisiné, tout comme les steaks, cuits à la perfection. Le menu varie en fonction des saisons.

Renseignements

Office du tourisme (75 01 80 00 ; www.visithelgeland.com ; Sømnaveien 92 ; 9h-19h lun-ven, 11h-17h sam-dim mi-juin à mi-août, horaires réduits reste de l'année : lun-ven et fermé sam-dim). À une rue du quai de l'express côtier Hurtigruten. Location de vélos (200 NOK/jour).

Depuis/vers Brønnøysund

Widerøe (www.wideroe.no) propose des vols depuis Trondheim, Oslo et Bergen ; la route d'approche la plus empruntée passe juste au-dessus du Torghatten, entouré d'eaux azur.

Jusqu'à 3 bus/jour font la liaison entre Brønnøysund et Sandnessjøen (340 NOK, 3 heures, tlj sauf dim). Un ou deux vont jusqu'à Mosjøen (325 NOK, 3 heures, 1-2/jour tlj sauf sam).

L'express côtier Hurtigruten fait escale à Brønnøysund (voir *Circuits organisés*, ci-contre).

Vega

900 HABITANTS

Vega reste une destination peu visitée par les touristes étrangers (de fait, nous étions les seuls non-Norvégiens à bord des différents ferries où nous embarquâmes). Cette île et plus de 6 500 *skerries*, îlots et rochers qui forment l'archipel de Vega, sont classés au Patrimoine mondial de l'Unesco. Ni les monuments ni les paysages (par ailleurs splendides) n'ont motivé cette distinction. Le comité a préféré récompenser la ténacité des générations de pêcheurs et de fermiers qui, depuis 1 500 ans, perpétuent un mode de vie durable dans un environnement inhospitalier. Aujourd'hui, la principale ressource est la collecte des plumes d'eider, une activité essentiellement féminine. Pour en savoir plus sur ces canards et leur duvet, visitez le beau petit musée E-huset, ou consultez le site www.verdensarvvega.no.

À voir

E-huset MUSÉE

(950 444 59 ; www.facebook.com/pg/ehuset/about ; adulte/enfant 60 NOK/gratuit ; 12h-16h juin à mi-sept). Situé dans le hameau de pêcheurs de Nes, cet excellent musée consacré à l'eider explique comment les canards sont nourris, tels des animaux domestiques, au retour de leur migration hivernale, toujours dans le même

nid. L'E-huset occupe un ancien comptoir commercial, avec son mobilier d'origine et des étagères remplies de marchandises de jadis.

Activités

L'archipel de Vega attire les ornithologues amateurs : 228 espèces y vivent et c'est une zone d'hivernage importante pour les oiseaux marins. La bernache nonnette, plus connue pour nicher au Svalbard, y fait une halte lors de sa migration estivale vers le nord, tandis qu'une grande colonie de cormorans nidifie sur l'un de ses *skerries* les plus à l'ouest.

Où se loger

Vega Camping CAMPING €
(☎959 73 616 ; www.vegacamping.no ; Floa ; empl voiture/caravane 175/210 NOK, bung 600-850 NOK ; ⌚toute l'année). La pelouse soignée qui s'étend jusqu'au rivage fait de ce simple camping paisible l'un des plus jolis du pays. Vous pouvez louer un bateau ou un vélo (350/175 NOK/jour) ou monter à cheval dans l'école d'équitation voisine.

♥ **Vega Havhotell** HÔTEL €€
(☎75 03 64 00 ; www.havhotellene.no ; Viksås ; s/d/ste 1 390/1 490/1 890 NOK ; ⌚fermé oct et lun nov-mars). Rien de plus tranquille que cette retraite isolée à l'extrémité nord de Vega. Et les 21 chambres impeccablement aménagées ne comprennent ni radio ni TV. Un endroit idéal pour se détendre, se promener le long de la côte venteuse ou observer les canetons suivant leur mère. Le restaurant sur place est excellent et les hôtes, Anna et Jon, sont charmants.

Achats

♥ **Utværet Lånen** DÉCORATION, ACCESSOIRES
(☎452 72 654 ; lanan.no ; Lånen) Sur l'île de Lånen, à 30 km environ au nord-ouest de l'île principale de l'archipel de Vega, Utværet Lånen vend des moufles, des oreillers, des couvertures et d'autres articles garnis de duvet, merveilleusement chauds et doux. Si vous ne pouvez pas vous rendre sur l'île, il vous restera la boutique en ligne.

Renseignements

L'office du tourisme (☎479 07 132 ; www.visitvega.no ; ⌚9h-19h lun-ven, 9h30-15h30 sam-dim mi-juin à mi-août, 8h30-15h30 reste de l'année) se situe à Gardsøya.

Depuis/vers Vega

Des bateaux express relient Vega à Brønnøysund et à Sandnessjøen. Des car-ferries effectuent la traversée depuis Horn et Tjøtta, sur le continent.

Sandnessjøen

5 930 HABITANTS

Petite et paisible, Sandnessjøen est une cité florissante en puissance : on y a découvert du pétrole au large et de grands changements sont à prévoir. En attendant, c'est une petite localité un brin décatie, où la vie tourne autour du port de pêche et de la Torolv Kveldulvsons gate, rue piétonne à un pâté de maisons de là.

On y vient surtout pour l'impressionnant massif des Syv Søstre (Sept Sœurs), au sud de la ville.

À voir

♥ **Musée Petter Dass** MUSÉE
(Petter Dass Museet ; ☎75 11 01 50 ; www.petter-dass.no ; près de la Fv 17, Alstahaug ; adulte/enfant 120/100 NOK ; ⌚10h-17h tlj mi-juin à mi-août, 10h-15h30 mar-ven et 11h-17h sam-dim reste de l'année). Même si le poète et pasteur norvégien Petter Dass (1647-1707) vous est inconnu, ne manquez pas ce saisissant musée à Alstahaug, au sud de Sandnessjøen. Dass a passé ses 18 dernières années dans la localité, et le bâtiment, exemple d'architecture avant-gardiste, abrite un fascinant aperçu de sa vie et de son œuvre.

Activités

L'office du tourisme indique des randonnées dans le massif des **Syv Søstre (Sept Sœurs)**, accessible notamment par la Rv 17 à Breimo ou à Sørra, à 4 km au sud de la ville. De là, il faut marcher 2 km jusqu'au point de départ du chemin, au pied des montagnes. On peut également s'y rendre en **taxi** (☎75 04 02 12). Le début des chemins de randonnée est marqué d'un point rouge. On peut se procurer des cartes basiques et des descriptions élémentaires d'itinéraires à l'office du tourisme (p. 296), mais mieux vaut emporter l'*Alstahaug*, une carte fiable au 1/50 000. Par mesure de sécurité (le temps peut subitement changer dans ces contrées), informez l'office du tourisme de votre départ et de votre destination.

Quasiment aucun randonneur n'atteint les sept sommets (de 910 m à 1 072 m) en une journée. Organisée à quelques années

VAUT LE DÉTOUR

LA KYSTRIKSVEIEN DE SANDNESSJØEN À STORVIK

Les superlatifs pleuvent sur cette étendue de littoral et, s'il ne faut parcourir qu'une partie de la route côtière, nous conseillons le tronçon entre Sandnessjøen et l'inattendue plage de sable à Storvik, à 100 km au sud de Bodø. Cette route est en grande partie classée route touristique nationale, titre uniquement décerné aux routes de Norvège les plus panoramiques. Avec trois traversées en ferry et quantité de raisons de s'arrêter et de contempler, la journée sera longue (surtout si vous souhaitez gagner Bodø avant la tombée de la nuit) mais inoubliable : la route cahote et zigzague entre océan et montagnes aux cimes tachetées de neige, même en plein été.

La plus belle vue de la partie méridionale du trajet apparaît lorsque la route s'élève après la traversée en **ferry Låvong-Nesna**. Ensuite, alors que la route approche de Mo i Rana, c'est tout un parcours exceptionnel, le long du joli **Ranafjord** jusqu'à Stokkvågen. Un peu plus loin, vous pourrez errer dans le fort nazi de **Grønsvik**, ouvrage défensif parmi les plus de 350 qui furent bâtis le long de la côte norvégienne. Environ 1 km après le fort, un poste d'observation offre une vue encore plus sensationnelle.

La route franchit le **cercle polaire arctique** lors de la traversée d'une heure entre Kilboghamn et Jektvik (généralement, le capitaine du ferry fait une annonce – cherchez un globe argenté sur la rive est). Plus on va vers le nord, plus les paysages sont magiques, des montagnes enneigées de la calotte glaciaire du Svartisen aux innombrables îles, îlots et *skerries* (îles côtières). Le long du chemin, les aigles de mer tournoient au-dessus de vos têtes et les fleurs de printemps se parent de leurs plus beaux atours dans le climat relativement doux, réchauffé par les tout derniers courants du Gulf Stream. Sur de longues portions, la route passe tout au bord de l'eau.

La vue la plus spectaculaire sur le Svartisen vous attend après la traversée en **ferry Ågskardet-Forøy**, avec les langues du glacier descendant des champs de glace vers l'eau, depuis la route le long du Holandsfjord.

Pour s'approcher un peu plus, un **ferry** (☎ 95 92 03 27 ; www.engenbreenskyss.no ; aller-retour adulte/enfant 200/100 NOK) traverse en 10 minutes le Holandsfjord toutes les heures environ. Vous pouvez louer un vélo (3/6 heures 70/85 NOK) pour parcourir la piste gravillonnée de 3 km entre la jetée et le bord de la langue glaciaire de l'Engebreen.

À 15 minutes de marche du débarcadère se trouve un bureau d'information saisonnier, qui comprend un café, un restaurant et une boutique. Il organise des promenades guidées de 1 à 2 heures sur le glacier (600 NOK) et des randonnées de 4 à 5 heures (1 100 NOK) depuis l'extrémité du lac Engabrevatnet. Réservez bien à l'avance.

Vous pouvez aussi emprunter, en indépendant, le chemin escarpé qui suit la lisière du glacier jusqu'au **refuge de Tåkeheimen** (1 171 m), près du sommet du Helgelandsbukken (1 454 m). Suivez les marques "T", et comptez 8 heures aller-retour. Le Turistsenter peut aussi vous recommander des hébergements en bungalow dans la région.

Si vous avez du temps devant vous, faites halte au **Furøy Camping** (☎ 94 19 13 15 ; www.furoycamp.no ; Forøy ; empl tente/caravane 180/250 NOK, bung 570-1 050 NOK). Outre la magnifique vue sur le glacier du Svartisen de l'autre côté du fjord, l'endroit dispose d'une aire de jeux 5 étoiles pour les enfants (avec trampoline et mini-bungalows). Il est à 1 km à peine du terminal des ferries reliant Ågskardet à Føroy, et mieux vaut réserver son bungalow. En été, une file de véhicules encombre la route du débarcadère à la réception.

d'intervalle, une compétition consiste à les faire tous. Le record est de 3 heures et 54 minutes, mais, pour le commun des mortels, mieux vaut prévoir 15-20 heures. L'ascension aller du Botnkrona (1 072 m), point culminant, prend 3-4 heures aux randonneurs relativement entraînés, tandis qu'il faut prévoir 2-3 heures de grimpée (aller également) pour chacun des autres sommets.

Marquez votre nom dans le registre en haut de chaque sommet, remplissez une carte de contrôle et remettez-la à l'office du tourisme : vous recevrez un diplôme par e-mail.

Autre itinéraire possible : l'ascension du **Dønnmannen** (858 m), une randonnée de 8 km aller-retour réputée difficile et réservée aux marcheurs chevronnés. Le circuit commence à Hagen, sur l'île située

TRAVERSÉES EN FERRY DE SANDNESSJØEN À BODØ

Le long trajet d'une journée entre Sandnessjøen et Bodø est sensiblement ralenti par les trois traversées à effectuer à bord de ferries. Les horaires sont disponibles dans les offices du tourisme situés sur le trajet, ainsi qu'à Sandnessjøen et à Bodø. Sachez que, même pendant la haute saison estivale, il y a rarement plus d'une traversée par heure. Mieux vaut donc bien planifier ses déplacements pour réduire l'attente. Les sites www.torghatten-nord.no et www.reisnordland.no affichent de bons renseignements sur de nombreux ferries. Les trois traversées à faire sont :

Levang-Nesna (passager/voiture 42/85 NOK, 20 min)

Kilboghamn-Jektvik (passager/voiture 65/206 NOK, 1 heure 10-2 heures)

Ågskardet-Forøy (passager/voiture 33/79 NOK, 8 min)

en face de Sandnessjøen à l'est. L'office du tourisme de Sandnessjøen vous indiquera les itinéraires possibles et les horaires des ferries.

Où se loger

Sandnessjøen Camping CAMPING €
(☎975 62 050 ; www.ssj.no ; Fv 17 ; empl tente/caravane 150/250 NOK, bung 600-1 200 NOK). À quelque 10 km au sud de Sandnessjøen, ce camping bien tenu propose des emplacements et des bungalows simples, donnant sur un splendide panorama.

Scandic Syv Søstre HÔTEL €€
(☎75 06 50 00 ; www.scandichotels.no/hotell/norge/sandnessjoen/scandic-syv-sostre ; Torolv Kveldulvsons gate 16 ; d à partir de 1 350 NOK ;). Ce grand hôtel près de l'embarcadère de l'express côtier Hurtigruten offre tout le confort que l'on peut attendre d'un établissement de la chaîne Scandic. Les chambres, très élégantes, ont pour la plupart une belle vue, et le petit-déjeuner est excellent.

Leinesodden Cabins BUNGALOWS €€
(☎46 90 47 43 ; www.sandnessjoenovernatting.no ; près de la Fv 17 ; bung 1 200/6 000 NOK par nuit/sem). Affilié à la pension Sandnessjøen, le Leinesodden Cabins propose des hébergements bien plus originaux, convenant particulièrement aux familles et aux groupes. À 10 minutes de route de la ville, sur la rive opposée. Les bungalows, meublés avec goût, peuvent accueillir 5 à10 personnes, et l'on s'y sent merveilleusement isolé.

Syv Søstre Apartments HÔTEL €€
(☎75 05 50 00 ; www.syvsostreapartments.no ; Havnegata 4 ; d à partir de 1 295 NOK ;). L'ancien Clarion Collection Hotel Kysten surplombe le front de mer. Il a été racheté par la chaîne hôtelière Scandic et ses chambres ont été reconverties en studio, appartements de 2 ou 3 pièces au décor design et contemporain, dans des tons beiges et gris. Il y a une cuisine dans chaque appartement.

Où se restaurer et prendre un verre

Restaurante Soprano ITALIEN €€
(☎407 00 006 ; www.restaurant-soprano.no ; Torolv Kveldulvsons gate 33 ; plats 149-289 NOK ; ⌚11h-22h lun-jeu, 11h-23h ven-sam, 14h-22h dim). Un bon choix pour manger en dehors des hôtels. Le Soprano n'a rien d'extraordinaire, mais sert d'authentiques pâtes et pizzas et surpasse d'une courte tête la plupart des restaurants italiens en Norvège. Au déjeuner, essayez les *manicotti* : sortes de petites crêpes garnies de sauce à la viande et gratinées avec du fromage.

Onkel Oskar BAR
(☎477 47 867 ; onkel-oskar-sandnessjen.business.site ; Torolv Kveldulvsons gate 40 ; ⌚18h-minuit lun-sam). Fort d'une splendide cheminée ancienne et d'une ambiance à la mode de jadis, ce bar, qui organise souvent des soirées quiz, ne s'en révèle pas moins étonnamment branché pour une petite bourgade de province. Tout est dans la devise : "L'alcool est le pire ennemi de l'homme, or la Bible dit d'aimer ses ennemis."

Renseignements

Office du tourisme (☎75 01 80 00 ; www.visithelgeland.com ; Torolv Kveldulvsons gate 10 ; ⌚9h-19h lun-ven, 11h-18h sam-dim mi-juin à mi-août, 10h-15h lun-ven reste de l'année). Une excellente ressource pour toute la région du Helgeland. Au cœur de la ville.

Depuis/vers Sandnessjøen

Widerøe (www.wideroe.no) propose des vols directs desservant Bodø, Trondheim, Mo i Rana et Mosjøen.

Les bus au départ de Sandnessjøen rallient notamment Brønnøysund (168 NOK, 4 heures 30, tlj sauf dim), Mosjøen (217 NOK, 1 heure, 3-5/jour sauf sam) et Mo i Rana (266 NOK, 2 heures 55, 1-3/jour).

L'express côtier Hurtigruten accoste deux fois par jour. Des ferries partent vers Brønnøysund, Træna et Vega. Vous trouverez les horaires actualisés à l'office du tourisme (ci-contre).

Træna

Træna est un archipel de plus de 1 000 petits *skerries* plats, dont cinq seulement sont habités. Rendez-vous sur l'île de **Husøy**, où l'on trouve la plupart des habitants et des hébergements de Træna, ainsi que sur celle voisine de **Sanna**. Cette dernière, longue d'à peine plus de 1 km, est traversée sur sa longueur par une chaîne de montagnes miniatures, qui culmine au Trænstaven (318 m), à l'extrémité nord. On y a l'impression d'arriver au cœur des contrées les plus reculées et les plus paisibles de Norvège, et de pénétrer en un lieu où le temps s'est arrêté.

Fêtes et festivals

Festival de Træna MUSIQUE

(Trænafestivalen ; www.trena.net ; juil). Chaque année, Træna accueille ce qui est sûrement l'un des festivals musicaux les plus reculés d'Europe. Cet isolement n'empêche pas des artistes norvégiens et internationaux de venir s'y produire pendant quatre mémorables jours.

Où se loger

Træna Rorbuferie PENSION €€€

(979 83 276; www.rorbuferien.no ; ch 1 050-1 300 NOK). Ces charmants *rorbuer* (cabanes de pêcheurs) aux tons ocre ont l'attrait d'une belle vue, d'un mobilier simple et du merveilleux sentiment d'isolement que l'on y éprouve. Toutes sont équipées d'une cuisine, mais il est également possible de se faire préparer des repas.

Depuis/vers Træna

Des bateaux express de passagers relient Træna à Bodø, Sandnessjøen et Mo i Rana (1 à 2/jour). Les ferries en provenance du continent accostent à l'île de Husøy.

Lovund

La belle Lovund est une île aux paysages spectaculaires. Sur à peine 47 hectares, une poignée de maisons en bois rouges se serrent entre la mer et un pic rocheux s'élevant à 623 m au-dessus de la mer. L'île abrite de grandes colonies d'oiseaux, et le 14 avril ses quelque 250 habitants célèbrent le Lundkommardag, le jour où 200 000 macareux reviennent y nicher jusqu'à mi-août.

Où se loger

♥ Lovund Hotell HÔTEL €€€

(75 09 20 30 ; www.lovund.no ; Fv 406 ; s/d à partir de 1 345/1 645 NOK). On ne s'attend pas à trouver un tel établissement sur une île pareille. Ses chambres contemporaines (ultramodernes, même !), certaines distribuées dans un beau bâtiment récent, les autres dans une bâtisse plus traditionnelle rénovée, en font l'un des meilleurs hébergements de la côte. Et on y mange aussi bien qu'on y dort.

Au moment de nos recherches, le Lovund s'apprêtait à connaître une rénovation approfondie : la cuisine, le bar et une grande partie du restaurant devaient être démolis pour être ensuite reconstruits et donner naissance au Blikk dont l'ouverture était prévue fin avril 2022. Il sera toujours possible de louer des chambres pendant les travaux, mais le calme risque de ne pas être au rendez-vous. Renseignez-vous avant votre venue.

Depuis/vers Lovund

Des ferries relient Lovund à Stokkvågen sur le continent une à trois fois par jour (2 heures). Les tarifs varient selon que la ligne est directe ou non.

Bodø

50 000 HABITANTS

Point le plus septentrional de la sublime route côtière Kystriksveien, à 63 km à l'ouest de Fauske sur la route de l'Arctique, Bodø est la porte d'entrée vers le véritable nord de la Norvège. C'est également le terminus nord du réseau ferroviaire norvégien et le point de départ pour les îles Lofoten.

Le centre-ville, quasi rasé par des bombardements au cours de la Seconde Guerre mondiale, a été reconstruit – sans

Bodø

Bodø

À voir

1 Musée du Nordland B3

Où se loger

2 City Hotell D2
3 Opsahl Gjestegård D2
4 Scandic Havet A2
5 Skagen Hotel B3
6 Thon Hotel Nordlys A3

Où se restaurer

7 Bjørk B2
8 Bryggeri Kaia A2
9 Løvolds B2
Roast .... (voir 4)

Où prendre un verre et faire la fête

10 Dama Di -Kunst, Kaos & Bar B2
11 Public B2

Où sortir

12 Stormen Konserthuset A2

grand intérêt architectural. Le charme de la cité tient essentiellement à son cadre : des pics déchiquetés se détachent au loin sur l'horizon, tandis que les îles au nord abritent la plus forte concentration au monde de pygargues à queue blanche (ce qui vaut à Bodø d'être qualifiée de capitale de cette espèce).

À voir

Musée de l'Aviation norvégienne MUSÉE

(Norsk Luftfartsmuseum ; ☎75 50 78 50 ; www.luftfartsmuseum.no ; Olav V gate ; adulte/enfant/famille 175/90/450 NOK ; 10h-16h lun-ven, 11h-17h sam-dim) Si l'envie vous prend de découvrir l'histoire de l'aviation, prévoyez au moins une demi-journée pour faire le tour des 10 000 m² de ce musée extrêmement intéressant. Si vous arrivez à Bodø en avion, vous remarquerez que le bâtiment principal, en pierre grise et verre fumé, est en forme d'hélice. Parmi les collections figurent une tour de contrôle et des présentations interactives. Depuis 2016, une exposition passionnante et interactive revient sur l'immémorial rêve de voler.

Église en pierre de Bodin ÉDIFICE RELIGIEUX

(Bodin kirke ; Gamle Riksvei 68 ; 10h-15h fin juin à mi-août). GRATUIT Située à quelque 3 km du centre-ville, cette charmante église en pierre, coiffée d'une flèche rebondie à sa base, fut construite vers 1240. La réforme luthérienne modifia fortement sa façade et lui adjoignit un clocher. Des éléments

VAUT LE DÉTOUR

LE COMPTOIR DE KJERRINGØY

On comprend vite pourquoi cette péninsule paisible baignée d'une eau turquoise, avec de hauts pics granitiques en toile de fond, a la faveur des cinéastes norvégiens.

C'est à Kjerringøy, à 40 km au nord de Bodø, que la famille Zahl – des marchands – établit au XIXe siècle un important **comptoir de commerce** (Kjerringøy Handelssted ; ☎910 01 663 ; kjerringoyhandelssted.no/Velkommen ; Rv 834 ; adulte/enfant 150/50 NOK ; ⏲11h-17h mi-mai à août, 11h30-15h sam sept à mi-mai), qui permettait aux familles de pêcheurs de faire des achats en échange de leurs prises.

La plupart des structures en bois de cette communauté autonome ont été conservées. Les logements spartiates des familles de pêcheurs contrastent avec le somptueux décor des demeures des négociants. Une présentation audiovisuelle de 20 minutes est comprise dans le billet d'entrée. Le bâtiment principal se découvre en visite guidée.

Le bus n°10 relie Bodø à Kjerringøy deux fois par jour. En été, il est possible de faire l'aller-retour à Kjerringøy en une journée, avec deux bonnes heures et demie pour flâner. Vérifiez les horaires en vigueur à l'office du tourisme.

En bus ou en voiture, vous devrez emprunter un ferry (10 min) entre Festvåg et Misten. En chemin, vous verrez la silhouette caractéristique de l'**île Landegode**, les plages de sable blanc de **Mjelle** (dont le parking est à 20 min de marche) et le spectaculaire **mont Steigtind**, à quelques kilomètres au sud de Festvåg.

baroques, dont l'autel richement sculpté, ornent l'intérieur.

Musée du Nordland MUSÉE
(Bymuseet i Bodø – Nordlandmuseet ; carte ci-contre ; ☎75 50 35 00 ; nordlandsmuseet.no/no/museumsanlegg/Bymuseet-i-Bodo ; Prinsens gate 116 ; adulte/enfant 80 NOK/gratuit ; ⏲11h-15h mi-juin à mi-août, 11h-15h mar-ven, 12h-15h sam-dim mi-août à début déc). Ce charmant petit musée retrace la courte histoire de Bodø et de son développement au moyen d'un film (25 min) aussi intéressant que divertissant, sous-titré en anglais. Les éléments clés du musée incluent une reproduction d'un *rorbu* de pêcheur, une section sur la culture samie avec hutte et percussions traditionnelles, des objets illustrant l'héritage de la ville en qualité de centre de pêche, ainsi que quelques pièces d'un trésor viking du IXe siècle, découvert dans les environs en 1919.

Fêtes et festivals

Festival de musique du Nordland MUSIQUE
(Nordland Musikkfestuke ; www.musikkfestuka.no ; ⏲août). Dix jours de musique classique, de jazz et d'opéra pendant la première quinzaine d'août. À l'office du tourisme (p. 301), renseignez-vous sur la superbe application "Musical Views", qui donne accès à une sélection de morceaux à écouter depuis les plus beaux points de vue de la ville.

Parken Festival MUSIQUE
(www.parkenfestivalen.no ; ⏲août). Un des derniers week-ends d'août, la ville s'anime au son du rock, du R&B et de la pop. Franz Ferdinand était la tête d'affiche de l'édition 2017.

Où se loger

Bodøsjøen Camping CAMPING €
(☎908 46 083 ; www.bodocamp.no ; Kvernhusveien 1 ; empl tente/caravane 180/250 NOK, plus 50 NOK/pers, bung 300-950 NOK). Implanté à 3 km du centre de Bodø, ce camping accueillant au bord de l'eau se compose de bungalows bien aménagés et d'une belle aire de pique-nique avec des tables, réservée aux campeurs sous tente. Notez que les bus n°12 et n°23 s'arrêtent à 250 m.

City Hotell HÔTEL €
(carte ci-contre ; ☎75 52 04 02 ; www.cityhotell-bodo.no ; Storgata 39 ; dort 250 NOK, s/d à partir de 650/750 NOK, lits jum avec sdb commune 695 NOK ; @ wifi). Cet hôtel loue des chambres standard, assez exiguës, mais aux tarifs attractifs. Il y a aussi trois dortoirs de 3 à 6 lits. Quelques chambres familiales spacieuses occupent les combles, dont 2 avec kitchenette.

♥ **Skagen Hotel** HÔTEL €€
(carte ci-contre ; ☎75519100 ; www.skagen-hotel.no ; Nyholmsgata 11 ; s/d à partir de 915/1 135 NOK ; @ wifi). Le Skagen occupe 2 bâtiments (dont une ancienne boucherie) se faisant face,

reliés par un passage souterrain. Mention spéciale pour ses chambres, joliment décorées. Bar, collation gratuite avec café et gaufres l'après-midi et excellents petits-déjeuners. Le personnel peut vous conseiller de nombreuses activités de plein air.

Thon Hotel Nordlys HÔTEL €€
(carte p. 298 ; ☎75 53 19 00 ; www.thonhotels.no/hoteller/norge/bodo/thon-hotel-nordlys ; Moloveien 14 ; s/d à partir de 946/1 205 NOK ;). Cet hôtel, sans doute le plus chic de Bodø, se distingue par son subtil design scandinave, sa vue sur la marina et son honorable restaurant. Les immenses photos murales d'aurores boréales dans certaines chambres sont particulièrement belles.

Opsahl Gjestegård B&B €€
(carte p. 298 ; ☎75 52 07 04 ; post@opsahl-gjestegaard.no ; Prinsens gate 131 ; s/d 1 094/1 300 NOK). Donnant dans une paisible rue résidentielle, ce petit hôtel occupe une charmante maison. Les chambres à la décoration plus ou moins fleurie sont confortables. Terrasse et petit bar pour les hôtes. Si l'Opsahl n'est pas moins cher que les hôtels plus grands, il n'en reste pas moins une alternative intéressante, avec son ambiance de B&B. Il y a aussi 4 appartements avec kitchenette.

Scandic Havet HÔTEL €€€
(carte p. 298 ; ☎75 50 38 00 ; www.scandichotels.no/hotell/norge/bodo/scandic-havet ; Tollbugata 5 ; s/d 1 449/1 649 NOK ;). La chaîne Scandic tient sûrement ici le meilleur hôtel design de Bodø. La vue, sur la ville et/ou l'océan, est splendide (par temps clair, les îles Lofoten sont visibles depuis les chambres donnant sur l'ouest). Quelques petits bémols (prises insuffisantes près des bureaux, absence de minibar, entre autres) témoignent toutefois de ce que l'apparence prime ici, à certains égards, sur l'aspect pratique.

Où se restaurer

Roast INTERNATIONAL €€
(carte p. 298 ; ☎75 50 38 35 ; Scandic Havet, 17e ét, Tollbugata 5 ; plats 189-350 NOK ; 18h-22h mar-sam). Au 17e étage de l'hôtel Scandic Havet, le Roast (Grillé) est fidèle à son nom : la carte est belle et variée, mais l'on ne saurait manquer la planche de grillades, garnie d'une sélection de viandes (travers de porc, steak...) joliment présentées. De tout là-haut, la vue est exceptionnelle.

Bryggerikaia NORVÉGIEN €€
(carte p. 298 ; ☎755 25 808 ; www.bryggerikaia.no ; Sjøgata 1 ; en-cas à partir de 195 NOK, plats 205-360 NOK ; 11h-22h lun-ven, 12h-22h sam, 13h-21h dim). Le Bryggeri Kaia a toujours la cote. On peut y faire un copieux dîner ou prendre un en-cas, venir pour le buffet déjeuner en semaine (195 NOK) ou le buffet de harengs du samedi (195 NOK), ou y écluser une des nombreuses bières. Vous avez le choix entre la vaste salle de style pub, la terrasse sur la rue ou la véranda qui surplombe le port.

Bjørk CAFÉ €€
(carte p. 298 ; ☎75 52 40 40 ; www.restaurantbjork.no ; 1er ét, Glasshuset ; plat du jour déj 199-245 NOK, pizzas à partir de 179 NOK, plats 285-345 NOK ; 11h-22h lun-sam, 15h-21h dim). Un établissement plaisant, très populaire, notamment auprès de la jeunesse branchée de Bodø. À la carte : en-cas créatifs, pizzas cuites au feu de bois, tapas et sushis. Situé sur la passerelle couverte qui surplombe l'allée centrale de la galerie marchande. La spécialité maison est la morue séchée grillée servie avec purée de pois, œuf poché, beurre au bacon et pommes de terre à l'aïoli.

Løvolds CAFÉ €€
(carte p. 298 ; www.lovold.no ; ☎75 52 02 61 ; Tollbugata 9 ; plats 150-225 NOK ; 9h-17h30 lun-ven, 11h-16h sam). Plus vieille adresse de Bodø, cette cafétéria d'époque, qui donne sur le quai, est appréciée pour ses sandwichs, ses grillades, sa copieuse cuisine norvégienne et sa jolie vue.

Où prendre un verre et faire la fête

Dama Di - Kunst, Kaos & Bar BAR
(carte p. 298 ; ☎957 77 775 ; dama-di.no ; Sjøgata 18 ; 20h-3h). Avec une devise se traduisant grossièrement par "bar d'art et de chaos", le Dama Di allie à la sophistication une ambiance contemporaine avant-gardiste et un décor éclectique. Un mélange des genres qu'illustrent des expositions artistiques voisinant avec une table de billard. Le slogan "mauvais café et gens charmants" est amusant, tant qu'on ne vient pas boire une boisson chaude.

Public BAR
(carte p. 298 ; ☎902 33 360 ; www.facebook.com/Publicbodo ; Sjøgata 12 ; 20h-3h). Un établissement minimaliste, aux tabourets en cuir

noir, où les murs sont tapissés de photos de concerts punk-rock, et où un Elvis grandeur nature soutient le comptoir. Il est censé être ouvert tous les jours de l'année, mais nous ne sommes pas allés vérifier le soir de Noël ou du Vendredi saint.

Où sortir

Stormen Konserthuset MUSIQUE CLASSIQUE
(carte p. 298 ; ☎75 54 90 00 ; www.stormen.no/konserthuset ; Storgata 1b ; ⏲billetterie 9h-15h30). La splendide salle de concert de Bodø accueille de grands noms de la musique classique. C'est là que se produit l'**Opéra et l'orchestre de Norvège du Nord** (www.noso.no). Visites guidées sur demande.

Renseignements

Office du tourisme (carte p. 298 ; ☎75 54 80 00 ; www.visitbodo.com ; Tollbugata 13 ; ⏲9h-20h lun-ven, 10h-18h sam-dim mi-juin à août, 9h-15h30 lun-ven sept à mi-juin). Publie l'excellente brochure *Bodø* (gratuite) et dispose du Wi-Fi gratuit.

Depuis/vers Bodø

AVION

De l'**aéroport de Bodø** (avinor.no/en/airport/bodo-airport/), au sud-ouest du centre-ville, au moins 10 vols sont assurés chaque jour pour Oslo, Trondheim et Tromsø. Les autres destinations du nord du pays desservies incluent Leknes, Narvik, Harstad et Mo i Rana.

BATEAU

L'**express côtier Hurtigruten** (carte p. 298 ; ☎97 05 70 30) fait escale à Bodø.

Des **car-ferries** (carte p. 298 ; www.torghatten-nord.no) circulent 5-6 fois/jour en été (moins fréquemment le reste de l'année) entre Bodø et Moskenes dans les Lofoten (voiture + conducteur/passager 983/150 NOK, 3 heures-3 heures 15). En été, réservez si vous avez une voiture pour éviter une longue file d'attente (supp 100 NOK ; réservation en ligne sur www.torghatten-nord.no).

Presque tous les jours, au moins un ferry fait escale dans les îles de Røst et Værøy, au sud des Lofoten.

Un **ferry express de passagers** (carte p. 298 ; www.torghatten-nord.no) relie également Bodø à Svolvær une fois par jour (adulte/enfant 385/198 NOK, 3 heures 30).

BUS

Depuis la **gare routière** (carte p. 298 ; ☎177), des bus circulent deux fois par jour depuis/vers Narvik (560 NOK, 6 heures 20) via Fauske (119 NOK, 1 heure), avec des lignes supplémentaires depuis/vers Fauske.

TRAIN

DESTINATION	TARIF (NOK)	DURÉE (HEURES)	FRÉQUENCE (/JOUR)
Fauske	160	¾	5
Mo i Rana	483	3	3
Mosjøen	627	4¼	3
Trondheim	1 017	9¾	2

Comment circuler

Un trajet en bus local revient à 50 NOK. L'office du tourisme (ci-contre) loue des vélos à partir de 230 NOK/jour.

Saltstraumen

Le spectacle saisissant du maelström mérite bien une journée de votre voyage si vous êtes dans les environs.

À voir

Maelström de Saltstraumen PHÉNOMÈNE NATUREL
Voici l'un des phénomènes naturels les plus insolites de Norvège, et il se produit invariablement 4 fois en 24 heures. Dans le détroit de Saltstraumen, long de 3 km et large de 150 m, la marée provoque le déversement d'un fjord dans un autre, créant l'équivalent d'une chute d'eau dans la mer.

Toutes les 6 heures, 400 millions de mètres cubes d'eau déferlent à une vitesse de 20 nœuds dans un sens, puis dans l'autre. Il faut bien s'organiser pour être présent au bon moment.

Ce maelström, réputé le plus grand du monde, est en fait une série cinétique de petits tourbillons, lesquels se forment, surgissent, fusionnent puis se dispersent. Un environnement idéal pour le plancton, qui attire nombre de poissons et, partant, beaucoup de pêcheurs. Au printemps, des colonies de mouettes nichent dans l'île de Storholmen, au milieu du détroit.

Les bons jours (la plupart du temps), c'est un spectacle étourdissant. Il arrive toutefois que le phénomène ne soit guère plus impressionnant qu'une baignoire qui se vide. Si l'on observe mieux le processus de la rive, le sommet du pont en arche de Saltstraumbrua, qui enjambe le détroit, offre une vue fascinante sur l'eau tourbillonnante, semblable à une nébuleuse émeraude.

Quand le courant de marée vient de l'ouest, c'est à l'est du pont que le phénomène est le plus mémorable. Quand la marée se retire, mieux vaut l'observer à l'ouest du pont. Allez-y assez tôt pour passer au centre de visiteurs et vous enquérir du sens des courants.

Procurez-vous les horaires des marées à l'avance, à l'office du tourisme de Bodø, à votre hôtel, ou ailleurs, car ils ne sont pas affichés sur place.

Où se loger et se restaurer

Pluscamp Saltstraumen CAMPING €

(☎75 58 75 60 ; pluscamp.no/fr ; Knaplund ; empl tentes/caravanes 250/250 NOK, bung 500-1 100 NOK ; P). Camping rural norvégien assez classique, légèrement au nord du centre de visiteurs et à quelques minutes de marche du rivage.

Saltstraumen Hotel HÔTEL €€

(☎75 50 65 60 ; www.saltstraumenhotell.no ; Fv 17 ; ch/bung à partir de 1 295/1 500 NOK ; P). Juste à côté du centre de visiteurs, à deux minutes de marche des lieux d'observation du maelström, cet hôtel est une option satisfaisante pour qui ne souhaite pas manquer le spectacle, voire y assister plusieurs fois. Les chambres, banales, sont propres. Salle de gym et Jacuzzi en extérieur. Certains bungalows sont équipés d'une cuisine.

♥ Kafe Kjelen CAFÉ €€

(☎936 86 963 ; www.kafekjelen.no ; Ripnesveien 40 ; plats 115-225 NOK ; ⏲10h-22h lun-sam, 12h-20h dim). Sur une côte dominant le maelström, ce chaleureux petit café est tenu par la même famille depuis 1955. La carte, toute simple, inclut des poissons locaux, des pâtisseries et des spécialités maison, comme le *møsbrømetse* (sortes de crêpes garnies de fromage brun, de sucre et de beurre fondu). On pourrait facilement y passer un après-midi entier à regarder l'eau tournoyer.

Depuis/vers Saltstraumen

Saltstraumen est à 30 km au sud de Bodø par la route (bien moins par la mer).

L'**office du tourisme de Bodø** (p. 301) vous renseignera sur les agences organisant des excursions en bateau jusqu'à Saltstraumen.

Sept bus quotidiens (2 sam-dim, 1 heure) desservent le pont de Saltstraumen depuis Bodø. Si vous conduisez, prévoyez au bas mot 45 minutes de trajet.

ÎLES LOFOTEN

Depuis le ferry, la première vision sur les îles Lofoten est inoubliable. Leur morphologie montagneuse et anguleuse s'étire contre l'horizon tel un dragon de mer hérissé. L'endroit est d'une rare beauté.

Austvågøy, Vestvågøy, Flakstadøy et Moskenesøy, les îles principales, sont séparées du continent par le Vestfjord, mais toutes sont reliées par des ponts routiers et des tunnels. Traits caractéristiques de chacune : des baies abritées, des pâturages pour les moutons et de pittoresques villages. Les paysages et la particularité de la lumière arctique attirent depuis toujours les artistes, dont les galeries locales exposent les œuvres.

L'une des meilleures façons d'apprécier ces paysages est d'emprunter l'E10, qui traverse les Lofoten d'un bout à l'autre, et de s'accorder autant de détours que possible sur le trajet.

Histoire

L'histoire des Lofoten se confond avec celle de la pêche. De nombreuses batailles ont été livrées sur ces mers où viennent frayer les cabillauds depuis la fonte des glaciers, il y a 10 000 ans. En 1120, le roi Øystein fonda la première église et fit construire des *rorbuer*, de simples cabanes en bois de 4 m sur 4 m pour les pêcheurs, avec une cheminée, un sol en terre battue et un porche. L'initiative n'était pas entièrement philanthropique : le souverain prenait ainsi le contrôle de l'économie locale et s'assurait un revenu substantiel en prélevant des taxes.

Au début du XIXe siècle, le contrôle du commerce tomba aux mains des *nessekonger* locaux ou "marchands-propriétaires", qui obligèrent les occupants de leurs *rorbuer* à leur livrer l'intégralité de leurs prises, à des prix imposés par eux-mêmes. En 1857, la loi des Lofoten diminua leur pouvoir, mais il fallut attendre la loi sur les ventes de poisson cru, en 1936, pour que les *nessekonger* n'aient plus le droit de fixer les prix.

Îles Lofoten

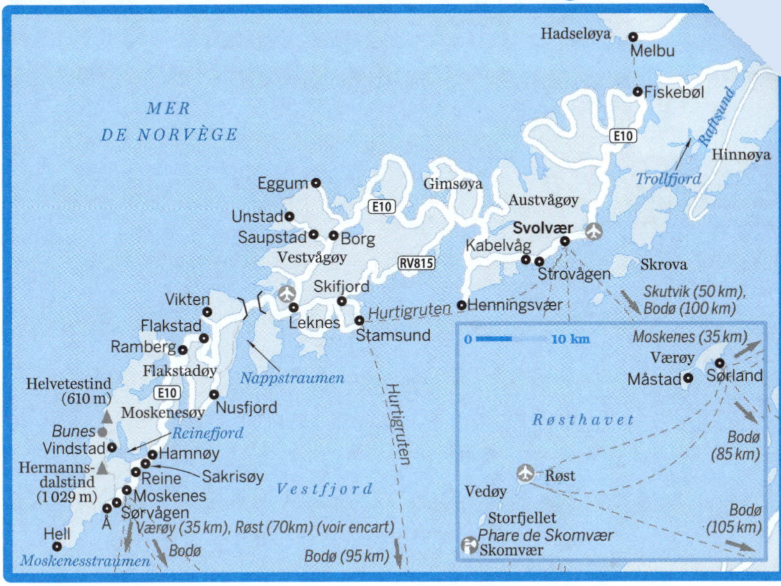

Austvågøy

9 150 HABITANTS

De nombreux visiteurs font leur première rencontre avec les Lofoten par l'île d'Austvågøy, la plus septentrionale de l'archipel. C'est un bel endroit, aux atouts évidents, mais il est plus judicieux de s'y arrêter en pénétrant dans l'archipel que d'en faire une destination en soi.

Svolvær

4 598 HABITANTS

Bourgade portuaire animée, Svolvær s'étendait autrefois sur plusieurs *skerries*, avant que l'on comble les espaces pour former une péninsule. Malgré la beauté du cadre avec ses hautes montagnes en arrière-plan, le salmigondis de bâtiments modernes gâche quelque peu le paysage. Un bon endroit pour se restaurer et se ravitailler en carburant, mais la magie des Lofoten réside ailleurs.

À voir

Foto Galleri GALERIE

(carte p. 304 ; ☎ 954 98 150 ; www.lofotfotografen.no ; angle Vestfjordgata et Kirkegata ; ⏲ 10h-16h et 18h30-20h lun-ven, 10h-15h et 18h30-20h sam mi-juin à mi-août, fermé en soirée reste de l'année). GRATUIT Les superbes photos des Lofoten, dans toute leur troublante splendeur, sont l'œuvre du photographe Anders Finsland. La plupart sont à vendre, mais cette galerie vaut le détour même si vous n'escomptez rien acheter.

Magic Ice SCULPTURES DE GLACE

(carte p. 304 ; ☎ 76 07 40 11 ; www.magicice.no ; Fiskergata 36 ; 250 NOK ; ⏲ 18h-22h sept-mai, 12h-22h lun-dim juin-sept). Judicieusement installé dans une ancienne usine de congélation de poisson, ce bar de glace est idéal pour se détendre, avec éventuellement de quoi réchauffer les esprits. Ses 500 m² sont remplis d'immenses sculptures de glace, illustrant la vie dans les Lofoten : si vous ne pouvez pas revenir en Norvège du Nord en hiver, vous en aurez un bref, mais excellent, aperçu. L'entrée inclut des vêtements chauds et une boisson servie dans un verre de glace.

Galleri Dagfinn Bakke GALERIE

(carte p. 304 ; ☎ 76 07 19 98 ; www.dagfinnbakke.no ; Richard Withs gate 4 ; ⏲ 11h-15h mar-mer et ven, 11h-19h jeu, 11h-14h sam). GRATUIT Cette petite galerie, l'une des plus intéressantes en ville, expose les œuvres de l'artiste local Dagfinn Bakke. Ces créations révèlent

Svolvær

Les incontournables
1 Foto Galleri ... B3
2 Magic Ice ... B4

À voir
3 Galleri Dagfinn Bakke ... A4
4 Musée de la Guerre des Lofoten ... B4
5 Nordnorsk Kunstnersenter ... B3

Activités
6 Lofoten Explorer ... B3
7 RiB Lofoten ... B4
8 Trollfjord Cruise ... B3
9 XX Lofoten ... B3

Où se loger
10 Lofoten Suite Hotel ... B3
11 Scandic Svolvær ... C3
12 SH Rorbu Anlegget ... D3
13 Svinøya Rorbuer ... D2
Thon Hotel Lofoten ... (voir 5)

Où se restaurer
14 Anker Brygge ... C3
Børsen Spiseri ... (voir 14)
15 Ni Hao ... B3

Où prendre un verre et faire la fête
Bryggabaren ... (voir 15)
16 Styrhuset ... B4

toute la beauté de la lumière caractéristique de cette partie du monde, et celle des formations naturelles de la Norvège arctique. Vous pourrez également apprécier (et pourquoi pas acheter) les œuvres d'autres artistes.

Nordnorsk Kunstnersenter GALERIE
(carte ci-dessus ; ☎400 89 595 ; www.nnks.no ; Torget 20 ; ⏰10h-18h mi-juin à mi-août, 10h-16h mar-dim reste de l'année). GRATUIT Sur la place principale, à côté de l'office du tourisme, le Centre des artistes norvégiens du Nord

accueille des expositions temporaires de peinture, sculpture, céramique, et autres, réalisées par des talents de la région.

Créé en 1979 par des artistes de la région, le Nordnorsk Kunstnersenter joue un rôle important pour la diffusion et la promotion de l'art contemporain dans le nord de la Norvège, en tant qu'initiateur de projets, producteur et organisateur.

Vous trouverez dans sa boutique de jolis souvenirs.

Musée de la Guerre des Lofoten MUSÉE

(Lofoten Krigsminnemuseum ; carte ci-contre ; ✆917 30 328 ; www.lofotenkrigmus.no ; Fiskergata 12 ; adulte/enfant 100/50 NOK ; ⏲10h-16h lun-ven, 11h-15h sam et 12h-15h dim). Situé dans l'ancien bureau de poste de Svolvær, le petit musée-mémorial de la Guerre des Lofoten, revient sur l'histoire de l'archipel pendant la Seconde Guerre mondiale, lorsque les îles furent envahies par les Allemands.

La collection est très riche et variée. Elle comprend des photos d'époque, d'authentiques uniformes et du matériel militaires, et même quelques mines (neutralisées).

Activités

♥ Svolværgeita RANDONNÉE, ESCALADE

L'impressionnant piton rocheux du **mont Floya**, terminé par deux pics en forme de corne de chèvre (Svolværgeita, "la chèvre de Svolvær"), surplombe la ville de Svolvær. L'image d'un intrépide sautant entre ces deux "cornes de chèvre", séparées de plus de un mètre, au-dessus de Svolvær, est l'un des symboles des Lofoten. Pour atteindre le point situé juste derrière ces deux pics (355 m), marchez vers le nord-est en direction de Narvik le long de l'E10. Après la marina, vous devrez prendre à gauche sur la Nyveien, puis à droite sur la Blåtindveien : la rude grimpée débute juste derrière l'aire de jeux pour enfants.

L'ascension dure environ une demi-heure, une heure si vous poursuivez jusqu'au sommet Floya.

Pour escalader le piton du Svolværgeita et effectuer le saut, il vous faudra forcément faire appel à un guide d'escalade. Renseignez-vous à l'office du tourisme ou essayez l'agence Northern Alpine Guides (p. 311).

À NE PAS MANQUER

LE TROLLFJORD EN BATEAU

Depuis le port de Svolvær, plusieurs compagnies proposent des sorties en bateau pour explorer le Trollfjord voisin, qui est particulièrement escarpé et qui va en se rétrécissant jusqu'à 100 m à peine. Vous pouvez opter pour une excursion de 2 heures afin d'observer les aigles de mer, pour une croisière de 3 heures ou encore pour un périple de 4 heures qui vous donnera peut-être l'occasion de pêcher votre dîner.

Achetez vos billets sur le **quai** (carte ci-contre ; Vestfjordgata) ou auprès d'agences, comme **Lofoten Explorer** (carte ci-contre ; ✆971 52 248 ; www.lofoten-explorer.no ; adulte/enfant 895/650 NOK ; ⏲9h, 12h et 14h mi-juin à mi-août, 101h30 et 13h le reste de l'année), **RiB Lofoten** (carte ci-contre ; ✆904 16 440 ; www.rib-lofoten.com ; adulte/enfant 850/650 NOK ; ⏲10h et 13h, mai-août) ou **Trollfjord Cruise** (carte ci-contre ; ✆451 57 587 ; www.trollfjordcruise.com ; adulte/enfant 750/350 NOK).

Circuits organisés

XX Lofoten KAYAK

(carte ci-contre ; ✆916 55 500 ; www.xxlofoten.no ; JE Paulsens gate 12 ; à partir de 745 NOK ; ⏲mi-mai à août). Le kayak est un fabuleux moyen d'explorer les côtes de Svolvær. Cette compagnie bien gérée propose régulièrement des excursions guidées de 3 heures dans des kayaks deux places. Également : location de vélos, pêche et parfois ateliers de cuisine des produits de la mer.

Lofoten Photo Tours EXCURSIONS PHOTO

(✆951 38 505 ; www.lofotenphototours.no ; 1 395 NOK ; ⏲10h lun-jeu sept-avr sur réservation). Geir Nøtnes, un photographe local, mène des excursions photo de 4 heures hors saison (la meilleure période pour capturer la lumière arctique).

Fêtes et festivals

Championnat mondial de pêche à la morue HALIEUTIQUE

(⏲mars). Cette célébration halieutique annuelle se déroule le dernier week-end de mars, attirant des centaines de participants.

À NE PAS MANQUER

RANDONNÉE DANS LES LOFOTEN

Pour acheter un bon guide sur les chemins de randonnée dans les Lofoten, rendez-vous à l'office du tourisme (p. 307) à Svolvær. Le livret *Hiking Lofoten* (80 NOK) contient de brèves descriptions et des cartes de neufs itinéraires, dont celui du Svolværgeita (p. 305) à Svolvær.

D'Unstad à Eggum

Une randonnée prisée relie ces deux hameaux de la côte ouest de l'île. Un chemin côtier de 9 km passe par plusieurs promontoires, un phare isolé et les ruines d'une forteresse au bord de l'océan.

Après la pluie, le chemin peut devenir glissant, surtout aux alentours d'Unstad. L'office du tourisme de Svolvær sera peut-être en mesure de vous renseigner sur les horaires de bus, mais n'y comptez pas trop.

Environ 1,5 km après Eggum, si vous venez d'Unstad, vous découvrirez *The Head*, sculpture de l'artiste suisse Markus Raetz. Cette œuvre faisant partie du projet Skulpturlandskap est extraordinaire et se dévoile subtilement à mesure qu'on en fait le tour, prenant 16 formes différentes.

Glomtind

Sur la route de Henningsvær, en provenance l'E10, vous croiserez nombre de campeurs et de randonneurs, juste avant l'entrée du village. Beaucoup d'entre eux sont sûrement là pour conquérir le Glomtind (419 m), une ascension raide de 1 heure à 1 heure 30, à l'issue de laquelle les grimpeurs sont récompensés par un magnifique panorama. À l'approche du sommet, attendez-vous à un chemin particulièrement escarpé.

Festvågtind

Ceux qui ont conquis le Glomtind (et les autres) pourront s'attaquer à une ascension encore plus prisée : les 3 heures aller-retour de marche jusqu'au sommet du Festvågtind (541 m), également près de Henningsvær. Après une première côte très escarpée (attention aux pierres qui peuvent rouler sous vos pieds ou ceux des marcheurs vous précédant), prenez à droite : une montée plus courte mène à un beau point de vue (le Nipen, 211 m). À la fourche, les randonneurs se rafraîchissent dans un charmant lac abrité, le Heiavatnet (et elle est bien fraîche !). De là, la pente est très raide jusqu'au sommet du Festvågtind, fort d'une vue imprenable sur Henningsvær et au-delà.

Kvalvika et Ryten

Une fois dépassé Ramberg, en direction de Å, suivez les panneaux indiquant Fredvang et roulez jusqu'au Torsfjord. Le chemin commence au parking et grimpe à 170 m au-dessus du niveau de la mer. Il descend ensuite en un chemin dégagé jusqu'à Kvalvika, où une autre piste escarpée monte vers le nord-est, puis le nord-ouest jusqu'au Ryten (543 m). Depuis le parking, c'est une ascension difficile de 3 heures, mais les paysages sont parmi les plus beaux des Lofoten.

Où se loger

Scandic Svolvær HÔTEL €€

(carte p. 304 ; ☎76 06 82 00 ; www.scandichotels.no/hotell/norge/lofoten/scandic-svolvaer ; Lamholmen ; ch à partir de 995 NOK ; P ; wifi). Bel hôtel regroupant plusieurs bâtiments construits sur pilotis, sur un îlot. Dans la chambre n°121, un trou dans le plancher permet de pêcher sans sortir. Abstraction faite de ce genre de fantaisies, les chambres sont plus fonctionnelles qu'inoubliables : assurez-vous d'en obtenir une avec balcon.

♥ **Thon Hotel Lofoten** HÔTEL €€€

(carte p. 304 ; ☎76 04 90 00 ; www.thonhotels.com/fr/hotels/norvege/lofoten/thon-hotel-lofoten ; Torget ; ch à partir de 1 164 NOK ; wifi). Cet hôtel, élégant et central, occupe un grand immeuble à la façade de panneaux de verre. Son principal atout est la vue magnifique depuis les chambres (demandez les derniers étages et évitez les 2e et 3e). Le petit-déjeuner est l'un des meilleurs de Norvège.

L'établissement abrite également le Styrhuset Pub (voir ci-après) et le restaurant **Paleo Arctic** (18h-22h lun-sam, plats 275-335 NOK) qui, comme son nom l'indique, a pour ambition de vous faire découvrir la cuisine paléolithique

Lofoten Suite Hotel BOUTIQUE HÔTEL €€€
(carte p. 304 ; 476 70 100 ; lofoten-suite.norway-hotel.com ; Havnepromenaden ; ste 1 450-3 300 NOK ;). Ce saisissant édifice de bois et de verre semble flotter au-dessus du port. Pas étonnant, en ce cas, que presque toutes ses chambres, ultra-chics, aient de grandes baies vitrées donnant sur l'océan. Bois décapé et tissus colorés ajoutent une touche de modernité. Certaines chambres ont une kitchenette.

Svinøya Rorbuer BUNGALOWS €€€
(carte p. 304 ; 76 06 99 30 ; www.svinoya.no ; Gunnar Bergs vei 2 ; bung et ste 1 600-3 500 NOK). De l'autre côté d'un pont sur l'îlot de Svinøya, site du premier village de Svolvær, cet établissement compte plusieurs *rorbuer* (cabanes de pêcheurs) d'époque ou contemporains, tous confortables. Véritable musée, la réception est installée dans la première *krambua* (épicerie) de Svolvær, construite en 1828. Svinøya possède plusieurs propriétés dans les environs et certains des meilleurs *rorbuer* des Lofoten.

SH Rorbu Anlegget RORBUER €€€
(carte p. 304 ; 951 98 981 ; www.svolvaerhavn.no ; Vesterøyveien 23 ; ch à partir de 2 500 NOK ; P). Version moderne des *rorbuer*, ces luxueuses maisons blanches en bois, essaimées sur l'une des péninsules de Svolvær, comprennent chacune 3 chambres au mobilier moderne et au style impeccable. En somme, il s'agit de cabanes de pêcheur haut de gamme, posées dans un cadre merveilleusement calme.

Où se restaurer

Ni Hao ASIATIQUE €€
(carte p. 304 ; 76 07 79 00 ; www.ni-hao.no ; Johan E. Paulsens gate 12B ; plats 155-275 NOK ; 15h-22h mar-jeu, 15h-23h ven, 14h-23h sam, 14h-22h dim). L'un des meilleurs restaurants asiatiques de Norvège du Nord. Très bien situé face à la mer, avec quelques tables à l'extérieur et une belle salle. La cuisine est bonne : mention spéciale pour les plats au bœuf (faux-filet tendre).

Børsen Spiseri NORVÉGIEN €€€
(carte p. 304 ; 76 06 99 30 ; www.svinoya.no ; Gunnar Bergs vei 2 ; plats 255-375 NOK ; 17h-22h). Au sein du complexe de Svinøya, le Børsen est l'une des meilleures tables de Svolvær. Cet ancien entrepôt de poissons était surnommé "la Bourse" à cause du banc situé devant, sur lequel les vieux pêcheurs refaisaient le monde. Sous les poutres de la salle au plancher de bois, les spécialités maison sont la morue séchée et l'agneau des Lofoten.

Anker Brygge NORVÉGIEN €€€
(Kjøkkenet ; carte p. 304 ; 76 06 64 80 ; www.anker-brygge.no ; Lamholmen ; plats pub 159-300 NOK, plats restaurant 300-450 NOK ; 16h-23h lun-sam). Ancien appentis de salage aménagé comme une cuisine d'autrefois, cette table chaleureuse est réputée pour sa cuisine traditionnelle. Les spécialités sont, naturellement, à base de poisson – essayez le flétan accompagné de purée de topinambours et sauce au champagne. Le bar de la terrasse, bien moins formel, sert pizzas, burgers et steaks.

Où prendre un verre et faire la fête

Bryggabaren PUB
(carte p. 304 ; Lamholmen ; 10h-tard). Toutes sortes d'outils décorent ce chaleureux bistrot aux poutres basses, installé dans le même complexe que le Anker Brygge. Le bar est un canot de sauvetage d'un navire de la marine polonaise, échoué à Svolvær en 1946. De mai jusqu'à septembre et parfois à d'autres périodes, sont programmés de fréquents concerts.

Styrhuset PUB
(carte p. 304 ; 76 04 90 00 ; Fiskergata ; 18h-1h lun-jeu, 15h-3h ven-sam, 17h-1h dim). Le plus vieux pub de Svolvær, plein de recoins obscurs, évoque les marins depuis longtemps disparus. Les matchs de football importants y sont retransmis.

Renseignements

Office du tourisme (carte p. 304 ; 76 07 05 75 ; www.lofoten.info ; Torget 18 ; 9h-21h lun-ven, 9h-19h sam-dim mi-juin à mi-août, horaires restreints reste de l'année). Fournit des informations sur tout l'archipel.

Depuis/vers Svolvær

AVION

Depuis le petit aéroport de Svolvær, il y a chaque jour jusqu'à 6 vols pour Bodø, et au moins un vol Wideroe pour Oslo.

L'aéroport ne dispose pas de navette ; vous devrez prendre un taxi.

L'express côtier Hurtigruten fait escale à Svolvær. Deux autres itinéraires maritimes relient Svolvær au continent. Pour les horaires et les réservations, consultez le site www.torghatten-nord.no.

BATEAU

L'**express côtier Hurtigruten** (carte p. 304 ; Torget) fait escale à Svolvær. Deux autres itinéraires maritimes relient Svolvær au continent. Horaires et réservations sur www.hurtigruten.fr.

Skutvik (voiture/piéton 383/112 ; 1 heure 45, jusqu'à 10/jour). Traversée la plus rapide et la plus fréquentée

Bodø (adulte/enfant 385/198 NOK, 3 heures 45). Un bateau de passagers express (p. 305).

BUS

Leknes (168 NOK, 1 heure 30, 4 à 6/jour). Avec correspondance vers Å (266 NOK, 3 heures).

Narvik (à partir de 413 NOK, 3 heures 55, 2 directs/jour)

Sortland (202 NOK, 2 heures 15, 3 à 5/jour). Aux Vesterålen via Stokmarknes (1 heure 45).

Henningsvær

444 HABITANTS

Au sud de l'E10, une plaisante route (assez étroite) de 8 km le long de la côte conduit au village de pêcheurs de Henningsvær, perché à l'extrémité d'un fin promontoire. Son surnom de "Venise des Lofoten" semble pour le moins exagéré, mais Henningsvær reste l'endroit le plus séduisant et branché de l'archipel.

Depuis des siècles, il s'agit également d'un important port de pêche des Lofoten. Un dicton fait même référence à cette part essentielle de la culture locale : "Je suis une vraie morue des Lofoten, car je suis née à Henningsvær."

À voir

Kaviar Factory GALERIE
(☎907 34 743 ; www.kaviarfactory.com ; Henningsværveien ; adulte/enfant 100/80 NOK ; ⏲11h-16h mer-dim et aussi sur rdv). Cette ancienne usine des années 1950 offre un cadre saisissant à cette fantastique galerie d'art, qui accueille des expositions temporaires avant-gardistes. À l'entrée, la boutique de design d'intérieur mérite aussi le coup d'œil.

Engelskmannsbrygga GALERIE
(☎481 29 870 ; www.engelskmannsbrygga.no ; Dreyersgate 1 ; ⏲10h-21h mi-juin à mi-août, horaires restreints le reste de l'année). GRATUIT Ce "quai de l'Anglais" est un atelier-galerie de 3 artistes locaux talentueux : la céramiste Cecilie Haaland, le photographe de nature et guide John Stenersen et le souffleur de verre Mette Paalgard ; avec ce dernier, vous pourrez parfois souffler votre propre verre.

Activités

Kayak Lofoten KAYAK
(☎468 05 648 ; www.kayaklofoten.com ; Gammelveien 6 ; circuit 3 heures en kayak 825 NOK). Que ce soit à la faveur d'une excursion guidée de 3 heures ou d'une expédition solo, pagayer le long des côtes de Henningsvær est une superbe expérience.

Cours et circuits organisés

Nord Norsk Klatreskole ESCALADE
(École d'escalade de Norvège du Nord ; ☎905 74 208 ; www.nordnorskklatreskole.no ; Misværveien 10 ; ⏲mars-oct). Cette école propose un grand choix de cours d'escalade et de ski dans le nord de la Norvège. L'ascension de pics avec un guide expérimenté revient à environ 2 200 NOK par jour, équipement compris, jusqu'à 4 personnes.

Lofoten Opplevelser PLEIN AIR
(Lofoten Adventure ; ☎905 81 475 ; www.lofoten-opplevelser.no ; Dreyers gate). Cette agence, basée à Henningsvær, organise pléthore d'activités. En été, partez observer les pygargues (adulte/enfant 895/695 NOK, 1 heure 30), le soleil de minuit (1 050/895 NOK, 2-3 heures). En hiver, découvrez les aurores boréales (1 700 NOK, 4-5 heures) et les orques (et nagez à leurs côtés !) à Andenes, à 4 heures de route au nord de Henningsvær.

Fêtes et festivals

Codstock CULTURE
(www.codstock.com ; ⏲mi-mai). Ce Woodstock de la morue ("cod") célèbre l'héritage maritime de Henningsvær pendant 3 jours de cuisine, de pêche et de chants de

À NE PAS MANQUER

LOFOTEN : CYCLOTOURISME ET AUTRES ACTIVITÉS

Faisant régulièrement alterner routes généralement plates, superbes paysages et superbes routes secondaires, les Lofoten se prêtent à merveille au cyclisme.

Pour une éblouissante virée de 83 km, allez à Holandshamn et rentrez à Svolvær par la **route du Kaiser**. Littoral isolé, montagnes déchiquetées et fermes abandonnées y seront vos fidèles compagnons. Contrairement à l'ouest des Lofoten, ce périple vous entraînera dans des coins de l'île pour la plupart inconnus des touristes. Une large portion longe le Trollfjord. Pour la location de vélos et savoir comment vous rendre à Holandshamn, voyez à l'office du tourisme.

Autre possibilité : les 63 km de Henningsvær à Stamsund, une route peu fréquentée ponctuée de fabuleux paysages et de paisibles plages.

L'office du tourisme de Svolvær (voir p. 307) vous conseillera sur les itinéraires à faire à vélo. Prenez le guide *Hjulgleder* sur le cyclisme dans les Lofoten.

Lofoten Links (☎76 07 20 02 ; www.lofotenlinks.no ; Hov, Gimsøysand ; 9/18 trous/24h 550/850/1 400 NOK ; ⏲mai à mi-oct). Certainement l'un des plus beaux parcours de golf d'Europe. Face à l'océan, Lofoten Links offre l'occasion unique de taper dans la balle sous le soleil de minuit. C'est un véritable parcours, exigeant, et dont le par-trois du 2e trou a été élu meilleur de Norvège en 2016. Des hébergements de luxe sont également proposés sur place.

Lofothest (☎454 73 355 ; www.lofothest.no ; Valbergsveien 966-981, Rolvsfjord ; excursion 3/5 heures à partir de 1 550/2 150 NOK/pers ; ⏲mai-nov). Excursions à cheval allant de 90 minutes à deux jours à travers Vestvågøy. Départ de Rolvsfjord, sur la Rv 815 au nord de Stamsund.

Hov Hestegård (☎975 59 501; www.hovhestegard.no ; Tore Hjortsvei 471, Gimsøysand ; 1 heure 30/2 heures 30/demi-journée/journée complète à partir de 890/1 090/1 490/ 2 090 NOK/pers ; ⏲mai-juil). Jolies balades sur la petite île de Gimsøya, située entre Vestvågøy et Austvågøy et accessible depuis l'E10.

marins. Les musiciens venant s'y produire contribuent à l'ambiance festive.

Où se loger

Johs H Giæver Sjøhus og Rorbuer PENSION €

(☎991 09 577 ; www.facebook.com/giaeverrorbuer/ ; Hellandsgata 79 ; rorbu 650-1 200 NOK, maison bord de mer 500-750 NOK). De mi-juin à mi-août, la pêcherie locale loue aux visiteurs les hébergements des travailleurs, dans un bâtiment moderne. Chambres impeccables (certaines pouvant accueillir 4 pers) avec salle de bains, cuisine et salle à manger communes, d'un bon rapport qualité/prix. La pêcherie dispose également de 10 *rorbuer* (cabanes de pêcheurs) avec salle de bains à louer, au cœur du village.

Lofoten Arctic Hotel HÔTEL €€

(☎76 07 07 77 ; www.lofotenarctichotel.no ; Sauøya 2 ; ch 1 353 NOK). Cet hôtel simple, de type motel, à l'entrée du village est un hébergement correct et sans surprise. Certaines chambres sont mieux que d'autres ; demandez à en voir plusieurs. Vue splendide depuis divers points de la propriété.

♥ **Henningsvær Bryggehotel** HÔTEL €€€

(☎76 07 47 50 ; www.classicnorway.no/hotell/henningsvar-bryggehotell ; Hjellskjæret ; d à partir de 1 395-1 895 NOK ; Wi-Fi). Cet hôtel près du port est de loin le meilleur de Henningsvær. Distribuées dans un bel édifice en bois sur pilotis, les chambres, stylées, arborent des tons gris et crème. La plupart ont vue sur le port, et certaines comprennent une mezzanine sympathique pour coucher les enfants. Son excellent restaurant, le **Bluefish**, se targue de servir des poissons “dont vous n'aurez assurément jamais entendu parler”.

Où se restaurer

♥ **Kafé Lysstoperiet** CAFÉ €

(☎76 07 70 40 ; www.facebook.com/henningsvarlys ; Gammelveien 2 ; plats 98-149 NOK ; ⏲10h-16h lun-ven, 10h-17h sam-dim). Au centre du village, cette adresse sans prétention est extrêmement (et à juste titre) populaire. Des gâteaux et confiseries – les meilleurs des Lofoten – aux repas légers (soupes, sandwichs ouverts, tartes, salades de pâtes et pizzas maison), tout est bio. Il y a quelques tables à l'extérieur, mais la salle, au style éclectique, est chaleureuse et pleine de charme. Le café est excellent.

Klatre Kafeen CAFÉ €€
(www.nordnorskklatreskole.no/klatrekafeen ; Misværveien ; plats 140-210 NOK ; 12h-1h). Avec quelques tables au bord de l'eau et une salle conviviale à l'intérieur, ce café paisible appartient à l'école d'escalade adjacente (p. 308). La carte va du taboulé aux sandwichs aux crevettes en passant par la soupe de morue. En été, il y a des concerts les vendredis et samedis soir. L'établissement loue aussi des chambres simples (dort/s/d 300/500/600 NOK).

Fiskekrogen POISSON ET FRUITS DE MER €€€
(76 07 46 52 ; www.fiskekrogen.no ; Dreyersgate 29 ; plats déj 230-285 NOK, plats dîner 230-345 NOK ; 15h-21h lun-jeu, 15h-22h ven, 12h-22h sam, 12h-21h dim). Ce restaurant sur les quais – très apprécié de la famille royale – fait la fierté culinaire de Henningsvær. Mention spéciale à la soupe de poisson (230 NOK) particulièrement délicieuse, mais la carte comprend de tout, du *fish and chips* aux langues de morue. En été, de 16h à 17h, il sert uniquement la soupe de poisson et du ragoût de fruits de mer, très bon aussi.

Après dîner, vous pourrez vous rendre juste à côté, au **Bar Nord** (ouvre à 19h). Moins formel, il a vue sur l'eau.

Achats

Drops DÉCORATION
(948 60 514 ; www.facebook.com/dropshenningsvaer ; 11h-16h). Sur la rue principale, cette sympathique boutique présente une collection variée d'articles de décoration simples et tantôt chics.

Depuis/vers Henningsvær

Un bus fait régulièrement la navette entre Henningsvær et Svolvær (70 NOK, 40 min, 6/jour minimum) via Kabelvåg (35 min).

Kabelvåg

1 733 HABITANTS

Kabelvåg, à 5 km au sud-ouest de Svolvær, est une bourgade intime et chaleureuse. Le centre comprend une petite place et un port minuscule, tandis que le quartier de **Storvågan**, à 2 km au sud près de l'E10, s'enorgueillit d'un trio de musées.

À voir

Un billet combiné (adulte/enfant 250/120 NOK) donne accès au musée des Lofoten, à l'aquarium des Lofoten et à la galerie Espolin, tous à Storvågan et à une courte distance de marche les uns des autres.

Galleri Espolin GALERIE
(76 07 84 05 ; www.museumnord.no/galleri-espolin ; Storvåganveien 22 ; adulte/enfant 100/50 NOK ; 10h-16h juin à mi-août, horaires restreints reste de l'année). Cette galerie donne à voir les eaux-fortes et lithographies d'un des plus grands artistes norvégiens, Kaare Espolin-Johnson (1907-1994). Ses œuvres, d'autant plus étonnantes qu'Espolin fut quasi aveugle la majeure partie de sa vie, reflètent son amour pour les Lofoten et représentent, pour beaucoup, des pêcheurs.

Cathédrale des Lofoten ÉDIFICE RELIGIEUX
(Vågan kirke ou Lofotkatedralen ; 76 06 71 90 ; www.lofotkatedralen.no ; Villaveien ; 40 NOK ; 10h-18h lun-sam, 12h-18h dim fin juin à mi-août). La deuxième plus grande église en bois du pays domine l'E10 au nord de Kabelvåg. Construite en 1898 pour accueillir les pêcheurs saisonniers, elle compte 1 200 sièges, soit bien plus que le nombre actuel d'habitants. En été, ne manquez pas les concerts d'orgue.

Aquarium des Lofoten AQUARIUM
(Lofotakvariet ; 76 07 86 65 ; www.museumnord.no/lofotakvariet ; Storvåganveien 28 ; adulte/enfant/famille 130/80/360 NOK ; 10h-18h juin-août, horaires réduits fév-mai et sept-nov). Pour tout savoir des profondeurs glaciales qui baignent les Lofoten, visitez cet aquarium. Vous en saurez plus sur le *skrei* – cabillaud de l'Atlantique Est, qui migre chaque hiver de la mer de Barents aux Lofoten pour y frayer –, découvrirez des aquariums de crabes royaux, de saumons et d'autres espèces, et verrez de joyeux groupes de phoques et d'otaries (nourrissage à 15h et 18h).

Musée des Lofoten MUSÉE
(Lofotmuseet ; 76 15 40 00 ; www.museumnord.no/lofotmuseet ; Storvåganveien 25 ; tarif plein/réduit 100/80 NOK ; 10h-16h juin-août,

horaires restreints reste de l'année). Le plus grand musée des traditions populaires de l'île occupe le site de la première localité connue de la région polaire, là où furent découverts des vestiges du premier *rorbu*. La principale galerie du musée est hébergée dans la demeure d'un marchand. Du musée, un joli chemin serpente sur 2 km faciles à marcher jusqu'au centre de Kabelvåg.

Activités et circuits organisés

Northern Alpine Guides PLEIN AIR
(942 49 110 ; www.alpineguides.no ; Kalleveien 21). Cette très bonne agence de professionnels propose, en été, de l'escalade et de la voile dans les îles Lofoten ; en hiver, des excursions à skis.

Lofoten Kajakk PLEIN AIR ET EXCURSIONS
(76 07 30 00 ; www.lofoten-aktiv.no ; Kabelvåg). Une bonne agence pour vivre des aventures à travers différentes activités saisonnières. Au programme en été : kayak et voile dans les fjords, et excursion à VTT. En hiver : partez à la chasse aux aurores boréales, faites du ski de fond ou essayez-vous aux raquettes. En location : kayaks, VTT et autres équipements de plein air.

Où se loger

Kabelvåg Feriehus og Camping CAMPING €
(46 87 91 18 ; www.kabelvag.com ; Mølnosveien 19 ; empl tente/caravane/voiture 220/350/300 NOK, ch 750 NOK). Ce camping, impeccable et bien tenu, tire avantage d'un cadre magnifique.

Kabelvåg Vandrerhjem & Sommerhotell AUBERGE DE JEUNESSE €
(76 06 98 80 ; www.lofotensommerhotell.no ; Finnesveien 24 ; dort/s/d avec sdb commune 335/650/850 NOK, d avec sdb privative 995 NOK ; juin-début août ;). À moins de 1 km du centre de Kabelvåg, l'école des Lofoten (Folkehøgskole) se transforme en auberge de jeunesse et hôtel pendant les vacances. Cuisine à disposition des hôtes.

Nyvågar Rorbuhotell RORBUER €€€
(76 06 97 00 ; www.classicnorway.no/hotell/nyvagar-rorbuhotell ; Storvåganveien 22 ; rorbu 4 lits vue mer/face terres avec petit-déj 2 450/2 050 NOK). À Storvågan, cet ensemble de petites maisons chics en bord de mer est presque entièrement neuf. Ces jolis *rorbuer* modernes sont entièrement équipés et existent en différentes tailles et configurations. L'hôtel organise des activités (vélo, pêche en mer...). Tarifs réduits hors pic estival.

100% NORVÉGIEN

STATUE DU ROI ØYSTEIN

Derrière la vieille prison à Storvågan, un sentier grimpe jusqu'à la statue du roi Øystein, qui ordonna, en 1120, la construction du premier *rorbu* (cabane de pêcheur). Auparavant, les pêcheurs dormaient sous leurs barques retournées. Et le souverain avait tout intérêt à se soucier de leur bien-être, car la taxe sur l'exportation du poisson séché constituait alors sa principale source de revenus.

Où se restaurer

Præstengbrygga PUB, CAFÉ €€
(466 77 660 ; www.facebook.com/VISITPrestengbrygga ; Torget 9 ; plats 130-175 NOK ; 11h-1h lun-jeu, 12h-2h ven-sam, 12h-21h dim). Que ce soit pour un déjeuner simple ou un verre en soirée, ce lieu aux différentes facettes attire une clientèle nombreuse. L'intérieur est entièrement lambrissé et une charmante terrasse donne sur le quai. On y sert des plats copieux (ragoût de renne, plateaux de fruits de mer – incluant parfois de la baleine –, grandes et généreuses pizzas...). En été, des musiciens s'y produisent parfois, ce qui ajoute encore à l'ambiance.

Restaurant Lorchstua NORVÉGIEN €€€
(76 06 97 00 ; www.classicnorway.com/hotels/nyvagar-rorbuhotell/restaurant ; Storvåganveien 26 ; plats déj 105-205 NOK, plats dîner 219-325 NOK ; 12h-17h et 18h-21h30). Le très réputé Lorchstua, géré par le Nyvågar Rorbuhotell (voir ci-contre), sert essentiellement des spécialités locales revisitées, comme le filet de flétan au four dans une brandade de morue. L'atmosphère est plutôt formelle et la cuisine, excellente.

Depuis/vers Kabelvåg

Le bus circulant régulièrement entre Henningsvær et Svolvær s'arrête à Kabelvåg (50 NOK, 6/jour minimum).

Vestvågøy

11 000 HABITANTS

En règle générale, dans cette île du centre des Lofoten, les coins les plus intéressants sont éloignés de l'E10, la route principale, à l'exception du Musée viking. D'une traite, Vestvågøy se traverse en 1 heure, mais le gros de la journée peut aisément être consacré à l'explorer.

Port desservi par l'express côtier Hurtigruten, Stamsund est la fine fleur des villages traditionnels de pêcheurs, tandis qu'un détour par Eggum et au-delà garantit des panoramas superbes.

À voir

Musée viking Lofotr MUSÉE

(Lofotr Viking Museum ; ☎76 15 40 00 ; www.lofotr.no ; tarif plein/réduit/enfant/famille mi-juin à mi-août 225/195/130/650 NOK, reste de l'année 170/160/130/535 NOK ; ⏲11h-16h juin à mi-août, horaires restreints reste de l'année ; 👪). En 1981, à Borg, près du centre de Vestvågøy, la charrue d'un fermier heurta les vestiges de la demeure d'un puissant chef viking. Long de 83 m, c'est le plus grand bâtiment de cette époque découvert en Scandinavie. Le Musée viking Lofotr, à 14 km au nord de Leknes, donne un aperçu de la vie au temps des Vikings. Un sentier de 1,5 km franchit les collines et mène de la réplique de la maison du chef – en forme de bateau retourné – jusqu'à celle d'un navire viking, sur la côte.

Des guides en costume proposent des visites en diverses langues, et, dans la maison, des artisans expliquent leur métier. C'est aussi ludique qu'instructif, et les enfants apprécient particulièrement.

Le musée accueille le **Festival viking** début août. En été, de 18h30 à 21h (durée de la visite du musée incluse), vous pourrez aussi participer à un banquet viking (adulte/enfant 820/595 NOK) où vous dégusterez de l'agneau des Lofoten et de l'hydromel tout en étant divertis par des intervenants costumés – réservation obligatoire auprès du musée ou de l'office du tourisme (p. 307) à Svolvær.

Le bus Svolvær-Leknes passe devant l'entrée du musée.

Lofoten Gårdsysteri FERME

(☎950 82 958 ; www.lofoten-gardsysteri.no ; Saupstadveien 235, Bøstad ; ⏲10h-21h lun-sam mi-juin à mi-août, horaires restreints reste de l'année). Sur la route vers Saupstad, cette jolie petite ferme élève des chèvres, cochons et poulets qui raviront les enfants. Si nous l'avons aimée, c'est parce qu'elle est bio et qu'elle produit du fromage, des saucisses et du miel. L'idéal si vous avez prévu de pique-niquer dans le coin, juste après Eggum.

Galleri 2 GALERIE

(☎909 56 546 ; www.galleri2.no ; JM Johansens vei 18, Stamsund ; adulte/enfant 40 NOK/gratuit ; ⏲12h-18h mar-sam juin-août, sur rendez-vous reste de l'année). Scott Thoe, peintre des îles Lofoten, tient cette galerie à Stamsund, à 175 m du quai Hurtigruten, accessible depuis la Rv 185. Il y expose les œuvres de nombreux artistes contemporains norvégiens, ainsi que des modèles réduits de ses vastes projets de plein air.

Activités

Unstad Arctic Surf SPORTS NAUTIQUES

(☎970 61 201 ; www.unstadarcticsurf.com ; Unstadveien 105 ; package surf 3 jours 8 995 NOK). Avec cette excellente agence, vous pourrez aussi bien apprendre à surfer dans les Lofoten, que longer la côte en paddle, entre autres activités. À Unstad, elle organise maintes activités originales, dispose d'un camping et pourra même venir vous chercher à Leknes ou Svolvær.

Où se loger et se restaurer

Brustranda Sjøcamping CAMPING €

(☎904 73 630 ; www.brustranda.no ; Rolvsfjord ; empl voiture/caravane 250/320 NOK, bung 4 lits 500-1 600 NOK ; ⏲mi-mai à août). À 14 km au nord-est de Stamsund, près de la Rv 815, ce camping bien tenu, superbement situé, encadre une jolie crique. On s'y accorderait volontiers des jours de farniente.

Justad Rorbuer og Vandrerhjem AUBERGE DE JEUNESSE €

(☎76 08 93 34 ; dort/s/d sdb commune 200/380/550 NOK, bung 4 lits à partir de 700 NOK ; ⏲mars à mi-oct). L'auberge de jeunesse (affiliée HI) de l'île occupe une ancienne pêcherie au bord de l'eau, à 1,2 km du quai Hurtigruten à Stamsund. Une clientèle d'habitués s'y retrouve chaque année, et mieux vaut réserver.

Rebecca's NORVÉGIEN €€€

(☎472 38 235 ; Valbergsveien ; plats 330 NOK, buffet déj dim 330 NOK ; ⏲12h-17h mi-juin à mi-août). Ce petit café, sur la route côtière, est une perle. Tout y est parfait : une belle salle lambrissée, de délicieuses spécialités locales mettant l'accent sur la cuisine maison (plats à base de poisson, voire de baleine) et une ambiance presque familiale. Si vous voyez, près de Valberg, des voitures garées au milieu de nulle part, vous y êtes !

Le futur du restaurant était incertain lors de l'écriture de ce guide, mais nous lui souhaitons de subsister.

Skjærbrygga Sjøhus CAFÉ €€€
(☎76 05 46 00 ; livelofoten.no/dining ; plats dîner 195-345 NOK ; ⏱en-cas à partir de 11h, dîner 17h-22h). À Stamsund, un grand café-restaurant de bord de mer, très chaleureux, avec des poutres basses. Le soir, la courte carte (3 entrées, 3 plats de poisson et 2 de viande) fait la part belle aux spécialités locales, dont de l'agneau des Lofoten. Les horaires d'ouverture étaient des plus irréguliers lors de nos recherches.

Renseignements

Office du tourisme (☎481 75 009 ; www.facebook.com/vestvagoyturistinformasjon ; Storgata 29, Leknes ; ⏱9h-17h lun-ven, 9h-18h mar-mer, 9h-19h jeu, 9h-16h sam et 12h-16h dim mi-juin à mi-août, 10h-16h lun-mer et ven, 9h-18h jeu, 10h-14h sam reste de l'année). Niché au rez-de-chaussée de la galerie marchande Lofotsenteret, à Leknes, une localité par ailleurs sans attrait.

Depuis/vers Vestvågøy

AVION

Widerøe assure jusqu'à 8 vols quotidiens reliant l'aéroport de Leknes et Bodø.

BATEAU

Dans l'île, l'express côtier Hurtigruten fait escale à Stamsund. Sur le quai, un bus direct par pour Leknes.

BUS

Parmi les destinations desservies depuis Leknes :

Å (119 NOK, 1 heure 30, 4-5/jour)
Stamsund (70 NOK, 25 minutes, 6/jour)
Svolvær (168 NOK, 1 heure 30, 6/jour)

Flakstadøy

1 600 HABITANTS

La plupart des habitants de Flakstadøy vivent sur la plate côte nord, aux alentours de la localité de Ramberg. Nombre de voyageurs se contentent de traverser l'île. Elle mérite toutefois une escale pour les plages de sable de Ramberg (une exception aux Lofoten), les souffleurs de verre de Vikten, et un éventuel détour par le joli village d'artistes de Nusfjord.

VAUT LE DÉTOUR

S'ÉVADER DE L'E10

Plutôt que de continuer sur l'E10, qui serpente au cœur de l'île de Vestvågøy, un itinéraire plus plaisant suit la **Rv 815**, à peine plus longue et moins empruntée. Cette route débute juste après le pont rejoignant Austvågøy et file vers le sud-ouest sur 28 km, parmi de superbes paysages, avant de rejoindre l'E10 à Leknes.

Ramberg

350 HABITANTS

Imaginez un croissant de sable blanc ourlant une baie aux eaux cristallines bleu-vert, avec en toile de fond des pics arctiques enneigés : voilà à quoi ressemblent les **plages** de Ramberg et de Flakstad, sur la côte nord de Flakstadøy, dans la douce lumière du soleil. Si vous immortalisez ce jour, à votre retour, impossible de croire que vos photos de vacances ont été prises au nord du cercle polaire arctique, mais vous en aurez le cœur net en trempant un orteil dans l'eau.

Où se loger et se restaurer

Ramberg Gjestegård CAMPING €
(☎76 09 35 00 ; www.ramberg-gjestegard.no ; E10 ; empl voiture/caravane 190/240 NOK, bung 1 050-1 600 NOK). Situé sur la plage, ce camping accueillant loue des kayaks et des barques, des bateaux à moteur et des vélos. Il comprend un excellent restaurant. Les bungalows sont bien entretenus et un séjour ici permet d'apprécier Ramberg sous une nouvelle dimension, une fois partis les visiteurs de la journée.

♥ **Kafe Friisgården** CAFÉ €
(☎415 62 281 ; www.facebook.com/Friisgarden ; E10 ; plats à partir de 120 NOK ; ⏱12h-19h). Excellent café, pâtisseries divines, savoureux plats maison (comme le ragoût de poulet ou les desserts glacés) : cet

établissement est tout indiqué pour faire une pause sur la route. Son superbe bâtiment, sa terrasse, et son accueil chaleureux en font une véritable trouvaille.

Restaurant du Ramberg Gjestegård NORVÉGIEN €€
(☎76 09 35 00 ; www.ramberg-gjestegard.no/#Restaurant ; plats 220-295 NOK ; ⏲12h-15h mar-dim été, 15h-20h mi-sept à oct, 15h-20h30 déc, 12h-16h et 18h-21h hiver). Le succès de ce restaurant affilié au Menu arctique (réseau de restaurants s'engageant à privilégier les produits locaux ; voir l'encadré p. 319) est justifié. Il propose essentiellement du poisson et, si vous tombez bien, un excellent menu Flakstad (morue, agneau rôti, compote de rhubarbe). Au déjeuner, les plats du jour sont moins chers et tout aussi bons. Les dimanches midi, un buffet est dressé (200 NOK).

Information

L'**office du tourisme** (☎76 09 31 10 ; henkirk@online.no ; ⏲10h-15h mer-sam mi-juin à août) saisonnier de l'île se trouve dans la Galleri Steinbiten à Ramberg.

Depuis/vers Ramberg

Les bus reliant Å à Svolvær ou Leknes passent par la rue principale.

Flakstad

1 383 HABITANTS

Près de l'E10, Flakstad est un village paisible. On y trouve l'une des plus belles églises des Lofoten et, à proximité, une plage où pratiquer des sports nautiques. C'est un lieu tranquille et discret, ce qui n'est pas pour déplaire aux habitants. Non loin, en faisant un détour de 4 km par la côte depuis l'E10 à Vareid, on arrive à Vikten, village au cadre magnifique où se tient le célèbre atelier-galerie de verre soufflé Glasshytta. Même si le soufflage de verre ne vous intéresse pas, venez-y ne serait-ce que pour le paysage.

À voir

Glasshytta VERRE SOUFFLÉ
(☎977 16 023 ; www.glasshyttavikten.no ; Vikten ; ⏲10h-19h, mai-août, 10h-15h lun-jeu jan-avr, ven-dim sur rdv). À Vareid, une route de 4 km part de l'E10 jusqu'à Vikten, où l'on visite l'atelier-galerie des Tangrand, une famille de souffleur de verre. Regardez le verre prendre forme et admirez les remarquables œuvres de la salle d'exposition et de la boutique. Face à l'impressionnant bâtiment principal, au toit recouvert de pelouse, de l'autre côté de la route, on trouve un petit café et une exposition de céramiques, également créées par cette talentueuse famille.

Église de Flakstad ÉDIFICE RELIGIEUX
(Flakstad kirke ; visite guidée adulte/enfant 50 NOK/gratuit ; ⏲11h-15h fin juin-fin juil). En retrait de la plage de Flakstad et aujourd'hui contournée par l'E10, l'église de Flakstad, avec son bulbe rouge, fut bâtie en 1780 et amplement restaurée au fil des ans. Le bois employé à l'origine provient en grande partie de Sibérie, d'arbres déracinés par les rivières coulant vers l'Arctique et rejetés sur la plage.

Depuis/vers Flakstad

Flakstad se trouve à 1 km environ de l'E10. Les buses circulant entre Svolvær et Å peuvent vous déposer à l'un des deux embranchements.

Nusfjord

50 HABITANTS

Si vous ne devez vous accorder qu'un détour sur l'E10, entre Svolvær et Å, faites un crochet pour rejoindre Nusfjord, l'un des plus charmants villages du nord de la Norvège. Au bout d'une splendide route de 6 km au pied de hauts rochers dénudés, un groupement de maisons en bois rouge vif se dévoile, tel un trésor caché, dissimulant un minuscule port de pêche. De nombreux artistes le considèrent comme l'essence des Lofoten. Malheureusement les tour-opérateurs aussi, et l'affluence est telle en été que l'on assiste à un véritable ballet de voitures sur le parking. Mais allez-y quand même : vous ne regretterez pas une seule seconde de votre visite.

Comptez 50 NOK pour vous promener dans le bourg (gratuit pour les moins de 12 ans), et 50 NOK supplémentaires pour regarder *The People & The Fish*, une vidéo (12 min) sur l'histoire de Nusfjord.

À voir

Pour prendre la photo de Nusfjord que l'on voit sur toutes les cartes postales de l'île, vous devrez grimper la pente rocailleuse au-dessus de l'extrémité fermée du petit port. Attention, le chemin est parfois glissant après la pluie.

Où se loger et se restaurer

Nusfjord Arctic Resort RORBUER €€
(☎76 09 30 20 ; nusfjordarcticresort.com ; rorbu à partir de 1 800 NOK). Beaucoup de ces *rorbuer* (cabanes de pêcheurs) sont de fidèles répliques des traditionnelles cabanes de pêcheurs et ils sont tous d'un grand confort. L'atout premier reste le merveilleux silence qui s'empare le soir de Nusfjord. La réception est à l'entrée du village.

Karoline Restaurant CAFÉ €€
(☎76 09 30 20 ; nusfjordarcticresort.com ; plats à partir de 149 NOK ; ⌚8h-10h et 17h-21h). Vue splendide depuis la terrasse, spécialités locales où le poisson est roi et atmosphère décontractée : ce café est une bonne adresse – encore faut-il y décrocher une table, ce qui n'est pas toujours gagné.

Depuis/vers Nusfjord

Aucun transport ne dessert Nusfjord. Le parking est sur une colline, à l'entrée du village.

Moskenesøy

1 225 HABITANTS

Longue de 34 km, l'île de Moskenesøy est la plus méridionale des Lofoten. Elle se présente comme une chaîne de montagnes boisées, entrecoupée de lacs et de fjords, qui surgit de la mer. Paradis pour les alpinistes, ses paysages tourmentés évoquent l'univers de Tolkien. Certains des étroits ravins et des pics découpés, dont le Hermannsdalstind (1 029 m), le point culminant, sont accessibles à tous. C'est aussi sur Moskenesøy, à Reine, que l'on trouve l'un des plus magnifiques points de vue des Lofoten, ainsi que Å, l'un de ses plus charmants villages.

Å

1 162 HABITANTS

À la pointe sud de Moskenesøy et des îles Lofoten, Å (qui est d'ailleurs la dernière lettre de l'alphabet norvégien – se prononce "ô"), parfois appelé Å i Lofoten, est un véritable petit bijou aux airs de musée vivant – un village de pêcheurs préservé, avec une rangée de *rorbuer* rouges le long du rivage, des séchoirs à morue, et des paysages de carte postale à chaque coin de rue. Deux familles se partagent cet endroit quasi féodal, qui vit aujourd'hui essentiellement du tourisme, mais fut autrefois un important port de pêche (jusqu'à la Seconde Guerre mondiale, plus de 700 000 morues y séchaient chaque saison).

Épargnez le village en laissant votre voiture dans le parking, avant d'y pénétrer à pied en passant par le tunnel.

À voir

♥ **Musée norvégien de la Météo et de la Pêche** MUSÉE EN PLEIN AIR
(Norsk Fiskeværsmuseum ; ☎76 09 14 88 ; ww.museumnord.no/vare-museer/norsk-fiskevaersmuseum ; adulte/enfant 100/70 NOK ; ⌚11h-18h mi-juin à août, 11h-15h lun-ven sept à mi-déc, 11h-15h ven fév à mi-juin). Hangars à bateaux, entrepôts, maisons de pêcheurs, fermes et bâtiments commerciaux : ce musée englobe 14 des installations de pêche de Å datant du XIXe siècle. Parmi les plus intéressantes (prenez une brochure en anglais à l'accueil) figurent la plus ancienne fabrique d'huile de foie de morue d'Europe, où vous pourrez goûter des échantillons et acheter une bouteille ; la forge, où l'on fabrique toujours des lampes à huile de foie de morue ; la boulangerie de 1844, toujours en activité, le vieux *rorbu*, avec des meubles d'époque, et quelques bateaux de pêche traditionnels.

Musée du Poisson séché MUSÉE
(Lofoten Tørrfiskmuseum ; ☎76 09 12 11 ; adulte/enfant 70/35 NOK ; ⌚11h-16h juin-août). Ce musée, installé dans un ancien entrepôt de poisson, appartient à Steinar Larsen, un collectionneur passionné et polyglotte qui accueille personnellement chaque visiteur. L'exposition illustre parfaitement la ressource traditionnelle des Lofoten : la pêche et le séchage de la morue pour l'exportation, en particulier vers l'Italie. Les artefacts et une vidéo décrivent toutes les opérations, du chalut à l'expédition.

Où se loger

Å-Hamna Rorbuer AUBERGE DE JEUNESSE €
(☎76 09 12 11 ; hmn-rorbuer-holidy-home.norway-hotel.com/fr ; dort 280 NOK, bung 2-4 lits 1 200-1 700 NOK, bung 6 lits 2 150 NOK). La plupart des *rorbuer* (cabanes de pêcheurs) de Å ont été transformés pour accueillir les vacanciers dans des hébergements pleins de charme.

À NE PAS MANQUER

LE DÉTROIT DE MOSKENESSTRAUMEN

Après le camping à la lisière sud de Å, un versant de colline préside à une vue excellente sur l'île de Værøy, de l'autre côté du détroit de Moskenesstraumen. Les puissants **maelströms**, créés par la marée entre les deux îles, furent décrits par Pythéas il y a 2 000 ans et signalés plus tard comme de redoutables adversaires sur les premières cartes de navigation fantaisistes. Ils inspirèrent à Jules Verne et à Edgar Allan Poe des histoires de naufrage, et sont toujours considérés parmi les plus dangereux du monde.

Mais vous aurez beau plisser les yeux, vous ne parviendrez sûrement pas à discerner les maelströms depuis la terre ferme. La meilleure option est de faire une excursion avec **Aqua Lofoten Coast Adventure** (ci-contre).

Lambrissés à l'intérieur comme à l'extérieur, ces bungalows sont simples, mais douillets. Certains sont aménagés avec des meubles anciens et des illustrations sur le thème de la pêche.

Å Feskarbrygga Rorbuer RORBUER €€
(☎911 61 999 ; www.lofoten-info.no/aa-fb ; bung 1 000-1 400 NOK, app 4 lits 900 NOK). Cet hôtel ouvert toute l'année appartient à un pêcheur et à sa famille. Il comprend plusieurs *rorbuer* (cabanes de pêcheurs) et appartements équipés de cuisines dispersés autour du port. L'ameublement est simple et assez chic. On les apprécie d'autant plus le soir venu, lorsque les visiteurs de la journée ont quitté Å.

Il est possible de louer des vélo et des bateaux.

Où se restaurer

♥Bakeri BOULANGERIE €
(☎76 09 14 88 ; www.museumnord.no/utstilling/bakeriet ; 🕒11h-15h tlj). Occupant une bâtisse datant de 1844, tout comme son four en pierre, cette boulangerie pleine de charme est l'essence même de Å. On y vend tous les jours du pain frais ainsi que quelques viennoiseries, dont les exquis *kanelsnurr* (roulés à la cannelle ; 35 NOK), aussi bons que leur joli nom le laisse présager.

Brygga Restaurant POISSON ET FRUITS DE MER €€€
(☎76 09 11 21 ; www.arorbuer.no/activities/restaurant ; plats 195-329 NOK, plat du jour déj 185-205 NOK ; 🕒17h-21h). Perché sur pilotis, le Brygga est le seul restaurant correct de Å. Ainsi qu'il se doit dans un village traditionnel de pêcheurs, la carte fait la part belle à tout ce qui nage.

ℹ Depuis/vers Å

Å est la destination la plus méridionale des Lofoten.

Entre 3 et 6 bus desservent quotidiennement Moskenes (52 NOK, 10 minutes), où l'on peut prendre un car-ferry pour Bodø, sur le continent.

La plupart des bus vont jusqu'à Reine, Marka, Hamnøy et Leknes.

Sakrisøy

Sur un bras du Reinefjord, au cœur d'un paysage éblouissant, Sakrisøy est une jolie petite île dont les infrastructures sont disproportionnées en regard de sa taille : deux restaurants, un hébergement et une abondance de choses à faire.

À voir et à faire

Musée des Poupées et des Jouets MUSÉE
(Dagmars Dukke og Leketøy Museum ; ☎76 09 21 43 ; adulte/enfant 80/40 NOK ; 🕒10h-18h, mai et sept, 10h-20h juin-août, sur rendez-vous reste de l'année). À Sakrisøy, Dagmar Gysleth a collectionné pendant 20 ans plus de 2 500 poupées, ours en peluche anciens et jouets d'époque pour son musée des Poupées et des Jouets. L'étage renferme une boutique d'antiquités.

Aqua Lofoten Coast Adventure BATEAU
(☎990 19 042 ; www.aqualofoten.no ; E10). De juin à mi-août, Aqua Lofoten organise des excursions en bateau de 3 heures vers le maelström de Moskenesstraumen (voir l'encadré ci-dessus), mais aussi vers d'autres sites à proximité, avec la possibilité de faire du snorkeling et de pêcher.

Où se loger et se restaurer

Sakrisøy Rorbuer BUNGALOWS €€
(☎900 354 19 ; www.sakrisoyrorbuer.no ; bung 1100-2150 NOK ; P 📶). L'extérieur de cet ensemble relativement authentique de

maisonnettes ocre suspendues au-dessus des eaux est digne d'une carte postale. L'intérieur, très confortable, est lambrissé selon la tradition.

Les alentours sont magnifiques ; vous n'aurez pas à marcher loin pour vous en rendre compte.

Anitas Sjømat CAFÉ €
(900 61 566 ; sakrisoy.no/seafood ; E10 ; 10h-20h mi-juin-mi à août, horaires restreints reste de l'année). Ce fantastique café en bord de mer est également une épicerie fine et l'on y vend toutes sortes d'en-cas au poisson séché, des sardines King Oscar et des plats remarquablement bons, comme la soupe et les croquettes de poisson, les crevettes fraîches et les burgers de poisson (celui au saumon est notre préféré). Soyez audacieux, essayez les œufs de mouettes... et ne vous laissez pas impressionner par les têtes de morue séchée dehors.

Underhuset Restaurant NORVÉGIEN €€
(900 35 419 ; www.sakrisoyrorbuer.no/restaurant ; plats 275-295 NOK ; 15h-21h mi-juin à mi-août lun-sam, 17h-21h reste de l'année). Le restaurant du Sakrisøy Rorbuer est plus formel que l'Anitas Sjømat (mais un peu seulement) et il ne s'embarrasse guère d'une longue carte : ce sera morue, faux-filet de bœuf ou seau de crevettes.

Pour compléter le repas, mentionnons une impressionnante variété de bières locales et une redoutable mousse au chocolat.

Depuis/vers Sakrisøy

Sakrisøy se trouve sur l'E10 – les bus entre Leknes et Å y passent.

Hamnøy

1 000 HABITANTS

On peut facilement passer à côté de Hamnøy sur sa petite île au nord-ouest de Reine et Sariskøy. Pourtant, avec les splendides eaux du Reinefjord et un relief escarpé en toile de fond, c'est vraiment un joli coin des Lofoten.

Où se loger et se restaurer

Eliassen Rorbuer RORBUER €€
(458 14 845 ; www.rorbuer.no ; près de l'E10 ; rorbu 890-1 990 NOK ; P). Voici 26 formidables *rorbuer* près de Reine, aux intérieurs rénovés. Certains ont une vue magnifique.

Prenez le temps de choisir celui qui vous correspondra : le site Internet est lent, mais la persévérance paie.

Depuis/vers Hamnøy

Les bus circulant entre Å et Svolvær ou Leknes passent par Hamnøy.

Îles du Sud

Værøy

600 HABITANTS

Plus de 100 000 oiseaux de mer – fulmars, fous de Bassan, sternes arctiques, guillemots, mouettes, pygargues, macareux, mouettes tridactyles, cormorans, eiders, pétrels et bien d'autres – viennent nicher à Værøy, une île montagneuse d'à peine 8 km de longueur, avec des plages de sable blanc, des crêtes élevées, des hameaux isolés, des falaises de granit et une mer cristalline. Un superbe lieu où passer quelques jours, le temps de profiter des beaux paysages sauvages et du bienheureux sentiment d'isolement.

Activités

Si la randonnée est l'activité principale sur Værøy, l'office du tourisme (p. 318) ou votre hébergement pourront organiser des excursions en bateau (tarif plein/enfant 590/450 NOK) à la découverte des falaises et des colonies aviaires.

Randonnée

Des itinéraires de randonnée passent à proximité de certaines **grandes colonies d'oiseaux**. Le plus beau, et le plus emprunté, commence à l'extrémité de la route au nord de l'île, à 6 km de **Sørland** et à 300 m après l'ancien aérodrome. Il suit la côte ouest vers le sud, franchit l'isthme d'Eidet et rejoint le village de pêcheurs quasi abandonné de **Måstad**, sur la côte est, où 150 habitants se nourrissaient jadis de la viande et des œufs des macareux. C'est de Måstad qu'est originaire la race des chiens norvégiens de macareux (*lundehund*).

De Måstad, les randonneurs sportifs pourront tenter l'ascension escarpée du **Måhornet** (431 m), qui demande environ 1 heure dans chaque sens. Du quai de Sørland, une route (ou la ligne de crête, plus intéressante) monte jusqu'aux installations de l'Otan, à **Håen** (438 m).

Où se loger

Gamle Prestegård PENSION €€

(Vieux presbytère ; ☎76 09 54 11 ; www.varoyrhs.com/prestegaarden ; s/d avec sdb commune 495/830 NOK, avec sdb privative 595/930 NOK). C'est dans le nord de l'île que l'on trouve l'hébergement et le restaurant les plus élégants de Værøy. Une bâtisse aux chambres lambrissées, près d'une église, avec un drapeau hissé dans le jardin : c'est exactement l'idée qu'on se fait d'une maison de pasteur.

La cuisine est bonne, et fait la part belle au poisson. Une pension simple, mais très agréable.

Renseignements

Office du tourisme (☎75 42 06 00 ; Fv 791 ; 9h30-15h lun-ven mi-juin à mi-août, 9h-14h lun-ven reste de l'année). Dans l'hôtel de ville de Sørland, le village principal.

Depuis/vers Værøy

Le car-ferry assure pratiquement tous les jours la liaison depuis/vers Bodø (passager/voiture 150/897 NOK), directement ou via Moskenes (94/317 NOK). Il circule également entre Værøy et Røst (150/684 NOK).

Lufttransport (☎75 43 18 00 ; www.lufttransport.no ; aller simple 1 080 NOK) assure des liaisons en hélicoptère entre Bodø et Værøy (1-2/jour), de février à octobre.

Røst

605 HABITANTS

Les 365 îles et *skerries* de Røst forment la lisière sud, déchiquetée, des Lofoten. Røst offre un contraste surprenant avec ses voisines escarpées au nord et, à part un léger renflement au centre, l'île principale de Røstlandet, parsemée d'étangs, est totalement plate.

Situé au milieu du Gulf Stream, cet ensemble d'îlots bénéficie de l'un des climats les plus doux de Norvège et attire 2,5 millions d'oiseaux marins, qui viennent nicher sur les falaises.

Circuits organisés

Excursions à bord du Inger Helen CROISIÈRE

(☎76 09 62 38 ; info@karoy.no). De juin à mi-août, le M/S *Inger Helen* effectue une croisière de 5 heures qui longe plusieurs falaises habitées par des oiseaux, dont Vedøy et sa colonie de mouettes tridactyles. Si le temps le permet, il fait une escale pour une courte marche jusqu'au **phare de Skomvær** (1887) où vous pourrez aussi pêcher (cannes fournies).

Attention : le sort de cet opérateur était incertain au moment de nos recherches. Renseignez-vous avant votre venue.

Où se loger et se restaurer

Kårøy Rorbucamping RORBU €

(☎76 09 62 38 ; www.karoy.no ; 250 NOK/pers ; mai à mi-sept ; @ wifi). Ce *rorbu* (cabane de pêcheur) est situé sur la minuscule île de Kårøy. Il dispose de chambres pour 2, 4 ou 6 personnes, avec des salles de bains communes. Une cuisine est à disposition des hôtes qui peuvent également louer une barque et un bateau à moteur.

Téléphonez du ferry pour qu'un bateau vienne vous chercher.

Røst Bryggehotel HÔTEL €€

(☎76 05 08 00 ; www.rostbryggehotell.no ; s/d 990/1 220 NOK ; wifi). Sur le quai, cet hôtel de style traditionnel loue 16 chambres doubles confortables. Il y a aussi un restaurant. On peut louer des vélos, des bateaux et du matériel de pêche.

C'est de loin le meilleur hébergement de Røst.

Querini Pub og Restaurant PUB €€

(☎930 07 458 ; www.facebook.com/querinipubogrestaurantrost ; Klakkenveien 1 ; plats à partir de 149 NOK ; 13h-2h mer et ven-dim juin-août). Portant le nom du marchand vénitien Pietro Querini, naufragé en 1432 dans les Lofoten, cet établissement est un choix sûr parmi le peu de restaurants que compte Røst. C'est aussi l'un des seuls endroits animés le soir.

Renseignements

Office du tourisme (☎971 76 826 ; visitrost.no ; Hjem 9h-14h mi-juin à mi-août). Situé à quelques pas du quai du ferry, il est tenu par des bénévoles. Il est rarement ouvert aux horaires officiels, mais l'est généralement à l'arrivée et au départ des ferries.

Depuis/vers Røst

Il y a des vols depuis/vers Bodø et Leknes.

Røst, comme Værøy, est desservie par le car-ferry, qui relie Bodø (passager/voiture 150/921 NOK) à Moskenes (167/596 NOK).

ÎLES VESTERÅLEN

Beaucoup moins spectaculaires que ceux des îles Lofoten, les paysages sont ici toutefois plus sauvages, et les montagnes boisées de l'île de Hinnøya constituent une exception dans cette région côtière largement dépourvue d'arbres.

Parmi les nombreuses raisons de se rendre sur ces îles, citons notamment les baleines, que l'on peut observer au départ d'Andenes et de Stø, la jolie route longeant la côte ouest d'Andøya et le hameau ressuscité de Nyksund.

Langøya

Stø

250 HABITANTS

Le village de pêcheurs de Stø s'accroche à l'extrémité nord de Langøya. L'endroit est si tranquille que les oiseaux marins nidifient dans les falaises basses sur lesquelles court l'artère principale qui traverse la bourgade.

On y vient pour deux raisons : observer les baleines (les excursions ont repris en 2017) et faire l'une des plus belles randonnées des Vesterålen.

Activités

Stø était une destination aussi prisée qu'Andenes pour les expéditions d'observation des baleines, jusqu'à ce que sa dernière agence ferme ses portes il y a quelques années. Heureusement, une très bonne société a repris le flambeau, et il est à nouveau possible d'approcher les baleines au départ de Stø.

Le trajet pour atteindre le lieu où les cétacés se nourrissent (cachalots et globicéphales en été, orques et baleines à bosse en hiver) est beaucoup plus long que depuis Andenes. Les excursions depuis Stø durent ainsi toute une journée, mais incluent d'autres activités, comme l'observation d'oiseaux et l'occasion d'apercevoir des phoques.

♥ Arctic Whale Tours OBSERVATION DES BALEINES
(☎473 84 621 ; www.arcticwhaletours.com ; adulte/enfant 1 300/650 NOK ; ⏲10h fin mai à août). Les "safaris" de baleines sont à nouveau envisageables en été depuis Stø, grâce au travail de cette excellente agence. Lors de ces sorties d'une journée, vous êtes assuré de voir au moins un cétacé – sinon, une seconde journée vous est offerte. Les cachalots sont les plus courants. Le bateau passe également près de colonies d'oiseaux marins et de phoques. Bref : vous passerez certainement une superbe journée.

L'ARCTIQUE AU MENU

Pour un bon repas dans le nord de la Norvège et au Svalbard, entrez dans un restaurant affilié au réseau **Menu arctique** (www.reiselivinord.no/om-arktisk-meny). Ses membres, des petits établissements tenus par des familles aux restaurants des chaînes hôtelières, s'engagent à utiliser des produits naturels de la région. Ce peut être une sauce aux baies sauvages, un omble chevalier pêché dans les eaux glacées, du renne, du phoque ou, bien entendu, de la morue – on en savoure ici tous les morceaux, de la chair aux joues, en passant par les œufs, le foie, l'estomac et la langue.

♥ Route de la Reine RANDONNÉE
N'hésitez pas à consacrer une journée à cet itinéraire qui traverse le promontoire entre Nyksund et Stø, balisé par la lettre T en rouge. La plupart des randonneurs commencent par transpirer un peu pendant la première étape de cette boucle de 3 à 5 heures qui passe par le Finngamheia (448 m), pour reprendre leur souffle en revenant par le chemin au niveau de la mer, plus facile.

Où se loger

♥ Gunnartangen Rorbuferie RORBUER €
(☎467 82 601 ; www.gunnartangen.no ; Fv 935 ; s/d à partir de 850/950 NOK ; P 📶). Ces cinq bungalows, des cabanes de pêcheurs traditionnelles, donnent sur le paisible port de Stø. Construits par Gunnar lui-même, ces *rorbuer* sont chaleureux et pleins de caractère. Un charmant refuge, épargné par l'affluence estivale et ouvert toute l'année.

Stø Bobilcamp CAMPING €
(☎911 05 518 ; www.facebook.com/Stobobilcamp ; empl voiture/caravane 150/180 NOK ; ⏲mi-mai à mi-août). Ce petit camping austère et venteux, au bord de l'eau, comprend un restaurant sans prétention, qui sert essentiellement du poisson.

Attention : il n'y a pas de bungalow.

VAUT LE DÉTOUR

STOKMARKNES ET L'EXPRESS CÔTIER HURTIGRUTEN

L'express côtier Hurtigruten ("route rapide") fut fondé à Stokmarknes en 1893 par le capitaine Richard With. Comptant à l'origine un seul bateau, le S/S *Vesterålen*, il faisait escale dans 9 ports entre Trondheim et Hammerfest, transportant le courrier, des passagers et des vivres. Aujourd'hui, la ligne comprend 11 navires, transporte chaque année un demi-million de passagers, dessert 35 villes et villages ; c'est un lien vital pour le pays et une expérience de choix pour les visiteurs.

À Stokmarknes, le **musée Hurtigruten** (Hurtigrutemuseet ; ☎909 96 412 ; www.hurtigrutemuseet.no ; Markedsgata 1 ; adulte/enfant 90/35 NOK ; ⌚10h-18h mi-juin à mi-août, 14h-16h mi-sept à mi-mai) retrace l'histoire de la ligne Hurtigruten en textes et en images. Désormais amarré au quai, le M/S *Finnmarken* a sillonné les côtes de 1956 à 1993.

Depuis/vers Stø

En semaine, deux bus circulent entre Sortland et Stø (1 heure 15). Hormis cela, vous devrez utiliser votre propre véhicule.

Sortland

9 983 HABITANTS

Centre marchand des Vesterålen et plaque tournante des transports, Sortland se situe dans une encoche sur le rivage est de l'île. Ses bâtiments, souvent massifs et rectangulaires, sont peints dans un bleu océan apaisant. Il s'agit d'une idée de l'artiste local Bjørn Elvenes, qui voulait transformer la ville en un tableau en trois dimensions. Ou peut-être est-ce pour faire oublier aux voyageurs que rien ne justifie vraiment qu'ils s'arrêtent ici sur le trajet de Stø (au nord), ou des Lofoten (au sud).

Fêtes et festivals

Sortland Jazz MUSIQUE
(sortlandjazzfestival.no ; ⌚sept). Le Sortland Jazz est un membre éminent du remarquable ensemble de festivals de jazz de Norvège.

Où se loger

Sortland Camping og Motell CAMPING €
(☎76 11 03 00 ; www.sortland-camping.no ; Vesterveien 51 ; empl voiture/caravane 280/280 NOK, bung 400-2800 NOK). À environ 1,3 km du centre et fléché non loin de la route vers Stokmarknes, ce camping occupe un vaste terrain semi-boisé. C'est un camping norvégien assez banal, mais le café sert de la cuisine maison, essentiellement de Norvège du Nord, et l'établissement édite une brochure intéressante sur les environs.

Renseignements

L'**office du tourisme** (☎76 11 14 80 ; www.visitvesteralen.com ; Rådhusgata 11 ; ⌚9h-17h30 lun-ven, 10h-15h45 sam, 12h-15h45 dim mi-juin à mi-août, 9h-15h30 lun-ven reste de l'année) vous renseignera volontiers sur toute la région des Vesterålen.

Depuis/vers Sortland

L'express côtier Hurtigruten fait escale à Sortland.

Ci-dessous, les destinations desservies par les bus :

Andenes 2 heures, 2-4 fois/jour, via Risøyhamn (1 heure)
Harstad 2 heures 25, 1-3 fois/jour
Narvik 3 heures 30, 3-5 fois/jour
Svolvær 2 heures 15, 2-4 fois/jour

Nyksund

5 HABITANTS (HIVER), 35 HABITANTS (ÉTÉ)

Nyksund, emblématique de la sauvage côte septentrionale, compte un village ressuscité et un lieu d'exception. S'y rendre, c'est participer à l'émouvante histoire de son renouveau.

HISTOIRE

Le village de pêcheurs de Nyksund comptait déjà de moins en moins d'habitants lorsque, dans les années 1960, la boulangerie et le bureau de poste, cœur de toute agglomération, mirent la clé sous la porte. Ensuite, après le passage ravageur d'une tempête en 1975, la localité fut presque entièrement désertée. Enfin, peu de temps après, son dernier habitant, le forgeron Olav Larsen, plia bagage. Livré aux moutons et aux vandales, le village tomba dans l'oubli.

Pour beaucoup de petites communautés rurales à travers l'Europe, l'histoire en resterait là. Mais dans le cas de Nyksund, ce ne fut que le début d'un formidable renouveau. Lentement, au fil des décennies, ce charmant petit village perdu a connu un second souffle pour renaître en tant que colonie d'artistes. Les vieux édifices croulants et les bâtiments commerciaux ont été fidèlement restaurés. L'actuel Nyksund s'enorgueillit de 35 habitants en été et d'environ une demi-douzaine d'âmes résistant aux rudes hivers.

Parmi ces dernières, Ssemjon Gerlitz, le propriétaire allemand de la pension Holmvik Brygge vit à Nyksund toute l'année depuis plus d'une décennie. Au fil des ans, lui et son équipe ont récupéré tout ce qui pouvait servir dans les maisons délabrées du village pour aménager la pension, aux chambres toutes différentes.

Deux choses l'ont particulièrement séduit dans ce bout du monde. Ssemjon, si volubile, a apprécié le silence, seulement troublé par le vent et le ressac la majeure partie de l'année. Il mentionne aussi la communion avec des pêcheurs depuis longtemps disparus. "Chaque clou rouillé que je ramasse a été planté par quelqu'un qui a vécu et travaillé ici."

À voir

Galerie d'art de Nyksund MUSÉE
(99 38 12 77 ; nyksund.no/nyksund-art-gallery ; 13h-17h fin juin à mi-août). GRATUIT Cette petite galerie installée près de la jetée occupe le bâtiment de l'ancien musée. Elle organise des expositions temporaires de photos, de textiles, de sculptures et d'arts visuels.

Où se loger

Holmvik Brygge PENSION €€
(958 63 866 ; www.nyksund.com ; s/d avec sdb commune 850/910 NOK, ch/app avec sdb privative 990/1150 NOK). Cette pension aussi immense que conviviale comprend un café et mériterait à elle seule un détour à Nyksund. Vous pourrez y préparer vos repas ou manger au Holmvik Stua, qui tire parti d'ingrédients locaux et fume son poisson sur place. Les chambres, chaleureuses et confortables, sont aménagées avec du bois récolté alentour. Les appartements, un peu plus vastes, sont tout aussi charmants.

Expedisjonen B&B €€
(481 18 068 ; www.ekspedisjonen.wordpress.com ; s/d avec sdb commune 790/1 190 NOK, avec sdb privative 990/1450 NOK). L'Expedisjonen tient essentiellement d'un restaurant-café, mais il loue aussi quelques jolies chambres, qui se fondent dans le style éclectique de Nyksund. C'est un lieu accueillant, avec des lambris blanc, des touches colorées et de belles vues depuis les chambres (avec une salle de bains privative ou partagée).

L'établissement gère également d'autres chambres dans le village.

Depuis/vers Nyksund

La route vers Nyksund est longue, étroite (et assez jolie) et longe la côte (les 10 derniers kilomètres ne sont pas goudronnés).
On peut aussi y arriver par la **route de la Reine** (voir p. 319), une belle randonnée par le cap entre Nyksund et Stø (3 heures aller-retour).

Aucun transport ne dessert Nyksund.

Andøya

Andenes

2 718 HABITANTS

Riche de son passé halieutique, le village d'Andenes, tout en longueur, est un haut lieu de la Norvège du Nord pour l'observation des baleines, et de multiples activités en lien avec la nature vous attendent alentour. Isolé, le village a également des airs de bout du monde : il suffit de se tenir sur le front de mer battu par les vents et de contempler l'Atlantique Nord pour le comprendre. Les choses changent quelque peu en été, lorsque le ferry saisonnier relie Andenes à Senja, et que la bourgade s'anime d'une singulière activité.

À voir

Spaceship Aurora CENTRE SPATIAL PÉDAGOGIQUE
(Romskipet Aurora ; 76 14 46 00 ; www.spaceshipaurora.no ; Bleiksveien 46 ; expos + film 3D adulte/enfant 225/125 NOK, mission virtuelle 375/200 NOK, escape game + mission virtuelle 575/400 NOK ; 10h-15h30 lun-ven). À 1 km au sud de l'entrée du village sur la route vers Bleik, le **centre spatial d'Andenes** se double d'un musée innovant, présentant des expositions sur les aurores boréales (les fusées-sondes qui y sont lancées contribuent à l'étude de ce phénomène) et le rôle de la Norvège dans la recherche spatiale. Vous pourrez y voir un film de 16 minutes qui traite de ce sujet sur écran panoramique.

Pour se mettre vraiment dans l'ambiance, on peut rejoindre une mission virtuelle (1 heure-1 heure 45) à bord du **vaisseau Aurora**, et même lancer une fusée virtuelle. Réservation par téléphone ou sur Internet.

Vous pouvez également opter pour l'*escape game* qui consiste à sauver la Terre d'une attaque extraterrestre (60 minutes, à partir de 14 ans).

Andenes Fyr PHARE

(☎900 76 332 ; www.museumnord.no/vare-museer/andoymuseet ; au niveau de Richard Withs gate ; adulte/enfant 100/50 NOK, billet combiné avec le musée adulte/enfant 130/50 NOK ; ⏲10h-22h mi-juin à mi-août, 11h-18h mi-août à fin août, 11h-18h mar-sam sept-fin déc, sur rdv le reste de l'année). Ce phare rouge en fonte automatisé en 1978 est le point de repère de la bourgade. Il fut mis en service en 1859 et continue de briller. Pour en gravir les 148 marches (40 m), vous pouvez réserver une visite guidée à l'office du tourisme ou faire appel à l'agence Whale Safari (voir page ci-contre). La vue du sommet est époustouflante.

La visite du phare peut être couplée avec celle du musée d'Andøya (ci-après).

Musée d'Andøya MUSÉE

(Andøymuseet ; ☎900 76 332 ; www.museumnord.no/andoymuseet ; Hamnegata ; adulte/enfant 50/gratuit NOK, billet combiné avec le phare adulte/enfant 130/50 NOK ; ⏲10h-22h mi-juin à mi-août, 11h-18h mi-août à fin août, 11h-18h mar-sam sept-fin déc, sur rdv le reste de l'année). Ce musée régional au charme désuet est consacré à la chasse et à la pêche traditionnelles dans la région arctique. Une part importante des collections provient des 38 expéditions de chasse hivernale dans le Svalbard, entreprises par l'explorateur local Hilmar Nøis (1891-1975).

CÉTACÉS SELON LES SAISONS

En été, on observe surtout des grands cachalots et, moins souvent, des globicéphales (dauphins-pilotes). En hiver, lorsque les harengs migrent vers les eaux baignant Andenes, on peut apercevoir des orques, des baleines à bosse et des rorquals communs.

Hvalmuseum MUSÉE

(musée des Cétacés ; www.whalesafari.no ; Havnegate 1 ; avec visite guidée 140 NOK ; ⏲9h-18h mi-juin à mi-août, 9h-16h mi-août à fin août et mi-mai à mi-juin, 10h30-15h première quinzaine de sept, 9h-15h lun-ven le reste de l'année). Recherches, chasse, cycles de vie des cétacés, le Centre des cétacés apporte un angle intéressant pour qui s'intéresse aux géants marins. La plupart des visiteurs viennent dans le cadre d'une sortie d'observation des baleines organisée par Whale Safari (entrée du musée incluse). Les squelettes et les passionnants panneaux d'information compléteront idéalement une excursion.
Il y a un restaurant sur place, ouvert parfois jusqu'à 22h en juillet et en août.

Fargeklatten CENTRE D'ARTISANAT

Fargeklatten, qui signifie "taches de couleurs", est un endroit très particulier, créé par Grethe Kvalvik. Pendant des années, Grethe fut réceptionniste à l'Andrikken Hotell jusqu'à ce qu'elle perde la vue. Après deux longues années de cécité totale, elle a recouvré une vision partielle et peut à nouveau percevoir les formes et les couleurs. Décidée à entamer une nouvelle vie, elle a sauvé le Fargeklatten, alors destiné à la démolition pour céder la place à un parking.
Cet ensemble de bâtiments anciens abrite aujourd'hui une petite **galerie d'art et de photos** (☎97 76 00 20 ; fargeklatteneng.weebly.com/gallery-fargeklatten.html ; ⏲11h-16h) GRATUIT, ainsi qu'un petit **musée de la Tourbe** (www.fargeklatteneng.weebly.com/peat-turf-museum.html ; Sjøgata 38a ; adulte/enfant 50 NOK/gratuit) – sans compter quelques hébergements attrayants.

Activités

Outre les activités à faire à Andenes (l'observation des cétacés en premier lieu), l'office du tourisme (p. 324) vous renseignera sur les sorties d'approche des élans à Buksnesfjord, l'observation ornithologique à Bleik, et le kayak de mer.

♥ Sea Safari Andenes OBSERVATION DE LA FAUNE

(☎916 74 960 ; www.seasafariandenes.no ; Hamnegata ; observation des baleines adulte/enfant 1 250/925 NOK, observation des oiseaux adulte/enfant 550/450 NOK ; htoute l'année). Basée sur les quais bordant la route du phare, la plus modeste des agences d'observation des baleines d'Andenes organise

À NE PAS MANQUER

ACTIVITÉS AUX QUATRE COINS D'ANDØYA

Husky-Andøy (☎40 64 59 04 ; www.husky-andoy.com ; Fv 973, Risøyhamn ; adulte/enfant 850/450 NOK). En hiver, des excursions en traîneau à chien sont l'occasion d'une découverte exceptionnelle de la région (2 à 3 heures). En été, les traîneaux ont des roues, et l'agence organise d'autres activités : randonnée, pêche et escalade.

Andøy Friluftssenter (☎76 14 88 04 ; www.andoy-friluftssenter.no ; 610 NOK ; ⏲20h30 mar-ven fin juin à mi-août). L'une des rares adresses hors du centre de la Norvège à proposer, en été, d'approcher les élans dans leur milieu naturel. Le départ se fait depuis sa base à Buksnesfjord, à 63 km au sud d'Andenes. Réservation possible à l'office du tourisme d'Andenes (p. 324). D'autres activités sont proposées : promenades en pleine nature, pêche, vélo et, en hiver, pêche sous glace et observation d'aurores boréales.

Nordtun Gård (☎926 44 906 ; www.nordtungard.no ; 120 NOK ; ⏲12h-18h début juin-fin août, horaires réduits reste de l'année). Dans le hameau de Bø, sur la côte ouest d'Andøya, cette ferme, doublée d'une laiterie, constitue une étape sympathique pour les familles : les enfants joueront avec les animaux pendant que leurs parents se régaleront de fromage.

des sorties (de 30 minutes à 3 heures) dans des bateaux plus petits, et propose jusqu'à deux départs par jour en saison. Elle met aussi sur pied des excursions afin d'aller observer les oiseaux et les phoques (1 heure 30), et, en hiver, les orques, les baleines à bosse et les rorquals.

Les amateurs pourront également faire du snorkeling avec les orques en hiver (adulte/enfant à partir de 14 ans 2 100/1 595 NOK, équipement inclus), ou avec les macareux en été.

♥ Whale Safari OBSERVATION DES BALEINES
(☎76 11 56 00 ; www.whalesafari.no ; Hamnegata ; tarif plein/réduit/enfant 1 160/1 060/ 860 NOK ; ⏲fin mai-début sept). De loin le principal tour-opérateur de l'île, Whale Safari établi en 1989 gère le musée des Cétacés (Hvalmuseum, page ci-contre) et organise des excursions très prisées de fin mai à mi-septembre. Le circuit commence par une visite guidée du musée des Cétacés, suivie d'une sortie en mer de 2 à 4 heures. En été, vous aurez de grandes chances d'apercevoir (et d'approcher de très près) des cachalots.

Il y a au moins un départ en mer par jour, et jusqu'à trois pendant la haute saison estivale (11h, midi, 16h). Bien que le mauvais temps et la houle empêchent rarement les sorties, mieux vaut prévoir un jour supplémentaire sur l'île.

Si vous ne voyez pas au moins un cachalot, vous aurez droit à un autre circuit gratuit ou serez remboursé. Le prix inclut un café, thé ou soupe, et des sacs en cas de mal de mer...

En hiver, il vaut mieux les contactez pour réserver, car il n'y a que deux sorties hebdomadaires.

Wild Ocean OBSERVATION DES BALEINES
(☎92 48 29 09 ; www.wildocean.no). Wild Ocean ne propose pas seulement d'approcher des cétacés (de novembre à mars) : excursions le long des côtes, pêche et observation des oiseaux figurent aussi au programme.

L'agence n'a pas de bureau ; réservez auprès de l'office du tourisme.

Où se loger

Andenes Camping CAMPING €
(☎76 11 56 00 ; www.whalesafari.no ; Bleiksveien 31 ; empl voiture/caravane 120/150 NOK ; ⏲juin-août). Près de la route, à 3,5 km de l'entrée du village, ce camping sommaire occupe une prairie de bord de mer, aussi douce et verte qu'un terrain de golf. La cuisine est bien équipée et il y a un vaste espace commun.

Le site est exposé aux éléments et profite d'un panorama exceptionnel.

♥ Hotell Marena BOUTIQUE-HÔTEL €€
(☎900 84 600 ; www.hotellmarena.no ; Storgata 15 ; s/d avec petit-déj à partir de 1 090/1 190 NOK ; 📶). Cet établissement épatant et de bon goût a élargi le choix d'hébergements à Andenes. Des clichés du photographe local Espen Tollefsen ornent

les murs des chambres, toutes décorées dans des teintes différentes. Café gratuit 24h/24, mais aussi gâteaux maison.

Fargeklatten Veita APPARTEMENTS €€
(☎ 977 60 020 ; www.facebook.com/fargeklatten-veita ; Sjøgata 38a ; ch à partir de 950 NOK, app 5 lits à partir de 1 600 NOK). Les chambres de "Veita", une maison du XVIIIe siècle restaurée, sont joliment décorées d'éléments d'époque. Les appartements, aménagés dans des propriétés rénovées à l'extrémité est du village, sont quant à eux spacieux et bien équipés.

Hotel Thon Andrikken HÔTEL €€€
(☎ 76 14 12 22 ; www.thonhotels.no/hoteller/norge/andenes/thon-hotel-andrikken ; Storgata 53 ; s/d à partir de 1 031/1 520 NOK ; P). D'aspect extérieur plutôt terne et cubique, cet hôtel récemment rénové par la chaîne hôtelière Thon loue des chambres confortables et bien équipées.

Où se restaurer et prendre un verre

♥ **Lysthuset** NORVÉGIEN €€
(☎ 76 14 14 99 ; Storgata 51 ; plats 175-325 NOK ; 12h-15h et 18h-22h mar-sam). Le meilleur des rares restaurants d'Andenes. Au café sans intérêt du devant, préférez le restaurant, qui sert des spécialités de l'Arctique (agneau local salé, lotte à la sauce aux crustacés, saumon sous toutes ses formes). Pour le dessert, laissez-vous tenter par un petit "Sex on the Mountain" : un dessert à tomber à la renverse associant glace, crème, mûres et plaquebières, le tout arrosé de lait de poule.

Orion Cafe & Restaurant NORVÉGIEN €€
(☎ 968 64 106 ; www.facebook.com/orionrestaurantAndenes ; Havnegate ; plats 199-269 NOK ; 11h-21h mar-jeu et sam, 11h-21h15 ven, 12h-18h dim). Au bord de l'eau, voici l'établissement le mieux situé d'Andenes. Au menu : ragoût de renne, morue séchée grillée et quelques plats internationaux plus légers servis dans un cadre plaisant.

Mea Pub & Cafe CAFÉ, BAR
(☎ 473 25 392 ; Sjøgata 20-22 ; 18h-1h mer-jeu, 15h-2h30 ven-sam, 15h-1h dim). Ce bar douillet, éclairé à la lanterne, est parfait pour boire un verre par une nuit arctique. On peut aussi y manger, mais on y est mieux à siroter une boisson dans une atmosphère intime tandis que le vent hurle au-dehors.

Renseignements

Office du tourisme (☎ 416 05 852 ; www.visitandoy.info ; Kong Hans gate 8 ; 9h-17h30 lun-ven, 10h-17h30 sam, 12h-16h30 dim mi-juin à mi à août, 9h-16h 1re moitié juin et 2e moitié août, horaires restreints reste de l'année). Couvre toute l'île. Publie une excellente brochure, *Vesteråle.*

Depuis/vers Andenes

AVION

Le vol entre Andenes et Tromsø, via Narvik ou Bodø, est sublimé de vues spectaculaires sur la mer, les îles et la côte.

BATEAU

De fin mai ou début juin à fin août, un **car-ferry** (www.senjafergene.no) relie Andenes au port de Gryllefjord (1 heure 45, 2-3/jour) sur l'île de Senja, permettant de profiter, lors de la traversée, de magnifiques paysages côtiers. Hélas, il n'est pas opérationnel tout au long de l'année.

BUS

De 2 à 4 bus partent chaque jour pour Sortland (2 heures), au sud, via Risøyhamn, d'où un bus depuis/vers Andenes assure la correspondance avec l'express côtier Hurtigruten.

Bleik

460 HABITANTS

Difficile d'imaginer cadre plus idyllique pour un hameau en bord de mer. Bleik est niché dans une portion abritée de l'arc de la côte ouest d'Andøya. Il est bordé par une longue plage de 3 km de sable blanc (prétendant elle aussi au titre de "plus longue plage de Norvège"). On y vient surtout pour observer les macareux, mais on peut facilement y passer une semaine à admirer le paysage.

Circuits organisés

♥ **Puffin Safari** OBSERVATION DES OISEAUX, PÊCHE
(☎ 908 38 594 ; www.puffinsafari.no ; observation des macareux adulte/enfant 450/250 NOK, pêche en haute mer 800/300 NOK ; observation des macareux 13h et 15h tlj mi-juin à mi-août, 15h tlj 1re quinzaine de juin). Basé à Bleik, Puffin Safari assure tous les jours des sorties (durée 1 heure 30) d'observation des oiseaux, bien présentées et instructives, que nous vous recommandons chaudement. Macareux et aigles de mer seront au rendez-vous : plus de 80 000 macareux nichent dans les environs. Cormorans, guillemots à miroir,

petits pingouins et fous de Bassan seront peut-être au rendez-vous. Vous pouvez aussi pêcher de quoi dîner lors d'une sortie en pleine mer (4 heures).

Où se loger

Stave Camping CAMPING €
(☎926 01 257 ; www.stavecamping.no ; Fv 974 ; empl tente/caravane 75/180 NOK, bung 500 NOK, app 600-850 NOK, Jacuzzi/sauna 250/250 NOK par pers ; ⊙fin mai-août). Ce très bon camping propose une série d'emplacements près de la plage, une poignée de charmants bungalows et quelques appartements. Tous sont situés sur la côte, à proximité des beaux paysages de la côte ouest d'Andøya. Le vrai plus, ce sont le sauna de plage et les Jacuzzis en plein air à 38°C. Réservation nécessaire, car le lieu est très prisé.

Midnattsol Camping CAMPING €
(☎478 43 219 ; www.midnattsolcamping.com ; Gårdsveien 8 ; empl petite/grande tente 100/150 NOK, caravane 150 NOK, bung 800-1200 NOK). À l'entrée nord du village, un bon camping avec une belle vue depuis la plupart des emplacements.

Depuis/vers Bleik

Bleik se trouve à 10 km au sud d'Andenes, sur la splendide Fv 974. Aucun transport public ne circule sur la côte ouest d'Andøya.

Hinnøya

Harstad

24 676 HABITANTS

À flanc de colline près de la pointe nord de Hinnøya, Harstad est la localité la plus importante des Vesterålen. Ce petit centre industriel et stratégique pour la défense est parsemé de docks, de réservoirs et d'entrepôts. Son animation le distingue des nombreuses petites villes plus au sud, dévolues au tourisme et à la pêche. Loin d'être une destination incontournable, Harstad mérite que vous y passiez une nuit si votre séjour dans les Vesterålen est assez long.

À voir

Église de Trondenes ÉDIFICE RELIGIEUX
(Trondenes kirke ; près de Trondenesveien ; ⊙10h-16h lun-ven fin juin à mi-août, horaires variables reste de l'année) GRATUIT L'église de Trondenes fut édifiée sur les ordres du roi Øystein vers 1150. Église la plus septentrionale de la chrétienté pendant des siècles, elle se proclame toujours l'église médiévale en pierre la plus au nord du pays. Construite en bois à l'origine, elle fut remplacée par l'actuelle structure en pierre vers 1250 et devint rapidement un bastion contre l'agression russe. Même s'il s'agit de l'un des sites culturels majeurs de la Norvège du Nord, elle est paradoxalement souvent fermée : mieux vaut vous renseigner à l'office du tourisme.

Fêtes et festivals

Festival des arts de l'Arctique ARTS VIVANTS
(Festspillene i Nord-Norge ; ☎77 04 12 30 ; www.festspillnn.no ; ⊙juin). Depuis bientôt 50 ans, le Festival des arts de l'Arctique (anciennement "Festival de Norvège du Nord") célèbre la musique, le théâtre et la danse pendant une semaine vers la fin juin.

Où se loger

Harstad Camping CAMPING €
(☎621 254 21 47 ; www.harstad-camping.no ; Nesseveien 55 ; empl voiture/caravane 225/290 NOK, bung 460-1230 NOK). Suivez la Rv 83 en direction de Narvik sur 4 km, puis empruntez la route secondaire qui mène à ce petit camping de bord de mer. Toutes sortes d'embarcations sont disponibles à la location. On est loin du centre-ville, mais l'on profite (avec tantôt beaucoup d'autres) d'une belle pelouse, sur une colline dont la pente douce rejoint le rivage.

Clarion Collection Hotel Arcticus HÔTEL €€
(carte p. 326 ; ☎77 04 08 00 ; www.nordicchoicehotels.no/hotell/norge/harstad/clarion-collection-hotel-arcticus ; Havnegata 3 ; s/d avec petit-déj et dîner léger à partir de 900/1 150 NOK ; @ 📶). À courte distance du centre-ville, cet hôtel partage un beau bâtiment moderne avec le centre culturel de Harstad. Il possède 75 chambres particulièrement spacieuses ; prévoyez un supplément pour une chambre de niveau supérieur en bord de mer, avec vue sur le fjord et les montagnes au loin.

Scandic Harstad HÔTEL €€
(Grand Nordic Hotel ; carte p. 326 ; ☎77 00 30 00 ; www.scandichotels.no/hotell/norge/harstad/scandic-harstad ; Strandgata 9 ; ch 950-1690 NOK ; P @ 📶). Le plus bel hôtel de la ville loue ses

Harstad

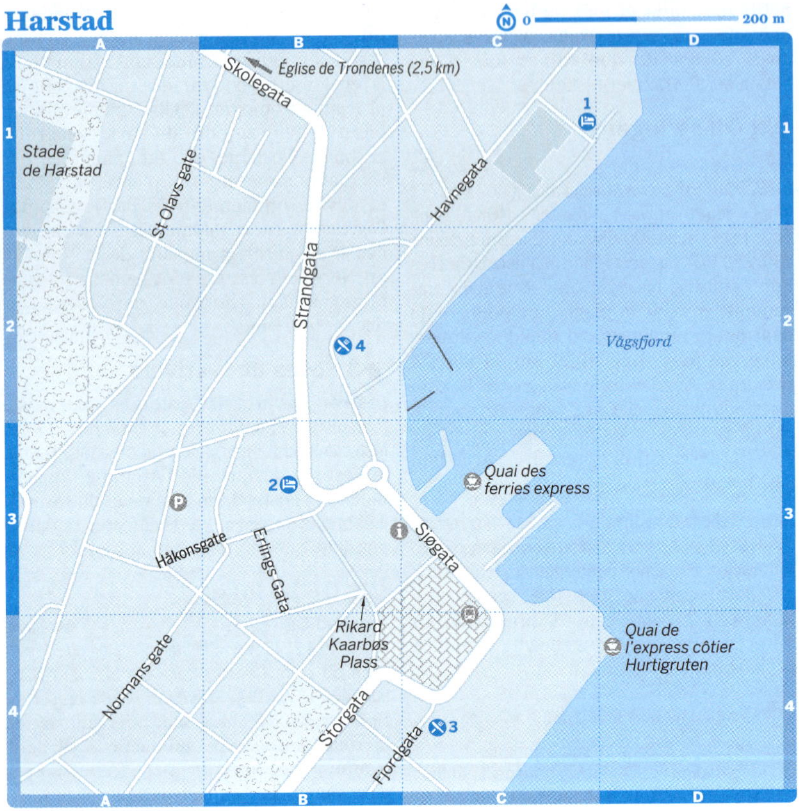

Harstad

Où se loger

1 Clarion Collection Hotel Arcticus........C1
2 Scandic Harstad..................................B3

Où se restaurer

3 Café & Restaurant De 4 Roser.......................................C4
4 Umami...B2

chambres les plus vastes et les plus jolies dans l'aile la plus récente. De nombreux habitants l'appellent encore par son ancien nom de "Grand Nordic Hotel".

Où se restaurer

Café & Restaurant De 4 Roser CAFÉ, NORVÉGIEN €€

(carte ci-dessus ; ☎413 58 918 ; www.de4roser.no ; Torvat 7 ; plats 149-355 NOK, menu 3/4 plats 545/655 NOK ; ⏲11h-22h lun-jeu et dim, 11h-minuit ven et sam). Au "Quatre Roses", vous aurez le choix entre le café, animé, où se restaurer sans chichis (sandwichs, plats de pâtes, burgers et salades, en plus de 3 plats du jour au déjeuner), ou la table raffinée à l'étage. Le décor est plus intime et la cuisine norvégienne, gastronomique, a tout d'alléchant. L'entrée du restaurant se fait par la rue, de l'autre côté du bâtiment.

♥ Umami NORVÉGIEN €€€

(carte ci-dessus ; ☎950 90 911 ; www.umami-harstad.no ; Havnegata 23a ; menu 5 plats 988 NOK ; ⏲18h-23h). L'Umami est l'œuvre de Kim-Håvard Larsen et de Sigfrid Rafaelsem, qui ont tous deux travaillé dans certains restaurants parmi les meilleurs de Norvège. Changeant au fil des saisons, les plats y sont créatifs. Gâteaux divins. En japonais, *umami* signifie "plaisant et savoureux".

Renseignements

Office du tourisme (carte ci-contre ; ☎77 01 89 89 ; www.destinationharstad.no ; Sjøgata 1b ; ⏲10h-18h mi-juin à mi-août, 8h-15h30 lun-ven reste de l'année). Face au front de mer, au coin de la rue en venant de la gare routière.

Depuis/vers Harstad

AVION

De l'**aéroport Harstad-Narvik** (avinor.no/en/airport/harstadnarvik-airport) à Evenes, des vols directs sont assurés pour Oslo, Bodø, Tromsø et Trondheim.

BATEAU

Le bateau constitue le moyen le plus simple et le plus plaisant de rejoindre Tromsø. De 2 à 4 ferries express de passagers circulent tous les jours entre Harstad et Tromsø (3 heures) via Finnsnes (1 heure 45).

En saison, un **ferry express de passagers** (carte ci-contre ; www.tromskortet.no) relie Stornes, juste au nord de Harstad, à Skrolsvik (1 heure 25, 2-3/jour mi-mai à août), à la pointe sud de l'île de Senja, où des bus desservent Finnsnes, puis Tromsø. L'**express côtier Hurtigruten** (carte ci-contre) fait également escale à Harstad.

BUS

Depuis la **gare routière** (carte ci-contre ; ☎78 40 70 00 ; Torvet 8), des bus partent 1 à 3 fois par jour pour Sortland (2 heures 30). Un bus circule depuis/vers Narvik via l'aéroport Harstad-Narvik (2 heures 30, tlj sauf sam), et un bus quotidien se rend à Fauske (5 heures 45) depuis Harstad.

Comment circuler

Flybussen (297 NOK, 50 min) assure une navette entre le centre-ville et l'aéroport Harstad-Narvik d'Evenes plusieurs fois par jour.

Des bus relient Trondenes à la gare routière centrale, à peu près toutes les heures, du lundi au samedi.

Pour un taxi, appelez le ☎77 04 10 00.

Le Grand Nord

Dans ce chapitre ➜

Le top des restaurants

- Storgammen (p. 364)
- Gapahuken (p. 360)
- Restaurant Haldde (p. 344)
- Emma's Drømmekjøkken (p. 337)
- Senja Mat Studio (p. 340)

Le top des hébergements

- Engholm Husky Design Lodge (p. 363)
- Scandic Ishavshotel (p. 336)
- Hamn i Senja (p. 341)
- Trasti i Trine (p. 343)
- Smarthotel Hammerfest (p. 347)

Pourquoi y aller

Les comtés de Troms et du Finnmark, les plus septentrionaux de Norvège, forment un arc au sommet de l'Europe, là où les grands horizons le disputent aux épaisses forêts. Bien que le tourisme hivernal se développe, la plupart des voyageurs viennent en été pour profiter de Tromsø, seule grande ville de la région. Les musées de cette cité confiante et dynamique vous donneront un avant-goût de l'Arctique. Vous voudrez certainement découvrir le cap Nord (Nordkapp), autoproclamé le point le plus septentrional du continent européen. Mais, pour répondre pleinement à l'appel du Grand Nord, il faudra pousser jusqu'aux plateaux du Finnmark intérieur, peu peuplés, et sa sauvage côte nord-est, cœur du territoire sami en Norvège. Pour des aventures d'un autre genre (sur une motoneige ou un traîneau à chiens, par exemple), préférez l'hiver – période encore moins touristique –, quand une douce lumière bleutée enveloppe les étendues neigeuses et que le ciel se pare d'aurores boréales.

Quand partir

Tromsø

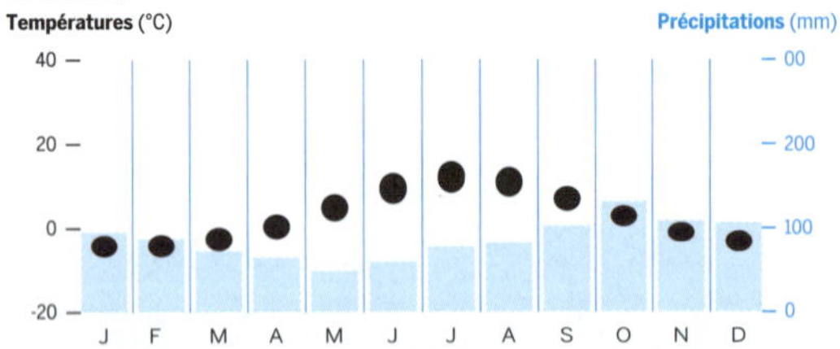

Début fév La neige se prête à moult activités et les aurores boréales font leur apparition.

Pâques samies La fête bat son plein à Kautokeino, avant la grande transhumance d'été.

Mi-juin à fin juin Début de saison : les hôtels et les sites rouvrent, et les visiteurs sont peu nombreux.

TROMS

Le comté de Troms, où la pointe du Gulf Stream tempère la rigueur de l'hiver, compte deux endroits enchanteurs : Tromsø, la seule localité assez importante pour mériter le nom de ville dans le Grand Nord, et Senja, la deuxième île de Norvège en superficie, qui rivalise de beauté avec les Lofoten. Au cœur des terres, les parcs nationaux de Øvre Dividal et de Reisa sont des paradis sauvages.

Tromsø

72 681 HABITANTS

À 400 km au nord du cercle polaire arctique, sur le 69e parallèle, la petite ville de Tromsø est surnommée la porte de l'Arctique, et ce titre ne semble pas usurpé. Nichée entre les fjords glaciaux et des sommets escarpés, enneigés la majeure partie de l'année, Tromsø s'étend sur la pointe est de l'île de Tromsøya, reliée au continent par un élégant pont.

Pendant des siècles, la ville prospéra grâce à la chasse au phoque, au commerce des fourrures et à la pêche. Plus récemment, elle fut le point de départ d'importantes expéditions polaires, dont certaines menées par Roald Amundsen. Aujourd'hui, Tromsø est surtout connue comme l'un des meilleurs lieux du Nord pour observer les aurores boréales.

Également réputée pour son dynamisme, la ville, souvent décrite comme le "Paris du Nord", s'enorgueillit d'une vaste université, d'une programmation culturelle dense et d'une vie nocturne animée (Tromsø se targue de compter le plus grand nombre de bars par habitant du pays).

À voir

Située très au nord, Tromsø connaît la nuit polaire comme le soleil de minuit. En raison de l'inclinaison de la Terre, de fin novembre à mi-janvier, le soleil peine à dépasser l'horizon, tandis qu'entre mi-mai et mi-juillet, il paraît ne jamais se coucher.

Il y a en ville plusieurs églises intéressantes. La **cathédrale de Tromsø** (Domkirke ; carte p. 334 ; www.kirken.tromso.no ; Storgata ; 13h-15h lun-ven juin-juil, 13h-16h lun-ven août, 13h-17h lun-ven reste de l'année) GRATUIT, qui appartient à l'Église luthérienne de Norvège, compte parmi les plus grandes églises en bois du pays. Sur la colline se dresse l'**église catholique de Tromsø** (carte p. 334 ; Storgata 94 ; 9h-19h30) GRATUIT. Toutes deux furent construites en 1861, et chacune se prétend "l'évêché le plus septentrional du monde" de son obédience.

Le centre-ville recèle d'autres bâtiments en bois du début du XIXe siècle, notamment dans Sjøgata, dont une partie est bordée de boutiques et maisons de négociants des années 1830.

Cathédrale arctique ÉGLISE

(Ishavskatedralen ; 476 80 668 ; Hans Nilsensvei 41 ; adulte/enfant 55 NOK/gratuit, concert Soleil de minuit adulte/enfant 200/50 NOK ; 11h-17h lun-sam, 13h-17h dim juin à mi-août, 17h-17h mi-août à déc, 14h-17h fév). Les onze arches triangulaires de cette cathédrale (1965), surnommée "église de Tromsdalen", évoquent les crevasses glaciaires et les aurores boréales. Un vitrail représentant le Christ descendant sur terre illumine l'extrémité est ; de l'autre côté, des lampes en cristal de Bohême pendent, telles des stalactites, au-dessus d'un grand orgue futuriste. Malheureusement, la grande artère qui passe à côté perturbe quelque peu la sérénité du lieu, à environ 1 km de la ville, au sud du pont Bruvegen. Prendre le bus n°20 ou 24.

Fjellheisen TÉLÉPHÉRIQUE

(77 63 87 37 ; www.fjellheisen.no ; Solliveien 12 ; adulte/enfant 228/114 NOK ; 10h-22h, horaires restreints reste de l'année). Ce téléphérique va jusqu'au sommet du mont Storsteinen (421 m). Il y a un restaurant au sommet, d'où rayonne un réseau de chemins de randonnée. Prenez le bus n°26.

Brasserie Mack BRASSERIE

(Mack Ølbryggeri ; carte p. 334 ; 77 62 46 10 ; www.mack.no ; Storgata 5). Fondée en 1877, cette brasserie – vénérable institution qui mérite la visite – produit 18 sortes de bières, dont la Macks Pilsner, l'Isbjørn, la Haakon et plusieurs brunes. Visite guidée du lundi au vendredi à 15h30 (et aussi à 14h de juin à août) au pub Ølhallen de la brasserie (p. 337). Réservez.

Musée polaire MUSÉE

(Polarmuseet ; carte p. 334 ; 77 62 33 60 ; www.uit.no/tmu/polarmuseet ; Søndre Tollbodgate 11 ; adulte/enfant 60/30 NOK, avec musée de l'université norvégienne de l'Arctique adulte/enfant 150 NOK/grauit ; 9h-18h mi-juin à mi-août, 11h-17h reste de l'année). Dans la ville d'où sont partis tant de pionniers de l'exploration

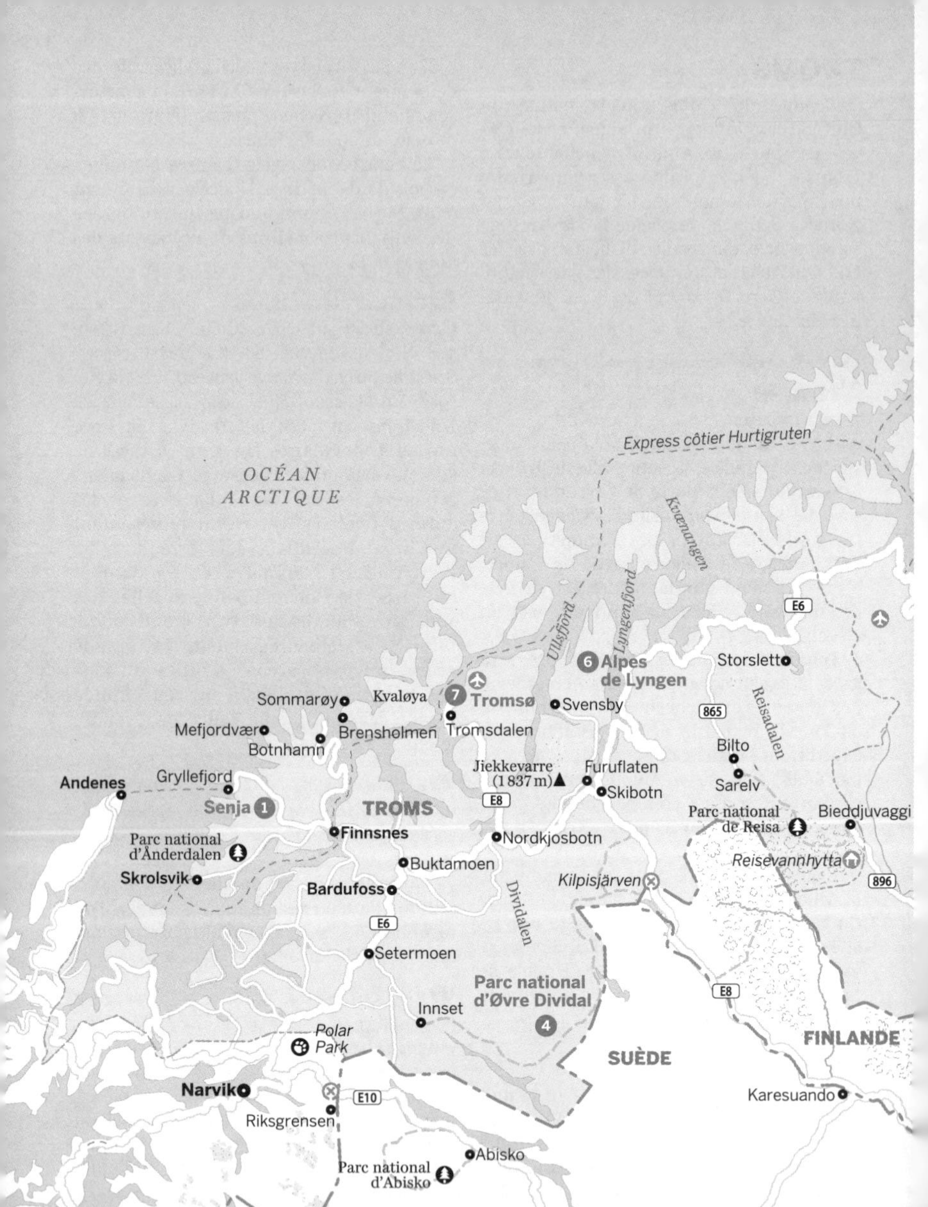

À ne pas manquer

1 Une balade à vélo ou en voiture sur la spectaculaire côte nord de la magnifique île de **Senja** (p. 340).

2 La culture samie, à découvrir dans les musées, au Parlement sami et chez les couteliers de **Karasjok** (p. 362).

3 Le formidable **musée en plein air de gravures rupestres** (p. 342) d'Alta, classé au Patrimoine mondial de l'Unesco.

4 Une excursion en traîneau à chiens dans le **parc national d'Øvre Dividal** (p. 339) sous le ciel aveuglant de l'hiver.

5 Une longue marche loin des foules à **Knivskjelodden** (p. 351), le (vrai) point

le plus septentrional d'Europe continentale.

6 Une randonnée à travers les espaces sauvages indomptés du Grand Nord dans les **Alpes de Lyngen** (p. 339).

7 Un récital d'orgue dans la **cathédrale arctique de Tromsø** (p. 329), illuminée par le soleil de minuit, avant d'aller danser jusqu'à l'aube.

8 Aux confins de l'Europe, l'observation des oiseaux sur les routes désertes de **Hamningberg** (p. 356).

9 La pêche au saumon et les balades à "cheval viking" à **Lakselv** (p. 352).

polaire, ce musée offre une belle plongée dans la vie en Arctique, de l'histoire de la chasse et de la capture des animaux à fourrure aux grandes expéditions de Nansen et d'Amundsen. On y découvre des objets fascinants et des photos d'archives ; les animaux naturalisés sont moins réjouissants. Le musée occupe une bâtisse du port, qui abrita les douanes de Tromsø de 1833 à 1970.

Remarquez les harpons explosifs, qui ne laissaient aucune chance aux baleines.

♥ Polaria — MUSÉE, AQUARIUM

(carte p. 334 ; ☎77 75 01 11 ; www.polaria.no ; Hjalmar Johansens gate 12 ; adulte/enfant 195/85 NOK ; ⏲10h-19h mi-mai à août, 10h-16h sept à mi-mai). Ce lieu consacré à l'Arctique offre une introduction multimédia divertissante au nord de la Norvège et au Svalbard. Après deux excellents films (*Sur la terre des aurores boréales* et *Spitzberg. L'Arctique sauvage*), une promenade arctique permet de découvrir des expositions sur la fonte des glaces et les aurores boréales ainsi que des aquariums de poissons, et – principale attraction – d'espiègles phoques à barbe (repas à 12h30 toute l'année, plus 15h en été – 15h30 en hiver). Les groupes de défense des animaux et les scientifiques spécialisés dans le monde marin s'opposent à la captivité des animaux marins évoquant le stress provoqué par les interactions humaines et la captivité.

Blåst — SOUFFLEURS DE VERRE

(carte p. 334 ; ☎77 68 34 60 ; www.blaast.no ; Peder Hansens gate 4 ; ⏲10h-17h lun-ven, 10h-16h sam). GRATUIT Dans cet atelier, vous verrez de jeunes artisans souffler du verre et pourrez faire votre choix parmi les articles proposés.

Musée de l'Université norvégienne de l'Arctique — MUSÉE

(Universitetsmuseet ; ☎77 64 50 01 ; www.uit.no/tmu ; Lars Thøringsveg 10 ; adulte/enfant 100 NOK/gratuit, avec le musée polaire adulte/enfant 150 NOK/grauit ; ⏲10h-16h30 lun-ven, 12h-15h sam, 11h-16h dim). Près de l'extrémité sud de Tromsøya, ce musée universitaire comprend des expositions bien agencées sur la culture samie d'hier et d'aujourd'hui, ainsi que sur l'art religieux et les vêtements liturgiques. Une section est consacrée aux Vikings. Le rez-de-chaussée est dédié à la minéralogie et une section aborde des thèmes "brûlants" comme le rôle du feu, les conséquences du réchauffement climatique et la perte des étendues sauvages.

Statue de Roald Amundsen — STATUE

(carte p. 334). Ce monument au plus célèbre explorateur norvégien se tient près de l'office du tourisme.

M/S Polstjerna — BATEAU MUSÉE

(carte p. 334 ; ☎77 62 33 60 ; www.uit.no/om/enhet/tmu/polstjerna ; adulte/enfant 25/10 NOK ; ⏲11h-17h mi-juin à mi-août). À côté de Polaria, visitez le *Polstjerna* ("l'étoile Polaire"), bateau ayant servi à la chasse au phoque de 1949 à 1981, aujourd'hui en cale sèche sous une immense verrière. On peut se promener sur le pont et admirer les outils de chasse et de navigation de l'époque. Ce phoquier a effectué 33 saisons de chasse et "ramené" (selon l'euphémisme employé en littérature) près de 100 000 phoques.

Musée de la Guerre de Tromsø — MUSÉE

(Tromsø Forsvarsmuseum ; ☎77 65 54 40 ; www.tromsoforsvarsmuseum.no ; Solstrandveien ; adulte/enfant 50/25 NOK ; ⏲12h-16h dim mai et sept, sam-dim luin-août). Ce musée est conçu autour des canons d'une batterie côtière aménagée par les nazis et d'un bunker restauré. Une exposition est consacrée au gigantesque cuirassé allemand *Tirpitz,* coulé au large de la ville le 12 novembre 1944, ainsi qu'à l'évacuation en bateau depuis Tromsø de 120 000 soldats allemands battant en retraite après le siège de Leningrad. Le musée est situé dans la partie continentale de la ville, près de l'E6, à 4,5 km au sud du pont de Tromsø. Prenez le bus n°12 ou n°28.

Activités et circuits organisés

Beaucoup de visiteurs viennent à Tromsø pour avoir une chance de voir une aurore boréale. De nombreuses compagnies organisent des excursions. Mieux vaut choisir une petite agence indépendante si l'on ne veut pas se retrouver avec les énormes groupes déversés par les grands hôtels de la ville.

L'office du tourisme (p. 338) propose des brochures détaillées répertoriant les circuits et activités proposés en hiver et en été.

Wandering Owl — PLEIN AIR ET EXCURSIONS

(☎484 60 081 ; www.wanderingowl.com ; Strandvegen 41B,). Cette agence propose des expériences originales, dont de très belles randonnées estivales, une sortie dans un sauna en pleine nature, un circuit de découverte de magnifiques paysages (entre mi-mai et mi-août) ainsi que de nombreuses activités hivernales, comme des ateliers de photographie d'aurores boréales.

Active Tromsø PLEIN AIR ET EXCURSIONS
(☎481 37 133 ; www.activetromso.no). Cette excellente agence, qui propose toute la gamme des activités estivales et hivernales, est spécialisée dans les expéditions en traîneau à chiens – certaines incluent une ou plusieurs nuits et l'occasion d'apercevoir une aurore boréale. Réservation en ligne ou à l'office du tourisme (p. 338).

Arctic Adventure Tours PLEIN AIR ET EXCURSIONS
(☎456 35 288 ; www.arcticadventuretours.no ; Straumsvegen 993). Quantité d'activités, allant des balades en traîneau à chiens au ski en hiver et de la pêche à la randonnée en été. Réservation en ligne ou à l'office du tourisme (p. 338).

Tromsø Friluftsenter PLEIN AIR ET EXCURSIONS
(☎907 51 583 ; www.tromso-friluftsenter.no ; Kvaløyvågvegen 669). Visite des plus beaux sites en été, sorties en bateau et nombreuses activités hivernales (dont des expéditions dans les campements samis). Du 1er novembre au 25 janvier, un "safari" surprenant vous emmène en mer à la découverte des baleines à bosse et des orques (5 heures). Réservation en ligne ou à l'office du tourisme (p. 338).

Tromsø Villmarkssenter PLEIN AIR
(carte p. 334 ; ☎77 69 60 02 ; www.villmarkssenter.no ; Straumsvegen 601, 9109 Kvaliya). Organise des excursions en traîneau à chiens allant d'une journée à 4 jours avec nuits sous la tente, mais aussi des activités estivales – trekking, randonnée sur glacier, kayak de mer et observation de phoques et d'oiseaux marins. Le bureau de réservation est en ville ; le centre est basé à 24 km plus au sud sur l'île de Kvaløya.

Guide Gunnar EXCURSIONS
(carte p. 334 ; ☎934 43 443 ; www.guide-gunnar.no). Les visiteurs ne tarissent pas d'éloges sur les excursions estivales et hivernales de Gunnar Hildonen, sa connaissance impressionnante des techniques de survie, l'immersion dans la nature et l'option incluant un dîner sous les étoiles ou le soleil de minuit. Cherchez l'agence "Guides Central" dans le centre-ville.

Tromsø Safari PLEIN AIR ET EXCURSIONS
(carte p. 334 ; ☎953 03 888 ; www.tromsosafari.no ; Sjøgata 2). Sorties en zodiac, découverte de la culture samie, excursions sous le soleil de minuit ou les aurores boréales, pêche en mer, randonnée et observation des baleines (de fin octobre à février). Bureau de réservation à l'hôtel Radisson Blu.

> VAUT LE DÉTOUR
>
> **KVALØYA ET SOMMARØY**
>
> De Tromsø, cette excursion d'une demi-journée vaut plus pour le trajet que pour la destination. Jolie et peu empruntée, la route traverse **Kvaløya**, en grande partie au niveau de l'eau, jusqu'à la petite **île de Sommarøy**. On peut y passer la nuit au **Sommarøy Kurs & Feriesenter** (☎77 66 40 00 ; www.sommaroy.no ; Skipsholmsveien 22, Sommarøy ; ch 1 090-1 490 NOK, app à partir de 2 300 NOK, maison vue mer à partir de 3 400 NOK ; P@Wi-Fi).
>
> Si vous arrivez de Senja par le **ferry Botnhamn-Brensholmen** (p. 341), la traversée entre l'île de Kvaløya et Tromsø, à l'ouest, est également splendide.

Tromsø Outdoor PLEIN AIR
(carte p. 334 ; ☎975 75 875 ; www.tromsooutdoor.no ; Sjøgata 14 ; ⌚9h-18h lun-ven, 10h-18h sam-dim juin-août, horaires restreints reste de l'année). Pour organiser soi-même les sports d'hiver ou d'été : location de tout le matériel, des raquettes aux skis en passant par les vélos (à partir de 250 NOK/jour).

Activités hivernales

Tromsø et ses environs (les agences viennent normalement vous chercher à l'hôtel) proposent davantage d'activités en hiver qu'en été. Au programme : aurores boréales, ski de fond, culture samie, introduction à l'élevage de rennes, excursions en traîneau à chiens ou à rennes, "safaris" animaliers à raquettes, pêche sous glace et motoneige. De fin octobre à mi-janvier ou février, on peut observer les baleines à bord d'un bateau (ou d'un kayak !).

Arctic Guide Service AURORES BORÉALES
(carte p. 334 ; ☎922 07 901 ; www.arcticguideservice.com ; Bankgata 1 ; adulte/étudiant/enfant 990/850/500 NOK). Entre mi-septembre et mars, cette agence organise quotidiennement à 18h15 une excursion nocturne à la recherche d'aurores boréales. La sortie de 6 heures en minibus s'appuie sur les dernières prévisions météo pour maximiser vos chances. Le spectacle n'est pas garanti, mais si l'activité

Tromsø

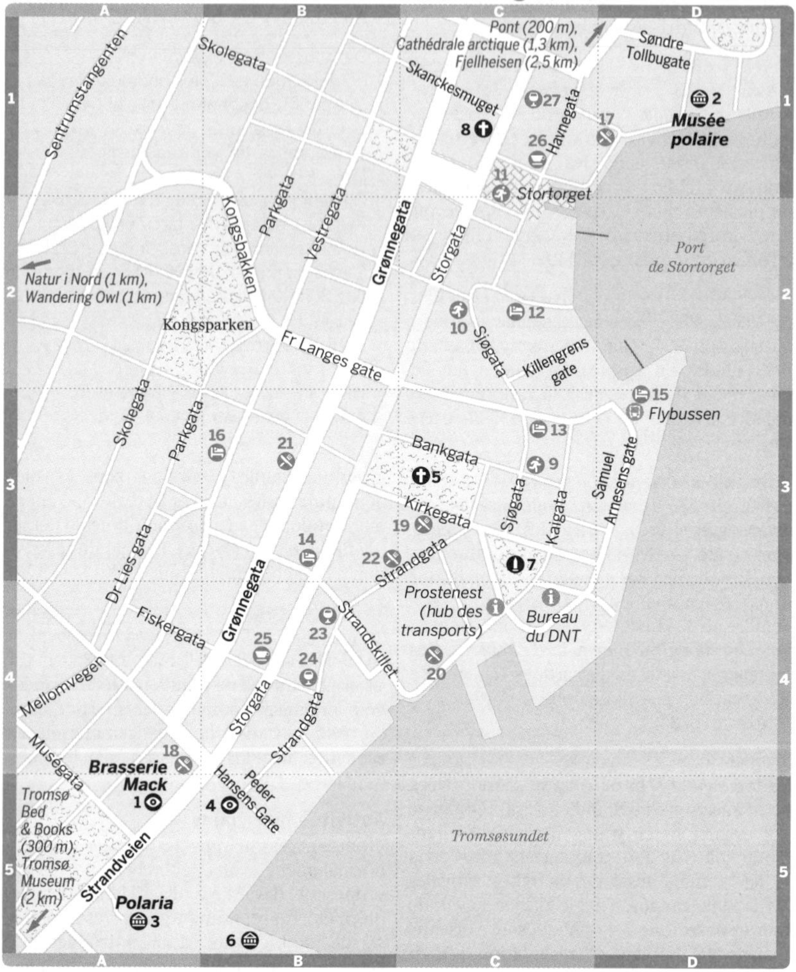

solaire est assez forte et le ciel dégagé, tous les espoirs sont permis. Bureau au sous-sol de l'hôtel Radisson Blu (p. 336).

Natur i Nord AURORES BORÉALES
(☎97517583; www.naturinord.no; Nansenvegen 34). Observation des aurores boréales en hiver et du soleil de minuit en été.

Arctic Trip PLEIN AIR ET EXCURSIONS
(☎476 63 447 ; www.arctictrip.no). Moniteur de ski expérimenté, Roy Saetre dirige cette agence modeste, mais professionnelle qui propose excursions estivales, pêche sous la glace, ski de fond, observation d'aurores boréales et expéditions en pleine nature. Réservation possible à l'office du tourisme (p. 338).

Activités estivales

En été, l'arrière-pays offre diverses activités : marche, pêche, visite de campements samis, excursions culinaires, balades en bateau et kayak de mer. Vous trouverez facilement des circuits couvrant les principaux sites et des excursions pour profiter du soleil de minuit dans un cadre splendide. Côté faune, vous pourrez observer les oiseaux marins et les phoques.

Tromsø

Les incontournables
1 Brasserie Mack ... A5
2 Musée polaire ... D1
3 Polaria ... A5

À voir
4 Blåst ... B5
5 Cathédrale de Tromsø ... C3
6 M/S Polstjerna ... B5
7 Statue de Roald Amundsen ... C3
8 Église catholique de Tromsø ... C1

Activités
9 Arctic Guide Service ... C3
Guide Gunnar ... (voir 17)
10 Tromsø Outdoor ... C2
Tromsø Safari ... (voir 13)
11 Tromsø Villmarkssenter ... C1

Où se loger
12 Clarion Hotel Aurora ... C2
13 Radisson Blu Hotel Tromsø ... C3
14 Scandic Grand Tromsø ... B3
15 Scandic Ishavshotel ... D3
16 Smart Hotel Tromsø ... B3

Où se restaurer
17 Dragøy ... D1
18 Driv ... A4
19 Emma's Drømmekjøkken ... C3
20 Kitchen & Table ... C4
21 Mathallen ... B3
22 Risø ... B3

Où prendre un verre et faire la fête
23 Bastard ... B4
24 Blå Rock Café ... B4
25 Circa ... B4
26 Kaffebønna ... C1
Ølhallen Pub ... (voir 1)
27 Verdensteatret ... C1

Nordre Hestnes Gård ÉQUITATION
(☎952 10 540 ; www.nordre-hestnes-gaard.no ; Selnesveien 1007). Excursions à cheval au soleil de minuit, randonnée et autres activités estivales et hivernales.

Fêtes et festivals

En été, des **concerts du soleil de minuit** (adulte/enfant 170/50 NOK ; 23h juin à mi-août) et des **récitals d'orgue** (70 NOK ; 14h juin-juil) sont donnés dans la cathédrale arctique. Les sons puissants de l'orgue alliés à la lumière du soleil de minuit filtrant à travers l'immense vitrail, voilà qui pourrait bien constituer l'une des expériences les plus marquantes de votre voyage.

Des récitals d'orgue, de musique classique ou de chants traditionnels de 30 minutes sont aussi proposés à la **cathédrale de Tromsø** (Domkirke ; p. 329 ; 70 NOK ; 17h juin, 15h juil).

C'est au cœur de l'hiver que se déroulent les deux plus grandes fêtes de Tromsø.

Festival international du film de Tromsø CINÉMA
(Tromsø International Film Festival, TIFF ; ☎77 75 30 90 ; www.tiff.no ; mi-jan). Ce festival de cinéma, l'un des plus septentrionaux de la planète, s'étend sur une semaine à la mi-janvier. Au programme : projections et débats dans divers lieux de la ville (et même quelques séances en plein air pour les plus téméraires). Naturellement, le thème de l'Arctique prédomine.

Semaine samie CULTURE
(www.msm.no/arrangement/samisk-uke ; début fév). Autour de la fête nationale samie (6 février), cette semaine de festivités comprend la course nationale des attelages de rennes, conduits à grand renfort de cris et de claquements de fouet dans l'avenue principale de Tromsø.

Marathon du soleil de minuit SPORT
(Midnight Sun Marathon ; www.msm.no ; juin). Le marathon le plus septentrional du monde a lieu un samedi de juin. En janvier, c'est le semi-marathon de la Nuit polaire.

Festival des aurores boréales MUSIQUE
(Nordlysfestivalen ; ☎920 93 252 ; www.nordlysfestivalen.no ; jan). Six jours de musiques en tous genres. Préparez-vous à en prendre aussi plein les yeux si les aurores boréales s'invitent à la fête.

Où se loger

Il est recommandé de réserver pendant le pic touristique estival (de juin à août) et la haute saison hivernale (de janvier à mars).

Renseignez-vous sur les appartements et les chambres à louer chez l'habitant sur le site de l'office du tourisme (www.visittromso.no).

Smart Hotel Tromsø HÔTEL €
(carte ci-contre ; ☎415 36 500 ; www.smarthotel.no/en/tromso ; Vestregata 12 ; d à partir de 695 NOK ;). L'établissement – le plus septentrional

de cette petite chaîne hôtelière – est l'un des moins chers de Tromsø. C'est une bonne adresse malgré les chambres exiguës, le confort minimal et la décoration sans âme (le gris domine, et sur les murs de faux graffitis énoncent le slogan de la chaîne). Réservez, car le lieu est victime de son succès. Le buffet du petit-déjeuner coûte 110 NOK.

Tromsø Camping CAMPING €
(☎77 63 80 37 ; www.tromsocamping.no ; Tromsdalen ; empl tente/caravane 180/400 NOK, bung 695-2 095 NOK ; P@wifi). Les campeurs bénéficient d'emplacements verdoyants près d'un cours d'eau paisible. Les bungalows sont modernes et très agréables, bien que les meilleurs soient assez chers. Entre juillet et août, utiliser les sanitaires et la cuisine de ce véritable village demande de la patience. Prenez le bus n°20 ou n°24.

♥ **Tromsø Bed & Books** PENSION €€
(☎77 02 98 00 ; www.bedandbooks.no ; Strandvegen 45 ; s/d 850/950 NOK ; wifi). Cette charmante pension dirigée par deux globe-trotters chevronnés est composée d'une "Maison de pêcheur" et d'une "Maison d'écrivain". Richement ornées de vieux meubles, livres, cartes anciennes et autres curiosités, elles ont été pensées pour les touristes à petit budget. On peut s'y sentir à l'étroit et le bruit peut être incommodant : ce sont les inconvénients d'un hébergement à ce prix. Pas de petit-déjeuner, mais une cuisine partagée dans chaque maison.

Scandic Grand Tromsø HÔTEL €€
(carte p. 334 ; ☎77 75 37 77 ; www.scandichotels.no ; Storgata 44 ; ch 950-1 790 NOK ; P@wifi). Le plus vieil hôtel de Tromsø n'a plus grand-chose d'ancien, ayant entièrement brûlé à deux reprises. Demandez une chambre située à l'un des deux derniers étages, flambant neufs. Le tarif inclut un petit-déjeuner particulièrement copieux avec fruits frais et plats chauds.

Clarion Collection Hotel Aurora HÔTEL €€
(carte p. 334 ; ☎77 78 11 00 ; www.nordicchoicehotels.no ; Sjøgata 19/21 ; s/d à partir de 990/1 090 NOK ; @wifi). Au bord de l'eau, ce bel hôtel à l'architecture audacieuse pointe vers le large comme la proue d'un navire. Il compte 121 chambres avec des plafonds décorés, un sauna et un Jacuzzi au dernier étage, qui permet d'admirer le port et les montagnes en se délassant. Le tarif inclut un petit-déjeuner et un dîner simple, mais suffisant.

Radisson Blu Hotel Tromsø HÔTEL €€
(carte p. 334 ; ☎77 60 00 00 ; www.radissonblu.com/hotel-tromso ; Sjøgata 7 ; s/d à partir de 995/1 295 NOK ; P@wifi). Une nouvelle aile à l'architecture audacieuse a été greffée il y a quelques années sur l'ancien bâtiment rectangulaire et les 269 chambres ont toutes été relookées dans le même temps. La moitié d'entre elles (celles de la nouvelle aile valent le supplément de 200 NOK) donnent sur le port, tout comme la salle de gym.

L'hôtel gère un pub, le **Rorbua** (⏲12h-1h30), et deux restaurants, le **Charly's** (spécialités locales et poisson, crabe ; ⏲16h-23h) et la pizzeria **Yonas** (11h-23h), sur le front de mer.

♥ **Scandic Ishavshotel** HÔTEL €€€
(carte p. 334 ; ☎77 66 64 00 ; www.scandichotels.no/hotell/norge/tromso/scandic-ishavshotel ; Fredrik Langes gate 2 ; d/ste à partir de 1 699/2 499 NOK ; Pwifi). Cet hôtel de premier choix avec vue sur le détroit est reconnaissable à son architecture évoquant un navire de haute mer, avec mât, drapeau et vigie. Les chambres sont élégantes et soignées, dans les tons bruns et ardoise des hôtels d'affaires. Le petit-déjeuner inclus ; les chambres sont 20% moins chères le week-end.

L'établissement abrite le restaurant **Roast** (⏲18h-22h mar-sam) qui propose un menu de produits de la mer et de viandes locales.

Où se restaurer

♥ **Risø** CAFÉ €
(carte p. 334 ; ☎416 64 516 ; www.risoe-mk.no ; Strandgata 32 ; plats 95-179 NOK ; ⏲8h-16h lun-jeu, 8h-17h ven, 9h-17h sam). Très prisé, ce café-restaurant est presque toujours comble : la jeunesse branchée vient boire un café Chemex filtré par méthode douce, pendant que les employés du quartier déjeunent – plats du jour, sandwichs ouverts et délicieuses pâtisseries.

L'adresse est petite, et les tables serrées ; il y a parfois de l'attente.

Dragøy FISH AND CHIPS €
(carte p. 334 ; ☎77 67 32 30 ; www.dragoy.no ; à l'angle de Havnegata ; plats 89-149 NOK ; ⏲8h-16h lun-sam). Cette poissonnerie située sur les quais sert le meilleur *fish and chips* de Tromsø, un redoutable burger de poisson, des raviolis faits maison et de la soupe de poisson. L'ambiance rappelle un fast-food, mais le poisson ne pourrait pas être plus frais ni les prix plus abordables.

Driv CAFÉ €€
(carte p. 334 ; ☎77 60 07 76 ; www.driv.no ; Storgata 6 ; plats 175-195 NOK ; ⏱15h-23h30 lun-jeu, 15h-2h ven-sam). Dans la brasserie Mack (p. 329), le Driv, géré par des étudiants, propose de généreux burgers (essayez le fameux "burger Driv"), des sandwichs et de délicieuses salades.

Divers événements culturels et musicaux sont organisés, en plus de la soirée clubbing, le samedi.

Kitchen & Table NORVÉGIEN, INTERNATIONAL €€€
(carte p. 334 ; ☎77 66 84 84 ; www.kitchenandtable.no/tromso ; Kaigata 6 ; plats 235-375 NOK ; ⏱17-22h lun-sam). Utilisant des ingrédients arctiques qu'il cuisine avec une touche new-yorkaise, le chef Marcus Samuelsson combine des saveurs d'une fraîcheur et d'une originalité rares à Tromsø – filet de renne et chutney de mangue, ratatouille de renne, burgers au quinoa ou kimchi...

Attention : le restaurant était fermé lors de nos recherches. La date d'ouverture n'était pas connue : renseignez-vous avant votre venue.

Mathallen BISTROT €€€
(carte p. 334 ; ☎77 68 01 00 ; www.mathallentromso.no ; Grønnegata 60 ; plats déj 165-235 NOK, dîner menu 4/6 plats 725/925 NOK ; ⏱11h-16h30 lun-jeu, 11h-16h ven-sam, 17h-23h lun-sam). Tuyauterie apparente et cuisine ouverte, cette adresse élégante, décorée dans un style industriel, est digne des tables d'Oslo et de Stockholm. Le chef, Gunnar Jensen, a reçu le prix du meilleur repas norvégien en 2012 et a été récompensé par le Nordic White Guide (l'équivalent du Michelin pour les pays nordiques) trois années consécutives, en 2015, 2016 et 2017.

Le poisson et les viandes locales sont à l'honneur dans cet établissement qui confectionne l'une des meilleures cuisines norvégiennes modernes de Tromsø. Les plats du déjeuner sont à des prix imbattables. L'épicerie fine adjacente vend tapenades, fromages, saumon fumé et *lutefisk* (poisson séché).

Emma's Drømmekjøkken NORVÉGIEN €€€
(carte p. 334 ; ☎77 63 77 30 ; www.emmasdrommekjokken.no ; Kirkegata 8 ; menu 4/7/9 plats 695/975/1 250 NOK ; ⏱à partir de 17h jeu-sam). Cet établissement chic et réputé attire les fins palais avec sa carte inventive de recettes traditionnelles norvégiennes préparées avec des ingrédients locaux de qualité supérieure. Le menu change toutes les semaines en fonction de l'approvisionnement et de la saison, mais vous aurez toujours le choix entre poisson et viande. Quelques exemples : *lutefisk* (poisson séché), flétan mariné à la myrtille, filet de bœuf et crabe royal gratiné. La réservation est indispensable.

Au rez-de-chaussée, le **Barkart** est idéal pour prendre un apéritif, déguster une bière ou un verre de vin accompagné d'un en-cas avant de monter dîner

> **100% NORVÉGIEN**
>
> **NUIT D'IVRESSE, LE RITUEL DE TROMSØ**
>
> Il faut avoir de l'endurance. La semaine terminée, on va prendre des *fredagpils* (les verres du vendredi soir pour organiser la soirée) entre amis. Puis sonne l'heure du *vorspiel* (préliminaires), un échauffement qui se déroule chez l'un ou l'autre avant de rejoindre un club ou un bar vers minuit. À 3h30, l'heure officielle où les estomacs se vident par le haut, on entame le *fyllemat* (heure du gavage) en allant chercher un burger ou un hot-dog à l'un des stands de rue postés près des principaux lieux nocturnes, avant de retourner chez l'un ou l'autre pour quelques heures de *nachspiel* (épilogue).
>
> Vient ensuite l'heure du repos pour les petits joueurs, tandis que les plus endurants vont se planter devant le pub Ølhallen en attendant l'ouverture à 10h. "On vous sert tant que vous tenez debout", tel est le principe de base de ce bar.

Où prendre un verre et faire la fête

Ølhallen Pub PUB
(carte p. 334 ; ☎904 08 847 ; www.olhallen.no ; Storgata 4 ; ⏱12h-0h30 lun-sam). Ce bar a la réputation d'être le plus ancien de la ville : il daterait de 1928. Jadis, les pêcheurs et marins de l'Arctique s'y retrouvaient autour d'un verre. Aujourd'hui c'est le pub de l'excellente brasserie Mack (p. 329) qui accueille un clientèle variée de tous âges. Vous pourrez y découvrir soixante-douze bières, dont 8 à la pression.

Kaffebønna CAFÉ

(carte p. 334 ; ☎77 63 94 00 ; www.kaffebonna.no ; Skippergata 15, 2e ét ; ⏲8h-18h lun-ven, 9h-18h sam, 10h-18h dim). L'un de nos cafés préférés à Tromsø : une petite adresse sympathique, centrale, qui sert le meilleur café de la ville et de savoureuses pâtisseries.

Bastard BAR, CLUB

(carte p. 334 ; ☎900 83 799 ; www.facebook.com/bastardbar ; Strandgata 22 ; ⏲18h-2h mar-jeu et dim, 16h-3h30 ven, 15h-3h30 sam). Lieu décontracté en sous-sol, avec poutres basses et murs tapissés de fausse fourrure blanche, le Bastard accueille des DJ underground (vendredi et samedi), ainsi que des groupes (jusqu'à 3 fois par semaine). Retransmission de matchs de football norvégiens et britanniques pour la clientèle fidèle de supporters.

Verdensteatret CINÉMA, BAR

(carte p. 334 ; ☎77 75 30 90 ; www.verdensteatret.no ; Storgata 93b ; ⏲11h-2h lun-jeu, 11h-3h30 ven-sam, 13h-2h dim ; 📶). Le plus ancien cinéma du pays comblera les cinéphiles et les amateurs de bistrot. Le bar est un lieu branché, avec accès Wi-Fi gratuit et DJ le week-end. Le reste du temps, le barman pioche dans la collection de vinyles, du classique à l'underground.

Demandez au personnel de vous laisser voir le magnifique cinéma orné de peintures murales du début du XXe siècle.

Blå Rock Café BAR

(carte p. 334 ; ☎77 61 00 20 ; www.facebook.com/Blaarock ; Strandgata 14/16 ; ⏲11h30-2h lun-jeu, 11h30-3h30 ven-sam, 13h-2h dim). Bar le plus animé et le plus bruyant de la ville. Au programme : des soirées à thème, près de 50 sortes de bières, de la musique live de temps à autre, des DJ le week-end et du rock en permanence. Happy hour le lundi toute la journée.

DEPUIS/VERS L'AÉROPORT DE TROMSØ

La navette **Airport Express** (☎95 75 80 00 ; www.bussring.no/bussring-airport-express ; ⏲horaires sur le site Web ; aller/retour 110/180 NOK) circule très régulièrement entre l'aéroport et les hôtels du centre-ville (15 min), ainsi que l'hôpital. Un taxi entre l'aéroport et le centre-ville revient à environ 250 NOK (avec compteur).

Renseignements

Office du tourisme (carte p. 334 ; ☎77 61 00 00 ; www.visittromso.no ; Samuel Arnesensgate 5 ; ⏲9h-17h lun-ven, 10h-17h sam-dim jan-mars et mi-mai à août,horaires restreints reste de l'année ; 📶). Situé près du port, l'office du tourisme de Tromsø ne désemplit pas. Vous pouvez y réserver vos hébergements et activités, accéder gratuitement au Wi-Fi et vous procurer le très complet *Tromsø Guide*.

Depuis/vers Tromsø

AVION

De l'**aéroport de Tromsø** (☎77 64 84 00 ; www.avinor.no/flyplass/tromso), le principal aéroport du Grand Nord, Scandinavian Airlines propose des vols directs depuis/vers Oslo, Harstad-Narvik, Bodø, Trondheim, Alta, Hammerfest, Kirkenes et Longyearbyen, notamment.

Norwegian (www.norwegian.no) effectue des liaisons avec les principales villes norvégiennes.

Widerøe (www.wideroe.no) propose plusieurs vols quotidiens vers Svolvær et Leknes dans l'archipel des Lofoten. Tous font escale à Bodø.⏲

BATEAU

Tromsø est une escale majeure sur l'itinéraire de l'express côtier Hurtigruten : il s'arrête au **nouveau terminal Prostneset** (carte p. 334 ; Samuel Arnesensgate 5) comme les autres bateaux express et les bus. C'est également là que se trouve l'office du tourisme.

Des bateaux express relient Tromsø à Harstad (2 heures 30), via Finnsnes (1 heure 15), 2-4 fois/jour. Départs au **terminal des ferries express** (carte p. 334) au bout de Strandskillet.

BUS

La gare routière principale se trouve dans le nouveau terminal Prostneset (carte p. 334 ; Samuel Arnesens gate)d'où partent également l'express côtier Hurtigruten et les autres bateaux express.

Il y a jusqu'à 3 bus express/jour depuis/vers Narvik (280 NOK, 4 heures) et un depuis/vers Bodø (410 NOK, 6 heures 30).

Pour aller plus au sud, il faut prendre le bus quotidien vers Fauske, puis un train de nuit jusqu'à Trondheim et Oslo. C'est un voyage long et coûteux ; il est bien plus pratique de prendre l'avion.

En direction du nord, un bus circule vers Alta (620 NOK, 6 heures 30, 1/jour). Le billet inclut le trajet à bord des ferries pour Lyngen.

Le week-end, **Tromskortet** (www.tromskortet.no) assure une liaison de bus vers Narvik (1/jour), où un autre bus rejoint Svolvær (8 heures) dans l'archipel des Lofoten.

Comment circuler

Tromsø possède de nombreux stationnements payants dans le centre-ville. L'entrée de l'immense parking souterrain Trygg, creusé dans la colline, se situe dans Vestregata (interdit aux camping-cars et aux caravanes).

Alpes de Lyngen

À l'est de Tromsø, certains des sommets alpins les plus accidentés du pays constituent l'épine dorsale de la péninsule de Lyngen, formée par les glaciers. Vous les verrez dans toute leur majesté depuis la rive est du Lyngenfjord, long de 150 km. Ces sommets, qui culminent au Jiekkevarre (1 837 m), sont propices aux ascensions, mais les versants glacés sont réservés aux grimpeurs chevronnés.

La vallée de Lyngsdalen, qui surplombe le village industriel de Furuflaten, est plus accessible et elle est très appréciée des randonneurs. Le circuit habituel part du terrain de football, au sud du pont sur la Lyngdalselva, et remonte la vallée jusqu'au bout du glacier Sydbreen, à 500 m d'altitude.

L'Association norvégienne de randonnée pédestre, le **DNT** (Den Norske Turistforening ; carte p. 334 ; ☎77 68 51 75 ; troms.dnt.no ; Kirkegata 2 ; 12h-16h mer, 12h-18h jeu, 12h-14h ven), à Tromsø, vous conseillera. La carte *Lyngenhalvøya* au 1/50 000 de Kartverket est la meilleure carte pour la randonnée.

Depuis/vers les Alpes de Lyngen

Par l'E6, des bus (ligne 460) relient Furuflaten, ville d'accès aux Alpes de Lyngen, à Nordkjosbotn (45 min, 2-3/jour), accessible depuis Tromsø.

Parc national d'Øvre Dividal

Dépourvu de routes, mais parsemé de lacs, le parc national d'Øvre Dividal s'étend entre Setermoen et la frontière finno-suédoise. Ces 750 km² de hautes terres sauvages et isolées, partiellement boisées, comportent de nombreux pics et panoramas. Le parc est aussi réputé pour sa faune abondante – ours brun, loup, renard arctique, lynx eurasien et l'une des populations de gloutons les plus denses d'Europe.

VAUT LE DÉTOUR

POLAR PARK

Le **Polar Park** (☎48 24 00 00 ; www.polarpark.no ; Industriveien 10, Bardu ; adulte/enfant 315/250 NOK ; 10h-18h mi-juin à août, 10h-15h lun-ven, 12h-16h sam-dim sept à mi-juin), vaste parc animalier en plein air, se situe à 23 km au sud de Setermoen et à 3,3 km à l'est de l'E6. Il abrite des animaux de la taïga dans de vastes enclos, que seule la barrière métallique distingue à peine des forêts de bouleaux environnantes. Vous y verrez des ours bruns, des cervidés, des bœufs musqués, des rennes, des loups, des lynx eurasiens, des gloutons, des blaireaux et des renards roux et argentés. Il y a des tyroliennes de longueurs variées, non comprises dans le prix d'entrée.

Suivez les soigneurs à l'heure du repas des prédateurs (13h en temps normal ; renseignez-vous à l'accueil) ; d'autres activités permettent d'observer les animaux de très près.

Activités

Randonnée

Le **Troms Border Trail**, randonnée la plus prisée du parc, permet de rallier en 8 jours le parc national d'Abisko, dans le nord de la Suède, où se trouve le départ du célèbre sentier suédois Kungsleden. Pour le Troms Border Trail et la jonction avec Abisko, utilisez la carte Kartverket *Turkart Indre Troms*, au 1/100 000. En été, les moustiques sont une véritable nuisance : coiffez-vous d'une moustiquaire, enduisez-vous généreusement de répulsif et écrasez tous ceux que vous pourrez.

Traîneaux à chiens

En hiver, on peut participer à une expédition en traîneaux à chiens à travers la Norvège arctique conduite par le célèbre meneur **Bjørn Klauer** (☎452 05 095 ; huskyfarm.de). Outre les circuits dans le parc national d'Øvre Dividal, il organise des expéditions s'enfonçant dans le Finnmark. En été, lui et son équipe proposent des circuits à vélo et en kayak ; on peut également se débrouiller sans guide en suivant les quelques sentiers balisés passant dans les parages de sa ferme, qui offre un séjour très agréable.

Où se loger

À part le camping sauvage (prévoyez votre propre équipement), vous pourrez séjourner dans d'excellentes conditions à la "ferme de huskies" de Bjørn Klauer (p. 339). S'il n'y a plus de place, vous trouverez non loin une seconde ferme, affiliée à celle-là (en construction lors de nos recherches).

Renseignements

Pour vos randonnées, le **DNT** (Den Norske Turistforening) à Tromsø (p. 339), vous conseillera et vous fournira des cartes.

Depuis/vers le parc national d'Øvre Dividal

Vous ne pourrez atteindre le parc national d'Øvre Dividal qu'avec votre propre véhicule.

Senja

7808 HABITANTS

Senja est la deuxième île de Norvège en superficie. Elle rivalise de beauté avec les Lofoten et les Vesterålen, mais elle reste bien moins fréquentée (en plein été, nous avons croisé très peu de véhicules sur la côte nord-ouest). C'est une île qui s'explore avec patience, et il faut bien y passer deux jours pour en apprécier pleinement la beauté tranquille et naturelle.

À voir

Une large plaine agricole rejoint la mer sur la côte est (Innersida) de l'île, face au continent. Puis des forêts de bouleaux, des landes et des lacs d'eau douce s'étendent au pied des hauts plateaux arides et découpés de l'intérieur. Le long de la côte nord-ouest (Yttersida) des pics aiguisés surgissent directement de l'océan Arctique. La Rv 86 et la Rv 862, classées routes touristiques nationales, relient des villages de pêcheurs isolés toujours en activité, tels Hamn et Mefjordvær, et sont pratiquement désertes. La route, tantôt plane, tantôt vallonnée et presque toujours proche de la rive, est idéale pour les cyclistes. En chemin, faites halte au point de vue de **Bergsbotn**, à l'architecture surprenante, et au point de vue de Tungeneset et escaladez les rochers érodés pour admirer les pics effilés à l'ouest et les crêtes plus arrondies à l'est.

Face à la côte nord, relié à Senja par une chaussée, le petit village de **Husøy** est particulièrement charmant.

Activités

De nombreux lieux d'hébergement organisent également des activités, parmi lesquels Hamn i Senja (ci-contre), Camp Steinfjord (ci-contre) et le camping de Fjordbotn (ci-dessous).

Le **Basecamp Senja** (☎917 09 618 ; www.basecampsenja.no ; Hamnaveien 24) propose des excursions dans le fjord, des observations de baleines, des dîners à thème et d'autres activités (voir leur site Web).

Randonnée, body rafting, kayak sous le soleil de minuit, excursions à vélo ou en bateau, pêche et sorties sur des plages reculées : la liste des activités estivales est longue.

En hiver, vous pouvez observer les baleines en mer et embarquer sur une croisière à la recherche d'aurores boréales.

Cours

Senja Mat Studio CUISINE
(Senja Food Studio ; ☎922 23 882; www.senjamatstudio.no ; Hamnveien 749). Cet endroit, qui est aussi un restaurant éphémère, propose de superbes expériences culinaires. Au programme : petit-déjeuner, déjeuner sur le pouce et pêche (avec la possibilité d'apercevoir, à tout moment, phoques, pygargues et baleines), puis, dans la soirée, cours de cuisine. Une belle journée, qui laisse également le temps de se promener sur la plage.

Où se loger

Camping de Fjordbotn CAMPING €
(☎77 84 93 10 ; www.fjordbotn.no ; Stønnesbotn, Botnhamn ; empl tente/caravane 200/250 NOK, bung 450-1 090 NOK ; wifi). Ce camping, dirigé par une famille de façon très professionnelle, est niché au cœur de la spectaculaire campagne de Senja, entre le fjord et les montagnes. Il est aussi tout près de la route touristique nationale et à 12 km du quai des ferries de Botnhamn.

Le camping a été récemment rénové et agrandi. Toutes sortes d'activités y sont organisées et vous pouvez demander qu'on vous organise le transport depuis/vers l'aéroport ou le terminal des ferries.

Mefjord Brygge BUNGALOWS, APPARTEMENTS €€
(☎415 49 100 ; www.mefjordbrygge.no ; Mefjordvær ; s/d 1 050/1 200 NOK, bung 1 295-1 995 NOK, maison 1 495-3 495 NOK, app à partir de 1 695 NOK ;). Véritable petit village, cet ensemble d'hébergements loue des chambres d'hôtel sur les quais, des maisonnettes de capacités variable (2 à 8 pers), du simple bungalow au grand lodge, et de charmants appartements plutôt récents.

Vous y trouverez également un bon restaurant, le **Salteriet** (☎77 85 89 80 ; plats 189-315 NOK ; 12h30-15h30 et 16h-21h) qui propose un menu essentiellement à base de poisson pêché localement.

Vous pourrez y louer des bateaux de pêche ou des embarcations plus grandes. Le personnel organise des excursions guidées pour aller admirer les aurores boréales ou à la découverte des pyrargues. Des packages sont proposés, comprenant le transport depuis/vers Tromsø (en bateau), 3 nuits,les repas et diverses activités guidées.

♥ **Camp Steinfjord** HÔTEL €€€
(☎35 68 88 68 ; steinfjord.com/en ; Steinfjorden 13, Skaland ; d 4/7 jours 5 600/9 800 NOK). Depuis avril 2017, cette ancienne conserverie de poisson qui se trouve sur la côte nord-ouest de Senja abrite des chambres neuves, dans un joli édifice en bois associant minimalisme scandinave et grand confort. Vous pouvez opter pour l'appartement (4 lits) doté d'une petite cuisine ou pour la pittoresque petite maison (4 chambres) également dotée d'une cuisine.

La vue sur le fjord est splendide, le restaurant (ouvert seulement l'été) est excellent, et l'on peut même y louer de quoi pêcher. À ne pas manquer.

♥ **Hamn i Senja** RESORT €€€
(☎400 20 005 ; www.hamnisenja.no ; petite ch s/d 1 035/1 320 NOK, studio s/d 1 472/1 788 NOK, ste s/d 2 064/2 382 NOK, app d 2 600 NOK ;). Situé sur le site d'un ancien minuscule village de pêcheurs, à l'écart de tout, le Hamn i Senja règne sur sa propre petite baie. C'est donc un port (Hamm) d'attache idéal, où les hébergements tout équipés (sauf les chambres de l'hôtel même), sont pimpants et élégants.

Le restaurant sur place, le **Storbrygga Spiseri** (déj à partir de 12h, dîner 17h-21h30) propose une cuisine traditionnelle confectionnée avec des produits locaux. Selon la saison, moult activités sont possibles, nautiques ou non : observation des aurores boréales, sauna, pêche guidée ou non, kayak, croisière au soleil de minuit, randonnées... Non loin, un petit barrage retient l'eau pour une centrale hydroélectrique, qui serait la deuxième bâtie au monde (en 1882).

GARE AUX RENNES

Méfiez-vous des rennes errant sur la route. Ils ne sont pas dangereux et plutôt charmants, mais peuvent vous ralentir ou provoquer un accident si vous roulez à vive allure. Seuls ou en harde, ils ne se laissent pas impressionner par un véhicule à l'arrêt. S'ils refusent de se déplacer, sortez de la voiture, marchez vers eux et ils se disperseront.

Où se restaurer

Segla Grill og Pub NORVÉGIEN €€
(☎928 19 619 ; www.facebook.com/seglagrill ; Arnakkveien 1, Fjordgard ; plats à partir de 129 NOK ; 12h-18h lun-ven, 12h-20h sam, 12h-19h dim). Des soupes de saison au délicieux buffet de pizzas proposé certains soirs, ce restaurant ne manque pas de créativité. Une adresse bon enfant, qui marie cuisine de qualité et atmosphère détendue.

Depuis/vers Senja

La plus belle façon d'arriver à Senja est d'emprunter le car-ferry qui relie Andenes à Gryllefjord en été (adulte/enfant/voiture 168/120/431 NOK, 1 heure 45, 3-4/jour).

Les autres options sont les suivantes :

- Chaque jour, 2-3 bus circulent de Finnsnes à Tromsø (2 heures 45) et à Narvik (3 heures), avec un changement à Buktamoen.
- Des ferries express relient Finnsnes à Tromsø (1 heure 15) et à Harstad (1 heure 45) 2-3 fois/jour.
- Il est possible de parcourir toute la côte nord-ouest en voiture, de Grylleford à Botnhamn, où un car-ferry (www.tromskortet.no) rallie Brensholmen sur Kvaløya, puis Tromsø.
- Vers l'ouest, en été, un car-ferry effectue la traversée entre Skrolsvik, sur la côte sud de Senja, et Harstad (1 heure 30, 2-4/jour).
- Finnsnes est également une escale de l'express côtier Hurtigruten.

ALTA MUSEUM : QUELLE BOUCLE FAIRE ?

Le circuit court (1,2 km ; comptez 45 min pour admirer le paysage) est le plus emprunté. Le circuit long (2,1 km, 1 heure 15 environ) commence par une descente abrupte, suivie d'une marche plaisante en bord de mer, qui permet de découvrir plus de sites.

OUEST DU FINNMARK

De magnifiques fjords découpent profondément la côte nord, sauvage, du Finnmark, ponctuée de villages de pêcheurs, tandis que le large et austère plateau de la Finnmarksvidda domine l'intérieur. On y trouve le cap Nord (Nordkapp) et bien d'autres superbes lieux, comme Alta, Hammerfest et Honningsvåg, dont les campagnes alentour sont magnifiques.

Histoire

Le Finnmark est habité depuis près de 12 000 ans. Les chasseurs komsa arrivèrent les premiers de la région côtière. Plus tard, les pêcheurs et les éleveurs de rennes samis s'installèrent respectivement sur la côte et dans le vaste arrière-pays.

Plus récemment, presque toutes les villes du Finnmark furent détruites à la fin de la Seconde Guerre mondiale par les troupes allemandes en retraite, pratiquant la tactique de la terre brûlée pour freiner l'avancée de l'armée soviétique. Les villes furent rapidement reconstruites sans souci esthétique, en privilégiant les bâtiments rectangulaires fonctionnels – leur absence de charme contraste fortement avec la majesté de la nature environnante.

Alta

14 472 HABITANTS

Alta compte de nombreux lieux remarquables à visiter : l'Alta Museum et ses pétroglyphes préhistoriques classés au Patrimoine mondial, la cathédrale des Aurores boréales ou encore le verdoyant canyon de Sautso-Alta. La ville, qui s'étend sur la côte, est très peu attrayante, mais est entourée de paysages magnifiques. De plus, bien que cette ville de pêcheurs et de carrières d'ardoise se situe à 70°N de latitude, elle bénéficie d'un climat relativement tempéré.

À voir

Alta Museum MUSÉE, PÉTROGLYPHES
(☎ 417 56 330 ; www.alta.museum.no ; Altaveien 19 ; adulte/enfant 110/35 NOK mai-sept, 75/20 NOK oct-avr ; ⏲ 8h-20h mi-juin à août, horaires restreints reste de l'année). Ce remarquable musée est implanté à Hjemmeluft, à la lisière ouest de la ville. Des présentations sont dévolues à la culture samie, à l'histoire militaire du Finnmark, au projet hydroélectrique d'Alta et aux aurores boréales. Classées au Patrimoine mondial, les falaises entourant le musée sont décorées de quelque **6 000 gravures rupestres** de la fin de l'âge de pierre, vieilles de 6 000 à 2 000 ans.

Cathédrale des Aurores boréales ÉGLISE
(Nordlyskatedralen ; ☎ 78 44 42 70 ; www.nordlyskatedral.no ; adulte/enfant 50/25 NOK, avec spectacle Borealis Alta 150/75 NOK ; ⏲ 11h-21h lun-sam et 16h-21h dim mi-juin à mi-août, 11h-13h lun-sam reste de l'année). Ouverte en 2013, cette cathédrale de conception audacieuse, voisine de l'hôtel Scandic Alta, est l'un des emblèmes architecturaux du Nord grâce à sa volute pyramidale recouverte de feuilles de titane courbes. L'intérieur, tout aussi saisissant, renferme un *Christ* en bronze ultra-contemporain, haut de 4,3 m, de l'artiste danois Peter Brandes – plus le regard monte, plus la sculpture s'allège.

Canyon de Sautso-Alta CANYON
Le projet hydroélectrique d'Altaelva a peu altéré le plus beau tronçon de la rivière, qui coule à travers le canyon de Sautso – le plus grand d'Europe du Nord –, profond de 400 m.

Activités

Sorrisniva CROISIÈRES FLUVIALES
(☎ 78 43 33 78 ; www.sorrisniva.no ; Sorrisniva 20 ; balade en bateau 50 min 525/265 NOK par pers ; ⏲ juin à mi-sept). Située dans l'Igloo Hotel, cette agence propose différentes sorties en bateau sur l'Altaelva. Départs quotidiens à 12h. En hiver, des excursions à motoneige sont organisées. Suivez la Rv 93 au sud d'Alta sur 16 km, puis la route balisée sur 6,5 km.

Glød PLEIN AIR
(☎ 997 94 256 ; www.glodexplorer.no). Été comme hiver, Glød organise des parties de pêche sous glace, des sorties en traîneau à chiens, des randonnées à raquettes et autres réjouissances sur glace.

Holmen Husky
TRAÎNEAU À CHIENS

(917 64 866 ; www.holmenhusky.no ; Holmen 48 ; sortie traîneau à chiens 3 heures adulte/enfant 1 590/845 NOK). Holmen Husky est spécialisé dans les expéditions en traîneau à chiens (de mi-décembre à avril ; *dog carting* en été) durant entre 3 heures et 5 jours.

Alta Adventure
PLEIN AIR

(911 50 526 ; www.alta-adventure.no). Trekking, canoë, pêche au saumon et, à la demande, pour les chasseurs : la chasse au lagopède des Alpes.

Activités hivernales

Sorrisniva possède 80 motoneiges, soit le plus grand parc du nord de la Norvège. L'agence propose des circuits guidés (motoneige 1/2 pers 1 450/1 700 NOK), et, après l'effort, on peut se détendre dans un Jacuzzi fumant. Le Gargia Fjellstue (ci-contre) organise une gamme d'activités de plein air estivales et hivernales.

Sarves Alta Alpinsenter
SKI

(78 89 10 00 ; sarvesalta.no ; Nordelvdalen 170 ; déc-avr). La station de ski de Rafsbotn, à 10 km au nord-est d'Alta par l'E6, comprend 5 pistes de descente et de nombreux espaces pour snowboard. On peut facilement louer son matériel auprès de ce centre et des bus semi-réguliers relient Rafsbotn à Alta en saison – renseignez-vous à l'office du tourisme (p. 344).

Cours

Trasti i Trine
TRAÎNEAU À CHIENS, CUISINE

(Northern Lights Husky ; 784 03 040 ; www.trastiogtrine.no ; Gargiaveien 29 ; sortie traîneau à chiens 2 heures en adulte/enfant 2 475/1 250 NOK). Outre des excursions en traîneau à chiens (de 2 heures 30 à plusieurs jours), cette structure organise des cours de cuisine, propose des repas de produits bio et/ou locaux et dispose d'un hébergement (voir ci-contre). À 10 km environ d'Alta.

Fêtes et festivals

Finnmarksløpet
SPORT

(www.finnmarkslopet.no ; mars). La plus longue course de traîneaux à chiens d'Europe (1 000 km) commence et finit à Alta, traversant tout le Grand Nord. L'événement, qui a lieu en mars, coïncide avec le festival Borealis Alta (ci-contre).

Alta Blues & Soul Festival
MUSIQUE

(www.altasoulogblues.no ; mai/juin). Ce festival rassemble, à la fin mai ou début juin, les meilleurs groupes norvégiens et des stars internationales.

Borealis Alta
MUSIQUE, CULTURE

(www.facebook.com/borealis.alta ; mars). En mars, 5 jours de concerts et d'événements culturels, destinés à dissiper la morosité hivernale.

Où se loger

Wisløff Camping
CAMPING €

(78 43 43 03 ; adulte/empl tente 50/220 NOK, bung 500-1 450 NOK). Des 3 excellents campings en bord de rivière à Ovre Alta, à 3,5 km au sud de l'E6 par la Rv 93 en direction de Kautokeino, le Wisløff, classé “camping de l'année” en 2000, continue de mériter ce titre.

Trasti i Trine
CHALETS €€

(78 40 30 40 ; www.trastiogtrine.no ; s/d à partir de 750/1 300 NOK). À environ 10 km d'Alta, au bord d'une rivière en pleine forêt, ce splendide chalet en bois est à la fois chic et chaleureux. La ferme de huskies adjacente ajoute au caractère du lieu. Les chambres sont impeccablement agencées et la nourriture servie, délicieuse. La salle commune comprend une cheminée. Voilà, somme toute, le genre d'endroit qu'on ne voudrait jamais quitter.

Gargia Fjellstue
CHALET €€

(78 43 33 51 ; www.gargia-fjellstue.no ; Gargiaveien 96 ; ch à partir de 1 100 NOK). À quelque 25 km au sud d'Alta, en direction de Kautokeino, ce grand chalet entouré de forêts propose toute l'année un éventail d'activités de plein air et offre le meilleur accès pédestre au canyon de Sautso-Alta (voir page ci-contre).

Thon Hotel Vica
HÔTEL €€

(78 48 22 22 ; www.thonhotels.no ; Fogdebakken 6 ; s/d à partir de 950/1 200 NOK ; P @ wifi). Engageante dès l'ours empaillé qui vous accueille à l'entrée, cette ancienne ferme en bois était encore récemment un hôtel tenu en famille et a gardé une ambiance plus personnelle comparée à beaucoup d'autres établissements de cette chaîne hôtelière. Il comporte un sauna (100 NOK), un Jacuzzi extérieur (un régal en hiver quand tout est sous la neige alentour) et un restaurant (p. 344).

Igloo Hotel de Sorrisniva
HÔTEL DE GLACE €€€

(78 43 33 78 ; www.sorrisniva.no ; s/d avec petit-déj 3 000/5 000 NOK ; mi-déc à mi-avr ; P).

Les 30 chambres – y compris les lits – sont taillées dans la glace, tout comme la chapelle, la suite nuptiale, le saisissant bar et ses magnifiques sculptures éclairées par fibre optique. Sorrisniva se situe au sud d'Alta : parcourez 16 km sur la Rv93, puis 6,5 km le long d'une route où des panneaux indiquent l'hôtel.

Scandic Alta HÔTEL €€€
(☎78 48 27 00 ; www.scandichotels.no/hotell/norge/alta/scandic-alta ; Løkkeveien 61 ; s/d à partir de 1 450/1 690 NOK ; @📶). L'hôtel le plus chic d'Alta loue de belles chambres (certaines sont décorées de grandes photos d'aurores boréales) et propose un service impeccable. Certaines chambres sont néanmoins un peu petites. Réservez-en une donnant sur l'ouest et la cathédrale des Aurores boréales. Le **Restaurant Alta** (plats à partir de 189 NOK ; 🕒18h-22h) est excellent, et l'établissement dispose aussi d'un bar (fermé le dimanche).

Où se restaurer

Du Verden Matbar NORVÉGIEN, INTERNATIONAL €€
(☎459 08 213 ; www.duverden.no/alta ; Markedsgata 21 ; plats 175-425 NOK ; 🕒10h-23h lun-jeu, 10h-minuit ven-sam, 12h-22h dim). Du Verden est une adresse sympathique aux faux airs de brasserie. Au menu : soupe de poisson, crabe royal, poisson séché, plateaux de fruits de mer, filets de renne, tapas, salades et diverses boissons.

♥Restaurant Haldde NORVÉGIEN €€€
(☎78 48 22 22 ; Fogdebakken 6 ; plats 249-349 NOK ; 🕒16h-23h lun-sam, 14h-22h dim). Le restaurant du Thon Hotel Vica, fort réputé, utilise essentiellement des produits locaux pour préparer des plats raffinés, comme le cuissot de renne, la morue grillée, ou encore le dessert Saveur du Finnmark, un sorbet airelles-myrtilles agrémenté de baies polaires. Miam !

Où prendre un verre et faire la fête

Barila BAR
(☎970 23 454 ; Markedsgata 10, imm Parksentret, Sentrum ; 🕒11h-1h lun-jeu et dim, 11h-3h ven-sam). Alta compte peu de lieux où sortir boire un verre, mais ce petit bar impertinent est bien suffisant : le café est excellent, la bière et les cocktails exotiques sont bons, des musiciens s'y produisent à l'occasion et il y a même une petite piste de danse.

Renseignements

L'**office du tourisme** (☎991 00 022 ; www.visitalta.no ; Labyrinten 3 ; 🕒9h-20h tlj mi-juin à mi-août, horaires restreints reste de l'année). La première adresse où vous rendre pour organiser vos activités estivales ou hivernales.

Depuis/vers Alta

L'**aéroport d'Alta** (☎67 43 49 00 ; avinor.no/en/airport/alta-airport) est situé à Elvebakken, à 4 km au nord-est du Sentrum. La compagnie SAS assure des vols directs depuis/vers Oslo, Tromsø, Hammerfest, Lakselv et Vadsø. Norwegian dessert Oslo.

Les bus partent de la gare routière du Sentrum à destination de :

Hammerfest (335 NOK, 2 heures 50, 2/jour)
Honningsvåg (496 NOK, 4 heures, 1/jour)
Karasjok (525 NOK, 4 heures 45, 2/jour sauf sam)
Kautokeino (298 NOK, 2 heures 15, 1/jour sauf sam)
Tromsø (620 NOK, 7 heures 30, 1/jour)

Comment circuler

Un service de bus urbains relie les extrémités de cette ville étendue. En semaine, ils circulent environ toutes les heures entre les principaux quartiers et vers l'aéroport, moins fréquemment le samedi et pas du tout le dimanche.

De l'aéroport, la course en **taxi** (☎78 43 53 53) vers le centre-ville revient à 180 NOK environ.

Hammerfest

7 938 HABITANTS

Bienvenue dans la ville la plus septentrionale de Norvège et peut-être du monde – d'autres localités norvégiennes sont situées plus au nord, mais Hammerfest soutient dur comme fer qu'elles sont trop petites pour prétendre au nom de ville.

Si vous venez à bord de l'express côtier Hurtigruten, vous disposerez de 1 heure 30 pour vous promener, acheter un souvenir et visiter la Société royale de l'ours polaire (*Isbjørnklubben*), ce qui suffit à la plupart des visiteurs – passagers du Hurtigruten ou non.

Histoire

Un emplacement stratégique et un excellent port ont longtemps fait de Hammerfest une étape importante pour la navigation, la pêche et la chasse. Durant son âge d'or,

Hammerfest

Hammerfest

Les incontournables
1 Église de Hammerfest A3
2 Société royale de l'ours polaire (Isbjørnklubben) B1

À voir
3 Musée de la Reconstruction A3
4 Colline de Salen C3
5 Statue d'Adolf Henrik Lindstrøm C1

Où se loger
6 Scandic Hammerfest A2
7 Smarthotel Hammerfest D1
8 Thon Hotel Hammerfest C2

Où se restaurer
Du Verden Matbar ......(voir 7)
9 Kaikanten B2
Skansen Mat og Vinstue ......(voir 6)
10 Turistuta D3

les femmes faisaient venir leurs vêtements de Paris et, dans les années 1890, la municipalité installa le premier éclairage électrique urbain d'Europe.

Ni l'être humain ni la nature n'ont épargné Hammerfest : incendiée par les Anglais en 1809, gravement mise à mal par une tempête en 1856, ravagée par un incendie en 1890, la ville fut à nouveau incendiée par les Allemands en 1944. Au fil des siècles, son église fut détruite cinq fois par le feu. Puis le sort a fini par favoriser la cité.

Un pipeline sous-marin de 143 km court sous la mer de Barents, depuis les énormes champs de gaz naturel de Snøhvit ("Blanche-Neige" !) jusqu'à la petite île de Melkøya, dans la baie. Là, le gaz est liquéfié avant d'être transporté par bateau vers l'Europe et les États-Unis. Avec des réserves estimées à 193 milliards de mètres cubes, les pompes installées en 2007 devraient fonctionner au moins 25 ans.

À voir

Église de Hammerfest ÉDIFICE RELIGIEUX
(Hammerfest kirke ; carte ci-dessus ; Kirkegata 33 ; 9h-14h mi-juin à mi-août). La forme étonnante de l'église de Hammerfest, consacrée en 1961, s'inspire des supports utilisés pour faire sécher le poisson à l'air salé de la mer dans le nord de la Norvège. Derrière l'autel, un superbe vitrail flamboie au soleil de minuit. Le long de la galerie de l'orgue, une frise en bois décrit des événements de

OÙ SONT PASSÉS LES OURS POLAIRES ?

On n'a pas vu d'ours polaire sauvage à Hammerfest depuis des millénaires, et pourtant les armes de la ville comportent des ours polaires, des statues d'ours polaires ornent divers édifices publics et il y a même une Société royale de l'ours polaire. Esbroufe que tout cela ? Pas tout à fait. Aux XIXe et XXe siècles, Hammerfest était une base importante d'où partaient des expéditions de chasse arctique à destination du Svalbard (ou Spitzberg, ainsi qu'on le nommait plus souvent). À leur retour, ces expéditions ramenaient de nombreux ours polaires captifs (en particulier des oursons) qui partaient de Hammerfest vers des zoos dans le monde entier.

l'histoire locale. De l'autre côté de la rue, la chapelle du cimetière est le seul bâtiment à avoir survécu à la Seconde Guerre mondiale.

Société royale de l'ours polaire MUSÉE

(Isbjørnklubben ; carte p. 345 ; ☎78 41 21 85 ; www.isbjornklubben.no ; Hamnegata 3 ; ⏲8h-18h juin-juil, 9h-16h lun-ven, 10h-14h sam-dim août-mai). GRATUIT Consacrée à la conservation de la culture locale, cette société royale fut fondée en 1963 et partage les locaux de l'office du tourisme. Elle propose une exposition sur la chasse en Arctique et sur l'histoire locale. Moyennant 220 NOK, on peut en devenir membre à vie et recevoir certificat, carte de membre, autocollant et pin's. Bien que le nom norvégien de cette société (*Isbjørklubben*) signifie "club de l'ours polaire", le rapport avec l'ours polaire semble par moments un peu lointain.

La qualité de membre (il existe quelque 250 000 membres du club dans le monde) vous donne droit à participer à la réunion annuelle de la société, en janvier. Tout le monde ne peut pas être membre : en 1973, un certain Elvis Presley a demandé par courrier à adhérer à la société, mais sa demande a été rejetée – il faut venir en personne à Hammerfest.

Si devenir membre ne vous suffit pas et que vous venez en groupe, vous pourrez, moyennant 300 NOK, boire un verre de schnaps et recevoir un adoubement à l'aide d'un grand os de pénis de morse ! Un extra (sur réservation) qui vaut largement le coup pour le sujet de conversation qu'il vous fournira à votre retour.

L'une des expositions est consacrée à Adolf Henrik Lindstrøm, cuisinier natif de Hammerfest qui accompagna Roald Amundsen et Fridtjof Nansen (entre autres explorateurs) et effectua au total plus d'expéditions polaires que n'importe qui, grands explorateurs compris. En 2016, pour le 150e anniversaire de sa naissance, la ville a inauguré la **statue de Lindstrøm** (carte p. 345).

Musée de la Reconstruction MUSÉE

(Gjenreisningsmuseet for Finnmark og Nord-Troms ; carte p. 345 ; ☎78 40 29 40 ; www.facebook.com/gjenreisningsmuseet ; Kirkegata 21 ; adulte/enfant 80 NOK/gratuit ; ⏲10h-16h juin à mi-août, 10h-15h lun-ven, 11h-14h sam-dim reste de l'année). Avec des panneaux et légendes particulièrement touchants (chaque section est accompagnée d'un synopsis en anglais), le petit musée de la Reconstruction retrace l'évacuation forcée de la population locale et les exécutions durant la retraite allemande en 1944, les difficultés des habitants pendant l'hiver arctique de 1944-1945, la reconstruction et la renaissance de la ville.

Colline de Salen POINT DE VUE

(carte p. 345). Pour une vue panoramique sur la ville, la côte et les montagnes, grimpez sur la colline de Salen (86 m), où se trouvent le restaurant Turistua (voir page ci-contre), quelques huttes samies en tourbe et un joli point de vue (jumelles panoramiques gratuites au sommet). Le chemin (15 min à pied) part du petit parc derrière l'hôtel de ville (*rådhus*).

Monument du méridien SITE HISTORIQUE

(Meridianstøtta). GRATUIT Sur la péninsule de Fuglenes, de l'autre côté du port, la Meridianstøtta, une colonne en marbre, commémore la première expédition (1816-1852) par le scientifique russe Friedrich Georg Wilhelm Struve pour déterminer l'arc du méridien global et calculer ainsi la taille et la forme de la Terre. Elle fait partie d'un ensemble inscrit au Patrimoine mondial connu sous le nom d'arc géodésique de Struve.

Circuits organisés

L'office du tourisme (page ci-contre) organise tous les jours à 10h45 une visite d'une heure autour de la ville, en anglais, allemand et norvégien (490 NOK). L'heure peut varier un peu de façon à coïncider avec l'arrivée de l'express côtier Hurtigruten. Réservation possible jusqu'à 15h la veille.

Où se loger

Camping Storvannet CAMPING €
(919 90 236 ; www.nafcamp.no ; Storvanns-veien 103 ; empl voiture/caravane 200/230 NOK, bung 2/4 lits 500/600 NOK ; juin-sept). À côté d'un lac, en contrebas d'un immense ensemble résidentiel, cet endroit plaisant – le seul camping décent de la ville – est de taille modeste ; réservez votre bungalow.

Smarthotel Hammerfest HÔTEL €€
(carte p. 345 ; 415 36 500 ; www.smarthotel.no/hammerfest ; Strandgata 32 ; s/d 950/1 050 NOK ;). Derrière sa façade d'hôtel chic et design, cet établissement loue des chambres agréablement simples et modernes. Les prix sont tout à fait corrects, et baissent même sensiblement en période de faible affluence. Les meilleures sont celles qui donnent sur le port. Le tarif inclut un buffet convenable au petit-déjeuner.

L'hôtel organise une "expédition arctique" sur la colline de Salen tous les jours à 10h45. Rendez-vous devant l'office du tourisme (ci-contre).

Thon Hotel Hammerfest HÔTEL €€
(carte p. 345 ; 78 42 96 31 ; www.thonhotels.no/hammerfest ; Strandgata 2-4 ; ch à partir de 1 706 NOK ;). Semblable aux autres établissements de la chaîne Thon, cet hôtel ne déçoit pas. Sur le front de mer, il propose des chambres modernes et lumineuses et un bon buffet au petit-déjeuner.

Scandic Hammerfest HÔTEL €€
(carte p. 345 ; 78 42 57 00 ; www.scandichotels.no/hotell/norge/hammerfest/scandic-hammerfest ; Sørøygata 15 ; d 950-1 799 NOK ; P). Construit en jolies briques blondes, ce bel hôtel, désormais affilié à la chaîne Scandic est toujours aussi séduisant, avec ses chambres bien décorées – un peu chères pour celles qui ne donnent pas sur le port. Certaines salles de bains sont si exiguës qu'y entrer exige une souplesse de contorsionniste. Son restaurant, le **Skansen Mat og Vinstue** (carte p. 345 ; plats 185-355 NOK ; 18h-23h), propose de délicieuses spécialités locales.

Où se restaurer

Kaikanten PIZZAS, EN-CAS €€
(carte p. 345 ; 78 41 04 70 ; www.facebook.com/Kaikanten-Hammerfest ; Sjøgata 19 ; pizzas 170-240 NOK ; 15h-1h dim-jeu, 15h-3h ven-sam). Décor au thème nautique (le fond du bar représente les vieux quais de Hammerfest, des voiles sont suspendues sous le plafond) et canapés en cuir confortables pour ce pub apprécié. Pizzas et en-cas pour les petites faims.

Turistua CAFÉ €€
(carte p. 345 ; 94 15 46 25 ; colline de Salem ; plats 155-275 NOK ; 15h30-22h). Situé au sommet de la colline de Salen (page ci-contre), le Turistua jouit d'une belle vue sur la ville et le détroit.

Du Verden Matbar NORVÉGIEN, TAPAS €€€
(carte p. 345 ; 452 50 700 ; www.duverden.no ; Strandgata 32 ; plats 185-365 NOK ; 17h-22h lun-sam). Cet établissement chic appartient à une chaîne norvégienne de très bons restaurants. Dans un cadre de brasserie moderne, on y sert des tapas ainsi que des spécialités nationales, parfois revisitées à la sauce contemporaine. À l'intérieur du Smarthotel Hammerfest (ci-contre).

Renseignements

Office du tourisme (carte p. 345 ; 78 41 21 85 ; www.visithammerfest.no ; Hamnegata 3 ; 8h-18h juin-juil, 9h-16h lun-ven et 10h-14h sam-dim août-mai ;). Accès Wi-Fi gratuit et location de vélos électriques (159/399 NOK par heure/jour).

Depuis/vers Hammerfest

Des **bus** (carte p. 345 ; Hamnegata) circulent depuis/vers Alta (270 NOK, 2 heures 15, 2/jour), Honningsvåg (360 NOK, 3 heures 30, 1-2/jour) et Karasjok (450 NOK, 3 heures 45, 2/jour sauf sam) ; un bus continue jusqu'à Kirkenes (1 155 NOK, 9 heures 15) via Tana Bru (630 NOK, 6 heures 10) 4 fois par semaine.

L'**express côtier Hurtigruten** (carte p. 345 ; Hurtigrutenkai, Hamnegata) fait une escale de 1 heure 30 à Hammerfest dans chaque direction. Le prendre dans l'autre sens pour se rendre à Tromsø (11 heures) ou Honningsvåg (5 heures) est plus rapide et plus confortable que le bus.

Une **station de taxis** (carte p. 345 ; 78 41 12 34 ; www.hammerfesttaxi.no) se tient face à l'office du tourisme.

LE "VRAI" CAP NORD

Voilà un secret bien gardé : le cap Nord n'est pas le point le plus septentrional du continent européen. Ce titre revient à Knivskjelodden, à 18 km de marche aller-retour du cap Nord (détails de la randonnée dans l'encadré p. 351). Moins grandiose, inaccessible en voiture – et gratuit –, il n'en est que plus précieux. De plus, si l'on prend en compte le fait que le cap Nord se trouve sur une île, le point le plus septentrional d'Europe *continentale* se situe plus à l'est, à Kinnarodden, sur la péninsule de Nordkyn.

Magerøya et le cap Nord (Nordkapp)

3 300 HABITANTS

La vaste île de Magerøya est le plus septentrional des territoires norvégiens atteignables par la route. À sa pointe nord, le cap Nord (Nordkapp) est chaque année visité par des centaines de milliers de touristes. Malgré la latitude, les eaux de Magerøya ne gèlent pas en hiver du fait du Gulf Stream, et les bateaux de croisière (et l'express côtier Hurtigruten) y font régulièrement escale.

Activités

North Cape Experience PLEIN AIR, EXCURSIONS
(☎913 11 557 ; www.thenorthcape-experience.com ; Oterveien 1, Skarsvåg). Cette agence de Skarsvåg propose différentes activités : pêche au crabe royal, observation de la faune en bateau et excursions à Knivskjelodden (voir l'encadré p. 351).

Où se loger

Base Camp North Cape CAMPING €
(☎909 60 648 ; basecampnorthcape.com ; Storvannsveien 2, Skarsvåg ; adulte/empl tente 50/155 NOK, bung 460-970 NOK ; ⏲mai-oct). À la sortie du hameau de Skarsvåg, ce camping accueillant est prisé des groupes de randonneurs britanniques. C'est certainement le camping le plus septentrional du monde, titre qu'il dispute à un site de Svalbard qui, lui, ne dispose pas de bungalows. Le café confortable sert du renne et du poisson frais en plat du jour, de la soupe et des pizzas.

Nordkapp Camping CAMPING €
(☎78 47 33 77 ; www.nordkappcamping.no ; E69, Skipsfjorden ; adulte/enfant/empl 50/25/160 NOK, d 710 NOK, bung 610-1 495 NOK ; ⏲mai à mi-sept ; 📶). La cuisine commune bien équipée, le personnel sympathique et la variété des hébergements compensent largement l'emplacement sans charme de ce camping, le plus proche de Honningsvåg.

Scandic Nordkapp HÔTEL €€
(☎78 47 72 60 ; www.scandichotels.com/hotels/norway/honningsvag/scandic-nordkapp ; Skipsfjorden ; ch à partir de 1 099 NOK ; P 📶). Sur la route du cap Nord, en pleine nature, cet hôtel offre une atmosphère de chalet. Les nuits sont incroyablement silencieuses. Les chambres, plus simples que dans les autres établissements de la chaîne, sont confortables. Comprend un restaurant.

Depuis/vers Magerøya et le cap Nord

Pour atteindre Magerøya il faut passer par Honningsvåg, plus grande localité de l'île. Reportez-vous p. 351 pour les différentes manière de rejoindre l'île.

Comment circuler

BUS

Entre mi-mai et fin août, un bus local (adulte/enfant 545/295 NOK, 45 min) part tous les jours de **Honningsvåg** pour le cap Nord à 11h et 21h30 et revient à 13h15 et 0h45 (ce qui permet de voir le soleil de minuit… à minuit).

Du 1er juin au 15 août, un service supplémentaire est assuré à 17h, mais son retour à 18h15 ne laisse qu'une demi-heure pour visiter le cap Nord, à moins d'attendre le bus de 0h45. Vérifiez les heures de départ précises à l'office du tourisme (p. 350). Le prix du billet inclut le droit d'accès au cap Nord.

Si votre budget est serré, lisez attentivement les offres de circuits tout compris, qui coûtent probablement bien plus cher pour les mêmes prestations.

VOITURE ET MOTO

Avant la construction d'une route goudronnée jusqu'au cap Nord au milieu des années 1950, on ne pouvait le rejoindre qu'en bateau. Aujourd'hui, la route serpente à travers un plateau rocheux (souvent enneigé) où paissent des hardes de rennes. Selon l'enneigement, elle est ouverte à la circulation d'avril à mi-octobre. Au début et en fin de saison, renseignez-vous auprès de l'office du tourisme si le temps semble menaçant.

Un **taxi** entre Honningsvåg et le cap Nord coûte au moins 1 500 NOK aller/retour. Pour ce prix, il vous attendra 1 heure au cap, mais chaque passager devra s'acquitter du droit d'accès au site.

Le cap Nord

Le cap Nord (Nordkapp) semble être, pour tous les touristes, une étape incontournable du nord de la Norvège. L'endroit, autoproclamé "point le plus septentrional du continent européen", est toutefois un attrape-touriste (voir l'encadré ci-contre) qui attire les visiteurs par bus entiers - quelque 200 000 chaque année.

Plus proche du pôle Nord que d'Oslo, le cap Nord se situe à la latitude 71°10'21"N, où le soleil ne descend pas au-dessous de la ligne d'horizon de mi-mai à fin juillet (soleil de minuit). Longtemps avant que les autres Européens s'y intéressent, l'endroit était un site sacrificiel pour les Samis, qui lui attribuaient des pouvoirs particuliers.

S'il s'agit d'un parfait produit touristique (accès payant ; voir l'encadré ci-contre), le fameux Nordkapp reste un lieu d'une rare beauté. Même une fois passé l'attrait de la nouveauté, la vue, au sommet d'une falaise haute de 307 mètres, reste des plus époustouflantes. Quand le temps le permet, on peut voir les vagues se déchaîner en contrebas, regarder le brouillard avancer ou simplement savourer l'instant.

Histoire

Richard Chancellor, l'explorateur anglais qui dériva ici en 1553 alors qu'il recherchait le passage du Nord-Est, lui donna son nom de cap Nord. Plus tard, après une visite du roi Oscar II en 1873, le cap Nord devint un lieu de pèlerinage pour les Norvégiens, puis pour les Thaïlandais à la suite de la visite du roi Chulalongkorn en 1907.

À voir

Northkaphallen – Centre des visiteurs du cap Nord MULTICARTES

(☎78 47 68 60 ; www.visitnordkapp.net ; ⏲11h-1h mi-mai à mi-août, 11h-22h mi-août à fin août, 11h-17h sept, 11h-15h30 oct-déc, 11h-15h janv à mi-mai). Face à un paysage saisissant de beauté, ce centre occupe un bâtiment aux airs de bunker, surmonté d'une encombrante balle de golf. Outre une exposition sur les combats navals au large du cap durant la Seconde Guerre mondiale, l'endroit compte une cafétéria, un restaurant et un bar avec vue panoramique, une chapelle, un bureau de poste, une grande boutique de souvenirs, une salle de cinéma avec projection d'un film panoramique à 125° et même un petit musée thaïlandais.

ACCÉDER AU CAP NORD

Atteindre la "pointe du continent" n'est pas gratuit ! Pour fouler ce bout de terre – en voiture, à vélo, en bus ou à pied – il faut payer un droit d'accès (adulte/enfant/famille 260/80/600 NOK) au dernier point d'entrée du cap Nord. Cela vous donne droit à un accès illimité pendant 2 jours.

Où se loger

Vous pourrez passer la nuit dans votre camping-car ou votre caravane au cap Nord même (faites le plein d'eau et d'électricité, car vous n'en trouverez pas sur place). Sinon, vous devrez trouver un hébergement ailleurs sur Magerøya.

Depuis/vers le cap Nord

L'E69, route de 36 km en bon état, relie Honningsvåg au cap Nord. En hiver, il faut parfois rouler en convoi, derrière un chasse-neige.

Des bus touristiques et publics circulent entre ces deux points. L'office du tourisme de Honningsvåg (p. 350) vous renseignera sur l'horaire du prochain départ.

Honningsvåg

2 415 HABITANTS

Aux confins du Nord arctique norvégien, la petite localité de Honningsvåg est la porte d'entrée du cap Nord. La plupart du temps, il s'agit d'un village paisible avec, en son centre, un port où sèchent les morues pêchées. Mais dès qu'un navire de croisière (ou l'express côtier Hurtigruten) accoste, le lieu est assailli de visiteurs à la recherche de vivres et de souvenirs. Ces scènes de chaos ne sont pas rares en été, et il est alors désagréable de se promener dans les rues bondées de Honningsvåg.

À voir

Musée du cap Nord MUSÉE

(Nordkappmuseet ; ☎90 01 80 98 ; www.nordkappmuseet.no ; Fiskeriveien 4 ; adulte/enfant 60 NOK/gratuit ; ⏲10h-19h mi-juin à mi-août, 11h-16h lun-ven reste de l'année). Ce musée illustre l'impact des premiers visiteurs du cap Nord, les temps difficiles qui ont suivi la Seconde Guerre mondiale et le quotidien d'une ville qui vivait principalement de la mer avant l'irruption du tourisme.

CAP NORD : S'ASSURER UNE PLACE DANS LE BUS

Si vous voyez un bateau de croisière arriver au port (ou le ferry Hurtigruten), précipitez-vous à l'office du tourisme (ci-contre) pour réserver votre trajet en bus pour le cap Nord. Nos lecteurs nous ont rapporté des scènes de bousculade, et de chauffeurs de bus passant sans s'arrêter, après que l'un de ces monstres des mers eut régurgité son chargement humain.

Activités et circuits organisés

L'office du tourisme de Honningsvåg vous procurera une liste des activités possibles dans les environs. Beaucoup sont organisées par **71° Nord** (472 89 320 ; www.71-nord.no ; Holmen 6c) ou North Cape Experience (p. 348), qui proposent notamment de la pêche au crabe royal toute l'année, des expéditions à motoneige en hiver, et en été rafting en mer, quad et pêche en haute mer.

L'office du tourisme (ci-dessous) organise des visites pédestres de la ville (adulte/enfant 99/50 NOK ; 1 heure 30) à 12h, de juin à fin août ; aucune réservation nécessaire. Il propose également des trajets commentés, en bus, depuis/vers le cap Nord pour 650 NOK. Vous pourrez aussi vous y renseigner sur les randonnées guidées (475 NOK/pers) menées par un pêcheur à Skarsvåg.

Où se loger

Scandic Bryggen HÔTEL €€€

(78 47 72 50 ; www.scandichotels.no ; Vågen 1 ; ch à partir de 1 649 NOK ; P Wi-Fi). Le Bryggen est le plus récent des deux hôtels Scandic que compte Honningsvåg. Les chambres, impeccables et modernes, pourraient être plus grandes, mais on y est dans le coin le plus tranquille de la ville, et la vue est superbe.

Scandic Honningsvåg HÔTEL €€€

(78 47 72 20 ; www.scandichotels.com ; Nordkappgata 4 ; ch à partir de 1 390 NOK ; Wi-Fi). Le principal atout de cet hôtel, valeur sûre comme tous ceux de cette chaîne norvégienne, est sa situation le long des quais. Son restaurant Grillen (à la carte, 18h-22h), vaut le détour, que vous résidiez ou non dans l'établissement.

Où se restaurer

Arctic Sans CAFÉ €€

(948 18 604 ; Storgata 22 ; plats 125-285 NOK ; 11h-19h mar-sam, 13h-18h dim, 11h-18h lun). On y cultive l'amour du bon café tout en y servant des langues de morue frites, une soupe de poisson crémeuse et des ailes de poulet panées. L'adresse, à l'écart du débarcadère, est plus calme que les établissements proches du port.

Corner Spiseri CAFÉ €€

(78 47 63 40 ; www.utelivinordkapp.no ; Fiskerveien 2a ; plats 195-275 NOK ; 11h-23h lun-jeu, 11h-2h ven-sam, 12h-23h dim). Outre des en-cas, des pizzas et des plats de viande, on peut déguster ici de très bons produits de la mer – langue de cabillaud croustillante ou filet de cabillaud frit. Le bar se double d'une agréable terrasse avec vue sur la mer.

King Crab House POISSON ET FRUITS DE MER €€€

(901 21 133 ; www.kingcrabhouse.net ; Sjøgata 6 ; plats 139-500 NOK ; 15h-22h mer-dim). Si le crabe royal est ici la vedette, ce restaurant sert d'autres fruits de mer locaux et une variété de tapas, ainsi que des pizzas. La morue poêlée au risotto de crabe royal et sauce au vin blanc est délicieuse. Les moins gourmands peuvent commander des portions réduites.

Où prendre un verre et faire la fête

♥ Artico BAR

(78 47 15 00 ; www.articoicebar.com ; Sjøgata 1a ; 11h-16h avr à mi-mai, 10h-19h fin mai, 10h-21h juin à mi-août, 10h-19h30 fin août, 11h-15h sept). Pour vous rafraîchir en été et avoir une idée de la rigueur de l'hiver au cap Nord, visitez l'un des bars de glace les plus originaux de Norvège, l'Artico (adulte/enfant 139/40 NOK). José Milares, son propriétaire espagnol, lui-même photographe et aventurier polaire, parle avec passion des formes, bulles et autres sculptures abstraites dues au hasard que présente la glace neuve qu'il recueille chaque saison.

Les enfants adorent se faufiler dans l'igloo.

Renseignements

L'**office du tourisme de Honningsvåg** (78 47 70 30 ; www.nordkapp.no ; Fiskeriveien 4 ; 10h-22h lun-ven, 12h-20h sam-dim mi-juin à mi-août, 10h-14h lun-ven reste de l'année ; Wi-Fi), près du port, offre une connexion Wi-Fi gratuite, qui peut connaître des coupures quand

100% NORVÉGIEN

RANDONNÉE JUSQU'À KNIVSKJELODDEN

Véritable point le plus septentrional du continent, Knivskjelodden n'est pas accessible en voiture et est dénué de toute quincaillerie touristique. Situé à 3 km à vol d'oiseau à l'ouest du cap Nord, il monte plus au nord sur près de 1 457 m. On peut rejoindre à pied le sommet de ce promontoire depuis un parking signalisé à 6 km au sud du péage du cap Nord – notez que les sentiers risquent d'être couverts de neige (et donc moyennement praticables) en plein mois de mai et peut-être dès le mois de septembre.

Un chemin de 9 km de long, jalonné d'énormes tas de pierres, mène au bout de ce promontoire. La marche est facile malgré quelques descentes et montées, mais prévoyez de bonnes chaussures, car le sentier peut être boueux. Parvenus à l'obélisque en forme de ruche, à la latitude 71°11'08"N, au niveau de la mer, signez le livre d'or. Si vous relevez le numéro de visiteur qui vous est attribué dans le livre, vous pourrez acheter – rien n'est gratuit sur cette île – un certificat authentifiant votre passage (50 NOK) au **Nordkapp Camping** (p. 348) de Skipsfjorden ou à l'**office du tourisme de Honningsvåg** (page ci-contre). Comptez 5-6 heures de marche aller-retour.

un bateau de croisière accoste. Fournit des renseignements sur le cap Nord.

Depuis/vers Honningsvåg

Il existe plusieurs moyens de circuler depuis/vers Magerøya et le cap Nord :

- L'express côtier Hurtigruten fait escale à Honningsvåg. Son arrêt de 3 heures 30 en direction du nord permet aux passagers d'effectuer une rapide excursion jusqu'au cap Nord.
- De mi-mai à mi-août, un bus local (adulte/enfant 545/295 NOK, 45 min) circule quotidiennement à 11h et 21h30 entre Honningsvåg et le cap Nord.
- Un bus express relie Honningsvåg à Alta (450 NOK, 4 heures 50, 1-2/jour), et un bus circule depuis/vers Hammerfest (360 NOK, 5 heures 15, 1-2/jour).
- Si vous conduisez, empruntez l'E6 jusqu'à Olderfjord, où l'E69 se dirige vers le nord.

Kamøyvær

70 HABITANTS

Un court détour depuis l'E69, entre Honningsvåg et le cap Nord, conduit à ce hameau de pêcheurs abrité, au port entouré de maisons pastel. Ce lieu loin de toute agitation compte un bon hôtel et même une galerie d'art.

À voir

Galerie "East of the Sun" GALERIE
(☎78 47 51 37 ; www.evart.no ; Risfjordveien 5, Arran ; 12h-21h mi-mai à mi-août). GRATUIT Passez jeter un œil aux œuvres de l'artiste allemande Eva Schmutterer : des toiles lumineuses aux formes sinueuses et de surprenants collages.

Où se loger

Nordkapp Arran HÔTEL €€
(☎75 40 20 85 ; www.arran.as ; s 750-980 NOK, d 1 000-1 250 NOK ; mi-mai à août ; P, wifi). Cet hôtel de 44 chambres occupe trois bâtiments le long du quai. Le pain est fait maison par la famille samie qui dirige l'établissement, et le menu comporte toujours du poisson tout juste pêché au large de Magerøya. Vous trouverez aussi du renne en plat du jour.

Depuis/vers Kamøyvær

Le seul moyen de vous rendre à Kamøyvær est avec votre propre véhicule.

Gjesvær

160 HABITANTS

Une route superbe mène au hameau de pêcheurs de Gjesvær, isolé, à 34 km au nord-ouest de Honningsvåg, et 21 km de la route Honningsvåg-Nordkapp. Là, deux prestataires proposent d'excellents circuits d'observation des oiseaux. La toundra vallonnée, ponctuée de lacs sombres et de hardes de rennes, cède la place à un austère paysage rocheux, puis on découvre soudain un chapelet de *skerries* (îlots rocheux) et l'archipel de Gjesværstappan.

Activités

♥ **Stappan Sjøprodukter** OBSERVATION DES OISEAUX, PÊCHE
(☎950 37 722 ; www.stappan.no ; Gjesvær ; juin-août, sur réservation reste de l'année). Le pêcheur Roald Berg, qui a construit lui-même ses installations, vous emmènera sur son bateau, l'*Aurora*, pour observer

les oiseaux (adulte/enfant 780/475 NOK ; 2 sorties/jour) ou pour une partie de pêche (3 000 NOK, 2 heures 30, 5 passagers maximum). Autres excursions possibles : observation des aurores boréales en hiver et pêche au crabe royal toute l'année.

Roald a aussi un restaurant et deux appartements bien équipés (2 pers 1 000 NOK, draps et serviettes 100 NOK/pers).

Attention : au moment de nos recherches, ce prestataire était fermé pour rénovation. Renseignez-vous avant votre venue.

Bird Safari OBSERVATION DES OISEAUX, PÊCHE
(416 13 983 ; www.birdsafari.com ; Gjesvær ; 790 NOK ; début avr-fin sept). Propose des sorties en bateau, 2-3 fois/jour, de juin à fin août, jusqu'aux colonies d'oiseaux des **îles Gjesværstappan**. Quelque 3 millions de volatiles nichent dans cet archipel, dont des macareux, des pingouins torda, des mouettes tridactyles, des fous de Bassan et des pygargues à queue blanche. Bird Safari dispose aussi d'hébergements simples sur le front de mer et peut organiser des sorties de pêche.

Où se restaurer

Terrassen NORVÉGIEN €€
(95 03 77 22 ; www.stappan.com/restaurant.html ; Kobbenesveien 8, Gjesvær ; sandwichs et repas léger à partir de 135 NOK, plats 250-390 NOK ; 13h-20h juin à mi-août). Ouvert l'été, ce magnifique café-restaurant au bord de l'eau appartient au propriétaire de Stappan Sjøprodukter. Parmi les délices servis ici : ragoût de renne, crabe royal, airelles à la crème et gaufres nappées de confiture de myrtilles maison.

Attention : au moment de nos recherches, ce restaurant était fermé pour rénovation. Renseignez-vous avant votre venue.

Depuis/vers Gjesvær

À moins de prendre le bus à Honningsvåg (1/jour), vous devrez atteindre Gjesvær avec votre propre véhicule – le village, à 34 km au nord-est de Honningsvåg, est signalé par un panneau sur la route du cap Nord.

Lakselv

2 258 HABITANTS

À l'extrémité du long et étroit Porsangerfjord, le village de pêcheurs de Lakselv n'offre guère d'intérêt. Son nom, qui signifie "rivière du saumon", explique ce qui attire ici les vacanciers norvégiens. La plupart des voyageurs ne s'y arrêtent que pour faire le plein d'essence, mais si vous avez toujours rêvé de pêcher le saumon ou si vous aimeriez monter un cheval islandais, prévoyez d'y rester plus longtemps.

Activités

Saarela Gård Ridesenter ÉQUITATION
(958 42 071 ; www.saarela.no ; Saarelaveien 1 ; promenade 1 heure privée 300 NOK par pers). Ce centre équestre justifie à lui seul qu'on s'arrête à Lakselv. Il propose des balades d'un certain cachet : on y monte des Islandais, les "chevaux des Vikings". Les escapades, dans la pittoresque campagne au sud de Lakselv ou sur les plages du fjord, peuvent durer entre 1 heure et plusieurs jours, selon votre envie et votre niveau. Organise aussi des sorties de pêche au saumon.

Où se loger et se restaurer

Lakselv Vandrerhjem AUBERGE DE JEUNESSE €
(907 45 342 ; dort 400 NOK, s/d avec sdb 500/600 NOK, bung avec sdb et cuisine 750 NOK ; mi-juin à mi-août). Cette auberge de jeunesse (affiliée HI) se situe dans un endroit boisé, isolé et entouré de lacs, parfait pour de paisibles promenades. Cuisine équipée à disposition. De Lakselv, empruntez l'E6 vers le sud sur 6 km, puis prenez une piste à gauche et faites 2 km.

Lakselv Hotell HÔTEL €€€
(78 46 54 00 ; www.lakselvhotell.no ; Karasjokveien ; s/d 1 195/1 495 NOK ; P). Perché sur une colline avec vue sur le fjord, à 2 km au sud de la bourgade près de l'E6, cet hôtel dispose de chambres confortables, d'un sauna (gratuit pour les hôtes) et d'un restaurant réputé pour son dîner-buffet en été (325 NOK). Location de vélos pour la clientèle de l'hôtel (120 NOK/jour).

Renseignements

Office du tourisme (97 41 23 57 ; www.visitporsanger.no ; à l'angle de l'E6 ; 10h-18h mi-juin à mi-août). Bureau accueillant distribuant quelques brochures.

Depuis/vers Lakselv

De l'**aéroport du cap Nord** (avinor.no/en/airport/lakselv-airport) à Lakselv, point de transit important pour le centre du Finnmark, jusqu'à 3 vols quotidiens sont assurés depuis/vers Tromsø.

En été, le bus finlandais quotidien **Nordkapp-Rovaniemi** (www.eskelisen.fi) fait halte à Lakselv, via Ivalo (en Finlande).

Les destinations suivantes, dans le Finnmark, sont desservies du dimanche au vendredi :

Alta (360 NOK, 3 heures 15, 4/jour)
Honningsvåg (270 NOK, 3 heures 30, 3/jour)
Karasjok (180 NOK, 1 heure 05, 3/jour)

Stabbursnes

Stabbursnes, à 16 km au nord de Lakselv et près d'un des plus beaux secteurs du Porsangerfjord, vaut le détour, pour ses deux importantes zones protégées. Le musée de la Nature de Stabbursnes fait office de centre d'information pour la réserve naturelle et pour le parc national.

À voir

Parc national de Stabbursdalen PARC

Aucune route ne traverse ce parc national de 747 km², qui renferme un spectaculaire canyon glaciaire et s'avère propice à de superbes balades dans une forêt de pins. Le parc est un sanctuaire pour les élans, les gloutons et les lynx eurasiens, bien qu'il soit exceptionnel d'apercevoir ces deux dernières espèces.

Musée de la Nature de Stabbursnes MUSÉE

(Stabbursnes Naturhus og Museum ; ☎78 46 47 65 ; www.stabbursnes.no ; tarif plein/réduit 80/60 NOK ; ⏲9h-20h juil à mi-août, horaires restreints le reste de l'année). Ce musée est rattaché à la réserve naturelle et au parc national de Stabbursnes, pour lesquels il fait office de centre d'information (l'accès à cette section est gratuit). Il vend des guides et des cartes de la région, des permis de pêche, et présente une exposition bien conçue sur la faune et la géologie du haut plateau intérieur, des vallées fluviales et de la côte.

Réserve naturelle de Stabbursnes RÉSERVE NATURELLE

Cette réserve s'étend sur les marécages et les tourbières de l'estuaire de la Stabburselva, où diverses espèces de canards, des oies, des pingouins et des bécasseaux font halte lors de leur migration entre l'Arctique et des régions plus tempérées. Le centre d'information peut vous fournir une liste complète des oiseaux recensés dans la réserve selon les saisons.

VAUT LE DÉTOUR

KONGSFJORD GJESTEHUS

Splendide pension agréablement isolée, **Kongsfjord Gjestehus** (☎78 98 10 00 ; www.kongsfjord-gjestehus.no ; Veines ; s 770-1 370 NOK, d 990-1 560 NOK ; P 📶) dispose de 18 chambres joliment rénovées, avec de beaux murs en bois et un ameublement élégant dans des tons bleu marine. C'est un lieu magnifique, à 100 km de Tana Bru, où passer une semaine loin de tout. Les environs sont peuplés d'oiseaux à observer. Ase et Margherita sont d'excellents hôtes.

Où se loger

Stabbursdalen Resort CAMPING €

(☎465 320 00 ; www.stabbursdalen.no ; empl voiture/caravane 200/300 NOK, bungalow 500-3 500 NOK, app 1 100 NOK ; ⏲mi-mai à sept). Ce complexe hôtelier est idéalement situé au bord de la Stabburselva, riche en saumons, et sert de base aux pêcheurs en cuissardes à la recherche de la prise du siècle (la TV du café retransmet en direct les vues de la rivière). Les équipements sont parfois insuffisants en haute saison.

Stabbursdalen Lodge CHALETS €€

(☎909 16 485 ; www.stabbursdalenlodge.no ; près de l'E6 ; chalet à partir de 1 600 NOK ; P 📶). Les chalets proposés disposent tous d'une cuisine et de 2 salles de bains et peuvent accueillir 8 personnes : une solution idéale pour les groupes prévoyant un séjour de plusieurs jours.

Depuis/vers Stabbursnes

Les bus circulant sur l'E6 entre Alta et Lakselv vous déposeront à l'entrée de Stabbursnes, mais le plus pratique est de s'y rendre avec son propre véhicule, car de grandes distances séparent les sites et le centre d'information.

EST DU FINNMARK

Bienvenue dans l'un des coins les plus reculés d'Europe. L'est du Finnmark, berceau de la culture samie orientale, permet de découvrir quelques charmants villages côtiers, ainsi qu'une histoire frontalière singulière, pleine de Finlandais, d'explorateurs et de guerres destructrices. Préparez-vous à voir de magnifiques volées d'oiseaux, de belles côtes

VAUT LE DÉTOUR

MUSÉES SUR LE PEUPLE SAMI

Musée sami de Varanger (Várjjat Sámi Musea ; ☎952 62 155 ; www.varjjat.org ; adulte/enfant 100/30 NOK ; ⏲9h30-16h30 mi-juin à mi-août, 10h-15h lun-ven reste de l'année). Ce musée est situé à Varangerbotn, où l'E6 rejoint l'E75, à 17 km à l'est de Tana Bru. La collection permanente est axée sur les traditions et la culture samies. Des expositions en rapport avec les Samis et des œuvres d'artistes samis contemporains la complètent. À l'extérieur, vous verrez des huttes de tourbe, des ustensiles et des équipements de pêche traditionnels.

Ceavccageadge (⏲11h-16h mi-juin à fin août). À Mortensnes, sur l'E75, à 15 km à l'est de Varangerbotn, une promenade vers la rive permet de découvrir les traces de la culture samie primitive. À l'extrémité ouest, après des sites funéraires, des vestiges d'habitations et une réplique d'une hutte en tourbe, vous atteindrez le Ceavccageadge, pilier proche de l'eau qui était enduit d'huile de foie de morue pour porter chance aux pêcheurs. Sur une colline à l'est, le Bjørnstein, un rocher en forme d'ours, était jadis vénéré par les Samis.

sauvages et des villages où vous pourriez bien être l'unique touriste. Il y a peu de sites à visiter à Kirkenes, mais de nombreuses activités de plein air, hivernales et estivales.

Tana Bru

668 HABITANTS

Tana Bru doit son nom au pont (le seul à des kilomètres en amont et en aval) qui enjambe la large rivière Tana. Si l'activité principale est la pêche au saumon, Tana Bru vaut un petit détour pour son cadre magnifique, ses quelques bons restaurants et sa boutique d'orfèvrerie.

Activités

Sur l'une des rivières les plus riches en saumons d'Europe, les habitants construisent des barrages pour empêcher la remontée des poissons. Le barrage naturel des chutes de Storfossen, à 30 km en amont, est l'un des meilleurs sites de pêche du pays. Lancez votre ligne, mais vous n'aurez pas nécessairement la chance de ferrer un spécimen comme celui de 36 kg remonté un jour de record. L'hôtel Elva fournit tout l'équipement nécessaire et des renseignements.

Où se loger et se restaurer

Elva Hotel HÔTEL €€€

(☎78 92 82 22 ; Silbageaidnu 10 ; empl 250 NOK, s/d 1 400/1 850 NOK ; ⏲mi-juin à mi-août ; P 📶). Cet hôtel, dans un édifice classique en bois, fait un point de chute pratique au carrefour de la Rv 98 et de l'E6/E75. Il comprend des chambres confortables (mais onéreuses, dîner léger compris), un restaurant, un bar, ainsi qu'un camping. L'établissement organise les parties de pêche au saumon de la ville.

Elvekanten Spiseri NORVÉGIEN €€

(☎941 94 417 ; Silbageaidnu 10 ; plats à partir de 155 NOK ; ⏲10h30-23h tlj). Rattaché à l'Elva Hotel, cet établissement sans chichis propose un menu aussi simple qu'alléchant : la plupart du temps il sert du saumon (à partir de 175 NOK) tout juste pêché dans les environs, généralement cuit au four.

Achats

Tana Gull og Sølvsmie BIJOUX

(☎78 92 80 06 ; www.tanagullogsolv.com ; Rådhusveien ; ⏲9h-18h lun-ven, 10h-16h sam, 12h-16h dim fin juin-début août, horaires restreints reste de l'année). Cette boutique a été fondée en 1976 par Andreas Lautz, créatrice de superbes bijoux en or, en argent et en bronze, inspirés de motifs traditionnels samis. Elle vend aussi des textiles, des céramiques, des verreries d'excellente qualité, ainsi que des couteaux traditionnels samis et quelques fossiles.

Depuis/vers Tana Bru

Tous les jours, des bus circulent depuis/vers Kirkenes (2 heures 30) et Vadsø (1 heure 15). En direction de l'ouest, le bus Kirkenes-Alta passe par Tana Bru 4 fois/semaine.

Vadsø

5 116 HABITANTS

Quand le soleil est au rendez-vous, cette ville reculée mérite vraiment le détour. C'est un lieu de premier choix pour observer les oiseaux, la campagne alentour est belle et la ville compte de bons établissements où dormir et se restaurer. Quand le temps est gris et que le vent souffle, en revanche, on a l'impression d'être à la frontière avec la Sibérie. Vous ne pouvez pas prévoir quelle Vadsø vous trouverez en arrivant, mais si vous attendez que le soleil se montre, votre patience sera récompensée.

À voir

Luftskipsmasta SITE HISTORIQUE

Sur l'île de Vadsøya, ce mât d'arrimage pour dirigeable (*luftskipsmasta*), en forme de derrick, fut construit au milieu des années 1920 pour ancrer et lancer les aéronefs des expéditions polaires. Roald Amundsen, Umberto Nobile et Lincoln Ellsworth, qui rallièrent l'Alaska en passant par le pôle Nord avec le dirigeable *Norge N-1*, l'utilisèrent pour la première fois en avril 1926.

Deux ans plus tard, il servit au lancement du dirigeable de Nobile, *Italia*, qui tentait de renouveler cet exploit, mais s'écrasa dans le Svalbard. Amundsen se joignit à la mission de sauvetage – avec 12 navires, 13 avions et 1 500 hommes – et disparut au cours de cette tentative, devenant un martyr et un héros national. Une jolie promenade de 600 m traverse la prairie jusqu'à un petit lac peuplé de nombreux oiseaux aquatiques.

Activités

Vadsø est très prisé des amateurs d'oiseaux, qui viennent notamment au début de l'été pour admirer l'eider de Steller (un oiseau est même resté tout l'été 2017). Si vous en êtes, passez au Vadsø Fjordhotell (voir ci-contre) : le personnel, qui s'y connaît, vous renseignera sur les lieux d'observation récents et vous procurera des brochures. **Arntzen Arctic Adventures** (907 60 412 ; www.varanger.info ; Fossesvingen 25), autre excellent lieu d'information, dispose de huttes d'observation et d'un parc ornithologique.

Fêtes et festivals

Varangerfestivalen MUSIQUE

(92094817 ; www.varangerfestivalen.no ; août). Jazz, rock et musiques du monde font vibrer Vadsø durant l'un des plus vieux festivals musicaux de Norvège.

Où se loger

Vestre Jakobselv Camping CAMPING €

(78 95 60 64 ; www2.vj-camping.no ; Lilledalsveien ; empl tente ou caravane 200 NOK + 100 NOK/tente, bung 550-2 000 NOK, ch 500-1 000 NOK ; mai-sept). Le camping le plus proche de Vadsø, à 17 km à l'ouest de la localité, loue des chambres et des bungalows à prix raisonnables. À 200 m d'un torrent à saumons, il est apprécié des pêcheurs.

Vadsø Fjordhotell HÔTEL €€

(450 60 345 ; m.facebook.com/vadsoe ; Brugata 2 ; s/d à partir de 995/1 195 NOK ; P). Le personnel de cet établissement sait presque tout des oiseaux de la région. Connu pour servir de "base" aux observateurs d'oiseaux et situé près du sentier conduisant au Luftskipsmasta, cet hôtel sympathique dispose de chambres simples mais confortables, donnant sur le fjord pour la plupart. Petit-déjeuner copieux et prix dégressifs selon la durée du séjour. Les camping-cars sont autorisés pour la nuit.

Scandic Vadsø HÔTEL €€

(78 95 57 00 ; www.scandichotels.no/hotell/norge/vadso/scandic-vadso ; Oscarsgate 4 ; ch 1 049-1 455 NOK ; P@). En plein centre, le meilleur hôtel de Vadsø abrite d'impeccables chambres avec parquet, toutes très pimpantes. Avec son sauna et sa salle de sport gratuits, il s'agit bien de l'hébergement le plus haut de gamme de la ville.

VAUT LE DÉTOUR

ÉGLISE DE NESSEBY

Sur l'un des plus beaux tronçons de l'E75 (labellisée route panoramique ; consultez www.nasjonaleturistveger.no), la ravissante église blanche de Nesseby, sur la côte, se détache, loin de tout, sur un spectaculaire fond montagneux. Construite en 1858, c'est l'une des rares églises du Finnmark à avoir survécu aux ravages de la Seconde Guerre mondiale. Indiquée sur la route principale, elle se trouve à 800 m d'une route tranquille et jouxte la petite **réserve naturelle de Nesseby** que les amateurs d'oiseaux adorent.

Ekkerøy Feriehus APPARTEMENT €€€
(☎908 91 558 ; ekkeroy.net/ ; Fv 321, Ekkerøy ; app à partir de 1 490 NOK). Que vous veniez pour observer les oiseaux ou pour profiter de la chaleur d'une maison en bois traditionnelle du Varanger, cet hébergement de qualité, à 15 km à l'est de Vadsø, est une très bonne base arrière pour explorer la région.

Où se restaurer

Hildonen CAFÉ €
(☎901 41 379 ; Centrum 8 ; en-cas et plats légers 34-77 NOK ; ⏲7h-15h lun-ven, 9h-15h sam). L'odeur du pain frais et des pâtisseries attire irrésistiblement dans cette boulangerie-café, très appréciée de la clientèle locale pour ses pâtisseries, viennoiseries, focaccias, baguettes et paninis.

Opticom Kaffebar og Pizza INTERNATIONAL €€
(☎78 95 33 00 ; www.bodenpizza.no ; Tollbugata 9 ; pizzas à partir de 250 NOK ; ⏲11h-minuit lun-jeu, 11h-2h ven-sam, 15h-23h dim). Dans un cadre élégant, à la musique agréable, l'établissement le plus branché de Vadsø sert un excellent café, de nombreuses boissons alcoolisées, ainsi que des pizzas à une clientèle locale chic.

Renseignements

L'**Office du tourisme de Vadsø** (☎789 404 44 ; www.varanger.com ; Tollbugata 16, Frivillighetssentralen ; ⏲10h-18h lun-ven, 10h-16h sam-dim mi-juin à mi-août). Utile si l'on cherche des cartes, un peu moins si l'on veut des renseignements sur les musées ou la région du Varanger. Ouvert en été uniquement.

Depuis/vers Vadsø

L'express côtier Hurtigruten fait escale à Vadsø uniquement sur son trajet vers le nord, et repart pour Kirkenes à 8h.

Chaque jour, au moins 2 bus circulent depuis/vers Tana Bru (1 heure 15) et Vardø (1 heure 30).

Vardø

1 893 HABITANTS

Vardø, localité la plus orientale de Norvège, est si reculée que seuls les voyageurs les plus acharnés s'y aventurent. Elle occupe une île en forme de papillon, reliée au continent par l'Ishavstunnelen (tunnel de l'océan Arctique), long de 2,9 km. Cela n'empêche pas les habitants d'affirmer que leur cité est la seule de Norvège "continentale" située dans la zone climatique arctique (la température moyenne est inférieure à 10°C). Autrefois bastion du commerce avec les Pomors russes, c'est aujourd'hui un important port de pêche, habité par de nombreux immigrants russes et, étrangement, sri-lankais. Ce n'est pas la plus jolie ville du pays, mais ce lieu venteux possède un attrait presque sibérien.

Le trajet à lui seul vaut le détour : sur les 75 km qui relient Vadsø à Vardø, le relief est totalement plat, et la route, labellisée route panoramique, a un charme insolite, serpentant entre le rivage, les hautes herbes et les arbustes vivaces.

VAUT LE DÉTOUR

HAMNINGBERG

Un trajet vivement recommandé de 88 km aller-retour vers le nord, à partir de Vardø le long de la côte, mène au petit hameau semi-abandonné de **Hamningberg**, et à ses jolies maisons en bois.

La route à une voie passe par des paysages époustouflants : petits lacs noirs comme de l'encre, broussailles rachitiques agrippées à la maigre couche de terre, plaques de neige étincelantes jusqu'à fin juillet, rochers érodés couverts de lichen – vestiges de strates sédimentaires. En chemin, vous verrez des hardes de rennes et passerez à côté de plusieurs plages. Au retour, à 7,3 km au sud de Hamningberg, faites halte et traversez la plage la plus large jusqu'à la petite **réserve naturelle de Sandfjordneset** et ses dunes de sable protégées.

Grâce à son isolement, Hamningberg a échappé aux destructions de la débâcle allemande à la fin de la Seconde Guerre mondiale. Une seule maison a été détruite... par une bombe russe ! Les autres, abandonnées dans les années 1960, continuent d'évoquer ce qui fut l'un des grands villages de pêcheurs de l'est du Finnmark. Un petit café, situé à l'extrémité de la route, est ouvert en été.

À voir

Memorial Steilneset

MONUMENT

(24h/24, visite guidée 11h mi-juin à mi-août). Ce monument impressionnant et émouvant, fruit de la collaboration entre l'artiste française Louise Bourgeois (1911-2010) et l'architecte suisse Peter Zumthor (né en 1943), est dédié aux 91 femmes et hommes exécutés pour sorcellerie au XVIIe siècle à Vardø (voir l'encadré ci-contre). Il est composé de deux bâtiments, l'un abritant le travail de Peter Zumthor, l'autre la composition de Louise Bourgeois.

Dans une structure en bois soutenant un cocon en tissu, Peter Zumthor a conçu une fenêtre éclairée pour chacune des victimes ; Louise Bourgeois a, quant à elle, créé une installation composée d'une chaise sur laquelle brûlent cinq flammes et entourée de sept miroirs ovales.

Intitulé *The Damned, The Possessed and The Beloved,* ce monument, inauguré de façon posthume en 2011, a été l'une des dernières œuvres de la plasticienne décédée en 2010. Un texte contenant les quelques informations qui nous sont parvenues pour chacune des victimes a été rédigé par l'historienne de la sorcellerie Liv Helene Willumsen. L'emplacement a été choisi pour sa proximité avec le lieu des exécutions.

Forteresse de Vardø

PLACE FORTE

(Vardøhus Festning ; 916 88 558 ; Festningsgate 20 ; gratuit ; 10h-21h mi-avr à mi-sept, 10h-18h reste de l'année). Cette forteresse en forme d'étoile fut construite entre 1734 et 1738 par le roi Christian VI. C'est la plus septentrionale du monde et la plus orientale de Norvège. C'est la troisième forteresse à avoir été bâtie sur ce site. La première remonte aux environs de 1300 et avait été bâtie par le roi Haakon V Magnusson. Elle fut remplacée par une nouvelle construction en 1450 qui fut elle aussi détruite. Aucune trace de ces deux forteresses ne subsiste.

Promenez-vous parmi les bastions bordés de fleurs, les 9 bâtiments aux toits en tourbe et les canons russes, après avoir payé le droit d'entrée au bureau des gardes ou en jetant l'argent dans une mine sous-marine de la Seconde Guerre mondiale placée à l'entrée.

Activités

Île d'Hornøya

OBSERVATION DES OISEAUX

(www.hornoya.no ; transfert aller-retour adulte/enfant 600/275 NOK). En été, l'office du tourisme organise régulièrement des sorties en bateau jusqu'à l'île de Hornøya, dotée d'un **phare** pittoresque et de falaises peuplées d'oiseaux. Vous pourrez profiter de la solitude après le départ du dernier bateau en réservant l'un des trois lits du phare (voir ci-dessous).

SORCELLERIE À VARDØ

Entre 1621 et 1692, 91 personnes de Vardø furent accusées de sorcellerie et brûlées vives. À Kristian IV gate 24, un panneau et un drapeau commémorent ce drame, tout comme le saisissant **mémorial Steilneset** (ci-contre) dédié aux victimes – en majorité des femmes norvégiennes et quelques hommes samis, les deux groupes les plus touchés par la chasse aux sorcières. La grotte où elles étaient supposées effectuer leurs rites sataniques et rencontrer le diable se trouve à **Domen**, une colline à 2 km au sud de la ville sur le continent.

Wild Varanger

OBSERVATION DE LA FAUNE, SNORKELING

(992 49 515 ; www.facebook.com/wildvaranger ; Havnestien 12, Kiberg). Cette agence au personnel expérimenté propose toutes sortes d'activités dans les environs de Vardø : du snorkeling avec des guillemots, de la pêche en haute mer, de l'observation d'oiseaux, des excursion sur la falaise aux oiseaux de Hornøya, du rafting en mer et de la pêche au crabe.

Où se loger et se restaurer

Phare de Hornøya

INSOLITE €€

(78 98 72 75 ; 550 NOK/pers). Pour passer la nuit en solitaire sur l'île de Hornøya, réservez l'un des trois lits que compte le phare. C'est assez basique, mais dépaysant : dans ce lieu enchanteur l'on entend toute la nuit le hurlement du vent (bien au chaud dans son lit).

ABC Thai

THAÏLANDAIS €€

(78 94 46 00 ; www.facebook.com/AbcThaiResturant ; Kristian IV gate 3 ; plats 150 NOK ; 12h-23h fév-nov). Derrière sa simplicité apparente, ACB Thai est une adresse à ne pas manquer. Commandez un authentique plat thaïlandais dans… le restaurant thaïlandais le plus septentrional d'Europe ! Vous pourrez l'accompagner de l'une des 36 sortes de bières en bouteille, dont la Singha.

Où prendre un verre et faire la fête

Nordpol Kro PUB

(☎78 98 75 01 ; www.facebook.com/nordpolkrovardo ; Kaigata 21 ; ⌚10h30-14h30 lun, 10h30-14h30 et 20h-minuit mar-ven, 20h-minuit sam, 20h-23h dim). Établi en 1858, ce pub serait le plus vieux de Norvège du Nord ; ses boiseries et son antique bric-à-brac retracent le passé de l'île. Bjørn Bredesen, le sympathique propriétaire, a une impressionnante collection de dessous-de-verre et accueille des musiciens certains soirs.

Renseignements

À Vardø, l'**office du tourisme** (☎78 98 69 07 ; www.visitvardo.com ; Kaigata 18 ; ⌚9h-17h lun-ven, 14h-17h sam-dim juin-août) n'ouvre qu'en été.

Depuis/vers Vardø

L'express côtier Hurtigruten fait escale à Vardø. Des bus empruntent la jolie route côtière entre Vadsø et Vardø (1 heure 30) au moins 2 fois/jour, et 2 bus rejoignent Kirkenes (3 heures 30) tous les jours sauf le samedi.

Kirkenes

3 498 HABITANTS

Vous voilà sur le même fuseau horaire que Le Caire, plus à l'est que la majeure partie de la Finlande, à 15 km à peine de la frontière russe – et au bout de la ligne de l'express côtier Hurtigruten. C'est aussi là que prend fin l'E6, la route qui commence vers Oslo, tout au sud du pays.

Une ambiance frontalière règne dans cette bourgade quelconque, avec ses inscriptions en norvégien et en cyrillique. Visiteurs et pêcheurs transfrontaliers parlent russe, et ces derniers bénéficient de meilleurs prix pour leurs prises que dans leurs ports d'attache plus à l'est.

Kirkenes voit passer 100 000 touristes chaque année, venus pour la plupart à bord de l'express côtier Hurtigruten et qui repartent après 2-3 heures. Vous pouvez cependant vous attarder quelques jours ici pour profiter des nombreux circuits et activités proposés.

MARCHÉ RUSSE

Le dernier jeudi de la plupart des mois, des marchands russes installent leurs étals dans le centre de Kirkenes. Des objets artisanaux aux jumelles, on trouve de tout à des prix plus élevés qu'en Russie, mais qui restent très avantageux pour la Norvège.

À voir

Andersgrotta ABRI ANTI-AÉRIEN

(carte ci-contre ; ☎78 97 05 40 ; www.snowhotelkirkenes.com/andersgrotta ; Tellef Dahls gate ; adulte/enfant 200/100 NOK ; ⌚visites 12h30 juin-août). Descendez l'escalier escarpé de l'Andersgrotta, une grotte qui servit d'abri anti-aérien et de bunker aux Allemands lors des bombardements russes sur les installations minières. Une présentation en plusieurs langues et une vidéo (9 min) relatent l'histoire du site. Habillez-vous chaudement, car la température ne dépasse pas 3°C, même en été.

Parc de rennes et de huskies PARC ANIMALIER

(Gabba Reindeer & Husky Park ; ☎78 97 05 40 ; Kirkenes Snow Hotel, Sandnesdalen 14 ; adulte/enfant 250/125 NOK ; ⌚12h-16h juin-sept). Si vous avez sillonné le Finnmark oriental, où les rennes (*gabba* signifie renne blanc en langue samie) se promènent au bord des routes, ce parc ne vous apportera pas grand-chose – d'autant que les rennes ne sont pas en liberté. En revanche, il mérite la visite si vous arrivez à bord de l'express côtier Hurtigruten, et les enfants seront heureux de caresser les huskies.

Circuits organisés et activités

Les circuits et les activités ne manquent pas à Kirkenes. Pour connaître l'offre en fonction de la saison, procurez-vous à votre hôtel *Summer Activities* et *Winter Activities*, des brochures très complètes.

Faites vos réservations au bureau du hall de l'hôtel Scandic Kirkenes (en été uniquement) ou directement auprès des tour-opérateurs. Comparez les offres pour trouver celles qui vous conviennent le mieux : les agences sont toutes dirigées par des professionnels, mais ne proposent pas les mêmes tarifs, horaires et durées.

Les agences touristiques peuvent organiser des prises en charge en ville ou à l'hôtel. Outre les structures suivantes, BIRK Husky (p. 362), dans la vallée de la Pasvik, et Sollia Gjestegård (p. 359) ont des offres intéressantes.

Kirkenes

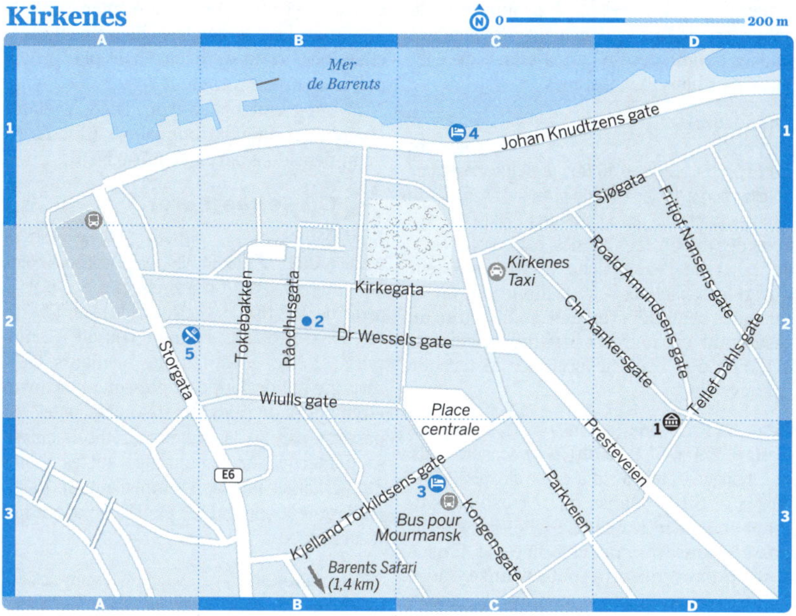

Barents Safari (☎901 90 594 ; www.barentssafari.no ; Fjellveien 28)

Pasvikturist (carte ci-dessus ; ☎78 99 50 80 ; www.pasvikturist.no ; Dr Wessels gate 9)

Kirkenes Snow Hotel (☎78 97 05 40 ; www.snowhotelkirkenes.com ; Sandnesdalen 14)

Kirkenes

À voir
1 Andersgrotta D3

Activités
2 Pasvikturist B2

Où se loger
3 Scandic Kirkenes C3
4 Thon Hotel Kirkenes C1

Où se restaurer
5 Surf & Turf A2

Activités estivales

Activités populaires de fin juin à mi-août, voire septembre :

Pêche au crabe royal
(adulte/enfant 1 650/825 NOK)

Excursions en quad
(à partir de 1 490 NOK/pers)

Circuits d'une demi-journée dans la vallée de la Pasvik
(adulte/enfant 1 000/500 NOK)

Visites de la frontière russe et des anciennes mines de fer
(adulte/enfant 700/350 NOK)

Croisière sur la Pasvik (adulte/enfant 990/500 NOK), qui marque la frontière entre la Norvège et la Russie

Activités hivernales

Activités à tenter de décembre à mi-avril :

Excursions à motoneige
(à partir de 1 890 NOK/pers)

Pêche sous glace (à partir de 1 800 NOK)

Location de raquettes (demi-journée/journée entière 250/400 NOK)

Promenades en traîneau à chiens
(adulte/enfant à partir de 2 100/1 050 NOK)

Pêche au crabe royal
(adulte/enfant 1 500/750 NOK)

Où se loger

♥ **Sollia Gjestegård** HÔTEL €€
(☎78 99 08 20 ; app 1 420 NOK, bung 2/4 lits 1 215/1 825 NOK, s/d 665/815 NOK). À 13 km au sud-est de Kirkenes, le Sollia, superbe retraite au grand air, était à l'origine un

sanatorium. Les adultes profiteront du sauna et du Jacuzzi en plein air, pendant que les enfants feront connaissance avec les huskies. Chambres basiques.

Thon Hotel Kirkenes HÔTEL €€

(carte p. 359 ; ☎78 97 10 50 ; www.thonhotels.no/hoteller/norge/kirkenes/thon-hotel-kirkenes ; Johan Knudtzens gate 11 ; ch à partir de 1 088 NOK ;). Sous des dehors très fermés, cet hôtel récent, au bord de l'eau, cache un bel intérieur ouvert et spacieux – vue sur le détroit et quelques chalutiers russes. L'architecture du restaurant est tout aussi enthousiasmante, à moins que vous ne préfériez la terrasse découverte.

Scandic Kirkenes HÔTEL €€

(carte p. 359 ; ☎78 99 59 00 ; www.scandichotels.no ; Kongensgate 1-3 ; d à partir de 1050 NOK ; P@). Situé dans un agréable bâtiment moderne du centre-ville, le Scandic possède une piscine chauffée (la plus à l'est du pays) ouverte toute l'année. Autre atout : son restaurant, membre du réseau Menu arctique (voir l'encadré p. 319), est la meilleure table de la ville, qui compte peu d'hôtels disposant d'un restaurant (en été, buffet à 395 NOK).

♥ Snowhotel Kirkenes HÔTEL DE GLACE €€€

(☎78 97 05 40 ; www.snowhotelkirkenes.com ; Sandnesdalen 14 ; adulte/enfant demi-pension à partir de 3 100/1 550 NOK ; ⊙20 déc à mi-avril). Cet hôtel de glace est assez onéreux, mais vous en garderez un souvenir inoubliable (une fois suffit). Quelque 25 tonnes de glace et 15 000 m³ de neige servent chaque hiver à construire cette structure éphémère. Le soir, on fait griller des saucisses de renne dans la cheminée, avant de déguster le plat principal, un saumon rôti.

Si vous craignez d'avoir froid, préférez les jolis (et chauds) bungalows (double en demi-pension à partir de 2 700 NOK).

Où se restaurer

Surf & Turf INTERNATIONAL, NORVÉGIEN €€

(carte p. 359 ; ☎973 34 224 ; www.facebook.com/Surf-Turf-Restaurant Dr Wessels gate 2 ; plats à partir de 189 NOK ; ⊙15h-23h lun-jeu, 13h-23h ven-sam). Kirkenes compte peu de restaurants, et celui-ci est l'un des meilleurs. On y sert une bonne soupe de poisson ainsi qu'un large choix de plats du steak aux pâtes, en passant par de la baleine. L'établissement se démarque également des autres tables de Kirkenes par son emplacement particulièrement agréable et la présentation de ses plats.

♥ Gapahuken NORVÉGIEN €€€

(☎78 99 08 20 ; www.storskog.no/en/restaurantgapahuken ; Storskog ; plats 290-395 NOK, buffet 450 NOK ; ⊙16h-22h lun-sam, 15h-19h dim mi-juin à août, sur rendez-vous reste de l'année). Tout de verre et de bois, le restaurant de l'hôtel Sollia Gjestegård (voir p. 359) donne, depuis sa grande baie vitrée, sur un splendide panorama : un lac s'étend au pied du bâtiment et la frontière russe se profile à l'horizon. Les gourmets viennent de Kirkenes pour y déguster une cuisine norvégienne à base de produits locaux frais : renne, crabe royal, saumon et flétan. Le dimanche, seul le buffet est servi.

VAUT LE DÉTOUR

GRENSE JAKOBSELV

À la frontière entre l'Europe et la Russie, voilà un lieu à l'atmosphère envoûtante et chargée d'histoire. À 60 km au nord-est de Kirkenes, Grense Jakobselv fut sans doute habité pour la première fois il y a quelque 8 000 ans, quand le niveau de la mer était plus bas de 60 m. Seul un petit cours d'eau sépare la Norvège de la Russie à cet endroit ; le long de la route, vous verrez des **bornes** marquant la frontière de chaque côté.

Le principal attrait du lieu est une **église** solitaire, en pierre, datant de 1869. Visible de la mer, elle affirmait les droits territoriaux de la Norvège après que les habitants se furent plaint des incursions des bateaux de pêche russes. On pensait que les intrus respecteraient une église et rebrousseraient chemin. L'histoire ne dit pas si cela fonctionna.

Pendant les vacances scolaires, vous pouvez faire l'aller-retour dans la journée entre Kirkenes et Grense Jakobselv (1 heure 30) les lundis, mercredis et vendredis. Le bus part à 9h et revient à 11h30, vous laissant 1 heure pour explorer Grense Jakobselv. À Kirkenes, des agences organisent des excursions.

Renseignements

Kirkenes ne possède plus d'office du tourisme. Les meilleures sources de renseignements et de brochures sont les hôtels et les agences touristiques.

Le site www.visitkirkenes.no réunit de précieuses informations sur plusieurs agences de tourisme et hôtels de Kirkenes.

Depuis/vers Kirkenes

De l'**aéroport de Kirkenes** (☎ 67 03 53 00 ; avinor.no/en/airport/kirkenes-airport), à 13 km au sud-ouest de la ville, des vols directs desservent Oslo (SAS et Norwegian) et Tromsø (Widerøe).

Kirkenes est le **terminus de l'express côtier Hurtigruten**, qui repart vers le sud tous les jours à 12h45. Un bus (120 NOK) attend à l'arrivée du bateau et se rend en ville et à l'aéroport.

Depuis l'**arrêt de bus** (carte p. 359), il existe quatre liaisons par semaine vers Karasjok (5 heures), Hammerfest (10 heures 15) et Alta (10 heures 30) qui desservent de nombreuses destinations en chemin.

Les voyageurs indépendants munis d'un visa russe (indispensable pour rentrer ensuite chez soi) peuvent emprunter l'un des 2 bus quotidiens pour Mourmansk (carte p. 359 ; aller simple/aller-retour 510/780 NOK, 5 heures).

Comment circuler

L'aéroport est desservi par le Flybuss (108 NOK, 20 min) qui passe par la gare routière pour tous les départs et arrivées des vols.

Kirkenes Taxi (carte p. 359 ; ☎ 78 99 13 97 ; www.kirkenestaxi.no ; Presteveien 1) facture 350/425 NOK la course entre la ville et l'aéroport en journée/soirée.

Des agences de location de voitures sont installées à l'aéroport ; sinon, adressez-vous à votre hôtel.

FRONTIÈRE INTERDITE

N'imaginez pas faire un saut de l'autre côté de la frontière russe pour prendre une photo. Il subsiste une paranoïa des deux côtés, séquelle de la guerre froide. Par ailleurs, la Norvège, membre de l'espace Schengen, veille à empêcher l'entrée d'immigrants illégaux. Les sentinelles russes et norvégiennes sont équipées de matériel de surveillance, et l'amende minimale pour un franchissement illégal, même rapide, est fixée à 5 000 NOK ! Prendre une photo avec un téléobjectif, utiliser des jumelles ou même un trépied peut être considéré comme une violation des règles. Comme le stipule froidement l'avertissement : "Il est interdit d'entrer intentionnellement en contact avec ou de se comporter de manière insultante envers toute personne se trouvant de l'autre côté de la frontière et de jeter des objets par-dessus la frontière. Toute tentative de violation sera punie comme si elle avait été effective." Vous voilà prévenu !

Vallée de la Pasvik

Malgré les nuées de moustiques, les lacs isolés, la toundra marécageuse et, au sud, les forêts préservées de la taïga justifient le détour par le petit **parc national d'Øvre Pasvik**, aux confins de la vallée de la Pasvik.

À 100 km au sud de Kirkenes et couvrant une superficie de 200 km², ce coin frontalier de Norvège ressemble plus à la Finlande, à la Sibérie ou à l'Alaska. Ici, les loups, les gloutons et les ours bruns continuent de vivre en liberté. Le parc abrite également des élans, des lynx eurasiens et des oiseaux relativement rares, comme le mésangeai imitateur, le durbec des sapins, le sizerin blanchâtre et le harle piette. Il est rare d'apercevoir ces espèces, mais on ne sait jamais...

Histoire

Les chasseurs komsa de l'âge de la pierre ont laissé leur empreinte, sous forme de pièges creusés dans le sol autour du lac Ødevann ; certains datent de 4000 av. J.-C. Plus près de nous, au XIXe siècle, des fermiers du sud de la Norvège se sont établis ici avec l'aide du gouvernement, développant ces territoires presque vierges et permettant ainsi d'asseoir le statut norvégien de cette contrée frontalière mal définie.

À voir

Varanger Museum MUSÉES EN PLEIN AIR

(☎ 78 99 48 80 ; www.varangermuseum.no ; adulte/enfant 100 NOK/gratuit ; 9h30-17h fin juin à août, horaires restreints reste de l'année). Le musée du Varanger, géré par les communes de Vadsø et Vardø et du Sør-Varanger (représentés par Kirkenes) rassemble une cinquantaine de bâtiments répartis à travers le Varangerfjord. Parmi les musées du Sør-Varanger, faites une halte à **Strand**, qui préserve le plus vieil internat public de Norvège (*Strand skoleinternat*) et illustre la mixité ethnique de la région. Visitez également la **chapelle**

de Svanvik, construite en bois en 1934, et deux fermes du XIXe siècle, **Bjørklund** et **Nordre Namdalen**.

Høyde 96 POINT DE VUE

De cette tour de guet, héritage de la guerre froide, la vue s'étend vers l'est jusqu'à la ville minière russe de Nikel.

Activités

De nombreuses agences de Kirkenes organisent des excursions en bateau ou à motoneige dans la vallée de la Pasvik. Il est possible de partir en randonnée en indépendant.

BIRK Husky TRAÎNEAU À CHIENS

(909 78 248 ; www.birkhusky.no). Située dans la vallée de la Pasvik, cette agence propose des excursions de durée variable en traîneau à chiens en hiver. En été, randonnées, sorties en bateau et observation d'oiseaux sont au programme.

Randonnée

Enduisez-vous généreusement d'antimoustique avant de vous aventurer en pleine nature. L'itinéraire le plus accessible est une mauvaise route qui tourne vers le sud-ouest à 1,5 km au sud de Vaggatem et se termine après 9 km à un parking proche de la pointe nord-est du **lac Sortbrysttjørna**. De là, un chemin balisé court vers le sud-ouest sur 5 km, en passant par plusieurs beaux lacs, marécages et tourbières, et aboutit au **refuge Ellenvannskoia**, à côté du grand **lac Ellenvatn**.

Du parking d'Ødevasskoia, une marche de 8 km vers le sud conduit au **Krokfjell** (145 m) et au **Treriksrøysa**, le monument qui marque l'endroit où se rejoignent la Norvège, la Finlande et la Russie. Si l'on peut s'approcher et prendre des photos, faire le tour du monument équivaut à un franchissement illégal de la frontière !

La carte *Krokfjellet* de Kartverket, au 1/25 000, couvre le parc national.

Où se loger

Øvre Pasvik Café & Camping CAMPING €

(95911305 ; www.pasvikcamping.no ; Vaggetem ; empl tente/caravane à partir de 100/200 NOK, bung 600-700 NOK). Ce camping, situé en pleine forêt, loue des canoës et des vélos et vous renseignera sur la nature et les sites de la région. Les bungalows sont simples ; les emplacements se trouvent près de la rive.

Renseignements

Le **centre du parc national d'Øvre Pasvik** (46 41 36 00 ; 8h-20h mi-juin à mi-sept, 9h-15h lun-ven reste de l'année) est installé dans un joli jardin près de Svanvik, à 40 km au sud de Kirkenes.

Depuis/vers la vallée de la Pasvik

En semaine, 2 bus partent de Kirkenes pour Skogfoss (1 heure 30) via Svanvik et 1 continue jusqu'à Vaggatem (2 heures 15).

FINNMARK INTÉRIEUR

Le long de la frontière finlandaise, le "pays du grand ciel" est une contrée verdoyante en été, d'un bleu glacier l'hiver et l'épicentre du Sápmi, les terres ancestrales des Samis. Kautokeino, une bourgade qui se résume à une rue, est le cœur traditionnel de la région, bien que Karasjok soit plus animée et abrite plus d'institutions samies.

Karasjok

2 668 HABITANTS

Si Kautokeino compte plus d'habitants samis, Karasjok (Kárásjohka en same) est incontestablement la capitale samie du pays. Elle abrite le Parlement et la bibliothèque samis, la radio samie NRK, un superbe musée sami et un parc à thème sami. En hiver, c'est l'un des meilleurs endroits de Norvège pour partir en excursion en traîneau à chiens.

Une jolie route dans un environnement boisé relie Karasjok à Kautokeino, en suivant en partie la rivière Iešjokka.

À voir

Sápmi Park PARC À THÈME ET MUSÉE

(78 46 89 00 ; www.scandichotels.no/hotell/norge/karasjok/sapmi-park ; Leavnnjageaidnu 1, sur l'E6 ; adulte/enfant/famille 195/145/500 NOK ; 9h-19h mi-juin à mi-août). La culture samie est une industrie florissante, comme en témoigne ce parc à thème, par ailleurs très bien conçu. Outre la mélancolique introduction multimédia à la culture samie du "théâtre magique", vous découvrirez des campements samis d'hiver et d'été, ainsi que d'autres habitations. Il y a également le **Boble Glasshytte**, unique atelier de soufflage de verre du Finnmark et galerie, ainsi qu'une boutique de souvenirs et un café. Le

tout produit globalement une très bonne impression et présente les Samis comme les êtres humains normaux qu'ils sont, plutôt que comme des anachronismes exotiques. Les petits musées samis de Karasjok et de Kautokeino, plus académiques, fournissent des informations détaillées. Il n'est pas rare d'apercevoir des rennes.

Parlement sami ÉDIFICE REMARQUABLE
(Sámediggi ; ☎78 47 40 00 ; www.samediggi.no ; Kautokeinoveien 50 ; ⏰visite ttes les heures 8h30-14h30 lun-ven sauf 11h30 fin juin à mi-août, 13h lun-ven reste de l'année). GRATUIT Le Parlement sami, qui a vu le jour en 1989, se réunit quatre fois l'an. En 2000, il s'est installé dans ce superbe bâtiment en bois de Sibérie, à l'intérieur lambrissé en bois de bouleau, de pin et de chêne. La principale salle de réunion est en forme de tente samie, et la **bibliothèque samie**, éclairée de petites ampoules semblables à des étoiles, compte plus de 35 000 volumes, et d'autres médias. La visite guidée dure 30 minutes. Des parlements samis similaires existent en Finlande et en Suède.

Musée national sami MUSÉE
(Sámiid Vuorká Dávvirat, De Samiske Samlinger ; ☎78 46 99 50 ; www.rdm.no ; Museumsgata 17 ; adulte/réduit/enfant 90/60 NOK/gratuit ; ⏰9h-18h mi-juin à mi-août, horaires restreints reste de l'année). Le Musée national sami, ou Collection samie, donne à voir des costumes traditionnels colorés, d'innombrables outils et artefacts, ainsi que des œuvres d'artistes samis contemporains. À l'extérieur, on peut déambuler dans des maisons samies traditionnelles et suivre un sentier balisé (en anglais) qui remonte le temps et donne des explications sur les pièges à rennes et les anciennes techniques de chasse des Samis. En été, une visite guidée est comprise dans le prix de l'entrée.

Activités et circuits organisés

♥ **Engholm's Husky** TRAÎNEAU À CHIENS
(www.engholm.no ; sortie traîneau à chiens 1 heure 1 000 NOK, hiver circuits en traîneau à chiens 1/5/8 jours 2 000/13 500/20 300 NOK). Installée dans l'hôtel (ci-contre) du même nom, cette agence propose en hiver des circuits en traîneau à chiens. Ils sont parfois conduits par Sven Engholm, l'un des plus grands noms de la discipline. Le personnel peut aussi organiser des randonnées à pied en été, une partie des bagages étant transportée par un chien. Consultez le site Internet pour connaître toutes les activités proposées.

Ravdol Reindeer Herding CULTURE SAMIE
(☎995 48 376 ; www.ravdolreindeerherding.com ; Ravdojok 24 ; excursion journée/soirée 1 300/1 100 NOK ; ⏰mi-jan à mi-avr). Cette agence dirigée par des Samis vous immerge dans la culture de l'élevage de rennes. En hiver, ils vous emmènent parmi les troupeaux, vous expliquent comment les Samis partagent leur vie avec leurs rennes, et évoquent d'autres aspects du mode de vie traditionnel sami.

Sami Path CROISIÈRES, PÊCHE
(☎973 21 230 ; www.samipath.com ; Niitosjogas 27). Ce groupe de Samis organise diverses activités : sorties en bateau et en canoë, pêche au saumon, élevage de rennes...

Turgleder PLEIN AIR
(☎908 55 556 ; www.turgleder.com). Cet organisme géré par Liv, fille de Sven Engholm, propose toute l'année diverses activités allant de l'excursion ski de fond à l'expédition "Scout d'un jour" de 24 heures.

Où se loger

Karasjok Camping CAMPING €
(☎970 72 225 ; www.karacamp.no ; Avjovargeaidnu 88 ; adulte/empl tente 20/140 NOK, dort 210 NOK, bung 410-1 200 NOK ; 📶). Installé à flanc de colline, avec vue sur la rivière, un camping accueillant, doté de bungalows. On peut y planter sa tente dans une herbe épaisse, et se coucher sur des peaux de rennes, le soir, pour écouter crépiter le feu de bouleau dans le cocon du *lavvo* (tente samie).

♥ **Engholm Husky Design Lodge** BUNGALOWS €€
(☎915 86 625 ; www.engholm.no ; s/d pension complète à partir de 1 500-2 500 NOK, s/d bung à partir de 750/1 100 NOK ; P 📶). 🍃 À 6 km de Karasjok le long de la Rv 92, Sven Engholm, le propriétaire des lieux, a construit cette merveilleuse retraite dans la forêt. Chacun de ses chalets rustiques est décoré différemment, avec goût, et chaque objet (du balai WC en corne de renne aux abat-jour plutôt originaux) a été fabriqué à la main par Sven. Tous disposent d'une cuisine et deux d'une salle de bains. Seuls les aboiements des chiens de traîneau troublent de loin en loin la quiétude.

Le dîner copieux revient à 300 NOK. Des sentiers balisés sillonnent la forêt, et une marche d'à peine 5 minutes conduit à une rivière à saumons avec une jolie plage, où vous pourrez louer un canoë. On peut aussi sortir les chiots avec le personnel ou faire une promenade en bateau sur le lac voisin. Il y a aussi un sauna et un Jacuzzi extérieur chauffé au bois.

Scandic Karasjok HÔTEL €€
(☎78 46 89 00 ; www.scandichotels.no/hotell/norge/karasjok/scandic-karasjok ; Porsangerveien ; d 850-1 600 NOK ; P@). À côté du Sápmi Park, le plus bel hôtel de Karasjok abrite de belles chambres au décor sami et deux restaurants, dont l'excellent **Storgammen** (ci-dessous), ouvert sur demande en dehors de l'été. Vous trouverez aussi des chambres économiques.

Où se restaurer

Biepmu As CAFÉ €€
(Biepmu Café ; ☎973 06 735 ; www.facebook.com/BiepmuAs ; Finlandsveien ; plats 140-240 NOK ; 13h-20h). Cette cafétéria toute simple, au cœur de la bourgade, sert de copieux mets locaux, des en-cas et des plats du jour (à partir de 175 NOK). Il y a notamment un buffet poisson le mercredi. Un effiloché de renne figure également au menu.

Ses lourds bancs de bois évoquent une église et la clientèle est presque exclusivement locale.

♥ **Storgammen** CUISINE SAMIE €€€
(Gammen Restaurant ; ☎78 46 88 60 ; Leavnnjageaidnu 49, sur l'E6 ; plats 265-395 NOK ; 17h-22h tlj). Géré par le Scandic, ce restaurant de cuisine samie, installé dans une hutte circulaire samie, met l'accent sur les mets traditionnels à base de renne, mais l'on peut aussi choisir parmi quelques plats de poisson, ou se contenter d'une bière ou d'un café. Malgré l'afflux des groupes de touristes, ce lieu chaleureux, tout en bois, est plaisant pour un repas ou un verre autour du feu.

Achats

♥ **Knivsmed Strømeng** ART ET ARTISANAT
(☎78 46 71 05 ; www.samekniv.no ; Markangeaidnu 10 ; 8h30-16h lun-ven, horaires restreints reste de l'année). Cette coutellerie fabrique, depuis 5 générations, des couteaux samis originaux pour tous les usages, de la cuisine aux activités en plein air. Manche en bouleau et cuivre, lames en acier de plusieurs qualités : ce sont de véritables œuvres d'art qui restent néanmoins durables. Comptez au minimum 1 000 NOK pour un couteau d'enfant ; un vrai couteau peut coûter jusqu'à 2 000 NOK.

Renseignements

L'**office du tourisme** (☎78 46 88 00 ; Leavnnjageaidnu 1, sur l'E6 ; 9h-19h mi-juin à mi-août) se trouve dans le Sápmi Park, près du croisement de l'E6 et de la Rv 92. Vous pouvez y changer vos euros après avoir franchi la frontière finlandaise.

Depuis/vers Karasjok

Deux fois par jour sauf le samedi, des bus relient Karasjok à Alta (450 NOK, 3 heures 05) et à Hammerfest (450 NOK, 3 heures 55). Un bus dessert Kirkenes (630 NOK, 5 heures) 4 fois par semaine.

Tous les jours, un bus **Lapin Linjat** (www.eskelisen.fi) se rend à Rovaniemi (785 NOK, 8 heures) via Ivalo (315 NOK, 3 heures 30), toutes deux en Finlande.

Kautokeino

2 931 HABITANTS

Tandis que Karasjok a fait des concessions à la culture norvégienne, Kautokeino, base hivernale des Samis éleveurs de rennes (par opposition aux Samis de la côte), demeure incontestablement samie. Environ 85% des habitants parlent same, et certains portent encore l'habit traditionnel.

La bourgade est franchement morne en été, quand les éleveurs partent avec leurs troupeaux vers les pâturages estivaux, alors que quelque 100 000 rennes vivent aux alentours en hiver. Cependant, la galerie des Juhls (Juhls' Sølvsmie), à la lisière de la localité, justifie à elle seule le détour pour ses superbes bijoux en argent. De plus, depuis les collines alentour, Karasjok offre une assez jolie vue.

Histoire

Des traces révèlent que Kautokeino a été habitée en permanence depuis 1553, durant la transition progressive du nomadisme à la vie sédentaire. Le christianisme s'est implanté assez tôt, et la première église fut construite en 1641.

La première route desservant Kautokeino n'a été construite que dans les années 1960.

À voir

Juhls' Sølvsmie ATELIER-GALERIE
(Juhls' Silver Gallery ; 78 48 43 30 ; www.juhls.no ; Galaniitoluodda ; 9h-20h mi-juin à mi-août, 10h-17h reste de l'année). Cette galerie occupe un superbe bâtiment, en courbes et angles doux, conçu par les propriétaires, Regine et Frank Juhls. Ces bijoutiers ont commencé à travailler avec les Samis il y a une cinquantaine d'années, et la renommée de leur galerie, où trouver des bijoux en argent et des objets artisanaux, n'est plus à faire. Une aile contient une belle collection de tapis et d'objets orientaux, qui témoigne de leur soutien aux réfugiés afghans durant l'occupation soviétique. Le personnel se fera un plaisir de vous faire visiter la galerie. La plupart des articles sont en vente.

Musée de Kautokeino MUSÉE
(481 17 266 ; www.rdm.no/english/kautokeino_bygdetun ; Boaronjárga 23 ; adulte/enfant 50 NOK/gratuit ; 9h-18h lun-sam, 12h-18h dim mi-juin à mi-août, horaires restreints reste de l'année). À l'extérieur, ce charmant petit musée présente un village sami traditionnel, avec une ancienne maison, des abris temporaires et des dépendances, comme une cuisine, un sauna et des cabanes pour entreposer le poisson, les pommes de terre et le lichen (principale nourriture des rennes). À la réception, procurez-vous la feuille comportant un plan et des descriptions au verso, car il n'y a aucune explication. À l'intérieur, vous découvrirez une collection d'objets samis, des instruments utilisés pour l'agriculture et l'élevage des rennes, des objets religieux et des véhicules servant aux transports en hiver.

Fêtes et festivals

Pâques samies RELIGION
La semaine de Pâques est celle des mariages et d'un grand rassemblement pour marquer la fin de la saison obscure, avant que rennes et éleveurs ne partent vers les pâturages d'été. Elle est célébrée en grande pompe avec les championnats mondiaux de courses de rennes, le Grand Prix sami – qui n'est pas une compétition de motoneiges, mais le plus grand concours de *joik* (poème chanté) – et d'autres événements traditionnels et religieux.

VAUT LE DÉTOUR

PARC NATIONAL DE REISA

Bien que faisant partie du comté de Troms, le **parc national de Reisa** (803 km² ; www.reisa-nasjonalpark.no) est tout aussi accessible par la route depuis Kautokeino. Pour les randonneurs, l'itinéraire de 50 km à travers le plateau isolé de la Finnmarksvidda est l'un des plus sauvages du pays et des plus éprouvants physiquement. L'extrémité nord du sentier se situe à Sarelv, à 47 km au sud de Storslett par la Rv 865 ; pour rejoindre l'extrémité sud à partir de Kautokeino, empruntez la Rv 896 en direction du nord-ouest jusqu'à Bieddjuvaggi, puis suivez la route gravillonnée qui court vers l'ouest jusqu'au refuge Reisevannhytta, à 4 km.

Où se loger et se restaurer

Arctic Motell & Camping CAMPING €
(480 40 997 ; www.arcticmotel.com ; Suomaluodda 16 ; empl voiture/caravane 220/280 NOK, bung 400-1 400 NOK, motel ch à partir de 650 NOK ; juin-août). Établissement très accueillant, à la lisière sud de Kautokeino. Les campeurs et les occupants des bungalows ont accès à la cuisine commune. Son *lavvo* (tente samie), un endroit chaleureux et confortable pour se détendre devant un feu de bois en sirotant un café, ouvre à partir de 20h. Sur demande, on vous préparera un *bidos*, un ragoût de renne.

Thon Hotel Kautokeino HÔTEL €€€
(78 48 70 00 ; www.thonhotels.no/hoteller/norge/kautokeino/thon-hotel-kautokeino ; Biedjovaggeluodda 2 ; s/d à partir de 1 250/1 450 NOK ; P @ wifi). Cet hôtel occupe un bel édifice contemporain en bois blond, conçu pour se fondre dans le paysage. Les chambres y sont pimpantes et confortables. Assurez-vous d'en avoir une au 2e étage, avec vue sur la ville ; de l'autre côté, elles donnent sur le parking peu avenant. Le Duottar, son restaurant gastronomique, sert des plats raffinés et l'un des meilleurs petits-déjeuners du Grand Nord.

L'hôtel organise des excursions hivernales (dont des "safaris" à motoneige et des visites de campements samis) et, en été, des parties de pêche.

Duoattar NORVÉGIEN €€€

(☎78 48 70 00 ; Biedjovaggeluodda 2, Thon Hotel Kautokeino ; plats 195-395 NOK ; ⏲17h-21h lun-sam). Le meilleur restaurant de Kautokeino met naturellement l'accent sur le renne, accommodé de différentes façons. Les tapas samies, notamment, sont une entrée modeste, mais inventive. Certains clients sont partis déçus, mais nous avons toujours apprécié y manger, et pas seulement parce qu'il y a très peu de restaurants en ville.

Kautokeino Villmarksenter CAFÉ €€

(☎78 48 76 02 ; Hannoluohkka 2 ; plats 155-215 NOK ; ⏲12h-22h lun-sam). Surplombant la route principale, cette sorte d'auberge, austère mais fonctionnelle, a pour principal atout son café-restaurant doté d'une jolie terrasse en plein air.

Achats

Avzi Design ART ET ARTISANAT

(☎958 08 839 ; www.avzidesign.com ; ⏲10h-17h lun-ven, 10h-15h sam). À environ 8 km à l'est de Kautokeino dans le hameau d'Avzi (faites-vous indiquer le chemin à l'office du tourisme), cette sympathique petite galerie vend des moufles, châles et autres textiles samis.

Kautokeino Sølvsmie BIJOUX

(☎78 48 63 11 ; www.kautokeinosolvsmie.no ; Boaronjárga 15 ; ⏲9h-16h lun-ven, 10h-14h sam). À côté du musée de Kautokeino, cette boutique est emplie de bijoux fins et autres objets inspirés de la culture samie et de l'environnement local.

Samekniv ART ET ARTISANAT

(☎979 57 517 ; Boaronjárga ; ⏲9h-20h juin-août, 9h-16h reste de l'année). Sur la route du musée de Kautokeino, ce petit atelier est dédié aux couteaux, traditionnels ou modernes. Ne vous fiez pas aux horaires affichés, il vous faudra peut-être sonner pour qu'on vienne vous ouvrir.

Renseignements

L'**office du tourisme** (☎78 48 70 00 ; Boaronjárga 23 ; ⏲9h-18h lun-sam, 12h-18h dim mi-juin à mi-août) avait changé d'adresse à chacun de nos passages. Dernièrement, il se trouvait dans le musée de Kautokeino.

Depuis/vers Kautokeino

Les transports vers Kautokeino sont rares. Des bus relient Kautokeino à Alta (270 NOK, 2 heures 15) tous les jours sauf le samedi. De juillet à mi-août, le bus finlandais Lapin Linjat (www.eskelisen.fi) circule entre Kautokeino, Alta (1 heure 45) et Rovaniemi (8 heures), en Finlande, 1 fois/jour.

Le Svalbard

2 573 HABITANTS

Dans ce chapitre ➡

Le top des restaurants

- ➡ Huset (p. 375)
- ➡ Fruene Kaffe og Vinbar (p. 375)
- ➡ Bar & Grill des mineurs (p. 375)
- ➡ Gruvelageret (p. 376)
- ➡ Kroa (p. 376)

Le top des hébergements

- ➡ Basecamp Spitsbergen (p. 374)
- ➡ Svalbard Hotell & Lodge (p. 374)
- ➡ Cabanes des mineurs (p. 374)
- ➡ Radisson Blu Polar Hotel (p. 374)

Pourquoi y aller

L'extraordinaire archipel du Svalbard incarne à lui seul le pôle Nord comme vous l'avez toujours rêvé : une suite de pics enneigés et de glaciers, de champs de glace et d'icebergs effrayants, nimbés dans la magie de la nuit arctique et du soleil de minuit. Cette vaste étendue sauvage – parmi les dernières d'Europe –, où les ours polaires sont plus nombreux que les humains, est une terre où les explorations polaires ont tissé des légendes épiques.

Longyearbyen, principale localité du Svalbard et sa porte d'accès, vous donnera un avant-goût de ce qui vous attend plus loin. Les moyens d'exploration sont multiples : excursions en bateau, randonnées sur les glaciers, expéditions à motoneige ou en traîneau tiré par des huskies. Quel que soit votre choix, visiter le Svalbard vous permettra de franchir une frontière mentale, car c'est le point le plus proche du pôle Nord qui soit accessible au commun des mortels.

Quand partir

Longyearbyen

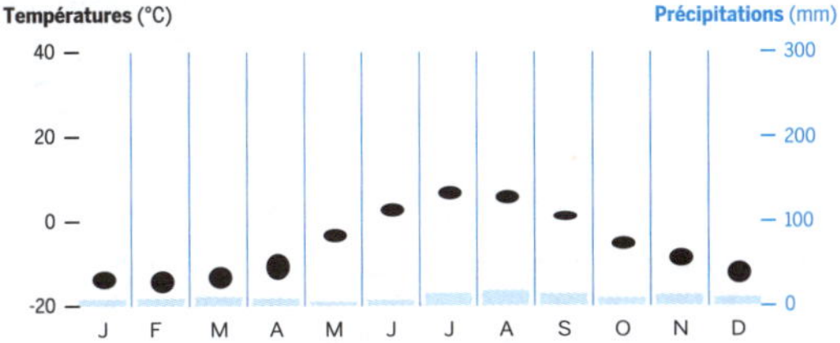

Déc-fév La nuit polaire est là et un festival de jazz anime Longyearbyen.

Fév-avr Le retour de la lumière, aux teintes bleutées en février, est salué par des semaines de festivités.

Juin-août Les jours sans fin s'installent avec leur lot d'infinies possibilités d'activités.

À ne pas manquer

1 Une **randonnée glaciaire** (p. 372) sur le Longyearbreen.

2 La découverte du silence polaire en **traîneau à chiens** (p. 373), comme à l'ère des premiers explorateurs.

3 Une excursion estivale pour **observer les morses** (p. 372) sur l'île de Prins Karls Forlandet.

4 Une visite à **Pyramiden** (p. 378), avant-poste soviétique abandonné.

5 Une excursion à **Ny Ålesund** (p. 380), village situé sous une latitude inhospitalière.

6 L'ambiance étrange de **Barentsburg** (p. 377), ancienne cité minière russe isolée.

7 Une plongée dans l'histoire du Svalbard aux **musées de Longyearbyen** (p. 370).

8 Le tour du Svalbard **en bateau** (p. 370), à la recherche des ours polaires.

9 La cuisine arctique à **Longyearbyen** (p. 375), à tester au Gruvelageret, au Huset ou au Coal Miners' Bar & Grill.

Histoire

La première mention du Svalbard figure dans une saga islandaise de 1194. Le navigateur hollandais Willem Barent, à la recherche d'un passage nord-est vers la Chine, est considéré comme le premier visiteur venu du continent européen (1596). Il appela ces îles Spitsbergen, ou "montagnes acérées". Le nom norvégien Svalbard vient du vieux norrois et signifie "côte froide". Aujourd'hui, Spitsbergen (Spitzberg) désigne la plus grande île du Svalbard. En 1920, le traité du Svalbard accorda à la Norvège la souveraineté sur l'archipel et le droit à des activités militaires restreintes. Signé à l'origine par 9 nations, il est aujourd'hui reconnu par plus de 40 pays, dont les citoyens bénéficient des mêmes droits et obligations sur les îles que les Norvégiens.

Faune

Outre les ours polaires, le Svalbard abrite d'autres espèces animales emblématiques de l'Arctique. Les plus faciles à observer sont le renard arctique (ou renard polaire) et le renne du Svalbard, court sur pattes.

Du point de vue génétique, les rennes du Svalbard sont des lointains cousins des caribous canadiens, et certains offrent des similitudes avec les rennes russes, prouvant qu'ils se sont déplacés sur les glaces. Contrairement à ceux du continent, ils vivent non pas en hardes, mais en groupes familiaux de 2 à 6 individus. N'ayant pas de prédateurs – à part les hommes –, ils prospèrent. Leur population, estimée à quelque 10 000 spécimens, est conservée à un niveau constant par l'abattage de 250 animaux par an. La plupart des rennes du Svalbard meurent lentement de faim quand ils atteignent 8 ans, leurs dents étant complètement élimées par les pierres et les cailloux qu'ils broutent à la recherche du moindre brin d'herbe ou de lichen.

Bien que la pêche intensive les ait menées au bord de l'extinction, on aperçoit parfois encore des baleines dans les eaux du Svalbard, tandis que les phoques sont courants. Les morses, eux aussi victimes d'une pêche intensive, sont entre 500 et 2 000 au Svalbard.

Depuis/vers le Svalbard

Le Svalbard n'est plus aussi inaccessible qu'auparavant et plusieurs moyens s'offrent à vous pour le rejoindre : vous pouvez participer à une croisière venue de Norvège continentale ou, plus simple prendre l'avion à destination de Longyearbyen. Depuis quelques années, plusieurs compagnies aériennes assurent des vols internationaux avec au moins deux escales, à Oslo ou Copenhague par exemple. C'est le cas de SAS, Norwegian Air ou LOT.

Longyearbyen

2 100 HABITANTS

Seule ville du Svalbard digne de ce nom, Longyearbyen est une porte d'entrée vers le monde subpolaire mais nettement moins un lieu de villégiature en soi. Longyearbyen a beau être plantée dans un beau décor avec deux langues glaciaires, le Longyearbreen et le Lars Hjertabreen, la ville elle-même est entourée de terrils, et le front de mer, totalement dénué de charme, est bordé de containers et de bâtiments industriels. Plus on approche du fond de la vallée, vers les glaciers, plus le paysage est beau.

Histoire

Bien que les chasseurs de baleines y soient présents depuis des siècles, la ville a été fondée au début du XXe siècle pour servir de base aux mines de charbon du Svalbard. La ville tient son nom de John Munro Longyear, un Américain qui y ouvrit la toute première mine de charbon en 1906. Pendant des décennies, la Store Norsk, propriétaire des puits, de la cantine, de la boutique et des transports, possédait quasi l'âme des mineurs. Puis, en 1976, l'État norvégien intervint pour sauver la compagnie de la faillite. Aujourd'hui, la majorité des rares habitants qui vivent ici à l'année bénéficient de contrats d'un an exemptés d'impôts. Il y a au moins 7 mines autour de Longyearbyen et dans les environs, mais une seule, la mine n°7, à 15 km à l'est de la ville, est encore en activité. Ses origines minières demeurent visibles, et la statue d'un mineur équipé de son pic se dresse près du Lompensenteret.

À voir

Wild Photo Gallery GALERIE PHOTO
(☎405 17 775 ; www.wildphoto.com ; ⏲10h-16h juin-août, horaires réduits mars-mai et sept-oct). GRATUIT Cette modeste galerie présente le travail de deux photographes Ole Jørgen Liodden et Roy Mangersnes qui ont choisi le Svalbard comme sujet principal. Leur ouvrage *Svalbard Exposed* compile leurs plus belles photos de l'archipel mais aussi d'ailleurs en Norvège.

Réserve mondiale de semences du Svalbard SITE REMARQUABLE

(Svalbard Global Seed Vault ; www.seedvault.no). Au plus profond de la montagne, au-dessous du permafrost, une vaste chambre forte souterraine a été construite par l'homme et inaugurée en 2008. Surnommée le coffre-fort, ou encore l'arche de Noé végétarienne (*Svalbard globale frøhvelv* en norvégien), cette réserve mondiale de semences du Svalbard peut stocker jusqu'à 4 millions de graines d'espèces différentes (et jusqu'à 2,25 milliards de graines en tout), représentant la diversité botanique de la planète. Notez que la réserve ne se visite pas.

Svalbard Bryggeri BRASSERIE

(☎902 86 205 ; www.svalbardbryggeri.no ; visite guidée 429 NOK ; ⏲visite guidée 18h lun, mer et sam). Ouverte en 2015, la brasserie du Svalbard produit les excellentes bières Spitsbergen IPA, Spitsbergen Pilsener et Spitsbergen Pale Ale. Ingrédient essentiel pour le brassage, l'eau provient du glacier du Bogerbreen. Visite guidée (90 min) avec dégustation gratuite. Réservation obligatoire par l'office du tourisme (p. 377).

North Pole Expedition Museum MUSÉE

(musée des Expéditions polaires ; ☎913 83 467 ; northpolemuseum.com ; adulte/enfant 100/50 NOK ; ⏲9h-14h jeu-mar) Ce nouveau musée complète utilement le Svalbard Museum avec une extraordinaire collection d'objets, de journaux d'époque et autres documents relatifs à l'histoire de l'exploration polaire. Avec d'intéressantes images d'archives et des légendes en anglais, qui permettent de passer une heure ou deux à revivre les histoires les plus épiques de l'Arctique. Situé de l'autre côté de la route, face à l'arrière du Svalbard Museum, près du rivage.

Svalbard Museum MUSÉE

(☎79 02 64 92 ; svalbardmuseum.no ; tarif plein/réduit/enfant 90/50/15 NOK ; ⏲10h-17h). Cet impressionnant espace d'exposition comprend diverses sections, décrivant notamment la vie hors du commun des anciens chasseurs de baleines, de phoques et de morses, des trappeurs et des mineurs. Il présente un attrayant mélange de documents, d'artefacts et d'animaux naturalisés. Dans le coin bibliothèque, vous pourrez feuilleter les ouvrages, installé sur de confortables coussins.

Galleri Svalbard GALERIE

(☎79 02 23 40 ; www.gallerisvalbard.no ; tarif plein/réduit/enfant 70/40/20 NOK ; ⏲11h-17h mars-sept, 13h-17h mar-sam et 11h-15h dim oct-fév). Cette galerie accueille les œuvres de l'artiste norvégien Kåre Tveter (1922-2012), sur le thème du Svalbard, si pures et si froides qu'elles font frissonner, comme celles d'Olav Storø (www.storoe.no). On peut aussi y voir des reproductions de cartes anciennes du Svalbard. La galerie devait déménager à l'automne 2021. Renseignez-vous !

Activités

Si vous vous cantonnez à Longyearbyen, vous repartirez sans même un aperçu de la majesté sauvage du Svalbard. Les tour-opérateurs proposent une multitude de courtes excursions. La liste hebdomadaire

CROISIÈRES DANS LE SVALBARD

Pour découvrir le Svalbard sous toutes ses coutures en un temps réduit, rien ne vaut une croisière de plusieurs jours. Ces croisières ne sont pas bon marché mais constituent un voyage inoubliable. Vous pouvez vous adresser aux prestataires suivants :

Arctic Wildlife Tours (☎958 97 730 ; www.arcticwildlifetours.com). Circuits photographiques et d'observation de la faune au Svalbard, à bord de bateaux loués tout spécialement.

Grand Nord Grand Large (☎01 40 46 05 14 ; www.gngl.com). Croisières autour de Spitzberg et de l'archipel François-Joseph.

G Adventures (www.gadventures.com). Croisières de 8 jours sur les rives de Spitzberg.

Hurtigruten (www.hurtigruten.com). Diverses croisières, dont une qui fait le tour complet du Svalbard.

Naturetrek (www.naturetrek.co.uk). Croisières nature de 8 jours au Svalbard.

Wildfoot Travel (www.wildfoottravel.com). Croisières nature de 5 à 15 jours, l'une d'elles inclut l'archipel François-Joseph et l'île Jan Mayen.

des activités que publie l'office du tourisme (p. 377) en recense une bonne partie. Toutes ces sorties peuvent se réserver auprès des tour-opérateurs (sur leur site Internet ou sur www.visitsvalbard.com).

L'été, on peut aussi participer à des excursions d'une demi-journée en traîneaux à chiens (à roues), à cheval ou à vélo à gros pneus (*fat bike*).

Été

Observation des oiseaux

Plus de 160 espèces d'oiseaux ont été recensées au Svalbard, dont l'immense majorité n'est présente qu'en été. La seule espèce à hiverner dans l'archipel est le lagopède du Svalbard. En été, à Longyearbyen, vous pourrez entre autres apercevoir la bernache nonnette, l'eider à tête grise, l'eider à duvet, la sterne arctique, le bécasseau violet, le goéland bourgmestre et le bruant des neiges. Vous aurez plus de chances de voir ces espèces dans le delta de l'Adventdalen, au sud-est, sur la route de la Mine n°7 ; on voit facilement sterne arctique et bruant des neiges à la périphérie de Longyearbyen. Un peu plus loin, surtout lorsqu'on prend le bateau pour Barentsburg ou Pyramiden, le mergule nain, le guillemot à miroir, le macareux moine et le fulmar boréal sont les espèces les plus courantes. Certains tour-opérateurs proposent de courtes excursions en bateau pour les falaises aux oiseaux (*bird cliffs*) près de Longyearbyen. Les amateurs d'ornithologie peuvent se procurer à l'office du tourisme le fascicule *Bird Life in Longyearbyen and Surrounding Area* (50 NOK).

Excursions en bateau

La variété des excursions en bateau d'une journée pour atteindre les endroits les plus reculés du Svalbard augmente d'année en année. Barentsburg et Pyramiden sont les destinations les plus demandées, avec des départs quotidiens, mais on peut désormais aussi se rendre à Ny Ålesund.

Vers Ny Ålesund

Lors de notre passage, deux voyagistes proposaient des excursions d'une journée à Ny Ålesund, mettant à la portée du visiteur l'un des lieux les plus septentrionaux de la planète, le temps d'une journée. Elles n'ont pas lieu tous les jours, et il faut prévoir soigneusement sa visite.

Better Moments (☎400 95 965 ; www.bettermoments.no). Expéditions le vendredi (11 heures, 3 490 NOK).

Spitsbergen Guide Service (☎941 70 070). De 2 à 5 excursions par semaine (10 heures, 4 150 NOK).

Vers Barentsburg et Pyramiden

Les excursions en bateau les plus demandées sont celles pour les villages russes de Barentsburg et Pyramiden. Certaines s'arrêtent avant, le long des glaciers : l'Esmarkbreen pour Barentsburg, le Nordenskjöldbreen pour Pyramiden.

Arctic Explorer (☎918 00 000 ; www.arcticexplorer.no). Les bateaux rapides permettent de visiter Barentsburg et Pyramiden dans la journée (2 900 NOK, 11 heures). Vous n'aurez qu'1 heure 30 à Barentsburg et 2 heures 30 à Pyramiden, mais les paysages en chemin sont magnifiques, et c'est une très bonne entrée en matière pour ceux qui n'ont que peu de temps.

Henningsen Transport & Guiding (☎400 491 71 ; www.htg.svalbard.no). En été, excursions de 10 heures vers Barentsburg et Pyramiden (2 200 NOK). L'itinéraire passe plus près de la côte que d'autres compagnies qui naviguent au milieu du fjord.

Polar Charter (☎480 55 700 ; www.polarcharter.no). Le M/S *Polargirl* navigue en direction de Barentsburg et du glacier d'Esmark (1 800 NOK, 8-10 heures, 3/sem), ou vers Pyramiden et le Nordenskjöldbreen (1 800 NOK, 8-10 heures, 4/sem). Le tarif inclut un déjeuner chaud à bord.

Svalbard Booking (☎79 02 50 00 ; svalbardbooking.com). Excursions à Pyramiden (1 890 NOK, 8 heures) six fois par semaine.

Excursions courtes en bateau

Basecamp Spitsbergen (☎79 02 46 00 ; www.basecampexplorer.com/spitsbergen). Circuits en bateau vers Isfjord Radio (2 jours, 4 660 NOK) du mercredi au samedi. Également expédition de 3 jours avec 2 nuits dans ce lieu isolé.

Henningsen Transport & Guiding (voir ci-dessus). Excursions le vendredi soir vers Yoldiabukta et le glacier de Wahlenberg (1 550 NOK).

Polar Charter (voir ci-dessus). Excursions de 5 heures au glacier du Borebreen (1 200 NOK), le vendredi soir.

Hurtigruten Svalbard (☎79 02 61 00 ; www.hurtigrutensvalbard.com). Excursions quotidiennes en bateau sur l'Isfjord, vers Fuglefjella et Hiorthhamn (3 heures, 890 NOK)

Randonnée et chasse aux fossiles

Les possibilités de randonnée sont infinies en été, et toute agence digne de ce nom assure des sorties allant d'une demi-journée à plusieurs jours. Les plus faciles sont les chasses aux fossiles de 3 heures (à partir de 400 NOK), certaines vous emmenant jusque sur la moraine au pied du glacier Longyearbreen.

Les randonnées sur les glaciers sont également au programme : Platåberget (3 heures, 500 NOK), Longyearbreen (5 heures, 750 NOK), Sarkofagen (525 m au-dessus du niveau de la mer ; 6 heures, 690 NOK), Trollsteinen via le glacier de Lars (6 heures, 795 NOK), Fuglefjella (7 heures, 990 NOK) et Nordensköldtoppen (8 heures, 990 NOK).

Spitsbergen Outdoor Activities (☎917 76 595 ; www.spitsbergenoutdooractivities.com) et **Poli Arctici** (☎913 83 467, 79 02 17 05 ; www.poliartici.com) figurent parmi les agences à taille humaine spécialistes de la randonnée sur glacier avec de nombreuses options possibles.

Kayak

En été, le kayak est très pratiqué sur l'Adventfjord. Les excursions de 5/7 heures débutent à partir de 850/1 050 NOK. Des sorties le soir et au soleil de minuit sont également possibles. **Svalbard Wildlife Expeditions** (☎79 02 22 22 ; www.wildlife.no) propose de nombreux départs chaque semaine ainsi qu'un combiné kayak et randonnée (10 heures, 1 499 NOK, 4/sem). Spitsbergen Outdoor Activities (ci-contre) est également opérateur de kayak, avec au moins une sortie par jour. .

Sorties d'observation des morses

L'observation des morses, une excursion passionnante, a lieu à **Prins Karls Forlandet** (l'île du Prince-Charles ; voir l'encadré p. 379), avec un arrêt sur un glacier, de mi-mai à août, voire mi-septembre, selon la météo. On peut s'approcher à moins de 30 m (par bateau ou à pied) de ces imposants mammifères marins grégaires. Une soupe pour se réchauffer est incluse dans les tarifs. Les agences suivantes sont de qualité :

Better Moments (☎400 95 965 ; www.bettermoments.no). 4 départs par semaine (7 heures, 2 190 NOK).

Svalbard Booking (☎79 02 50 00 ; svalbardbooking.com). 4 départs par semaine (7 heures, 1 990-2 390 NOK).

Hiver

Les propositions en hiver sont variées. N'hésitez pas à faire le tour des agences avant de vous décider. Basecamp Spitsbergen et Hurtigruten Svalbard (p. 374), notamment, proposent des expéditions de ski de randonnée sur plusieurs jours.

LE DANGER DES OURS POLAIRES

Ne vous laissez pas emporter par votre désir de voir de près l'ours polaire, symbole du Svalbard : les tête-à-tête avec cet animal se terminent rarement bien. Comme le rappellent les panneaux autour de Longyearbyen, l'ours polaire représente un véritable danger partout au Svalbard. Il est fortement conseillé de ne s'aventurer au-delà de Longyearbyen que dans le cadre d'un circuit organisé. Les guides ont des fusils et savent s'en servir. Si vous campez, les fils de fer avec signaux lumineux et les fusées éclairantes font partie de l'équipement standard. Ils servent à effrayer un ours qui approche et non pas à appeler des secours, qui peuvent être très éloignés.

Les comportements des ours polaires se modifient avec le recul de la banquise et l'augmentation du nombre de touristes. Les rencontres avec les humains sont de plus en plus fréquentes. En 2015, un touriste a été blessé lorsqu'un ours a attaqué sa tente, et quatre ours ont été abattus en légitime défense en 2016 (deux fois la moyenne annuelle). Dans un de ces incidents, quatre touristes ont tué un ours qui les a attaqués alors qu'ils skiaient à l'extrême nord de l'archipel. L'enquête a conclu que ces touristes avaient bien suivi toutes les procédures. Dans un autre incident, un ours polaire de 3 ans a été anesthésié et déplacé dans une autre partie du Svalbard après avoir été repéré près de Longyearbyen.

Le dernier accident mortel dû à un ours s'est produit en 2018 tout près de Longyearbyen. Le précédent s'était produit en 2011 aux abords du glacier Von Post, à 40 km de Longyearbyen.

Traîneau à chiens

Plus écologique que la motoneige, le traîneau tracté par des chiens est emblématique des activités hivernales au Svalbard. Les aboiements des huskies et le glissement du traîneau sur la glace sont bien plus agréables à l'oreille que le bruit des moteurs. Prévoyez environ 1 590 NOK pour une excursion de 4 heures, mais des expéditions plus longues sont possibles.

Voici quelques spécialistes :

Green Dog Svalbard (☎94 00 74 78 ; www.greendog.no)

Philipp Bergau Polar Guiding (☎+46 76 136 88 42 ; philippbergaupolarguiding.com)

Svalbard Husky (☎78 40 30 78 ; www.svalbardhusky.no)

Svalbard Villmarkssenter (☎79 02 17 00 ; www.svalbardvillmarkssenter.no)

Motoneige

Que l'on conduise ou que l'on se fasse conduire, la motoneige est le principal moyen de circuler dans le Svalbard en hiver et permet de couvrir de plus longues distances et de voir plus de choses que les autres moyens de transport.

Avant de vous lancer, procurez-vous un exemplaire du guide de conduite *Driving a Snowmobile in Svalbard* à l'office du tourisme (p. 377). Vous devez être muni de votre permis pour piloter ces engins. Renseignez-vous à l'office du tourisme. Beaucoup de secteurs sont interdits aux motoneiges. Les tarifs journaliers varient de 1 200 à 1 500 NOK pour un modèle de base.

La plupart des sociétés proposent des excursions à motoneige. L'offre de Hurtigruten Svalbard (p. 374) est très large, tandis que Svalbard Booking (voir page ci-contre) propose aussi de la location.

Voici une sélection d'expéditions (les tarifs peuvent varier selon les compagnies) :

- Barentsburg (8 heures, 2 400 NOK)
- Coles Bay (4 heures, 1 900 NOK)
- Côte est de Spitzberg (10 heures, 2 500 NOK)
- Elveneset (4 heures, 1 900 NOK)
- Expéditions aurores boréales (3 heures, 1 750 NOK)
- Pyramiden (11 heures, 2 500 NOK)
- Glacier de Von Post (8 heures, 2 400 NOK)

ÔTEZ VOS CHAUSSURES, S'IL VOUS PLAÎT !

Rappel de l'époque où les mineurs enlevaient leurs bottes couvertes de poussière de charbon sur le seuil d'une maison, l'étiquette locale veut toujours que l'on se déchausse en entrant dans un bâtiment. La plupart des boutiques et des restaurants y font exception, mais une majorité d'hôtels la pratique encore. Bonne nouvelle, les fusils doivent aussi être laissés à l'entrée, presque partout.

Circuits organisés

Visite de la ville et des mines

Gruve-3 Svalbard (☎79 02 52 00 ; www.snsk.no ; adulte/enfant 590/295 NOK ; ⏲9h et 13h). L'extraction du charbon a joué un rôle central dans l'histoire de Longyearbyen. Les visites guidées de 3 heures à la Mine n°3 donnent à réfléchir. Le visiteur est invité à descendre sous terre, comme le faisaient les mineurs, pour appréhender les conditions de travail et se faire expliquer l'histoire de la mine.

Rana Itinerans (rana-itinerans.com ; visite 2 heures 30 sans/avec déj 450/600 NOK ; ⏲9h, 12h15, 15h et 18h dim-jeu, 9h, 12h15 et 15h ven-sam juin-août) propose des visites guidées à pied de Longyearbyen.

Svalbard Buss og Taxi (☎79 02 13 05 ; svalbardbuss.no ; 385 NOK/pers ; ⏲10h et 16h juin-août). Sorties de 2 heures en minibus autour de Longyearbyen, qui vous mèneront plus loin que vous ne le feriez à pied, sans avoir besoin d'un guide et d'un fusil. Quand il fait beau, de nombreux sites offrent une vue stupéfiante.

Découvertes culinaires

La Svalbard Bryggeri (p. 370) propose une visite suivie d'une dégustation à sa brasserie de Longyearbyen (3/sem) tandis que le Karlsberger Pub (p. 376) propose des dégustations de whisky (3/sem).

Arctic Tapas (☎462 76 000 ; www.arctic-tapas.com ; 895 NOK/pers ; ⏲18h30-21h mar, jeu, ven et dim) propose un circuit en bus autour de Longyearbyen accompagné d'un repas de 4 plats servi à bord. L'occasion de tester les spécialités du nord de la Norvège : fromage, truite, saumon, renne, hareng. Boisson incluse.

Hurtigruten Svalbard (☎79 02 61 00 ; hurtigrutensvalbard.com/no) organise une soirée "nature arctique" (4/sem à 19h, 1 195 NOK) qui inclut un dîner en plein air vers l'Adventdalen et des informations intéressantes sur les ours polaires et l'histoire de Spitzberg.

Fêtes et festivals

Dark Season Blues MUSIQUE
(www.svalbardblues.com ; ⌚oct). Durant cinq jours, les jam-sessions vous réchaufferont avant l'arrivée de l'hiver qui annonce les longs mois sans lumière.

Polar Jazz MUSIQUE
(www.polarjazz.no ; ⌚fév). Un week-end de jazz, au cœur de l'hiver arctique, dans la lumière bleutée de février.

Sunfest CULTURE
(www.solfest.no ; ⌚début mars). Cette semaine de festivités destinée à dissiper la nuit polaire débute le 8 mars.

Où se loger

Les hébergements à Longyearbyen sont nombreux et variés, de l'hôtel multiservice au camping en passant par des chambres logées dans d'anciens baraquements de mineurs. Pour dormir dans un hamac au-dessus du troupeau de huskies (400 NOK/pers), contactez le Svalbard Villmarkssenter (p. 373).

Longyearbyen Camping CAMPING $
(☎79 02 14 44 ; www.longyearbyen-camping.com ; empl tente 120 NOK/pers, gratuit -13 ans ; ⌚avr et juin-août). Près de l'aéroport, sur une étendue herbeuse, ce camping plaisant dispose de cuisine et de douches et donne sur l'Isfjord et les glaciers au delà. Il est situé à 1 heure de marche environ du centre. On peut y louer des tentes (150 NOK/nuit), des matelas (10 NOK) et des sacs de couchage (50 NOK). Un certificat est délivré à qui se baigne nu dans le fjord.

Cabanes des mineurs PENSION $
(☎79 02 63 00 ; hurtigrutensvalbard.com/no ; dort 400 NOK, s 590-1 050 NOK, d 875-1 400 NOK ; ⌚mi-mars à mi-sept ; wifi). Cette pension, gérée par l'agence Hurtigruten Svalbard (ci-dessus), peut accueillir plus d'une centaine de personnes. Réparties sur 4 bâtiments (le génial Bar & Grill des mineurs, page ci-contre, en fait partie), les chambres rénovées sont simples et d'un bon rapport qualité/prix, quoique à des tarifs norvégiens.

Mary-Ann's Polarrigg HÔTEL $$
(☎940 07 780 ; www.polarriggen.com ; Skjæringa ; s 790-1 350 NOK, d 1 050-1 600 NOK ; wifi). Tenu par la passionnée Mary-Ann et décoré de souvenirs de chasse et d'objets de la mine, le Polarrigg ne manque pas de caractère, en particulier les parties communes et les deux salons confortables. Les chambres sont plus simples ; celles de l'aile principale ont des sdb communes et les doubles sont équipées de lits simples ou superposés. Une aile plus luxueuse comporte des chambres avec davantage de confort, quoiqu'un peu chères.

♥ **Svalbard Hotell & Lodge** HÔTEL $$$
(☎79 02 50 00 ; svalbardadventures.com/overnatting/svalbard-lodge ; s/d/app à partir de 1 790/1 990/2 250 NOK ; wifi). Cette adresse dans le quartier commerçant propose des chambres aux tons de bois sombre rehaussés de grandes photos et de tissus colorés et équipées de grand écran TV. Les appartements de 2/3 pièces du lodge sont également une bonne option. Un nouveau bâtiment, Elvesletta a ouvert il y a quelques années.

♥ **Basecamp Spitsbergen** LODGE $$$
(☎79 02 46 00 ; www.basecampexplorer.com/hotels-svalbard ; s 1 150-2 600 NOK, d 1 600-3 000 NOK ; wifi). Imaginez une cabane de chasseur de phoques, bâtie avec poutres et planches de récupération et bois flotté. Ajoutez-y des objets récupérés des anciennes mines, une robinetterie du XXIe siècle et un sens du design scandinave, vous obtenez cet hôtel, surnommé le lodge du Trappeur. Au total une quinzaine de chambres confortables et un excellent petit-déjeuner.

Radisson Blu Polar Hotel HÔTEL $$$
(☎79 02 34 50 ; www.radissonblu.com/en/hotel-spitsbergen ; s 1 390-3 100 NOK, d 1 690-3 400 NOK, ste à partir de 2 800 NOK ; wifi). La centaine de chambres de cet établissement de marque est la meilleure adresse de la ville. Fonctionnelles et confortables sans être luxueuses, certaines suites logées dans une annexe ont une touche supplémentaire côté déco. Un supplément de 200 NOK (catégorie supérieure) vous vaudra la vue sur le fjord et le Hiorthfjellet.

Funken Lodge HÔTEL $$$
(☎79 02 62 00 ; hurtigrutensvalbard.com/en/hotels/funken-lodge ; ch à partir de 1 611 NOK ; ⌚fév-oct ; wifi). L'ancien Spisbergen Hotel, confortable et design accueillait autrefois les cadres et responsables de la mine. Les

MENACE SUR L'OURS POLAIRE

L'ours polaire est l'un des symboles forts de l'Arctique sauvage – un animal solitaire, puissant et qui survit dans l'un des environnements les plus impitoyables qui soient. En dépit de cette incroyable résistance, des scientifiques prédisent qu'il pourrait disparaître d'ici à la fin du siècle si le réchauffement climatique persiste.

Le nombre d'ours polaires a décliné depuis la fin du XIXe siècle, qui marqua le début de la chasse intensive. Depuis le traité de 1973 sur la sauvegarde des ours polaires et de leur habitat, signé par tous les pays frontaliers de l'Arctique, leur nombre a commencé à remonter peu à peu. D'après les dernières estimations du World Wildlife Fund (WWF), il en resterait entre 22 000 et 31 000, dont une population de 3 500 dans le Svalbard.

Mais, comme partout en Arctique, les glaciers du Svalbard reculent, et la banquise, habitat naturel et terrain de chasse de l'ours, qui se nourrit essentiellement de phoques (un adulte doit en consommer de 50 à 75 par an), rétrécit inexorablement. En 2017, la majeure partie de la côte nord du Svalbard est restée libre de glace tout l'hiver. L'un des ours polaires suivis par le WWF est resté bloqué sur Storøya, une île de l'extrême nord-est de l'archipel, du fait de la non-formation de la banquise.

Cette banquise est stratégique pour l'ours car si l'animal est classé comme excellent nageur parmi les mammifères marins, il risque la noyade en essayant de rejoindre des morceaux d'icebergs qui dériveront au milieu de l'océan. Moins de mer gelée signifie aussi que des groupes seront isolés et se reproduiront entre eux, affaiblissant ainsi le patrimoine génétique. Les femelles ont également besoin d'une neige épaisse pour creuser les tanières où elles mettent bas. Des ours affamés erreront à la recherche de nourriture, et seront de plus en plus confrontés aux humains.

À moins d'être sur un bateau de croisière et d'observer la côte bien à l'abri, il y a peu de probabilités que vous aperceviez un ours polaire, surtout en été. Quoi qu'il en soit, ne tentez jamais de vous en approcher, pour votre sécurité et celle de l'ours (si le conducteur irresponsable d'une motoneige prend un ours en chasse, il sera puni d'une forte amende). Les ours aux abois, rapidement stressés, transpirent énormément sous leur fourrure et risquent de mourir de chaleur si on les poursuit.

Si, par hasard, vous voyez un ours lors d'une promenade, restez à distance (voir l'encadré p. 372 sur le danger des rencontres avec un ours polaire). Consultez plutôt le site du WWF, www.panda.org/polarbears, où vous pourrez suivre les déplacements de quatre ours, équipés d'un collier émetteur par des scientifiques.

chambres sont douillettes et les parties communes sont décorées d'objets rappelant l'histoire de Longyearbyen.

Où se restaurer

La qualité des restaurants de Longyearbyen s'améliore chaque année et l'offre peut satisfaire les goûts et les envies de chacun. Outre les restaurants indépendants, le Spitsbergen Hotel et le Svalbard Hotell & Lodge possèdent aussi de bonnes tables. La visite guidée d'Arctic Tapas (p. 373) plaira aux gourmets qui cherchent une manière originale de se restaurer.

Fruene Kaffe og Vinbar CAFÉ $
(The Missus ; 79 02 76 40 ; Lompensenteret ; plats déj à partir de 45-89 NOK ; 10h-18h lun-ven, 10h-17h sam, 11h-17h dim ; wi-fi). Cet accueillant café populaire sert cafés, pains, pizzas, en-cas et autres repas légers. À midi, les plats du jour sont souvent composés de soupes et de salades. Accès Wi-Fi gratuit et photos aux murs.

Bar & Grill des mineurs NORVÉGIEN $$
(940 05 833 ; hurtigrutensvalbard.com/en/restaurants/coal-miners-grill ; plats à partir de 199 NOK ; cuisine 15h-22h). L'ancienne cantine des mineurs est devenue l'un des endroits les plus branchés de Longyearbyen. Décor chaleureux, excellentes viandes cuites au barbecue, ambiance détendue. Rien ne presse le client qui s'installe pour discuter jusqu'à la fermeture (minuit lun-jeu et 1 heure ven-sam).

Huset NORVÉGIEN $$
(79 02 50 02 ; www.huset.com ; menu nordique 900 NOK ; bistrot 15h-18h sam, restaurant 18h-21h mer-sam mi-mai à déc, 17h-21h mar-dim mars à mi-mai). La marche jusqu'au Huset

ICEBERGS EN BOUTEILLE

Relative nouveauté dans la liste des souvenirs du Svalbard, la **Svalbarði** (www.svalbardi.com) est si typique de l'archipel qu'on se demande comment personne n'y a pensé avant : de l'eau en bouteille tirée des glaciers du Svalbard. Tout a commencé en 2013 lorsque l'Américano-Norvégien Jamal Qureshi rapporta en cadeau à sa femme de l'eau de fonte du glacier. L'idée de vendre le produit le plus pur du Svalbard, une eau qui a passé des milliers d'années dans les glaciers immaculés du Kongsfjord, était née. Dans des bouteilles design, la Svalbarði se vend à 900 NOK environ dans plusieurs boutiques de l'archipel, ou en ligne, avec livraison dans le monde entier.

vous ouvrira l'appétit. Côté bistrot, on mange décontracté, des plats bon marché comme le renne, en burger ou en ragoût avec des airelles. La spécialité de la maison est le hamburger en grillade (160 NOK), burger copieux et bien garni, qui fait rêver même les scientifiques de passage.

Le restaurant réputé, logé dans le même bâtiment, sert des plats plus élaborés : terrine ou filet de renne à l'œuf d'eider, morue de l'Isfjord, phoque barbu… le tout accompagné d'une belle carte des vins.

Vinterhagen NORVÉGIEN $$

(☎79 02 37 02 ; polarriggen.com/eat-drink ; Skjæringa ; plats 295-335 NOK ; ⏲17h-22h mer-dim). On déguste ici des spécialités norvégiennes comme le renne du Svalbard ou le steak de phoque attablé dans une serre où les plantes grimpent comme sous les tropiques.

Kroa NORVÉGIEN $$

(☎79 02 13 00 ; www.kroa-svalbard.no ; plats 195-309 NOK ; ⏲11h30-2h). Sorte de chalet de trappeur confortable et spacieux, ce pub-restaurant est décoré avec des éléments récupérés d'un bâtiment de la ville russe de Barentsburg (un buste blanc géant de Lénine trône derrière le bar). Le service est sympathique, et les plats, du steak au poivre au *butter chicken*, en passant par le carpaccio d'omble chevalier, sont gargantuesques.

♥ **Gruvelageret** NÉONORDIQUE, INTERNATIONAL $$$

(☎79 02 20 00 ; gruvelageret.no/en ; menu 4 plats 949 NOK ; ⏲18h-22h). Installé dans un ancien entrepôt minier, il propose un menu impeccable : saumon de l'Atlantique, soupe de bortsch, filet de renne à l'orge et, pour conclure, un cheesecake. Sa situation, au sommet d'une colline, est à la hauteur de la cuisine. Réservation impérative, paiement en carte bancaire uniquement.

Où prendre un verre et faire la fête

Détaxé au Svalbard, l'alcool est rationné pour les habitants, et les visiteurs doivent présenter un billet d'avion pour en acquérir (sauf le vin). Le magasin d'alcool **Nordpolet** (☎79 02 25 33 ; www.facebook.com/Nordpolet/ ; ⏲10h-18h lun-ven, 10h-15h sam) est situé au bout du supermarché Coop. Le cognac "XO Svalbard" est un cadeau original.

Longyearbyen compte une brasserie, la Svalbard Bryggeri (p. 370). En hiver, le Basecamp Spitsbergen (p. 374) abrite un "Cognac Loft", qui, avec sa verrière, s'avère idéal pour admirer les aurores boréales. Normalement réservé aux clients de l'hôtel, mais avec un peu de tolérance en période calme.

Karlsberger Pub BAR

(☎79 02 20 00 ; www.karlsbergerpub.no ; Lompensenteret ; ⏲17h-minuit dim-ven, 16h-minuit sam). Impossible de manquer les centaines de bouteilles d'alcools qui scintillent dans ce pub qui sert aussi à manger. Trois fois par semaine, dégustation de whisky à 17h (595 NOK/pers, lun, mer et ven). Attention à ne rien programmer ensuite…

Huset BAR, DISCOTHÈQUE

(☎79 02 50 02 ; www.huset.com ; ⏲bar 15h-18h sam). La cave à vins du bar du Huset (voir aussi le restaurant éponyme p. 375) compte pas moins de 20 000 bouteilles.

C'est l'une des meilleures de Scandinavie et des dégustations sont possibles sur réservation.

Kroa BAR

(Le Pub ; ☎79 02 13 00 ; www.kroa-svalbard.no ; ⏲11h30-2h). Tabourets constitués d'anciens étais de mine, tapis en peau de phoque, le Kroa est un lieu populaire qui réinvente les codes du bar et du restaurant.

Svalbar Pub BAR

(☎79 02 50 03 ; ⏲16h-2h mer-dim). Bar typiquement norvégien avec jeu de fléchettes et table de billard qui attire une clientèle jeune. Petite carte d'en-cas servie jusqu'à 23h.

Achats

Gullgruva MODE, BIJOUX
(☎79 02 18 16 ; ⏲10h-18h lun-ven, 10h-16h sam). Un peu plus chic que les autres boutiques de souvenirs, Gullgruva vend des objets design, bijoux et vêtements qui évoquent l'univers arctique.

Svalbardbutikken CENTRE COMMERCIAL
(☎79 02 25 20 ; www.svalbardbutikken.no ; ⏲10h-19h lun-ven, 10h-16h sam, 15h-18h dim). Ce centre commercial propose un choix correct somme toute limité de souvenirs. Pratique pour trouver de tout.

Skinnboden ARTISANAT, VÊTEMENTS
(☎79 02 10 88 ; www.skinnboden.no ; ⏲10h-18h lun-ven, 10h-15h sam, 12h-15h dim). Ici, l'appellation “article arctique” englobe toutes sortes d'objets peu habituels – bottes en peau de renne, gants, bonnets et vestes en peau de phoque, et même des tapis en peau de bœuf musqué ou d'autres créatures arctiques. On y trouve aussi un petit rayon bijouterie. Ce n'est pas forcément du goût de tout le monde, mais c'est original.

Renseignements

SERVICES MÉDICAUX

Apotek 1 Spitsbergen (☎79 02 12 12 ; ⏲10h-17h lun-ven, 10h-14h sam). Pharmacie.

Longyearbyen Sykehus (☎79 02 42 00). Hôpital.

RENSEIGNEMENTS TOURISTIQUES

Office du tourisme (☎79 02 55 50 ; www.visitsvalbard.com ; ⏲10h-17h mai-sept, 12h-17h oct-avr). Calendrier par semaine des activités et renseignements sur l'archipel.

Sysselmannen på Svalbard (☎79 02 43 00 ; www.sysselmannen.no ; ⏲8h30-15h30 lun-ven). Délivrance de permis de randonnée et de port d'arme.

Depuis/vers Longyearbyen

SAS (www.flysas.com) assure des vols entre Longyearbyen et Oslo, directs en été (3 vols/sem) ou via Tromsø (3 à 5 vols/sem) toute l'année.

Norwegian (www.norwegian.com) propose 3 vols hebdomadaires entre Oslo-Gardermoen et Longyearbyen.

DEPUIS/VERS L'AÉROPORT

Le bus aéroportuaire de **Svalbard Busservice** (☎79 02 10 52 ; svalbardbuss.no ; tarif plein/étudiant/enfant 100/70/40 NOK) est synchronisé au départ et à l'arrivée des avions. Il dépose les passagers aux hôtels de la ville.

En taxi, il vous en coûtera 120-150 NOK pour rejoindre l'aéroport avec **Svalbard Buss og Taxi** (☎79 02 13 05).

Comment circuler

VÉLO

On peut louer des vélos pour 150-350 NOK chez **Poli Arctici** (p. 372) ou **Basecamp Spitsbergen** (p. 374) ainsi que d'autres agences en ville. Des vélos de ville sont prêtés gracieusement aux clients du **Longyearbyen Camping** (p. 374).

VOITURE ET MOTO

Vous n'irez pas très loin en voiture, mais **Arctic Autorent** (☎917 02 258 ; www.autorent.no ; 890-1 050 NOK/jour), qui dispose d'un comptoir à l'aéroport, loue des véhicules.

Barentsburg

471 HABITANTS

Visiter la cité minière russe de Barentsburg, c'est comme débarquer dans un coin de l'ex-URSS au bout du monde. Malgré les efforts visant à l'égayer, la désolation de cette architecture soviétique du Nord glacial semble toujours évoquer la Sibérie.

La première chose que l'on remarque est la cheminée de la centrale électrique, qui crache une fumée noire dans le ciel bleu. Ce village isolé persiste, envers et contre tout, à extraire 350 000 tonnes par an de charbon. Le gisement devrait durer jusque vers 2030. Panneaux en cyrillique, buste de Lénine, peintures murales de travailleurs musclés et héroïques, atmosphère de décrépitude et d'abandon, Barentsburg est un voyage dans le temps qui ramène à l'époque soviétique.

Histoire

Les ressources en charbon de la région de Barentsburg, au bord du Grønfjord, furent découvertes vers 1900, quand la Kullkompaniet Isefjord Spitsbergen commença à les exploiter, suivie par plusieurs autres compagnies. La ville fut fondée en 1920 par la compagnie néerlandaise Nespico et passa, douze ans plus tard, aux mains de la compagnie soviétique Trust Arktikugol.

Comme Longyearbyen, Barentsburg fut en partie détruite par la Marine britannique en 1941 afin d'empêcher les Allemands de s'en emparer. En 1948, elle fut reconstruite par la compagnie Trust Arktikugol et connut une période de croissance et de recherche scientifique qui dura jusqu'à la chute de l'Union soviétique.

Comme toutes les cités minières du Svalbard, Barentsburg fut frappée par des tragédies. En 1996, la plupart des victimes d'une catastrophe aérienne provoquée par le blizzard près d'Adventdalen étaient des familles de mineurs originaires d'Ukraine. Un an plus tard, 23 mineurs périrent lors d'une explosion et d'un incendie dans une mine.

Où se loger

Pomor Hostel AUBERGE DE JEUNESSE $
(☎941 541 56 ; www.goarctica.com ; s/d/tr 500/800/1 000 NOK ; 📶). Cette adresse simple offre des chambres sans fioritures mais propres, spartiates mais économiques. Certaines disposent d'une vue agréable sur les montagnes environnantes. C'est une alternative économique au Barentsburg Hotel. De l'autre côté de la route, le Red Bear Pub & Brewery est agréable pour manger et prendre un verre.

Barentsburg Hotel HÔTEL $$
(☎941 541 56 ; www.goarctica.com ; s/d/ste 1 500/1 800/2 000 NOK ; 📶). Le Barentsburg Hotel propose des chambres confortables au décor désuet qui rappelle l'ancienne époque soviétique. Le restaurant (petit-déj/déj/dîner 150/250/200 NOK) sert une cuisine russe traditionnelle, tel le porc bouilli aux pommes de terre.

Réservation indispensable pour l'hôtel et le restaurant. Le bar sert vodkas et bière russe généreuses et bon marché. À vendre, boîtes de caviar à des prix inimaginables en Occident, sans parler de la Norvège. Concerts vendredis et samedis soir.

BLOMSTRANDHALVØYA

Blomstrandhalvøya a été une péninsule mais son extrémité nord n'étant plus prise par les glaces depuis le début des années 1990, c'est désormais une île. En été, le nom de Blomstrand (plage des fleurs) semblerait approprié mais c'est en réalité celui d'un géologue norvégien. Ny London, à l'extrémité sud de l'île, rappelle Ernest Mansfield, de la Northern Exploration Company ; en 1911, il tenta d'exploiter le marbre, avant de se rendre compte que la pierre était inutilisable en raison des longs cycles de glaciation et de dégel. Deux bâtiments et des machines abandonnées témoignent de ces essais.

Où prendre un verre et faire la fête

Red Bear Pub & Brewery BRASSERIE, PUB
(⌚12h-1h juin-août, horaires réduits reste de l'année). La bière, brassée sur place (avec de l'eau du glacier), est la vedette de ce pub-brasserie. Également restaurant (petit-déj/déj/dîner 150/250/200 NOK), et un original "samedi sucré", avec glaces maison, milk-shakes et viennoiseries.

Depuis/vers Barentsburg

Henningsen Transport & Guiding (p. 371) et **Polar Charter** (p. 371) organisent des excursions qui traversent le fjord jusqu'au glacier d'Esmark (Esmarkbreen).

L'été, les bateaux d'**Arctic Explorer** (p. 371) naviguent depuis Longyearbyen vers Barentsburg. Ce trajet plus rapide permet de visiter également Pyramiden dans la même journée. Le tarif inclut deux heures de visite guidée à Barentsburg.

En hiver, il est possible de se rendre de Longyearbyen à Barentsburg dans le cadre d'un safari à motoneige. **Hurtigruten Svalbard** (p. 374) est un des nombreux opérateurs proposant cette excursion.

Pyramiden

DE 4 À 15 HABITANTS

Pyramiden, qui doit son nom à la montagne en forme de pyramide qui s'élève à proximité, était la seconde colonie russe du Svalbard. C'est une excursion intéressante à faire depuis Longyearbyen. Depuis peu, on peut y passer la nuit, histoire de tester les sentiments d'abandon et d'isolement.

Quelques Russes vivent encore à Pyramiden, pour maintenir une présence, et le village a retrouvé un peu de vie grâce à la réouverture de deux hébergements, mais un sentiment d'abandon se dégage de ce coin perdu. Le mélange de splendeur naturelle (le Nordenskjöldbreen, l'un des glaciers les plus spectaculaires se trouve à proximité), de bustes de Lénine, de l'ex-propagande soviétique et des reliques de l'exploitation du charbon à ciel ouvert est caractéristique de l'archipel.

Histoire

Au milieu des années 1910, des gisements de charbon furent découverts et exploités par la compagnie suédoise installée à Sveagruva. En 1926, cette dernière fut reprise par une entreprise soviétique, Russkiy Grumant,

VAUT LE DÉTOUR

AUTOUR DU SVALBARD

Magdalenefjord La jolie baie turquoise du Magdalenefjord au nord-ouest de Spitzberg, flanquée de hauts pics et d'impressionnants glaciers, constitue le mouillage le plus apprécié sur la côte ouest de l'île ; c'est aussi un des plus jolis coins du Svalbard. Si vous la voyez un jour ensoleillé (ou quand de sombres nuages d'orage chargés d'atmosphère rôdent), vous aurez l'impression d'arriver dans un paradis polaire. La plupart des visiteurs la découvrent lors d'une croisière de plusieurs jours.

Krossfjord Ce fjord de 30 km de long au nord de Ny Ålesund est un détour qu'affectionnent les croisiéristes, pour la beauté du Lillehöökbreen (son grandiose glacier côtier) mais aussi pour les nombreux vestiges culturels dispersés sur les rives – le premier camp de chasseurs de baleines de Spitzberg fut établi ici en 1611. Bien qu'il soit très au nord, tout comme Ny Ålesund, les eaux du fjord sont libérées des glaces en été.

Virgohamna L'un des sites les plus curieux au nord-ouest de Spitzber se tient sur l'île désolée de Danskøya. Sur le bord du rivage, trois poêles d'un poste de baleiniers du XVIIe siècle et huit tombes couvertes de pierres de la même époque témoignent de rêves brisés. Vous verrez également les vestiges d'une cabane construite par Arnold Pike, un aventurier anglais qui navigua vers le nord à bord du *Siggen* et passa l'hiver sur l'île en se nourrissant d'ours polaire et de renne.

Prins Karls Forlandet Sur la côte ouest de Spitzberg, l'île du Prince-Charles, longue de 86 km et large de 11 km, aux formes étranges, est un parc national créé pour protéger morses, phoques lions de mer qui y vivent. Les montagnes situées au nord, qui culminent avec le Grampianfjellet (1 084 m), sont reliées au Saltfjellet (430 m), à l'extrémité sud, par une longue plaine nommée Forlandsletta.

rachetée à son tour en 1931 par Trust Arktikugol, l'exploitant de la mine actuelle de Barentsburg. Dans les années 1950, Pyramiden compta jusqu'à 2 500 résidents russes, soit plus que la population actuelle de Longyearbyen. Au plus fort de la production au début des années 1990, la ville possédait 60 km de puits, 130 habitations, des exploitations agricoles similaires à celles de Barentsburg, un hôtel et une piscine. Avant la fin du siècle, la mine cessa d'être rentable et la Russie arrêta son exploitation en 1998. Elle est abandonnée depuis cette date.

À voir

Les centres d'intérêt sont l'**architecture soviétique** des années 1970, le grand **buste de Lénine** et la **salle de sports**. L'**hôtel** comprend une petite boutique qui vend des souvenirs de l'ère soviétique, ainsi qu'un bar qui sert de la vodka.

De l'autre côté du Billefjorden, à l'est, le **Nordenskjöldbreen** est un glacier magnifique qui s'étend jusqu'au rivage du fjord. La plupart des excursions en bateau partant de Longyearbyen pour s'approcher le plus près possible de la langue glaciaire. Le trajet est magnifique et offre des vues splendides le long des falaises et sous l'escorte des macareux et des fulmars.

Où se loger

Hotel Pyramiden HÔTEL **$$**
(☎941 541 56 ; www.goarctica.com ; s 1 800 NOK, lits jum 2 000 NOK, ste 2 500 NOK). Cet établissement, l'ancien Tulpan (la "tulipe") Hotel, parlera aux nostalgiques de l'ère soviétique. Certaines chambres modernes sont confortables, tandis que d'autres, plus économiques, ont conservé leur ambiance d'avant la chute du Mur. Ajoutez à cela le silence qui s'installe quand les derniers tour-opérateurs et visiteurs sont repartis. Tout est si calme, cela en devient vite troublant.

Le restaurant sur place (réservation impérative, repas 150-250 NOK) sert des spécialités russes, à la carte et au menu. Paiement en espèces uniquement. Pas de connexion Wi-Fi.

Le bar en revanche est plus moderne et a été rénové en 2019. Le choix des boissons est vaste.

Depuis/vers Pyramiden

En été, **Arctic Explorer** (p. 371), **Henningsen Transport & Guiding** (p. 371), **Polar Charter**

(p. 371) et **Svalbard Booking** (p. 371), agences basées à Longyearbyen, proposent diverses croisières à la journée vers Pyramiden.

En hiver, il est possible de rallier Pyramiden depuis Longyearbyen à motoneige.

Ny Ålesund

DE 30 À 130 HABITANTS

Sous une latitude inhospitalière (79°N), la **base scientifique de Ny Ålesund**, à 107 km au nord-ouest de Longyearbyen, jouit d'un cadre parmi les plus beaux du monde. Ny Ålesund se prétend la localité la plus septentrionale habitée en permanence par des civils (3 autres endroits minuscules peuvent rivaliser avec elle en Russie et au Canada). Trente scientifiques intrépides y passent l'année ; en été, leur nombre s'élève à 130, venus d'une quinzaine de pays.

Les excursions d'une journée étant désormais possibles en été depuis Longyearbyen, une visite à Ny Ålesund n'est plus réservée aux passagers des bateaux de croisière. Ny Ålesund offre un aperçu de l'étrangeté irréelle du Svalbard, de son isolement, de la résilience des humains qui s'y sont installés, de la force et de la beauté de sa nature.

À voir

Musée de la Mine MUSÉE

(Gruvemuseum ; don apprécié ; 12h-17h tlj). Un petit musée de la Mine bien agencé, logé dans l'ancien bureau de tabac (Tiedemann's Tabak) retrace l'histoire des activités minières dans la région.

Depuis/vers Ny Ålesund

L'aérodrome est réservé aux équipes scientifiques. Les seuls moyens de se rendre à Ny Ålesund sont les bateaux de croisière et les excursions à la journée en bateau depuis Longyearbyen, l'été.

Comprendre la Norvège

Histoire

La Norvège incarne aujourd'hui l'image d'un pays moderne et paisible. Pourtant, son passé fut des plus troublés. L'histoire du royaume, semée de personnages picaresques, s'articule autour de grands thèmes récurrents, des Vikings à la bataille pour la suprématie en Scandinavie, des luttes des Samis aux années sombres de la Seconde Guerre mondiale, de la pauvreté la plus terrible à une richesse inattendue.

Les ténèbres glacées

Royaume de neige et de glace peu peuplé, littoral riche et conditions climatiques extrêmes… Ces caractéristiques qui marquent l'esprit des visiteurs étaient déjà présentes à l'aube de la civilisation scandinave. Depuis des milliers d'années, la présence humaine semble s'éclipser devant la géographie et le climat de la Norvège, qui sont peut-être les vrais héros de l'histoire du pays.

On sait peu de chose sur les Nøstvet-Økser. Ces chasseurs-cueilleurs nomades étaient certainement grands, blonds aux yeux bleus, et parlaient une langue germanique, ancêtre des langues scandinaves actuelles.

Durant la dernière période glaciaire, la Norvège était à peine habitable. À la fonte des glaces, il y a quelque 11 000 ans, la première grande migration arriva de l'est. C'est ainsi que les Komsa, les futurs Samis, s'installèrent dans la région arctique du nord de la Norvège.

Avec le réchauffement du climat, la Norvège devint moins hostile. Les Nøstvet-Økser commencèrent à arriver du centre de l'Europe. Ils se répartirent le long des côtes méridionales, attirés par la relative abondance du poisson, des phoques et du gibier. Les rennes suivirent le recul des glaciers, remontant dans les terres septentrionales encore prises par les glaces et entraînant derrière eux les chasseurs qui furent les premiers hommes à traverser les étendues montagneuses. Leur présence se limitait à des campements saisonniers itinérants : sur cette terre déserte couverte de glaciers et d'étendues gelées, les installations humaines étaient rares.

Des cultures sédentaires s'enracinèrent au cours des millénaires qui suivirent, tant et si bien qu'à la fin de l'Empire romain Rome fournissait tissus, outils en fer et poteries à la Norvège. Les lames permirent de défricher des terres pour les cultures, les haches

CHRONOLOGIE

12000 av. J.-C.

La Norvège émerge sous sa forme actuelle à la fin de la dernière ère glaciaire, désormais séparée du Vieux Continent par la mer.

9000 av. J.-C.

Les Komsa, ancêtres des Samis, arrivent dans le nord de la Scandinavie. Premières installations humaines permanentes dans la zone arctique norvégienne.

4000 av. J.-C.

Près d'Alta, des hommes ont tracé sur la roche le témoignage de leur histoire pendant des milliers d'années. C'est l'un des plus importants sites d'art rupestre inscrit au Patrimoine mondial de l'humanité.

métalliques de construire des bateaux plus grands. Le radoucissement du climat rendit possible la construction d'abris permanents en pierre et en terre. Dès le Ve siècle, les Norvégiens surent fondre le minerai de fer qu'ils trouvaient dans les zones marécageuses du Sud. Ils s'étaient lancés dans l'incessante lutte visant à apprivoiser leur environnement.

L'âge des Vikings

Rares sont les peuples à avoir autant nourri l'imagination que les Vikings. Immortalisés dans plusieurs bandes dessinées, dont *Astérix* et *Hägar Dünor* – pour ne citer qu'elles –, ils étaient les guerriers les plus craints d'Europe. Si son histoire a pris fin, ce peuple de marins tourné vers le large et les terres lointaines reste l'ancêtre de la Norvège moderne. Mais qui étaient ces hommes qui arrivèrent sur leurs "drakkars" et dominèrent l'Europe pendant cinq siècles ?

Le nom "Viking" provient de *vik*, mot du vieux norrois qui désignait une baie ou une anse – lieu où les bateaux vikings restaient au mouillage lors des raids.

Conquêtes et expansion

Les surfaces cultivables augmentant moins vite que la population, les habitants de la Norvège firent leur apparition sur les côtes anglaises vers 780. Lorsque, au retour des bateaux, les hommes déchargèrent les marchandises tout en racontant que le littoral n'était guère défendu, les Vikings commencèrent à échafauder des plans pour conquérir le monde. En 793, un premier raid viking dévasta le monastère de Saint-Cuthbert, sur l'île de Lindisfarne (nord de l'Angleterre). Très vite, les Vikings furent présents dans toute l'Angleterre, en Irlande, puis en Europe, généralisant les pillages et la capture d'esclaves.

Les Vikings attaquaient avec une flotte nombreuse. Ils terrorisaient, tuaient, réduisaient en esclavage, assimilaient ou déportaient les populations qui leur barraient la route. Les côtes irlandaises, bretonnes et normandes, la Russie jusqu'à la Volga, l'Espagne sous domination arabe – Séville fut mise à sac en 844 – et le Moyen-Orient – ils allèrent jusqu'à Bagdad – tombèrent sous l'influence des Vikings. Bien défendue, Constantinople résista à six attaques. En dépit de ces rares contretemps, les Vikings et leurs incursions meurtrières firent de la Scandinavie, terre obscure à la lisière nord de l'Europe, un empire tout-puissant.

Malgré leur emprise sur des contrées lointaines, les Vikings étaient ancrés dans cette terre d'où ils lançaient leurs offensives et vers laquelle ils revenaient avec leurs butins. L'émigration libéra des terres arables et favorisa l'émergence d'une nouvelle classe de marchands, tandis que les esclaves capturés vinrent grossir les rangs de la main-d'œuvre agricole. Des paysans norvégiens traversèrent l'Atlantique pour s'établir aux îles Féroé, en Islande et au Groenland aux IXe et Xe siècles. Le monde semblait alors appartenir aux Vikings.

2500 av. J.-C.
La culture dite de la "céramique cordée" arrive dans le sud de la Norvège via la Suède. On y échange l'ambre contre des métaux en provenance du reste de l'Europe.

787
La première trace écrite évoquant la navigation norroise date de 787 : la *Chronique anglo-saxonne* mentionne l'arrivée de trois navires pilotés par des marins décrits comme des hommes du Nord.

793
L'ère viking débute avec le pillage du monastère de Saint-Cuthbert, sur l'île de Lindisfarne, au large des côtes anglaises du Northumberland.

871
Fondation de Tønsberg, la plus vieille ville encore habitée du pays. La cour royale s'y établit plus tard, faisant de cette ville du Sud une importante cité marchande.

Harald à la Belle Chevelure

Harald Ier Hårfager ("à la Belle Chevelure"), fils de Halfdan le Noir, fut bien plus que le dernier des grands conquérants vikings. Tandis que la plupart des autres chefs vikings se firent un nom en allant conquérir des terres lointaines, Harald à la Belle Chevelure entreprit ce que nul n'avait réussi avant lui, en unifiant les tribus guerrières.

Il eut son heure de gloire en 872 à Hafrsfjord, près de Haugesund, lorsqu'il remporta une victoire décisive en mer, fait inhabituel dans une guerre civile. Une fois la poussière retombée, la Norvège était un pays unifié.

Le règne de Harald Hårfager fut si haut en couleur et si plein de péripéties que l'auteur islandais Snorri Sturluson en fit au XIIIe siècle la chronique pour la postérité dans la *Heimskringla*, la saga des rois de Norvège. Selon lui, Harald mortifié aurait unifié la Norvège pour une dame qui se refusait à lui, ce seigneur dont le royaume était encore plus petit que le Danemark. Par le jeu d'alliances multiples et de traités commerciaux, il forma des confédérations et étendit sa domination jusqu'au Trøndelag actuel. Fin stratège en matière de politique étrangère, il envoya l'un de ses jeunes fils, Haakon, être éduqué à la cour du roi Athelstan d'Angleterre. La fin ne dit pas si la belle fut assez impressionnée pour céder à Harald, qui mourut de la peste noire à Avaldsnes, sur l'île Karmøy, vers 930.

Cet homme capable d'unifier un pays eut plus de difficultés avec sa propre famille. Il épousa successivement dix femmes dont il eut de trop nombreux héritiers, ce qui compliqua singulièrement les affaires de succession. Erik, son fils cadet et le seul enfant qu'il eut avec Ragnhild la Puissante, fille du roi du Danemark Erik du Jylland, finit par prendre le dessus. Impitoyable, il élimina tous ses aînés sauf Haakon (à l'abri en Angleterre). Puis il se mit à dilapider l'héritage que son père avait eu tant de mal à réunir. Son règne fut marqué par une prodigieuse bêtise politique. Haakon revint finalement d'Angleterre pour tenter de remettre de l'ordre sur le territoire et devint le roi Haakon Ier den Gode ("le Bon"). Erik Ier, obligé de fuir en Angleterre, en profita pour s'emparer du trône de York, devenant Erik Hache sanglante.

Sites vikings

- Stiklestad (p. 277)
- Tønsberg (p. 97)
- Kaupang (Larvik ; p. 101)
- Eidfjord (p. 196)
- Kinsarvik (p. 198)
- Haugesund (p. 205)
- Île de Karmøy (p. 207)
- Balestrand (p. 231)
- Leka (p. 281)
- Lindesnes (p. 113)

La région du Haugelandet, dans l'ouest du pays, est considérée comme le berceau de la culture viking. L'île Karmøy (p. 207), au sud de Haugesund, accueille en juin un festival viking (www.vikingfestivalen.no).

Christianisme et déclin des Vikings

Les Vikings léguèrent aux Norvégiens leur amour de la mer ainsi que leur ancrage dans la chrétienté, qui aujourd'hui fait partie de l'identité nationale. Vers la fin de l'ère viking, le passage du panthéon viking à un dieu unique ne s'accomplit pas sans heurts.

Baptisé durant son enfance en Angleterre, Haakon le Bon revint avec la foi, accompagné d'un évêque et de missionnaires. Si le christianisme connut un certain succès dans un premier temps, la plupart des Vikings restèrent loyaux à Thor, à Odin et à Freyr. Les missionnaires parvinrent à substituer au nom des dieux ancestraux ceux de saints catholiques,

872 Harald Ier Hårfager (à la Belle Chevelure) terrasse les autres chefs vikings à la bataille de Hafrsfjord et unifie la Norvège. Quelque 20 000 personnes se refugient en Islande.

997 Située à l'embouchure de la Nidelva, Trondheim est la première fondation importante du pays, appelée à devenir la capitale du jeune royaume.

An mil Près de cinq siècles avant Christophe Colomb, Leif Eriksson, fils d'Erik le Rouge, explore la côte du continent nord-américain, qu'il baptise Vinland, le "pays de la Vigne".

1024 Fondateur de l'Église de Norvège, Olav II Haraldsson instaure le christianisme comme religion d'État, ce qu'il reste aujourd'hui.

sans toutefois mettre un terme aux pratiques païennes et aux sacrifices sanglants. Néanmoins, la défaite et la mort de Haakon le Bon en 960 firent chanceler le christianisme qui faillit disparaître de Norvège.

Il connut un renouveau sous le règne d'Olav Ier Tryggvesson. Comme tout bon Viking, Olav décida que seul l'usage de la force parviendrait à convertir son peuple à la "Vérité". Malheureusement pour lui, celle qui devait devenir sa femme, la reine Sigrid de Suède, refusa de se convertir. Le contrat de mariage fut annulé et Sigrid épousa un païen, le souverain danois Svein à la Barbe fourchue. Tous deux allaient avoir raison d'Olav

LES SECRETS D'UNE DOMINATION MONDIALE

Les Vikings tenaient avant tout leur force du dieu Odin (Oðinn), le Père de tous, époux de Frigg. Odin et Frigg eurent un fils, Thor (Þór), le dieu du Tonnerre. Les Vikings croyaient que, s'ils mouraient au combat, le tout-puissant Odin les emporterait dans un paradis appelé Valhalla, où les hommes pourraient guerroyer tout le jour et être servis par de très belles femmes.

Avec une telle vision de l'au-delà, comment s'étonner que les guerriers aient préféré périr sur le champ de bataille plutôt que de mourir de vieillesse dans leur lit ? Cela contribuerait à expliquer leur bravoure, puisque trépasser ou repartir avec le butin semblent avoir été à leurs yeux deux perspectives aussi enviables l'une que l'autre. Leurs ennemis n'avaient guère de chances face à ces combattants qui n'avaient cure de mourir et privilégiaient les valeurs viriles que sont la force, l'habileté à manier les armes, l'héroïsme et le sacrifice de soi.

On le sait moins, mais les Vikings étaient autant des ingénieurs compétents que des soldats téméraires. Leurs navires étaient rapides, faciles à manœuvrer et capables d'effectuer de longues traversées dans des conditions extrêmes. Dépassant les 30 m long, munis d'une quille solide, d'une coque flexible et de grandes voiles carrées, ces bateaux vikings (plus tard appelés "drakkars") pouvaient atteindre 12 nœuds (22 km/h). Grâce à cette flotte, ce peuple put entamer et poursuivre ses conquêtes sans rencontrer de grande résistance pendant plus de deux siècles.

Toutefois, ce sont les instruments de navigation que les Vikings utilisaient durant leurs voyages sur des mers inconnues qui retiennent le plus l'attention. Les sagas norroises évoquent un mystérieux objet appelé *solarsteinn* (pierre de Soleil), qui permettait de s'orienter même par temps couvert ou, une fois le soleil couché, lorsqu'il n'était pas possible de se repérer avec les étoiles.

On sait aujourd'hui que cette "pierre de Soleil" était un cristal de cordiérite, roche présente en Scandinavie et connue pour ses propriétés polarisantes. Quand on la fait tourner et qu'on l'observe d'en dessous, on voit la lumière qui la traverse prendre une coloration bleutée si l'axe le plus long du cristal est orienté vers la source de lumière solaire. De nos jours, les avions qui survolent les pôles, ne pouvant employer les outils de navigation sensibles au magnétisme, utilisent un compas qui leur permet de déterminer la position du Soleil en faisant passer les rayons au travers d'une lentille polarisante.

1030

De retour dans son pays après avoir été exilé en 1028 par le souverain danois Knud Ier (Canute), Olav II Haraldsson est tué à la bataille de Stiklestad, dans le Trøndelag.

1049

Demi-frère de saint Olav, Harald III Hårdråde (dit le Sévère) fonde Oslo, dont il fait son bastion pour lancer des attaques maritimes sur toute la Méditerranée.

1066

L'ère viking s'achève avec la mort de Harald III, tué par le roi Harold d'Angleterre à la bataille de Stamford Bridge.

1261

Le Groenland fait désormais partie du royaume de Norvège, suivi un an plus tard par l'Islande. L'influence de la Norvège sur le nord de l'Europe ne cesse de croître.

au cours d'une grande bataille navale sur la Baltique et s'emparer aussitôt de la Norvège.

C'est le roi Olav II Haraldsson, lui aussi converti en Angleterre, qui parvint à cimenter le christianisme dans le pays. Olav II s'allia au roi Ethelred et, avec ses hordes vikings, sauva Londres d'une offensive danoise conduite par Svein à la Barbe fourchue en détruisant le pont de Londres. Réussissant là où son prédécesseur avait échoué, Olav II imposa le christianisme. En 1023, il fit ériger à Voss une croix en pierre (p. 182), qui est toujours debout, et fonda l'année suivante l'Église de Norvège. Après l'invasion menée en Norvège par le roi danois Knud Ier (Canute) en 1028, Olav II mourut deux ans plus tard à la bataille de Stiklestad. Mort en martyr et canonisé, le roi est ainsi devenu le saint patron de la grande cathédrale de Nidaros (p. 267), à Trondheim, haut lieu de pèlerinage de la chrétienté jusqu'à la Réforme. Toutefois, la plus grande réussite d'Olav II est sans doute d'avoir su forger une identité propre et durable pour le royaume indépendant de Norvège.

Certains linguistes voient dans les jours de la semaine en anglais un lointain souvenir des principaux dieux vikings : le mardi, *Tuesday*, serait le jour de Tyr ; le mercredi, *Wednesday*, celui d'Odin ; le jeudi, *Thursday*, celui de Thor ; et le vendredi, *Friday*, celui de Freyr.

Ses successeurs ne surent se distinguer, à l'exception de Harald III Hårdråde (dit le Sévère ou le dernier des Viking), demi-frère de saint Olav, connu pour sa cruauté. Harald III organisa des expéditions sur les littoraux méditerranéens, dans ce qui fut le dernier sursaut des Vikings. Il décède en Angleterre en 1066 lors d'une offensive mal préparée, mettant fin à la réputation d'invincibilité de son peuple.

La fin de l'indépendance

Les Vikings disparurent rapidement. Pour autant, leur politique expansionniste et l'avènement du christianisme avaient planté des graines qui allaient germer, pour le meilleur et pour le pire. Comme sa sphère d'influence diminuait, la Norvège vit ses voisins se faire de plus en plus menaçants. La puissance d'hier dut lutter pour préserver son indépendance.

Effondrement. Comment les sociétés décident de leur disparition ou de leur survie, de Jared Diamond (Gallimard, 2009). Dans un des chapitres, l'auteur aborde l'énigmatique effondrement de la société viking au Groenland.

Périls lointains, péril en la demeure

En 1107, Sigurd Ier partit pour la Terre sainte avec 60 navires. Trois ans plus tard, il s'emparait de Sidon (actuelle Saïda, au Liban). Toutefois, ces lointaines conquêtes masquaient de graves dissensions internes. Sigurd mourut en 1130, et le XIIe siècle fut une succession de guerres civiles. La victoire revint au roi Sverre, ancien homme d'Église devenu guerrier, qui prépara l'âge d'or de la Norvège.

Profitant de ses liens avec l'étranger et du commerce entre les villes côtières et la Ligue hanséatique, Bergen devint la capitale. Peut-être séduits par le boom économique norvégien, le Groenland (1261) et l'Islande (1262) décidèrent de faire allégeance au royaume. Mais la

1319

Magnus devient roi de Suède et unifie les deux royaumes. Cela marque la fin de l'indépendance norvégienne et de la lignée de Harald à la Belle Chevelure, et le début de deux siècles de déclin.

1349

La peste noire gagne Bergen. Elle se propage très vite dans tout le pays, modifiant à jamais son tissu social.

1469

Les îles Orcades et Shetland, ainsi que l'île de Man, sont vendues à l'Écosse. C'est la fin de plusieurs siècles d'expansion norvégienne.

1537

La Réforme qui se propage en Europe gagne la Norvège. Le protestantisme luthérien supplante le catholicisme, jusque-là dominant.

OUVRAGES SUR LES VIKINGS

- *Au temps des Vikings*, Anders Winroth (La Découverte, 2018). Une plongée dans une civilisation fascinante, loin des clichés virils et barbares.
- *La Mythologie viking*, Neil Gaiman (Pocket, 2018). La grande saga des dieux scandinaves.
- *Les Vikings*, Régis Boyer (Perrin, 2015). L'histoire passionnante de ce peuple.
- *La Saga de saint Óláf*, Snorri Sturluson (Payot, 2007). Le joyau des sagas des rois de Norvège.
- *Les Vikings, premiers Européens*, sous la direction de Régis Boyer (Autrement, 2005). L'éclairage des archéologues sur l'histoire de ce peuple.
- *Atlas des Vikings (789-1100)*, John Haywood (Autrement, 1996). Illustrations et cartes pour mieux comprendre leur épopée.

Norvège perdait son statut de grande puissance internationale et se refermait sur elle-même. Haakon V fit construire des forteresses de brique et de pierre, l'une à Vardø pour protéger le Nord de la convoitise russe, l'autre à Akershus, en 1308, pour défendre le port d'Oslo. Rapidement, Oslo remplaça Bergen en tant que capitale. En 1319, l'union de la Norvège à la Suède par le petit-fils de Haakon V, le roi Magnus VII, inaugura pour le royaume deux siècles de déclin. Sa grandeur perdue, la Norvège devint une simple province scandinave.

En août 1349, l'épidémie de peste noire qui décima un tiers de la population européenne arriva en Norvège via Bergen, à bord d'un navire anglais. Les terres furent laissées en friche, les villes furent ruinées, le commerce périclita. Le pays perdit 65% de sa richesse ; 80% des nobles périrent. Les survivants durent se mettre aux travaux des champs et la structure du pouvoir en fut à jamais altérée. L'égalitarisme si profondément ancré dans la pensée norvégienne trouve précisément ses fondements dans cette sombre période.

En 1387, la Norvège perdit le contrôle de l'Islande. Dix ans plus tard, la reine Marguerite Valdemarsdotter forma l'Union de Kalmar, réunissant la Suède, la Norvège et le Danemark. Erik de Poméranie en devint le roi. La Norvège ne suscita guère d'intérêt au début du XVe siècle, quand les liens commerciaux avec l'Islande furent rompus et que les colonies du Groenland disparurent mystérieusement, sans laisser de traces.

En 1469, les îles Orcades et Shetland furent mises en gage auprès de la Couronne écossaise par le roi dano-norvégien Christian Ier, qui avait besoin d'argent pour constituer la dot de sa fille. Trois ans plus tard, les Écossais annexaient les deux groupes d'îles.

Musées vikings

Musée des Bateaux vikings (Vikingskiphuset ; Oslo ; p. 55)

Musée viking Lofotr (Vestvågøy, îles Lofoten ; p. 312)

Nordvegen Historiesenter (île de Karmøy ; p. 208)

1596
Willem Barents, en quête d'un passage maritime au nord-est pour gagner l'Asie, est le premier Européen à poser le pied au Svalbard. Il baptise cet archipel Spitzberg ("montagnes pointues").

1612
La pêche à la baleine prend de l'ampleur au Svalbard. Au fil des siècles, les flottes anglaise, hollandaise, norvégienne, française et danoise vont mener une pêche si intensive que l'espèce frôlera l'extinction.

1720
La guerre nordique de Sept Ans, la guerre de Kalmar et la Grande Guerre nordique conduisent à la défaite de la Suède. Son influence et celle du Danemark n'en restent pas moins fortes.

1814
La Norvège est cédée à la Suède pour une "Union des Couronnes". En désaccord, les Norvégiens rédigent leur première Constitution, acte fondateur de l'indépendance.

La Norvège n'était plus que l'ombre d'elle-même. Après ces bouleversements, seule la force de la foi chrétienne semblait résister. Mais La Norvège n'était plus que l'ombre d'elle-même. Après ces bouleversements, seule la force de la foi chrétienne semblait résister. Mais la religion nationale allait considérablement évoluer. En 1537, la Réforme vint instaurer le protestantisme luthérien à la place du catholicisme. Il ne restait pour ainsi dire rien de la Norvège des Vikings.

Danemark et Suède : les ennemis

En discutant avec des Norvégiens, on s'aperçoit vite qu'ils ne portent pas leurs voisins danois et suédois dans leur cœur. En voici les raisons.

C'est en effet sur le sol norvégien que se réglèrent par les armes plusieurs conflits entre l'Union danoise et la Couronne de Suède. À la guerre de Sept Ans (1563-1570) succéda celle de Kalmar (1611-1614). Trondheim fut ainsi prise et reprise plusieurs fois. Lors du second conflit, ce furent des mercenaires écossais qui envahirent la Norvège pour le compte de la Suède.

Au milieu du XVIIe siècle, la Norvège perdit à la faveur de deux autres conflits une bonne partie de son territoire au profit de la Suède. Les guerres nordiques qui accompagnèrent l'expansion de l'Empire suédois marquèrent le début du XVIIIe siècle. En 1716, les Suédois occupaient Christiania (Oslo). Ils furent finalement défaits en 1720, ce qui mit fin à plus d'un demi-siècle de batailles.

Cette même année 1720, les tentatives visant à réinstaurer des échanges avec le Groenland en fondant des compagnies de commerce à Bergen furent étouffées par les mesures protectionnistes imposées par le Danemark, qui réfréna ainsi toute velléité d'indépendance économique. La Norvège se trouva fort dépourvue pour faire face au refroidissement climatique qui sévit de 1738 à 1742. L'absence de récolte provoqua une famine qui causa la mort de milliers de personnes. Un tiers du bétail périt.

Pendant les guerres napoléoniennes, l'Angleterre imposa un blocus à la Norvège, alors rattachée au Danemark, contraignant les Danois à se rendre le 14 janvier 1814. Le traité de Kiel qui s'ensuivit offrit la Norvège à la Suède afin de réunir les deux couronnes. Las de voir leur pays aux mains des étrangers, des paysans, des marchands et des hommes politiques se réunirent à Eidsvoll Verk en avril 1814 pour rédiger une Constitution et élire un roi norvégien. Mais la Suède contraignit le monarque, Christian Frédéric, à s'incliner devant celui qu'elle avait choisi, Charles-Jean (le Français Jean-Baptiste Bernadotte, maréchal d'Empire et fondateur de la dynastie actuelle de Suède). Un accord prévoyant le retour du pouvoir à la Suède permit d'éviter une

Les Destinées de la Norvège moderne (1814-2005) : essai sur l'histoire et la culture, de Jean-François Battail (M. de Maule, 2005) propose une intéressante synthèse de l'histoire récente du pays.

1861

Oslo s'appelle encore Christiania à la naissance du futur prix Nobel de la paix Fridtjof Nansen. Cet explorateur, scientifique et diplomate symbolisera l'influence croissante de la Norvège.

Années 1870

Les clubs londoniens envoient des émissaires récolter la glace des fjords pour agrémenter leurs *drinks*. Thomas Cook organise la première croisière touristique dans les fjords.

1895

Alfred Nobel décide que les intérêts dégagés par sa fortune seront versés chaque année "à ceux qui, durant l'année écoulée, auront apporté le plus de bienfaits à l'humanité".

1905

Les Norvégiens votent à une large majorité pour l'indépendance, repoussant l'union avec la Suède. La Norvège devient une monarchie constitutionnelle indépendante.

guerre. La Constitution, quoique de courte durée, montra le rejet par les Norvégiens des tutelles étrangères.

L'indépendance recouvrée

Après des siècles d'inféodation aux pays voisins, la puissance d'antan de la Norvège était un lointain souvenir. Mais la force vitale du pays n'était pas anéantie. Le peuple était déterminé à redevenir maître de son destin, même s'il n'y parvint que près d'un siècle après la première Constitution – sans parler des neuf autres écoulés depuis l'unification réalisée par Harald à la Belle Chevelure.

ROALD AMUNDSEN

L'explorateur Roald Amundsen a joué un rôle capital dans l'émergence du sentiment national norvégien au début du XXe siècle.

Issu d'une famille d'armateurs et de capitaines de navire, Amundsen est né en 1872 à Borge, près de Sarpsborg, dans le sud de la Norvège. À 25 ans, il embarque à bord du *Belgica* pour une expédition belge dans l'Antarctique. Le navire ayant été pris par les glaces, l'expédition devient, bien malgré elle, la première à hiverner dans l'Antarctique.

Amundsen choisit alors de rejoindre le passage du Nord-Ouest et la recherche du pôle magnétique Nord. Il organise en juin 1903 une expédition au départ d'Oslo et hiverne dans un port naturel de l'île du Roi-Guillaume (Canada) qu'il baptise Gjøahavn. Parvenu au mois d'août 1905 dans les eaux qui avaient été cartographiées depuis l'ouest, le navire des explorateurs est le premier à emprunter le passage du Nord-Ouest.

Amundsen rêve d'être le premier à atteindre le pôle Nord, mais Robert Peary lui ravit cet honneur en avril 1909. L'année qui suit, Amundsen met le cap sur le pôle Sud. En janvier 1911, son navire jette l'ancre à l'île Roosevelt, 60 km plus près du pôle Sud que l'expédition *Terra Nova* de Robert Falcon Scott. Avec 4 compagnons et 13 chiens de traîneau, Amundsen atteindra le pôle Sud le 14 décembre de la même année, devançant Scott d'un mois et trois jours.

Après la voie maritime, Amundsen tente de survoler en hydravion le pôle Nord en 1925. Suite à un premier échec, il réitère sa tentative l'année suivante à bord du dirigeable *Norge*, accompagné cette fois de Lincoln Ellsworth, Hjalmar Riiser-Larsen et du pilote italien Umberto Nobile. Ils quittent Spitzberg le 11 mai 1926 et, seize heures plus tard, lâchent les drapeaux norvégien, américain et italien sur le pôle Nord. Trois jours plus tard, ils atterrissent triomphalement à Teller, en Alaska, après un vol de 5 456 km réalisé en 72 heures, le tout premier en dirigeable entre l'Europe et l'Amérique du Nord.

En mai 1928, le nouveau dirigeable *Italia* d'Umberto Nobile s'écrase dans l'Arctique. Amundsen décide de se joindre à l'équipe de sauvetage. Le Norvégien communiquera avec l'équipe trois heures après le décollage, puis plus rien... Si Nobile et son équipage ont été sauvés, le corps d'Amundsen, lui, n'a jamais été retrouvé.

1911

Premier explorateur à atteindre le pôle Sud, Roald Amundsen inaugure la grande époque des explorateurs norvégiens s'aventurant jusqu'au bout du monde.

1913

En avance sur de nombreux pays d'Europe, la Norvège accorde le droit de vote aux femmes. C'est le début d'une égalité des sexes devenue la marque de fabrique de la Norvège moderne.

1914

Norvège, Suède et Danemark annoncent leur intention de rester neutres pendant la Première Guerre mondiale, épargnant à la Scandinavie des dévastations dont souffrira une grande partie de l'Europe.

1940

Le 9 avril, l'Allemagne nazie envahit la Norvège. Le roi Haakon et sa famille partent en exil, se réfugiant au Royaume-Uni, puis à Washington jusqu'à la fin de la guerre.

Un départ confiant

Au XIXe siècle, comme stimulés par l'esprit de la Constitution de 1814, les Norvégiens recouvrèrent la conscience de leur identité culturelle. Cette renaissance s'exprima par une grande créativité musicale et artistique dont les chefs de file furent le poète et auteur dramatique Henrik Ibsen, le compositeur Edvard Grieg et le peintre Edvard Munch.

La langue joua un rôle majeur, et l'on assista au développement d'une forme écrite standardisée de la langue norvégienne, le *landsmål* (ou *nynorsk*). La première ligne de chemin de fer fut achevée en 1854 entre Oslo et Eidsvoll. Le commerce international reprit, soutenu notamment par le développement de la pêche et de la chasse à la baleine en Atlantique Nord.

Mais la Norvège restait très pauvre. Entre 1825 et 1925, plus de 750 000 Norvégiens émigrèrent aux États-Unis et au Canada, sans que

La première victoire alliée de la Seconde Guerre mondiale eut lieu en Norvège en avril 1940 : les forces franco-britanniques reprirent Narvik et surtout le contrôle stratégique du minerai de fer écoulé par ce port. Il retomba sous le joug allemand le 9 juin.

POUR ALLER PLUS LOIN...

À lire

- *Le Demi-frère* (Lars Saabye Christensen ; Lattès, 2004). L'histoire d'une famille norvégienne à Oslo dans les années 1960.
- *Le Roman de Bergen* (Gunnar Staalesen ; Points, 2011, 6 tomes). Une fresque sociale et policière couvrant le XXe siècle.
- *Naïf. Super.* (Erlend Loe ; Gaïa, 2014). Un clin d'œil intelligent sur la société norvégienne contemporaine.
- *La Soif* (Jo Nesbø, Gallimard, 2017). Après 4 ans d'absence, le retour de Harry Hole, inspecteur norvégien torturé et accro à l'alcool.

À voir

- *Le Rescapé* (Arne Souken, 1957). Unanimement classé parmi les meilleurs films norvégiens de tous les temps.
- *Insomnia* (Erik Skjoldbjærg, 1997). Un polar captivant ayant pour cadre Tromsø et le soleil de minuit pour régler le temps.
- *Max Manus, opération sabotage* (Espen Sandberg et Joachim Rønning, 2009). L'organisation de la résistance norvégienne sous l'occupation allemande.
- *Refroidis* (Hans Petter Moland, 2014). Humour noir en Norvège : la vengeance d'un père, conducteur de chasse-neige, en pleine guerre des gangs.

1945

Le 7 mai, les derniers bataillons étrangers (russes) sur le sol norvégien quittent la zone arctique. Les Norvégiens doivent faire face aux destructions causées par l'armée allemande lors de sa retraite.

1945

Trygve Lie devient le premier secrétaire général des Nations unies. Son rôle de membre fondateur permettra à la Norvège de jouer les médiateurs dans nombre de conflits internationaux.

1949

Devenue membre de l'Otan, la Norvège aligne sa politique étrangère sur celle des États-Unis. À l'Ouest, certains craignaient pourtant de la voir se rapprocher de l'Union soviétique.

Années 1950

Une commission du gouvernement norvégien annonce que “les chances de découvrir du pétrole sur la plaque continentale de la côte norvégienne sont inexistantes”. L'erreur est humaine !

LA ROUTE DE L'EXIL

Quand l'armée allemande envahit la Norvège en avril 1940, le roi Haakon VII et le gouvernement norvégien quittent Oslo pour fuir vers le nord. Le 9 avril, faisant halte à Elverum, le Parlement, réuni dans une école, signe le mandat d'Elverum, confiant au gouvernement en exil le pouvoir de protéger les intérêts du pays jusqu'à ce que les parlementaires puissent à nouveau se réunir. Mais un messager allemand arrive pour imposer la "protection" nazie sous la forme d'un gouvernement fantoche à Oslo, offre que le monarque décline aussitôt, préférant l'exil. Deux jours plus tard, Elverum est la première ville norvégienne touchée par des bombardements massifs détruisant la plupart des édifices en bois. Arrivé à Nybergsund (près de Trysil), le roi, pris sous les bombes, est exfiltré par les troupes anglaises vers le Royaume-Uni, pour un exil qui durera jusqu'à la libération de la Norvège en mai 1945.

cette hémorragie démographique ne porte ombrage au fort sentiment de fierté nationale retrouvée.

Le référendum organisé en 1905 eut le résultat escompté : près de 80% des électeurs souhaitaient l'indépendance de la Norvège. Aussi le roi de Suède Oscar II se trouva-t-il contraint de reconnaître la souveraineté norvégienne, d'abdiquer et de réinstaurer la monarchie constitutionnelle en confiant le trône de Norvège à Haakon VII – dont les descendants restent aujourd'hui à la tête du pays, les décisions relatives aux questions de succession étant soumises à l'autorité du Parlement (*Storting*). Dès lors, Oslo devint la capitale du royaume de Norvège.

Redevenue indépendante, la Norvège ne tarda pas à montrer au monde qu'elle méritait sa place dans la communauté internationale. En 1911, l'explorateur norvégien Roald Amundsen atteignait le pôle Sud. Deux ans plus tard, les Norvégiennes étaient les premières Européennes à obtenir le droit de vote. Des centrales hydroélectriques furent construites dans tout le pays et de nouvelles industries prospérèrent, devenant le moteur d'une économie exportatrice toujours plus forte.

Sortie presque indemne de la Première Guerre mondiale – exception faite de quelques navires marchands coulés par les Allemands –, la Norvège restée neutre reprit confiance en elle. Les années 1920 apportèrent leur lot de progrès, notamment le développement des navires-usines, baleiniers équipés pour travailler en mer les produits tirés de la pêche à la baleine autour de Svalbard et en Antarctique.

Mais le vent tournait. À la fin de ces années 1920, la Grande Dépression mit le pays à genoux. En décembre 1932, le taux de

Fin des années 1960

La Norvège devient l'un des pays les plus riches au monde après la découverte de gisements de pétrole. Les revenus de l'or noir financent un système de protection sociale et une politique d'aide étrangère généreux.

1993

En contradiction avec un moratoire de 1986, la Norvège reprend la pêche à la baleine. Un très mauvais point pour l'élève modèle de la protection de l'environnement.

1994

Les Norvégiens refusent l'adhésion à l'UE. Leur non reflète les craintes du monde rural, la volonté des pêcheurs de défendre leurs intérêts et l'angoisse de renoncer à la souveraineté nationale.

2001

La coalition conservateurs-libéraux remporte une victoire exceptionnelle contre les travaillistes, alors aux commandes. Mais aucun parti ne réunit à lui seul assez de voix pour former un gouvernement.

chômage atteignait les 42%. Les paysans furent durement frappés par la récession économique.

La Norvège en guerre

La Norvège avait mal choisi son moment pour affirmer son indépendance. Les menaces de guerre se précisaient en Europe et dès le début des années 1930, le fascisme s'était répandu sur le continent. En 1933, l'ancien ministre de la Guerre Vidkun Quisling forma le Nasjonal Samling, Parti du rassemblement national, pronazi. Les Allemands envahirent le pays le 9 avril 1940, forçant le roi Haakon VII et sa famille à l'exil en Angleterre, tandis que les forces britanniques, françaises, polonaises et norvégiennes livraient avec l'énergie du désespoir un combat d'arrière-garde.

Six villes du Sud furent entièrement brûlées. Malgré quelques victoires alliées, les Britanniques isolés finirent par abandonner l'Arctique norvégien à son triste sort. En 1942, les Allemands instaurèrent à Oslo un gouvernement collaborateur présidé par Vidkun Quisling.

Après s'être battus pour recouvrer leur indépendance, les Norvégiens refusèrent l'occupation allemande. La résistance norvégienne se distingua dans des actes de sabotage, souvent menés avec l'aide de courageux pêcheurs des Shetland qui faisaient passer des armes sur la côte occidentale du pays. L'une de leurs plus grandes prouesses fut l'assaut conduit, en février 1943, contre l'usine de fabrication d'eau lourde de Vemork, qui collaborait à un programme de fabrication d'une bombe atomique allemande.

À la rencontre de l'Europe : histoire d'une Norvège hésitante (2017, PUC), de Paal J. Frisvold, est une réflexion sur les relations entretenues par la Norvège avec l'UE, vingt ans après le refus par référendum de la Norvège d'adhérer à l'Union européenne.

La population paya cher ces actes de bravoure et l'on dénombre parmi les victimes civiles 630 juifs norvégiens, envoyés dans des camps de concentration en Europe centrale. Les prisonniers de guerre serbes et russes furent contraints de travailler sur des chantiers de construction en Norvège. Beaucoup moururent de froid et de faim. Un grand nombre d'ouvriers périrent pendant la construction de la route de l'Arctique qui traverse le Saltfjellet – d'où son surnom de *Blodveien* ("route du Sang").

La région du Finnmark et sa population furent particulièrement touchées par la guerre. Dans l'Altafjord en particulier, les Allemands construisirent des bases sous-marines, d'où ils lançaient leurs attaques sur les convois ravitaillant les Soviétiques.

Au début de 1945, devant faire face sur deux fronts, les Allemands adoptèrent une politique de la terre brûlée au Finnmark pour ralentir la progression russe. Le nord du pays fut dévasté, ses champs, forêts, villes et villages furent réduits en cendres.

2005
Une coalition Rouges-Verts remporte les élections parlementaires, délogeant celle dirigée par les conservateurs.

2009
La coalition de centre-gauche menée par Jens Stoltenberg, qui avait conduit les travaillistes à la défaite électorale en 2001, remporte des législatives âprement disputées.

22 juillet 2011
Anders Breivik, terroriste d'extrême droite, abat froidement 77 jeunes militants politiques sur l'île d'Utøya. Moins d'un an plus tard, lors d'un procès exemplaire, il est condamné à 21 ans de prison.

2013
Une coalition de quatre partis de droite et de centre droit déloge la coalition rouge-verte du Premier ministre Jens Stoltenberg. La conservatrice Erna Solberg est nommée Premier ministre.

L'ADVERSAIRE DE LA DÉMOCRATIE NORVÉGIENNE

Le 22 juillet 2011, Anders Behring Breivik, grimé en policier, exécute froidement 77 personnes sur la petite île d'Utøya, à une trentaine de kilomètres au nord d'Oslo. Quelques heures plus tôt, il a fait exploser une bombe dans le quartier des ministères de la capitale norvégienne, tuant et blessant des passants. Les victimes sur l'île sont, pour leur grande majorité, des adolescents venus participer à un camp d'été du mouvement travailliste norvégien.

Dans les jours qui suivirent ce massacre, pire attentat terroriste de l'histoire de la Norvège, l'ensemble de la communauté se rassemble pour rendre hommage aux victimes lors de cérémonies dignes et empreintes d'émotion.

Moins d'un an plus tard, en mai 2012, le procès du tueur se tient à Oslo. Il va durer 2 mois et, pendant de longues journées d'audience, les différents intervenants tenteront d'éclairer cet épisode dramatique de l'histoire de la Norvège. Les survivants d'abord qui décriront un accusé solitaire qui exécutait ses victimes avec une détermination et une froideur implacable. Les spécialistes rappelleront l'itinéraire de Breivik, militant d'extrême droite dans la mouvance raciste, antidémocratique et islamophobe. Ce dernier n'aura aucun mot pour regretter ses actes, affirmant même être prêt à recommencer. Au dernier jour de son procès, Breivik, qui se présentait en faisant le salut fasciste aux audiences, plaidera l'acquittement. La cour le condamnera pour des actes terroristes à 21 années de prison, peine qui pourra être prolongée par l'institution judiciaire si l'accusé est toujours considéré comme dangereux.

Même si le procès s'avère exemplaire, des questions traversent la société norvégienne pendant cette période et au-delà. En premier lieu, comment la démocratie norvégienne peut-elle se prémunir contre des adversaires comme Breivik, terroriste de l'extrême droite antidémocratique. Son procès constituant aussi pour l'accusé une tribune pour exprimer son idéologie extrémiste. Un rapport pointera également le manque de réactivité de la police et des conditions de sécurité des jeunes qui participaient au camp de jeunesse.

Presque une décennie après le 22 juillet 2011, la Norvège s'apprête à visionner au cinéma *U-21 juillet*, une fiction qui, à travers les yeux de Kaja, personnage fictif de 19 ans, retrace les 72 minutes de la tuerie. Pour une survivante interrogée à la sortie d'une salle de projection, le film "met mal à l'aise, mais il est nécessaire, et il est important que cette histoire sorte maintenant, à l'heure ou l'extrême droite ressurgit en Europe et en Norvège".

À la Libération, Quisling fut condamné à mort et exécuté. Les autres collaborateurs furent emprisonnés.

Les années pétrole

Dans l'immédiat après-guerre, les victoires électorales du Parti communiste, qui prit part à un gouvernement de coalition, firent craindre à certains que la Norvège ne s'alliât au bloc communiste. Ce qu'elle ne fit pas. En devenant membre fondateur des Nations unies en 1945, le royaume dévoila clairement sa position. Consciente de

2014
Le général norvégien Kristin Lund devient la première femme à diriger une force de maintien de la paix de l'Onu. Sous ses ordres : 1 000 casques bleus stationnés à Chypre.

2016
L'Église luthérienne norvégienne ouvre le mariage religieux aux couples homosexuels.

2017
La conservatrice Erna Solberg est reconduite Premier ministre, à la tête d'une coalition de droite, à l'issue des élections législatives de septembre 2017.

2017
L'archipel du Svalbard connaît un hiver exceptionnellement doux, qui provoque l'inondation de la Réserve mondiale de semences (p. 370), remettant en question la sécurité du bâtiment.

QUELQUES DONNÉES BRUTES (2021)

- **Population** : 5,3 millions d'habitants
- **Superficie** : 386 224 km2
- **Taux de croissance** : 1,2% (2019)
- **PIB par habitant** : 75 419 $US (2019)
- **Espérance de vie** : 81,8 ans
- **Taux de chômage** : 4,8%

sa proximité géographique avec la Russie, la Norvège renonça à sa neutralité pour devenir membre de l'Otan en 1949. Les acrimonies passées enterrées, le pays se rapprocha de ses voisins scandinaves pour former le Conseil nordique en 1952.

Exsangue, la Norvège avait un énorme besoin d'argent pour se reconstruire, particulièrement dans la zone arctique. Elle misa en priorité sur la flotte des baleiniers et sur une marine marchande de plus en plus prospère pour fournir une partie des fonds nécessaires. La Norvège surmonta en fait ses difficultés à force de volonté, le rationnement alimentaire restant maintenu jusqu'en 1952.

En 1969, la situation changea du jour au lendemain avec la découverte, au sud-ouest de Stavanger, du gisement de pétrole d'Ekofisk, sur le plateau continental norvégien, en mer du Nord. Devenue un grand producteur de pétrole (en 2016, elle se classait au 15e rang mondial avec 2,75% des réserves mondiales), la Norvège vit son économie décoller, et passa de l'un des pays les plus pauvres d'Europe à l'un des plus riches.

Une économie basée sur le pétrole

Le pétrole ayant radicalement changé la donne, les gouvernements socialistes qui se succédèrent – et quelques gouvernements conservateurs, plus éphémères – ont utilisé cette manne pour mettre en place l'un des systèmes de protection sociale les plus complets qui soient : gratuité des soins médicaux et de l'éducation jusqu'aux niveaux supérieurs, retraites et allocations chômage généreuses. Au fil des années, la Norvège s'est constitué, avec les revenus du pétrole, un fond souverain géré par la banque centrale qui avoisine les 900 milliards d'euros. Tout cela contribue grandement à sa réputation, bien entretenue par son gouvernement, de démocratie sociale la plus égalitaire d'Europe occidentale.

2018
Tone Wilhelmsen Trøen (parti conservateur) devient présidente du Parlement norvégien, le Storting. C'est la 2e femme à occuper ce poste.

2019
Plus de 200 rennes sont retrouvés morts dans le Svalbard, probablement victimes du changement climatique.

2020
Le parti du Progrès (extrême-droite) quitte la coalition gouvernementale afin de protester contre le retour en Norvège de la mère d'un enfant malade alors qu'elle avait rejoint l'État islamique.

2021
Le parti travailliste remporte les élections législatives et met fin au règne de la droite lors d'une campagne essentiellement axée sur l'avenir des activités pétrolières du pays.

C'est en partie à cette richesse (le secteur pétrolier représente 14% du PIB du pays, plus de 40% des exportations et 160 000 emplois directs) que la Norvège doit son poids important sur la scène internationale, sans commune mesure avec son nombre d'habitants.

Cependant, la Norvège a choisi de rester en marge du continent européen en ne rejoignant pas l'Union européenne. Un bref regard sur son histoire permet de comprendre la réticence du royaume à s'allier avec d'autres pays. Après avoir remporté une faible majorité en 1972, les opposants à l'adhésion se sont à nouveau imposés en 1994, malgré l'action du gouvernement en faveur du oui. Pour l'heure, la Norvège s'intéresse donc plutôt de l'extérieur à ce qui se passe à l'intérieur de l'Union, même si elle fait partie de l'Espace économique européen.

Une incongruité écologique

La Norvège se targue à juste titre de protéger l'environnement. 99% de l'électricité du pays est d'origine renouvelable, le recyclage est presque universel et le pays est bien avancé sur le chemin de la neutralité carbone. Toutes les voitures vendues en Norvège devraient être électriques d'ici à 2025. Les politiques publiques norvégiennes sont un modèle pour le reste du monde. Mais le tableau n'est pas si simple. Tout d'abord, les Norvégiens produisent autant de dioxyde de carbone par habitant que dans la plupart des pays occidentaux développés. Et en étant l'un des plus grands pays producteurs de pétrole du monde, la Norvège contribue aux émissions de dioxyde de carbone mondiales dans une proportion qui excède de beaucoup sa taille. Ainsi, l'affirmation que la Norvège est un bon élève de l'environnement au niveau mondial peut être réduite à la formule suivante, quoiqu'un peu simpliste : la Norvège est exemplaire chez elle, mais en tant qu'exportatrice de pétrole, elle contribue massivement au réchauffement planétaire.

Cette contradiction, ainsi que les préoccupations grandissantes dûes au réchauffement climatique expliquent probablement en partie la victoire de l'opposition de gauche aux législatives de septembre 2021 qui a mis fin à huit ans de règne de la conservatrice Erna Solberg, qui avait été réélue de justesse en 2017 à la tête du gouvernement, avec une coalition de droite regroupant conservateurs, populistes du parti du Progrès, et deux petits partis de centre droit (démocrates-chrétiens et libéraux).

Au moment où nous mettions cet ouvrage sous presse, c'était le travailliste Jonas Gahr Stoere qui était pressenti pour devenir le prochain premier ministre norvégien.

Paysages et parcs nationaux

La topographie de la Norvège raconte à elle seule une histoire. La partie continentale du pays s'étend sur 2 518 km, de Lindesnes au sud jusqu'au cap Nord dans le Nord arctique ; elle mesure 6,3 km de largeur en son point le plus étroit. La Norvège possède aussi les plus hauts sommets d'Europe du Nord et le quatrième plus grand territoire d'Europe occidentale (après la France, l'Espagne et la Suède). Le secret de la spectaculaire beauté de ses paysages repose sur la diversité des reliefs, des glaciers de montagne aux fjords profonds, des vastes espaces de type toundra aux plaines du Nord arctique.

La côte

Le littoral norvégien semble s'enrouler autour de la Scandinavie, tel un bouclier protecteur qui l'isolerait des rigueurs glaciales de l'Arctique. Il paraît le fruit de contraintes multiples qui auraient façonné ses îles et ses fjords, créant de profondes fissures bordées de hautes falaises. Les géologues pensent que les îles au large de la côte nord de la Norvège étaient autrefois rattachées à la plaque nord-américaine, tant leur géologie se rapproche de celle du Groenland. Plus au nord, l'archipel du Svalbard constitue le dernier prolongement de la plate-forme continentale eurasiatique, très avant dans la région polaire.

Dans la mer du Nord, deux vallées axiales formées de couches sédimentaires du haut jurassique contiennent des réserves incroyablement riches de pétrole et de gaz.

La Norvège a la huitième plus longue côte du monde ; si on la mettait en ligne droite, elle ferait près de deux fois et demie le tour de la Terre.

Les fjords

Paysage norvégien par excellence, les fjords comptent au nombre des formations géologiques les plus étonnantes de la planète. La côte norvégienne est profondément entaillée par ces bras de mer longs et étroits - anciennes vallées glaciaires -, à l'eau d'un bleu profond, qui s'avancent loin dans les terres et se caractérisent par des falaises abruptes, où des fermes isolées viennent se percher sur des saillies boisées.

Si l'histoire géologique de la Norvège remonte à 1,8 milliard d'années, les fjords ne sont apparus que bien plus tard. Durant les périodes glaciaires, les hauts plateaux du centre du pays ont reculé d'au moins 700 m sous la pression d'une couverture glaciaire atteignant jusqu'à 2 000 m d'épaisseur. Le mouvement de cette glace, tirée par la gravité dans les anciens lits des rivières, a creusé les fjords et les vallées, et formé les montagnes environnantes en sculptant les pics acérés et en découpant les hautes falaises de roche nue. Les fjords ont acquis leur aspect actuel après la dernière glaciation (il y a environ 10 000 ans), quand le réchauffement climatique a provoqué une élévation du niveau de la mer et qu'elle a envahi les nouvelles vallées créées par la fonte des glaciers. On pense que le niveau de la mer se serait alors élevé de 100 m, donnant naissance à des fjords d'une stupéfiante profondeur.

Musées des glaciers

Musée norvégien du Glacier (Fjærland ; p. 234)

Breheimsenteret (centre des visiteurs de Jostedal ; p. 237)

En 2005, l'Unesco a inscrit le Geirangerfjord et le Nærøyfjord sur la liste du Patrimoine mondial, les qualifiant de "fjords classiques, superbement développés" et les classant "parmi les régions de fjords les plus exceptionnelles de la planète".

Les glaciers

En Norvège, les glaciers couvrent quelque 26 092 km² (soit près de 0,7% du territoire continental national et 60% de l'archipel du Svalbard) – au dernier comptage, on dénombrait 2 534 glaciers. On est pourtant bien loin de la dernière glaciation, où le pays n'était qu'un vaste champ de glace. L'essentiel de cette glace a fondu il y a environ 8 800 ans.

Les glaciers jouent un rôle majeur dans l'économie du pays : l'électricité norvégienne provient à 15% des bassins hydrographiques qu'ils alimentent.

La prise de conscience des conséquences du réchauffement climatique a conduit à une inquiétude croissante face au recul des glaciers et à la diminution de la calotte glaciaire dans l'Arctique. Au XXe siècle, certains glaciers norvégiens ont reculé de 2,5 km. Et, de son côté, la calotte glaciaire fond à une vitesse alarmante. En 2018, le nord de la Norvège a connu son été le plus chaud jamais enregistré, après une décennie de températures très souvent au-dessus de la moyenne. Les glaciers continentaux sont considérés comme bien plus menacés que les glaciers de vallée, dont quelques-uns ont même grossi ces dernières décennies : l'épaisseur de la glace du Nigardsbreen a augmenté de 13,8 m entre 1977 et 2007, même s'il a reculé de 136 m dans les cinq années qui ont suivi.

Le Jostedalsbreen forme la plus haute calotte glaciaire d'Europe continentale. Il alimente quelques-uns des plus grands glaciers du pays, dont le Nigardsbreen, le Briksdalsbreen et le Bødalsbreen. Le Folgefonna est également spectaculaire, et le parc national du Jotunheimen, dans le centre du pays, ne compte pas moins de 60 glaciers.

Randonnées sur glacier

Parc national du Jotunheimen (p. 153)

Glacier Hardanger-jøkulen, Hardangervidda (p. 158)

Parc national du Folgefonna (p. 203)

Nigardsbreen (p. 237)

Briksdalsbreen (p. 238)

Bødalsbreen (p. 239)

Parc national de Saltfjellet-Svartisen (p. 287)

Svalbard (p. 367)

Le Nord arctique

À la majesté des fjords, le Nord arctique oppose son mystère. Du Svalbard à la route de l'Arctique, qui gagne le Nord et la Norvège arctique, l'extrême Nord du pays (le Grand Nord) est riche en phénomènes dignes d'une imagination enfantine.

La première chose qui frappe est l'horizon sans fin d'un paysage à la beauté austère. En hiver, vous serez peut-être plus subjugué par les aurores boréales, ou lumières du Nord, qui évoquent une danse de

RECORDS NATURELS NORVÉGIENS

Glacier du Jostedalsbreen Il forme la plus haute calotte glaciaire d'Europe continentale.

Sognefjord Ce fjord s'étire sur 203 km et atteint 1 308 m de profondeur. Deuxième plus long fjord du monde (après le Scoresby Sund, au Groenland), il est aussi second par sa profondeur (après celui de Skelton, en Antarctique). Le Hardangerfjord, avec ses 179 km, est le troisième plus long réseau de fjords du globe.

Galdhøpiggen Avec ses 2 469 m, c'est le point culminant de l'Europe du Nord.

Plateau de la Hardangervidda S'élevant à 900 m au-dessus du niveau de la mer, c'est le plus grand et le plus haut d'Europe.

Utigårdsfossen Certains spécialistes affirment que le torrent glaciaire d'Utigårdsfossen, qui est alimenté par le glacier du Jostedalsbreen (difficilement accessible aux touristes) et se déverse dans le Nesdalen et le Lovatnet, forme les troisièmes plus hautes chutes du monde – avec un dénivelé de quelque 800 m, dont 600 m en une seule chute. D'autres chutes norvégiennes comptent parmi les dix plus hautes de la planète : Espelandsfossen (703 m) dans le Hardangerfjord, Mardalsfossen (655 m) à Eikesdal, et Tyssestrengene (646 m, succession de cascades), près d'Odda.

spectres colorés. Le soleil de minuit et l'interminable nuit polaire, qui peuvent sembler déroutants, ajoutent de la magie à un séjour norvégien.

Au Svalbard, la toundra, couverte d'un tapis de lichen, est une autre facette du paysage arctique norvégien.

Les aurores boréales

Ces phénomènes lumineux se manifestent sous diverses formes : piliers, raies, fouets ou halos de lumière vibrante. Le plus souvent, ils prennent dans l'Arctique une coloration d'un vert très pâle ou d'un rose léger ; en période d'activité intense, ils deviennent jaune vif ou écarlate.

Les Aurores boréales et australes, de Christophe Pérez (L'escargot savant, 2013), vous aidera à percer le mystère de ces phénomènes fascinants.

Les aurores boréales visibles, ou lumières nordiques, se produisent quand des particules solaires chargées électriquement, appelées vents solaires, sont déviées par le champ magnétique terrestre vers les régions polaires. L'incurvation du champ forme un cône rejoignant les pôles magnétiques. Les particules chargées, rencontrant les molécules des couches supérieures de l'atmosphère, entrent en collision avec leurs atomes d'azote, d'hydrogène et d'oxygène. En perdant leur excitation, les atomes émettent des photons, particules lumineuses qui produisent la lumière des aurores. Dans les périodes de grande activité, une tempête peut à elle seule produire un trillion de watts d'électricité et un courant d'un million d'ampères.

Les Inuits nomment cette lumière *arsarnerit* ("jouer avec une balle"), car leur mythologie attribue ces manifestations aux ancêtres jouant dans le ciel avec un crâne de morse. Ils leur accordent par ailleurs un sens spirituel et y voient tantôt les cabrioles des fœtus, tantôt un cadeau des

SOLEIL DE MINUIT ET NUIT POLAIRE

Parce que la Terre est inclinée sur son axe, les régions polaires arctiques sont toujours face au soleil au moment du solstice d'été et lui tournent le dos quand arrive celui d'hiver. Les cercles polaires arctique et antarctique, respectivement à 66° 33' de latitude nord et sud, sont les limites septentrionale et méridionale où le soleil ne se couche pas le jour le plus long de l'année. La moitié nord de la Norvège continentale, le Svalbard et l'île de Jan Mayen sont au nord du cercle arctique, mais en été, entre fin mai et mi-août, il ne fait jamais vraiment nuit nulle part dans le pays. À Trondheim, par exemple, les premières étoiles ne sont pas visibles avant la mi-août.

Inversement, les hivers sont très sombres et très longs. Seules quelques heures de crépuscule viennent interrompre l'interminable et éprouvante obscurité de la nuit polaire. Dans le Svalbard, on n'aperçoit pas le moindre rayon de lumière pendant plus d'un mois. Durant cette période, beaucoup souffrent du blues hivernal, ou désordre affectif saisonnier. On peut en minimiser les effets en s'exposant pendant 45 minutes après le réveil sous des lampes spéciales qui reproduisent le spectre solaire. Il n'est pas surprenant que la plupart des peuples nordiques accueillent par divers rituels le retour du soleil au-dessus de l'horizon.

Ville/région	Latitude	Soleil de minuit	Nuit polaire
Bodø	67° 18'	4 juin-8 juillet	15-28 décembre
Svolvær	68° 15'	28 mai-14 juillet	5 décembre-7 janvier
Narvik	68° 26'	27 mai-15 juillet	4 décembre-8 janvier
Tromsø	69° 42'	20 mai-22 juillet	25 novembre-17 janvier
Alta	70° 00'	16 mai-26 juillet	24 novembre-18 janvier
Hammerfest	70° 40'	16 mai-27 juillet	21 novembre-21 janvier
Nordkapp	71° 11'	13 mai-29 juillet	18 novembre-24 janvier
Longyearbyen	78° 12'	20 avril-21 août	26 octobre-16 février

L'ÉLÉVATION DU SVALBARD

Les glaciers impactent les paysages des territoires qu'ils traversent. Ils ont joué par exemple un rôle capital dans la formation des fjords. Plus récemment, des recherches ont démontré qu'au fur et à mesure de la fonte et de la diminution des glaciers, la pression qu'ils exercent sur le sol se réduit d'autant : il en résulte que le Svalbard connaît chaque année une élévation, petite mais significative (mesurée à 8,5 mm par an à Ny Ålesund). Si cela ne suffira pas à compenser l'augmentation du niveau des océans, c'est là une des conséquences assez inattendues du changement climatique.

défunts pour éclairer les longues nuits polaires ou encore des réserves d'événements, passés et futurs.

C'est entre octobre et mars que l'on a le plus de chances d'observer des aurores boréales en Norvège, mais il est parfois possible d'en voir dès le mois d'août.

Fata Morgana

Si l'aurore boréale est un enchantement, la *Fata Morgana* (ou mirage latéral) peut sérieusement perturber les sens. Il s'agit d'un phénomène optique par lequel, dans la clarté et la pureté de l'air de l'Arctique, des objets lointains apparaissent nets et amplifiés. Il en résulte une perte de la perception de la profondeur, ce qui donne au monde une étrange qualité bidimensionnelle et rend impossible l'évaluation des distances. Les premiers explorateurs ont ainsi minutieusement cartographié et répertorié des îles, des promontoires et des chaînes de montagnes que personne ne revit jamais. Dans *Rêves arctiques*, Barry Lopez cite un exemple amusant de l'effet de la distorsion des distances. Il raconte comment un explorateur suédois achevait la rédaction de la description d'un cap découpé bordé de deux glaciers étonnamment symétriques dans son carnet de notes, quand il s'aperçut qu'il regardait un morse.

Écrit en 1986, *Rêves arctiques* (Gallmeister, 2014), de Barry Lopez, demeure un classique inégalé en matière de description des paysages, de la nature, et de phénomènes spécifiques à l'Arctique dans son ensemble.

Ces images seraient produites par des reflets sur l'eau, la glace ou la neige, qui, associés à des inversions thermiques, créeraient l'illusion d'être en présence d'objets solides aux contours bien définis, alors qu'ils ne sont qu'illusoires. Par temps clair, au large des côtes les plus reculées des îles Lofoten et Vesterålen, du nord de la Finlande et du Svalbard, on voit des montagnes à l'envers et des archipels fantasmatiques aux nombreuses îles et aux côtes déchiquetées. Il est bien difficile, même avec une carte sous les yeux, de se convaincre qu'en réalité il n'y a rien ! En mer, l'horizon est à moins de 18 km, mais, dans l'Arctique, il est fréquent d'entendre parler d'îles et de reliefs vus à des centaines de kilomètres.

Les étendues montagneuses

Il y a 450 millions d'années, la chaîne calédonienne, qui traverse tout le pays, était aussi haute que celle de l'Himalaya ! Au fil des millénaires, la glace et l'eau ont érodé cette chaîne jusqu'à sa forme actuelle de montagnes et de hauts plateaux, qui couvre plus de la moitié de la Norvège continentale et englobe certains des plus vastes glaciers et champs de glace d'Europe.

Les plus hautes montagnes du pays se situent dans le parc national du Jotunheimen, où le Galdhøpiggen s'élève à 2 469 m. Non loin, le Glittertind (2 465 m – en constante diminution) fut longtemps le point culminant de la Norvège, avant que la fonte du glacier ne réduise l'altitude de son sommet, année après année.

Parcs nationaux

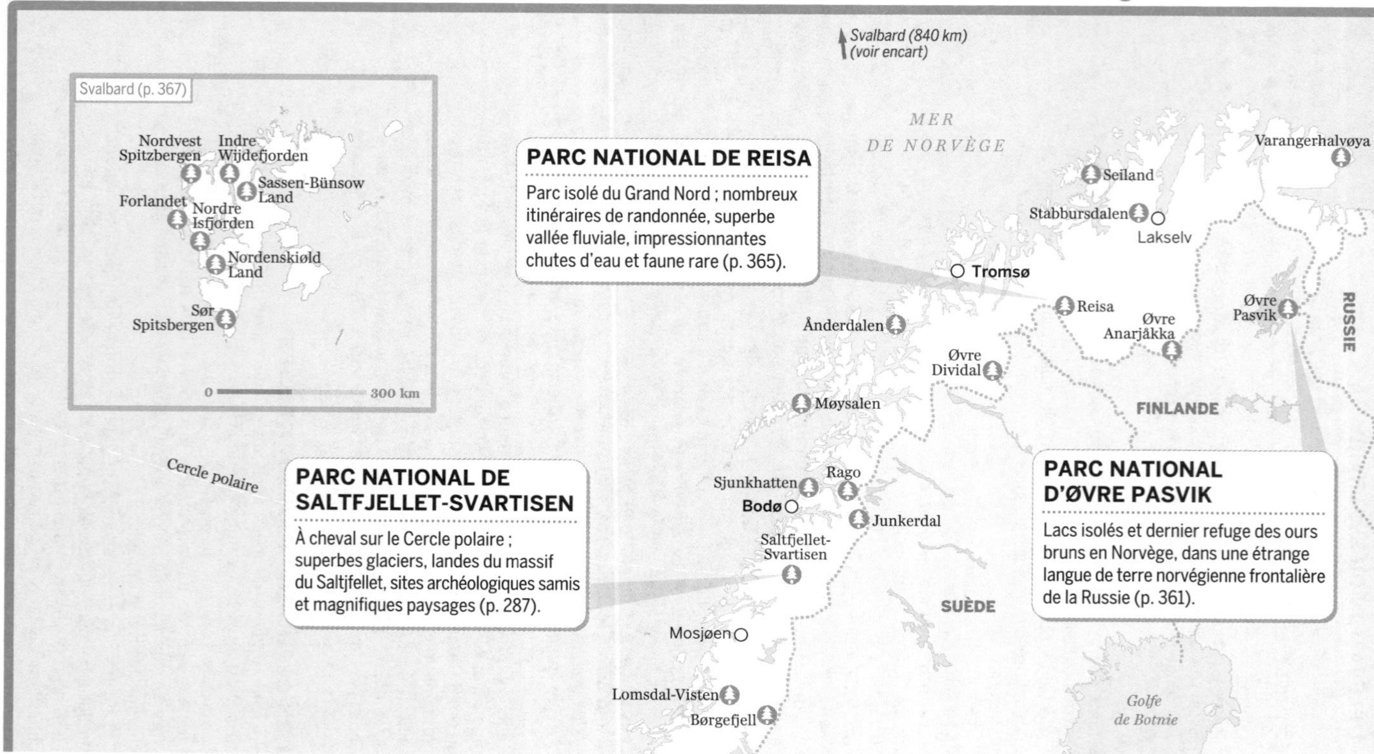

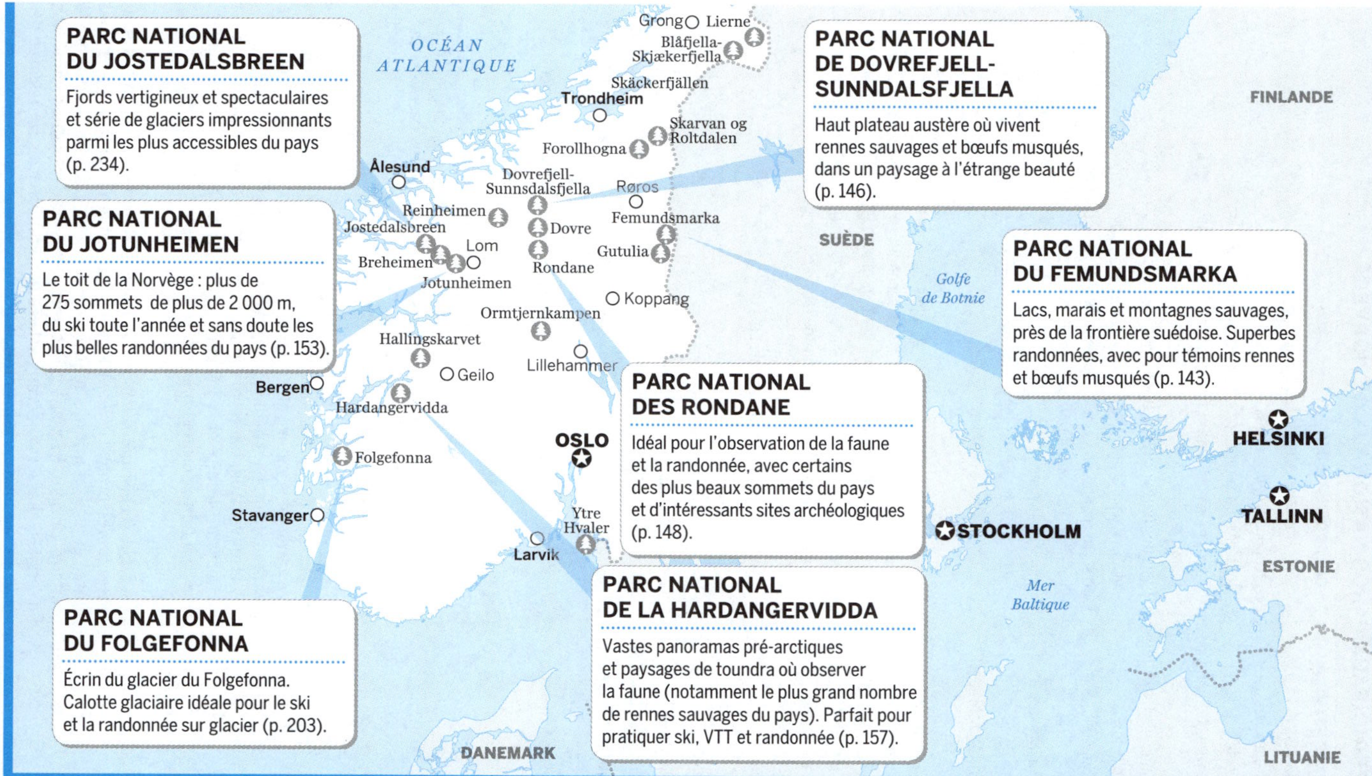

PARC NATIONAL DU JOSTEDALSBREEN

Fjords vertigineux et spectaculaires et série de glaciers impressionnants parmi les plus accessibles du pays (p. 234).

PARC NATIONAL DU JOTUNHEIMEN

Le toit de la Norvège : plus de 275 sommets de plus de 2 000 m, du ski toute l'année et sans doute les plus belles randonnées du pays (p. 153).

PARC NATIONAL DU FOLGEFONNA

Écrin du glacier du Folgefonna. Calotte glaciaire idéale pour le ski et la randonnée sur glacier (p. 203).

PARC NATIONAL DE DOVREFJELL-SUNNDALSFJELLA

Haut plateau austère où vivent rennes sauvages et bœufs musqués, dans un paysage à l'étrange beauté (p. 146).

PARC NATIONAL DU FEMUNDSMARKA

Lacs, marais et montagnes sauvages, près de la frontière suédoise. Superbes randonnées, avec pour témoins rennes et bœufs musqués (p. 143).

PARC NATIONAL DES RONDANE

Idéal pour l'observation de la faune et la randonnée, avec certains des plus beaux sommets du pays et d'intéressants sites archéologiques (p. 148).

PARC NATIONAL DE LA HARDANGERVIDDA

Vastes panoramas pré-arctiques et paysages de toundra où observer la faune (notamment le plus grand nombre de rennes sauvages du pays). Parfait pour pratiquer ski, VTT et randonnée (p. 157).

PRINCIPAUX PARCS NATIONAUX DE NORVÈGE

PARC NATIONAL	CARACTÉRISTIQUES
Børgefjell	végétation alpine, renard arctique
Breheimen	étendues montagneuses
Dovre	toute la flore norvégienne ; point culminant : 1 700 m
Dovrefjell-Sunndalsfjella	bœufs musqués, rennes, hautes terres du Snøhetta (2 286 m), marais de Fokstumyra
Femundsmarka	glaciers, hauts plateaux, bœufs musqués, rennes
Folgefonna	glaciers, calotte glaciaire
Forlandet	oiseaux marins, phoques et morses ; zone de reproduction ; sur l'île Prins Karls Forlandet, au Svalbard
Hallingskarvet	rennes sauvages
Hardangervidda	vaste haut plateau, la plus grande harde de rennes sauvages d'Europe
Jostedalsbreen	calotte glaciaire (487 km^2), glaciers
Jotunheimen	les plus hauts sommets de Norvège, glaciers
Nordvest Spitsbergen	champ de glace de Kongsbreen, Magdalenefjord, sites archéologiques, reproduction des caribous et mammifères marins
Øvre Dividal	forêt alpine riche en faune, notamment ours bruns, gloutons et lynx
Øvre Pasvik	la plus vaste étendue norvégienne de taïga et le dernier habitat des ours bruns dans le pays
Rago	hauts pics, vallées encaissées et chutes
Reinheimen	rennes sauvages
Reisa	gorges de Reisa, chutes, faune sauvage
Rondane	rennes, massifs, sites archéologiques
Saltfjellet-Svartisen	cercle polaire, lande d'altitude, calottes glaciaires, sites archéologiques samis
Sør Spitsbergen	plus grand parc de Norvège, 65% de surface glacée, aire de reproduction d'oiseaux marins
Stabbursdalen	pinède la plus septentrionale, lynxs, gloutons
Varangerhalvøya	renards polaires, troupeaux de rennes samis, paysages arctiques anciens

Parcs nationaux

La Norvège compte 44 parcs nationaux (dont 7 au Svalbard, couvrant quelque 75% de sa superficie). Treize ont été créés depuis 2003, d'autres devraient voir le jour dans les années à venir, et certains parcs existants sont en passe d'être agrandis. Au total, près de 15% du territoire norvégien se trouve en zone protégée.

Le but des parcs

La mission des parcs nationaux norvégiens est plus d'assurer la sauvegarde de la nature que de gérer l'interaction entre l'homme et son environnement, bien qu'il existe quelques centres d'interprétation.

On trouvera plus d'informations sur les parcs nationaux dans les offices du tourisme locaux et à l'Agence norvégienne pour l'environnement (www.miljodirektoratet.no/en, en anglais) basée à Trondheim.

Règlements des parcs

Les règles régissant les parcs nationaux, les réserves naturelles et autres zones protégées sont strictes. En général, l'entrée n'y est pas limitée et ils sont gratuits mais les routes pour y accéder sont presque toujours à péage. Laisser ses déchets, ramasser des plantes, minéraux ou fossiles, chasser ou déranger la faune, et quitter les routes avec des véhicules à moteur sont prohibés.

SURFACE	ACTIVITÉS	MEILLEURE PÉRIODE
1 447 km²	observation des oiseaux	juin-août
1 691 km²	randonnée	juin-août
289 km²	randonnée	juin-août
1 693 km²	randonnée, escalade, observation des oiseaux et autres animaux	mai-sept
573 km²	randonnée, sorties en bateau	mi-juin à août
545 km²	randonnée sur glacier, ski d'été	mai-sept
4 647 km²	observation des oiseaux	juil-août
450 km²	randonnée	juil-août
3 422 km²	ski nordique, randonnée	juin-août
1 310 km²	randonnée, escalade glaciaire, parapente, sorties en bateau	juin-août
1 151 km²	randonnée	juil-août
9 914 km²	randonnée, kayak	juil-août
750 km²	randonnée, traîneau à chiens	juil-août, déc-mars
119 km²	randonnée	toute l'année
171 km²	randonnée	juil-août
1 969 km²	randonnée	juin-août
803 km²	randonnée	juin-août
963 km²	randonnée, approche de la faune sauvage	juin-août
2 102 km²	randonnée	juil-août
13 282 km²	observation de la faune et de l'avifaune	juil-août
747 km²	randonnée	juil-août
1 804 km²	randonnée, observation des oiseaux	juil-août

Centres des parcs nationaux

Il y a peu de centres d'interprétation ou de centre d'information des visiteurs dans les parcs nationaux norvégiens, mais voici quelques exceptions :

- Centre du parc national du Folgefonna (p. 203), parc national du Folgefonna
- Centre du parc national du Jostedalsbreen (p. 239), parc national du Jostedalsbreen
- Hardangervidda Natursenter (p. 197), parc national de la Hardangervidda
- **Halti Nasjonalparksenter** (☎77 58 82 50 ; reisa-nasjonalpark.no ; Hovedveien 2, Storslett ; ⏲9h-20h mi-juin à mi-août, 11h-18h début juin et fin août, 9h-15h mar et jeu, 12h-18h mer sept-mai), parc national de Reisa
- **Nordland Nasjonalparksenter** (centre du parc national du Nordland ; ☎400 67 251 ; nordlandsnaturen.no ; Saltfjellveien 2035, 8255 Røkland ; ⏲12h-16h mar-dim, lun sur rdv). Couvre le bel ensemble des parcs nationaux peu connus du Nordland.
- Centre du parc national d'Øvre Pasvik (p. 362), parc national d'Øvre Pasvik
- Musée de la Nature de Stabbursnes (p. 353), parc national de Stabbursdal

Faune

Certains des animaux les plus fascinants d'Europe, dont l'observation peut être un temps fort de votre voyage, vivent en Norvège. Toutefois, la répartition éparse de la population humaine sur le territoire restreint l'habitat des animaux, et, de fait, leur nombre. Mais cela est largement compensé par la variété de la faune emblématique d'Europe du Nord, dont des ours polaires, des renards arctiques, des bœufs musqués et des rennes. Sans oublier les baleines, qui continuent de peupler ses eaux, en dépit de la chasse incessante dont elles ont fait l'objet.

Mammifères terrestres

Renards arctiques

Jadis présent dans toutes les régions arctiques, le renard arctique (ou renard polaire) est aujourd'hui l'un des mammifères terrestres les plus en danger de Norvège. Depuis que l'espèce est officiellement protégée (1930), sa population n'a que très peu augmenté, et elle est menacée par l'invasion du renard roux, plus gros et plus prolifique.

Parfaitement adapté aux hivers rigoureux, le renard arctique pourrait, grâce à son épaisse sous-couche de fourrure isolante, supporter une température de -70°C. Presque entièrement blanc en hiver, son pelage peut devenir gris-brun ou gris cendré en été. Dans les régions subarctiques, il vit sur la banquise et se nourrit souvent des carcasses abandonnées par les ours polaires.

Bœufs musqués et élans

Après avoir été quasiment décimés en Norvège il y a près de 2 000 ans, les *moskus-okse* (bœufs musqués), à l'allure préhistorique, ont été réintroduits depuis le Groenland dans le parc national de Dovrefjell-Sunndalsfjella dans les années 1940. Ils ont depuis étendu leur territoire jusqu'au parc national du Femundsmarka, près de Røros. On en dénombrerait cependant moins de 100, au sein de deux hardes, dans le pays, mais ils sont plus nombreux au Groenland, au Canada et en Alaska. En Amérique du Nord, les Inuits nomment le bœuf musqué *oomingmaq,* qui signifie "l'animal au pelage barbu". Le bœuf musqué est l'un des animaux les plus touchants des régions arctiques et subarctiques.

CINQ ESPÈCES EMBLÉMATIQUES DE LA NORVÈGE

La faune norvégienne vous réserve de belles rencontres, mais les cinq espèces ci-dessous émerveilleront même les habitués de la nature sauvage :

Ours polaires Svalbard (p. 375)

Morses Svalbard (p. 372)

Bœufs musqués Parc national de Dovrefjell-Sunndalsfjella (p. 147)

Baleines à bosse et cachalots Andenes (p. 323)

Rennes Hardangervidda (p. 157)

OÙ VOIR DES RENARDS ARCTIQUES

C'est au Svalbard que vous aurez le plus de chances d'apercevoir des renards arctiques, qui sont même présents à proximité de Longyearbyen.

En Norvège continentale, l'une des rares populations vit juste en dessous du cercle polaire arctique, dans le parc national de Børgefjell, au nord de Rørvik. Il en subsisterait une autre dans le parc national de Dovrefjell-Sunndalsfjella (p.146), dans le centre du pays, et quelques individus ont récemment été réintroduits sur le plateau du Hardangervidda : ils constituent la population de renards arctiques la plus méridionale d'Europe. À l'extrémité nord-est du pays, le parc national de Varangerhalvøya est un site de reproduction majeur.

Si vous n'en apercevez pas à l'état sauvage, vous êtes presque assurés d'en voir au Namsskogan Familiepark et au Polar Park (p. 339), dans le nord du pays.

Les élans (*elg*), les plus grands cervidés d'Europe, sont assez communs dans les forêts de l'extrême Sud jusqu'au sud du Finnmark, mais ils évitent les humains et les routes.

Approche des élans

Oppdal (p. 144)

Rjukan (p. 124)

Evje (p. 126)

Andøya, îles Vesterålen (p. 322)

Rennes

De grandes hardes de rennes (*reinsdyr*) vivent dans le centre de la Norvège, souvent au-dessus de la limite forestière, parfois jusqu'à 2 000 m. Le plus grand troupeau d'Europe (quelque 7 000 têtes) est installé sur le plateau de la Hardangervidda, mais on les rencontre aussi dans la plupart des parcs nationaux du centre du pays et dans l'intérieur des terres du Trøndelag. Vous trouverez un beau centre d'interprétation et observatoire du renne sauvage norvégien au point de vue Snøhetta (p. 146), dans le parc national de Dovrefjell-Sunndalsfjella.

Les rennes du Finnmark, dans le Grand Nord de la Norvège, sont domestiqués par les Samis, auxquels ils appartiennent – ils les mènent sur la côte au début de l'été et les ramènent dans les terres en hiver.

Plus petit, le renne du Svalbard (*svalbardrein*) n'est présent que dans cet archipel, où s'aventurent également parfois des rennes russes qui traversent la banquise depuis la Sibérie.

Autres mammifères terrestres

Comme beaucoup de grands mammifères de Norvège, l'ours brun (*bjørn*) est chassé depuis des siècles. La seule population du pays se trouve dans le parc national d'Øvre Pasvik, à l'est du Finnmark, bien qu'on en aperçoive parfois dans les parcs nationaux de Reisa, d'Øvre Dividal et de Stabbursdalen, dans le Grand Nord.

Très rare, le lynx solitaire, qui vit dans les forêts, est le seul grand félin d'Europe du Nord.

Les lemmings (*lemen*) sont présents dans environ un tiers des régions montagneuses du pays. Ils vivent surtout autour de 800 m dans le Sud, un peu plus bas dans le Nord. Mesurant jusqu'à 10 cm, ils ont un poil brun orangé et noir très doux, des yeux brillants, une queue courte et des incisives supérieures proéminentes. Quand on les croise en montagne, ils ont tendance à ne pas apprécier la rencontre. Malheureusement, les loups (*ulv*) ont souvent mauvaise réputation : seuls quelques individus subsistent dans le pays, dans la région de Hamar et au Finnmark.

Parmi les autres petits mammifères, plus difficiles à voir, citons : le lièvre arctique (*hare*), le hérisson (*pinnsvin*, surtout dans le sud du Trøndelag), le castor (*bever*, dans le Sud), le blaireau (*grevling*), la loutre (*oter*), le glouton (*jerv*), la martre (*skogmår*), la belette (*vesel*) et l'hermine (*røyskatt*).

Mammifères marins

Ours polaires

En Norvège, les ours polaires (*isbjørn*), les plus gros carnivores terrestres (et classés parmi les mammifères marins), sont présents seulement sur l'archipel du Svalbard. Depuis la protection de l'espèce en 1973, leur population atteint aujourd'hui environ 3 500 individus. À moins de faire une croisière dans le Svalbard, il reste toutefois exceptionnel d'en apercevoir un — raison de plus autour de Longyearbyen. Bien que certains spécimens dépassent les 700 kg et mesurent jusqu'à 2,50 m, l'animal reste vif et agile – notamment grâce à la présence de poils sous sa voûte plantaire qui facilitent les déplacements sur la glace et la neige.

Les ours polaires se nourrissent essentiellement de phoques, de baleines échouées, de poissons et d'oiseaux. Ils ne s'attaquent que rarement aux rennes et aux autres mammifères terrestres – comme les humains ! Le lait des ourses contient 30% de matières grasses. Il s'agit du lait le plus riche de tous les mammifères carnivores terrestres, ce qui garantit une rapide croissance des petits et leur survie malgré le froid extrême.

Selon des scientifiques travaillant avec le gouvernement américain, si la population d'ours polaires est restée stable depuis 2001, les deux tiers (aujourd'hui 20 000 à 25 000) auront disparu d'ici à 2050, en raison de la fonte des glaces. L'extinction totale de l'espèce devrait survenir avant la fin du XXIe siècle.

Baleines

Les eaux marines autour de la Norvège forment d'excellentes zones de pêche, grâce à des conditions estivales propices à la croissance du plancton. L'abondance de nourriture attire les poissons et les baleines, qui se nourrissent de plancton, ainsi que d'autres créatures marines friandes de poissons. Malheureusement, après des siècles de chasse en Atlantique Nord et dans l'océan Arctique, les populations de plusieurs espèces de baleines ont atteint des effectifs si faibles que leur survie en est menacée. En dehors des petits rorquals, rien n'indique que les autres cétacés puissent voir leur nombre croître dans cette zone. Compte tenu de ce passif, la diversité des espèces baleinières dans les eaux norvégiennes est surprenante.

Les petits rorquals (*minkehval*) font partie des rares cétacés à ne pas être menacés. Longs de 7 à 10 m, ils pèsent entre 5 et 10 tonnes. Ils appartiennent au sous-ordre des mysticètes, caractérisés par une tête énorme et des fanons. Ils migrent entre les Açores et le Svalbard.

Entre Ålesund et Varangerhalvøya, on rencontre des baleines à bosse (*knolhval*). Elles ont des dents, mesurent jusqu'à 15 m et pèsent jusqu'à 30 tonnes. Parmi les baleines les plus agiles, elles se distinguent aussi par leur production sonore : leur chant grave se fait entendre à des centaines de kilomètres.

Grands prédateurs marins, les orques (*spekkhogger*) atteignent 7 m et pèsent quelque 5 tonnes. On en recense 1 500 au large des côtes norvégiennes, évoluant par groupes de deux ou trois. Elles se nourrissent de phoques, de dauphins, de marsouins et d'autres cétacés parfois plus grands qu'elles, comme les petits rorquals.

Les globicéphales ou dauphins-pilotes (*grindhval*), dotés de longues nageoires, font environ 6 m de longueur. Ils se déplacent en bancs de plusieurs centaines d'individus, parfois jusqu'au cap Nord (Nordkapp). Les bélougas (*hvithval*) mesurent jusqu'à 4 m et vivent surtout dans l'océan Arctique.

Les narvals gris et blanc (*narhval*) atteignent 3,50 m. On les reconnaît à la défense spiralée caractéristique des mâles, qui peut atteindre 3 m de longueur et qui était très recherchée au Moyen Âge. Il s'agit en fait non d'une défense mais d'une incisive gauche. Les narvals vivent surtout dans l'océan Arctique. Ils font parfois une incursion en eau douce, remontant les rivières.

Le rorqual boréal (*seihval*), une espèce de baleine à fanons menacée, nage au large du Finnmark ; son arrivée coïncide avec celle du lieu noir (*sei* en norvégien, d'où son nom), qui vient se nourrir de plancton,

En savoir plus sur les ours polaires

Géopolitique de l'ours polaire, de Rémy Marion et Farid Benhammou (Éd. Hesse, 2015). Quand cet animal incarne à lui seul les enjeux climatiques de la planète.

Ours polaires, faits et mythes, de Susan J. Crockford (auto-édition, 2017). Pour tout savoir sur l'animal, prince de la banquise. À partir de 7 ans.

OÙ ET QUAND OBSERVER DES CÉTACÉS

De fin mai à août Ces quelques mois, durant lesquels les températures sont les plus clémentes, constituent la meilleure période pour voir de gros cétacés. Les cachalots constituent le principal attrait, bien qu'on puisse également apercevoir des globicéphales. À Andenes (p. 322) et Stø (p. 319), d'excellentes agences proposent des excursions d'observation.

De fin octobre à mi-janvier ou février Des excursions en mer au départ de Tromsø (p. 329) permettent d'observer orques, baleines à bosse et rorquals.

abondant à la belle saison. Il atteint 18 m pour environ 30 tonnes ; à la naissance, les petits font déjà 5 m. Au fil de sa migration annuelle, on le trouve au large du nord-ouest de l'Afrique et du Portugal (en hiver), puis du côté de la Norvège et du sud de la mer de Barents (en été).

Le rorqual commun (*finhval*) fait jusqu'à 24 m pour 80 tonnes. Ce cétacé fut particulièrement visé par le harpon explosif, inventé par le Norvégien Svend Føyn en 1864. En l'absence de réglementation, les baleiniers n'en laissèrent que quelques milliers en Atlantique Nord. Cet animal migrateur passe l'hiver entre l'Espagne et le sud de la Norvège et l'été dans le nord du pays.

Le cachalot (*spermsetthval*), qui peut mesurer 19 m pour 50 tonnes, se reconnaît à son énorme tête carrée. Il se nourrit essentiellement de calamars et de poissons, et vit en groupes de 15 à 20 individus. Sa population a beaucoup décliné du fait de l'exploitation de l'huile de baleine et du précieux ambre gris qu'il produit sous forme de concrétions intestinales. Les bancs de poissons au large des Vesterålen attirent bon nombre de cachalots, que l'on observe depuis les bateaux de croisière.

Le plus gros animal de la planète est un animal marin. La baleine bleue (*blåhval*) atteint 28 m pour 110 tonnes. Elle pourrait vivre 80 ans mais dépasse rarement 50 ans. Chassée pour son huile, l'espèce a finalement été protégée, mais bien trop tard, par la Commission internationale de la chasse à la baleine, en 1967.

La baleine bleue (*blåhval*) est classée comme espèce en danger par l'Union internationale pour la conservation de la nature (UICN), qui en dénombre entre 10 000 et 25 000 dans le monde. On estime qu'au cours du XXe siècle, près de 350 000 baleines bleues ont été tuées dans les régions antarctique et subantarctique. Des données récentes indiquent le retour de quelques baleines bleues dans le nord-est de l'Atlantique et on a pu en observer dans les eaux de l'archipel de Svalbard.

La baleine boréale (*grønlandshval*) avait quasi disparu à la fin du XIXe siècle, car ses fanons étaient alors utilisés pour la fabrication de corsets, d'éventails et de fouets, et parce qu'elle ne nage pas vite et flotte quand elle est morte. Quelque 25 000 baleines franches vivaient au large du Svalbard en 1679. Il n'en reste que quelques-unes en Norvège, tandis que la population est à un seuil critique sur le plan mondial.

Morses

Le morse (*hvalross*) est l'un des mammifères marins les plus recherchés par les amateurs de faune sauvage. En Norvège, il est localisé dans le Svalbard, notamment les îles Prins Karls Forlandet (p. 379) et Moffen. En été, des excursions sont organisées sur cette île au départ de Longyearbyen (p. 372).

Les morses peuvent atteindre 4 m et peser jusqu'à 2 000 kg (entre 800 et 1 700 kg pour la plupart des spécimens). Leurs longues canines mesurent jusqu'à 1 m chez les mâles. Ils vivent essentiellement dans les eaux peu profondes, où ils se nourrissent de mollusques, rejoignant

En savoir plus sur les baleines

Pourquoi le saut des baleines, de Nicolas Cavailles (La Grande Colle, 2015). Un ouvrage qui s'intéresse aux mystères des bonds prodigieux des grands cétacés.

Vie et mort de baleines, d'Yves Cohat (Découvertes Gallimard, 2000). Un livre synthétique et formidablement illustré sur l'histoire des baleines.

La plus longue baleine bleue jamais capturée fut peut-être aussi le plus gros animal de l'histoire : elle mesurait 33,58 m de longueur, et 50 personnes pouvaient tenir sur sa langue.

la terre ferme pour se reposer et se prélasser sous les maigres rayons du soleil arctique. À l'état sauvage, les morses vivent jusqu'à 30 ans et atteignent leur maturité sexuelle à 15 ans seulement ; la gestation dure entre 15 et 16 mois. Hormis l'homme, le morse ne craint que deux prédateurs : l'ours polaire et l'orque.

Au Svalbard, où il était autrefois chassé pour son ivoire et sa graisse, sa population atteindrait aujourd'hui 1 000 individus : elle augmente depuis 1952, année où l'espèce a été protégée. On estime le nombre de morses de l'Atlantique à 25 000 (les morses du Pacifique sont dix fois plus nombreux), mais les grandes colonies de milliers de morses que l'on a pu observer autrefois n'existent plus. Le morse joue un rôle essentiel dans l'écosystème arctique et demeure une espèce "vulnérable" selon l'UICN (www.iucnredlist.org, en anglais).

Autres mammifères marins

Les eaux norvégiennes abritent une population importante de grands dauphins, de dauphins à nez blanc, de dauphins à flancs blancs et de dauphins communs.

Différentes espèces de phoques se montrent couramment à proximité du rivage dans tout le pays et dans certains fjords. Les principales sont le phoque commun ou veau marin (*steinkobbe*), le phoque gris (*havert*), le phoque marbré (*ringsel*), le phoque du Groenland (*grønlandssel*), le phoque à capuchon (*klappmyss*) et le phoque barbu (*blåsel*). En été, des excursions partant, entre autres, de Stø (p. 319) et Tromsø (p. 329) vous emmènent observer les colonies de phoques.

Observation des oiseaux

- Parc national du Femundsmarka (p. 143)
- Marais de Fokstumyra, parc national de Dovrefjell-Sunndalsfjella (p. 146)
- Gjesvær (p. 351)
- Parc national d'Øvre Pasvik (p. 361)
- Île Runde (p. 253)
- Stabbursnes (p. 353)
- Île Lovund (p. 297)
- Værøy (p. 317)
- Svalbard (p. 371)

Oiseaux

Avec 473 espèces d'oiseaux recensées, la Norvège fait le bonheur des ornithologues. C'est sur le littoral que se concentre la plus riche avifaune. Des millions d'oiseaux marins nichent à flanc de falaise et se nourrissent de poissons et d'autres créatures marines. Les espèces les plus prolifiques sont les fous de Bassan (*havsule*), les pingouins torda (*alke*), les macareux (*lundefugl*), les guillemots (*lomvi* et *teis*), les fulmars boréaux (*havhest*), les mouettes tridactyles (*krykkje*), les labbes ou skuas (*tjuvjo* et *fjelljo*) et les mergules nains (*alkekonge*). Pour observer le macareux moine, il faut se rendre à Runde, Bleik, Gjesvær ou au Svalbard.

Parmi les nombreux oiseaux aquatiques de Norvège, les espèces les plus communes sont probablement les plongeons arctiques (*storlom*), les plongeons catmarins (*smålom*), les grèbes esclavons (*horndykker*), les râles des genêts (*åkerrikse*) et l'emblème national du pays, le cingle plongeur (*fossekall*), qui s'alimente en plongeant dans les ruisseaux de montagne.

La Norvège compte au moins quatre espèces de rapaces nocturnes : le hibou des marais (*jordugle*), la chevêchette d'Europe (*spurveugle*), le harfang des neiges (*snøugle*) et le grand-duc d'Europe (*hubro*).

Le plus spectaculaire des rapaces de Norvège est le pygargue à queue blanche (*havørn*), le plus grand rapace d'Europe du Nord, d'une envergure de 2,50 m. Au moins 500 couples nichent sur les côtes du Nordland, du Troms et du Finnmark. Les aigles royaux (*kongeørn*) sont à peu près aussi nombreux dans les régions montagneuses. En revanche, il n'y aurait pas plus de 30 couples de balbuzards pêcheurs (*fiskeørn*), des oiseaux rares qui ne se laissent apercevoir que dans les forêts profondes du Stabbursdalen et dans le parc national d'Øvre Pasvik, tous deux situés dans le Grand Nord. Le parc national de Stabbursdalen est également un sanctuaire pour l'oie naine, espèce menacée.

La péninsule de Varangerhalvøya et le nord-ouest de la Norvège sont des destinations de choix pour observer les oiseaux arctiques hivernants et migrateurs. Les espèces les plus emblématiques sont l'eider de Steller, le phalarope à bec étroit, le cygne siffleur, et le hibou grand-duc.

Écologie

Le Norvège et l'écologie semblent former un couple modèle : de l'extérieur, l'association paraît parfaite mais un examen plus approfondi présente une image moins idyllique. Il n'est pas banal pour un pays d'être salué pour sa promotion du développement durable tout en étant l'un des plus grands producteurs mondiaux de pétrole. En résumé, la Norvège est passablement schizophrène en matière d'environnement et de défi climatique.

Changements climatiques

Le changement climatique n'est évidemment pas un problème uniquement norvégien, mais peu de pays se sont autant engagés dans ce combat que la Norvège, en tout cas à l'intérieur du pays. En 2007, le gouvernement norvégien a exprimé sa volonté de devenir "carboneutre" et de supprimer toute émission de gaz à effet de serre d'ici à 2050. Il vise aussi à interdire la vente de voiture à moteur thermique dès 2025. La stratégie employée consiste à compenser les émissions annuelles de dioxyde de carbone par l'achat de droits d'émission sur les marchés internationaux. L'État a également accepté de réduire ses émissions de 40% avant 2030.

Presque 100% de l'électricité du pays vient déjà de sources renouvelables, essentiellement l'hydroélectricité. La Norvège a également mis au point la taxation des émissions de gaz à effet de serre et consacre des milliards de couronnes à des projets de capture et de stockage de dioxyde de carbone, entre autres initiatives écologiques, en Norvège comme à l'étranger.

Pourtant, si cette politique progressive doit être saluée, il ne faut pas oublier que la Norvège est un grand exportateur d'énergie fossile. Une étude a montré qu'en 2019, les émissions produites par les exportations de gaz et de pétrole ont représenté 28% des émissions totales de la Norvège. Le gouvernement norvégien continue à favoriser une stratégie offensive d'exploration du pétrole et à délivrer des permis. En 2017, la Statoil (devenue depuis Equinor) a commencé à forer 5 nouveaux puits dans la mer de Barents, qui se sont depuis révélés décevants et ont été abandonnés. Cette contradiction apparente entre le bon élève de l'écologie et le grand producteur d'énergie fossile est au cœur du lien entre le pays et son environnement.

Pour en savoir plus sur le réchauffement climatique de l'Arctique et son impact sur l'environnement et les populations, connectez-vous sur www.greenfacts.org/fr/impact-global-climat-arctique/index.htm, édité par le Conseil de l'Arctique et du Comité scientifique international de l'Arctique (IASC).

UNE SÉRIEUSE MENACE : LES VENTS DES ÉLANS

Selon un article paru dans *The Times* en août 2007, les pets et les rots émis chaque année par un seul élan adulte dégagent l'équivalent en méthane de 2 100 kg de dioxyde de carbone, soit environ ce que rejette une voiture en 13 000 km. On estime à 120 000 individus la population d'élans sauvages vivant dans les vastes espaces norvégiens, et les autorités ont fixé à 37 000 têtes le quota annuel de chasse. Cela fait certes beaucoup de méthane, mais cela n'autorise pas pour autant à négliger le stress imposé à cette malheureuse population par ailleurs innocente !

En Norvège, le changement climatique est visible avec le retrait de la plupart des glaciers et l'état critique de la banquise arctique. Là encore, la position de principe de la Norvège sur la pollution de l'Arctique est en conflit avec sa production d'énergies fossiles. Les mesures prises par le gouvernement pour protéger l'environnement au Svalbard ont été bien accueillies alors même qu'il continue à en exempter l'exploitation charbonnière (certes en déclin) dans l'archipel. Dans le même temps, la réserve mondiale de graines du Svalbard est considérée comme un moyen important de préserver la biodiversité dans l'éventualité d'une hausse importante de la température mondiale.

Pêche commerciale

Pêche et aquaculture restent les fondements de l'économie des régions littorales. On estime que 30 000 personnes travaillent sur les bateaux de pêche, auxquelles s'ajoutent les employés des multiples industries secondaires. Avec une prise annuelle comprise entre 2,5 et 3 millions de tonnes, la Norvège se classe parmi les plus grands exportateurs de poissons et fruits de mer.

Toutefois, des siècles de pêche ont sérieusement mis à mal les espèces qui assuraient autrefois un revenu régulier à l'économie norvégienne. Vers la fin des années 1970, les stocks de harengs, par exemple, étaient quasi épuisés. De plus, la surpêche avait mis à mal les populations de morues de tout l'Atlantique Nord. Trente ans plus tard, grâce à la mise en place de mesures de protection comprenant des quotas draconiens, l'industrie du hareng est en passe de se remettre. Des dispositions ont été prises pour réglementer la pêche à la morue, mais il faudra des années avant que les réserves ne se reconstituent.

Les craintes de voir les bateaux de pêche européens accéder aux eaux norvégiennes sont une des raisons principales de la non adhésion du pays à l'UE. En 2013, la Norvège a finalement signé un accord avec l'UE sur des quotas de pêche.

Force est de reconnaître que leurs intérêts économiques comptent autant que leur conscience écologique dans la manière dont les Norvégiens abordent la diminution critique des populations de poissons dans leurs eaux territoriales. La pêche, qui reste le deuxième produit d'exportation norvégien après le pétrole et le gaz, a toujours été au centre de l'économie norvégienne, bien avant la découverte des gisements de pétrole. Ce contexte est essentiel pour comprendre les politiques environnementales liées à la pêche du pays.

Chasse au phoque

Il y a une longue tradition de chasse au phoque en Norvège. Jusqu'à récemment, le gouvernement fixait le nombre autorisé de spécimens dans une fourchette entre 30 000 et 50 000 unités. Ce soutien gouvernemental à la chasse est encouragé par un lobby de la pêche puissant, qui souhaite limiter la compétition entre bateaux de pêche et mammifères marins qui peuvent manger jusqu'à 2,5 kg de poisson par jour. La viande de phoque est aussi considérée comme un mets délicat dans de nombreuses régions de Norvège.

Pour apaiser la contestation, les chasseurs de phoque ne peuvent utiliser que deux moyens de chasse : le fusil (avec des balles à expansion) et le *hakapik* (sorte de piolet), le premier pour les phoques adultes, l'autre pour les jeunes (qu'on ne peut pas chasser tant qu'ils ne sont pas sevrés). Les chasseurs ont l'obligation de suivre des cours et de réussir des tests de tir avant l'ouverture de la saison. En dépit de ces réglementations, des reportages laissent entendre que des chasseurs blesseraient fréquemment de jeunes phoques avant de les abandonner.

En 2017, pour la première fois, les bateaux de chasse au phoque sont restés au port, et aucun phoque n'a été tué. Si les associations écologistes s'en réjouissent (le Fonds international pour la protection des animaux, IFAW, la Humane Society et Greenpeace font partie des organismes qui appellent à la fin de la chasse), l'échec de cette chasse au phoque doit moins aux associations de défense de l'environnement qu'à la disparition de la banquise. Comme les ours, les phoques ont besoin de celle-ci pour se nourrir et se reproduire. Côté pêcheur, la campagne de 2016 fut à peine rentable pour les bateaux partis de Tromsø, mettant un point final à des années de déclin. Les années précédentes, les prises atteignaient à peine 10% du quota alloué. La suppression des aides gouvernementales (qui représentaient 80% des revenus des chasseurs de phoques) et l'interdiction par l'UE en 2009 des produits à base de peau de phoque ont également joué un rôle.

Comme pour la pêche et la chasse à la baleine, de nombreux Norvégiens ont longtemps considéré la chasse au phoque sous l'angle historique et économique, plutôt qu'environnemental. En 2016, un documentaire *Ishavsblod (Chasseurs de phoques : une dernière chasse)* a été présenté au Festival international du film de Tromsø.

Chasse à la baleine

La Norvège est aussi régulièrement pointée du doigt pour ses mesures de soutien à la chasse à la baleine dans l'Atlantique Nord.

Contexte international

En 1986, à la suite d'une campagne internationale exprimant l'inquiétude des associations au sujet des populations baleinières sur la planète, la Commission internationale de la chasse à la baleine (IWC ; iwc.int) a imposé un moratoire. Celui-ci a été en grande partie respecté, mais deux éléments importants sont venus le remettre en question ces dernières années.

Le premier fut la décision des trois grands pays chasseurs, la Norvège, le Japon et l'Islande, de reprendre leurs activités ou, pour ce qui est du Japon et de l'Islande, de se retirer de l'IWC si le moratoire n'était pas remplacé par un plan de gestion limitant la chasse mais l'autorisant.

Le second élément fut l'adhésion à l'IWC de pays nouvellement impliqués dans cette activité, comme la Mauritanie, la Côte d'Ivoire, la Grenade, le Tuvalu et même la Mongolie, Saint-Marin et le Mali, pourtant dépourvus de côtes. La majorité s'en trouve modifiée. En 2000, 55 voix s'étaient exprimées en faveur de la chasse pour 9 contre ; aujourd'hui, un peu moins de 50% des 88 membres se prononcent pour la chasse, sachant qu'une majorité de 75% est requise pour que l'IWC change de politique. Le Japon n'a apporté aucun démenti aux allégations selon lesquelles les votes en faveur de la reprise de la chasse auraient été récompensés par des aides au développement.

La Norvège considère que le moratoire n'est plus nécessaire et prétend que, contrairement à l'époque où les baleiniers ont conduit

La Commission internationale de la chasse à la baleine (iwc.int/accueil, en anglais) fournit des informations impartiales sur la chasse à la baleine et les politiques en vigueur. Le site comprend des sections intéressantes, notamment sur la population estimée des cétacés par zone et par espèce.

CRABES ROYAUX

Pour les uns, leur chair est délicieuse, pour les autres, c'est la pêche qui est l'une des activités favorites à Kirkenes ou ailleurs, les matins d'hiver, mais le crabe royal rouge est un problème plutôt épineux.

L'histoire du crabe royal rouge, le plus gros crustacé du monde (il peut atteindre 1,80 m d'envergure et peser jusqu'à 15 kg), est remarquable. Sept crabes royaux venus du Pacifique Nord furent introduits dans la région par des scientifiques russes en 1961, et se sont depuis multipliés à un rythme ahurissant. Chaque année, une femelle donne naissance à 10 000 rejetons, et il y en a aujourd'hui près de 20 millions rien que dans la mer de Barents.

Le problème, c'est que le crabe royal rouge a un appétit féroce et n'a pas assez de prédateurs. Leur expansion les pousse vers l'ouest, le long de la côte norvégienne et vers le nord et le Svalbard. Les spécialistes estiment que l'espèce progresse de 50 km par an.

de nombreuses espèces de baleines au bord de l'extinction (durant le seul XVIIe siècle, on estime que les baleiniers hollandais ont tué 60 000 baleines au large du Svalbard), les baleiniers modernes ont une vision plus saine, obéissent à un système de quotas et ont adopté des méthodes plus humaines. La Norvège affirme soutenir uniquement les entreprises traditionnelles et familiales et n'avoir aucune intention de reprendre la pêche industrielle.

Pour suivre les débats sur la chasse à la baleine, consultez les sites de Greenpeace (www.greenpeace.fr), de la Société pour la protection des baleines et des dauphins (www.wdcs.org)et de la Commission internationale de la chasse à la baleine (iwc.int/accueil).

En pratique, aujourd'hui

La Norvège a recommencé à chasser les petits rorquals en 1993, au mépris de l'interdiction internationale (moratoire de 1986). Le pays se présente en faveur de la protection des espèces menacées, mais les autorités affirment que la population de petits rorquals, évaluée à quelque 100 000 individus dans l'Atlantique du Nord-Est, peut supporter des prélèvements limités. Malgré la réprobation d'associations écologiques internationales comme Greenpeace et la Whale and Dolphin Conservation Society, le gouvernement norvégien maintient un quota de pêche au petit rorqual de 999 individus, encore que les baleiniers aient tué moins de la moitié de cet effectif au cours des dernières années.

Le Japon et la Norvège ont repris le commerce de la viande de baleine en 2004. L'industrie vit surtout des exportations et non de la consommation intérieure, même si la viande de baleine a droit de cité sur les étals des marchés aux poissons, notamment à Bergen.

En 2021, la Norvège a maintenu ses quotas élevés de chasse à la baleine. Depuis 2018, les autorités autorisent les chasseurs à harponner 1 278 baleines par an.

Exploitation forestière

Environ 38% de la Norvège continentale est recouverte de forêts, et la proportion de forêts réservées à la culture s'élève à 25% du territoire. Les régions officiellement protégées n'englobent même pas 1% des forêts, un chiffre bien inférieur à la norme internationale de 5%. Les forêts anciennes sont très rares.

La forêt ancienne de Trillemarka-Rollagsfjell couvre 205 km² à quelque 100 km à l'ouest d'Oslo. Déclarée réserve naturelle en 2002, elle abrite des espèces menacées (on estime que plus de 1 000 le sont dans la Norvège continentale) comme le pic épeichette, le pic à dos

LE PERGÉLISOL N'EST PLUS PERMANENT

Le pergélisol (ou permafrost) n'est, semble-t-il, pas permanent du tout. Le terme se rapporte à un sol (de terre ou de roche) dont la température ne dépasse pas 0°C en continu pendant au moins deux années de suite. Une grande partie du pergélisol qui s'étend de la Sibérie au Groenland est, bien sûr, gelé depuis bien plus de deux ans, mais le changement climatique soulève de vives inquiétudes sur les conséquences d'un dégel du pergélisol. Une hausse moyenne des températures de 1,5°C suffirait à entamer ce processus de dégel. La chose est d'importance car le pergélisol dégelé libérera du méthane qui à son tour va contribuer significativement au réchauffement climatique.

La part norvégienne du permafrost dans le monde est relativement modeste, mais il y en a une petite partie autour de la vallée de la Pasvik et du parc national de Varangerhalvøya, dans l'extrême nord-est de la Norvège continentale. Une bonne partie du Svalbard est aussi constituée de pergélisol. En 2017, des températures anormalement élevées ont fait dégeler celui qui entoure la Réserve mondiale de semences (p. 370), au Svalbard, causant des inondations dans les sous-sols. Ce qui fut un vrai choc pour ceux qui croyaient ce "coffre-fort de l'apocalypse" à l'abri de tout.

rayé, le mésangeai imitateur et l'aigle royal, mais aussi des espèces végétales menacées.

Une autre forêt importante est la *taiga* (forêt marécageuse) de la vallée de la Pasvik, au sud de Kirkenes. Elle reste en grande partie vierge, mais elle ne représente qu'une très petite portion d'une plus grande forêt qui s'étend de l'autre côté de la frontière, en Russie.

L'industrie forestière norvégienne compte parmi les plus durables du monde – sachant qu'aucune exploitation forestière n'est entièrement neutre pour l'environnement. L'essentiel des dégâts visibles dans les forêts est imputable au défrichage pour l'agriculture et à la surexploitation du bois de construction entre le XVIIe et le XXe siècle.

Zones sauvages

La Norvège possède l'une des densités de population les plus faibles d'Europe. Mais, en raison d'une répartition étendue du peuplement, qui privilégie les habitations isolées au détriment des villages, même les zones les plus retirées sont habitées. Ce type d'implantation unique en Europe explique le caractère rural d'une large proportion de la population.

Par voie de conséquence, l'activité humaine a fortement modifié le milieu naturel. Des routes quadrillent le territoire, reliant les maisons et fermes isolées ou les zones d'exploitation forestière aux régions plus peuplées. À l'exception de deux fleuves, tous les grands cours d'eau sont équipés de barrages hydroélectriques. Même les paysages apparemment vierges du plateau du Finnmark et les immenses péninsules qui s'avancent dans l'océan Arctique servent de pâturages aux troupeaux de rennes. La vraie nature sauvage ne subsiste plus que sur les glaciers d'altitude et dans l'impressionnant réseau norvégien de parcs nationaux, ainsi que dans quelques parcelles boisées le long de la frontière suédoise, dans des zones éparses de la Hardangervidda et dans une grande partie du Svalbard.

Recyclage

Les Norvégiens pratiquent avec enthousiasme le tri des déchets ménagers et le recyclage. Les voyageurs sont incités à en faire autant. Le système de consigne obligatoire mis en place pour les bouteilles en verre et les canettes est un succès : environ 96% des bouteilles de bière et de soda sont maintenant rendues. Les supermarchés paient les canettes en aluminium et les bouteilles en plastique rapportées, généralement entre 1 et 1,50 NOK.

Mais depuis le début des années 1970, la production annuelle de déchets ménagers par personne a presque doublé, jusqu'à environ 375 kg (une hausse de 40% depuis 1995), augmentation qui coïncide avec l'augmentation du niveau de vie apportée par l'exploitation du pétrole. Même si les automatismes ont été un peu lents à venir, environ 50% des déchets ménagers et les deux tiers des déchets industriels sont aujourd'hui recyclés. La Norvège est un leader mondial pour le recyclage des produits électriques et électroniques. Mais le méthane issu des déchets représente encore 7% des émissions de gaz à effet de serre, et les Norvégiens consomment plus de 130 000 tonnes d'emballages en plastique chaque année.

Les Samis de Norvège

Autrefois nomades, les Samis forment la plus grande minorité ethnique de Norvège et peuvent légitimement se revendiquer comme ses plus anciens habitants. Ils peuplent le nord de la Scandinavie et le nord-ouest de la Russie depuis des millénaires. Leur population totale est estimée à 60 000 personnes, dont 40 000 sont établies en Norvège, vivant principalement dans le Finnmark, le Nordland, le Trøndelag et dans le centre de la Norvège. Des Samis vivent en Suède, en Finlande et en Russie. Ils désignent leurs terres du nom de Sápmi ou Samiland.

Histoire

Bien que l'on considère que les Samis auraient quitté la Sibérie pour venir en Norvège il y a 11 000 ans, la première trace écrite de leur peuple fut retrouvée dans un texte de l'historien romain Tacite, datant de l'an 98. En 555, le Grec Procope mentionne la Scandinavie sous le nom de Thulé (Extrême Nord), et ses habitants sous celui de *Skridfinns*. Au Moyen Âge, les sagas islandaises attestent de l'existence d'échanges commerciaux entre les peuples du Nord et les Samis. Le marchand Ottar, qui "habitait plus au nord qu'aucun homme du Nord", servit à la cour du roi des Anglo-Saxons Alfred le Grand (849-899) et écrivit de longs récits sur son pays natal et son peuple.

Les Samis étaient autrefois appelés "Lapons", et leur territoire est encore parfois désignée par le terme "Laponie". Depuis plusieurs décennies, ces termes sont considérés comme péjoratif, voire insultants par beaucoup de Samis.

Au Moyen Âge, les Samis vivent de la chasse et se regroupent en communautés appelées *siida*. Aux XVIIe et XVIIIe siècles, des paysans nordiques viennent coloniser le Nord. Beaucoup choisissent d'embrasser le mode de vie des Samis, mieux adapté aux conditions locales. Ils adoptent leurs vêtements, leur régime alimentaire et leurs traditions.

Vers 1850, l'activité des missionnaires devient une menace pour les traditions samies, et l'usage du same est interdit dans les écoles. En 1902, la vente de terres à toute personne qui ne parle pas le norvégien est déclarée illégale.

Après la Seconde Guerre mondiale, la politique officielle change : la diversité culturelle du pays est désormais à l'honneur. En 1960, toutes les sphères gouvernementales admettent le droit des Samis à préserver leur culture et leurs langues. Les Samis sont considérés comme des citoyens norvégiens, mais aussi comme minorité ethnique et peuple distinct. Deux commissions gouvernementales sont fondées : la *Samekulturutvalget*, chargée des affaires culturelles samies, et la *Samerettsutvalget*, responsable de la définition juridique du statut sami et du droit de propriété des ressources.

De 1979 à 1981, les Samis protestent à Oslo contre un projet de construction de barrage et de centrale hydroélectrique sur le fleuve Altaelva, qui parcourt leur territoire. La contestation de plus en plus âpre éveille l'attention sur les droits des Samis. En 1982, si la Cour suprême de Norvège tranche en faveur du projet du gouvernement, la contestation permet néanmoins aux Samis de faire entendre leur voix sur la scène nationale.

En 1988, un amendement à la Constitution stipule : “Il est de la responsabilité des autorités de l'État de créer les conditions nécessaires pour que le peuple sami conserve et développe sa langue, sa culture et son mode de vie.” L'amendement prévoit la fondation d'un Parlement sami (p. 363) formé de 39 membres élus, chargé de conseiller le Parlement national sur les questions relatives aux Samis – la Finlande et la Suède ont des groupes parlementaires similaires.

Début 1990, une loi donne le même statut légal au same qu'au norvégien. La plupart des partis politiques, toutes tendances confondues, sont en faveur des droits des Samis. Le Fremskrittspartiet (Parti du Progrès), parti très à droite sur l'échiquier politique, demande la dissolution du Parlement sami.

Jadis pilier de l'économie samie, l'élevage des rennes reste toujours une source de revenus pour la communauté. L'activité s'est modernisée dans les années 1980 et 1990, et les éleveurs ont, par exemple, troqué leurs skis pour des motoneiges pour faciliter les déplacements de leurs troupeaux, qui peuvent compter des milliers de rennes dispersés sur de vastes territoires. En plus de l'élevage des rennes, la nouvelle génération d'éleveurs se tourne également vers les métiers de la pêche, de l'agriculture, du commerce et de l'artisanat.

Est officiellement considérée comme Sami et apte à élire les membres du Parlement sami toute personne de plus de 18 ans qui s'estime samie, a le same comme langue maternelle ou compte au moins un parent, grand-parent ou arrière-grand-parent de langue maternelle samie.

Culture et traditions samies

Pendant des siècles, la chasse et la pêche furent au cœur de la vie des Samis. Au XVIe siècle, la domestication du renne a transformé ce peuple de chasseurs en éleveurs nomades. Bien que cet animal demeure une composante majeure de la tradition samie, seuls 10 à 15% des Samis continuent d'élever des rennes, principalement dans la région du Finnmark, dans le Grand Nord norvégien. La plupart travaillent dans le secteur de la pêche ou du tourisme.

Le *joik* (ou *yoik*, littéralement, le “chant des plaines”), constitue un élément majeur de l'identité culturelle samie. Ce poème rythmé et chanté, composé pour une personne précise et décrivant la nature profonde, est offert au destinataire. La médecine traditionnelle, l'artisanat (notamment la sculpture sur bois et l'orfèvrerie) et la communion avec la nature de l'harmonie font partie des autres éléments distinctifs.

L'habit national sami est le seul vêtement traditionnel encore porté en Norvège, et vous en verrez peut-être dans les rues de Kautokeino et de Karasjok. Si chaque district possède ses caractéristiques, tous les costumes combinent une chemise ou une veste et un pantalon ou une jupe en feutre rouge et bleu richement brodés, ainsi qu'un bonnet et des bottes. Pour les grandes occasions, les femmes ajoutent une couronne de perles et une guirlande de rubans de soie dans leurs cheveux.

OUVRAGES SUR LE PEUPLE SAMI

- *Le Regard de l'éleveur de rennes. Essai d'anthropologie cognitive*, d'Yves Delaporte (Peeters, 2002). Un essai sur le langage élaboré développé par les Samis pour reconnaître les rennes qu'ils élèvent.
- *Mythologie des Lapons*, Juha Pentikäinen (Imago, 2011). Une étude des rites et coutumes et des mythologies des populations samies vivant au plus près de la nature.
- *Contes et légendes de Laponie* (Flies France, 2014). Des contes et légendes qui traduisent l'univers du peuple sami et leurs croyances ancestrales.
- *Le Dernier Lapon*, Olivier Truc (Sixtrid, 2014). Un polar qui a pour décor le Samiland.

Religion

La pensée religieuse samie, de type animiste, se fondait sur la relation entre la nature et les archétypes divins qui en procédaient. Dans les sites associés à des puissances particulières, des formations rocheuses remarquables, les gens venaient faire des offrandes à leurs dieux et à leurs ancêtres. Les chamans s'occupaient d'intercéder auprès des dieux et de soigner, utilisant des tambours et des figurines pour entreprendre les voyages en dehors de leur corps qui les conduiraient dans l'au-delà, où ils trouveraient le soutien des ancêtres. Comme presque tous les peuples indigènes de l'hémisphère Nord, les Samis considéraient l'ours, la plus puissante des créatures de la nature, comme un animal sacré.

Dans les temps anciens, chanter les *joik* était l'un des temps forts de la vie religieuse. Ces mantras personnels étaient si puissants que les premiers missionnaires chrétiens, y voyant une grave menace à leur œuvre civilisatrice, les interdirent en prétextant qu'il s'agissait de chants maléfiques. Même si les Samis sont aujourd'hui essentiellement chrétiens, des rites de la religion ancienne connaissent un renouveau.

Sites samis

Musée sami de Varanger (Varangerbotn ; encadré p. 354)

Ceavccageadge (Mortensnes ; encadré p. 354)

Sápmi Park (Karasjok ; p. 362)

Parlement sami (Karasjok ; p. 363)

Musée national sami (Karasjok ; p. 363)

Musée de Kautokeino (Kautokeino ; p. 365)

Organisations politiques

Le Parlement sami de Norvège a tenu sa première session en 1989. Il se réunit à Karasjok. Ses 39 représentants, élus pour quatre ans, viennent des communautés samies de tout le pays. La première mission du Parlement est la protection de la langue et de la culture samies.

Les Samis de Norvège appartiennent aussi au **Conseil Sami** (Saami Council ; ☎en Norvège 950 25 926 ; www.saamicouncil.net), créé en 1956 pour faciliter la coopération entre les organisations politiques de Norvège, de Suède, de Finlande et de Russie. En 1980, à Tromsø, le Conseil a adopté un programme politique fondé sur les principes suivants :

“Nous, les Samis, formons un peuple unique, qui ne saurait être divisé par des frontières nationales. Nous avons notre histoire, nos traditions, notre culture et notre langue. Nous avons hérité de nos ancêtres le droit de vivre sur des territoires, d'avoir accès à l'eau et d'avoir nos propres activités économiques. Nous avons un droit inaliénable à préserver et à développer nos activités économiques et nos communautés, en accord avec notre mode de vie, et nous préserverons nos territoires, nos ressources naturelles et l'héritage de notre nation pour les générations futures.”

Les Samis sont aussi membres du conseil de l'Arctique (Arctic Council ; www.arctic-council.org) et du Conseil mondial des peuples indigènes (WCIP, World Council of Indigenous Peoples), qui encourage la solidarité et l'échange d'informations entre les peuples indigènes des différents pays membres.

L'**Institut universitaire sami** (Sami University of Applied Sciences ; Samisk høgskole ; ☎78 44 84 00 ; www.samas.no/en ; Hannoluohkka 45, Kautokeino) de Kautokeino fut fondé en 1974 sous le nom d'Institut nordique sami afin de promouvoir la langue same, la culture et l'instruction, et de favoriser la recherche, les activités économiques et la protection de l'environnement.

Arts et architecture

Comme souvent lorsque la Norvège joue un rôle sur la scène internationale, sa contribution à la culture occidentale a été inversement proportionnelle à sa superficie. Trois grandes figures – le dramaturge Henrik Ibsen, le compositeur Edvard Grieg et le peintre Edvard Munch –, expressions de l'âme norvégienne, ont longtemps dominé la vie culturelle du pays. Moins célébrée, mais non moins importante, est la contribution norvégienne à la musique actuelle. Quant à l'architecture, la Norvège est aussi connue pour ses églises en bois debout que pour ses créations contemporaines.

Arts

À la fin du XIXe et au début du XXe siècle, la vie culturelle norvégienne est dominée par trois figures artistiques, l'écrivain Henrik Ibsen, le compositeur Edvard Grieg et le peintre Edvard Munch. La production du trio coïncide avec l'acquisition de l'indépendance par la Norvège en 1905. En plus d'être des artistes majeurs, Ibsen, Grieg et Munch sont aussi l'expression de l'âme norvégienne. Au XXe siècle, trois écrivains norvégiens, enfants de l'âge d'or de l'expression culturelle du pays, reçurent le prix Nobel de littérature (1903, 1920 et 1928).

Littérature

Contes traditionnels

Nulle part ailleurs en Europe, la tradition des contes folkloriques et des légendes ne survit aussi bien qu'en Norvège. Si beaucoup de ces contes ont été couchés sur le papier, ils restent par essence une tradition orale qui se transmet entre les générations.

Les contes norvégiens, souvent inspirés des légendes de la littérature nordique médiévale, sont peuplés de personnages mythiques d'une incroyable richesse. Les aventures de ces personnages fantastiques, tout comme celles des princesses et des garçons de ferme qui se montrent plus malins qu'eux, sont aussi typiquement norvégiennes que les fjords et les Vikings. Et c'est seulement au début du XIXe siècle qu'elles furent mises par écrit, grâce au travail de Peter Asbjørnsen et Jørgen Moe. Inspirés par l'œuvre célèbre des frères Grimm, les deux hommes commencèrent par celles qu'ils connaissaient le mieux : les contes des forêts et des vallées des alentours d'Oslo. Comiques, cruelles, moralistes, grivoises et populaires dès leur publication, ces histoires ouvrirent la voie à certains des plus grands auteurs norvégiens, dont Henrik Ibsen et Bjørnstjerne Bjørnson.

Ces contes, souvent illustrés des dessins d'Erik Werenskiold, se terminant par "*Snipp. Snapp. Snute. Så var eventyret ute*" (rime norvégienne, équivalent de "et voici la fin de l'histoire"), sont restés populaires.

La télévision norvégienne a connu deux succès improbables ces dernières années. Le premier suivait le chemin de fer Oslo-Bergen avec une caméra installée à l'avant du train… durant sept heures. Puis la télévision nationale (NRK) a réédité la chose avec l'express côtier Hurtigruten, cette fois durant six jours.

L'âge d'or

La fin du XIXe siècle et le début du XXe marquèrent l'âge d'or de la littérature norvégienne. Aujourd'hui, Henrik Ibsen (1828-1906) est sans conteste l'écrivain norvégien le plus célèbre. Mais c'est Bjørnstjerne Bjørnson (1832-1910) qui fut, en 1903, le premier auteur du pays à recevoir le prix Nobel de littérature. Néoromantique, Bjørnson s'illustra dans

UN AUTEUR EMBLÉMATIQUE : HENRIK IBSEN

Né à Skien, dans le sud de la Norvège, Henrik Johan Ibsen (1828-1906) est devenu pour le monde entier le "père du théâtre moderne". Il incarne pour les Norvégiens la prise de conscience de l'identité nationale. Pourtant, il vécut un exil désenchanté entre 1864 et 1891, critiquant l'étroitesse d'esprit de ses contemporains. Son plus grand succès populaire reste *Peer Gynt* (Flammarion, 2006), écrit en 1867, qui le propulsa sur la scène internationale. Dans cette inoubliable épopée, un héros vieillissant revient vers ses racines norvégiennes après avoir erré de par le monde, et doit affronter son âme.

Ses pièces les plus connues sont *Une maison de poupée* (1879 ; LG-F, 1990), la très provocante pièce *Les Revenants* (1881 ; Les Cygnes, 2007), *Un ennemi du peuple* (1882 ; Librairie théâtrale, 1992), *Hedda Gabler* (1890 ; Flammarion, 2006) et sa dernière œuvre, semi-autobiographique, *Quand nous nous réveillerons d'entre les morts* (1899 ; Actes Sud, 2005).

Ibsen se voyait d'ailleurs comme le reflet de son époque, disant : "Celui qui souhaite me comprendre doit connaître la Norvège. L'environnement magnifique mais difficile dans lequel vivent les gens du Nord les force à ne compter que sur eux-mêmes. C'est pourquoi ils sont portés à l'introspection, sont sérieux, méditatifs, doutent et souvent perdent la foi. Quand viennent les longs hivers obscurs, avec leurs épais brouillards qui enveloppent les maisons, comme ils se languissent du soleil !"

Sur les traces d'Ibsen

Musée Ibsen (Ibsen Museet, Oslo ; p. 51)

Musée Ibsen (Ibsen Museet, Grimstad ; p. 106)

Musée Henrik Ibsen (Henrik Ibsen Museum, Skien ; p. 120)

Théâtre national (Nationaltheatret, Oslo ; p. 82)

Route Peer Gynt Vegen (Centre de la Norvège ; encadré p. 135)

la littérature, le théâtre, la presse et la politique. Après quelques récits paysans, il se tourna vers les drames historiques. Préoccupé par les problèmes sociaux, moraux et politiques, il exalta autant le patriotisme que la religion. Il est l'auteur de l'hymne national. En français, vous pourrez découvrir deux de ses pièces dans *Au-delà des forces. I & II* (Les Belles Lettres, 2010). Sa maison, à Aulestad (p. 129), est ouverte au public.

Knut Hamsun (1859-1952) fut honoré du prix Nobel de littérature en 1920. L'élitisme, le goût des valeurs germaniques et l'idéalisation du milieu rural le conduisirent à soutenir les nazis pendant la Seconde Guerre mondiale. Sa réputation connaît une réhabilitation seulement actuellement, et il est largement considéré comme inscrit dans la lignée de Dostoïevski et de Joyce. Vous en saurez plus en visitant le Centre Knut Hamsun (voir l'encadré p. 291), à Hamarøy consacré à sa vie. De très nombreux romans de Knut Hamsun sont disponibles en français.

Considérée comme la plus grande dame de la littérature norvégienne, Sigrid Undset (1882-1949) fut, en 1928, la troisième lauréate du prix Nobel de littérature. Elle s'intéressa avant tout au sort des femmes pauvres et de la classe moyenne. Bon nombre de ses romans ont été traduits en français, dont *Vigdis la farouche* (Stock, 1996), *La Femme fidèle* (Gallimard, 1982) et *Olav Audunsson* (Stock, 2008). La maison de Sigrid Undset à Lillehammer, Bjerkebæk (p. 133), a été transformée en musée.

Littérature contemporaine

Prix prestigieux, le Nordic Council Literature Prize a récompensé en 2001 Jan Kjærstad (1953), auteur d'*Aléa* (Gallimard, 1996) et du *Séducteur* (Éd. Monsieur Toussaint Louverture, 2017). Parmi les autres auteurs ayant reçu ce même prix, citons Per Petterson (1952), auteur notamment de *Pas facile de voler des chevaux* (Folio, 2008), et *Des hommes dans ma situation* (Gallimard, 2021), ou Lars Saabye Christensen (1953), dont le roman *Beatles* (10-18, 2011) a remporté un immense succès en Norvège. Au nombre des auteurs actuels les plus lus à l'étranger, Jostein Gaarder (1952) s'est fait connaître avec *Le Monde de Sophie* (Seuil, 1995), roman se voulant une introduction à la philosophie. Herbjørg Wassmo (1942) jouit également d'une grande popularité. Son *Livre de Dina* (Gaïa, 2002), dont l'action se déroule dans la Norvège du XIXe siècle, a été porté à l'écran par Ole Bornea sous le titre *Dina* (2003, avec Gérard Depardieu). Quant à Karl Ove Knausgård, il est connu pour son cycle de romans autobiographiques, *Mon combat*, composé de six volumes publiés entre 2009 et 2011 (Folio, 2015-2021).

Côté polar, Gunnar Staalesen (1947), Karin Fossum (1954) et le maître incontesté, Jo Nesbø (1960), ont un public fidèle et sont traduits en français depuis longtemps.

Musique

Musique traditionnelle

La musique traditionnelle est un pilier de la musique norvégienne, et le violon Hardanger (dont les quatre ou cinq cordes de résonance placées sous les quatre cordes habituelles lui donnent un son caractéristique) est un des instruments traditionnels les plus appréciés d'Europe.

Tore Bruvoll et Jon Anders Halvorsen (*Nattsang*), qui interprètent les chants traditionnels du Telemark, comptent parmi les plus grands artistes traditionnels. Citons aussi le groupe Bukkene Bruse (*Spel*, 2005), dont la musique est très marquée par la présence du violon Hardanger ; Rusk (*Rusk*), dont le répertoire très étendu comprend des musiques du sud-est du pays ; Sigrid Moldestad et Liv Merete Kroken (*Spindel*), dont le violon témoigne de leur formation classique ; et Sinikka Langeland, dont le *Runoja* s'inspire de la musique runique ancienne. En 2009, la musique traditionnelle norvégienne débarquait sur la scène internationale grâce à Alexander Rybak qui remporta alors le concours de l'Eurovision.

Musique samie

La musique des Samis connaît un renouveau. Des musiciens samis comme Ingor-Ámtte Áilu Gaup, Sofia Jannok, Mari Boine Persen et Nils-Aslak Valkeapää ont fait connaître auprès d'un large public des versions traditionnelles et modernes des *joik* traditionnels (chants à vocation spirituelle). Mari Boine a su se faire un nom en dehors des frontières norvégiennes avec un son personnel mêlant folk-rock et racines *joik*.

Musiques actuelles

La scène musicale norvégienne va bien plus loin que le groupe mondialement connu *a-ha* (ils existent encore et ont sorti leur 10e album, *Cast in Steel*, en 2015) et excelle en tout, du jazz à l'électro en passant par cette obsession toute norvégienne, le black metal.

Rencontres avec Edvard Grieg

Musée Edvard-Grieg, Troldhaugen (Bergen; p. 163)

Concerts estivaux en plein air (Bergen ; encadré p. 179)

Grieghallen (Bergen ; p. 179)

Chalet de Grieg, Hotel Ullensvang (Lofthus ; p. 199)

UN SYMBOLE CULTUREL : EDVARD GRIEG

Le compositeur Edvard Grieg (1843-1907) fut si déçu de sa première symphonie qu'il interdira que celle-ci soit interprétée ! Heureusement, on ignora ses instructions. Grieg était très influencé par la musique folklorique et les mélodies norvégiennes et une de ses premières grandes œuvres, le *Concerto pour piano en la mineur*, op. 16, est devenu le symbole de la Norvège.

Deux ans après ce concerto, Grieg, encouragé par des artistes comme Franz Liszt, collabora avec Bjørnstjerne Bjørnson, mettant la poésie et la prose de ce dernier en musique. Les résultats (*Devant un couvent du Sud, Bergliot* et *Sigurd Jorsalfar)* firent de Grieg la voix musicale de la Norvège. Puis suivit un projet avec Henrik Ibsen, Grieg mettant en musique son roman *Peer Gynt*. Le résultat fut internationalement salué et devint l'œuvre classique la plus connue de Grieg. Selon son biographe, Aimer Grøvald, il était impossible d'écouter Grieg sans ressentir la légère brise fraîche venue des eaux bleues, sans apercevoir les glaciers grandioses et sans penser aux montagnes des fjords de l'Ouest.

Jazz

À en juger par le nombre de festivals de rang international qui se tiennent en Norvège, le jazz est d'une vitalité débordante dans ce pays.

Le saxophoniste Jan Garbarek compte depuis longtemps parmi les grandes figures du jazz norvégien, et c'est un des plus grands noms de la scène. Ses œuvres inspirées de la musique classique, traditionnelle ou des musiques du monde ont fait l'objet d'une trentaine d'albums, dont certains avec la collaboration d'artistes renommés venus de tous les horizons musicaux. Considérée comme une des artistes de jazz les plus intéressantes et les plus créatives, Anja Garbarek, sa fille, mêle jazz, pop et électro.

Parmi les musiciens de jazz connus, citons encore les pianistes Bugge Wesseltoft et Ketil Bjørnstad, le saxophoniste Trygve Seim, le guitariste Terje Rypdal, et les chanteuses Solveig Slettahjell, Sidsel Endresen et Karin Krog. Supersilent, le Christian Wallumrød Ensemble et l'avant-gardiste Jaga Jazzist comptent parmi les groupes de jazz les plus appréciés.

Todd Terje est considéré comme l'un des meilleurs DJ de Scandinavie, tandis que les producteurs et DJ Prins Thomas et Hans-Peter Lindstrøm forment la paire la plus dynamique du pays. Leur album *Lindstrøm & Prins Thomas* (2005) est une bonne introduction à leur style "space disco".

Électro

La Bergen Wave (vague de Bergen) a contribué à inscrire la Norvège sur la carte du monde de la musique électronique du début du XXIe siècle. Le groupe de Tromsø, Röyksopp (royksopp.com), notamment, a envahi la scène mondiale avec son premier album, *Melody A.M.* en 2001. La Bergen Wave ne s'est pas arrêtée à la musique électronique. Elle a également donné naissance à des artistes mondialement connus comme le groupe norvégien pop Kings of Convenience (www.kingsofconvenience.eu) et Ephemera (www.ephemera.no).

Ces dernières années, Oslo a pris le relais avec *Sunkissed*, mixé par G-Ha et Olanskii.

Metal

Le metal norvégien reste très en vogue et, là encore, Bergen tend à donner le *la*. On y trouve notamment la salle Hulen (p. 179), presque un mythe pour les fans européens de heavy metal et de rock indé. Parmi les groupes les plus connus (ou reconnus), citons Darkthrone, Mayhem, Enslaved, Gorgoroth et Satyricon.

Le top des musées d'art

- *Musée national (Oslo ; p. 51)*
- *Musée Munch (Oslo ; p. 52)*
- *Bergen Kunsthall (Bergen ; p. 165)*
- *KODE (Bergen ; p. 163)*
- *Musée des Beaux-Arts de Stavanger (Stavanger Kunstmuseum ; p. 210)*
- *Musée Astrup Fearnley (Oslo ; p. 47)*
- *Centre d'art Henie-Onstad (Oslo ; p. 62)*

Peinture et sculpture

La Norvège du XIXe siècle a donné naissance à deux talents extraordinaires : le peintre Edvard Munch (1863-1944) et le sculpteur Gustav Vigeland (1869-1943).

Au début du XXe siècle, Matisse inspira plusieurs artistes norvégiens dont Axel Revold (1887-1962), Per Krohg (1899-1965), Alf Rolfsen (1895-1979) et Henrik Sørensen (1882-1962), que l'on désigne collectivement du nom de "Frères en fresque". Après la guerre, les sombres forêts de Jakob Weidemann, les toiles constructivistes de Gunnar S. Gundersen et les sculptures non figuratives d'Arnold Haukeland et d'Åse Texmon Rygh ont marqué le monde artistique.

Nikolai Astrup (1880-1928) est un peintre du mouvement néo-romantique qui passera quelques mois à Paris et rencontrera, entre autres, le Douanier Rousseau et Paul Gauguin. On peut admirer ses œuvres au KODE (p. 163), à Bergen.

Parmi les artistes contemporains norvégiens, Olav Jensen, Anne Dolven, Ørnulf Opdahl, Bjørn Tufta, Håvard Vikhagen, Odd Nerdrum et Andres Kjær ont créé l'émoi en retournant à l'abstraction et à l'expressionnisme et en prenant pour normes de dures interprétations des paysages norvégiens. Les sculpteurs Bård Breivik, Per Inge Bjørlo et Per Barclay sont particulièrement dignes d'intérêt.

UN PEINTRE EMBLÉMATIQUE : EDVARD MUNCH

Edvard Munch (1863-1944) est le peintre norvégien le plus connu au monde. Sa mère et sa sœur moururent de la tuberculose, et sa plus jeune sœur souffrit très tôt de troubles mentaux. Sa première grande toile, *L'Enfant malade*, est un portrait de sa sœur Sophie peu avant sa mort. En 1890, il peignit *Nuit*, montrant une figure solitaire devant une fenêtre sombre. L'année suivante, il termina *Mélancolie* et commença une série de croquis qui allaient donner naissance au *Cri*, son œuvre la plus connue.

En 1892, Munch entreprit une suite poétique empreinte d'une profonde anxiété portant sur des thèmes existentiels et intitulée *Frise de la vie – Poème sur la vie, l'amour et la mort*. Par-delà ses œuvres, son obsession pour l'obscurité et le malheur marqua toute sa vie. L'alcoolisme, une instabilité émotionnelle chronique et une tragique histoire d'amour aboutirent en 1907 à *La Mort de Marat*, puis, un an plus tard, à son internement durant huit mois dans un asile de Copenhague.

À sa sortie de clinique, Munch s'installa sur la côte à Kragerø. Il apparut que ses œuvres seraient désormais très différentes, plus ensoleillées, davantage porteuses d'espoir, montrant l'homme en harmonie avec la nature.

Dans une catégorie à part, Bjarne Melgaard (né en 1967), installé à New York, est selon un article du magasine *Télérama* "l'artiste norvégien le plus célèbre depuis Munch". Connu pour son art conceptuel dérangeant, Melgaard est devenu mondialement célèbre en 2014 avec une sculpture de fibre de verre baptisée *Chair*. Conçue comme un commentaire politique sur la race et le genre, elle représentait une femme noire allongée sur le dos, l'assise de la chaise étant posée sur ses cuisses, et souleva une vive controverse. En France, l'artiste a conçu une exposition inspirée par le thème du film *Abus de faiblesse* réalisé par la cinéaste Catherine Breillat. En 2018, l'artiste a défrayé la chronique en présentant un projet d'installation décoiffant à Ekely (banlieue d'Oslo), résidence et atelier du peintre Munch pendant plus de 20 ans.

Cinéma

La Norvège possède une industrie cinématographique limitée mais de renommée internationale depuis la nomination aux Oscars de Nils Gaup et d'Arne Skouen. Parmi les autres cinéastes contemporains les plus remarqués, citons Marius Holst, Hans Petter Moland, Berit Nesheim, Anja Breien, Pål Sletaune, Erik Skoldbjærg, Peter Næss, Harald Zwart, et Jens Lien, sans oublier Joachim Trier qui a réalisé *Oslo 31 août* en 2011. Les courts métrages norvégiens se distinguent régulièrement dans les festivals internationaux. *L'Expédition du "Kon-Tiki"*, de Thor Heyerdahl, a reçu l'Oscar du meilleur film documentaire en 1951. En 2006, *Le Poète danois*, de la réalisatrice Torill Kove, avec la voix de Liv Ullmann, a remporté l'Oscar du meilleur court métrage d'animation, devenant ainsi le deuxième film norvégien à recevoir un Academy Award.

Un film (italien) du réalisateur russe Nikita Mikhalkov, *Les Yeux noirs* (1987), a été tourné en Norvège au cœur des paysages spectaculaires de la région de Kjerringøy, dans le Nordland, et l'adaptation d'*Une journée d'Ivan Denissovitch* (1971) par Caspar Wrede le fut, elle, à Røros.

Le top des festivals de cinéma

Festival international du film de Tromsø (mi-janvier)

Kosmorama – Festival international du film de Trondheim (entre mars et début mai)

Festival international du film de Haugesund (août)

Festival international du film de Bergen (fin septembre)

Architecture

Les architectes norvégiens sont depuis toujours inspirés par la nature et les paysages du pays, tout en reconnaissant la nécessité de bâtir des structures capables de supporter les rigueurs de son climat. Le résultat est souvent épatant : des maisons rustiques avec des toits végétalisés, dont la conception remonte à près de deux mille ans, aux emblématiques églises en bois debout, à l'architecture religieuse et aux adaptations inventives des symboles samis et des formes naturelles de l'Arctique.

Architecture traditionnelle

Architecture samie

Dans l'extrême Nord, où ces deux matériaux étaient plus rares, les premiers Samis nomades ont eu l'idée ingénieuse de construire des maisons en tourbe, excellent isolant contre le froid.

Lors de leurs déplacements, ils utilisaient un abri provisoire appelé *lavvo*, qui avait pour armature un trépied fait de trois perches en bois liées entre elles, le tout étant recouvert de peaux de renne (plus tard remplacées par le tissu). Au centre de la vie samie, le *lavvo* protège avant tout des intempéries, et a gardé une très forte portée symbolique pour ce peuple. L'architecture étonnante du Parlement sami (p. 363) de Karasjok s'inspire de la forme traditionnelle du *lavvo*.

Les églises en bois debout

Fruits d'une imagination apparemment fantasque, les *stavkirke* s'adaptent parfaitement aux conditions locales. Apparus à la fin de l'ère viking et grandement restaurés, ces sanctuaires travaillés figurent parmi les plus anciens édifices en bois de la planète. Tirant leur nom de leurs piliers verticaux (*stav*), ils se distinguent également par leurs sculptures détaillées – les pignons en tête de dragon rappellent les proues des bateaux vikings – et par leur silhouette élancée. Sur les 500 à 600 églises qui existaient autrefois, il n'en reste que 28, et seules 20 ont conservé la plupart de leurs éléments d'origine.

Architecture contemporaine

Au lendemain de la Seconde Guerre mondiale, la nécessité d'une reconstruction rapide a favorisé une architecture fonctionnelle (souvent appelée *funkis* en langue vernaculaire) au détriment de la cohérence stylistique. Avec le temps, le style évolua en accordant plus d'importance à l'esthétique dans le renouveau urbain (comme en témoigne le quartier de Grünerløkka, à Oslo), et l'architecture s'harmonisa de nouveau avec l'environnement et l'histoire du pays.

La Cathédrale arctique (Ishavskatedralen, p. 329) de Tromsø, conçue par Jan Inge Hovig en 1965, fait penser aux crevasses glaciaires et aux aurores boréales. Tout aussi remarquable, le Parlement sami, à Karasjok (p. 363), donne une impression de robustesse et d'authenticité grâce à l'emploi de matériaux arctiques (bouleau, pin et chêne). L'éclairage suggérant le ciel nocturne de l'Arctique et la structure en forme de *lavvo* sont extraordinaires. La cathédrale des Aurores boréales d'Alta (p. 342) est étrange et merveilleuse, le Vikingskipet (salle olympique, p. 136) est une interprétation originale des formes norvégiennes historiques, et l'Opéra d'Oslo (p. 47) est un bâtiment qui évoque la structure d'un glacier.

Oslo, dans sa volonté de devenir la capitale de l'architecture contemporaine, est en plein boom et se transforme à vue d'œil. Des bâtiments emblématiques sont sortis de terre, les zones industrielles de Bjørvika et d'Aker Brygge ont été réhabilitées, et de nouveaux bâtiments ne cessent de pousser, tels le nouveau musée Munch à Bjørvika (p. 52), imaginé par l'agence Herreros Arquitectos, et le futur Musée national (voir l'encadré p. 51). D'ici votre visite, la ville aura sans doute encore changé de visage !

Le top 5 d'Oslo

Opéra d'Oslo
L'agence d'architecture Snøhetta a marqué les esprits avec cette fabuleuse construction sur le front de mer. (p. 82)

Musée Astrup-Fearnley
L'édifice de Renzo Piano rappelle l'emplacement d'origine du musée, sur les quais. (p. 47)

The Thief
Un glamour sombre enveloppe l'hôtel design le plus prisé de la capitale, réalisation de Mellbye Architects. (p. 67)

Sentralen
Fabuleuse rénovation d'une ancienne banque. (p. 53)

Tremplin de saut à skis de Holmenkollen
S'élançant vers le ciel, cette structure courbe en aluminium et en verre a été conçue par Julien de Smedt Architects, en 2011. (p. 61)

La cuisine norvégienne

La cuisine norvégienne peut être excellente. Le poisson, les fruits de mer, des spécialités locales comme le renne et une cuisine d'avant-garde de plus en plus à la mode sont incontestablement ses points forts. Seul problème, et pas des moindres : les prix prohibitifs ! Un repas au restaurant est un luxe pour les voyageurs au budget serré. Mais il serait dommage de quitter la Norvège sans avoir pu apprécier sa gastronomie.

L'essentiel

On trouve en Norvège toute la gamme et tout type d'établissements. Réserver est rarement nécessaire, sauf pour le soir dans les restaurants haut de gamme.

Restaurants Des petits établissements sans prétention aux tables gastronomiques, en passant par les restaurants indiens ou thaïlandais.

Cafés Souvent ouverts pour le petit déjeuner et le déjeuner seulement, la plupart servent des plats légers, des pâtisseries et, naturellement, du café.

Hôtels La plupart des hôtels disposent d'un restaurant ; beaucoup proposent un buffet au dîner et sont ouverts aux visiteurs.

Kiosks Moins coûteux que les restaurants, ils vendent hamburgers, hot-dogs, et autres en-cas.

Marchés aux poissons Dans les grandes villes, parfois des stands avec des en-cas.

Dans les assiettes

Viande

Les Norvégiens aiment la viande. Les espèces locales entrent dans la composition de certains de leurs plats les plus mémorables.

Le renne rôti (*reinsdyrstek*), l'une des meilleures viandes rouges, est un délice pour les carnivores qui devront faire abstraction de son prix (à partir de 275 NOK, mais souvent bien plus cher). Dans le Grand Nord, ou si vous avez la chance d'être invité à un mariage sami, vous pourrez savourer un ragoût traditionnel de renne (*bidos*). L'élan (*elg*), également apprécié, est servi sous des formes diverses, y compris en grillade et en burger.

Les cuisiniers norvégiens préparent aussi de savoureux *bankebiff* (tranches ou morceaux de bœuf mijotés en sauce), *dyrestek* (gibier rôti) et *lammebog* (épaule d'agneau). Du fait du climat, les viandes sont souvent fumées, comme dans le *spekemat* (agneau, bœuf, porc ou renne fumé, souvent accompagné d'œufs brouillés). Parmi les autres spécialités figurent le *kjøttpålegg* (tranches de viande froide), le *fårikål* (ragoût d'agneau au chou), le *syltelabb* (pieds de porc salés et bouillis), le *lapskaus* (épais ragoût de viande et de légumes) et le *pytt i panne* (dés de pommes de terre et de viande servis avec un œuf).

Étonnamment, peu de restaurants proposent des plats que les Norvégiens consomment au quotidien, ou en tout cas qu'ils consommaient lorsque leurs parents leur faisaient la cuisine. Le plus

Deux ouvrages pour trouver l'inspiration en cuisine : *Pêche en Norvège, 10 produits, 30 recettes*, de Michael Feval et Tomm Haga (Éd. Hinoki, 2010) et *Recettes vikings*, de Vanessa Lancelot (Gisserot, 2008)

UN TUBE À SUCCÈS

Plus d'un visiteur étranger s'est demandé s'il était bien réveillé en voyant le tube présenté comme petit-déjeuner. Dedans, point de dentifrice, mais un mélange de fromage frais et de *kaviar* (crème d'œufs de cabillaud sucrés et fumés) conditionné dans un tube. C'est un classique du petit-déjeuner norvégien depuis des décennies.

Deux marques sont particulièrement populaires : Mills, installée à Trondheim connue pour son *kaviar*, et Kavli, plus ancienne et établie à Bergen. Cette dernière, fondée en 1893 (la production de ses premiers tubes date des années 1920), décline son fromage dans de multiples parfums (bacon, jambon, salami, crevettes, tomate, piment,...), toujours dans ses indémodables tubes.

Le *kaviar* et le fromage Norvegia, ces deux indispensables du *frokost* (petit-déjeuner) norvégien, sont très bons tartinés séparément, mais le premier est particulièrement apprécié accompagné du second ou d'œuf dur.

connu, le *kjøttkaker*, est composé de boulettes de viande accompagnées de purée de petits pois et de pommes de terre et servies avec de la confiture de baies sauvages.

Poisson et fruits de mer

Parmi les spécialités norvégiennes ayant conquis le monde, ne manquez pas de goûter au saumon (grillé, *laks*, ou fumé, *røykelaks*). Contrairement à d'autres plats, dont le prix démesuré ne reflète pas toujours la qualité, celui-ci demeure très abordable, à condition de choisir du poisson d'élevage - le saumon sauvage est beaucoup plus cher. La qualité est toujours irréprochable. Excellent, le *gravat laks* est du saumon mariné dans du sucre, du sel, du cognac et de l'aneth, servi avec une sauce à la crème.

Marchés aux poissons

Bergen (p. 172)

Stavanger (p. 215)

Kristiansand (p. 108)

Trondheim (p. 273)

Narvik (p. 289)

D'autres poissons d'eau douce sont également délicieux (selon les goûts), tels la truite, la perche, l'omble chevalier, l'ombre arctique, la daurade, la tanche et l'anguille.

La morue (*torsk* ou *bacalao* ; souvent séchée) et les crevettes crues ou cuites comptent parmi les produits les plus courants. Le hareng (autrefois le plat des pauvres, aujourd'hui servi mariné avec oignons et moutarde ou en sauce tomate) est toujours proposé par endroits, mais devient plus rare, ayant été victime de surpêche. La *fiskesuppe*, une soupe de poisson à la crème, est également très appréciée.

Les autres spécialités incluent les *fiskebolle* (boulettes de poisson), le *fiskegrateng* (ragoût de poisson), le *gaffelbitar* (filets marinés sucrés-salés de sprat ou de hareng), le *klippfisk* (morue salée et séchée), la *sildesalat* (salade composée de tranches de hareng, de concombres, d'oignons, etc.) et le *spekeslid* (hareng salé, souvent servi avec de la betterave marinée, des pommes de terre et du chou).

Autres spécialités

Les pommes de terre figurent à presque tous les repas et la plupart des restaurants les servent avec tous les plats - bouillies, rôties ou frites.

La région du Hardangerfjord est le verger de la Norvège (voir une sélection de vergers p. 195) : fraises, prunes, cerises, pommes et autres fruits y poussent en abondance. Fraises sauvages, mûres, groseilles et framboises comptent parmi les fruits préférés des Norvégiens, de même que les airelles, qui poussent dans les landes, les myrtilles, qui prospèrent dans les marais, les canneberges et les raisins de corneille. Les délicates baies polaires (*moltebær*), couleur ambre, sont particulièrement prisées. La plante pousse dans les terrains marécageux et ne donne qu'un fruit par tige ; certains bosquets sont jalousement protégés. Une glace nappée de confiture de baies polaires tiède est un régal !

Les fromages norvégiens ont acquis une certaine réputation à l'étranger, notamment grâce au jarlsberg, un fromage doux à pâte blanche et au goût fruité, produit pour la première fois dans le domaine Jarlsberg à Tønsberg en 1860.

Une association de restaurateurs a mis en place le Menu arctique dans le but de remettre les recettes et ingrédients régionaux au goût du jour (voir l'encadré p. 319). Faites-en l'expérience dans un établissement membre.

Végétariens

Bien que les Norvégiens soient rarement végétariens, la plupart des restaurants servent aussi des plats sans viande : omelette au fromage et aux oignons, pâtes à la crème, salades imaginatives (souvent avec du fromage) et crêpes variées. Les pommes de terre, présentes sur toutes les cartes, vous éviteront de ressortir affamé.

Plus une ville est grande, plus elle offre de choix aux végétariens. Dans les grandes villes, des restaurants de tapas préparent des assiettes de légumes et les pizzerias concoctent toujours au moins une pizza végétarienne.

À table

Au quotidien

Les Norvégiens commencent la journée par un café (incontournable), un œuf dur et du pain ou une biscotte (généralement Ryvita) couvert de fromage, de concombre, de tomate et de hareng mariné.

Au déjeuner, ils se contentent habituellement d'un sandwich ou d'une tranche de pain avec des sardines, des crevettes, du jambon, des olives, du concombre ou un œuf. En milieu d'après-midi, ils s'offrent souvent un petit plaisir : une pause café accompagnée d'une gaufre à la crème et à la confiture. Les gaufres norvégiennes, en forme de fleur, sont tendres et souvent parfumées à la cardamome.

L'hiver, le repas principal se prend entre 16h et 18h, plus tard en été. Habituellement seul repas chaud de la journée, il comprend une viande, du poisson ou des pâtes, des pommes de terre, quelques légumes et parfois une salade.

Le site Internet Évasion au cœur de la Norvège (www.norvege-fr.com) propose des recettes norvégiennes faciles à réaliser.

Heures d'ouverture

Le déjeuner est servi entre midi et 15h, et le dîner entre 18h et 23h, mais de nombreux restaurants (et leur cuisine) sont ouverts sans interruption de midi à 22h ou 23h.

FAITES VOYAGER VOS PAPILLES !

La Norvège, comme nombre d'autres pays, possède sa part d'étrangetés culinaires, que les plus intrépides souhaiteront peut-être goûter.

- Fromage brun (*gudbrandsdalsost*) – fait avec du petit-lait de chèvre et/ou de vache, possède un goût assez doux malgré sa couleur caramel peu engageante.
- Boulettes de morue, de maquereau ou de colin (*lutefisk*) – un plat familial, particulièrement apprécié des plus âgés.
- Langues de morue (*torsketunger*) – énormément, et exclusivement, appréciées dans les Lofoten.
- Truite fermentée (*rakfisk*) – certains Norvégiens en raffolent ; les auteurs de ce guide se sont fait un plaisir de leur céder leur part !

Établissements

Les hôtels norvégiens offrent souvent un buffet gargantuesque permettant de composer un petit-déjeuner continental, ainsi que quelques plats chauds (œufs, lard et/ou saucisses) et des éléments scandinaves (comme le hareng mariné). Les boulangeries vendent des pains, des pâtisseries, des sandwichs et des bagels.

Paradis du poisson frais, les marchés sont parfaits pour se composer un repas : achetez un plat à emporter et installez-vous au bord de l'eau pour le savourer.

On trouve généralement un établissement pour se restaurer même dans les plus petites localités. Bien que le déjeuner soit habituellement léger et que le dîner constitue le repas principal, de nombreuses enseignes, surtout dans les grandes villes, proposent un menu moins cher à midi (79 NOK environ), souvent roboratif et copieux. Il est parfois appelé *dagens rett* (menu du jour).

Tous les jeudis de septembre à mai, de nombreux restaurants de Bergen servent du *raspeballer*, un copieux repas traditionnel d e viande salée, de pommes de terre et de purée de navets – particulier sur le plan gustatif, mais parfaitement adapté aux rigueurs de l'hiver.

Boissons

Boissons chaudes

Si la Norvège possède une boisson nationale, c'est incontestablement le café : on le boit dans tout le pays. Il est souvent consommé noir et fort.

Thés et tisanes sont également disponibles partout.

Boissons alcoolisées

Dans les bars, la bière est communément servie dans des verres de 400 ml (à partir de 60 NOK) ou de 500 ml (à partir de 70 NOK). La bière norvégienne standard est la pils blonde, à 4° environ et toujours brassée selon la méthode allemande du XVIe siècle. Les marques les plus appréciées sont les blondes *Ringsnes* dans le Sud et *Mackin* au nord. La *Munkholm* est une bière sans alcool assez agréable. Lors d'une sortie entre amis, chacun paie ses consommations, ce qui n'est pas surprenant vu les prix pratiqués.

Les Norvégiens boivent de plus en plus de vin au repas. Selon une étude récente, le vin représente un tiers de la consommation d'alcool, contre 12% en 1974. Les bons restaurants possèdent souvent une belle carte des vins avec des propositions de toute l'Europe et même de plus loin.

LES PROBLÈMES D'ALCOOL

La Norvège est l'un des rares pays du monde où la population a voté en faveur de la prohibition (dans un référendum en 1919). L'interdiction est demeurée en vigueur jusqu'en 1927, époque à laquelle la moitié de la population était impliquée dans le trafic ou la distillation clandestine. Sous le système de monopole d'État, les magasins de spiritueux Vinmonopolet (surnommés "pole"), créés en 1922, étaient les seuls établissements habilités à vendre des boissons alcoolisées en dehors des restaurants et des bars. Organisme d'État dirigé par le ministère de la Santé, la chaîne a toujours le monopole de la vente d'alcool en Norvège.

L'ancienne tendance prohibitionniste est toujours bien ancrée dans certains recoins du pays. La vente d'alcool est strictement limitée ; quelques villes ont même instauré une quasi-prohibition. L'attitude des Norvégiens à l'égard de l'alcool frise la paranoïa, d'autant que leur consommation est parmi les plus basses d'Europe. De 3,4 litres d'alcool pur par personne et par an en 1960, elle est certes passée à 7,8 litres ces dernières années, mais cela représente moitié moins que ce qui est consommé en Allemagne (12,8 litres) ou en France (13,7 litres ; source : OMS, 2010).

AQUAVIT

Alcool national, l'aquavit (ou *akevitt*) est un emblème puissant de la culture norvégienne, fait d'alcool de pommes de terre et de cumin. Son nom provient du latin *aqua vitae*, "eau de vie". Si le cumin reste un ingrédient indispensable, des distilleries modernes augmentent la saveur épicée avec un mélange d'orange, de coriandre, d'anis, de fenouil, de sucre et de sel. La préparation est ensuite vieillie pendant 3 à 5 ans dans des fûts de chêne de 500 litres préalablement utilisés pour faire du Xérès.

La version la plus appréciée est le *linje aquavit*, ou "aquavit de ligne", nom qui faisait référence à l'origine aux fûts qui avaient franchi l'équateur. Autrefois, des bateaux transportaient des tonneaux d'aquavit pour les vendre à l'étranger et les invendus étaient rapportés en Norvège. Lorsque l'on s'aperçut que le voyage et le temps avaient amélioré la qualité de l'alcool, ces invendus devinrent très hautement prisés. Aujourd'hui, les bouteilles de *linje aquavit* portent la mention du nom du navire, de son itinéraire et de la durée de vieillissement en mer.

Glossaire culinaire

bacalao – morue (voir aussi *torsk*)
bidos – ragoût traditionnel de renne (Sami)
brisling – sardine
brus – boisson non alcoolisée
dagens rett – plat du jour
dyrestek – gibier rôti
elg – élan ou orignal
fiskebolle – boulettes de poisson
fiskesuppe – soupe de poisson claire et crémeuse
frokost – petit-déjeuner
frukt – fruit
gaffelbitar – filets de sprat ou de hareng sucrés-salés
gatekjøkken – étal ou kiosque de restauration
grønnsak – légume
Gudbrandsdalsost – fromage brun fait avec du petit-lait de chèvre et/ou de vache
hvalbiff – steak de baleine
hvitvin – vin blanc
jordbær – fraise
kaffe – café
kjøtt – viande
kjøttpålegg – charcuterie
klippfisk – morue salée et séchée
kylling – poulet
laks – saumon, généralement grillé
lammebog – épaule d'agneau
lunsj – déjeuner
lutefisk – boulettes de morue, de maquereau ou de colin
melk – lait
meny – menu
mineralvann – eau minérale
nøtter – noix
øl – bière
oksekjøtt – bœuf
ost – fromage
potet – pomme de terre
pølse – saucisse, hot-dog

pytt i panne - œuf et dés de pomme de terre et de viande
rakfisk - truite fermentée
reinsdyrstek - renne rôti
reker - crevette
rødvin - vin rouge
rømmegrøt - porridge à la crème aigre, servi à Noël
røykelaks - saumon fumé
salat - salade
sauekjøtt - agneau
sild - hareng
skinke - jambon
sopp - champignon
spekemat - agneau, bœuf, porc ou renne fumé, souvent accompagné d'œufs brouillés
svinekjøtt - porc
torsk - morue (voir aussi *bacalao*)
torsketunger - langues de morue
tunfisk - thon

Norvège pratique

Carnet pratique

Ambassades et consulats

Ambassades et consulats de Norvège à l'étranger

France (☎01 53 67 04 00 ; www.norway.no/fr/france ; 28 rue Bayard, 75008 Paris)

Belgique (☎02 238 73 00 ; www.norway.no/en/belgium ; 17 rue Archimède, 1000 Bruxelles)

Suisse (☎031 310 55 55 ; www.norway.no/de/switzerland ; Bubenbergplatz 10, 3011 Berne)

Canada (☎613 238 6571 ; www.norway.no/en/canada ; 150 rue Metcalfe, bureau 1300, Ottawa, ON K2P 1P1)

Ambassades étrangères en Norvège

France (☎23 28 46 00 ; no.ambafrance.org ; Drammensveien 69, Oslo)

Belgique (☎23 239 220 ; norway.diplomatie.belgium.be ; Munkedamsveien 53B, Oslo)

Suisse (☎22 54 23 90 ; www.eda.admin.ch/oslo ; Oscars gate 29, Oslo)

Canada (☎22 99 53 00 ; www.canadainternational.gc.ca/norway-norvege ; Wergelandsveien 7, Oslo)

Danemark (☎22 54 08 00 ; norge.um.dk ; Olav Kyrres gate 7, Oslo)

Finlande (☎22 12 49 00 ; finlandabroad.fi/web/nor/etusivu ; Thomas Heftyes gate 1, Oslo)

Russie (☎22 55 32 78 ; www.norway.mid.ru ; Drammensveien 74, Oslo)

Suède (☎24 11 42 00 ; www.swedenabroad.se/sv/utlandsmyndigheter/norge-oslo ; Inkognitogata 27, Oslo)

Argent

L'unité monétaire norvégienne est la couronne (*krone*, abrégée en NOK), qui est divisée en 100 *ører* (*øre* au singulier).

Il existe des pièces de 50 *ører*, de 1, 5, 10 et 20 NOK (un marteau de mineur est frappé sur toutes les pièces), et des billets de 50, 100, 200, 500 et 1 000 NOK. Le plus commode est d'emporter une carte bancaire, et un peu d'espèces pour les urgences.

Cartes bancaires

Les cartes Visa, Eurocard, MasterCard, Diners Club et American Express sont acceptées dans toute la Norvège. Numéros à appeler en cas de perte ou de vol en Norvège :

UN FIL D'ARIANE EN VOYAGE

Le **portail Ariane** (pastel.diplomatie.gouv.fr/fildariane), mis en place par le Centre de crise du ministère des Affaires étrangères, est un service gratuit permettant au voyageur français à l'étranger d'être contacté par le service consulaire, sur son téléphone portable ou par e-mail, au cas où des événements graves (crise politique, catastrophe naturelle, attentat...) se produiraient dans le pays durant son séjour, ou de contacter rapidement sa famille ou ses proches en France en cas de besoin.

La procédure d'inscription se réalise en ligne, où vous donnez des informations sur votre voyage (date de départ, de retour, numéro de téléphone portable, coordonnées d'éventuels contacts sur place, adresses de séjour et itinéraire prévu, etc.).

Grâce à ce service, vous recevrez en outre, avant votre départ, des recommandations de sécurité par e-mail si la situation dans le pays le justifie.

Il existe une application pour les smartphones et les tablettes, intitulée *Conseils aux voyageurs*.

American Express (☎22 96 08 00)

Diners Club (☎21 01 53 00)

MasterCard (☎80 01 26 97)

Visa (☎80 01 20 52)

Change

Certaines banques offrent le service de change. Les postes et les offices du tourisme pratiquent généralement des taux moins intéressants que ceux des banques, mais ils peuvent être pratiques pour changer de petites sommes quand les banques sont fermées.

Pour les taux de change, reportez-vous p. 17.

Détaxe

Le système norvégien de détaxe pour les objets achetés dans les magasins participants est bien organisé. Le remboursement de la TVA s'applique à tous les ressortissants résidant hors de Norvège.

Les magasins affichant le logo " Tax Free " donnent droit à un remboursement par chèque de la MVA (équivalent de la TVA) de 25% ou 15% pour les produits alimentaires. Le montant d'achat minimal dans une boutique pour avoir droit à la détaxe est de 315 NOK pour les marchandises ordinaires et de 290 NOK pour les produits alimentaires (notez que le seuil tarifaire est lié au montant total des biens achetés dans un magasin, et non au prix de chaque objet).

Dans le point de vente, indiquez sur le chèque vos nom, adresse et numéro de passeport. Au moment de quitter le pays (à l'aéroport, aux postes frontières sur les routes et à bord des ferries et des bateaux de croisière), présentez le bien concerné, votre passeport et votre chèque pour être remboursé. Les passagers des ferries sont en général remboursés après le départ par le commissaire de bord, qui pratique des horaires restreints.

NORVÈGE PRATIQUE

- **Journaux et magazines** le quotidien de référence en norvégien est l'*Aftenposten*. Le *VG* et le *Dagbladet* sont d'autres quotidiens nationaux à grand tirage. Le *Morgenbladet* est un hebdomadaire en norvégien. *The Norway Post* (www.norwaypost.no) est une bonne source d'info en anglais.
- **Télévision et radio** L'entreprise publique NRK (une chaîne télé et 4 radios) est en concurrence avec les réseaux TV2 et TV Norge et avec la chaîne satellitaire TV3. Les programmes en langue étrangère sont sous-titrés. Les hôtels ont souvent le câble.
- **DVD** La Norvège est en zone 2.
- **Tabac** Il est interdit de fumer dans les espaces publics fermés, notamment les hôtels, restaurants et bars.
- **Poids et mesures** Système métrique. Le *mil* norvégien vaut 10 km (rien à voir, donc, avec le *mile* britannique).

Pour plus de détails, procurez-vous la brochure *How to Shop Tax Free* disponible dans les offices du tourisme et certaines boutiques touristiques, qui explique comment procéder et donne la liste des points de passage des frontières où l'on peut se faire rembourser. Vous pouvez aussi consulter le site www.globalblue.com/tax-free-shopping/norway.

Distributeurs automatiques de billets (DAB)

Vous trouverez des *mini-banks* (DAB) devant de nombreuses banques et dans les lieux publics comme les centres commerciaux. Les principales cartes bancaires sont acceptées, tout comme les cartes Cirrus, Visa Electron et/ou Plus. Renseignez-vous auprès de votre banque avant le départ pour connaître les accords avec les banques partenaires et le montant des commissions.

Pourboires

Le service est généralement compris dans les restaurants et les taxis, mais il est d'usage de laisser la monnaie. Par ailleurs, rien n'empêche de laisser un pourboire, qui sera très apprécié par un personnel souvent chichement payé.

Restaurant Si le service est particulièrement efficace dans un restaurant moyenne gamme ou au-dessus, un pourboire de 5% convient en général, 10% est considéré comme généreux.

Taxes et service Les taxes et le service sont compris dans les notes des restaurants et des taxis.

Paiement par carte bancaire Si vous payez par carte dans un restaurant, on laissera un espace pour y ajouter un pourboire.

Assurance

Assurez-vous d'être correctement couvert avant le départ. Voir p. 439 pour la carte européenne d'assurance maladie (CEAM).

Il est conseillé de souscrire une assurance qui vous couvrira en cas d'annulation de votre voyage, de vol, de perte de vos affaires, de maladie ou encore d'accident.

Vérifiez notamment que les "sports à risque", comme la plongée, la moto ou même la randonnée ne sont pas exclus de votre contrat, ou encore que le rapatriement médical d'urgence, en ambulance ou en avion, est couvert. De même, le fait d'acquérir un véhicule dans un autre pays ne signifie pas nécessairement que vous serez protégé par votre propre assurance.

Vous pouvez contracter une assurance qui réglera directement les hôpitaux et les médecins, vous évitant ainsi d'avancer des sommes qui ne vous seront remboursées qu'à votre retour. Dans ce cas, conservez avec vous tous les documents nécessaires (les consultations médicales se règlent généralement en espèces : demandez un reçu pour le remboursement).

Attention ! Avant de souscrire une police d'assurance, vérifiez bien que vous ne bénéficiez pas déjà d'une assistance par votre carte de crédit, votre mutuelle ou votre assurance automobile.

Les citoyens de certaines provinces canadiennes peuvent bénéficier jusqu'à un certain point d'accords de réciprocité des soins avec les États-Unis : renseignez-vous auprès des autorités de santé dont vous dépendez avant le départ.

N'oubliez pas de prendre avec vous les documents relatifs à l'assurance ainsi que les numéros à appeler en cas d'urgence.

Cartes de réduction

La carte **Hostelling International** (HI ; www.hihostels.com) donne droit à 15% de remise dans les auberges de jeunesse.

Carte étudiant

Des réductions sont souvent offertes aux étudiants (qui payent habituellement 75% du prix normal). Il est nécessaire de présenter une carte accréditant ce statut (par exemple une carte internationale d'étudiant). La **carte ISIC** (www.isic.org) est un bon investissement, certains voyageurs nous ayant déclaré ne pas avoir pu bénéficier de réductions avec leur carte universitaire ordinaire. Elle donne droit à des réductions sur de nombreux moyens de transport (notamment sur les lignes aériennes, les ferries internationaux et les transports en commun locaux), à des tarifs réduits voire à la gratuité dans certains cybercafés, musées et sites touristiques, et à des repas bon marché dans plusieurs restaurants universitaires.

Cartes senior

Les musées, les piscines publiques, les transports en commun et bien d'autres endroits accordent des réductions aux *honnør* (seniors) de plus de 67 ans. Elles représentent souvent 75% du plein tarif. À défaut de carte, ayez toujours sur vous un document attestant votre âge.

Cartes et plans

La plupart des offices du tourisme locaux distribuent des cartes et des plans faciles à consulter.

Cartes routières

La carte en couleur intitulée *Bilkart over Norge*, publiée par Nortrabooks, indique les reliefs et détaille au 1/1 000 000 l'ensemble du pays. *Michelin Norvège N°752* (1/1 250 000) est également une bonne carte.

Kartverket (www.kartverket.no), l'institut officiel de cartographie norvégien, présente le pays en 21 cartes au 1/250 000. Les cartes régionales de la série Cappelens sont disponibles en librairie. Il en existe trois au 1/335 000 : la *No1 Sør-Norge Sør*, la *No2 Sør-Norge Nord* et la *No3 Møre og Trøndelag*. Deux cartes au 1/400 000 couvrent la Norvège du Nord : la *No4 Nordland og Sør-Troms* et la *No5 Troms og Finnmark*. Le *Veiatlas Norge* (Atlas des routes de Norvège), de Kartverket, est mis à jour tous les deux ans.

Cartes de randonnée

Les meilleures cartes de randonnée sont celles du DNT, **Den Norske Turistforening** (carte p. 48 ; www.dnt.no ; Storget 3, Oslo ; ⌚10h-17h lun-mer et ven, 10h-18h jeu, 11h-16h sam ; 🚊Jernbanetorget), le Touring-Club norvégien de montagne. Tous les bureaux du DNT mettent des cartes topographiques à la disposition des randonneurs ; ceux des grandes villes offrent un choix plus large, avec des cartes dépassant le cadre strict de la région.

Les centres des parcs nationaux et les offices du tourisme voisins sont de bonnes adresses pour trouver les excellentes cartes de randonnée de Turkart et de Kartverket (voir ci-contre pour les infos sur les cartes régionales).

Cours de langue

Il y a plusieurs options à Oslo si vous souhaitez apprendre le norvégien (ou une autre langue).

Institut français de Norvège (☎23 20 30 00/09 ; www.france.no ; Holtegaten 29, Oslo). Dispense des cours de norvégien pour les francophones.

Berlitz Language Services (☎23 00 33 60 ; www.berlitz.no ; Brynsveien 13). Assez excentré, à l'est d'Oslo.

Folkeuniversitetet Oslo (☎22 47 60 00 ; www.folkeuniversitetet.no/eng/Language-courses ; Rolf Wickstrøms vei 15). Au nord d'Oslo.

International Summer School, Université d'Oslo (☎22 85 63 85 ; www.uio.no/english/studies/summerschool/courses ; Georg Morgenstiernes hus, 2e ét, Moltke Moes vei 30-32). Cours d'été, dans l'université.

Oslo Voksenopplæring (☎23 47 00 00 ; felles.oslovo.

no ; Karoline Kristiansens vei 8). École de langue à l'est du centre-ville.

Désagréments et dangers

Vous et vos effets personnels êtes plus en sûreté en Norvège que dans la plupart des pays.

➡ Même dans les quartiers est d'Oslo, qui n'ont pas vraiment bonne réputation, vous serez relativement en sécurité à toute heure de la nuit. Ce n'est pas une raison pour relâcher votre vigilance.

➡ Soyez prudent près des discothèques du quartier de Rosenkrantz gate à Oslo et méfiez-vous des pickpockets dans Torget, à Bergen.

➡ Si vous prévoyez de randonner dans les étendues sauvages, ayez toujours en tête que le temps peut changer rapidement en Norvège, même en été.

➡ Si vous vous rendez au Svalbard, méfiez-vous des ours polaires (voir l'encadré p.372). Si leur nombre est en voie de diminution, leur présence aux alentours des villes n'en est pas moins dangereuse.

Douane

L'alcool et le tabac sont extrêmement chers en Norvège. Chaque personne de plus de 20 ans peut importer librement 1 l de spiritueux et 1 l de vin (ou 2 l de vin), plus 2 l de bière. Les alcools titrant à plus de 60° sont considérés comme des stupéfiants. Vous pouvez aussi importer 200 cigarettes. L'importation de produits frais et de drogue est interdite.

Le Svalbard est une zone détaxée ; beaucoup de produits y sont beaucoup moins chers que sur le continent car ils ne sont soumis ni à la TVA (MOMS), ni aux droits de douane.

Électricité

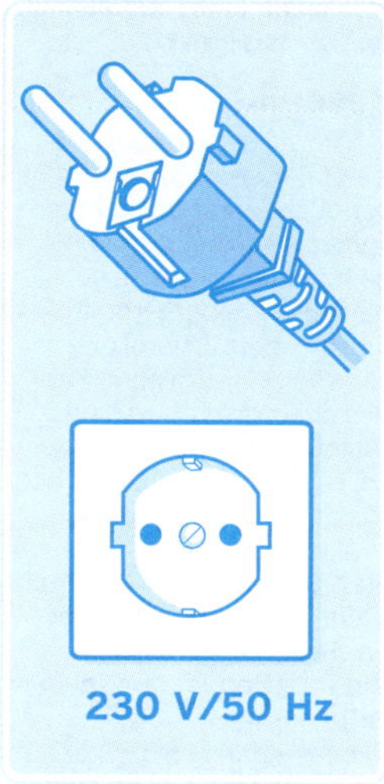

En Norvège, le courant est à 230V, 50Hz. Les prises électriques sont à deux broches comme en Europe.

Formalités et visas

La Norvège est signataire des accords de Schengen : les ressortissants des 28 pays membres de l'UE, ainsi que les Suisses et les Canadiens n'ont pas besoin de visa pour entrer sur le territoire norvégien pour les séjours touristiques n'excédant pas 90 jours. Une carte d'identité suffit (un passeport en cours de validité pour les Canadiens).

Pour les autres pays, un visa peut être exigé.

Pour travailler ou étudier en Norvège, il vous faut un visa spécifique ; renseignez-vous avant de partir.

Avant le départ, il est impératif de contacter les ambassades et les consulats pour s'assurer que les modalités d'entrée sur le territoire n'ont pas changé. Nous vous conseillons de scanner ou de photocopier tous vos documents importants (pages d'introduction de votre passeport, cartes de crédit, police d'assurance, billets de train/d'avion/de bus, permis de conduire, etc.). Conservez ces copies à part des originaux. Vous remplacerez ainsi plus aisément ces documents en cas de perte ou de vol.

Handicapés

La Norvège est assez bien équipée pour l'accueil des handicapés. Légalement, tout nouveau bâtiment public doit être doté d'une rampe pour les fauteuils roulants. Cela dit, comme partout, des progrès restent à faire. Il convient donc de bien préparer son voyage.

La plupart des offices du tourisme fournissent une liste d'hôtels et d'auberges de jeunesse accessibles aux chaises roulantes. Presque tous les carrefours sont pourvus d'une rampe ou d'une bordure de trottoir très basse et d'un système de signaux sonores : des bips insistants indiquent le moment de traverser, des bips plus courts annoncent le changement de feu. Dans la majorité des trains (pas tous), des places pour les fauteuils roulants sont prévues dans certains wagons. De nombreux édifices publics possèdent des toilettes pour les handicapés.

Organismes à connaître

Basée à Oslo, l'**Association norvégienne pour les handicapés** (Norges Handikapforbund ; carte p. 48 ; ☎24 10 24 00 ; www.nhf.no ; Schweigaards gate 12, Grønland, Oslo ; 🚌34) fournit des renseignements sur les voyages et les sites particulièrement intéressants pour les voyageurs handicapés en Norvège.

En France, un certain nombre d'organismes sont spécialisés dans l'aide aux voyageurs handicapés. L'**APF** (Association des paralysés de France ; ☎01 40 78 69 00 ; www.apf-francehandicap.org ; 17 bd Auguste-Blanqui, 75013 Paris) peut vous fournir des informations sur les voyages accessibles. **Yanous** (www.yanous.com), **Handicap.fr** (www.handicap.fr) et **Tourisme et handicaps** (www.tourisme-handicaps.org) constituent également de bonnes sources d'information.

Désormais, les principales plateformes d'hébergement que sont **Abritel** (www.abritel.fr), **Airbnb** (www.airbnb.fr), **Booking** (www.booking.com) et **Hotels.com** (fr.hotels.com) ont intégré des critères d'accessibilité à leur moteur de recherche. **Mobee Travel** (www.mobeetravel.com) est une startup qui regroupe des hébergements accessibles et qui propose aussi des séjours sur mesure.

Les agences de voyages **Yoola** (www.yoola-voyage.com) et **Comptoir des voyages** (www.comptoir.fr) organisent des voyages adaptés aux personnes à mobilité réduite.

Hébergement

La Norvège offre un large choix d'hébergements, dont des campings, des auberges de jeunesse, des chambres chez l'habitant et des hôtels de standing international. Il est toujours prudent de réserver en haute saison.

Hôtels Il y a des hôtels partout. La plupart appartiennent à des grandes chaînes nationales ou internationales et sont de moyenne gamme ou haut de gamme, mais il existe quelques établissements familiaux.

Camping Il y a beaucoup de campings en Norvège, souvent à des emplacements spectaculaires ; le camping sauvage est aussi possible.

Refuges du DNT et autres Certains refuges comptent du personnel, d'autres non.

Pensions et B&B Choix plus restreints, plus personnalisés, dans tout le pays ; certains sont de vrais bijoux.

Réservations

Même s'il est rare que tous les établissements affichent complet – sauf pendant les festivals –, il est préférable de réserver pour être sûr d'obtenir l'hébergement de son choix. L'hôtel que vous voulez aura peut-être des chambres, mais il ne restera probablement que celles qui donnent sur la cour plutôt que sur le fjord.

La plupart des établissements norvégiens prennent des réservations par téléphone ou en ligne (on vous demandera souvent votre numéro de carte bancaire dans ce dernier cas). Beaucoup d'auberges de jeunesse acceptent généralement de réserver des lits moyennant un léger supplément (environ 25 NOK). Notez que les auberges de jeunesse les plus fréquentées d'Oslo et de Bergen sont souvent complètes ou presque en été.

De nombreux offices du tourisme vous aideront à trouver un hébergement, moyennant une commission d'environ 50-70 NOK et à condition que vous vous déplaciez. Il est rare de pouvoir réserver à distance par leur intermédiaire.

Services de réservation

Bed & Breakfast Norway (www.bbnorway.com). Répertorie en ligne tous les B&B de Norvège. Cliquez sur "Online Catalogue". La version imprimée n'est plus à jour, et a donc un intérêt limité.

Hostelling International (HI ; www.hihostels.com). Bien que toutes les auberges de jeunesse norvégiennes n'appartiennent pas à ce réseau, les établissements membres sont nombreux. Les adhérents HI paient 15% moins cher. Consultez le site Internet d'HI pour connaître l'adresse de leur bureau dans votre pays afin d'aller vous y inscrire pour bénéficier du tarif réservé aux adhérents.

Norske Vandrerhjem (☎919 02 609 ; www.hihostels.no). C'est l'association des auberges de jeunesse norvégienne. Membre d'HI, elle publie la brochure gratuite *Hostels in Norway*, qui contient la liste complète des 49 auberges de jeunesse membres et de leurs tarifs à jour, disponible dans les auberges de jeunesse et certains offices du tourisme.

Best Western (www.bestwestern.no). Le système Best Western Rewards fonctionne dans tous les établissements de cette enseigne, en Norvège comme ailleurs, en plus des promotions estivales.

Nordic Choice Hotels (www.nordicchoicehotels.no). Couvre les hôtels Clarion, Clarion Collection, Quality et Comfort Hotels. Avec le Nordic Choice Club, on peut gagner des nuitées gratuites en cumulant assez de séjours dans les hôtels participants. Dans certains, un buffet léger, le soir, est inclus dans le tarif. Les meilleurs hôtels sont ceux de la chaîne de boutiques-hôtels haut de gamme, relativement récente : Clarion Collection.

De Historiske (☎55 31 67 60 ; www.dehistoriske.no). S'il s'agit moins d'une chaîne hôtelière que d'un regroupement d'hôtels historiques et s'il ne fonctionne pas comme un club, il est toujours intéressant de se renseigner sur le réseau De Historiske, qui regroupe les vieux hôtels et restaurants de Norvège les plus historiques. La qualité des prestations est toujours élevée, tous les établissements ont une architecture remarquable et beaucoup sont tenus en famille.

Scandic Hotels (www.scandichotels.no). Scandic, qui a racheté la marque Rica en 2014, offre des hôtels tendance et élégants, le plus souvent à l'allure contemporaine. Un très bon programme de fidélité qui propose réduction et nuitées gratuites.

Thon Hotels (www.thonhotels.com). Hôtels modernes, qui manquent parfois de caractère, mais restent de qualité, à prix raisonnables, et qui accueillent bien les familles. La carte de membre, gratuite, permet d'obtenir des réductions et des nuits gratuites.

Saisons

La principale saison touristique va de mi-juin à mi-août. Étonnamment, bien que ce soit la haute saison, c'est alors que les tarifs des hébergements sont au plus bas et beaucoup d'hôtels offrent leurs plus grandes réductions. Dans certaines régions, la haute saison commence mi-mai et se termine mi-septembre ou reprend à ce moment de l'année.

L'hiver est aussi une saison très prisée, surtout dans le nord du pays, où l'on pratique la motoneige et les excursions en traîneau à chiens mais, contrairement à l'été, les prix baissent rarement à cette période de l'année. Certains hôtels et la grande majorité des campings ferment en hiver, tandis que les hôtels de glace n'ouvrent qu'à cette saison (notamment à Kirkenes et à Alta).

Tarifs

Les tarifs des hôtels norvégiens varient beaucoup tout au long de l'année. Dans quelques endroits, les réductions de haute saison ne s'appliquent qu'en juillet, ou de juillet à mi-août seulement. Exception à cette règle, la côte sud, où les prix montent parfois dans les stations balnéaires pour profiter de l'afflux des vacances scolaires.

Le reste de l'année, les prix semblent être étudiés pour les hommes d'affaires voyageant sur notes de frais et augmentent en conséquence (jusqu'à 40%). Le week-end, heureusement (généralement les vendredis et samedis soir, mais parfois aussi le dimanche soir), toute l'année, les prix peuvent être aussi raisonnables qu'en été. Si vous ne voyagez pas à la belle saison, renseignez-vous sur les offres spéciales de l'hôtel.

Le tarif des chambres individuelles est généralement à peine inférieur à celui des chambres doubles. N'oubliez pas, quand vous vous renseignez, que les prix sont souvent indiqués par personne pour ces dernières.

Séjourner en Norvège avec un petit budget n'est pas facile : il faut opter pour le camping (dans une tente ou un chalet très simple), l'auberge de jeunesse ou une pension, et renoncer aux salles de bains individuelles. En milieu et haut de gamme, les chambres sont en général très confortables avec presque toujours une salle de bains attenante.

TARIFS DES HÉBERGEMENTS

Les prix suivants correspondent à une chambre double avec salle de bains individuelle en haute saison et, sauf mention contraire, incluent le petit-déjeuner :

€ moins de 750 NOK

€€ 750-1 400 NOK

€€€ plus de 1 400 NOK

Types d'hébergement

AUBERGES DE JEUNESSE

Les auberges de jeunesse (*vandrerhjem*), à prix raisonnable, offrent un lit en dortoir et l'accès à des équipements collectifs : salle de bains et cuisine communes (prévoyez vos ustensiles et vos couverts) et Internet. Certaines proposent aussi des chambres individuelles ou doubles, avec salle de bains commune ou non, généralement peu avantageuses.

Certaines, ouvertes toute l'année, présentent l'agréable confort d'un chalet. D'autres sont des internats utilisés pour le tourisme. D'autres encore occupent l'aile bon marché d'un hôtel. Certaines auberges reviennent plus cher qu'un bungalow ou qu'une chambre dans un hôtel pour voyageurs à petit budget. Généralement, vous devrez prévoir votre literie, ou accepter de payer un forfait (à partir de 50 NOK) pour la location.

La plupart des auberges de jeunesse proposent un hébergement dans des chambres de 2-6 lits (220-450 NOK). Les plus chères incluent habituellement le buffet du petit-déjeuner ; d'autres le facturent 70-150 NOK. Certaines servent un dîner d'un bon rapport qualité/prix pour environ 150 NOK.

Les chaînes hôtelières comme Citybox, Smarthotels et Basic Hotels se sont ajoutées aux adresses pour voyageurs à petit budget. À mi-chemin entre l'hôtel et l'auberge de jeunesse, ils sont bien conçus et offrent un bon rapport qualité/prix, mais on n'en trouve que dans les grandes villes.

Il existe plusieurs guides des auberges de jeunesse, dont celui de Hostelling International pour l'Europe, mis à jour chaque année.

BED & BREAKFASTS

Certains endroits fonctionnent comme des B&B. Les prix (souvent avec des salles de bains communes) sont à partir de 500/700 NOK pour une chambre simple/double,

TARIFS DES RESTAURANTS

Les prix suivants correspondent à un plat principal.

€ moins de 125 NOK

€€ 125-200 NOK

€€€ plus de 200 NOK

et peuvent aller jusqu'à 700/950 NOK.

CAMPING

La Norvège compte plus de 1 000 campings. Pour l'emplacement d'une tente, prévoyez 100 NOK dans les plus rudimentaires et jusqu'à 250 NOK dans les mieux équipés ou dans des endroits prisés ou chers, comme Oslo et Bergen. Le tarif inclut généralement la place d'une voiture, d'une moto ou d'une caravane. Un supplément pourra s'appliquer pour chaque personne. Vous devrez aussi ajouter quelques couronnes pour l'électricité et, presque partout, 10 NOK pour la douche.

Les campings louent de modestes bungalows en bois (*hytter*, prononcez "hutte"), qui ressemblent à des cabanons, à partir de 450 NOK, avec 2 ou 4 lits superposés et un coin cuisine. Prenez un sac de couchage, car les draps et les couvertures sont en sus (50-150 NOK).

Sauf dans les bungalows deluxe avec douche et toilettes (750-1 500 NOK), la douche et l'eau pour la lessive sont payantes (à de rares exceptions près). En principe, vous devrez faire le ménage ou payer un surcoût (environ 150 NOK).

Quelques complexes restent ouverts toute l'année, mais les emplacements pour les tentes et les caravanes ferment hors saison (de début septembre à mi-mai).

NAF Camp (www.nafcamp.no) est un très bon site recensant plus de 250 campings en Norvège.

Norsk Camping (www.camping.no) est un site plein de renseignements sur le camping en général, avec un guide exhaustif, *Camping*, disponible en version papier (98 NOK pour le recevoir) ou au format pdf (gratuit) ; on peut aussi l'obtenir gratuitement dans quelques offices de tourisme et campings. Avec des centaines d'entrées, mais la plupart sont en norvégien.

CHAMBRES CHEZ L'HABITANT

Beaucoup d'offices du tourisme possèdent une liste de logements privés, souvent plus intéressants que les autres modes d'hébergement. Vous serez probablement accueilli par une famille norvégienne, une perspective des plus sympathiques. Les prix sont variables, mais vous ne devriez pas payer plus de 450/600 NOK pour une chambre simple/double. Le petit-déjeuner est rarement inclus, et la douche est parfois facturée (15-30 NOK).

Le long des routes, des panneaux annoncent *rom*, des chambres sans prétention, qui coûtent 275-500 NOK sans le petit-déjeuner. Des réductions sont possibles si vous fournissez les draps ou un sac de couchage.

HÔTELS

Les hôtels norvégiens sont généralement modernes et satisfaisants, mais les adresses ayant un peu de caractère sont chose rare. Les hôtels de chaîne hôtelière, confortables, répandus dans tout le pays, sont la norme. Après un certain temps, toutes les chambres se ressemblent, que vous descendiez à Oslo ou à Kirkenes, mais beaucoup de ces hôtels proposent des cartes offrant une nuit gratuite pour un certain nombre de jours accumulés. Certaines ne sont valables qu'en été.

LOCATION DE MAISONS ET PETITS CHALETS

Dans les régions touristiques, les offices du tourisme distribuent des listes de chalets, de bungalows et de maisons de vacances, à louer en été ou pendant la saison de ski. Les tarifs s'échelonnent de 1 500 NOK environ pour un endroit simple hors saison à 16 000 NOK pour un chalet haut de gamme au cœur de l'été. Généralement, les bungalows sont au moins pour 4 personnes ; certains peuvent accueillir jusqu'à 12 personnes et se révèlent économiques pour les groupes. Vous devrez généralement réserver à l'avance et verser une caution de 800 NOK ou équivalant à 20% du montant total de la location.

PENSIONS

Dans la plupart des villes, vous trouverez des *pensjonat* (pensions) et des *gjestehus* (pensions plus cossues). Certaines, surtout dans la deuxième catégorie, sont tenues en famille et offrent beaucoup plus d'intimité que l'auberge de jeunesse ou l'hôtel. Les tarifs pour une chambre individuelle/double avec salle de bains commune commencent à 550/800 NOK, mais peuvent être beaucoup plus élevés. Les draps et/ou le petit-déjeuner ne sont compris que dans les adresses les plus haut de gamme.

REFUGES DE MONTAGNE DU DNT ET AUTRES

Le DNT, **Den Norske Turistforening** (Touring-Club norvégien de montagne ; carte p. 48 ; ☎40 00 18 68, 22 82 28 22 ; www.dnt.no ; Youngstorget 1, Oslo) entretient un réseau de 460 refuges et chalets, situés à un intervalle d'une journée de marche le long de 20 000 km de sentiers de randonnée bien balisés et entretenus. Parmi ces chalets, 400 ont des lits, les autres étant réservés à la restauration, les repos de courte durée ou l'abri d'urgence.

Ces infrastructures vont du refuge sans personnel ne disposant que de deux lits aux chalets (ou lodges) avec personnel, réputés pour la qualité du service, et qui comptent plus de 100 lits. Les membres du DNT bénéficient de réductions sur tout le réseau.

La **carte annuelle de membre** coûte : adulte/senior/19-26 ans/13-18 ans/-12 ans coûte 740/580/330/330/140 NOK.

La plupart des refuges du DNT sont ouverts du 16 février au 14 octobre. Les chalets avec personnel fonctionnent également du samedi qui précède le dimanche des Rameaux (une semaine avant Pâques) au lundi de Pâques. Les refuges avec personnel le long de la voie ferrée Oslo-Bergen et quelques autres ouvrent pour la saison de ski de fond dès la fin février. Le DNT vous fournira une liste indiquant les dates d'ouverture de chaque endroit.

Les membres/non-membres qui préfèrent camper tout en utilisant les commodités du refuge débourseront 70/90 NOK.

De nombreux refuges et chalets privés sont installés dans les montagnes. Notez bien que tous ne sont pas accessibles au public. Certains offrent une réduction aux membres du DNT.

REFUGES DU DNT AVEC PERSONNEL

Dans les refuges avec personnel, concentrés dans le Sud, vous pouvez arriver sans prévenir et payer votre dû. Dans la grande tradition de l'hospitalité montagnarde, vous ne serez jamais refusé, même si l'on ne vous offre qu'un coin de sol pour dormir. La règle veut que les plus jeunes cèdent leur lit aux membres du DNT de plus de 50 ans. Ces refuges sont bondés à Pâques et tout au long de l'été.

Les refuges avec personnel ne mettent généralement pas de cuisine à disposition de la clientèle, sauf certains, aux périodes où le personnel est absent. Il faut souvent payer pour ses draps, à moins qu'ils ne soient inclus dans le prix.

Les tarifs sont très différents selon que vous êtes membres du DNT ou non, le type d'hébergement, et que vous voulez une pension complète ou simplement un lit. Pour connaître toutes les offres et les tarifs, consultez le site du DNT.

REFUGES DU DNT SANS PERSONNEL

Tous les refuges sans personnel, où vous devrez souvent prévoir un sac de couchage ou un "sac à viande", disposent d'un coin pour cuisiner.

Pour les refuges sans personnel, vous devrez aller chercher les clés à l'avance dans un bureau du DNT ou un refuge avec personnel, contre une caution de 150-250 NOK. Pour le règlement, remplissez une autorisation (valable une seule fois) et déposez des espèces ou le numéro de votre carte bancaire dans la boîte prévue à cet effet. Il existe deux catégories de refuges sans personnel : des chalets en self-service avec des couvertures et des oreillers, un poêle avec une réserve de bois, une cuisinière à gaz et des provisions de conserves et d'aliments lyophilisés (on vous fait confiance pour régler) ; et des refuges dans lesquels les randonneurs doivent prévoir leur nourriture. Dans les refuges sans personnel, un lit est facturé 255/365 NOK par jour pour les membres/non-membres du DNT. Les enfants non membres paient 180 NOK.

Heure locale

La Norvège se trouve dans le même fuseau horaire que la plupart des pays d'Europe occidentale (GMT/UTC plus 1 heure en hiver, GMT/UTC plus 2 heures en heure d'été). Oslo est à la même heure que Paris.

L'heure d'été entre en vigueur le dernier dimanche de mars et se termine le dernier dimanche d'octobre.

Attention, quand les Norvégiens indiquent l'heure, la "demie" s'applique à l'heure à venir et non à l'heure précédente. Soyez vigilant, ou vous risquez d'être en retard d'une heure ! Si l'heure est donnée sur 24 heures dans les situations officielles, les Norvégiens indiquent plutôt l'heure sur 12h dans la conversation courante.

Heures d'ouverture

Pour les heures d'ouverture (en haute saison, mi-juin à mi-août ; réduites le reste de l'année), reportez-vous p. 17.

Homosexualité

Les Norvégiens tolèrent plutôt bien les orientations alternatives, mais ce peut être moins le cas dans les régions rurales. L'homosexualité est légale en Norvège depuis 1973, et le pays a été le premier au monde à voter une loi interdisant la discrimination envers les homosexuels. En 2009, il a été le sixième à légaliser le mariage homosexuel, lorsque son parlement a voté une loi détachant le mariage du genre sexuel. Cette nouvelle loi permet aux couples, quelle que soit leur orientation sexuelle, de se marier à l'église, d'adopter et de recourir à l'insémination artificielle.

Cependant, les gestes d'affection entre personnes du même sexe sont plutôt rares, excepté peut-être dans certains quartiers d'Oslo. La capitale est globalement la ville la plus agréable à vivre pour les homosexuels, mais certains couples gays se tenant par la main ont récemment été agressés, notamment dans les quartiers du centre-est. Quand le conservatisme religieux prédomine, mieux vaut rester discret.

La scène gay est particulièrement vivante à Oslo ; il peut être intéressant de s'arrêter à **Use-It** (carte p. 48 ; ☎24 14 98 20 ; use-it.no ; Møllergata 3 ; ⏰10h-17h lun-ven, 12h-17h sam ; 🚉Brugata), qui propose une très bonne brochure, *Streetwise*, avec une section "gay".

Organismes et sites Internet

FRI (Foreningen ; carte p. 48 ; ☎23 10 39 39 ; www.foreningenfri.no ; Mariboes gate 13, Oslo). Association nationale norvégienne pour la libération des gays et des lesbiennes.

Global Gayz (www.globalgayz.com/europe/norway). La page consacrée à la Norvège comporte d'intéressantes précisions et des informations pratiques.

Night Tours (www.nighttours.com/oslo). Guide d'Oslo, avec réservations d'hébergements et agenda de soirées.

Visit Oslo (www.visitoslo.com). Dans la rubrique "Votre Oslo" à droite, cliquez sur "Guide queer d'Oslo" pour découvrir des liens utiles.

Internet (accès)

En Norvège, l'Internet est rapide et fiable. Wi-Fi, 3G et souvent 4G sont disponibles dans tout le pays, même dans des endroits étonnamment isolés.

Bibliothèques et offices du tourisme

Il y a un accès Internet gratuit dans presque toutes les bibliothèques municipales *(biblioteket)*. Ce service étant très demandé, vous devrez parfois réserver un créneau horaire. Dans les lieux les plus fréquentés, l'utilisation pourra être limitée à une demi-heure. Sachez que certaines bibliothèques remplacent leurs terminaux d'accès à Internet par le Wi-Fi gratuit.

La plupart des offices du tourisme des grandes villes disposent du Wi-Fi gratuit, et parfois d'un terminal Internet (avec un droit d'accès modique, en général).

Wi-Fi

Le Wi-Fi est largement présent dans la plupart des hôtels, cafés, restaurants et offices du tourisme. Il est aujourd'hui presque toujours gratuit, mais il faut en général demander un mot de passe. La plupart des aéroports disposent du Wi-Fi gratuit ; le service normal est parfois lent, mais il y a souvent une option payante pour un débit plus rapide.

Plusieurs compagnies aériennes, dont la compagnie low-cost Norwegian (www.norwegian.no), ont commencé à proposer le Wi-Fi gratuit à bord pour leurs clients, tout comme les chemins de fer nationaux Vy (www.vy.no) et quelques lignes de bus.

Jours fériés

Nouvel An (Nyttårsdag). 1er janvier

Jeudi saint (Skjærtorsdag). mars/avril

Vendredi saint (Langfredag). mars/avril

Lundi de Pâques (Annen Påskedag). mars/avril

Fête du Travail (Første Mai, Arbeidetsdag). 1er mai

Fête de la Constitution (Nasjonaldag). 17 mai

Ascension (Kristi Himmelfartsdag). mai/juin, 40e jour après Pâques

Lundi de Pentecôte (Annen Pinsedag). mai/juin, 8e lundi après Pâques

Noël (Første Juledag). 25 décembre

Lendemain de Noël (Annen Juledag). 26 décembre

Offices du tourisme

On ne dira jamais assez de bien des offices du tourisme norvégiens, qui délivrent des informations d'ordre général et s'occupent des réservations pour l'hébergement et les loisirs. Presque chaque ville, petite ou grande, dispose d'un office du tourisme, et presque tous ceux des villes et des grandes destinations touristiques éditent des brochures exhaustives qui détaillent tout sur la ville et ses environs.

Dans certaines petites municipalités, ils n'ouvrent qu'en été. En ville, ils fonctionnent toute l'année, avec des horaires réduits hors saison.

Les offices du tourisme portent différents noms, les plus communs étant *turistkontor* et *reiseliv*. Tous sont aisément repérables, car ils arborent, bien en vue à l'extérieur, le symbole signifiant "information".

Office national du tourisme de Norvège (www.visitnorway.com). Renseignements d'ordre général sur les voyages en Norvège.

Photo

Par politesse, demandez toujours la permission avant de prendre une photo. Cela vaut d'autant plus dans les territoires samis, où les habitants sont plus réticents à être photographiés, et dans les villages vivant de la chasse à la baleine – certaines personnes craignent que leurs photos ne soient utilisées contre eux dans les médias.

CONSEILS AUX VOYAGEURS

La plupart des gouvernements possèdent des sites Internet qui recensent les dangers possibles et les régions à éviter. Consultez notamment les sites suivants :

- **Ministère des Affaires étrangères français** (www.diplomatie.gouv.fr/fr)
- **Ministère des Affaires étrangères de Belgique** (diplomatie.belgium.be/fr)
- **Département fédéral des Affaires étrangères suisse** (www.eda.admin.ch/eda/fr/dfae.html)
- **Ministère des Affaires étrangères du Canada** (voyage.gc.ca)

Problèmes juridiques

La Norvège a un excellent système juridique et si vous vous retrouviez hors la loi, vous auriez droit à une représentation juridique et à un interprète. Comme règle de base, ce qui est illégal dans votre pays l'est vraisemblablement aussi en Norvège ; la possession de drogue, même en petites quantités, est illégale.

Une loi locale qui ne vous est peut-être pas familière et qui s'applique au Svalbard, est qu'il est illégal d'y cueillir toute fleur sauvage.

Santé

En cas d'urgence, composez le ☎113.

L'hiver étant extrêmement froid en Norvège, prenez toutes les précautions adéquates si vous y allez à cette saison.

Dans le nord du pays, les principales nuisances viennent des hordes de mouches noires et de moustiques qui sévissent en été, notamment autour des lacs et des torrents et dans les forêts. Pour vous protéger, couvrez-vous les bras et les jambes et utilisez un bon antimoustique.

Des cas de rage ont été signalés au Svalbard et, dans une moindre mesure, dans l'est du Finnmark. Les chiens sont les principaux porteurs de la maladie, mais les chats, les chauves-souris et les renards peuvent aussi être infectés.

Avant de partir

ASSURANCES ET SERVICES MÉDICAUX

La carte européenne d'assurance maladie (CEAM), nominative et individuelle et valable un an, assure l'aide médicale d'urgence (mais non le rapatriement sanitaire) aux citoyens de l'Union européenne. Vous devez en faire la demande auprès de votre caisse d'assurance maladie ou en ligne sur www.ameli.fr. Comptez un délai de deux semaines pour la réception.

Pour plus de détails sur les assurances, reportez-vous p. 431.

TROUSSE MÉDICALE DE VOYAGE

Veillez à emporter avec vous une petite trousse à pharmacie contenant quelques produits indispensables. Certains ne sont délivrés que sur ordonnance médicale. Attention, les liquides et les objets contondants sont interdits en cabine dans les avions.

- des antibiotiques, à utiliser uniquement aux doses et périodes prescrites
- un antidiarrhéique, en cas de forte diarrhée, surtout si vous voyagez avec des enfants
- un antihistaminique en cas de rhume, allergie, piqûre d'insecte, mal des transports – évitez de boire de l'alcool
- un antiseptique ou un désinfectant pour les coupures, les égratignures superficielles et les brûlures, ainsi que des pansements gras pour les brûlures
- de l'aspirine ou du paracétamol (douleurs, fièvre)
- un produit contre les moustiques, un écran total, une pommade pour soigner les piqûres et des comprimés pour stériliser l'eau
- une bande Velpeau et des pansements pour les petites blessures
- une paire de lunettes de secours (si vous portez des lunettes ou des lentilles de contact) et la copie de votre ordonnance
- une paire de ciseaux à bouts ronds, une pince à épiler et un thermomètre à alcool
- une petite trousse de matériel stérile comprenant une seringue, des aiguilles, du fil à suture, une lame de scalpel et des compresses
- des préservatifs (norme CE)

VACCINS

Aucune vaccination obligatoire n'est requise pour se rendre en Norvège. Il est toutefois conseillé d'être à jour en ce qui concerne les vaccinations de base inscrites dans votre carnet de santé.

En Norvège

DISPONIBILITÉ ET COÛTS DES SOINS MÉDICAUX

La Norvège possède un excellent système de santé. Presque tous les personnels parlent anglais. Les offices du tourisme et les hôtels sauront en général vous orienter. Mais ne perdez pas de vue

SANTÉ SUR INTERNET

Il existe de très bons sites Internet consacrés à la santé en voyage. Avant de partir, vous pouvez consulter les conseils en ligne du **ministère des Affaires étrangères** (www.diplomatie.gouv.fr), de l'**Organisation mondiale de la santé** (OMS ; www.who.int/fr) ou le site très complet du **ministère de la Santé** (solidarites-sante.gouv.fr/).

que les soins médicaux sont eux aussi coûteux en Norvège.

Si vous suivez un traitement, munissez-vous d'une ordonnance. Vous pourrez éventuellement faire préciser le nom du principe actif plutôt que la marque du médicament, afin de pouvoir trouver un équivalent local, le cas échéant.

Si vous transportez des seringues et des aiguilles, ayez une lettre d'un médecin attestant leur utilité médicale.

EAU

L'eau du robinet est toujours sûre en Norvège, mais méfiez-vous de celle des ruisseaux, même limpides et tentants, qui peut contenir la giardia et autres parasites. Pour les longues randonnées, vous pouvez stériliser l'eau trouvée dans la nature en faisant bouillir durant 15 minutes. N'oubliez pas qu'à haute altitude elle bout à une température plus basse et que les germes ont plus de chance de survivre.

Si vous ne pouvez faire bouillir l'eau, traitez-la chimiquement avec des comprimés ou des gouttes, comme le Micropur (vendu en pharmacie) très efficace.

Vous éviterez bien des problèmes de santé en vous lavant souvent les mains.

FROID

L'excès de froid est aussi dangereux que l'excès de chaleur, surtout lorsqu'il provoque une hypothermie. Le mieux est de s'habiller par couches : soie, laine et certaines fibres synthétiques nouvelles sont tous de bons isolants. N'oubliez pas de prendre un chapeau, car on perd beaucoup de chaleur par la tête. La couche supérieure de vêtements doit être solide et imperméable, car il est vital de rester au sec. Emportez du ravitaillement de base comprenant des sucres rapides, qui génèrent rapidement des calories, et des boissons en abondance.

MAL DES MONTAGNES

Le mal des montagnes a lieu à haute altitude et affecte la plupart des individus de façon plus ou moins forte. Il survient à des altitudes variables, mais en général il frappe plutôt à partir de 3 500 à 4 500 m. Il est recommandé de dormir à une altitude inférieure à l'altitude maximale atteinte dans la journée.

Symptômes : manque de souffle, toux sèche irritante, fort mal de tête, perte d'appétit, nausée et parfois vomissements. Les symptômes disparaissent généralement au bout d'un jour ou deux, mais s'ils persistent ou empirent, le seul traitement consiste à redescendre, ne serait-ce que de 500 m.

Vous pouvez prendre certaines mesures à titre préventif : ne faites pas trop d'efforts au début, reposez-vous souvent. À chaque palier de 1 000 m, arrêtez-vous pendant au moins un jour ou deux afin de vous acclimater. Buvez plus que d'habitude, mangez légèrement, évitez l'alcool et tout sédatif.

HYPOTHERMIE

En Norvège, les hivers très rigoureux exigent des précautions si l'on veut voyager à cette période. Et même quand il fait chaud dans les montagnes, le temps peut tourner très vite – emportez des vêtements étanches, chauds, et informez d'autres personnes de votre itinéraire.

Symptômes : épuisement, engourdissement (notamment des orteils et des doigts), tremblements, mauvaise élocution, comportement irrationnel ou violent, léthargie, perte d'équilibre, étourdissements, crampes musculaires et montées soudaines d'énergie. L'irrationalité peut se manifester lorsque les victimes affirment avoir chaud et tentent de se dévêtir, par exemple.

Pour traiter une hypothermie légère, mettez tout d'abord la personne à l'abri du vent et/ou de la pluie, ôtez ses vêtements mouillés et remplacez-les par des vêtements secs et chauds. Donnez-lui des boissons chaudes – pas d'alcool – et très énergétiques, une nourriture facile à digérer. Ne la frictionnez pas : laissez-la plutôt se réchauffer lentement elle-même. Cela devrait suffire à soigner les premiers stades de l'hypothermie. Reconnaître tôt et traiter une hypothermie légère est le seul moyen de prévenir une hypothermie sévère, qui est une affection critique.

Téléphone

Appels internationaux

Pour appeler l'étranger depuis la Norvège, composez l'indicatif international ☎00, puis le code du pays (33 pour la France, 32 pour la Belgique, 1 pour le Canada et 41 pour la Suisse), puis l'indicatif régional et le numéro désiré.

Pour appeler la Norvège depuis l'étranger, composez l'indicatif international ☎00, puis le code de la Norvège ☎47 et le numéro de votre correspondant (il n'y a pas d'indicatif régional en Norvège).

Cartes téléphoniques

Il reste encore de nombreuses cabines téléphoniques en Norvège, mais beaucoup n'acceptent plus les pièces. Il vous faudra une carte bancaire, ou une carte téléphonique disponible dans les 7-Eleven et les magasins de proximité.

Téléphones portables

Le réseau couvre 90% de la Norvège, ce qui exclut les régions les plus sauvages et les sentiers de randonnée de la plupart des parcs nationaux.

Si vous voulez utiliser votre téléphone portable en Norvège, renseignez-vous auprès de votre opérateur sur les coûts d'itinérance pour éviter les mauvaises surprises. En principe, il n'y a pas de frais d'itinérance en Norvège pour les téléphones de l'UE, mais vérifiez les cas particuliers auprès de votre opérateur pour éviter une note salée au retour.

De plus en plus d'opérateurs proposent des forfaits permettant d'utiliser son temps d'appel, sms et données Internet à l'étranger moyennant un supplément.

Si vous souhaitez utiliser votre téléphone avec une carte SIM norvégienne, vérifiez qu'il est débloqué. Si votre téléphone accepte les cartes SIM étrangères, vous pouvez acheter celles-ci dans tous les 7-Eleven et dans certains kiosques de Narvesen, et même dès votre arrivée à l'aéroport. Toutefois, les instructions n'étant données qu'en norvégien, mieux vaut vous rendre dans une enseigne Telehuset, où l'on vous aidera à établir la connexion. Comptez 200-300 NOK, avec 100 NOK de communications.

Il existe trois opérateurs de téléphonie mobile :

Telenor Mobil (www.telenor.no). Le plus grand fournisseur de téléphonie mobile.

Telia (www.telia.no) Le second opérateur du pays.

Numéros utiles

Tous les numéros de téléphone norvégiens sont à 8 chiffres. Les numéros commençant par ☎800 sont généralement gratuits. Les numéros de portable débutent par un ☎9. Il n'y a pas d'indicatif régional (il est inclus dans le numéro).

Renseignements	☎180
Indicatif international	☎00
Indicatif de la Norvège	☎47
Ambulance	☎113
Police	☎112

Toilettes

Vous trouverez des toilettes publiques gratuites dans les villes et dans de nombreuses aires en bord de route. Dans les centres commerciaux et dans les gares ferroviaires et routières (ainsi que dans quelques restaurants), vous devrez débourser 10 NOK.

Travailler en Norvège

Pour travailler en Norvège, il est impératif de maîtriser un tant soit peu le norvégien. En qualité de membre de l'Espace économique européen (EEE), la Norvège autorise les ressortissants des autres pays participants à se rendre en Norvège et à y rechercher un emploi pendant une période de 3 mois. S'ils obtiennent un emploi, les citoyens de l'EEE peuvent prétendre à un permis de séjour pour toute la durée de leur contrat (pour les contrats à durée indéterminée, les permis sont généralement attribués pour 5 ans).

Les ressortissants des pays extérieurs à l'EEE devront déposer une demande de permis de travail auprès de l'ambassade ou du consulat de Norvège de leur pays d'origine, mais leurs chances d'obtenir satisfaction sont maigres.

Si vous cherchez de l'aide pour trouver un travail, commencez par l'**agence pour l'emploi et la protection sociale** (NAV ; ☎55 55 33 33 ; www.nav.no). qui fournit des renseignements gratuitement en ligne. À Oslo, **Use-It** (p. 86) est une adresse utile.

Voyager en solo

Femmes seules

Les femmes voyageant seules ne devraient pas être ennuyées en Norvège, où les hommes sont réputés pour leur courtoisie. Comme partout, certains individus peuvent se montrer importuns quand ils sont ivres.

Si vous êtes victime d'une agression en Norvège, contactez le **Krisesenter** (☎116 006 ; www.krisesenter.com) à Oslo ou composez le ☎112 (police).

Transports

DEPUIS/VERS LA NORVÈGE

La Norvège est bien reliée aux autres pays européens par voie aérienne. Des liaisons régulières, ferroviaires ou par bus, sont aussi assurées depuis la Suède et la Finlande (d'où des correspondances permettent de rejoindre le reste de l'Europe), les services depuis/vers la Russie étant moins réguliers (et plus compliqués). Des ferries (car-ferries et de passagers) réguliers relient aussi le sud de la Norvège au Danemark, à la Suède et à l'Allemagne.

Entrer en Norvège

La Norvège est signataire des accords de Schengen : les citoyens de l'Union européenne, ainsi que les Suisses et les Canadiens n'ont pas besoin de visa pour entrer sur le territoire norvégien pour les séjours touristiques n'excédant pas 90 jours. Une carte d'identité (ou un passeport) en cours de validité suffit (un passeport valide pour les Canadiens).

Les voyageurs en provenance d'un pays non membre de l'UE ou hors espace Schengen peuvent avoir à fournir une preuve de la durée de leur séjour (billet d'avion ou autre).

Notez bien que l'archipel du Svalbard n'appartient pas à l'espace Schengen, il est donc nécessaire de présenter un passeport en cours de validité pour vous y rendre.

Voie aérienne

De nombreuses lignes directes relient la Norvège au reste de l'Europe et, dans une moindre mesure, à l'Amérique du Nord. La plupart des vols internationaux atterrissent à Oslo, mais Bergen, Tromsø et d'autres aéroports accueillent de nombreux vols en provenance d'Europe.

AVERTISSEMENT

Les informations contenues dans ce chapitre sont particulièrement susceptibles de changements. Vérifiez directement auprès de la compagnie aérienne ou de l'agence de voyages les modalités d'utilisation de votre billet d'avion. N'hésitez pas à comparer les prestations. Les détails fournis ici doivent être considérés à titre indicatif et ne remplacent en rien une recherche personnelle attentive.

Aéroports

La liste complète des aéroports norvégiens est disponible sur www.avinor.no, où une page exhaustive et détaillée est consacrée à chaque aéroport. Les principaux aéroports internationaux sont ceux de Gardermoen (Oslo), Flesland (Bergen), Sola (Stavanger), Tromsø, Værnes (Trondheim), Vigra (Ålesund), Karmøy (Haugesund), Kjevik (Kristiansand) et Torp (Sandefjord).

De nombreuses compagnies internationales opèrent dans ces aéroports.

SAS (www.sas.no) La compagnie nationale et la plus ancienne compagnie norvégienne assure de nombreuses liaisons intérieures et internationales.

Norwegian (www.norwegian.com). Cette compagnie low cost dessert de nombreuses villes en Norvège ainsi que des destinations européennes.

Widerøe (www.wideroe.no) Cette compagnie aérienne régionale effectue essentiellement des vols vers les villes petites et moyennes et dessert les îles Lofoten et le Grand Nord.

Depuis la France

Air France assure plusieurs directs chaque semaine entre Paris-Charles-de-Gaulle et Oslo-Gardermoen, (à partir de 150 € l'aller-retour, 2 heures 20 de vol). Moyennant une escale, la compagnie nationale

AGENCES EN LIGNE

Vous pouvez réserver votre vol via une agence en ligne ou vous renseigner auprès d'un comparateur de vols :

- www.bourse-des-vols.com
- www.ebookers.fr
- www.expedia.fr
- www.govoyages.com
- www.illicotravel.com
- www.kayak.fr
- www.opodo.fr
- www.skyscanner.fr
- voyages.kelkoo.fr
- www.oui.sncf

française relie également différentes villes de province (Bordeaux, Marseille, Nice, Lyon...) à Oslo-Gardemoen (via Paris) ou Sandefjord-Torp (via Amsterdam, avec KLM) à partir de 200 € également l'aller-retour. Air France propose aussi des vols via Amsterdam en partenariat avec KLM à destination de Sandefjord-Torp, Kristiansand, Stavanger, Bergen et Trondheim.

SAS assure des vols directs Paris-Oslo (à partir de 250 €). En partenariat avec la compagnie allemande Lufthansa, SAS relie aussi Toulouse, Lyon et Marseille à Oslo via Munich ou Francfort, et Nice à Oslo soit en vol direct, soit avec une escale à Stockholm.

La compagnie low cost Norwegian relie directement Paris à Oslo (à partir de 90 €) et Bergen (escale à Oslo, à partir de 144 €), Nice à Oslo-Gardermoen (aux alentours de 157 €) ou Bergen, Stavanger et Trondheim, ainsi que Montpellier à Oslo-Gardermoen.

Voici les coordonnées de ces compagnies aériennes :

Air France (☎36 54, 0,34 €/min ; www.airfrance.fr)

SAS (☎01 85 14 82 03 ; www.flysas.com/fr)

Norwegian (☎09 70 73 80 01 ; www.norwegian.com/fr)

Depuis la Belgique

Brussels Airlines propose plusieurs vols hebdomadaires directs Bruxelles-Oslo (à partir de 115 € l'aller-retour, 2 heures de vol). SAS assure également des vols directs Bruxelles-Oslo à partir de 120 €. Aucune compagnie low cost ne dessert la Belgique.

Brussels Airlines (☎02 723 23 62 ; www.brusselsairlines.com)

SAS (☎02 643 69 00 ; www.flysas.com/en/be)

Connections (☎070 23 33 13 ; www.connections.be). Plusieurs agences en Belgique.

Depuis la Suisse

La compagnie nationale Swiss assure des vols directs Zurich-Oslo, à partir de 215 CHF (2 heures 20 de vol), de même que Air France (à partir de 150 CHF). Norwegian effectue des vols directs de Genève vers Oslo à partir de 240 CHF. Il faut compter aux alentours de 290 CHF pour rallier Zurich et Oslo sans escale avec la SAS.

Swiss (☎43 547 99 19 ; www.swiss.com)

Air France (☎84 874 71 00 ; www.airfrance.ch)

Norwegian (www.norwegian.com/fr)

SAS (☎43 547 80 06 ; www.flysas.com/fr/ch)

Vous pouvez aussi vous adresser à **STA Travel** (fr-fr.facebook.com/STATravel).

Depuis le Canada

Il n'existe pas de liaison aérienne directe avec la Norvège. Il vous faudra faire escale, le plus souvent, à Amsterdam ou à Francfort. Air Canada et KLM proposent des vols intéressants au départ de Montréal, avec une escale (à partir de 1 330 $CAD, entre 10 heures 45 et 14 heures 40de vol).

Air Canada (☎1 888 247 2262 ; www.aircanada.com)

KLM (☎1 833 839 0328 ; www.klm.com/home/ca/fr)

Travelcuts (☎1 800 667 2887 ; www.travelcuts.com)

Travelocity (www.travelocity.com)

Expedia (☎800 469 1793 ; www.expedia.ca)

Orbitz (☎844 803 5576 ; www.orbitz.com)

Voie terrestre

La Norvège a des frontières terrestres avec la Suède, la Finlande et la Russie.

Oslo est à environ 1 697 km de Paris, en passant par la Belgique, les Pays-Bas, l'Allemagne et le Danemark, où vous prendrez un ferry pour rejoindre la Norvège. Prévoyez au moins 20 heures de trajet. Pour les ferries vers la Norvège, reportez-vous à la rubrique *Voie maritime*, p. 445.

Eurolines (www.flixbus.fr/eurolines). Principale société pour nombre de liaisons de bus depuis/vers la Norvège. Elle fait désormais partie de Flixbus.

Nor-Way Bussekspress (www.nor-way.no). Propose une gamme correcte de liaisons internationales.

Swebus Express (☎0200 218 218 ; www.flixbus.se/swebus) Assure de nombreuses liaisons entre la Norvège et la Suède. Swebus fait désormais partie de Flixbus.

Depuis la France et la Belgique

BUS

Lors de la rédaction de ce guide, la Norvège n'était pas desservie en bus au départ de la France et de la Belgique.

BUS AU DÉPART DE LA FINLANDE ET DE LA SUÈDE

Voici quelques liaisons en bus (dont certaines en été seulement) entre la Finlande et la Norvège.

DEPUIS	VERS	TARIF (€)	DURÉE (HEURES)
Rovaniemi	Alta	101	10
Rovaniemi	Karasjok	77,90	6
Rovaniemi	Tromsø (juin-sept uniquement)	102,20	8-10
Rovaniemi	Nordkapp	132,10	10½
Saariselkä	Karasjok	33,10	2¾

Des bus rejoignent Oslo au départ des villes suédoises suivantes :

DEPUIS	TARIF (SEK)	DURÉE (HEURES)	FRÉQUENCE (/JOUR)
Göteborg	entre 119 et 279	3¾	6
Malmö	entre 169 et 469	8	5
Stockholm	entre 309 et 449	8-13	4

Depuis la Finlande

BUS

Des bus relient le nord de la Norvège au nord de la Finlande. La plupart des bus qui traversent la frontière appartiennent à la compagnie finlandaise **Eskelisen Lapin Linjat** (☎016-342 2160 ; www.eskelisen.fi).

VOITURE ET MOTO

La route nationale E8 relie Tornio, en Finlande, à Tromsø. Des routes secondaires relient la Finlande à Karasjok et à Kautokeino, deux villes samies de Norvège du Nord. Des bus desservent régulièrement ces itinéraires.

Depuis la Russie

La Russie est frontalière de la Norvège sur une courte distance. Des bus relient deux fois par jour Kirkenes à Mourmansk en Russie (aller/aller-retour 400/675 NOK, 5 heures). De Mourmansk, des trains gagnent Saint-Pétersbourg et le réseau ferré russe.

Pour traverser la frontière, il faut avoir un visa russe qui, contrairement aux autres, doit être demandé et délivré dans le pays où vous vivez.

Depuis la Suède

BUS

Swebus Express (www.flixbus.se/swebus) qui fait désormais partie de Flixbus possède les plus grands bus (et les moins chers) circulant entre Oslo et la Suède.

Parmi les nombreuses liaisons transfrontalières dans la grande zone frontière entre la Suède et la Norvège, il y en a 2 par jour entre Narvik et Riksgränsen (1 heure), sur la frontière, et Kiruna (3 heures).

Des liaisons moins fréquentes existent entre Bodø et Skellefteå, ou suivant la Blå Vägen, "l'autoroute bleue", entre Mo i Rana et Umeå.

Les deux principales compagnies suédoises traversant la frontière sont : **Länstrafiken i Norrbotten** (☎0771-10 01 10 ; www.ltnbd.se) et **Länstrafiken i Västerbotten** (☎0771-10 01 10 ; www.tabussen.nu).

TRAIN

Les liaisons ferroviaires entre la Suède et la Norvège sont assurées par **Vy**, l'ancienne Norges Statsbaner (www.vy.no) ou par **Swedish Railways** (SJ ; ☎en Suède 010 751 60 00 ; www.sj.se).

Sachez que certaines liaisons de train Stockholm-Oslo incluent un changement à Karlstad (Suède).

On peut aussi rejoindre la Suède au départ de Trondheim via Storlien et Östersund en changeant de train à la frontière.

TRAINS AU DÉPART DE LA SUÈDE

Voici certaines liaisons de train entre la Suède et la Norvège. La plupart incluent une correspondance.

DEPUIS	VERS	TARIF (SEK)	DURÉE (HEURES)	FRÉQUENCE (/JOUR)	COMPAGNIE
Göteborg	Oslo	à partir de 293	3½-6	2-4	Vy et SJ
Malmö	Oslo	à partir de 551	7-9	3-6	SJ
Stockholm	Oslo	à partir de 540	6-7½	5	SJ
Stockholm	Narvik	à partir de 717	20-22	1	Norrtåg

FERRIES ENTRE LE DANEMARK ET LA NORVEGE

Voici quelques exemples de liaisons par ferry entre le Danemark et la Norvège. Les tarifs sont ceux de haute saison (mi-juin à mi-août). Ils peuvent baisser de moitié à d'autres époques de l'année, mais les départs sont alors moins fréquents. En fonction de la ligne, les tarifs et niveaux de confort varient et l'on peut parfois voyager avec sa voiture.

DEPUIS	VERS	TARIF (€)	DURÉE (HEURES)	FRÉQUENCE (/SEM)	COMPAGNIE
Copenhague	Oslo	à partir de 44	16½	7	DFDS Seaways
Fredrikshavn	Oslo	à partir de 44	12	7	DFDS Seaways
Hirtshals	Bergen	à partir de 49	18½	3	Fjord Line
Hirtshals	Kristiansand	à partir de 34	2¼-3¼	jusqu'à 14	Color Line et Fjord Line
Hirtshals	Larvik	à partir de 74	3¾	jusqu'à 14	Color Line
Hirtshals	Stavanger	à partir de 49	12	4	Fjord Line

Franchir la frontière

Le franchissement des frontières norvégiennes se fait généralement sans complication. En arrivant par la route, on ne s'aperçoit parfois même pas que l'on est entré en Norvège.

Les voyageurs en provenance d'un pays non membre de l'Union européenne ou hors espace Schengen doivent s'attendre à ce que leurs papiers d'identité soient contrôlés de près. À l'aéroport et aux frontières avec douaniers, les ressortissants de pays hors Europe et Amérique du Nord devront certainement se soumettre à une fouille corporelle et à un examen de leurs bagages plus poussés que les autres voyageurs. Cela concerne aussi les voyageurs arrivant par voie terrestre de Russie.

Voie maritime

Les lignes de ferry relient la Norvège au Danemark, à l'Allemagne et à la Suède. La plupart des compagnies proposent un forfait pour la voiture et les passagers, ainsi que des réductions substantielles pour les seniors, les étudiants et les enfants. Le transport des vélos fait l'objet d'un petit supplément.

Depuis le Danemark

Les compagnies suivantes circulent entre la Norvège et le Danemark :

Color Line (☎au Danemark 99 56 19 00, en Allemagne 0431-7300 100, en Norvège 22 94 42 00, en Suède 0526-62000 ; www.colorline.com). Deux lignes express de ferries depuis le Danemark : de Hirtshals à Larvik (3 heures 45) et de Hirtshals à Kristiansand (3 heures 45).

DFDS Seaways (☎au Danemark 33 42 30 00, en Norvège 21 62 13 40 ; www.dfdsseaways.com). De Copenhagen à Oslo (17 heures, 1/jour).

Fjord Line (☎au Danemark 97 96 30 00, en Norvège 51 46 40 99 ; www.fjordline.com). De Hirtshals vers Kristiansand, Bergen, Stavanger et Langesund (Oslo).

Depuis l'Allemagne et la Suède

Color Line (☎au Danemark 99 56 19 00, en Allemagne 0431-7300 100, en Norvège 22 94 42 00, en Suède 0526-62000 ; www.colorline.com). Relie aussi la Norvège à l'Allemagne et à la Suède. Consultez leur site pour connaître les différents tarifs et prestations. Il y a 7 départs hebdomadaires (à partir de 327 €, 20 heures) d'Oslo à Kiel (Allemagne) et jusqu'à 20 ferries hebdomadaires des compagnies Color Line et Fjord Line (à partir de 15 €, 2 heures 30) de Sandefjord à Strömstad (Suède).

VOYAGES ORGANISÉS

Étant donné ce que coûte un séjour en Norvège, un voyage organisé peut se révéler intéressant. Voici certains prestataires parmi les plus réputés :

66° Nord (www.66nord.com). Croisière en goélette dans l'archipel des Lofoten, séjour centré sur les aurores boréales.

Akaoka (www.compagnie-du-trek.com). Randonnées et treks (Au pays du soleil de minuit, Bergen et les fjords,...).

Allibert (www.allibert-trekking.com). Nombreux circuits en Norvège dont certains au Svalbard.

Atalante (www.atalante.fr). Parmi les circuits proposés : la Norvège du nord au sud, les fjords, trek arctique.

Chamina (www.chamina-voyages.com). Fjords et parcs nationaux, le cap Nord en express côtier.

Clio (www.clio.fr). Croisière de Bergen au cap Nord.

Comptoir des Voyages (www.comptoir.fr). Plusieurs approches pour découvrir la Norvège : LoVe Stories, Rencontre avec les Samis, Des fjords à l'Atlantique, etc.

Escales Polaires (www.escales-polaires.com). Croisières sur un bateau polaire pour découvrir le Svalbard.

Evaneos (www.evaneos.fr). Les îles Lofoten sous le soleil de minuit, séjour romantique dans les fjords.

Grand Angle (www.grandangle.fr). Kayak de mer, raid nordique, tour du Jotunheimen ou traversée de la Hardangervidda.

Grand Nord Grand Large (www.gngl.com). Spécialiste du voyage polaire. Croisière en paquebot dans les fjords ou en vieux gréement dans l'archipel des Lofoten, autotour dans les Lofoten et les Vesterålen, randonnée à skis de fond.

Grands Espaces (www.grandsespaces.ch). Croisière au Svalbard (Laponie norvégienne) en bateau polaire.

Hurtigruten (☎01 82 88 30 15 ; www.hurtigruten.com/fr). Le bureau français du célèbre express côtier organise des croisières avec ou sans accompagnateur, classiques ou thématiques (oiseaux, Grieg, Nouvel An) et des circuits aux Lofoten et au Svalbard.

Huwans Club Aventure (www.huwans-clubaventure.fr). Sommets des Lofoten, Vesterålen, Laponie, cap Nord, montagnes et fjords.

Intermèdes (www.intermedes.com). Croisière de Bergen à Kirkenes à bord de l'express côtier.

Nomade (www.nomade-aventure.com). Circuit fjords, glaciers, phoques… et kayak !

Nord Espaces (www.nord-espaces.com). Ce spécialiste des pays nordiques propose de nombreux voyages en Norvège, été comme hiver : sur la piste des trolls, les plus beaux fjords, la Norvège authentique, la magie du Nord, soleil de minuit et baleines, etc.

Scanditours – La Maison de la Scandinavie (www.scanditours.fr). Circuits dans diverses régions, du cap Nord au Telemark en passant par les fjords, et croisières aux Lofoten et autour du Svalbard.

Svalbard Nature (www.svalbardnature.fr). Agence spécialisée dans le Svalbard. Circuits nature, circuits en traîneau à chiens ou en kayak de mer, croisières polaires.

Tamera (www.tamera.fr). Kayak de mer et randonnée dans les Lofoten.

Terres d'Aventure (www.terdav.com). Randonnées thématiques : aurores boréales et pêcheurs des Lofoten, Joyaux du sud de la Norvège…

Voyageurs du Monde (www.vdm.com). Escapades à Bergen, séjours en famille, autotours ou circuits sans voiture, croisières.

COMMENT CIRCULER

La Norvège possède un excellent réseau de transports publics. Les horaires des trains, des bus et des ferries coïncident souvent afin de permettre les correspondances. Pratique et disponible gratuitement dans la plupart des gares, le guide *Vy Tog Ruter* répertorie les horaires de tous les trains et indique les correspondances possibles avec des bus.

Les départs des bateaux et des bus varient en fonction du jour et de la saison. Il y en a relativement peu le samedi, sauf durant la haute saison estivale, où la fréquence tend à augmenter. Vous trouverez les dernières éditions des *ruteplan* (indicateurs d'horaires) dans les offices du tourisme régionaux.

Avion SAS et Norwegian assurent de nombreuses liaisons domestiques. Widerøe dessert les petites villes.

Bateau Des ferries, dont beaucoup acceptent les voitures, relient les îles au continent. L'express côtier Hurtigruten fait l'aller-retour entre Bergen et Kirkenes plusieurs fois par jour.

Bus Les lignes suivant les principaux axes routiers sont rapides et efficaces. Les petites villes sont moins fréquemment desservies, et peuvent ne pas l'être le week-end.

Voiture Les routes sont en bon état, mais les trajets peuvent être longs : elles sont souvent sinueuses et il y a peu de voies de dépassement, ce qui cause des ralentissements en haute saison. Prendre le ferry peut aussi prendre du temps.

Train Le réseau ferroviaire s'étend jusqu'à Bodø (plus au nord, une ligne relie Narvik à la Suède). Au-delà, vous devrez vous rabattre sur les bus et les ferries. En s'y prenant à l'avance, on trouve des billets *minipris* (voir l'encadré p. 449) à des prix très réduits.

VOYAGES ET CHANGEMENTS CLIMATIQUES

Tous les moyens de transport fonctionnant à l'énergie fossile génèrent du CO_2 — la principale cause du changement climatique induit par l'homme. L'industrie du voyage est aujourd'hui dépendante des avions. Si ceux-ci ne consomment pas nécessairement plus de carburant par kilomètre et par personne que la plupart des voitures, ils parcourent des distances bien plus grandes et relâchent quantité de particules et de gaz à effet de serre dans les couches supérieures de l'atmosphère. De nombreux sites Internet proposent des "calculateurs de CO_2" permettant aux voyageurs de compenser les émissions de gaz à effet de serre dont ils sont responsables par une contribution financière à des projets en faveur de l'environnement. Lonely Planet "compense" les émissions de tout son personnel et de ses auteurs.

Avion

Les distances sont grandes d'un bout à l'autre de la Norvège, et il faut beaucoup de temps pour les parcourir. En conséquence, même les voyageurs les moins fortunés pourront envisager de faire un bout de chemin en avion. Les grandes lignes nationales norvégiennes sont assez concurrentielles. Aussi, en étant suffisamment flexible sur les dates et en réservant bien à l'avance, vous pourrez voyager en avion en déboursant à peine plus qu'en train.

Comme toujours, gardez un œil sur les allers-retours *minipris*, dont certains coûtent à peine 10% de plus qu'un aller à plein tarif. De plus, le deuxième membre d'un couple, les enfants de 2 à 15 ans, les moins de 26 ans, les étudiants et les plus de 67 ans ont droit à des remises importantes sur certains trajets – n'hésitez pas à poser la question.

Compagnies aériennes en Norvège

Outre de petites compagnies proposant des vols charters ou en hélicoptère, trois compagnies assurent les liaisons intérieures :

Norwegian Compagnie low cost possédant un vaste réseau dans tout le pays, qui inclut désormais Longyearbyen (Svalbard).

SAS Le plus grand réseau de Norvège continentale et des vols pour Longyearbyen (Svalbard).

Widerøe Filiale de SAS, avec de plus petits avions et des vols à destination de petits aéroports régionaux.

Bateau

La Norvège possède un excellent réseau de ferries. Des car-ferries sillonnent les fjords, desservant des villages qui sans eux resteraient isolés. Des bateaux express relient les îles au continent. La plupart des ferries sont prévus pour transporter des véhicules à moteur ; les express côtiers et les bateaux à vapeur qui circulent sur les lacs n'acceptent habituellement que les piétons et les cyclistes.

En été, de longues files d'attente et des retards sont possibles sur les trajets les plus fréquentés. Mais ces ferries présentent l'intérêt de circuler jusque tard dans la nuit, voire 24h/24, notamment en période estivale – les départs sont moins fréquents la nuit. Pour connaître les horaires et les tarifs, procurez-vous les indicateurs publiés par l'office du tourisme national ou le *Rutebok for Norge*. Les offices du tourisme locaux vous renseigneront sur les ferries de la région.

Norway Fjord Cruise (☎57 65 69 99 ; www.fjordcruise.no) et **Fjord1** (☎57 75 70 00 ; www.fjord1.no) proposent des lignes de bateau et/ou de ferries dans la région des fjords ; la première dessert également les îles Lofoten et le Svalbard.

Express côtier Hurtigruten

Il existe peu d'autres moyens d'admirer le paysage des fjords que d'embarquer à bord du légendaire **express côtier Hurtigruten** (☎81 00 30 30, depuis la France 01 84 88 02 21 ; www.hurtigruten.com), qui fend les eaux norvégiennes depuis 1894. Toute l'année, chaque jour et chaque nuit, au moins un bateau suit la côte norvégienne sur 5 200 km, faisant escale dans 35 ports entre Bergen et Kirkenes.

La ligne a été créée pour établir un lien indispensable entre les populations les plus reculées de Norvège. Aujourd'hui, la flotte Hurtigruten est composée de 11 véritables navires de croisière, avec cabines, cafétéria, boutiques et restaurant, bien qu'ils soient plus ou moins vieux (le plus ancien date de 1956, mais tous ont été sérieusement rénovés dans les années 1990). Trois navires "d'expédition" naviguent jusqu'au Svalbard et dans le Nord arctique.

Hurtigruten est aussi connu pour ses croisières hivernales à la découverte des aurores boréales ; et si vous n'en apercevez aucune au cours de ce voyage de 12 jours, une croisière supplémentaire de 6 ou 7 jours vous est offerte !

TARIFS

Les billets long-courriers peuvent être réservés en ligne, et tous les billets sont en vente dans la plupart des agences de voyages norvégiennes. Le site Internet de l'express côtier Hurtigruten comporte une liste complète de billettistes internationaux. Ils sont également en vente chez **Fjord Tours** (☎55 55 76 60 ; www.fjordtours.no).

Les tarifs d'été, de mi-avril à mi-septembre, sont beaucoup plus élevés que ceux d'hiver. Le prix dépend du type de cabine, de la cabine aveugle à la suite tout confort. Quelques exemples de tarifs (par personne en cabine lits jumeaux) :

Bergen-Kirkenes-Bergen de 1 750 € (nov-fév) à 4 700 € (juin-juillet)

Bergen-Kirkenes de 890 € à 2 800 €

Kirkenes-Bergen de 825 € à 2 750 €

Il est aussi possible, naturellement, de réserver des trajets plus courts, mais vous devrez probablement le faire une fois en Norvège, les réservations sur ces courts trajets étant pratiquement impossibles sur le site de Hurtigruten. Le transport des voitures fait l'objet d'un supplément. Des réductions s'appliquent aux enfants de 4 à 16 ans, aux étudiants et aux seniors de plus de 67 ans. Par ailleurs, un forfait valable 21 jours permet aux 16-26 ans de voyager à prix réduit.

L'EXPRESS CÔTIER HURTIGRUTEN

L'express côtier Hurtigruten garantit une expérience fabuleuse. Pour autant, il s'agit plus d'un moyen pratique pour passer d'une ville à l'autre que d'un vrai bateau de croisière permettant de visiter chaque ville où il accoste. En effet, le bateau ne reste en général à quai que de 15 minutes à 1 heure, et ce délai peut être écourté s'il a pris du retard sur son horaire. En dépit d'une clientèle constituée principalement de touristes, il faut bien garder à l'esprit que la compagnie Hurtigruten exploite des bateaux de ligne, et pas de croisière.

EXCURSIONS

Vous pouvez envisager de rompre la monotonie du voyage par des excursions, surtout si vous faites le trajet en entier. Parmi ces excursions organisées par la compagnie maritime, certaines ne sont valables que sur les voyages vers le nord (24) et d'autres que sur les trajets vers le sud (15). Il peut s'agir de visiter une ville, d'une croisière au fond des fjords, d'un aller-retour en bus au cap Nord, d'une excursion à la frontière russe depuis Kirkenes, ou encore de sorties en traîneau à chiens ou à motoneige. Le site du ferry en répertorie la liste complète ainsi que les prix.

Ces formules sont avantageuses, mais elles vous feront parfois manquer certains tronçons des paysages côtiers que l'on admire du bateau.

Sur les canaux

Dans le sud de la Norvège, la région du Telemark possède un vaste réseau de canaux, de rivières et de lacs. Il existe des liaisons de ferry régulières, et vous pourrez aussi vous déplacer avec votre propre bateau.

Bateau de plaisance

Parcourir la côte norvégienne à bord de son propre navire est une expérience inoubliable, bien que les conditions climatiques puissent limiter votre progression vers le nord. Presque toutes les villes de la côte sud disposent d'un excellent *gjestehavn* (port de plaisance), équipé, au minimum, de douches, de toilettes, d'une laverie et de l'électricité. Certains proposent des vélos à la location et une connexion Wi-Fi. Les frais d'amarrage varient généralement entre 180 NOK et 300 NOK par 24 heures.

Bus

Le réseau de bus norvégien est très étendu. Les véhicules, confortables, se distinguent par leur ponctualité. Pour la plupart des itinéraires, vous pouvez réserver vos billets et consulter les horaires en ligne.

Parallèlement aux grands réseaux, un certain nombre de compagnies indépendantes longue distance proposent une qualité de service et des prix comparables. Vous trouverez quelques itinéraires combinés train-bus (Togbuss) dans le nord de la Norvège et de nombreux bus locaux un peu partout. Pour la plupart, ces derniers ne circulent que dans un périmètre limité à un seul comté (*fylke*). La plupart des services des bus locaux et quelques services longue distance sont fortement réduits le week-end et en basse saison (habituellement de mi-août à mi-juin).

Pour obtenir la liste complète des horaires et les tarifs pour les principales destinations, procurez-vous un exemplaire du *Rutehefte*, disponible dans les grandes gares routières et dans certains offices du tourisme. Vous trouverez dans tous les offices du tourisme et les gares des indicateurs réduits consacrés aux bus locaux.

Lavprisekspressen (www.lavprisekspressen.no). Vend des billets à prix réduits sur Internet. Ses bus longent la côte entre Oslo et Stavanger (via Kristiansand) et empruntent deux passages nord-sud entre Oslo et Trondheim. Si vous vous connectez au bon moment, le trajet Oslo-Trondheim peut vous coûter seulement 99 NOK, et même les billets les plus chers sont en dessous de ceux de ses concurrents.

Vybuss (www.vybuss.no). Possède un important réseau englobant les filiales TIMEkspressen, Nettbuss Express et Bus4You (de Bergen à Stavanger).

Nor-Way Bussekspress (www.nor-way.no). Première compagnie de bus express du pays. Ses lignes relient la plupart des agglomérations.

Tarifs et réservations

Il est rarement nécessaire de réserver en Norvège. Cela dit, il vous faudra impérativement réserver tôt pour obtenir des tarifs intéressants. Le meilleur moyen de bénéficier de tarifs préférentiels est de réserver ses billets sur Internet (en réservant bien à l'avance les billets spéciaux *minipris*), et c'est souvent la seule option pour les bus Lavprisekspressen. Mais vous pouvez aussi les acheter à bord de la plupart des bus et aux guichets des gares routières.

Le prix est calculé en fonction de la distance. Attention, certains billets de bus ne comprennent pas les traversées en ferry, que vous devrez payer en plus.

Sur de nombreuses compagnies de bus, les étudiants, les enfants, les seniors et les familles profitent de réductions allant de 25 à 50% ; n'oubliez pas de vous renseigner au moment de l'achat. Les groupes (à partir de 2 personnes) peuvent également obtenir des réductions, tout comme les détenteurs des cartes InterRail et Eurail sur certains trajets en Norvège du Nord.

En stop

Faire du stop n'est jamais sûr, et c'est une pratique que nous déconseillons. Les voyageurs qui décident malgré tout de se poster sur le bord de la route doivent savoir qu'ils prennent des risques, surtout les jeunes femmes seules. Il est recommandé de voyager à deux et d'informer une tierce personne de ses déplacements.

Quoi qu'il en soit, si vous faites du stop, vous constaterez que les automobilistes sont en général aimables. Vous aurez plus de chances d'arrêter une voiture sur les grandes routes nationales qu'ailleurs, mais il pourra malgré tout vous arriver d'attendre de longues heures sous la pluie.

Train

Vy, l'ancienne NSB (Norges Statsbaner ; ☎23 62 00 00 ; www.vy.no), compagnie des chemins de fer norvégiens, a un excellent réseau, bien que limité, qui relie Oslo à Stavanger, Bergen, Åndalsnes, Trondheim, Fauske et Bodø. Certaines lignes font également la liaison entre la Suède et Oslo, Trondheim et Narvik. La plupart des gares mettent à disposition des casiers (entre 50 et 90 NOK) et/ou un service de consigne.

La plupart des trains longue distance possèdent une 1re et une 2e classe ainsi qu'une voiture-bar ou un service de vente ambulante. Vous trouverez des téléphones publics dans tous les trains express et dans la plupart des trains interurbains. Les portes sont larges, et l'on peut sans problème ranger les bagages les plus volumineux, comme les sacs à dos ou les skis. Le Wi-Fi gratuit est disponible sur la majorité des lignes, mais une fois le train dans la campagne ou dans les tunnels, la connexion peut devenir imprévisible.

Les billets sont parfois soumis à des frais de réservation (50 NOK), systématiques sur un certain nombre de trajets longue distance. Si vous réservez en ligne, ne manquez pas les billets *minipris* (voir l'encadré ci-dessous), à des prix bien inférieurs aux tarifs habituels.

Classes et tarifs

Les wagons de 2e classe des trains longue distance sont dotés de confortables fauteuils inclinables munis de repose-pieds.

La 1re classe offre plus d'espace et, parfois, un service de vente ambulante – qui justifie rarement les 50% de majoration sur le prix du billet.

Comme tout en Norvège, le train est onéreux, et l'avion est souvent bien moins cher – ce qui porte un coup sévère au bilan environnemental national. Toutefois, en tirant parti du système *minipris* (voir l'encadré ci-dessous) ou en optant pour une carte, il peut être avantageux de voyager en train. Et songez aux paysages que ce mode de transport vous permettra d'admirer...

Les plus de 67 ans, les handicapés et les enfants de 4 à 15 ans bénéficient d'une réduction de 50% sur les voyages en train. Les enfants de moins de 4 ans voyagent gratuitement. Les étudiants ont droit à une réduction entre 25 et 40%.

Sur les trajets longue distance de nuit, le prix du compartiment couchette (il faut payer pour les deux couchettes du compartiment) s'ajoute au prix de base.

Achat des billets

La solution la plus simple – et généralement la moins onéreuse – pour réserver ses billets est d'utiliser le site des chemins fer norvégiens (www.vy.no/en). Pour la plupart des itinéraires, un billet numérique vous sera envoyé par mail. À bord, le contrôleur scannera le code-barres qui y figure.

Vous pouvez aussi acheter vos billets dans les gares, aux guichets ou

BON PLAN : LES BILLETS MINIPRIS

Si vous envisagez de longs trajets en train et que vous connaissez votre itinéraire à l'avance, le *minipris* est fait pour vous. Sur chaque voyage, la Société nationale des chemins de fer norvégiens réserve un certain nombre de billets *minipris*. Les premiers à réserver ne paient que 299 NOK pour n'importe quelle destination. Une fois ces *minipris* épuisés, un second quota de billets est émis à 399 NOK et ainsi de suite. Les billets *minipris* peuvent être achetés sur Internet (www.vy.no), via l'application mobile ou aux distributeurs automatiques placés dans les gares, au minimum la veille du départ. Les billets sont non échangeables et non remboursables une fois payés. De mi-juin à mi-août, sur les trajets les plus fréquentés, vous devrez sans doute vous y prendre jusqu'à 3 semaines à l'avance pour pouvoir bénéficier du tarif le plus avantageux. Cela dit, les économies sont considérables, souvent jusqu'à 75% sur le plein tarif.

aux bornes automatiques (dans les grandes gares), ou dans le train (en liquide ou par carte bancaire), auprès du contrôleur. Pour les trajets courts, ils seront généralement à un tarif fixe, mais pour les longues distances, vous ne pourrez sans doute pas bénéficier des tarifs réduits et des billets *minipris*. Mieux vaut donc réserver en ligne et bien à l'avance.

Forfaits ferroviaires

Des cartes de train sont disponibles pour la Norvège (mais mieux vaut les acheter avant votre arrivée dans le pays). Eurail propose une carte incluant la Norvège uniquement. Vous trouverez des informations sur le site www.railpass.com ou rail.cc/fr.

CARTE INTERRAIL

La **carte InterRail** (www.interrail.eu/en) est destinée aux personnes vivant en Europe. Elle est en vente dans les grandes gares, dans les agences de voyages pour étudiants et en ligne.

InterRail propose un **Global Pass** (www.interrail.eu/en/interrail-passes/global-pass) pour 33 pays. Cette carte existe en 4 versions, de 5 jours de voyage en 10 jours jusqu'à un mois de voyage. Chacune de ces cartes se décline en trois tarifs : adulte 1re classe, adulte 2e classe et jeune 2e classe. Le pass un mois coûte respectivement 893/670/503 € et les enfants (de 4 à 11 ans) voyagent gratuitement avec un pass enfant mais ils doivent être accompagné par un adulte titulaire d'un passe adulte. Le pass jeune s'adresse aux 12-27 ans. Les enfants de 3 ans et moins voyagent gratuitement.

Le pass Norvège existe en version 3, 4, 5, 6 ou 8 jours sur un mois. Le pass de 8 jours, en 2e classe, coûte 281/243 € par adulte/jeune.

CARTE EURAIL

La **carte Eurail** (www.eurail.com/en) concerne les personnes qui ne vivent pas en Europe et ne s'achète théoriquement que hors de l'Europe. Elle est en vente dans les grandes agences de voyages et en ligne.

L'**Eurail Global Pass**, qui permet de visiter 33 pays d'Europe, n'est pas utile à qui visite principalement la Norvège. Cette carte existe en plusieurs versions : 10 ou 15 jours de voyage dans une période de deux mois, 5 ou 7 jours sur un mois, 15 ou 22 jours consécutifs, un, deux, ou trois mois.

Eurail propose aussi un **pass national Norvège** et un **pass Scandinavie** (Norvège, Suède, Finlande et Danemark). Cette carte permet de voyager de 3 à 8 jours dans une période de 1 mois. Le pass national 8 jours (valable un mois) coûte 285 €. Le pass régional existe en 3 versions : 1re classe adulte, 2e classe adulte économie (pour 2 adultes ou plus voyageant ensemble) et 2e classe jeune.

Transports urbains

Bus

Pratiquement toutes les villes de Norvège possèdent un réseau de bus desservant la ville et sa périphérie. Dans de nombreuses petites municipalités, le terminal se trouve juste à côté de la gare routière ou ferroviaire ou de l'embarcadère des ferries. Le ticket coûte en moyenne 25-45 NOK/trajet.Il existe des cartes à la journée ou valables pour plusieurs trajets.

Taxi

Le plus facile pour trouver un taxi est de se rendre à une borne de stationnement. Vous pouvez aussi en joindre un par téléphone ; les hôtels et offices du tourisme connaissent les numéros des compagnies locales. Dans ce cas, il faut savoir que le compteur démarre dès que l'appel est enregistré. Le tarif de jour s'applique de 6h à 19h en semaine et de 6h à 15h le samedi. Il s'élève à 22-32 NOK/km, plus 52 NOK environ pour la prise en charge. Les prix sont légèrement supérieurs dans les grandes villes.

Le tarif est majoré de 22% en semaine de 19h à 6h, et de 30% tôt le matin, le samedi à partir de 15h et en soirée, et le dimanche. Les jours fériés, vous devrez payer un supplément de 45%. Dans certains endroits, des grands taxis (maxi-taxis) peuvent transporter jusqu'à 8 passagers pour le même prix qu'un véhicule classique.

Vélo

Compte tenu des distances, du relief et de l'étroitesse des routes, mieux vaut être un cycliste expérimenté pour se lancer dans un grand périple à vélo en Norvège. Toutefois, ceux qui tenteront l'expérience en tireront assurément de grandes satisfactions.

La Norvège est un pays de montagnes, et les tunnels, qui se comptent par milliers, se révèlent particulièrement ennuyeux pour les cyclotouristes. La plupart, notamment dans les fjords de l'Ouest, sont en effet interdits aux personnes non motorisées. Vous pourrez souvent emprunter des voies extérieures parallèles, mais celles-ci n'existent pas partout. Vous serez parfois contraint de vous rabattre sur une autre route et de faire un détour de plusieurs jours pour contourner un fjord ou passer par un col.

Il est possible d'embarquer un vélo à bord des bus locaux, des ferries express et des trains (sauf les express), moyennant un supplément d'environ 150 NOK. Les trains express n'autorisent aucun vélo à bord, et les trains internationaux les considèrent comme des excédents de bagages (350 NOK). Notez que sur les Nor-Way Bussekspress, vous devrez payer un tarif enfant en plus.

L'État norvégien, très impliqué, a développé un plan vélo dont l'objectif est de développer la pratique du vélo dans les grandes villes.

Location

Quelques offices du tourisme, des campings et des auberges de jeunesse louent des vélos. Vous pourrez aussi vous renseigner auprès des commerces de cycles (*sykkelbutikken*). Vous débourserez en général environ 60 NOK/heure et rarement plus de 400 NOK/ jour. Les prix sont dégressifs pour les locations de plusieurs jours.

Voiture et moto

Il n'y a pas de formalités particulières à accomplir pour venir avec son véhicule en Norvège. La plupart des grandes routes nationales, comme l'E16 d'Oslo à Bergen et l'E6 d'Oslo à Kirkenes, sont ouvertes toute l'année. Pour le reste du réseau, c'est un peu plus irrégulier. Les pittoresques petites routes de montagne sont en général ouvertes uniquement de juin à septembre et seulement si les conditions d'enneigement le permettent.

Le prix du carburant, parmi le plus élevé d'Europe, est un facteur à prendre en compte lorsque vous planifiez vos déplacements, surtout sur de longues distances.

Vegmeldingssentralen (☎175, 22 07 30 00 ; www.vegvesen.no). Vous pouvez vous informer 24h/24 sur les conditions de circulation et les fermetures éventuelles auprès de ce centre d'information des automobilistes.

Assurance

Il est obligatoire de souscrire une assurance offrant une couverture illimitée pour la responsabilité civile et couvrant les dommages matériels à hauteur d'un million de couronnes. Si vous venez avec votre propre voiture, pensez à emporter la carte d'assurance délivrée par votre compagnie. Par ailleurs, vérifiez que votre véhicule est assuré pour les traversées en ferry.

Si vous louez un véhicule, n'hésitez pas à souscrire une assurance tous risques : même en cas de petit accident, la différence entre un débours de 1 000 NOK et un débours de 10 000 NOK est considérable.

Automobile-club

Par accord réciproque, les membres des automobiles-clubs nationaux affiliés à l'AIT (Alliance

LES ROUTES TOURISTIQUES NATIONALES DE NORVÈGE

L'administration des routes (Statens Vegvesen) aménage un réseau de "routes touristiques nationales", ou **routes panoramiques** (www.nasjonaleturistveger.no/en), qui regroupe 18 itinéraires différents, pour une distance totale de 2 151 km. Points de vue et bureaux d'informations jalonnent déjà nombre de ces routes qui existaient auparavant, et d'autres installations de ce type sont prévues. Intérêt majeur pour les visiteurs : l'identification facile des routes les aide à préparer leur trajet et à en effectuer la plus grande partie le long des routes les plus pittoresques de Norvège.

Depuis quelques années, d'impressionnantes œuvres contemporaines ornent certains points de vue, apportant une nouvelle dimension au voyage sur les routes norvégiennes.

Sur les 18 routes, quelques-unes ont notre préférence :

- La route du Sognefjell (Sognefjellet, Rv 55)
- La Rv 86 et la Rv 862 sur l'île de Senja
- La route côtière Kystriksveien entre Stokkvågen, à l'ouest de Mo i Rana, et Storvik, au sud de Bodø
- L'E10 à travers les Lofoten
- La côte ouest à travers les îles Vesterålen, de Risøyhamn à Andenes
- La Gamle Strynefjellsvegen entre Grotli, dans l'Oppland, et Videseter, dans le Sogn og Fjordane (Rv 258)
- La Trollstigen, au sud d'Åndalsnes
- Deux routes à travers la région du Hardanger, de Halne, à l'est, jusqu'à Steinsdalfossen (Rv 7) et à Jondal (Rv 550), à l'ouest
- La Varanger (E75) de Varangerbotn à Hamningberg dans l'extrême nord-est

internationale de tourisme) bénéficient, en cas de panne, d'une assistance 24h/24 par le **Norges Automobil-Forbund** (Fédération automobile norvégienne, NAF ; ☎08 505 ; www.naf.no). Les équipes du NAF interviennent sur les routes principales de mi-juin à mi-août. Des bornes d'urgence sont installées le long des routes nationales, dans les tunnels et au passage de certains cols.

Car-ferries

Voyager sur les routes de la côte ouest ponctuées de montagnes et de fjords constitue une expérience spectaculaire. Au fil de vos trajets, il vous faudra souvent prendre le ferry, ce qui peut vous faire perdre pas mal de temps et d'argent. Pour une liste complète des horaires et des tarifs, procurez-vous l'indicateur *Rutebok for Norge*, un guide complet au format d'annuaire en vente en librairie et dans les principaux kiosques Narvesen.

Code de la route

Le site Internet du **Vegdirektoratet** (www.vegvesen.no) permet de télécharger un document en anglais très complet sur le code de la route norvégien, au format PDF. Cliquez sur la rubrique *Traffic*, puis sur *Traffic Rules*.

Alcoolémie limitée à 0,02%. Les contrôles sont assez courants, et les contrevenants s'exposent à de lourdes amendes et à des peines d'emprisonnement. Les établissements qui vendent de l'alcool peuvent être légalement tenus pour responsables en cas d'accident. En conséquence, on pourra refuser de vous servir même un simple verre de bière si l'on sait que vous conduisez.

Côté de la conduite Conduite à droite.

Limitations de vitesse La vitesse est limitée à 80 km/h sur la route et à 70 km/h (voire à 60 km/h) devant les habitations et les entreprises. Dans les villages, la limitation est fixée à 50 km/h ou à 60 km/h ; elle ne dépasse pas les 30 km/h dans les zones résidentielles. Sur certains tronçons de route, on peut pousser jusqu'à 90 km/h, voire jusqu'à 100 km/h sur une petite partie de l'E6. Pour les véhicules avec caravane ou remorque, la limitation de vitesse est habituellement inférieure de 10 km/h à celle des voitures.

Phares Tous les véhicules (motos incluses) doivent garder leurs feux de croisement allumés en permanence.

Rond-points Priorité à droite.

Stationnement des motos Les motos ne peuvent se garer sur le trottoir et sont soumises aux mêmes règles de stationnement que les voitures.

Triangle de signalisation Obligatoire ; à utiliser en cas de panne.

Véhicules venant de l'étranger Ils doivent porter à l'arrière un autocollant ovale indiquant leur pays d'origine. Si le véhicule n'est pas immatriculé en votre nom, il vous faudra une autorisation écrite de son propriétaire.

Essence

La plupart des stations-services vendent de l'essence sans plomb et du gasoil. La Norvège a beau être exceptionnellement riche en pétrole, les prix y sont tout de même parmi les plus élevés du monde. Lors de la rédaction de ce guide, il fallait compter entre 15 et 16 NOK le litre, 1 NOK de moins, en général, pour le gasoil. Les principales cartes bancaires sont acceptées à peu près partout.

En ville, vous trouverez certaines stations-services ouvertes 24h/24, mais la plupart ferment à 22hou à minuit. Dans les zones rurales, de nombreuses stations-services arrêtent la distribution en début de soirée et tout le week-end. Il existe des pompes automatiques fonctionnant avec des cartes bancaires 24h/24.

Avertissement à l'intention des conducteurs de véhicules diesel : ne faites pas le plein aux pompes *augiftsfri diesel* car il s'agit d'un carburant réservé aux bateaux, tracteurs, etc.

État des routes

Si la Norvège était le Népal... on trouverait des routes au sommet de l'Everest et un tunnel en son cœur ! À certains endroits, le réseau routier norvégien force la plus grande admiration, et l'on ne peut que s'émerveiller devant l'expertise technique dont il témoigne. Les tunnels les plus longs relient des vallées, d'autres plus courts ont été percés dans la roche des montagnes pour raccourcir des trajets (voir l'encadré ci-contre). Le **musée norvégien de l'Histoire des routes** (Norsk Vegmuseum ; ☎61 28 52 50 ; www.vegmuseum.no ; Hunderfossvegen 757 ; ⏲10h-17h mi-juin–mi-août, 10h-15h mar-dim reste de l'année) GRATUIT, près de Lillehammer, donne un aperçu de la construction laborieuse des routes et tunnels de montagne de Norvège.

Bien que les routes soient généralement excellentes, prévoyez large pour le temps de trajet, notamment pendant la haute saison estivale. Les limitations de vitesse atteignent rarement – et dépassent encore moins souvent – les 90 km/heure, et vous partagerez la majorité des routes avec des camions, des camping-cars et des bus, avec très peu de voies de dépassement à portée de vue.

Location

Louer une voiture revient très cher en Norvège. Le tarif de base pour une petite voiture avoisine 1 200 NOK/jour, avec 200 km gratuits par jour. Il inclut la TVA mais pas l'assurance, qui revient à 100 NOK/jour pour les moins onéreuses. Les prix sont dégressifs en fonction de la durée de la location et peuvent descendre jusqu'à 600 NOK/jour en réservant via une agence en ligne.

En été, de nombreuses agences proposent des offres spéciales. Vous pourrez alors obtenir le plus petit modèle pour une période de 3-5 jours au prix de 500 NOK/jour avec 50 km gratuits, ou 600 NOK/jour avec 200 km. Chaque kilomètre supplémentaire vous reviendra à 2,50 NOK, ce qui peut faire grimper rapidement la facture. Les principaux organismes de location ont une formule week-end avantageuse à environ 1 200 NOK. Vous récupérerez votre véhicule le vendredi à partir de 12h et devrez le retourner le lundi avant 10h. Vérifiez bien que vous disposez du kilométrage illimité.

Lisez attentivement toutes les conditions avant de signer – méfiez-vous notamment des suppléments, comme l'assurance-collision (*Collision damage waiver*) ou l'assurance en cas d'excès de vitesse. Évitez aussi les offres avec kilométrage limité, qui peuvent revenir beaucoup plus cher que prévu. Vérifiez l'état des pneus et de la roue de secours (surtout en hiver). Avant le départ, signalez toute dégradation existante et assurez-vous que le contrat en fasse état.

Il est généralement possible de louer un GPS, mais apporter le sien revient moins cher, à condition, naturellement, d'avoir téléchargé les cartes nécessaires au préalable. De nombreux opérateurs téléphoniques proposent des forfaits permettant d'utiliser les données mobiles à l'étranger afin de consulter les cartes en ligne – on n'est toutefois pas à l'abri de se retrouver au milieu de nulle part sans réseau.

Auto Europe (☎89 120 89 270 ; www.auto-europe.no)

Avis (☎66 67 10 10 ; www.avis.no)

Bislet Bilutleie (☎22 60 00 00 ; www.bislet.no)

Budget (☎81 56 06 00 ; www.budget.no)

Europcar (☎815 51 800 ; www.europcar.no)

Hertz (☎22 10 00 00 ; www.hertz.no)

Rent-a-Wreck (☎81 52 20 50 ; www.rent-a-wreck.no)

Sixt (☎81 52 24 66 ; www.sixt.no)

Panneaux de signalisation

La plupart des panneaux sont les mêmes qu'ailleurs. Un M blanc sur fond bleu indique une aire de croisement (*møteplass*) sur les routes à une seule voie. Autres panneaux utiles :

- *All Stans Forbudt* (arrêt interdit)
- *Enveiskjøring* (sens unique)
- *Kjøring Forbudt* (accès interdit)
- *Parkering Forbudt* (stationnement interdit)
- *Rekverk Mangler* (absence de glissière de sécurité)

Péages

Environ un quart du budget de construction des routes provient des péages. Vous

LES TUNNELS NORVÉGIENS

Après des travaux ayant coûté la somme de 1 082 millions de couronnes norvégiennes, le **tunnel de Lærdal**, le plus long tunnel du monde (24,51 km de longueur, soit 7,59 km de plus que celui du Saint-Gothard en Suisse), relie depuis novembre 2000 Lærdal et Aurland sur l'E16, une voie de communication essentielle entre Oslo et Bergen. Ce tunnel, que l'on franchit en 20 minutes, remplace avantageusement le long trajet Gudvangen-Lærdal en ferry, notamment quand les conditions météorologiques perturbent la circulation.

Il présente un autre avantage : sa construction ayant été prise totalement en charge par l'État, il n'est soumis à aucun péage ! Ce tunnel à deux voies a été creusé dans une roche très dure (gneiss précambrien). Par endroits, il est enfoui à plus de 1 400 m de profondeur. Les automobilistes peuvent se brancher sur la radio NRK pendant la traversée du tunnel, afin d'être renseignés en cas d'urgence. En plus du tunnel de Lærdal, citons le **Gudvangentunnelen** à Sogn og Fjordane (11,43 km, sur l'E16), le **Folgefonntunnelen** à Hardanger (11,15 km sur la Rv 551, sous la calotte glaciaire du Folgefonna) et le nouveau **Jondalstunnelen** (10,4 km), qui permet de relier Odda à Jondal.

En construction lors de nos recherches, le **tunnel sous-marin de Rogfast**, dans la région de Stavanger, sera le tunnel routier le plus long du monde (27 km). Lorsqu'il ouvrira, en 2026, il devrait réduire de 40 minutes le trajet entre Stavanger et Bergen. Le **tunnel de Ryfylke** inauguré en décembre 2020, atteint, quant à lui, 14,30 km. Il existe aussi des tunnels sous-marins souvent à plus de 200 m sous le niveau de la mer. L'**Eiksundtunnellen** (7,76 km de long, entre l'île Eika et Møre og Romsdal, sur le continent) est le plus profond du monde (287 m sous le niveau de la mer).

RADARS

Les Norvégiens respectent scrupuleusement la réglementation routière, et les unités de la police mobile veillent sur le bord des routes. Le panneau *Automatisk Trafikkontrol* indique la présence d'un radar automatique un peu plus loin. Vous serez épinglé même pour un dépassement de 5 km/h. Les amendes vont de 1 000 à plus de 10 000 NOK.

Si vous conduisez une voiture de location, l'amende sera débitée de votre carte bancaire. Si vous conduisez un véhicule immatriculé à l'étranger, on tentera de vous retrouver.

apprendrez vite à reconnaître les panneaux les annonçant.

En dehors de quelques petites routes de campagne, la plupart des péages sont automatisés. Les voitures de location norvégiennes sont équipées d'un détecteur automatique : l'entreprise de location ajoutera à votre débit les montants accumulés aux péages.

Si vous conduisez une voiture immatriculée à l'étranger (y compris certaines voitures de location issues d'autres pays), vous devrez enregistrer préalablement votre carte bancaire en ligne sur www.autopass.no (où vous déposerez une caution de 200 NOK) afin que le prix des péages en soit débité. Vous pouvez aussi vous arrêter à un poste de paiement (généralement la première pompe après le péage) pour payer le montant du péage. Si vous ne payez pas, les autorités tenteront de vous retrouver à votre retour chez vous (parfois 6 mois plus tard) et vous devrez alors verser, en plus du montant dû, une amende de 300 NOK.

Permis de conduire

Votre permis de conduire national suffit pour louer une voiture.

Sécurité

Les vieilles routes et celles qui sillonnent les montagnes sont souvent étroites, sinueuses et très pentues. La plupart sont accessibles aux voitures et aux bus. Toutefois, certaines voies peu fréquentées, dont le revêtement est abîmé, voire inexistant, ne sont praticables qu'en 4x4.

Il arrive qu'une route se rétrécisse brusquement à un point donné. Les caravanes et les camping-cars sont interdits dans certaines zones montagneuses.

De nombreux axes sont vivement déconseillés aux conducteurs inexpérimentés, car ils imposent parfois d'effectuer une marche arrière pour céder la place à un véhicule venant d'en face.

En cas de neige ou de gel, utilisez des pneus à clous ou des chaînes.

Vegdirektoratet (☎175, 22 07 30 00 ; www.vegvesen.no). Le centre d'information des automobilistes indique, sur une carte, les routes à accès restreint (fermées aux caravanes par exemple) ; le site Internet propose aussi un outil pour planifier son itinéraire.

Circuits organisés locaux

Les organismes norvégiens proposent de magnifiques circuits qui vous permettent de tirer le meilleur parti de votre séjour tout en vous épargnant les démarches liées à l'organisation de vos déplacements. Ils sont indiqués dans les chapitres régionaux à la rubrique *Circuits organisés*. Tous les bureaux d'informations touristiques (indiqués à la rubrique *Renseignements* des villes) proposent une gamme complète de brochures, dépliants et prospectus décrivant les offres disponibles dans les environs.

Langue

La langue officielle en Norvège est le norvégien, qui fait partie des langues germaniques du Nord (ou langues scandinaves).

Il existe deux formes officielles de la langue écrite, le *bokmål* (littéralement "langue des livres") et le *nynorsk* ("nouveau norvégien"). Ces langues se ressemblent et sont comprises par tous. Toutes deux sont des normes utilisées pour la communication écrite (école, administration et médias), alors que la langue parlée comprend de nombreux dialectes locaux, difficilement compréhensibles pour les habitants d'une autre partie du pays. Le *bokmål*, version citadine moderne de la langue des anciens dirigeants danois, domine dans les villes, les écoles et les médias. Le *nynorsk* est plus courant dans les fjords de l'Ouest et dans les montagnes du Centre ; il sert également de lingua franca dans les régions où l'on emploie un ou plusieurs dialectes. Sur les 5 millions de locuteurs norvégiens, on estime que 85% environ utilisent le *bokmål* et 15% le *nynorsk*. Ce chapitre utilise uniquement le *bokmål*.

Prononciation

La prononciation du norvégien est assez complexe. La phonétique de certains mots est indiquée dans ce chapitre, mais c'est surtout en ouvrant grand vos oreilles que vous améliorerez votre accent !

La plupart des mots norvégiens sont accentués sur la première syllabe, et certains comportent plusieurs accents toniques. Dans cette rubrique, les syllabes accentuées sont indiquées en italique.

L'alphabet norvégien comprend 29 lettres : les 26 lettres de l'alphabet français, plus les voyelles æ, ø et å (classées à la fin de l'alphabet). Les consonnes c, q, w, x et z servent principalement à transcrire les mots étrangers. De nombreux noms géographiques norvégiens renvoient l'article défini "le/la" en fin de mot (masculin -en, féminin -en/-a ou neutre -et) : Jotunheim devient ainsi Jotunheimen et Horningdalsvatn se transforme en Horningdalsvatnet. Le pluriel des noms est habituellement formé par l'ajout du suffixe -e ou -er.

Voyelles

Comme en français, la prononciation d'une même voyelle peut varier. La longueur est un élément important. Dans une syllabe accentuée, chaque voyelle peut être (très) longue ou (très) brève. En principe, la voyelle est brève quand elle est suivie d'une consonne, et longue quand elle précède deux consonnes ou plus.

a	**a/â** – bref, "a" de "sac" ; long, comme dans "pâte"
å	**o/ô** – bref, "o" de "pot" ; long, comme dans "port"
e/æ	**è/ê/ə** – bref, "è" ; long, comme dans "ère" ; lorsqu'il n'est pas accentué, "eu" de "feu"
i	**i/î** – très bref ou long
o	**o/ou/ou/or** – bref, "o" de "port" ; long, "ou" ; bref, "ou" ; long, "or"
ø	**eu**
u	**ou**
y	**entre le u et le i** – pincez les lèvres et prononcez un "i" long

Consonnes et diphtongues

d	**d** – souvent muet en fin de mot ou entre deux voyelles
g	**g/y** – "g" de "gaz" ou "y" de "yaourt" devant ei, i, j, øy et y
h	**h** – h aspiré ; muet devant v et j
j	**y** – toujours "y" de "yaourt"
k	**k/ch** – "k" dur de "karaté" ; avant les lettres ou combinaisons ei, i, j, øy et y, il se prononce généralement "tch" comme dans "tchin tchin", voire, dans certaines régions, "h" aspiré ou encore "ch" comme dans l'allemand "ach"

l	**l/ll** – "l" bref, ou plus épais après "ah", "aa", "o" et "or"	
ng	**ng** – "ng" comme dans "camping" la plupart du temps	
r	**r** – roulé comme le "r" espagnol ; dans le sud-ouest de la Norvège, le r est guttural et proche du "r" français de "rien". Dans les combinaisons rd, rl, rn, rt, le "r" est très arrondi et prononcé doucement. La combinaison rs se prononce "sh" comme dans "chaud"	
s	**s/ch** – "s" de "si" ; suivi de ei, i, j, øy et y, le sk se prononce "ch". Le mot norvégien ski se dit donc "chi".	
t	**t** – comme dans "thé" ; il est muet dans deux cas : dans le mot *det* (ce, ça), prononcé comme la première syllabe de "derrière" et dans l'article défini singulier – *et*, placé en fin de mot des noms neutres	
v	**v** – à mi-chemin de "v" et de "w", sans arrondir les lèvres.	

FORMULES COURANTES

Bonjour.	*Goddag.*	gud·*daag*
Au revoir.	*Ha det.*	*ha*·de
Oui.	*Ja.*	yaa
Non.	*Nei.*	nè
Merci.	*Takk.*	taak
S'il vous plaît.	*Vær så snill.*	veyr saw snil
Je vous en prie.	*Ingen årsak.*	*ing*·ən aw·shaak
Excusez-moi.	*Unnskyld.*	*un*·shewl
Désolé(e).	*Beklager.*	bek·*laga*

Comment allez-vous ?
Hvordan har du det? *vor*·dan haar doo de

Panneaux

Åpen	Ouvert
Damer	Femmes
Forbudt	Interdit
Herrer	Hommes
Informasjon	Information
Inngang	Entrée
Stengt	Fermé
Toaletter	Toilettes
Utgang	Sortie

Bien, merci. Et vous ?
Bra, takk. Og du? braa tak aw doo

Quel est votre nom ?
Hva heter du ? vaa hè·tə du ?

Je m'appelle...
Jeg heter... yè hè·tər...

Parlez-vous anglais/français ?
Snakker du engelsk/fransk ?
sna·ker doo eyng·elsk / fransk

Je ne comprends pas.
Jeg forstår ikke. yai fawr·*stawr i*·key

HÉBERGEMENT

Avez-vous des chambres libres ?
Har du ledige rom ? har du lè·di·ə rum ?

Je voudrais un(e)...
Jeg vil gjerne ha... yè vil yar·nə haa...

lit	*en seng*	en seng
chambre simple	*et enkeltrom*	et *eng*·kəlt·rum
lit double	*en dobbelt-seng*	en *dob*·elt·seng
chambre double	*et dobbel-trom*	et *dob*·əlt·rum
chambre avec salle de bains	*et rom med bad*	et rom med baad

Combien cela coûte-t-il... ?
Hvor mye er det... ? vor mew·yə kos·tər de...

pour une nuit	*pr dag*	par daag
par personne	*pr person*	par pa·shoun

CIRCULER

Où se trouve... ?
Hvor er... ? vour ar... ?

Pouvez-vous me le montrer (sur la carte) ?
Kan du vise meg (på kartet)? kan du vee·se ma (paw *kar*·te)

Allez tout droit.
Det er rett fram. de ar ret fraam

Tournez à gauche.
Ta til venstre. taa til vens·trə

Tournez à droite.
Ta til høyre. taa til hə·yew·rə

au prochain tournant
ved neste hjørne ve nes·tə yèr·nə

au prochain feu
ved lyskrysset ve lews·krew·sə

derrière	*bak*	bak
devant	*foran*	fo·raan
loin	*langt*	laangt
près (de)	*nær*	nar
en face	*overfor*	or·vər·for

AU RESTAURANT

Une table pour..., s'il vous plaît.
Et bord til..., takk. et bawr til (*fee*·re) tak

Que conseillez-vous ?
Hva vil du anbefale? va vil doo *an*·be·fa·*le*

Je ne mange pas de viande.
Jeg spise ikke (kjøtt). yai (*spi*·se) *i*·key (sheut)

L'addition, s'il vous plaît.
Kan jeg få regningen, takk. kan yai faw *rai*·ning·en tak

Les mots à la bouche

avec/sans	*med/uten*	mey/*u*·ten
chaud	*het*	heyt
couteau	*kniv*	kniv
cuillère	*skje*	shai
déjeuner	*lunsj*	loonsh
dîner	*middag*	*mi*·da
fourchette	*gaffel*	*ga*·fel
froid	*kald*	kal
petit-déjeuner	*frokost*	*fro*·kost
végétarien	*vegetariansk*	ve·ge·ta·ree·*ansk*
verre	*glass*	glas

Fruits et légumes

ananas	*ananas*	*aa*·naa·nas
banane	*banan*	baa·*naan*
champignon	*sopp*	sop
fraises	*jordbær*	*yor*·bar
fruit	*frukt*	frookt
légume	*grønnsak*	*greun*·sak
oignon	*løk*	leuk
orange	*appelsin*	aa·pel·*sin*
pomme de terre	*potet*	po·*tet*
pomme	*eple*	*ep*·le
raisin	*druer*	*droo*·er
tomate	*tomat*	too·*maat*

Viandes et poissons

agneau	*sauekjøtt*	sow·e·*sheut*
bœuf	*oksekjøtt*	ook·se·*sheut*
colin	*lysing*	*lew*·sing
crevette	*reker*	*rey*·ker
flétan	*hellefisk*	he·le·*fisk*
hareng	*sild*	seel
jambon	*skinke*	*shin*·ke
maquereau	*makrell*	ma·*krel*
morue	*torsk*	tawshk
poisson	*fisk*	fisk
porc	*svinekjøtt*	svee·ne·*sheut*
poulet	*kylling*	chew·*ling*
sardine	*brisling*	*brees*·ling
saucisse	*pølse*	*peul*·se
thon	*tunfisk*	*tun*·fisk
viande	*kjøtt*	sheut

SAME

Le same écrit comprend plusieurs lettres accentuées, qui ne correspondent pas toujours à la langue parlée : même certains Samis ont du mal à apprendre la langue écrite. Ainsi, *giitu* (merci) se prononce *ghiitch*-tou, mais le "h" fortement aspiré n'est pas écrit.

Bonjour.	*Buorre beaivi.*
Bonjour.	*Ipmel atti.* (réponse)
Au revoir.	*Mana dearvan.* (à la personne qui part)
Au revoir.	*Báze dearvan.* (à la personne qui reste)
Merci.	*Giitu.*
Je vous en prie.	*Leage buorre.*
Oui.	*De lea.*
Non.	*Li.*
Comment allez-vous ?	*Mot manna ?*
Je vais bien.	*Buorre dat manna.*

1	*okta*
2	*guokte*
3	*golbma*
4	*njeallje*
5	*vihta*
6	*guhta*
7	*cieza*
8	*gávcci*
9	*ovcci*
10	*logi*

Autres mots utiles

beurre	*smør*	smeur
chocolat	*sjokolade*	sho·kaa·*laa*·de
confiture	*syltetøy*	*sewl*·te·toy
crème	*fløte*	*fleu*·te

crêpe	*pannekake*	pa·ne·*kaa*·ke
fromage	*ost*	ost
gâteau	*kake*	*ka*·ke
glace	*is*	ees
noix	*nøtter*	*neu*·ter
œufs	*egg*	eg
pâté	*postei*	po·*stai*
sucre	*sukker*	*soo*·ker

Boissons

bière	*øl*	eul
café	*kaffe*	*kaa*·fe
eau (minérale)	*(mineral) vann*	(mi·ne·*ral*) van
jus (d'orange)	*(appelsin) jus*	(a·pel·*seen*) joos
lait	*melk*	melk
thé	*te*	te
vin blanc	*hvitvin*	*veet*·veen
vin rouge	*rødvin*	*reu*·veen

URGENCES ET SANTÉ

Au secours !
Hjelp! yelp

Allez-vous-en !
Forsvinn! fawr·*svin*

Je suis perdu.
Jeg har gått meg vill. yai har gawt mai vil

Il y a eu un accident.
Det har skjedd en ulykke. de har shed en *oo*·lew·ke

Appelez... !	*Ring ...!*	ring ...
un médecin	*en lege*	en *le*·ge
la police	*politiet*	po·lee·*tcc*·ay

Je suis malade.
Jeg er syk. yai er sewk

Je suis allergique à/aux...
Jeg er allergisk mot yai eyr a·*ler*·gisk mot

antibiotiques	*antibiotika*	an·ti·bi·o·ti·ka

Poser une question

Comment ?	*Hvordan?*	*vor*·dan
Que/quoi ?	*Hva?*	vaa
Quand ?	*Når?*	nawr
Où ?	*Hvor?*	vor
Quel ?	*Hvilken?*	*veel*·keyn
Qui ?	*Hvem?*	vem
Pourquoi ?	*Hvorfor?*	*vor*·fawr

ACHATS ET SERVICES

Je cherche...
Jeg leter etter ... yai *ley*·ter e·*ter* ...

Puis-je le regarder ?
Kan jeg få se på det ? kan yai faw se paw de

Combien cela coûte-t-il ?
Hvor mye koster det ? vor *mew*·e kaws·ter de

C'est trop cher.
Det er for dyrt. de eyr fawr dewrt

DAB	*minibank*	*mee*·ni·bank
carte bancaire	*kredittkort*	kre·*dit*·kawrt
cybercafé	*Internett-kafé*	*in*·ter·net·ka·*fe*
office du tourisme	*turistinfor-masjon*	tu·*reest*·in·fawr·ma·*shawn*
poste	*post-kontor*	*pawst*·kawn·tawr
téléphone portable	*mobil-telefon*	mo·*beel*·te·le·*fon*

HEURES ET DATES

Quelle heure est-il ?
Hva er klokka? vaa eyr *klaw*·ka

Il est (deux) heures.
Klokka er (to). *klaw*·ka eyr (taw)

Il est 1h30.
Halv (to). haal (taw)
(litt. : la moitié de deux)

dans la matinée
om formiddagen awm *fawr*·mi·dan

dans l'après-midi
om ettermiddagen awm e·ter·mi·dan

dans la soirée
om kvelden awm *kve*·len

hier	*i går*	ee gawr
aujourd'hui	*i dag*	ee daag
demain	*i morgen*	ee *maw*·ren

lundi	*mandag*	*maan*·daa
mardi	*tirsdag*	*teers*·daa
mercredi	*onsdag*	*awns*·daa
jeudi	*torsdag*	*tawrs*·daa
vendredi	*fredag*	*frey*·daa
samedi	*lørdag*	*leu*·daa
dimanche	*søndag*	*seun*·daa

TRANSPORTS

Transports en commun

avion	*fly*	flew
bateau	*båt*	bawt
bus	*buss*	bus
taxi	*drosje*	*draw*·shey
train	*tåg*	tawg

Je voudrais un billet...
Jeg vil gjerne ha... billett. — yè vil ya·rnə haa... billet

1re classe	*førsteklasse*	*feur*·ste·kla·se
classe économique	*økonomi-klasse*	eu·ko·no·*mi*·kla·se
aller simple	*enveisbillett*	*en*·veys·bee·*let*
aller-retour	*returbillett*	re·*toor*·bee·*let*

Je voudrais aller à...
Jeg skal til ... — yai skaal til ...

À quelle heure arrive/part ?
Når ankommer/ går den? — nawr *an*·kaw·mer/ gawr den

Pouvez-vous me dire comment aller à (Oslo).
Kan du si fra når vi kommer til (Oslo)? — kan doo see fraa nawr vee *kaw*·mer til (*os*·law)

Arrêtez-vous ici, s'il vous plaît.
Vær så snill å stoppe her. — veyr saw snil aw *sto*·pe heyr

dernier	*siste*	*si*·ste
premier	*første*	*feur*·ste
prochain	*neste*	*ne*·ste

annulé	*avbestillt*	*av*·be·stilt
arrêt de bus	*busstopp*	*bus*·stawp
billetterie	*billettluka*	bi·let·lu·ka
consigne	*gjenglemt bagasjes-kranke*	*yen*·glemt ba·*gaa*·shes *kran*·ke
gare ferroviaire	*stasjon*	staa·*shawn*
horaire	*tidtabell*	tid·taa·bel
quai	*perrong*	pə·rong
réservation	*reservasjon*	re·ser·va·*shawn*
retardé	*forsinket*	fawr·*sin*·ket

Transports privés

Je voudrais louer un/une...	*Jeg vil gjerne leie en ...*	yai vil *yer*·ne *lai*·e·en ...
4x4	*fire-hjulstrekk*	*fee*·re·hyools·trek
moto	*motor-sykkel*	maw·tor·*sew*·kel
vélo	*sykkel*	*sew*·kel
voiture	*bil*	beel

diesel	*diesel*	*dee*·sel
essence	*bensin*	ben·*seen*
garage	*verksted*	*verk*·stey
siège enfant	*barnesete*	bar·na·se·te
station-service	*bensin-stasjon*	ben·*seen*·staa·*shawn*

Est-ce la route de (Gol) ?
Er dette veien til (Gol)? — eyr de·*tey*·*vai* en til (gol)

(Combien de temps) puis-je me garer ici ?
(Hvor lenge) Kan bilen min stå her? — (vor *leng*·e) kan *bee*·len min staw her

J'ai un pneu crevé.
Jeg har punktert. — yai haar poonk·*tert*

Je suis en panne d'essence.
Jeg har gått tom for bensin. — yai haar gawt tawm fawr ben·*seen*

J'ai eu un accident.
Jeg har vært i en ulykke. — yai haar veyrt ee en *oo*·lew·ke

Chiffres et nombres

1	*en*	en
2	*to*	taw
3	*tre*	trey
4	*fire*	*fee*·re
5	*fem*	fem
6	*seks*	seks
7	*sju*	shoo
8	*åtte*	*aw*·te
9	*ni*	nee
10	*ti*	tee
20	*tjue*	*shoo*·e
30	*tretti*	*trey*·tee
40	*førti*	*feur*·tee
50	*femti*	*fem*·tee
60	*seksti*	*seks*·tee
70	*sytti*	*sew*·tee
80	*åtti*	*aw*·tee
90	*nitti*	*nee*·tee
100	*hundre*	*hun*·dre
1 000	*tusen*	*tu*·sen

GLOSSAIRE

Durant votre voyage en Norvège, vous rencontrerez sans doute certains des termes et des abréviations suivants. Bien que les lettres ø et å se placent à la fin de l'alphabet norvégien, nous les avons rangées respectivement sous "o" et "a" pour faciliter la recherche des lecteurs non norvégiens.

allemannsretten – "droit de chacun" ; loi traditionnelle autorisant l'accès universel aux propriétés privées (avec quelques restrictions), aux terrains publics et aux espaces sauvages

apótek – pharmacie

arête – crête étroite entre deux glaciers d'une vallée

automatisk trafikkontrol – radar routier

bakke – colline

berg – montagne

bilutleie – agence de location de voitures

Blodveien – littéralement "route du sang" ; surnom donné à la route de l'Arctique durant sa construction, du fait du nombre élevé d'ouvriers tués

bokhandel – librairie

bro, bru – pont

brygge – quai

bryggeri – brasserie

bukt, bukta – baie

bunad – costume national norvégien ; chaque région possède sa propre version

by – ville

dal – vallée

débâcle –icebergs qui se détachent des glaciers côtiers

DNT – Den Norske Turistforening (Touring-Club norvégien de montagne)

domkirke – cathédrale

dressin – draisine, vélo-rail ; véhicules sur boggies

elg – élan

elv, elva – rivière, fleuve

Fata Morgana – mirage arctique faisant apparaître proches des objets lointains

fell, fjall, fjell – montagne

festning – fort, forteresse

fiskeskrue – presse à poissons

fjord – ancienne vallée glaciaire noyée

fonn – champ de glace

forening – club, association

foss – chute d'eau, cascade

friluft – en plein air

Fv – Fylkesvei ; route départementale

fylke – commune

fyr – phare

galleriet – galerie marchande

gamla, gamle, gammel – vieux

gamlebyen – la "vieille ville"

gamma, gammen – tente ou hutte de tourbe samie, parfois partiellement enterrée

gård, gard – ferme, cour

gata, gate – rue (souvent abrégé g ou gt)

gatekjøkken – littéralement "cuisine de rue" ; étal de restauration

gjestehavn – "port des hôtes" ; marina ou port de plaisance

gjestehus – pension

gravlund – cimetière

grønlandssel – phoque du Groenland (*Phoca groenlandica*)

gruva, gruve – mine

hage – jardin

halvøya – péninsule

hav – océan

havn – port

honnør – senior

hulder – créature mythique norvégienne qui dérobe du lait dans les pâturages d'été

Hurtigruten – littéralement "route express" ; réseau de vapeurs côtiers qui font la navette entre Bergen et Kirkenes

hus – maison

husmannskost – cuisine traditionnelle norvégienne ; plat maison

hval – baleine

hvalross – morse

hytte – bungalow, cabane ou chalet

hytteutleie – agence de location de bungalows

iddis – étiquette pittoresque de boîte de sardines ; "étiquette" ou marque en dialecte de Stavanger

isbjørn – ours blanc

jernbanestasjon – gare ferroviaire

jerv – glouton (petit mammifère)

joik – "chant des plaines" ; tradition religieuse samie

jul – Noël

kai, kaia – quai

kart – carte géographique

Kartverket – Agence nationale de cartographie

kerk, kirke, kirkja, kirkje – église

kort – carte postale

krambua – épicerie

krone – monnaie norvégienne

kulturhus – centre culturel comprenant des cinémas, une bibliothèque, des musées, etc.

kvadraturen – plan de rues en damier mesurant six longs pâtés de maisons sur neuf plus courts

kyst – côte

landsmål – dialecte norvégien

lavvo, lavvu – tipi, tente samie

legevakten – clinique

lemen – lemming

libris – livre ; indique une librairie

Ligue hanséatique – association de négociants allemands qui domina le commerce à Bergen du XIIe au XVIe siècle

lufthavn – aéroport

lundefugl – macareux

magasin – grand magasin

marka – collines boisées autour d'Oslo

Menu arctique – réseau de restaurants privilégiant les produits locaux

mil – unité de mesure équivalant à 10 km

minipris – tarifs réduits, généralement dans les transports

MOMS – TVA, taxe sur la valeur ajoutée

moskus-okse – bœuf musqué

M/S – motorskip, bateau à moteur ; suivi du nom du navire

museet – musée

musher – conducteur de traîneau à chiens

MVA – voir *MOMS*

nasjonalpark – parc national

nordlys – aurore boréale

Norge – Norvège

Norges Turistråd – Office du tourisme norvégien, ancien NORTRA

Norsk – norvégien

Norway in a Nutshell – ("la Norvège en bref") choix de circuits offrant au voyageur pressé un aperçu du pays en deux ou trois jours

ny – nouveau

nynorsk – voir *landsmål*

og – et

øst – est

oter – loutre

øvre – supérieur

øy – île

pensjonat – pension

plass – place

polarsirkelen – cercle polaire arctique ; latitude 66°33'N

Pomor – communauté russe de marchands et de pêcheurs de la mer Blanche, qui prospéra dans le nord de la Norvège au XVIIe siècle

rådhus – hôtel de ville

reinsdyr – renne

reiseliv – office du tourisme local

riksdaler – ancienne monnaie norvégienne

rom – panneaux routiers indiquant des chambres ou des bungalows à louer

rorbu – bungalow/cabane de pêcheur

rutebilstasjon – gare routière

ruteplan – horaires des transports

Rv – Riksvei ; route nationale

schøtstue – grande salle où les employés de la Ligue hanséatique se réunissaient et se restauraient

sentrum – centre-ville

siida – petites communautés samies ou groupe de chasseurs et de trappeurs

sild – hareng

sjø – mer

sjøhus – pêcherie avec logements sur les quais ; aujourd'hui souvent restaurée pour accueillir les touristes

skalds – œuvres métaphoriques et allitératives de poètes de cour norvégiens des IXe et Xe siècles

skerries – archipel d'îlots rocheux

skog – forêt

sla låm – piste pentue, slalom

slott – château, palais

snø – neige

solarsteinn – outil de navigation viking utilisé par temps couvert ou après le coucher du soleil

sør – sud

spekkhogger – orque

stabbur – entrepôt surélevé

stasjon – gare

stavkirke – église en bois debout

steinkobbe – phoque commun, ou veau marin

Storting – Parlement

strand – plage

stuer – société de négoce

sund – détroit

Sverige – Suède

sykehus – hôpital

sykkel – vélo

sykkelutleie – agence de location de vélos

tårn – tour

teater – théâtre

telekort – carte téléphonique Telenor

tog – train

togbuss – bus de Vy dans le Romsdalen et le Nordland reliant les gares ferroviaires à d'autres destinations populaires

torget, torvet – place, parvis

turistkontor – office du tourisme

ulv – loup

utleie – agence de location

vandrerhjem – auberge de jeunesse

vann, vannet, vatn, vatnet – lac

veg, vei – route (souvent abrégé v ou vn)

vest – ouest

vetter – divinités norvégiennes, gardiennes des côtes sauvages

vidda, vidde – plateau

vinmonopolet – magasin d'État de vins et de spiritueux

yoik – voir *joik*

En coulisses

VOS RÉACTIONS ?

Vos commentaires nous sont très précieux et nous permettent d'améliorer constamment nos guides. Notre équipe lit toutes vos lettres avec la plus grande attention. Nous ne pouvons pas répondre individuellement à tous ceux qui nous écrivent, mais vos commentaires sont transmis aux auteurs concernés. Tous les lecteurs qui prennent la peine de nous communiquer des informations sont remerciés dans l'édition suivante, et ceux qui nous fournissent les renseignements les plus utiles se voient offrir un guide.

Pour nous faire part de vos réactions, prendre connaissance de notre catalogue et vous abonner à notre newsletter, consultez notre site Internet : **www.lonelyplanet.fr**

Nous reprenons parfois des extraits de notre courrier pour les publier dans nos produits, guides ou sites web. Si vous ne souhaitez pas que vos commentaires soient repris ou que votre nom apparaisse, merci de nous le préciser. Notre politique en matière de confidentialité est disponible sur notre site Internet.

À NOS LECTEURS

Merci à tous les voyageurs qui ont utilisé la dernière édition de ce guide et qui nous ont écrit pour nous faire part de leurs conseils, de leurs suggestions et de leurs anecdotes.

UN MOT DES AUTEURS

Anthony Ham

Un grand merci à Gemma Graham, qui m'a envoyé dans le plus beau pays du monde. Pour leur patience et leur sagesse, je remercie, chez Lonely Planet : Genna Patterson, Joel Cotterell, Sandie Kestell, Elizabeth Jones, Kellie Langdon et Andrea Dobbin. À tous les Norvégiens qui m'ont aidé – je ne peux pas tous les nommer – merci. Merci à Miles Rodd, avec qui je partage tant de souvenirs. À ma merveilleuse famille : *os quieros*.

Oliver Berry

Une fois n'est pas coutume, je remercie tous ceux qui m'ont apporté leur aide au cours de cette aventure norvégienne, entre autres : Magnus Svendsen, Kristina Johansen, Karl Larsen, Nina Hedstrom, Jenny Eriksen et Jon Nordlie. Un immense merci à mes coauteurs Anthony Ham et Donna Wheeler pour le travail fourni sur ce guide, et à Gemma Graham pour avoir mené ce navire viking à bon port. Enfin, merci à Rosabella pour ses nombreux appels et son soutien et pour m'avoir encouragé pendant mes longues journées (et nuits) d'écriture.

Donna Wheeler

Je suis infiniment reconnaissante à la ville d'Oslo, certainement l'endroit le plus chaleureux et sympathique du monde. Je dois tant à Arvild Bruun et Barry Kavanagh pour leurs belles suggestions et leur charmante compagnie. Merci à mon grand ami Daniel Nettheim pour une belle balade de plus, à Claudia Van Tunen pour son hospitalité, et à Chris Wareing, Mark Steiner et Hugo Race pour la musique. Je remercie, comme toujours, Joe Guario à Melbourne pour l'amour qu'il m'a transmis depuis l'autre côté du globe.

REMERCIEMENTS

Les données climatiques sont tirées et adaptées de l'ouvrage de Peel MC, Finlayson BL & McMahon TA (2007) "Updated World Map of the Köppen-Geiger Climate Classification", *Hydrology and Earth System Sciences*, 11, 1633-44.

Photographie de couverture : maisons traditionnelles, îles Lofoten, © Sime / Photononstop.

À PROPOS DE CET OUVRAGE

Cette 5e édition en français du guide *Norvège* est la traduction-adaptation de la 8e édition du guide *Norway*, actualisée et rédigée par Anthony Ham, Oliver Berry et Donna Wheeler. L'édition précédente a également été mise à jour par Anthony Ham et Donna Wheeler, ainsi que par Stuart Butler.

Traduction
Naomi Defays, Vincent Guilluy et Véronique Mondon

Direction éditoriale
Didier Férat

Responsable d'édition
Dominique Bovet

Responsable prépresse
Jean-Noël Doan

Coordination éditoriale
Juliette Stephens et Marie Barriet-Savev

Maquette
Marie Dautet et Valérie Police

Cartographie
Eduardo Yanès Blanch

Couverture
Laure Wimot et Laurent Briard

Remerciements à Christophe Corbel, Jean-Victor Rebuffet et Ségolène Roy pour leur contribution au texte. Merci à Jacqueline Menanteau pour sa relecture attentive, ainsi qu'à Olympe Richez pour son travail de préparation, à Basile Mariton et à Vahgan Terzian pour leur travail de référencement. Merci à toute l'équipe parisienne, notamment Dominique Spaety pour son soutien, si précieux. Un grand merci à Valérie Gilliotte pour ses remarques de terrain. Enfin, merci à Luan Angel et Nigel Longuet à Londres, ainsi qu'à Jean-Pierre Masclef à Melbourne.

Index

Références des cartes
Références des photos

D

E

F

N

O

Références des cartes
Références des photos

P

R

Légende des cartes

À voir
- Château
- Monument
- Musée/galerie/édifice historique
- Ruines
- Église
- Mosquée
- Synagogue
- Temple bouddhiste
- Temple confucéen
- Temple hindou
- Temple jaïn
- Temple shintoïste
- Temple sikh
- Temple taoïste
- Sentō (bain public)
- Cave/vignoble
- Plage
- Réserve ornithologique
- Zoo
- Autre site

Activités, cours et circuits organisés
- Bodysurfing
- Plongée/snorkeling
- Canoë/kayak
- Cours/circuits organisés
- Ski
- Snorkeling
- Surf
- Piscine/baignade
- Randonnée
- Planche à voile
- Autres activités

Où se loger
- Hébergement
- Camping

Où se restaurer
- Restauration

Où prendre un verre
- Bar
- Café

Où sortir
- Salle de spectacle

Achats
- Magasin

Renseignements
- Banque
- Ambassade/consulat
- Hôpital/centre médical
- Accès Internet
- Police
- Bureau de poste
- Centre téléphonique
- Toilettes
- Office du tourisme
- Autre adresse pratique

Géographie
- Plage
- Refuge/gîte
- Phare
- Point de vue
- Montagne/volcan
- Oasis
- Parc
- Col
- Aire de pique-nique
- Cascade

Agglomérations
- Capitale (pays)
- Capitale (région/État/province)
- Grande ville
- Petite ville/village

Transports
- Aéroport
- Poste frontière
- Bus
- Téléphérique/funiculaire
- Piste cyclable
- Ferry
- Métro
- Monorail
- Parking
- Station-service
- Station de métro
- Taxi
- Gare/chemin de fer
- Tramway
- U-Bahn
- Autre moyen de transport

Les symboles recensés ci-dessus ne sont pas tous utilisés dans ce guide

Routes
- Autoroute à péage
- Voie rapide
- Nationale
- Route secondaire
- Petite route
- Chemin
- Route non goudronnée
- Route en construction
- Place/rue piétonne
- Escalier
- Tunnel
- Passerelle
- Promenade à pied
- Promenade à pied (variante)
- Sentier

Limites et frontières
- Pays
- État/province
- Frontière contestée
- Région/banlieue
- Parc maritime
- Falaise
- Rempart

Hydrographie
- Fleuve/rivière
- Rivière intermittente
- Canal
- Étendue d'eau
- Lac asséché/salé/intermittent
- Récif

Topographie
- Aéroport/aérodrome
- Plage/désert
- Cimetière (chrétien)
- Cimetière (autre)
- Glacier
- Marais/mangrove
- Parc/forêt
- Site (édifice)
- Terrain de sport

LES GUIDES LONELY PLANET

Une vieille voiture déglinguée, quelques dollars en poche et le goût de l'aventure, c'est tout ce dont Tony et Maureen Wheeler eurent besoin pour réaliser, en 1972, le voyage d'une vie : rallier l'Australie par voie terrestre via l'Europe et l'Asie. De retour après un périple harassant de plusieurs mois, et forts de cette expérience formatrice, ils rédigèrent sur un coin de table leur premier guide, *Across Asia on the Cheap*, qui se vendit à 1 500 exemplaires en l'espace d'une semaine. Ainsi naquit Lonely Planet, dont les guides sont aujourd'hui traduits en 13 langues.

NOS AUTEURS

Anthony Ham

Le Trøndelag, le Nordland, le Grand Nord, le Svalbard Anthony est rédacteur et photographe indépendant, spécialisé dans l'Espagne, l'Afrique de l'Est, l'Afrique australe, l'Arctique et le Moyen-Orient. Quand il n'écrit pas pour Lonely Planet, Anthony rédige des articles sur l'Espagne, l'Afrique et le Moyen-Orient, qu'il photographie également pour des publications australiennes, britanniques et américaines. Il continue à parcourir le monde, à la recherche de nouvelles histoires à partager.

Oliver Berry

Le Centre, Bergen et les fjords du Sud-Ouest, les fjords de l'Ouest Olivier Berry est un auteur et photographe originaire des Cornouailles. Depuis plus de 10 ans, il travaille pour Lonely Planet, couvrant des destinations des Cornouailles aux îles Cook, et a collaboré à plus de 30 guides. Il contribue également régulièrement à de nombreux journaux et magazines, dont le *Lonely Planet Traveller*. Ses écrits lui ont valu plusieurs récompenses, dont le prix du jeune auteur d'articles de voyage décerné par le *Guardian* et le prix du public du magazine *TNT*. Ses derniers écrits sont publiés sur www.oliverberry.com.

Donna Wheeler

Oslo, le Sud Donna a contribué à la rédaction de guides Lonely Planet depuis plus de 10 ans, dont les guides *Italie, Belgique,Tunisie, France, Autriche* et *Australie.* Avant d'être auteure, elle a été éditrice, directrice artistique, productrice numérique et experte en contenu. Originaire de Sydney, Donna est tombée sous le charme des rues pavées de Melbourne lorsqu'elle y était étudiante en art. Elle partage sa vie entre ces deux villes australiennes depuis plus de 20 ans, mais a aussi vécu à Turin, Paris, Bordeaux, New York, Londres et dans la campagne irlandaise. Donna voyage beaucoup en Europe, en Afrique du Nord, aux États-Unis et en Asie.

Norvège
5e édition
Traduit et adapté de l'ouvrage *Norway, 8th edition, September 2021*

92 avenue de France - 75013 Paris

En Voyage Éditions | un département édi8

Dépôt légal Novembre 2021
ISBN 978-2-81619-313-8
Imprimé par Pollina, Luçon, France - 44989
Réimpression 03, décembre 2022